KB211336

사도행전

ESV 성경 해설 주석

편집자 주

- 성경의 문단과 절 구분은 ESV 성경의 구분을 기준하였습니다.
- 본문의 성경은 《성경전서 개역개정판》과 ESV 역을 주로 사용하였습니다.

ESV *Expository Commentary*: *Acts*

Originally published as *ESV Expository Commentary,* Volume 9: *John-Acts*
Published by Crossway
a publishing ministry of Good News Publishers
Wheaton, Illinois 60187, U.S.A.

ESV EXPOSITORY COMMENTARY

사도행전

ESV 성경 해설 주석

브라이언 비커스 지음
이언 두기드·제이 스클라·제임스 해밀턴 편집
박문재 옮김

국제제자훈련원

추천의 글

성경은 하나님의 생명의 맥박이다. 성경은 사망에서 생명으로 옮겨 주는 생명의 책이다. 성경은 하나님의 창조와 구원 디자인에 따라 삶을 풍요롭게 하는 생활의 책이다. 성경을 바로 이해하고 적용해서 그대로 살면 우선 내가 살고 또 남을 살릴 수 있다. '하나님의 생기'가 약동하는 성경을 바로 강해하면 성령을 통한 생명과 생활의 변화가 분출된다. 이번에 〈ESV 성경 해설 주석〉 시리즈가 나왔다. 미국 필라델피아 웨스트민스터신학교의 이언 두기드 교수와 남침례교신학교의 제임스 해밀턴 교수와 커버넌트신학교의 제이 스클라 교수 등이 편집했다. 학문이 뛰어나고 경험이 많은 신세대 목회자/신학자들이 대거 주석 집필에 동참했다. 일단 개혁주의 성경신학 교수들이 편집한 주석으로 신학적으로 건전하다. 〈ESV 성경 해설 주석〉은 또한 목회와 신앙생활 전반에 소중한 자료다. 성경 내용을 총체적으로 이해하고 적용한 주석으로 읽고 사용하기가 쉽게 되어 있다. 성경 각 권의 개요와 주제와 저자와 집필 연대, 문학 형태, 성경 전체와의 관계, 해석적 도전 등을 서론으로 정리한 후 구절마다 충실하게 주석해 두었다. 정금보다 더 값지고 꿀보다 더 달고 태양보다 더 밝은 성경 말씀을 개혁주의 성경 해석의 원리에 따라 탁월하게 해석하고 적용한 〈ESV 성경 해설 주석〉이 지구촌 각 교회 지도자들과 성도들에게 널리 읽혀서 생명과 생활의 변화를 통해 하나님의 영광이 극대화되기 바란다.

권성수 | 대구 동신교회 담임목사

〈ESV 성경 해설 주석〉은 미국의 건전한 개혁주의 전통에 서 있는 젊고 탁월한 학자들을 중심으로 집필된 해설 주석이다. 이 책은 매우 읽기 쉬운 주석임에도 세세한 부분까지 놓치지 않고 해설을 집필해 놓았다. 성경 전체를 아우르는 신학적 큰 그림을 견지하면서도 난제는 간결하고 핵심을 찌르듯 해설하고 있다. 목회자들이나 성경을 연구하는 이들은 이 주석을 통해 성경 기자의 의도를 쉽게 파악하여 설교와 삶의 적용에 적절하게 활용할 수 있을 것이다.

김성수 | 고려신학대학원 구약학 교수

ESV 성경은 복음주의 학자들이 원문에 충실하게 현대 언어로 번역한다는 원칙으로 2001년에 출간된 성경이다. ESV 번역을 기초로 한 이 해설 주석은 성경 본문의 역사적 의미를 밝힘으로써 독자로 하여금 하나님의 영감된 메시지를 발견하도록 도울 목적으로 기획되었다. 각 저자는 본문에 대한 학문적 논의에 근거하여 일반 독자가 이해하고 적용할 수 있도록 충실하게 안내하고 있다. 또한 성경 각 권에 대한 서론은 저자와 본문을 이해하는 데 큰 도움을 준다. 이 주석은 말씀을 사모하는 모든 사람들, 특별히 말씀을 선포하고 가르치는 책임을 맡은 이들에게 신뢰할 만하고 사용하기에 유익한 안내서다.

김영봉 | 와싱톤사귐의교회 담임목사

〈ESV 성경 해설 주석〉은 성경 해석의 정확성, 명료성, 간결성, 통합성을 두루 갖춘 '건실한 주석'이다. 단단한 문법적 분석의 토대 위에 문학적 테크닉을 따라 복음 스토리의 흐름을 잘 따라가며, 구약 본문과의 연관성 속에서 견고한 성경신학적 함의를 제시한다. 성경을 이해하는 데 관심 있는 일반 독자들은 이 책을 통해 최신 해석들을 접할 수 있으며, 설교자들은 영적 묵상과 현대적 적용에 통찰을 얻을 수 있을 것이다.

김정우 | 총신대학교 명예교수, 한국신학정보연구원 원장

〈ESV 성경 해설 주석〉은 단락 개요, 주석 그리고 응답의 구조로 전개되기 때문에 독자는 성경의 말씀들을 독자 자신의 영적 형편에 적합하게 적용할 수 있다. 특히 절 단위의 분절적인 주석이 아니라 각 단락을 하나의 이야기로 묶어 해석하기 때문에 본서는 성경이라는 전체 숲을 파악하는 데 더없이 유익하다. 목회자, 성경 교사, 그리고 성경 애호적인 평신도들에게 추천할 만하다.

김회권 | 숭실대학교 기독교학과 구약신학 교수

성경 주석의 가장 중요한 사명은 하나님의 말씀을 바르게 해석하고 오늘날 청중에게 유익하게 적용할 수 있도록 안내하는 일이다. 〈ESV 성경 해설 주석〉은 목회자와 성도 모두에게 성경에 새겨진 하나님의 마음을 읽게 함으로 진리의 샘물을 마시게 할 뿐 아니라 하나님을 더욱 사랑하는 마음을 불러일으킨다. 성경과 함께 〈ESV 성경 해설 주석〉을 곁에 두라. 목회자는 강단에 생명력 있는 설교에 도움을 얻을 것이고 일반 독자는 말씀을 더 깊이 깨닫는 기쁨을 누릴 것이다.

류응렬 | 와싱톤중앙장로교회 담임목사, 고든콘웰신학교 객원교수

주석들의 주석이 아니라 성경을 섬기는 주석을, 학자들만의 유희의 공간이 아니라 현장을 섬기는 주석을, 역사적 의미만이 아니라 역사 속의 의미와 오늘 여기를 향하는 의미를 고민하는 주석을, 기발함보다는 기본에 충실한 주석을 보고 싶었다. 그래서 책장 속에 진열되는 주석이 아니라 책상 위에 있어 늘 손이 가는 주석을 기다렸다. 학문성을 갖추면서도 말씀의 능력을 믿으며 쓰고, 은혜를 갈망하며 쓰고, 교회를 염두에 두고 쓴 주석을 기대했다. 〈ESV 성경 해설 주석〉은 나를 성경으로 돌아가게 하고 그 성경으로 설교하고 싶게 한다. 내가 가진 다른 주석들을 대체하지 않으면서도 가장 먼저 찾게 할 만큼 탄탄하고 적실하다. 현학과 현란을 내려놓고 수수하고 담백하게 성경 본문을 도드라지게 한다.

박대영 | 광주소명교회 책임목사, 《묵상과 설교》 편집장

또 하나의 주석을 접하며 무엇이 특별한가 하는 질문부터 하게 된다. 먼저 디테일하고 전문적인 주석과 학문적인 논의의 지루함을 면케 해주면서도 성경 본문의 흐름과 의미 그리고 중요한 주제의 핵심을 잘 파악하게 해 준다는 점을 들 수 있다. 그래서 분주한 사역과 삶으로 쫓기는 이들의 시간과 에너지를 절약해 준다는 이점이 있다. 또한 본문에 대한 충실한 해석뿐 아니라 그 적용까지 이끌어낼 수 있도록 돕는다는 점이 유익하다. 더불어 가독성이 뛰어나다는 점에서 설교를 준비하는 이들뿐 아니라 성경을 바로 이해하기 원하는 모든 교인들에게 적합한 주석이다.

박영돈 | 작은목자들교회 담임목사, 고려신학대학원 교의학 명예교수

설교자가 갖는 가장 큰 고민은 성경에서 그 질문과 답을 찾아가는 것이다. 성경이 질문하고 성경이 답변하게 하는 방법론을 찾는 것이 이 시대에 성경을 연구하거나 가르치거나 설교하는 이들의 가장 큰 난제라고 할 수 있다. 그동안 접했던 많은 성경 주석서들의 내용이 너무 간략하든지, 또 지나치게 방대했다면 〈ESV 성경 해설 주석〉은 이 시대의 목회자들뿐만 아니라 진리를 갈망하는 모든 신자들, 특히 제자

훈련을 경험하는 모든 동역자들에게 매우 신선하고 깊이 있는 영감을 공급하는 주석이라서 이에 적극 추천해 드리고 싶다. 첫째, 매우 간결하면서도 담백한 깊이가 있는 해석을 담고 있다. 둘째, 영어 성경과 대조해서 본문을 폭넓게 이해할 수 있다. 셋째, 성경 원어(헬라어) 이해를 돕기 위한 세심한 배려는 목회자뿐만 아니라 성경의 깊이를 탐구하는 모든 신앙인들에게도 큰 유익을 준다. 넷째, 이 한 권으로 충분할 수 있다. 성경이 말하기를 갈망하는 목회자의 서재뿐만 아니라 말씀을 사랑하는 모든 신앙인들의 거실과 믿음 안에서 자라나는 다음 세대의 공부방들도 〈ESV 성경 해설 주석〉이 선물하는 그 풍성한 말씀의 보고(寶庫)가 되기를 염원한다.

박정식 | 은혜의교회 담임목사

〈ESV 성경 해설 주석〉는 성경 본문을 통해 저자가 드러내기 원하는 사고의 흐름을 따라가면서 예수님을 중심으로 하는 구원계시사적 관점에서 친절히 해설한다. 《ESV 스터디 바이블》의 묘미를 맛본 분이라면, 이번 〈ESV 성경 해설 주석〉을 통해 복음에 충실한 개혁주의 해설 주석의 간명하고도 풍성한 진미를 기대해도 좋다. 설교자는 물론 성경을 진지하게 읽음으로 복음의 유익을 얻기 원하는 모든 크리스천에게 독자 친화적이며 목회 적용적인 이 주석 시리즈를 기쁘게 추천한다.

송영목 | 고신대학교 신학과 신약학 교수

일반 성도들이 성경을 읽을 때 곁에 두고 참고할 만한 자료가 의외로 많지 않다. 그런 점에서 〈ESV 성경 해설 주석〉이 한국에 소개되는 것을 매우 기쁘게 생각한다. 학술적이지 않으면서도 깊이가 있는 성경 강해를 명료하게 담아내고 있기 때문이다. 성경을 바르고 분명하게 이해하려는 모든 성도들에게 큰 도움이 되리라 확신하며 추천한다.

송태근 | 삼일교회 담임목사, Orthotomeo 아카데미 대표

본 시리즈는 장황한 문법적 · 구문론적 논의는 피하고 본문의 흐름을 따라 단락별로 본문의 핵심을 파악할 수 있도록 도와주는 매우 간결하고 효율적인 주석 시리즈다. 본 시리즈는 석의 과정에서 성경신학적으로 건전한 관점을 지향하면서도, 각 책의 고유한 신학적 특성을 드러내 보여주는 것도 소홀히 하지 않는다. 특히 본 시리즈는 목회자들이 설교를 준비할 때 본문 이해의 시발점으로 사용하기에 적절하며, 평신도들이 읽기에도 과히 어렵지 않은 독자 친화적 주석이다. 본 시리즈는 성경을 연구하는 모든 이들에게 매우 요긴한 동반자가 될 것이다.

양용의 | 에스라성경대학원대학교 신약학 교수

메시아적 시각을 평신도의 눈높이로 풀어낸 주석이다. 주석은 그저 어려운 책이라는 편견을 깨뜨리고 성경을 사랑하는 모든 이의 가슴 속으로 살갑게 파고든다. 좋은 책은 평생의 친구처럼 이야기를 듣고 들려주면서 함께 호흡한다는 점에서 〈ESV 성경 해설 주석〉은 가히 독보적이다. 깊이에서는 신학적이요, 통찰에서는 목회적이며, 영감에서는 말씀에 갈급한 모든 이들에게 열린 책이라고 할 수 있다. 서사적 구조와 시의 적절한 비유적 서술은 누구라도 마음의 빗장을 해제하고, 침실의 머리맡에 두면서 읽어도 좋을 만큼 영혼의 위로를 주면서도, 말씀이 주는 은혜로 새벽녘까지 심령을 사로잡을 것으로 믿는다. 비대면의 일상화 속에서 말씀을 가까이하는 모든 이들이 재산을 팔아 진주가 묻힌 밭을 사는 심정으로 사서 평생의 반려자처럼 품어야 할 책이다.

오정현 | 사랑의교회 담임목사, SaRang Global Academy 총장

〈ESV 성경 해설 주석〉은 내용이 충실하여 활용성이 높고, 문체와 편집이 돋보여 생동감을 주기에 충분하다. 이와 함께 본문의 의미를 최대한 살려내는 심오한 해석은 기존의 우수한 주석들과 어깨를 나란히 할 만큼 정교하다. 또한 본 시리즈는 성경 각 권을 주석함과 동시에 성경 전체를 관통하는 그리스도 중심의 구속사적 관점을 생생하게 적용함으로써 탁월함을 보인다. 설교자와 성경 연구자에게는 본문에 대한 알찬 주석을 제공한다는 차원에서 오아시스와 같고, 실용적인 주석을 기다려온 평신도들에게는 설명이 뛰어나다는 점에서 가장 이상적인 해설서로 적극 추천한다.

윤철원 | 서울신학대학원 신약학 교수, 한국신약학회 회장

설교자들에게는 언제나 신학적 탄탄한 토대를 갖추면서도 성경신학적인 주석서의 목마름이 늘 있다. 너무 학문적으로 치우쳐 있으면 부담스럽고, 충실한 석의 과정이 없는 가벼운 주석서는 무엇인가 아쉬움을 느낄 때가 있다. 〈ESV 성경 해설 주석〉은 깊이 있는 주해 작업은 물론 적용에 이르기까지 여러 면에서 균형을 고루 갖춘 해설 주석서로 한국 교회 강단을 풍성하게 해줄 역작으로 기대가 된다.

이규현 | 수영로교회 담임목사

ESV 성경은 원문을 최대한 살려서 가장 최근에 현대 영어로 번역한 성경이다. 100여 명의 대표적인 복음주의 학자와 목회자들로 구성된 팀이 만든 ESV 성경은 '단어의 정확성'과 문학적 우수성뿐만 아니라 그 의미를 깊이 있게 드러내는 영어 성경이다. 2001년에 출간된 이후 교회 지도자들과 수많은 교파와 기독교 단체에서 널리 사용되었고, 현재 전 세계 수백만의 그리스도인들이 사용하고 있다. 〈ESV 성경 해설

주석〉은 무엇보다 개관, 개요, 주석이 명료하고 탁월하다. 포스트 모던 시대에도 진지한 강해설교를 고민하는 모든 목회자들과 성경공부 인도자들에게 마음을 다하여 추천하고 싶다. 이 책을 손에 잡은 모든 이들은 손에 하늘의 보물을 잡은 감사를 느끼게 될 것이다.

이동원 | 지구촌교회 원로목사, 지구촌 목회리더십센터 대표

〈ESV 성경 해설 주석〉은 '성경'을 '말씀'으로 대하는 신중함과 경건함이 부드럽지만 강렬하게 느껴지는 저술이다. 본문의 흐름과 배경을 알기 쉽게 보여주면서 본문의 핵심을 명확하게 제시하는 묘한 힘을 가지고 있다. 연구와 통찰이 질서 있고 조화롭게 제공되고 있어, 본문을 보는 안목을 깊게 해 주고, 말씀을 받아들이는 마음을 곧추세우게 해 준다. 주석서에서 기대하는 바가 한꺼번에 채워지는 느낌이다. 설교를 준비하는 목회자, 성경을 연구하는 신학생, 말씀으로 하나님을 만나려는 성도 모두에게 단비 같은 주석이다.

이진섭 | 에스라성경대학원대학교 신약학 교수

ESV 성경 간행에 이은 〈ESV 성경 해설 주석〉의 발간은 이 땅을 살아가는 '말씀의 사역자'들은 물론, 모든 '한 책의 백성'들에게 주어진 이중의 선물이다. 본서는 구속사에 대한 거시적 시각과 각 구절에 대한 미시적 통찰, 학자들을 위한 학술적 깊이와 설교자들을 위한 주해적 풀이, 그리고 본문에 대한 탁월한 설명과 현장에 대한 감동적인 적용을 다 아우르고 있는 성경의 '끝장 주석'이라 할 만하다.

전광식 | 고신대학교 신학과, 전 고신대학교 총장

〈ESV 성경 해설 주석〉은 처음부터 그 목적을 분명히 하고 집필되었다. 자기 스스로 경건에 이르도록 성장하기 위해서, 또 다른 사람들을 가르치기 위해서, 성경을 진지하게 연구하는 모든 사람들에게 도움을 주기 위해서라고 밝히고 있다. 목사들에게는 목회에 유익한 주석이요, 성도들에게는 적용을 돕는 주석이다. 또 누구에게나 따뜻한 감동을 안겨주는, 그리하여 주석도 은혜가 된다는 것을 새삼 확인할 것이다. 학적인 주석을 의도하지 않았지만, 이 주석의 구성도 주목할 만하다. 한글과 영어로 된 본문, 단락 개관, 개요, 주해, 응답으로 구성되어 있다. 만약 신구약 한 질의 주석을 곁에 두길 원하는 성도라면, 〈ESV 성경 해설 주석〉 시리즈는 틀림없이 실망시키지 아니할 것이라고 확신한다.

정근두 | 울산교회 원로목사

말씀을 깊이 연구하는 일부의 사람들에게는 원어 주해가 도움이 되겠지만, 강단에서는 설교자들에게는 오히려 해설 주석이 더 요긴하다. 〈ESV 성경 해설 주석〉은 본문 해설에 있어 정통 신학, 폭넓은 정보, 목회적 활용성, 그리고 적용에 초점을 두었다. 이 책은 한마디로 설교자를 위한 책이다. 헬라어나 히브리어에 능숙하지 않아도 친숙하게 성경 본문을 연구할 수 있다는 점에서 주변 목회자들에게 적극적으로 추천하고 싶다. 목회자가 아닌 일반 성도들도 깊고 풍성한 말씀에 대한 갈증이 있다면, 본 주석 시리즈를 참고할 것을 강력하게 권하고 싶다.

정성욱 | 덴버신학교 조직신학 교수

입고 있는 옷이 있어도 새 옷이 필요할 때가 있다. 기존의 것이 낡아서라기보다는 신상품의 맞춤식 매력이 탁월하기 때문이다. 〈ESV 성경 해설 주석〉 시리즈는 분주한 오늘의 목회자와 신학생뿐 아니라 성경교사 및 일반 그리스도인의 허기지고 목마른 영성의 시냇가에 심기게 될 각종 푸르른 실과나무이자 물 댄 동산과도 같다. 실력으로 검증받은 젊은 저자들은 개혁/복음주의 신학과 신앙의 깊은 닻을 내리고, 성경 각 권의 구조와 문맥의 틀 안에서 저자의 의도를 핵심적으로 포착하여 침침했던 본문에 빛을 던져준다. 아울러 구속사적 관점 아래 그리스도 중심적 의미와 교회-설교-실천적 적용의 돛을 바라보게 함으로써 본문의 지평을 가일층 활짝 열어준다. 한글/영어 대역으로 성경 본문이 제공된다는 점은 한국인 독자만이 누리는 보너스이리라. "좋은 주석은 두텁고 어렵지 않을까"라는 우려를 씻어주듯 이 시리즈 주석서는 적절한 분량으로 구성된 '착한 성경 해설서'라 불리는 데 손색이 없다. 한국 교회 성도의 말씀 묵상, 신학생의 성경 경외, 목회자의 바른 설교를 업그레이드하는 데 〈ESV 성경 해설 주석〉 시리즈만큼 각 사람에게 골고루 영향을 끼칠 주석은 찾기 어려울 듯싶다. 기쁨과 확신 가운데 추천할 수 있는 이유다.

허주 | 아세아연합신학대학교 신약학 교수, 한국복음주의신약학회 회장

〈ESV 성경 해설 주석〉은 정확무오한 하나님의 말씀을 전하는 설교자와 전도자들에게 훌륭한 참고서다. 성경적으로 건전하고 신학적으로 충실할 뿐 아니라 목회 현장에 실질적인 도움이 된다. 나 또한 나의 설교와 가르침의 사역에 활용할 수 있기를 고대한다.

대니얼 에이킨(Daniel L. Akin) | 사우스이스턴침례신학교 총장

하나님은 그의 아들에 대해 아는 것으로 모든 열방을 축복하시려는 영원하고 세계적인 계획을 그의 말씀을 통해 드러내신다. 이 주석이 출간되어 교회들이 활용할 수 있게 된 것만으로 행복하고, 성경에 대한 명확한 해설로 말미암아 충실하게 이해할 수 있게 해 준 것은 열방에 대한 축복이다. 물이 바다를 덮음 같이 하나님의 영광에 대한 지식이 온 땅에 충만해지는데 이 주석이 사용되길 바란다.

이언 추(Ian Chew) | 목사, 싱가포르 케이포로드침례교회

〈ESV 성경 해설 주석〉은 탁월한 성경 해설과 깊이 있는 성경신학에 바탕한 보물 같은 주석이다. 수준 높은 학구적 자료를 찾는 독자들뿐만 아니라 읽기 쉽고 이해하기 쉽도록 잘 정리된 주석을 원하는 사람들에게도 적합하다. 목회자, 성경교사, 신학생들에게 이 귀한 주석이 큰 도움이 되고 믿을 수 있는 길잡이가 되리라 확신한다.

데이비드 도커리(David S. Dockery) | 사우스이스턴침례신학교 석좌교수

대단한 주석! 성경을 배우는 모든 학생들에게 도움이 될 수 있도록 최고 수준의 학자들이 성경의 정수를 정리하여 접근성을 높여서 빠르게 참고하기에 이상적인 주석이다. 나 또한 설교 준비와 성경 연구에 자주 참고하고 있다.

아지스 페르난도(Ajith Fernando) | 스리랑카 YFC 교육이사, *Discipling in a Multicultural World* 저자

〈ESV 성경 해설 주석〉은 성경교사들의 기초 자료로서 활용성 높은 최고의 주석 중 하나다. 일반 독자들도 쉽게 이해할 수 있는 동시에 강해설교가들에게 충분한 배움을 제공한다. 이 주석 시리즈는 성경을 제대로 배우고자 하는 전 세계 신학생들에게도 표준 참고서가 될 것이다.

필립 라이켄(Philip Graham Ryken) | 휘튼칼리지 총장

〈ESV 성경 해설 주석〉에 대하여

성경은 생명으로 맥동한다. 성령은 믿음으로 성경을 읽고 소화해서 말씀대로 살아가는 사람들에게 맥동하는 생명력을 전해 준다. 하나님이 성경 안에 자신을 계시하셨기 때문에 성경은 꿀보다 달고 금보다 귀하며, 모든 부(富)보다 가치 있다. 주님은 온 세상을 위해 생명의 말씀인 성경을 자신의 교회에 맡기셨다.

또한 주님은 교회에 교사들을 세우셔서 하나님의 말씀이 무엇을 의미하는지를 설명해 주고 각 세대에 어떻게 적용해야 하는지를 분명하게 보여주도록 하셨다. 우리는 이 주석이 하나님의 말씀을 진지하게 공부하는 모든 사람들, 즉 다른 사람들에게 가르치기 위해 성경을 연구하는 사람들과 스스로 경건에 이르도록 성장하기 위해 성경을 공부하는 사람들에게 큰 유익을 주길 기도한다. 우리의 목표는 성경 본문을 그리스도 중심적으로 명료하고 뚜렷하게 설명하는 것이다. 모든 성경은 그리스도에 대해 말하고 있으며(눅 24:27), 우리는 성경의 각 책이 우리가 "예수 그리스도의 얼굴에 있는 하나님의 영광을 아는 빛"(고후 4:6)을 보도록 어떻게 돕고 있는지 알려주길 원한다. 그런 목표를 이루고자 이 주석 시리즈를 집필하는 저자들에게 다음과 같은 원칙을 제시했다.

- 올바른 석의를 토대로 한 주석 성경 본문에 나타나 있는 사고의 흐름과 추론 방식을 충실하게 따를 것.
- 철저하게 성경신학적인 주석 성경은 다양한 내용들을 다루지만, 그리스도 안에서 완성된 구속이라는 단일한 주제를 말하고 있다는 점에서 성경 전체를 하나의 통일된 관점으로 볼 수 있게 할 것.
- 전 세계를 대상으로 한 주석 성경과 신학적으로 신뢰할 만한 자료들을 가능한 한 많은 사람들에게 공급하겠다는 크로스웨이(Crossway)의 선교 목적에 맞게 전 세계 독자들이 공감하고 필요로 하는 주석으로 집필할 것.
- 폭넓은 개혁주의 주석 종교개혁의 역사적 흐름 안에서 오직 은혜와 오직 믿음으로 말미암아 오직 그리스도 안에서 오직 성경의 가르침을 따라 오직 하나님의 영광을 위한 구원을 천명하고, 큰 죄인에게 큰 은혜를 베푸신 크신 하나님을 높일 것.
- 교리 친화적인 주석 신학적 담론도 중요하므로 역사적 또는 오늘날 신학적으로 중요한 문제들과 성경 본문에 대한 주석을 서로 연결하여 적절하고 함축성 있게 다룰 것.
- 목회에 유익한 주석 문법적이거나 구문론적인 긴 논쟁을 피하고, 하나님을 경외하는 마음으로 '성경 본문 아래 앉아' 경청하게 할 것.
- 적용을 염두에 둔 주석 오늘날 서구권은 물론이고 그 밖의 다른 세계에서 살아가는 사람들이 처한 상황과 성경 본문이 어떻게 연결되는지를 간결하면서도 일관되게 제시할 것(이 주석은 전 세계 다양한 상황 가운데 살아가는 사람들을 대상으로 하기 때문에).
- 간결하면서도 핵심을 찌르는 주석 성경에 나오는 단어들을 일일이 분석하는 대신, 본문의 흐름을 짚어내서 간결한 언어로 생동감 있게 강해할 것.

이 주석서에서 기본적으로 사용한 영역 성경은 ESV이지만, 집필자들에게 원어 성경을 참조해서 강해와 주석을 집필하도록 요청했다. 또한 무조건 ESV 성경 번역자들의 결해(結解)를 따르라고 요구하지도 않았다.

인간이 세운 문명은 시간이 흐르면 무너져서 폐허가 되지만, 하나님의 말씀은 영원히 서 있다. 우리 또한 바로 그 말씀 위에 서 있다. 성경의 위대한 진리들은 시간과 공간을 뛰어넘어 말하고, 우리의 목표는 전 세계적으로 적용될 수 있는 방식으로 그 진리들을 전하는 것이다.

하나님께서 자신의 말씀을 연구하는 일에 복을 주시고, 그 말씀을 강해하고 설명하려는 이 시도에 흡족해 하시기를 기도한다.

차례

약어표

참고 자료 |

BDAG Bauer W., F. W. Danker, W. F. Arndt, and F. W. Gingrich. A Greek-English Lexicon of the New Testament and Other Early Christian Literature. 3rd ed. Chicago: University of Chicago Press, 1999.

BECNT Baker Exegetical Commentary on the New Testament

LCL Loeb Classical Library

NAC New American Commentary

NIVAC NIV Application Commentary

NSBT New Studies in Biblical Theology

PNTC Pillar New Testament Commentary

SBJT Southern Baptist Journal of Theology

TynBul Tyndale Bulletin

TNTC Tyndale New Testament Commentaries

WTJ Westminster Theological Journal

ZECNT Zondervan Exegetical Commentary on the New Testament

성경 |

구약 ▶

창	창세기
출	출애굽기
레	레위기
민	민수기
신	신명기
수	여호수아
삿	사사기
룻	룻기
삼상	사무엘상
삼하	사무엘하
왕상	열왕기상
왕하	열왕기하
대상	역대상
대하	역대하
스	에스라
느	느헤미야
에	에스더
욥	욥기
시	시편
잠	잠언
전	전도서
아	아가
사	이사야
렘	예레미야
애	예레미야애가
겔	에스겔
단	다니엘
호	호세아
욜	요엘
암	아모스
옵	오바댜
욘	요나
미	미가
나	나훔
합	하박국
습	스바냐
학	학개
슥	스가랴
말	말라기

신약 ▶

마	마태복음
막	마가복음
눅	누가복음
요	요한복음
행	사도행전
롬	로마서
고전	고린도전서
고후	고린도후서
갈	갈라디아서
엡	에베소서
빌	빌립보서
골	골로새서
살전	데살로니가전서
살후	데살로니가후서
딤전	디모데전서
딤후	디모데후서
딛	디도서
몬	빌레몬서
히	히브리서
약	야고보서
벧전	베드로전서
벧후	베드로후서
요일	요한일서
요이	요한이서
요삼	요한삼서
유	유다서
계	요한계시록

ESV Expository Commentary

Acts

사도행전 서론

개관

사도행전은 새 시대, 즉 성령 시대의 시작에 관한 이야기를 들려준다. 하나님의 구원 역사에서 마지막 시대이자 마지막 장인 이 시대는 왕이신 예수님이 다시 오실 때까지 계속될 것이다. 이것이 사도행전이 그리는 큰 그림이다.

좀 더 구체적으로 말하자면, 누가는 그가 쓴 복음서를 끝마친 지점에서 시작하여 그 이후에 벌어진 일들을 사도행전을 통해 들려준다. 누가복음은 예수님의 성육신, 사역, 죽으심, 부활에 관한 이야기다. 누가는 예수님이 하나님의 약속에 따라 죄인들을 영접하여 그들의 죄를 사하시기 위해 이 땅에 오셨고, 친히 십자가에 못 박히시고 부활하심으로써 그 약속을 이루신 분이라는 것을 보여준다. 누가복음과 사도행전은 예수님의 부활이라는 부분에서 서로 겹친다. 누가복음의 마지막 부분은, 부활하신 예수님이 제자들과 함께 하시면서 그들에게 성경을 새로운 방식으로 읽는 법을 가르쳐주시고, 모세와 선지자들이 그분과 그분의 고난과 영광을 가리키고 있다는 것을 보여준다(눅 24:26-27). 예수님이 성경에 대한 새로운 해석법을 창안해 내시지 않았고 성경이 내내 예수님을 가리키고 있었다는 점에서, 이것은 결코 성경에 대한 '새로운' 읽기가 아니었다. 누가는 예수님이 "그들의 마음을 열어 성경을 깨닫게 하[셨다]"(눅 24:45)고 기록한다 예수님은 이제 곧 제자들에게 맡길 사역을 위해 그들을 훈련시키고 계셨다. 성경을 올바르게 읽고 이해하는 것은, 그리스도 안에 있는 구원의 메시지를 세상에 전하는 그들의 사역에 아주 중요한 핵심이 될 것이기 때문이다. 성경을 읽는 새로운 방법으로 무장한 그들에게는 예수님이 맡기신 사역을 수행하기 위한 능력이 필요했다.

사도행전은 예수님이 승천하시기 전에 제자들과 마지막으로 만나신 일을 자세하게 들려주는 것으로 시작한다. 누가는 예수님이 승천하시기 전에 40일 동안 제자들에게 하나님 나라에 대해 가르치셨다고 말한다. 이 40일은 누가복음의 끝부분에서 예수님이 그들에게 성경을 이해하는 법을 가르치신 기간과 일치한다. 그런 후에 예수님은 그들이 정확히 무엇을 하게 될 지를 말씀해 주신다. 그들은 예루살렘에서 시작해서 땅 끝까지 이르러 예수님을 증언하는 즉, 복음을 전하는 사역을 하게 될 것이다(행 1:8). 누가복음에서와 마찬가지로 사도행전의 첫 부분에서도 예수님은 제자들에게 그들이 예루살렘에서 소명을 수행하는 데 필요한 능력을 받게 될 것이기 때문에 예루살렘으로 돌아가라고 말씀하신다. 이 능력은 바로 하나님이 약속하신 성령이다.

사도행전의 나머지 부분은 성령의 능력을 덧입은 사도들이 어떻게 예수님의 메시지를 세상에 전했는지를 들려준다. 이 사역은 세계사에서 가장 독특한 날들 중 하나(아마도 가장 독특한 날)로 시작된다. 그날에 하나님의 성령이 제자들을 능력으로 충만하게 하고, 그들 주변에 있던 모든 사람이 각자의 언어로 예수님에 대한 증언을 듣는다. 이날에 베드로는 최초의 기독교적인 설교를 한다. 그가 하나님의 구원 역사에 관한 이야기를 자세하게 들려주자, 삼천 명이나 되는 사람들이 회개하고 믿게 된다. 이렇게 해서 교회는 한 마음이 되어 기도하고 예배하며 성장해 나간다. 그렇지만 장차 교회에 닥칠 어두운 그림자가 없는 것은 아니었다. 교회는 내부로부터 여러 가지 문제에 직면하게 될 것이다.

복음은 예루살렘에서 시작하여 북쪽으로 퍼져나가는데, 이것은 부분적으로는 스데반의 순교 후에 촉발된 박해에 의해 촉진된다(7장). 스데반은 순교하기 전에 자기를 고발한 자들에게 설교를 한다. 그는 이 설교에서 그들의 조상들이 선지자들에게 했던 것처럼 하나님과 예수님을 포함한 하나님의 종들을 거부한 성경신학적인(biblical-theological) 역사를 들려준다. 또한 구약성경 본문을 증거로 제시하면서, 유대인들이 그들 자신과 성전에 대해 믿고 있는 것과는 다르게 하나님은 성전에 계시지 않는다고 말한다. 그리고 그들은 하나님과 그분의 언약을 지키지 않고 불법을 행하는 자들인데 그들이 예수님을 거부한 것이 바로 그 증거라고 말한다. 스데반이 돌에 맞아 죽을 때 예수님은 그의 증인으로서 보좌에 서 계시는데, 이는 예수님이 스데반을 죽인 살인자들을 심판하기 위해 심판대에 서 계심을 상징적으로 보여준 것이기도 하다. 이 사건은 사도행전과 신약성경 전체에서 중요한 전환점이다.

사도행전은 전체에 걸쳐 온갖 사건들과 사람들과 심지어 자연조차도 복음을 반대하는 대열에 합류하는 것을 계속해서 보여준다. 그런데 그러한 고난과 장애물들은 사도들이 전하는 복음을 방해하거나 약화시키는 것이 아니라, 도리어 그 복음이 전파되는 수단이 된다. 예수님의 말씀은 사마리아와 그 너머까지 이르는데, 아프리카에서 온 한 사람이 복음을 믿고 예수님의 이름으로 세례를 받는다. 복음이 땅 끝까지 전해지는 행진은 계속된다. 스데반이 죽고 나서 누가는 이 이야기에 합류할 가능성이 가장 적어 보이는 한 인물을 우리에게 소개한다. 그는 다소 출신으로 학식 있고 율법에 열심을 지닌 사울이라는 청년인데, 그리스도인들을 박해하고 공포에 떨게 하는 일로 그의 이력을 시작한다. 하지만 예수님은 그를 이방인을 위한 사도로 선택하신다. 이것은 인류 역사상 가장 주목할 만한 반전 중 하나다.

이 사건이 있은 후에 베드로는 고넬료라는 이방인의 집으로 인도를 받는다. 그런데 그 집으로 가기 전에 대대로 물려받은 그의 세계관과 핵심적인 신조들에 도전하는 환상(묵시)을 본다. 이 환상이 보이는 결론은 이 세계를 깨끗한 것과 더러운 것으로 구분하는 옛 방식이 이제 지나갔고 끝났다는 것이다(이것은 사도행전 전체의 더 큰 이야기 속에서 성전과 그가 소중히 여겼던 전통들을 포함하게 될 것이다). 하나님은 모든 것이 깨끗하다고 선언하신다. 여기서 하나님의 주된 관심은 음식이 아니라 사람에 있었다. 하나님은 음식보다는 사람과 관련해서 이렇게 말씀하신 것이다. 베드로는 고넬료의 집에 도착하고, 이 환상은 이루어진다. 이방인들이 믿었고, 온전하고도 의심할 여지없이 성령을 받는다. 그런데 교회는 이방인이 교회에 들어온 것에 대해 한편으로는 기뻐하면서도 다른 한편으로는 큰 의문을 품는 뒤섞인 반응을 보인다. 이 소식을 듣고 모든 신자가 기뻐한 것은 아니었다. 바울과 바나바가 첫 번째 선교 여행을 떠나고 이방인들이 믿음을 갖게 되면서, 이 문제는 한층 더 뜨겁게 달아오른다. 그래서 사도들은 마침내 교회사에서 최초의 공의회를 소집한다. 그리고 베드로와 바울의 증언 및 야고보가 확증하는 말에 근거하여, 하나님의 구원 계획 속에 이방인이 포함되어 있다는 것에 모든 사람이 동의한다.

사도행전 15장에 기록된 공의회는 우리가 통상적으로 사도행전과 가장 많이 결부시키는 내용인 바울의 선교 여행들과 겹친다. 이방인의 사도인 바울은 당시 기독교 사역의 북부 지역 중심지였던 안디옥에서 출발하여 지중해 세계를 두루 돌아다니면서, 처음에는 회당에 들어가서 복음을 전하고 그런 후에 이방인들을 복음화 하는 사역을 전개해 나간다. 그 과정에서 그는 많은 유대인으로부터 지독하게 거부당하지만(그 유대인들 중에는 나중에 예루살렘에서 유대인들 앞에서 그를 거짓으로 단죄하고 고발한 아시아 출신의 유대인들도 포함되어 있었다) 성경을 근거로 예수님이 그리스도라는 사실을 증명한다(예수님이 가르쳐주신 대로). 이야기가 전개되면서, 믿지 않는 이방인들도 유대인들 못지않게 바울에게 위험하다는 것이 드러난다. 복음이 서쪽으로 전파되어가면서 바울의 선교 여행 중에 새로운 사역 중심지들이 고린도와 에베소 같은 지역들에서 세워진다. 그 과정에서 바울은 계속해서 폭동과 폭도와 매 맞는 것과 옥에 갇히는 일을 겪는다.

사도행전의 마지막 단락에서 누가는 이 모든 이야기가 시작된 지점으로 우리를 다시 데려간다. 바울은 이방인 교회들로부터 모은 헌금, 즉 유대 그리스도인들을 돕기 위한 연보를 가지고 예루살렘에 도착한다. 그런데 그곳에도 대적들이 있어서, 그는 아주 사나운 폭도에게 사로잡힌다. 로마 군대가 개입하지 않았더라면 바울은 꼼짝 없이 죽고 말았을 것이다. 어쨌든 그 이후로 사도행전에서 그는 더이상 자유로운 몸이 되지 못한다. 바울은 벨릭스 총독과 베스도 총독 앞에서 담대하게 말했고 이 총독들은 그에게서 어떤 죄도 발견할 수 없었다. 끝으로 바울은 아그립바 왕 앞에서도 담대하게 말했다. 이때 전한 메시지를 요약하자면, 그와 그리스도인들은 하나님과 성경에 충실했다는 것이다. 바울은 가이사에게 상소했기 때문에 로마로 보내진다. 이렇게 해서 바울과 유대인 지도자들 간의 갈등은 끝이 난다.

바울은 일 년 간의 항해와 난파 속에서 살아남아 로마에 도착한다. 그 과정에서 그와 그의 일행은 폭풍을 만나 죽을 뻔했으나, 하나님의 섭리와 약속으로 말미암아 모두 살아남는다. 예수님은 바울에게 그가 로마에서도 증언해야 할 것이라고 말씀하셨고, 그렇기에 어떤 폭풍이나 겁에 질린 선원이나 죽음의 위협도 그 일을 막지 못할 것이었다. 많은 독자가 대체로 사도행전 27장과 28장을 간과하지만, 누가는 사도행전에 나오는 어떤 이야기보다도 이 로마로의 여행 이야기에 더 많은 부분을 할애하고 있다. 그렇기 때문에 독자인 우리는 이 여행 이야기에 주목해야 한다.

사도행전의 이야기는 바울이 로마에서 연금되는 것으로 끝난다. 이것이 일부 독자에게는 실망스러운 결말처럼 보일 수도 있겠지만, 누가의 이야기에 친숙한 독자들에게는 그렇지 않다. 이것은 예수님의 말씀이 어떻게 모든 민족에게 전파될 것인지, 다시 말해 복음이 우리가 전혀 상상할 수 없던 인물들과 수단들을 통해 전파되리라는 것을 보여주기 때문이다. 바울은 옥에 갇혀 있었지만 성경에 근거해서 하나님 나라를 전하고 예수님에 대해 가르친다. 복음은 당시 땅 끝의 수도였던 로마 전역으로 퍼져나갔다. 나머지 교회사 전체는 사도행전 28장 이후에 어떤 일이 벌어졌는지에 관한 이야기다.

제목

사도행전의 제목에 관해 논의하는 자리는 사도행전의 내용과 목적에 대해서도 어느 정도 함께 고찰해볼 수 있는 좋은 기회다. 복음서들과 마찬가지로 사도행전의 표제도 나중에 붙여졌는데, 그 시기는 적어도 주후 3세기 이전이다. 사본 전승들 속에는 이것을 증명하는 본문 상의 좋은 증거가 존재한다. 더 흥미로운 문제는 사도행전이라는 표제가 과연 적절한가 하는 것이다. 많은 독자가 '사도행전'이라는 표제에 대해 의아해한다. 그 중 한 가지 이유는 사도행전의 이야기 속에 매우 적은 수의 사도들만 등장한다는 것이다. 처음 몇 장은 대체로 베드로 그리고 대개 베드로와 함께 다녔던 요한에 관한 이야기이며, 예수님의 다른 제자들은 통상적으로 '사도들'로 언급될 뿐이다. 이 사도들의 이름이 오순절 이전에 그들과 함께 모여 있던 다른 제자들과 함께 명단에 열거되기는 한다(1:12-14). 하지만 새로운 사도(맛디아)를 선출하는 이야기와 야고보(요한의 형제)의 죽음에 관한 이야기를 제외하면, 이 사도들은 개인적으로 큰 주목을 받지 못한다. 사도행전의 처음 몇 장에서는 베드로를 제외한 다른 사도들보다 스데반과 빌립(사도는 아니지만 사도행전 8장에서 에디오피아 내시에게 전도한 인물)이 더 많은 주목을 받는다. 또한 원래의 열두 제자에 속하지 않은 두 사도, 그 중에서도 특히 한 사도가 상당한 주목을 받는다. 그 중 첫 번째 인물인 야고보는 예수님의 형제로서 예수님이 살아 계실 때에는 믿지 않았으나, 예수님이 죽고 나서는 예루살렘 교회에서 가장 중요한 인물로 부상한다. 두 번째 인물인 바울은 전에 다소의 사울로서 그리스도인들을 박해하였으나 하나님의 부르심을 받고 이방인의 사도가 된 인물이다. 사도행전의 절반 이상이 대체로 바울의 사역에 할애된다.

게다가 사도행전의 이야기에서 사도들이 초점이긴 하지만, 하나님이 주인공이라는 점은 너무나 분명하다. 사도들은 주님이 맡기신 일을 수행하고(1:8), 주님은 환상과 사건과 예언을 통해 그들을 지도하신다. 주님의 좀 더 분명한 인도하심 외에도 주님의 감독하심이 사도행전의 밑바닥 전체에 흐르고 있다는 것은 의심할 여지 없이 분명하다. 만일 사도들과 초기 그리스도인들만이 복음 사역을 담당했다면 박해와 죽음, 또는 적어도 종교적이거나 사회적인 비난으로 말미암아 그 사역 전체는 실패하고 말았을 것이다. 사도행전은 하나님이 사도들을 통해 행하신 일에 관한 기록이다.[1]

그렇다 할지라도 성경의 이 책을 사도행전 이외의 다른 이름으로 불러야 할 설득력 있는 근거는 없다. 우리는 오랜 세월 동안 '사도행전'이라는 표제가 사용되어 온 것과 사도행전이 아닌 다른 표제를 사용했을 때에 발생하게 될 실제적이고 역사적인 문제들뿐만 아니라 이 책의 저자인 누가가 붙인 서문도 고려해야 한다. 누가는 사도행전의 수신인인 데오빌로에게 예수님이 친히 이 땅에서 하셨던 일을 어떤 방식으로 그분의 제자들에게 넘기셨는지를 보여주겠다고 말한다. 그래서 자기가 두 번째 책을 쓰는 이유를 밝히면서 사도행전을 시작한다(그가 쓴 첫 번째 책은 누가복음이다). "데오빌로여 내가 먼저 쓴 글에는 무릇 예수께서 행하시며 가르치시기를 시작하심부터 그가 택하신 사도들에게 성령으로 명하시고 승천하신 날까지의 일을 기록하였노라"(1:1-2). 그런 후에 누가는 계속해서 예수님이 승천하시는 그날까지 사도들을 어떤 식으로 준비시키고 지도하며 어떤 일을 맡기셨는지를 들려준다. 사도행전은 제자들이 예수님에게서 의탁받은 사역을 어떻게 수행했는지를 기록한 책이다. 그 사역을 수행하라는 명령은

1 Alan J. Thompson이 자신이 쓴 책에 *The Acts of the Risen Lord Jesus: Luke's Account of God's Unfolding Plan*, NSBT 27 (Downers Grove, IL: IVP Academic, 2011)이라는 제목을 붙인 데는 지극히 타당한 근거가 있다. 필자가 생각하기로 이 책은 일반 독자와 신학생과 목회자와 신학자 모두에게 사도행전의 신학적 내러티브를 이해하는 데 유일한 최고의 책이다. 필자가 사도행전과 관련해서 읽은 모든 책 중에서 이 책은 가장 영향력 있는 책이다.

분명히 예수님으로부터 왔고, 사도행전 전체에 걸쳐 그 사역을 이끌어나가시는 분(능력 주시는 성령을 통해)도 분명히 예수님이시다. 하지만 사도행전의 초점은 사도들의 사역을 '통해서' '어떻게' 예수 그리스도의 복음이 전파되었는지를 보여주는 데 맞춰져 있다.

사실 예수행전이라고 부르든 사도행전이라고 부르든 근본적으로 실제적인 차이는 없다. 이 책에 나오는 모든 일은 예수님이 행하신 일이든 사도들이 행한 일이든 모두 하나님의 역사이고, 하나님의 계획을 이 세계에 알리는 증언이다. 예수님이 하신 일과 사도들이 한 일을 날카롭게 구별하는 것은 (붉은 글씨와 검은 글씨로 된 성경 역본에 나오는) 복음서들에서 붉은 글씨로 된 것은 하나님의 말씀이요 검은 글씨로 된 것은 인간의 말이라고 주장하는 것과 같다. 또한 우리는 실제로 사울이 '교회'를 박해하였는데도 예수님이 사울에게 자기를 박해했다고 꾸짖으신 것을 상기해야 한다. 다시 말해 그리스도와 그를 따르는 자들은 서로 유기적으로 연결되어 있다는 것이다. 누가복음은 성육신하신 주님이 친히 일하시는 것을 보여주는데, 그 주된 부분은 제자들을 부르시고 준비시키는 것이었다. 사도행전에서 누가는 예수님으로부터 가르침을 받은 이 제자들이 하나님의 계시와 성령이 베푸신 능력 아래에서 어떤 식으로 예수님의 일을 수행하는지를 보여준다.

저자

사도행전의 저자에 관한 논쟁과 논의는 한동안 학계에서 흔한 일이었다. 적어도 사도행전의 저작 연대나 역사적 신빙성 같은 중요한 문제들이 그러한 논의의 일부로 다루어지긴 했지만, 바울의 동료였던 누가가 사도행전을 썼다는 것을 노골적으로 의심하게 된 것은 근대에 들어와서 생겨난 새로운 현상이다. 초기의 모든 교부들은 누가가 사도행전의 저자임을 전혀 의심하지 않았다. 이 주석서는 누가복음의 저자인 누가가 사도행전의 저자이기도 하다는 것을 전제한다. 누가는 바울의 동료 중 한 사람이었고, 사도행전의 많은 부분(전부는 아니지만)은 목격자의 관점에서 기록된다. 사도행전의 저자는 16:10-17; 20:5-16; 21:1-18; 27:1-28:16에서 바울과 함께 여행한 것으로 언급된 "우리"의 일부다. 우리는 누가가 바울의 친구였고, 바울이 선교 여행을 할 때에 그와 동행했으며, 바울이 감옥에서 몇몇 서신을 쓸 때에도 함께 있었다는 것을 안다. 누가는 "사랑을 받는 의사"(골 4:14)였고, 빌레몬에게 안부인사를 건네는 사람들 가운데 포함되었으며(몬 1:24), 바울이 생애의 마지막 날들을 보내는 동안에도 그와 함께 있었다(딤후 4:11).

성경과 교회사는 누가가 성경에 세 번째로 나오는 복음서의 저자였다는 믿음을 뒷받침한다. 물론 누가가 누가복음을 썼다는 사실은 그가 사도행전을 썼다는 증거가 되지는 않는다. 그렇지만 누가복음과 사도행전의 문체와 주제, 그리고 두 책 모두 서문에서 데오빌로라는 동일인물을 언급하는 것(눅 1:1-4; 행 1:1-2)은 성경의 이 두 책을 동일인물이 썼음을 분명히 해주는 것으로 여겨진다.

저작 연대와 배경

누가가 사도행전을 쓴 시기는 주후 60년대 초반에서 90년경 사이로 추정된다.[2] 누가가 누가복음을 쓴 후 바울이 죽기 전에 사도행전을 쓴 것으로 보이기 때문에, 저작 시기는 주후 60년대나 70년대 초로 좁혀진다. 예루

2 사도행전의 저작 연대를 주후 90년이 훨씬 지난 시기로 잡는 견해들이 많이 있지만, 그런 견해들은 주로 비평학적 전제들을 토대로 한다. 그 전제들은 여기에서 다룰 수 없을 정도로 그 수가 너무 많다. 이 문제에 대해 논의하는 것은 중요한 일이지만, 이 주석서의 목적은 아니다.

살렘 성전은 주후 70년에 로마군에게 유린되었다. 이 극적인 사건이 사도행전의 핵심적인 주제들 중 하나, 즉 하나님은 예루살렘 성전을 포함해서 어떤 성전에도 계시지 않으며 예수님 안에서 단번에 계시되셨다는 주제를 부각시키는 데 도움이 될 텐데도, 누가가 이 사건에 대해 전혀 언급하지 않은 것은 아무리 생각해도 흥미롭다. 예루살렘이 없어졌는데, 누가는 어째서 그런 엄청난 상황 증거를 전혀 언급하지 않은 것일까? 분명히 그는 이에 관해서 침묵하지만, 어떤 침묵은 다른 침묵들보다 더 크게 들린다. 누가가 사도행전을 예루살렘 성전이 파괴된 후에 썼고, 독자들이 예를 들어 스데반이 성전에 대해 한 말(7:44-50)의 의미를 잘 알고 있었기 때문에, 예루살렘 성전의 파괴는 이미 사도행전의 사건과 주제와 신학의 가장 중요한 배경이었을 것이다. 그러나 히브리서의 경우와는 달리, 누가가 스데반과 바울의 설교를 극명하게 증명하는 역사적인 사건을 의도적으로 전혀 언급하지 않았을 가능성은 거의 없어 보인다.

사도행전의 저작 연대를 초기로 잡는 가장 유력한 견해는, 바울이 여전히 로마의 감옥에 있던 때인 주후 62년경에 누가가 사도행전을 완성했다는 것이다. 이 견해는 사도행전 28장이 왜 그 장면으로 끝나는지를 설명해 준다. 주후 62년 이후에 바울의 생애와 그가 겪은 사건들은 불분명하다. 학자들은 바울이 로마에서 두 번째로 투옥되었다거나 마침내 스페인(서바나)까지 가서 복음을 전했다는 등 여러 가지 견해를 제시한다. 어쨌든 주후 62년 이후에 어떤 일이 일어났는지와 상관없이, 누가가 로마에서 바울과 함께 있는 동안 그의 이야기를 완성했다고 결론을 내리는 것은 합리적이다. 하지만 누가가 60년대 후반에 사도행전을 썼다고 하더라도, 다시 말해 저작 연대를 60년대 초반으로 잡든 후반으로 잡든, 그것은 사도행전을 해석하는 데에 실질적인 영향을 미치지 않는다.

장르와 문학적 구조

사도행전의 장르에 관한 논의는 따로 한 권의 책으로 써야 할 정도로, 주석서나 신약성경 개론서나 신약신학 책들에서 상당한 분량을 차지한다. 그런 논의들은 대체로 셈어적(Semitic) 배경이나 그리스-로마적 배경의 문헌들을 예시로 제시한다. 분명히 그러한 논의들도 필요하고 도움이 되겠지만, 사도행전의 장르를 정하는 가장 좋은 방법은 가장 직접적이고 중요한 맥락인 성경 안에서 그 장르를 찾는 것이다. 이 문제에 대한 간단한 대답은 사도행전이 '성경 내러티브'라는 것이다.[3] 즉, 사도행전이 구약성경에서 발견되고 복음서들에서 채택된 내러티브라는 전통을 따르고 있다는 것이다. 사도행전은 의도적으로 그 이야기를 이어나간다. 물론 성경 내러티브는 성경의 다른 장르들과 마찬가지로 당시의 성경이 아닌 내러티브와 서로 겹치고 유사한 점이 있다. 예컨대, 복음서들은 그리스와 로마의 전기들과 유사하면서도 '정확히 동일하지는 않다.' 오경의 율법들 역시 고대 근동의 다른 법전들과 유사하지만 '정확히 동일하지는 않다.'

이렇게 서로 차이가 나는 이유로는 성경의 전체적인 성격, 성경 전체가 하나님과 그분이 행하신 능력 있는 일들을 기본적인 주제로 공유하고 있다는 것 등을 들 수 있다. 성경에 나오는 모든 장르는 동일한 토대와 주제, 목표를 공유한다. 이것이 성경에 나오는 장르들을 성경 밖의 장르들과 다르게 만들고, 사실상 성경을 독자적인 장르로 만든다. 즉, 성경은 동일한 목적을 위해 다양한 유형의 문학 장르를 한 곳에 모아놓은 모음집이다. 성경 내러티브는 하나님과 그분이 행하신 능력 있는 일들에 관한 이야기를 보존하고 해석하며, 제시하기 위한 문학적인 수단이다. 역사적이고 성경적인 내러티브를 쓰면서, 누가는 그 이야기의 흐름, 그 중에서도 특히 구약성

3 요한복음 서론의 장르와 문학적 구조도 참고하라.

경의 이야기와 약속들의 성취로 오신 메시아 나사렛 예수를 통해 그 이야기 전체가 성취된 것에 영향을 받았다. 누가는 그 이야기를 자신의 복음서에 기록하였고, 사도행전에서 그 이야기를 이어간다. 사도행전은 성경 전체 내러티브의 극치이고 정점이다. 사도행전은 성경 전체의 이야기가 어떻게 성취되었는지에 관해 들려주는 이야기다.

사도행전을 비롯한 성경 내러티브와 관련해서 한 가지 중요한 것은, 이것이 독자들이 받아들여서 따라야 할 현실적이고 살아 있는 이야기라는 것이다. 사도행전은 단지 오래 전에 살았던 최초의 그리스도인들에 관한 이야기이자 그들을 둘러싼 사건들에 관한 기록에 그치지 않는다. 성경의 모든 내러티브가, 그리고 성경 자체가 그러하듯이 사도행전은 우리로 하여금 그 서사에 참여하여 그 이야기에 비추어서 우리 자신, 우리의 역사, 우리의 미래, 우리의 세계관 전체를 이해하도록 초대한다. 우리는 사도행전의 페이지를 넘기며 다음과 같은 메시지를 발견해야 한다.

- 우리가 지닌 관점과 가치에 도전하는 메시지
- 하나님과 하나님이 이 세계에서 하시는 일을 바라보는 우리의 견해를 교정하고 형성하는 메시지
- 우리에게 예수님의 나라를 대적하는 세상에 맞설 힘을 주는 메시지
- 믿음으로 사는 것과 보는 것에 의지해서 사는 것이 어떻게 다른 지를 우리에게 가르쳐 주는 메시지
- 부활하신 왕의 메시지를 우리 주변 사람들에게 온전한 확신 속에서 전하고자 하는 동기를 우리에게 불어넣는 메시지
- 고난이 그 나라에 들어갈 수 있는 유일한 길이라는 것을 (믿음으로) 알고 고난에 대처하도록 우리를 가르치는 메시지
- 사도들보다 앞서 승천하신 예수님이 그들이 본 그 모습 그대로 다시 돌아오실 것임을 아는 자로서, 우리가 지금 이 땅에서 어떻게 살아가야 하는지를 보여주는 메시지

우리는 사도행전에서 시작된 시대, 즉 주님이 다시 돌아오셔서 현세와 관련된 성경 이야기를 끝내시고 무궁한 새로운 세계를 여시기를 기다리며 살아가는 성령의 시대에 살고 있다. 실제로 우리는 믿음과 성령으로 말미암아 이미 내세에 참여하고 있다. 성령은 현세와 내세를 연결시키고 하나님의 미래를 보증하는 분이다.

사도행전의 문학적 구조를 찾아내기란 쉬우면서도 어렵다. 그것이 어려운 이유는 누가가 서로 중복되는 사건들과 등장인물들과 주제들을 지닌 아주 복잡한 이야기를 들려준다는 데 있다. 하지만 다행스럽게도 이 복잡한 이야기는 사건들과 전환점들이 연결되는 주된 흐름을 따라 장면과 등장인물이 구분되면서 하나의 통일된 그림으로 수렴된다. 사도행전의 자세한 개요는 이 책에서 주석을 다루는 부분 앞에 제시되지만, 다음의 짧은 개요를 이용하면 사도행전의 전체적인 구조를 가장 잘 파악할 수 있다.[4] 사도행전을 이렇게 구분하는 토대는 1:8이다. "오직 성령이 너희에게 임하시면 너희가 권능을 받고 예루살렘과 온 유대와 사마리아와 땅 끝까지 이르러 내 증인이 되리라."

Ⅰ. 예루살렘, 유대, 사마리아(베드로와 열두 사도)(1:1-12:25)
- A. 사명의 수여와 예루살렘(1:1-8:4)
  - [스데반(6:8-7:60)의 순교와 신자들의 흩어짐(8:1-4)으로 끝남]
- B. 예루살렘 너머로의 첫 번째 확장(8:5-9:31)
  - 1. 사마리아(8:5-25)

4 이 개요는 Gordon D. Fee and Douglas Stuart, *How to Read the Bible for All Its Worth*, 2nd ed. (Grand Rapids, MI: Zondervan, 1993), 98-99에 나오는 사도행전 개관을 토대로 한 것이다. 나는 그들이 제시한 개요에서 여러 대목을 수정하였다. 사도행전의 구조를 훨씬 더 자세하게 제시한 개요들도 있지만, 필자가 생각하기로 사도행전을 이제 막 연구하기 시작한 독자들에게 사도행전의 큰 그림을 단순하게 제시한 이 개요보다 더 나은 것은 없는 것 같다.

2. 에디오피아 내시(8:26-40)

3. 바울의 회심(9:1-31)[Ⅱ에 대한 암시]

C. 북쪽으로의 확장(9:32-12:25)

1. 애니아와 도르가(헬라 유대인들)(9:32-43)

2. 고넬료(하나님을 경외하는 자)(10:1-11:18)

3. 안디옥의 이방 교회(11:19-30)

4. 예루살렘에서의 박해(12:1-25)

Ⅱ. 땅 끝(바울)(13:1-28:31)

A. 브리기아와 갈라디아(13:1-15:35)

1. 1차 선교 여행(13:1-14:28)

2. 예루살렘 공의회(15:1-35)

B. 마게도냐(15:36-21:16)

1. 2차 선교 여행(15:36-18:22)

2. 3차 선교 여행(18:23-21:16)

C. 로마로(21:17-28:31)

1. 예루살렘에서 갇힘(21:17-23:35)

2. 가이사랴에서 갇힘(24:1-26:32)

3. 로마로의 항해(27:1-28:15)

4. 하나님 나라를 전파함(28:16-31)

여러 가지 방법으로 사도행전의 구조를 자세하게 제시할 수도 있지만, 앞서 제시한 개요는 단순하다는 이점을 지닌다. 이 구조는 한편으로는 베드로와 바울이라는 두 인물에, 다른 한편으로는 하나님 나라가 확장되어 나가는 것에 기초한다. 사도행전에서 누가가 제시하는 두 명의 주인공은 베드로와 바울이다. 다시 말해 누가의 '주된 목표'는, 부활하신 예수님께 사명을 위임받고 성령의 능력을 덧입은 사도들이 하나님의 전능한 일을 수행해나가는 것을 보여주는 것이다. 이 두 사실에는 의문의 여지가 없다.

신학 및 성경 다른 본문과 그리스도와의 관련성

모든 성경 내러티브와 마찬가지로 사도행전은 신학과 역사가 서로 교차하는 지점에서 기록된다. 누가는 역사가로서 역사적인 사람들, 사건들, 대화들, 가르침들, 말들을 기본적으로 연대기적인 순서로 기록한다. 모든 훌륭한 이야기꾼들과 마찬가지로 누가는 사건들을 서로 중복해서 전개하고, 이야기의 한 부분을 미리 던져놓은 후에 나중에 그 단서를 다시 가져와서 이야기를 전개하는 방식을 자유자재로 구사한다. 사도행전처럼 등장인물과 사건이 많은 이야기에서 그 이야기의 모든 요소, 특히 거의 동시에 진행되는 여러 사건을 완벽하게 연대기적인 순서로 들려주기란 불가능하다. 게다가 누가는 하나의 이야기(역사적인 이야기는 아닐지라도)를 쓰고 있을 뿐만 아니라, 신학도 쓰고 있다.

누가는 그의 복음서 첫머리에서 이렇게 말한다. "데오빌로 각하에게 차례대로 써 보내는 것이 좋은 줄 알았노니 이는 각하가 알고 있는 바를 더 확실하게 하려 함이로라"(눅 1:3-4). 그리고 사도행전의 첫머리에서는 그가 쓴 복음서의 이야기를 잇는 역사적 기록을 제시하는 것이 목적이라고 밝힌다. 누가는 그가 앞서 쓴 복음서에서 예수님의 사역 및 그분이 행하시고 가르치신 것을 기록했다고 말한 후에(행 1:1), 복음서의 이야기가 끝난 지점으로부터 그 이후에 일어난 일들을 기록해나가기 시작한다. 이제 누가는 예수님이 부활하셔서 나타나신 것에서 시작하여 40일 동안 제자들에게 하나님 나라에 관해 가르치신 시기에 초점을 맞춘다(1:2-3). 이렇게 해서 누가복음과 사도행전은 기본적으로 단절이 없는 하나의 연속된 이야기를 형성한다. 사도행전의 핵심은 사도들이 복음을 온 세계에 전하라는 예수님의 사명을 어떻게 받아서 수행했는지를 역사적으로 설명하는 것이다(1:8). 따라서 사도행전은 일종의 특별한 역사서다. 즉, 사도행전은 역사 속에서 일어난 일반적인 사건들을 순서대로 설명한 역사서가 아니라, 사도들이 자신들에게 맡겨진 특별한 사명을 어떻게 수행해 나갔는지를 집중적으로 설명한 특화된 역사서다. 누가의 역사서는 모든 역사서와 마찬가지로 기록 목적에 부합하는 자료들을 선별해서 구성한 것이다. 누가는 어떤 역사를 들려주고 있지만, 그 역사는 대단히 신학적인 성격을 지닌다. 사도행전이 신학적인 역사인 이유는 하나님이 이 세계에서 행하신 일에 관한 이야기요, 역사이기 때문이다.

사도행전은 신학적이므로 누가는 신학자다. 그는 신학적인 관점과 목적을 가지고 역사를 기록한다. 누가는 그러한 신학적인 관점에서, 자신이 기록하는 사건들을 해석하고, 그 사건들이 지닌 신학적인 의미를 보여준다. 하지만 또 한 가지 알아야 할 중요한 사실은, 누가의 신학적 관점이 단지 이미 일어난 일을 설명하거나 고찰하는 것(우리가 성경의 어떤 책에 관한 주석서에서 볼 수 있는 것 같은)이 아니라는 것이다. 도리어 누가는 구약성경의 세계관과 가르침에 의해 형성된 신학, 예수님에 관해 알고 있는 전승들, 바울에게서 배운 것들을 능동적으로 기록하고 있다. 우리는 사도들의 사역에 관한 누가의 신학적 역사 속에서 다양한 주제들과 강조점들을 발견하고, 그 중에서 많은 부분을 사도행전 본문을 주석할 때 다룰 것이다. 그렇지만 우리가 사도행전을 읽을 때에 지침이 될 몇 가지 두드러진 것들을 미리 살펴보겠다.

약속과 성취

누가는 그의 신학에서 다룬 모든 주제와 강조점을 약속과 성취라는 주제 아래 둔다. 또한 약속과 성취는 신약성경 전체가 서 있는 가장 기본적인 토대이기도 하다.

사도행전도 누가복음의 초점을 이어받아 메시아에 관한 약속들의 성취이신 예수님에게 초점을 맞춘다.[5] 사도행전 신학의 모든 측면은 예수님의 죽음, 장사되심, 부활, 즉위로부터 흘러나온다. 성령 강림은 그 성취의 한 부분이다. 베드로는 예수님이 승천하신 후에 예루살렘에 모인 사람들에게 그들이 오순절에 목격하고 있는 이 놀라운 일은 하나님이 "선지자 요엘을 통하여 말씀하신"(2:16) 바로 그 일이라고 말함으로써 그의 첫 번째로 기록된 설교를 시작한다. 그런 후에 그는 계속해서 구약성경을 인용하여 하나님이 선지자를 통해 약속하신 성령 강림은 최근에 나사렛 예수를 둘러싸고 일어난 사건들의 결과임을 밝힌다. 사도행전에 나오는 모든 중요한 설교와 말은 성경을 근거로 해서 예수님이 그리스도시라는 사실을 제시한다.

제자들은 (약속과 성취에 의거해서) 구약성경을 해석하는 이 방식을 예수님에게서 배웠다. 누가복음 24장에서 엠마오로 가던 두 제자는 그들도 미처 깨닫지 못하는 사이에 부활하신 예수님을 만난다. 그들은 최근에 예루살렘에서 벌어진 사건들을 얘기하면서, 결국 예수님은 사람들이 오랫동안 기다려왔던 메시아가 아니라는 것이 밝혀졌다고 말하며 실망하였다. 예수님은 이를 보시고 다음과 같이 말씀하셨다. "미련하고 선지자들이 말한 모든 것을 마음에 더디 믿는 자들이여 그리스도가 이런 고난을 받고 자기의 영광에 들어가야 할 것이 아니냐"(눅 24:25-26). 그리고 이어서 그분은 "모든 성경에 쓴 바 자기에 관한 것"을 그들에게 "자세히 설명"해 주신다(눅 24:27).

예수님은 이 두 사람에게 구약성경을 그 성취인 자신에게 비추어 읽

5 누가복음과 사도행전의 관계는 잘 입증된다. 두 책 사이의 연결점 및 동일한 주제들을 여기서 모두 열거하려면 많은 지면이 필요하다. 그래서 필자는 사도행전 본문들을 주석하면서 누가복음에 나오는 본문들과 주제들을 제시하거나 다른 복음서들보다 누가복음을 우선적으로 인용함으로써 그런 관계들을 드러내 보이는 쪽을 선택했다. 따라서 병행 본문으로 누가복음뿐만 아니라 마태복음이나 마가복음에도 나올 때에는 누가복음 본문만을 인용한 경우도 많으며, 여러 복음서의 병행 본문을 인용한 경우에도 통상적인 정경 순서를 무시하고 누가복음 본문을 가장 먼저 인용했다(예컨대, 눅 9:20; 참고. 마 16:16; 막 8:29). 물론, 누가복음은 사도행전의 두 번째 맥락이기에(사도행전 자체가 첫 번째 맥락이므로), 필자는 사도행전에 계속해서 초점을 맞추려고 노력했다.

어야 함을 가르치셨다. 아마도 예수님은, 승천하기 전 40일 동안 제자들과 함께 계시면서 하나님 나라에 관해 가르치실 때도 어떻게 자신이 성경의 목표이자 성취인지를 알리셨을 것이다(눅 24:44-47). 그리고 이것이 바로 사도행전에서 사도들이 행하고 있는 것이다. 즉, 그들은 이곳저곳을 돌아다니면서 성경에 근거하여 예수님이 메시아이시고 약속된 왕이시라는 것을 보인다. 다음의 예를 들 수 있다.

- "빌립이 입을 열어 이 글[이사야 53장]에서 시작하여 예수를 가르쳐 복음을 전하니"(행 8:35).
- "바울이 자기의 관례대로 그들에게로 들어가서 세 안식일에 성경을 가지고 강론하며 뜻을 풀어 그리스도가 해를 받고 죽은 자 가운데서 다시 살아나야 할 것을 증언하고 이르되 내가 너희에게 전하는 이 예수가 곧 그리스도라 하니"(행 17:2-3).
- "아볼로가 아가야로 건너가고자 함으로 형제들이 그를 격려하며 제자들에게 편지를 써 영접하라 하였더니 그가 가매 은혜로 말미암아 믿은 자들에게 많은 유익을 주니 이는 성경으로써 예수는 그리스도라고 증언하여 공중 앞에서 힘있게 유대인의 말을 이김이러라"(행 18:27-28).

약속과 성취의 또 다른 측면은, 예수님을 중심에 놓고 성경에 대한 신학적인 읽기를 극적으로 제시하는 스데반의 설교에서 발견된다. 베드로가 오순절에 한 설교를 통해 예수님의 재판과 십자가에 못 박힘과 부활이 하나님의 계획에 따라 성경을 성취하기 위한 것이었음을 보였듯이, 스데반도 예수님이 거부당하신 것 자체가 성경의 성취이자, 이스라엘 민족이 하나님을 거부한 오래된 죄의 정점이었다는 것을 분명하게 보인다. 스데반은 아브라함에서 시작하여 모세로 넘어가서 하나님과 그분의 종에 대한 이스라엘의 신실하지 못함과 반역과 거부를 부각시킨다(7:35, 39). 그런 후에 스데반은 이 무리도 그들의 조상들처럼 성령을 대적했고 '의인'이 오실 것이라고 예언한 선지자들을 죽였으며, "그 의인을 잡아 준 자요 살인 한 자"가 되었다고 고발하는 것으로 설교를 끝마친다(7:52). 나중에 바울은 특히 예루살렘의 무리 앞에서(22장), 그리고 벨릭스 총독(24장)과 아그립바 왕 앞에서(26장) 행한 설교에서 이 주제를 다시 꺼내어, 자신을 고발한 자들은 하나님께 신실하지 못한 자들이고, 자신을 비롯해서 나사렛 예수를 따르는 자야말로 하나님께 신실한 자들이라는 것을 보인다. 따라서 누가는 예수님이 메시아에 관한 약속들의 성취라는 사실을 강조할 뿐만 아니라, 그분이 거부당하셨다는 사실도 강조한다. 그리고 후자는 사도행전에 나오는 또 다른 중요한 주제, 즉 이방인들이 교회로 편입된 것과 관련된 주제와 연결된다.

이방인 문제

이방인이 기독교로 회심한 것은 초기 교회에 속한 일부 사람들에게 중요한 문제였고, 누가는 이 '문제'가 초래한 문제들과 분열을 공개적으로 기록한다. 이 문제와 관련해서 누가는 이방인이 교회로 들어오게 된 것은 하나님이 내내 약속해 오셨던 것임을 분명히 한다. 많은 유대인이 예수님을 거부한 것과는 대조적으로 많은 이방인이 예수님께로 나아와서 구원을 받는다. 사도행전은 복음이 점점 더 이방인 지역들로 이동해가는 뚜렷한 변화를 보여준다. 그리고 초기 유대 그리스도인들은 세계관과 관련해서 극심한 변화를 겪을 수밖에 없었다. 하나님을 경외하는 자(할례를 제외한 유대인의 율법과 관습을 지키는 이방인)인 고넬료가 성령을 받고 구원을 얻기 전에, 베드로는 오랫동안 고수해 왔던 신념들과 전통들에 도전하는 환상을 본다. 하나님은 모세 율법이 먹지 말라고 한 부정한 것들을 포함한 온갖 짐승이 들어 있는 보자기 모양을 한 그릇이 하늘로부터 내려오는 환상을 보여주시면서 베드로에게 먹으라고 명령하신다. 그런데 베드로는 율법을 어길 수 없다고 말하고 그 명령을 거부한다(10:12-14). 그러자 하나님은 베드로의 생각이 잘못되었다고 말씀하시고, 하나님이 깨끗하게 하신 것은 다 깨끗하다고 대답하신다(10:15). 하나님이 이 말씀을 세 번 하시고 나서야 베드로는 이 엄청난 진실을 받아들인다. 하나님의 이 말씀은 음식이 아니라 사람에 관한 것으로서, 이방인도 유대인과 마찬가지로 하나님의 백성이 될 수 있다는 것이었다.

베드로는 고넬료를 만나서 그의 이야기를 들은 뒤 고넬료와 그의 식솔에게 복음을 전하고, 그들은 믿음으로 응답하여 성령을 받는다. 그때에야 베드로는 이 모든 것을 이해한다. 하나님은 구원과 관련해서 사람을 차별하지 않으신다. 누구든지 예수님을 믿는 자는 온전히 환영을 받는다. 이 사건은 사도행전에서 전환점을 이루는 사건, 즉 이방인의 사도인 바울이 세상 끝을 향해 나아가게 된 것과 아주 유사하다. 그런데 여기서 역설적인 것은, 아주 확고한 유대 전통주의자이자 최초의 그리스도인들에게 철천지원수인 자가 이방인에게 복음을 전하기 위해 하나님이 선택하신 도구가 되었다는 것이다(9:15; 13:2-3; 22:21). 바울의 사역에는 유대인들이 복음을 거부한 것과 이방인들이 복음을 받아들인 것 사이의 명확한 연결고리가 존재한다(13:46; 18:6). 하지만 이 주제를 다룰 때에 독자들이 반드시 명심해야 할 것은, 최초의 그리스도인들이 모두 예수님과 같은 유대인이었다는 것이다. 사도행전에서 믿지 않는 유대인들을 단죄하는 설교를 한 사람들은 모두 유대인이었다. 누가는 불신앙의 역사적 궤적을 강조하며, 사도행전 내러티브에서(복음서들과 마찬가지로) 단연코 지도자들(신학 교육을 받은 자들)의 불신앙에 초점을 맞추고 있다.

사도들의 설교

오래 전에 도드(C. H. Dodd)는 사도들의 설교에 담긴 기본적인 내용이 무엇인지를 밝혀놓았다. 도드에 의하면, 사도들의 기본적인 메시지는 여섯 부분으로 되어 있다.[6]

(1) 구약성경에서 약속한 성취의 때가 도래했다.

(2) 그 '때'는 나사렛 예수의 삶과 사역을 통해 도래했다.
(3) 예수님은 지금 죽은 자 가운데서 부활하사 왕으로서 보좌에 앉아 계신다.
(4) 지금 예수님은 보좌에 앉아 계시며, 그분의 능력인 성령으로 세상 속에서 일하고 계신다.
(5) 예수님은 다시 오셔서 현세를 끝내실 것이다.
(6) 복음을 듣는 자들은 복음에 응답하여 회개하고 죄 사함을 받아야 한다.

이렇게 사도들이 전한 설교의 예들은 대체로 사도행전의 처음 절반에 등장한다(2:14-39; 3:11-26; 4:8-12; 5:29-32; 10:34-44; 13:16-41). 도드는 그의 저작에서 사도들이 전한 메시지의 기본 주제들과 신학을 밝히고, 복음 전도가 기존의 내용에 기초하였음을 증명한다. 이는 이 메시지를 전하기 위해 사용하는 용어나 표현이 절대적으로 확정되어 있었다거나, 이 여섯 가지 요소가 모든 메시지에 항상 들어있었다(또는 들어있어야 했다)는 것을 의미하지 않으며, 이 여섯 가지 요소가 사도들의 전형적인 설교를 위한 하나의 본이었다는 것은 더더욱 아니다. 사도행전에 나오는 설교 중 대다수는 여섯 가지 요소 중 일부만 포함한다. 그렇지만 이 여섯 가지 요소는 사도들이 제시한 예수님에 관한 핵심적인 메시지를 '요약'해준다. 사도들은 이러한 신학적인 설교를 함으로써 청중을 잃어버릴까 염려하지 않았다.

사도행전은 신약성경의 다른 모든 책과 마찬가지로 당연히 성경 전체를 배경으로 해서 읽어야 한다. 성경을 하나의 단일한 책으로 읽고 이해하려고 하는 것은 성경신학적인 일이다. 이미 앞에서 언급했듯이, 사도행전은 구약성경 내러티브에서 시작해서 복음서들에 기록된 예수 그리스도의

6 C. H. Dodd, *The Apostolic Preaching and Its Developments* (New York: Harper and Row, 1964), 21-24. Dodd의 저작은 내가 동의하지 않는 자료 및 발전에 관한 전제들과 결론들을 포함하고 있다. 그럼에도 불구하고 필자는 사도행전에 나오는 설교의 기본적인 내용에 대한 그의 요약이 유익하다고 여긴다.

성육신을 통한 그 이야기의 성취로 나아가는 하나님의 구원 이야기를 이어간다. 사도행전은 그 이야기의 마지막 장이고, 또한 우리가 오늘날 살아가는 새로운 성령 시대의 시작이다. 성령 강림은 사도행전과 성경의 나머지 부분이 연결되는 주된 접촉점이라 할 수 있다. 사도행전 2장과 그 이후의 장들에서 벌어지는 모든 일은 하나님이 아주 오래전에 하신 그분의 약속을 지키시는 것과 관련된다.

신명기 9장에서 모세는 요단강을 건너 약속의 땅을 차지하기 위해 이스라엘 백성을 준비시킨다. 모세는 그 시점에 이르기까지의 이스라엘 역사를 자세히 설명하면서, 하나님이 그들을 애굽으로부터 이끌어내신 이래로 계속해서 은혜와 구원을 베푸셨는데도 그들은 하나님에 대해 신실하지 않았다는 것을 특히 강조한다. 이스라엘 역사의 중심이자 정점에는 모세가 하나님께로부터 율법을 받기 위해 산 위에 있는 동안에(신 9:9-21) 그들이 금송아지 우상을 섬긴 사건이 있었다(참고. 출 32장). 모세는 신명기 10장에서 계속해서 그들의 여정을 설명하고 그들의 미래를 보여주면서 이 모든 것을 다음과 같은 말로 끝마친다.

> "이스라엘아 네 하나님 여호와께서 네게 요구하시는 것이 무엇이냐 곧 네 하나님 여호와를 경외하여 그의 모든 도를 행하고 그를 사랑하며 마음을 다하고 뜻을 다하여 네 하나님 여호와를 섬기고 내가 오늘 네 행복을 위하여 네게 명하는 여호와의 명령과 규례를 지킬 것이 아니냐 하늘과 모든 하늘의 하늘과 땅과 그 위의 만물은 본래 네 하나님 여호와께 속한 것이로되 여호와께서 오직 네 조상들을 기뻐하시고 그들을 사랑하사 그들의 후손인 너희를 만민 중에서 택하셨음이 오늘과 같으니라"(신 10:12-15).

그런 후에 모세는 그들이 그들의 하나님 여호와를 따르고 순종하기 위해서는 그들에게 정확히 무엇이 필요한지를 말한다. 즉, 그들에게는 새로운 마음이 필요하다. "그러므로 너희는 마음에 할례를 행하고 다시는 목을 곧게 하지 말라"(신 10:16). 그들이 하나님의 참된 백성이 되어서 하나님의 길로 행하고 하나님의 약속들의 성취를 받기 위해서는 내면으로부터 새로워져야 했다. 그들이 아무리 많은 희생 제사를 드리고 열심히 율법을 지킨다고 할지라도, 그들의 마음이 변화되지 않는다면 그런 것들은 그들에게 아무런 도움이 되지 않을 것이다. 근본적으로 새로운 마음이 없이는 율법을 지키는 일이 불가능하다.

나중에 신명기 28장에서 모세는 장차 그들의 후손들이 하나님께 반역하고 불순종함으로 말미암아 포로로 잡혀가는 일이 벌어질 것임을 그들에게 말한다. 신명기의 이 부분은 순종에 대해 주어질 복들과 불순종에 대해 주어질 저주들을 포함한다. 하나님은 장차 자신이 그들을 다시 구원할 날이 있을 것이라고 그들에게 약속하신다. 장차 그들이 하나님에 대한 신실함과 순종을 회복하는 그날이 저주에서 구원을 받는 날이 될 것이다.

"내가 네게 진술한 모든 복과 저주가 네게 임하므로 네가 네 하나님 여호와로부터 쫓겨간 모든 나라 가운데서 이 일이 마음에서 기억이 나거든 너와 네 자손이 네 하나님 여호와께로 돌아와 내가 오늘 네게 명령한 것을 온전히 따라 마음을 다하고 뜻을 다하여 여호와의 말씀을 청종하면 네 하나님 여호와께서 마음을 돌이키시고 너를 긍휼히 여기사 포로에서 돌아오게 하시되 네 하나님 여호와께서 흩으신 그 모든 백성 중에서 너를 모으시리니"(신 30:1-3).

오랜 반역의 역사를 지닌 이 백성이 도대체 어떻게 해서 마음과 뜻을 다하여 하나님께 순종하게 되는 날이 올 것이란 말인가? 그들이 그렇게 하는 데 필요한 마음은 도대체 어디에서 얻는단 말인가? 마음에 할례를 받으라(즉, 새 마음을 가지라)고 명령하신 하나님이 바로 그 새 마음을 그들에게 주실 것이다.

"네 하나님 여호와께서 네 마음과 네 자손의 마음에 할례를 베푸사 너로

마음을 다하며 뜻을 다하여 네 하나님 여호와를 사랑하게 하사 너로 생명을 얻게 하실 것이며"(신 30:6).

그들은 하나님이 선물로 주신 새 마음을 가지고 하나님이 명령하신 모든 것을 좇아 살아가게 될 것이다. 이것이 불순종과 반역과 민족적 재앙의 오랜 역사 속에서도 그들에게 계속 존재해 온 약속이었다.

수 백 년이 지나, 그들의 불순종으로 인해 땅이 파괴되고 수많은 사람이 죽임을 당하며, 많은 사람이 바벨론으로 포로로 잡혀가는 저주를 받는 중에도 신명기의 약속은 더 구체적이고 상세한 내용으로 반복된다. 장차 하나님이 그들에게 새 마음을 주심으로써 그들이 하나님의 명령과 규례에 순종하게 될 것임을 떠올리길 바란다(신 30:8). 선지자 예레미야는 그 약속을 단번에 성취하실 하나님의 역사에 관한 소식을 이렇게 전한다.

"여호와의 말씀이니라 보라 날이 이르리니 내가 이스라엘 집과 유다 집에 새 언약을 맺으리라 이 언약은 내가 그들의 조상들의 손을 잡고 애굽 땅에서 인도하여 내던 날에 맺은 것과 같지 아니할 것은 내가 그들의 남편이 되었어도 그들이 내 언약을 깨뜨렸음이라 여호와의 말씀이니라 그러나 그 날 후에 내가 이스라엘 집과 맺을 언약은 이러하니 곧 내가 나의 법을 그들의 속에 두며 그들의 마음에 기록하여 나는 그들의 하나님이 되고 그들은 내 백성이 될 것이라 여호와의 말씀이니라 그들이 다시는 각기 이웃과 형제를 가르쳐 이르기를 너는 여호와를 알라 하지 아니하리니 이는 작은 자로부터 큰 자까지 다 나를 알기 때문이라 내가 그들의 악행을 사하고 다시는 그 죄를 기억하지 아니하리라 여호와의 말씀이니라"(렘 31:31-34).

여호와께서 그들에게 정확히 필요한 것을 주실 것이다. 여호와께서 자기 백성 안에서 주목할 만한 일을 하실 것이다. 그들은 새 마음을 가진 새로운 백성이 될 것이다.

예레미야가 하나님의 이러한 약속을 예언한 때와 거의 같은 시기에 선지자 에스겔은 포로생활을 하고 있던 백성에게 그들이 죄와 반역으로 말미암아 지금 살고 있는 이곳으로 끌려왔음을 상기시키면서, 소망과 약속의 말씀을 담은 예언을 한다. 여호와께서 그분의 이름을 존귀하게 하고 크게 하시기 위해 일을 행하실 텐데, 그때에 그분의 백성은 그 모든 은택을 받게 될 것이다. 그들은 새로운 선물을 받아 새로운 백성이 될 것이다.

"내가 너희를 여러 나라 가운데에서 인도하여 내고 여러 민족 가운데에서 모아 데리고 고국 땅에 들어가서 맑은 물을 너희에게 뿌려서 너희로 정결하게 하되 곧 너희 모든 더러운 것에서와 모든 우상 숭배에서 너희를 정결하게 할 것이며 또 새 영을 너희 속에 두고 새 마음을 너희에게 주되 너희 육신에서 굳은 마음을 제거하고 부드러운 마음을 줄 것이며 또 내 영을 너희 속에 두어 너희로 내 율례를 행하게 하리니 너희가 내 규례를 지켜 행할지라"(겔 36:24-27).

하나님이 에스겔을 통해 약속하신 성령은 예레미야가 예언한 새 마음 위에 율법을 기록할 것이고, 그렇게 함으로써 자기 백성의 마음에 할례를 베풀겠다고 하신 하나님의 약속이 성취될 것이다(신 30:6). 여기서 우리가 유념해야 할 것은, 하나님이 그들에게 성령과 새 마음을 선물로 주실 때에 회개와 죄 사함이 일어날 것이라고 친히 약속하셨다는 것이다.

끝으로, 선지자 요엘은 성령에 관한 약속을 이어받아서, 여호와께서 자신의 성령을 모든 사람에게 부어주실 그날에 대해 말한다.

"그 후에 내가 내 영을 만민에게 부어 주리니 너희 자녀들이 장래 일을 말할 것이며 너희 늙은이는 꿈을 꾸며 너희 젊은이는 이상을 볼 것이며 그때에 내가 또 내 영을 남종과 여종에게 부어 줄 것이며 내가 이적을 하늘과 땅에 베풀리니 곧 피와 불과 연기 기둥이라 여호와의 크고 두려운 날이 이르기 전에 해가 어두워지고 달이 핏빛 같이 변하려니와 누구든지 여호와의 이름을 부르는 자는 구원을 얻으리니"(욜 2:28-32).

사도행전 2장에서 베드로가 오순절에 일어나고 있는 일을 설명하기 위해 인용한 바로 이 본문은, 여호와께서 자기 백성에게 새 마음을 주시고 그들을 새롭게 하시며 그들의 죄를 사하실 것이라는 구약성경 전체에 걸친 일련의 약속들 중에서 마지막에 해당한다. 여호와께서 그들에게 자신의 성령을 주실 것이다. 사도행전은 그 약속을 성취하시는 하나님의 역사의 시작에 관한 것이다. 성령은 복음 사역에 능력을 덧입히고 사도들의 사역을 드러내고 확증하며, 예수님을 따르는 자들을 능력으로 충만하게 하여 복음을 전할 수 있게 하고 유대인이든 이방인이든 예수님을 믿는 모든 사람 안에 내주할 것이다. 모든 사람은 성령으로 말미암아 하나님의 백성이 된다.

사도행전 설교하기

사도행전을 설교하기 위해서는 모든 내러티브 본문을 설교할 때와 마찬가지로 특별한 노력과 계획이 필요하다. 가장 중요한 문제 중 하나는 사도행전의 본문을 설교에 적절한 단위로 나누는 방법에 관한 것이다. 몇 가지만 열거하더라도 동일한 내용의 반복(예컨대, 바울의 회심 이야기), 긴 설교(예컨대, 베드로가 오순절에 행한 설교나 스데반이 자신을 고발한 자들 앞에서 행한 설교), 여러 시기와 방식으로 성령을 받은 것, 많은 세례, 난파를 비롯한 일 년여 간의 긴 항해 이야기 등을 들 수 있다. 사도행전을 설교하기 위한 첫 번째 단계는 사도행전을 처음부터 끝까지 여러 차례에 걸쳐 읽는 것이다. 사도행전을 설교하려는 사람은 주석서를 펼치거나 개요를 살펴보거나 배경을 읽거나 그 밖의 다른 것을 하기 전에, 오직 기도하면서 사도행전을 여러 번 읽고 '반드시' 그 내용에 매우 친숙해져야 한다. 설교자는 사도행전에 담겨 있는 내용을 충분히 깊이 숙지하고 있어야만 설교를 계획하고 본문을 적절하게 나눌 수 있다.

둘째, 사도행전을 설교하는 사람은 방언, 성령의 은사들, 예언 같이 오랫동안 첨예하게 논란이 되어 온 주제들을 다룰 준비가 되어 있어야만 한다. 사도행전 전체를 설교하려는 사람은 누구든지 그러한 어려운 문제들을 추상적이고 일반적인 신학의 주제들로 다루기보다 '사도행전의 본문과 맥락에 충실하게' 다루는 것을 우선순위로 삼아야 한다. 달리 말하면, 우리는 무엇보다도 먼저 사도행전 본문을 사도들의 행전으로, 즉 누가가 하나님의 감동을 받아 교회의 초기 역사를 설명한 것으로 설교해야 한다. 따라서 유능한 설교자라면 오순절에 관해 설교할 때에 단지 방언이나 성령의 은사들에 관한 일반적인 주제 설교를 하지 않을 것이며, 선지자 아가보에 관한 본문을 신약성경에서 예언의 문제를 다룰 최초이자 가장 중요한 발판으로 여기지 않을 것이다. 그런 본문들은 그 자체로 적절하고 중요하긴 하지만, 누가가 다루고자 한 문제도 아니고 초기 교회와 관련된 문제도 아니기 때문이다. 우리는 먼저 본문을 직접적인 맥락 속에서 설교하고, 그런 후에 신학적인 문제나 오늘날의 문제로 다루어야 한다. 따라서 신학적인 문제들에 접근하는 유일하게 합당한 방식은, 성경 자체가 그 문제들을 어떤 식으로 제시하며 말하고 있는지를 철저하게 파악하는 것이다. 우리가 그런 문제들을 해결하는 데에 결코 더 가까워지지 못하는 듯 보이는 많은 이유 중 하나는, 성경의 본문들을 항상 성경이라는 맥락 속에서 철저하게 다루지 않는 데에 기인한다.

끝으로, 설교자들은 기꺼이 사도행전의 인격적이고 성경적이며 신학적인 풍부함에 계속해서 놀라고 자주 압도되어야만 한다. 대부분의 내러티브처럼 사도행전은 우리가 설교를 위해 가장 먼저 선택하는 성경 본문은 아니다. 하지만 성경 내러티브를 좀 더 깊이 읽고 연구해보면 그런 생각은 금방 바뀐다. 먼저 오랫동안 사도행전을 읽고 씨름하며 생각한다면, 우리는 사도행전을 설교하고 싶을 것이다.

해석상 과제

사도행전을 해석하는 것과 관련해서 가장 큰 도전 중의 하나이자 모든 독자가 씨름해야 할 도전은 사도행전 내러티브의 각 부분들이 서술적인 것인지, 아니면 규범적인 것인지를 결정하는 일이다. 이것은 누가가 실제로 일어난 일을 단지 서술하고 있을 뿐이어서 우리로 하여금 그것을 따라 행하게 할 의도를 가지지 않았는지, 아니면 그가 서술한 것을 우리가 따라서 반복적으로 행하기를 기대하고 있는지를 결정하는 것이다. 규범적인 내러티브는 언제나 서술적이지만, 서술적인 본문이 언제나 규범적인 것은 아니다. 주의 깊은 독자는 사도행전 본문이 명령이라고 명시하지 않는다 하더라도 그 본문이 우리의 모범이나 규범으로 의도된 것인지 아닌지를 잘 살펴야 한다.

필자는 이 책 전체에 걸쳐서 여러 본문과 관련된 해석상의 문제에 대해 광범위하게 설명할 것이다. 그 중에서 가장 중요한 예는 예루살렘의 초기 교회의 삶에 관한 것이다. 사도행전 2:44-45에서 누가는 다음과 같이 기록한다. "믿는 사람이 다 함께 있어 모든 물건을 서로 통용하고 또 재산과 소유를 팔아 각 사람의 필요를 따라 나눠 주며." 여기서 어떤 사람들은 누가의 의도가 그리스도인들은 자신들의 모든 소유를 공유하고, 모든 것을 팔아 얻은 수익을 교회에 공유해야 한다는 것이라고 결론 내린다. 이 본문은 성경이 이것을 교회가 실천해야 할 의무로 정했다는 것을 보여주는 단서를 제시하지 않는다. 마찬가지로 사도행전 전체나 서신서도 그러한 단서를 제시하지 않는다. 어떤 사람들은 성경이 이것을 교회의 의무로 정했다고 생각하여, 그리스도인들은 모든 소유를 공유하는 삶을 살아야 한다고까지 주장한다. 하지만 사도행전 2장의 맥락에 비추어 볼 때, 그러한 읽기는 누가의 의도를 잘못 해석한 것이다(참고. 2:42-47 주석).

수 세기에 걸친 '회복' 운동들은 이른바 황금시대(이것은 통상적으로 예루살렘 교회 시대를 의미한다)에 토대를 둔 교회를 세우려고 시도해 왔다. 그러나 나중에 분명히 밝히겠지만, 예루살렘 교회 시대는 사도행전이나 그 밖의 다른 곳에 나오는 다른 모든 시대와 마찬가지로 전혀 황금시대가 아니었다. 물론 우리는 예루살렘 교회 시대로부터 배울 수 있고 배워야 한다. 그렇지만 그것은 우리가 언제나 그 시대를 그대로 따라해야 한다는 것을 의미하지는 않는다. 아울러 우리는 서술이라고 해서 적용이 필요 없다고 생각해서도 안 된다. 많은 보수적인 복음주의자들은, 그리스도인들이 모든 소유를 공유하는 삶을 살아야 한다거나 예루살렘 교회에서 행한 것들 중에서 어떤 것들은 규범적인 것이기 때문에 우리가 본받아 행해야 한다는 주장에 반대하는 필자의 해석에 쉽게 동의할 것이다. 하지만 규범적인 것이 아니라고 해서 사도행전 2:44-45이 우리의 삶과 관련해서 아무런 의미나 함의가 없는 것은 아니다. 교회가 집단생활을 하는 공동체라거나 그리스도인들의 협동조합이라는 개념은 잘못된 것이기 때문에, 이 본문이 오늘날 신자들의 삶에 실제로 거의 적용되지 않는다고 여기는 것만으로는 충분하지 않다. 특정한 행위나 사건이 규범적인 것이 아니라고 할지라도, 우리는 그리스도인의 삶과 관련된 어떤 원리나 가르침이 그 근저에 내포되어 있는 것은 아닌 지를 살펴야 한다. 그런 점에서 이 본문은, 신자들이 성령을 받은 결과로 자연스레 급진적이고 이타적(other-centered)으로 후하게 베풀게 되었음을 보여준다. 또한 암묵적으로 이 본문은 우리가 우리의 소유와 돈을 바라보는 관점에 대해 통렬한 도전을 제기한다. 다시 말해, 우리는 어떤 본문에 '서술적인' 것이라는 딱지를 붙임으로써 그 본문이 단지 역사적이거나 신학적인 정보만을 제공해줄 뿐이라고 폄하하지 않도록 조심해야 한다는 것이다. 단지 어떤 본문이 규범이나 명령이라는 것을 명시적으로 밝히지 않는다는 이유로, 우리가 그 본문을 우리의 삶에 적용하지 않아도 되는 것은 아니다. 사도행전에는 본문에 대한 해석과 관련된 이러한 도전이 많이 나오는데, 그 중 몇 가지 예로 성령의 수여, 성령의 은사들의 사용, 표적과 기사, 예언과 관련된 문제들을 들 수 있다.

사도행전의 어떤 본문이 서술적인 것이냐 규범적인 것이냐 하는 문제는 사도행전에 기록된 시대가 유일무이한 독특한 시대라는 것과 밀접하게 연결되어 있다. 사도행전의 이야기는 옛 언약에서 새 언약으로 이행하는 시기 동안에 전개된다.[7] 신학적으로 말해서 우리는 새 언약을 세운 것은 예수님의 십자가였다고 성경을 토대로 단언할 수 있다. 그리고 부활은 이 십자가와 분리될 수 없게 결부되어 있다. 좀 더 폭넓은 관점에서는 십자가, 부활, 승천, 성령 강림을 통해 새 언약이 수립되었다고 결론 내릴 수 있다.

물론 엄격하게 말해서 예수님의 죽음과 부활(죄를 위한 단번의 희생제사)를 통해 새 언약이 세워지지만, 이 언약은 예수님이 이루신 일로부터 흘러나오는 약속들을 포함한다. 따라서 우리가 이 새 언약이 '세워졌다,' '개시되었다,' '주어졌다,' '적용되었다'고 말할 때, 그것은 많은 필수적인 측면들을 지니고 있고 그것들이 없이는 존재할 수 없는 신학적으로 복합적인 사건에 대해 말하고 있는 것이다. 성령이 없는 새 언약도 없고, 부활이나 승천이나 그 밖의 것이 없는 새 언약도 없다. 따라서 신학적이고 추상적으로 말할 때조차도 옛 언약에서 새 언약으로의 이행을 설명하는 것은 처음에는 간단해 보이지만 실제로는 그렇지 않다. 그러한 이행은 시작과 끝, 약속과 성취가 깔끔하게 잘 구분되어 있는, 구속사라는 일직선으로 된 큰 그림에 비추어서 볼 때에만 간단해진다. 그런 분명한 구분들은 이 이행을 가르치는 데 대단히 큰 도움이 되고, 분명히 신약 기자들도 이 이행을 그리스도의 십자가와 아주 명확하게 연결시켜 말하고 있다.

하지만 이러한 이행이 처음으로 일어나서 새 언약이 서로 다른 배경, 지식, 사회문화적 정체성, 그 밖의 다른 인간적인 여러 변수를 지닌 현실의 사람들의 삶 속에서 최초로 적용되었을 때는 종종 그 구분과 경계선이 매우 불분명했다. 그때로부터 2천 년이 지나면서 큰 변화라고 할만한 일은 일어나지 않았지만, 어떤 것들은 상당히 변했다. 예컨대, 오늘날에는 스스

7 학자들과 독자들과 설교자들은 이 두 가지 문제를 놓고 오랫동안 씨름해 왔다. Andreas J. Köstenberger, L. Scott Kellum, and Charles L. Quarles, *The Cradle, the Cross, and the Crown: An Introduction to the New Testament*, 2nd ed. (Nashville: B&H, 2016), 418-422를 보라. 이 책의 저자들은 '규범적인가 서술적인가'라는 표제 아래에서 사도행전이 지닌 과도기적인 성격의 문제를 논의하면서 이 난점들에 관한 좋은 지침들을 제시한다. 또한 그들은 규범적인가 서술적인가 하는 문제가 신약성경의 일반적인 측면이긴 하지만 사도행전에서 특히 중요하다고 지적한다.

로 세례 요한의 제자라고 부르면서 예수님이 누구신지를 전혀 모르고 성령에 대해서도 들어본 적이 없는 사람들을 발견할 가능성이 없거나 극히 희박할 것이다. 반면에, 바울은 에베소에서 그런 부류의 한 무리의 사람들을 발견한다(19:1-7). 간단히 말해서, 이 사람들은 옛 언약을 믿으며 하나님의 약속이 성취되기를 기다면서 여전히 옛 언약과 새 언약의 중간에서 살아가던 자들이다. 그들은 성경이 그 범주에 속한 자들로 기록하고 있는 마지막 무리, 즉 아브라함, 모세, 다윗, 엘리야, 아모스, 시므온을 포함하는 계보에 속한 마지막 무리다(눅 2:25). 그들은 예수님을 믿고 성령을 선물로 받은 신자들이 아니었다. 바울은 그들에게 언제 믿었느냐고 묻는데, 이것이 어떤 사람이 신자인지를 확인할 수 있는 최선의 방법이었기 때문이다.

기독교 초기에 있던 또 다른 예는 사마리아인들의 회심이다. 그들은 믿었지만, 베드로와 요한이 유대교 밖에서(유대인들은 사마리아인을 거의 이방인으로 취급하였기 때문에) 예수님을 믿은 이 새로운 일을 조사하기 위해 올 때까지는 성령을 받지 못했다. 요한과 베드로는 그들을 조사해보고 만족해하며 그들을 위해 기도했고, 이 사마리아인들은 성령을 받는다(행 8:14-17). 이것은 사도행전에서 전형적인 방식이 아니며, 복음이 유대 밖으로 퍼져나가면서 이전에는 없던 새로운 상황 속에서 일어난 일이었다. 이 이야기는 옛 언약이 새 언약으로 이행하고 있던 과도기, 그리고 규범적인 본문과 서술적인 본문과 관련된 문제를 보여주는 좋은 예다.

우리는 성경 내러티브를 읽을 때마다 직면하는 다음과 같은 도전을 사도행전에서도 만난다. 우리는 성경 내러티브를 어떤 식으로 읽고 적용해야 하는가? 성경 본문 중에서 우리의 삶에 적용해야 할 것을 꼽으라고 하면, 우리가 통상적으로 선호하는 바울의 서신들, 복음서들(그 중에서 대체로 가르침이 나오는 부분들), 몇몇 시편들, 모세 오경과 선지서의 몇몇 부분들을 들곤 한다. 반면에, 우리는 대개 성경 내러티브를 우리가 좋아하고 주일학교에서 들려줄 만한 이야기들로 치부하거나 무시한다. 성경은 처음부터 끝까지 이야기들로 가득한데도, 우리가 이렇게 성경 내러티브에 거의 관심을 두지 않는 것은 이상한 일이다. 성경 내러티브를 읽을 때에 우리는 성경 내러티브도 서신서와 마찬가지로 우리에게 많은 것을 가르쳐준다는 전제를 가지고 접근해야 한다. 성경 내러티브와 서신서는 단지 우리에게 가르치는 방식이 다를 뿐이다. 또한 우리는 하나의 내러티브를 몇 가지 논점으로 압축해야 한다는 부담감을 갖지 않아야 한다. 누가는 바울이 아니다. 하나의 내러티브에 담긴 주제들과 목적들을 발견해내는 것은 하나의 논증에 담긴 여러 논점들과 흐름들을 추적하는 것과 동일하지 않다. 끝으로, 사도행전 내러티브를 읽는 것은 누가의 이야기 중에서 역사적인 사건들을 벗겨내서 영원한 진리, 또는 추상적인 신학이나 실천의 논점이라는 알맹이를 발견하는 것을 뛰어넘는 일이다. 사도행전 속에 영원한 진리, 신학, 실천적 가르침이 많이 담겨 있지만, 우리는 하나님이 우리에게 이야기를 주기 원하셔서 사도행전을 주셨다는 사실을 존중해야 한다. 하나님이 우리에게 하나의 이야기를 주는 것이 합당하다고 생각하셨는데, 거기에 대해 우리가 무슨 말을 할 수 있겠는가?

개요[8]

I. 예루살렘, 유대, 사마리아(1:1-12:25)
- A. 사도들을 준비시키심(1:1-26)
  1. 데오빌로에게 쓴 서문(1:1-2)
  2. 예수님과 함께 한 40일(1:3-5)
  3. 예수님이 승천하심(1:6-11)

8 이 개요는 필자가 사도행전을 가리킬 때 사용한 것으로, 남침례교신학대학원에서 가르치기를 시작했을 때에 동료인 Tom Schreiner가 준 원본을 필자 나름대로 수정한 것이다. 비록 여러 곳을 수정하긴 했지만 기본적으로는 원본과 동일하다.

4. 맛디아가 사도들에 합류함(1:12-26)

B. 증언이 시작됨: 오순절과 교제(2:1-47)

1. 제자들이 성령을 받음(2:1-4)
2. 성령 시대가 시작됨(2:5-13)
3. 최초의 기독교 설교(2:14-41)
   a. 이것을 알라(2:14-15)
   b. 요엘이 한 예언의 성취(2:16-21)
   c. 예수님은 메시아다(2:22-36)
   d. 회개와 죄 사함(2:37-41)
4. 최초의 그리스도인들(2:42-47)

C. 표적, 기사, 결과(3:1-5:42)

1. 베드로가 날 때부터 걷지 못한 사람을 고침(3:1-10)
2. 이 이적이 의미하는 것(3:11-26)
   a. 베드로가 예수님을 전함(3:11-16)
   b. 예수님 안에서 회개할 것을 촉구함(3:17-26)
3. 공회의 반응(4:1-4)
4. 베드로가 공회에서 답변함(4:5-12)
5. 질문들과 불신앙(4:13-22)
6. 기도, 찬송, 공동체(4:23-37)
   a. 담대함을 달라고 기도함(4:23-31)
   b. 한마음과 한 뜻이 된 공동체(4:32-37)
7. 아나니아와 삽비라(5:1-11)
8. 요약: 표적과 기사(5:12-16)
9. 박해가 시작됨(5:17-42)
   a. 사도들이 체포됨(5:17-26)
   b. 공회 앞에 선 사도들(5:27-32)

c. 공회가 사도들에게 경고함(5:33-42)

D. 헬라파 유대인들이 등장함(6:1-8:40)

1. 제자들이 일곱 집사를 선택함(6:1-7)

2. 최초의 기독교 순교자(6:8-8:3)

a. 스데반이 체포됨(6:8-15)

b. 스데반의 설교(7:1-53)

c. 스데반이 순교하고 신자들이 흩어짐(7:54-8:3)

3. 유대와 사마리아와 그 너머로(8:4-40)

a. 빌립이 사마리아로 감(8:4-8)

b. 베드로와 요한이 사마리아로 감(8:9-25)

c. 에디오피아 내시(8:26-40)

E. 사울의 회심(9:1-31)

1. 다메섹으로 가는 길에서(9:1-19a)

a. 사울이 부활하신 예수님을 만남(9:1-9)

b. 아나니아가 사울을 보살핌(9:10-19a)

2. 사울이 예루살렘으로 감(9:19b-31)

a. 다메섹에서의 사울(9:19b-25)

b. 예루살렘에서의 사울(9:26-30)

c. 교회가 성장함(9:31)

F. 복음이 북쪽으로 전파됨(9:32-11:30)

1. 애니아와 도르가(9:32-43)

2. 하나님을 경외하는 자 고넬료(10:1-11:18)

a. 고넬료에게 주어진 환상(10:1-8)

b. 베드로에게 주어진 환상(10:9-16)

c. 베드로가 고넬료를 찾아감(10:17-33)

d. 베드로가 복음을 전함(10:34-43)

e. 이방인들이 성령을 받음(10:44-48)

f. 베드로의 보고(11:1-18)

3. 안디옥의 이방인 교회(11:19-30)

G. 예루살렘에서의 박해(12:1-25)

1. 야고보가 죽고 베드로가 체포됨(12:1-19)

a. 야고보가 죽임을 당함(12:1-5)

b. 베드로가 구출됨(12:6-11)

c. 응답된 기도(12:12-19)

2. 헤롯의 죽음(12:20-25)

Ⅱ. 땅 끝으로(13:1-28:31)

A. 이방인들에 대한 선교, 제1부(13:1-15:35)

1. 바울과 바나바의 선교 여행(13:1-52)

a. 안디옥교회가 선교를 개시함(13:1-3)

b. 바나바가 구브로에서 선교를 주도함(13:4-12)

c. 바울이 비시디아에서 선교를 주도함(13:13-52)

2. 이고니온, 루스드라를 거쳐 안디옥으로 돌아옴(14:1-28)

a. 이고니온에서의 사역(14:1-7)

b. 루스드라에서의 사역(14:8-18)

c. 바울이 돌에 맞음(14:19-23)

d. 안디옥으로 돌아옴(14:24-28)

3. 예루살렘 공의회(15:1-35)

a. 이방인들을 괴롭게 함(15:1-5)

b. 구원이 이방인들에게 주어짐(15:6-21)

c. 공회가 이방 그리스도인들에게 보낸 서신(15:22-35)

B. 이방인들에 대한 선교, 제2부(15:36-21:36)

1. 바울과 바나바가 결별함(15:36-41)

2. 마게도냐에서 바울의 사역(16:1-40)

   a. 디모데가 바울을 수행함(16:1-5)

   b. 마게도냐인 환상(16:6-10)

   c. 루디아의 회심(16:11-15)

   d. 감옥에 갇힌 바울과 실라(16:16-24)

   e. 빌립보 감옥의 간수가 구원을 받음(16:25-34)

   f. 바울과 실라가 풀려남(16:35-40)

3. 데살로니가에서의 사역(17:1-9)

4. 베뢰아에서의 사역(17:10-15)

5. 바울과 철학자들(17:16-34)

   a. 아덴(17:16-21)

   b. 아레오바고(17:22-34)

6. 고린도와 에베소에서의 사역(18:1-28)

   a. 고린도(18:1-17)

   b. 안디옥으로 돌아옴(18:18-23)

   c. 에베소에서의 아볼로(18:24-28)

7. 에베소에서의 사역(19:1-41)

   a. 세례 요한의 제자들(19:1-10)

   b. 하나님의 능력과 스게와의 아들들(19:11-20)

   c. 돈과 우상숭배: 에베소에서의 폭동(19:21-41)

8. 마지막 작별(20:1-38)

   a. 헬라에서의 바울(20:1-16)

   b. 바울이 에베소 장로들과 작별인사를 나눔(20:17-38)

9. 바울이 예루살렘으로 감(21:1-36)

   a. 바울이 한 선지자를 만남(21:1-16)

b. 바울이 자신의 자유를 보여줌(21:17-26)

c. 바울이 성전에서 체포됨(21:27-36)

C. 바울이 예루살렘의 폭도 앞에서 말함(21:37-22:29)

1. 바울이 말할 기회를 달라고 요청함(21:37-39)

2. 바울이 자신의 회심과 부르심을 증언함(21:40-22:29)

D. 바울이 공회 앞에서 자신을 변호함(22:30-23:35)

1. 바울이 자기를 고발한 자들에게 말함(22:30-23:11)

2. 유대인들이 바울을 죽이기로 맹세함(23:12-35)

E. 벨릭스 앞에 선 바울(24:1-27)

1. 바울이 자신을 변호함(24:1-21)

2. 바울이 계속 구금됨(24:22-27)

F. 바울이 가이사에게 가게 됨(25:1-27)

1. 바울이 가이사에게 상소함(25:1-12)

2. 베스도가 바울을 아그립바에게 넘김(25:13-27)

G. 아그립바 왕 앞에 선 바울: 누가 언약에 참된가(26:1-32)

1. 바울이 자기를 소개함(26:1-8)

2. 바울이 증언함(26:9-23)

3. 참되고 온전한 말(26:24-32)

H. 로마로(27:1-28:31)

1. 로마를 향한 항해(27:1-12)

2. 암울하고 절망적인 폭풍(27:13-38)

3. 난파를 당하나 목숨을 구함(27:39-44)

4. 멜리데 섬에서 모든 사람에게 선을 행함(28:1-10)

5. 마침내 로마에(28:11-16)

6. 하나님 나라를 땅 끝까지(28:17-31)

ESV Expository Commentary

Acts

1 데오빌로여 내가 먼저 쓴 글에는 무릇 예수께서 행하시며 가르치시
기를 시작하심부터 2 그가 택하신 사도들에게 성령으로 명하시고 승
천하신 날까지의 일을 기록하였노라
1 In the first book, O Theophilus, I have dealt with all that Jesus began
to do and teach, 2 until the day when he was taken up, after he had
given commands through the Holy Spirit to the apostles whom he had
chosen.

3 그가 고난 받으신 후에 또한 그들에게 확실한 많은 증거로 친히 살
아 계심을 나타내사 사십 일 동안 그들에게 보이시며 하나님 나라의
일을 말씀하시니라
4 사도와 함께 모이사 그들에게 분부하여 이르시되 예루살렘을 떠나
지 말고 내게서 들은 바 아버지께서 약속하신 것을 기다리라 5 요한은
물로 [1)]세례를 베풀었으나 너희는 몇 날이 못 되어 성령으로 [1)]세례를
받으리라 하셨느니라
3 He presented himself alive to them after his suffering by many proofs,

appearing to them during forty days and speaking about the kingdom of
God.4 And while staying[1] with them he ordered them not to depart from
Jerusalem, but to wait for the promise of the Father, which, he said, "you
heard from me; 5 for John baptized with water, but you will be baptized
with[2] the Holy Spirit not many days from now."

6 그들이 모였을 때에 예수께 여쭈어 이르되 주께서 이스라엘 나라를
회복하심이 이때니이까 하니 7 이르시되 때와 시기는 아버지께서 자
기의 권한에 두셨으니 너희가 알 바 아니요 8 오직 성령이 너희에게
임하시면 너희가 권능을 받고 예루살렘과 온 유대와 사마리아와 땅
끝까지 이르러 내 증인이 되리라 하시니라 9 이 말씀을 마치시고 그
들이 보는데 올려져 가시니 구름이 그를 가리어 보이지 않게 하더라
10 올라가실 때에 제자들이 자세히 하늘을 쳐다보고 있는데 흰 옷 입
은 두 사람이 그들 곁에 서서 11 이르되 갈릴리 사람들아 어찌하여 서
서 하늘을 쳐다보느냐 너희 가운데서 하늘로 올려지신 이 예수는 하
늘로 가심을 본 그대로 오시리라 하였느니라

6 So when they had come together, they asked him, "Lord, will you at
this time restore the kingdom to Israel?" 7 He said to them, "It is not
for you to know times or seasons that the Father has fixed by his own
authority. 8 But you will receive power when the Holy Spirit has come
upon you, and you will be my witnesses in Jerusalem and in all Judea
and Samaria, and to the end of the earth." 9 And when he had said these
things, as they were looking on, he was lifted up, and a cloud took
him out of their sight. 10 And while they were gazing into heaven as he
went, behold, two men stood by them in white robes, 11 and said, "Men
of Galilee, why do you stand looking into heaven? This Jesus, who was
taken up from you into heaven, will come in the same way as you saw

him go into heaven."

12 제자들이 감람원이라 하는 산으로부터 예루살렘에 돌아오니 이 산
은 예루살렘에서 가까워 안식일에 가기 알맞은 길이라 13 들어가 그들
이 유하는 다락방으로 올라가니 베드로, 요한, 야고보, 안드레와 빌립,
도마와 바돌로매, 마태와 및 알패오의 아들 야고보, [2]셀롯인 시몬, 야
고보의 [3]아들 유다가 다 거기 있어 14 여자들과 예수의 어머니 마리아
와 예수의 아우들과 더불어 마음을 같이하여 오로지 기도에 힘쓰더라
15 모인 무리의 수가 약 백이십 명이나 되더라 그때에 베드로가 그 형
제들 가운데 일어서서 이르되 16 형제들아 성령이 다윗의 입을 통하
여 예수 잡는 자들의 길잡이가 된 유다를 가리켜 미리 말씀하신 성경
이 응하였으니 마땅하도다 17 이 사람은 본래 우리 수 가운데 참여하
여 이 [4]직무의 한 부분을 맡았던 자라 18 (이 사람이 불의의 삯으로 밭
을 사고 후에 몸이 곤두박질하여 배가 터져 창자가 다 흘러 나온지라
19 이 일이 예루살렘에 사는 모든 사람에게 알리어져 그들의 말로는
그 밭을 아겔다마라 하니 이는 피밭이라는 뜻이라) 20 시편에 기록하
였으되

그의 거처를 황폐하게 하시며 거기 거하는 자가 없게 하소서

하였고 또 일렀으되

그의 [5]직분을 타인이 취하게 하소서

하였도다

21 이러하므로 요한의 [1]세례로부터 우리 가운데서 올려져 가신 날까
지 주 예수께서 우리 가운데 출입하실 때에 22 항상 우리와 함께 다니
던 사람 중에 하나를 세워 우리와 더불어 예수께서 부활하심을 증언
할 사람이 되게 하여야 하리라 하거늘 23 그들이 두 사람을 내세우니
하나는 바사바라고도 하고 별명은 유스도라고 하는 요셉이요 하나는
맛디아라 24 그들이 기도하여 이르되 뭇 사람의 마음을 아시는 주여

이 두 사람 중에 누가 주님께 택하신 바 되어 25 봉사와 및 사도의 직
무를 대신할 자인지를 보이시옵소서 유다는 이 직무를 버리고 제 곳
으로 갔나이다 하고 26 제비 뽑아 맛디아를 얻으니 그가 열한 사도의
수에 들어가니라

12 Then they returned to Jerusalem from the mount called Olivet, which
is near Jerusalem, a Sabbath day's journey away. 13 And when they had
entered, they went up to the upper room, where they were staying, Peter
and John and James and Andrew, Philip and Thomas, Bartholomew
and Matthew, James the son of Alphaeus and Simon the Zealot and
Judas the son of James. 14 All these with one accord were devoting
themselves to prayer, together with the women and Mary the mother of
Jesus, and his brothers.[3]

15 In those days Peter stood up among the brothers (the company of
persons was in all about 120) and said, 16 "Brothers, the Scripture had
to be fulfilled, which the Holy Spirit spoke beforehand by the mouth
of David concerning Judas, who became a guide to those who arrested
Jesus. 17 For he was numbered among us and was allotted his share in
this ministry." 18 (Now this man acquired a field with the reward of his
wickedness, and falling headlong[4] he burst open in the middle and all
his bowels gushed out. 19 And it became known to all the inhabitants of
Jerusalem, so that the field was called in their own language Akeldama,
that is, Field of Blood.) 20 "For it is written in the Book of Psalms,

"'May his camp become desolate,
    and let there be no one to dwell in it';

and

"'Let another take his office.'

21 So one of the men who have accompanied us during all the time that

the Lord Jesus went in and out among us, 22 beginning from the baptism
of John until the day when he was taken up from us—one of these
men must become with us a witness to his resurrection." 23 And they
put forward two, Joseph called Barsabbas, who was also called Justus,
and Matthias. 24 And they prayed and said, "You, Lord, who know the
hearts of all, show which one of these two you have chosen 25 to take
the place in this ministry and apostleship from which Judas turned aside
to go to his own place." 26 And they cast lots for them, and the lot fell
on Matthias, and he was numbered with the eleven apostles.

1) 헬, 또는 침례 2) 열심당 3) 또는 형제 4) 헬, 봉사의 5) 헬, 감독의 직분

1 Or *eating* *2* Or *in* *3* Or *brothers and sisters*. In New Testament usage, depending on the context, the plural Greek word *adelphoi* (translated "brothers") may refer either to *brothers* or to *brothers and sisters*; also verse 15 *4* Or *swelling up*

단락 개관

사도들을 준비시키심

누가는 데오빌로라고 불리는 사람에게 이 저작을 소개하면서, 이전에 그에게 보낸 책 곧 우리가 누가복음이라고 부르는 책과 이 저작을 직접 연결시킨다. 누가가 사도행전을 쓴 목적은, 누가복음에서 못 다한 이야기를 계속해서 들려주는 것인데, 누가복음에서는 예수님이 부활하신 후에 제자들에게 나타나셔서 성령을 약속하신 대목까지 다루었다(눅 24:36-49).

이 단락에서 누가는 예수님의 사역에서 사도들의 사역으로, 즉 예수님이 친히 하시는 사역에서 성령의 능력에 의해 사도들을 통해 행하시는

사역으로 신속하게 이행한다. 예수님은 부활 후에 40일 동안 이 땅에 머무르시면서 제자들에게 하나님 나라에 대해 가르치신다. 그리고 승천하시기 전에 마지막으로 모든 것을 포괄하는 최종적인 명령을 그들에게 주신다. 이 명령이 사도행전 전체의 구조를 결정하며, 이 명령으로 말미암아 온 세상이 복음을 듣게 될 것이다. 예수님이 떠나신 후에 사도들이 처음으로 한 일은 배신자 가룟 유다를 대신할 사도를 선택하는 것이었다.

누가복음과 사도행전의 한 가지 독특한 특징은, 둘 다 학자들이 '문학적 서문'이라 부르는 것으로 시작한다는 것이다. 이것은 누가가 문학적인 목적을 가지고 글을 쓰고 있으며, 학식 있는 사람들을 자신의 독자로 상정했을 가능성이 매우 높다는 것을 시사한다.[9]

단락 개요

I. 예루살렘, 유대, 사마리아(1:1-12:25)
  A. 사도들을 준비시키심(1:1-26)
    1. 데오빌로에게 쓴 서문(1:1-2)
    2. 예수님과 함께 한 40일(1:3-5)
    3. 예수님이 승천하심(1:6-11)
    4. 맛디아가 사도들에 합류함(1:12-26)

9 John B. Polhill, *Acts*, NAC (Nashville: Holman, 1992), 78.

주석

1:1-2 | 데오빌로에게 쓴 서문 누가가 자신을 이름으로 언급하고 있지는 않지만, 교회는 초기부터 그를 사도행전의 저자로 널리 받아들여 왔다. 비교적 소수의 학자들이 누가가 사도행전의 저자라는 견해에 반대해 왔지만, 그가 사도행전의 저자라는 것을 반박하거나 누가 대신에 다른 유력한 사람을 사도행전의 저자로 제시하는 설득력 있는 논거는 제시된 적이 없다. 이것은 그의 이름으로 불리는 복음서와 관련해서도 마찬가지다.

데오빌로는 거의 확실히 부유한 사람이었을 것이고 신자였을 가능성이 높으며, 아마도 누가복음과 사도행전을 쓰는 데 필요한 돈을 누가에게 제공했을 것이다. 그가 누가의 후원자 역할을 했다는 것은 누가가 저작들을 오직 그에게 헌정한 이유를 설명해준다. 하지만 누가가 그들의 관계에 관해 전혀 언급하지 않기 때문에, 이것은 단지 추측일 뿐이다. 설령 데오빌로가 누가의 후원자였다고 할지라도, 사도행전이 모든 그리스도인을 위한 책이라는 사실은 변하지 않는다.

독자들은 수 세기에 걸쳐 '데오빌로'(Theophilus)라는 이름이 헬라어에서 하나님, 또는 신을 뜻하는 '테오스'(*theos*)와 사랑하다를 뜻하는 '필레오'(*phielō*)를 합쳐서 만든 복합어라는 것을 지적해 왔다. 하지만 누가가 이런 식으로 가공의 인물을 상정해서 그에게 어떤 상징적인 메시지를 전하고자 했을 가능성은 희박해 보인다. 데오빌로는 아주 흔한 헬라식 이름이었고, 어원과 상관없이 단지 한 사람의 이름으로 이해해야 한다.

누가는 그의 복음서에서 예수님이 승천하실 때까지 행하시고 가르치신 것들을 기록했다고 말한다(2절). 그는 예수님이 택하신 사도들에게 '성령으로' 명령하셨다고 말함으로써, 사도행전에서 성령이 행하는 중심적인 역할을 처음부터 부각시킨다. '택하신'이라는 단어는 통상적으로 강조되는 영원한 택하심(이것은 13:17에 나오는 바울의 말이나 13:48의 "작정된"이 의미하는 것이다)이 아니라, 사도행전의 밑바닥에 흐르는 주제인 하나님이 구체적인 섬김이나 사역의 행위를 위해 신자들을 선택하시는 것(1:24; 9:15; 10:41)과 연결된다. 그러한 택하심은 사도행전 전체에 걸쳐서 반복적으로 등장하는 주제다. 하나님은 구원 자체를 마련해놓으셨을 뿐만 아니라 구원을 이룰 수단, 즉 구원의 복된 소식을 전하는 일을 위해 친히 택하신 자기 백성도 마련해 놓으셨다.

1:3-5 | 예수님과 함께 한 40일 예수님은 부활하신 후에 승천하실 때까지 40일 동안 제자들과 함께 하셨다. 40이라는 숫자는 성경에 나오는 다른 의미심장한 기간을 상기시킨다. 그 중에서 가장 중요한 것은 이 숫자가 준비의 기간을 떠올리게 한다는 것이다.[10] 모세는 율법을 받기 위해 시내산에서 40일을 머물렀다(출 34:28). 엘리야는 자신에게 주어진 과업으로 돌아가기 전에 40일을 여행하여 호렙산을 방문했다(왕상 19:8). 그리고 예수님은 자신의 사역을 시작하기 전에 40일 동안 광야에 계시면서 시험을 받으셨다(눅 4:2). 지금 예수님은 이제 곧 제자들이 해야 할 새로운 사역을 위해 40일 동안 제자들을 가르치며 준비시키신다.

예수님은 이 기간 동안 두 가지에 초점을 맞추신다. 하나는 제자들에게 자기가 진정으로 살아있다는 증거를 제공하는 것이며, 다른 하나는 그들에게 하나님 나라에 대해 가르치는 것이다. 사도들의 사역은 목격자인 그들의 증언에 기반을 둔다. 그들이 가룟 유다를 대신할 다른 사도를 선택하고자 했을 때, 베드로는 다음과 같이 역설한다. "요한의 세례로부터 우리 가운데서 올려져 가신 날까지 주 예수께서 우리 가운데 출입하실 때에 항상 우리와 함께 다니던 사람 중에 하나를 세워 우리와 더불어 예수께서 부활하심을 증언할 사람이 되게 하여야 하리라"(행 1:21-22). 누가는 열두 사도뿐만 아니라 바울의 사역 역시 부활하신 주님과의 직접적인 만남에 근거한다는 것을 보여주기 위해 세심하게 신경을 쓴다(9:4-5, 17; 26:15-16).

죽은 자 가운데서의 부활은 오늘날과 마찬가지로 주후 1세기에도 논

10 같은 책, 82

란이 되고 쉽게 믿을 수 없는 것이었다. 바울은 아테네의 아레오바고에서 부활에 대해 말하고서, 그 말 때문에 사람들로부터 조롱을 당했다(17:32). 그러나 왕이신 예수님에 관한 진리, 그분이 구약의 약속들을 성취하기 위해 이 땅에 오셔서 고난 받으시고 죽으신 후에 부활하셔서 지금은 하늘에서 다스리고 계시는 부활하신 주님이라는 진리는 복음 메시지를 선포하는 데 결정적으로 중요하다. 이것은 육신의 부활이 없는 영적인 부활 개념이 아니다. 예수님은 육신을 지닌 사람으로서 죽은 자 가운데서 다시 살아나셨다. 물리적인 장애물들에 종속되지 않고 죽을 수밖에 없는 육신이 지닌 일반적인 특성들을 초월해 있다는 점에서 예수님의 부활의 몸은 부활 이전의 몸과 다르긴 하지만(참고. 눅 24:31, 36, 51; 행 1:9), 여전히 진정한 물리적인 몸이다.

누가복음의 끝부분에서 예수님은 그의 출현에 놀라 기겁한 제자들에게 다음과 같이 말씀하시며 그들을 안심시키신다. "내 손과 발을 보고 나인 줄 알라 또 나를 만져 보라 영은 살과 뼈가 없으되 너희 보는 바와 같이 나는 있느니라"(눅 24:39) 심지어 예수님은 그들 앞에서 음식을 드시기까지 하셨다(눅 24:42-43). 우리는 부활의 몸과 관련된 온갖 세부적인 것에 대해서는 알지 못하지만, 부활 후에 예수님이 지니신 몸이 '통상적인 몸과 비교해서 다른 점보다는 같은 점이 훨씬 더 많았다'[11]는 사실을 알아야 한다. 예수님의 부활은 우리 인류가 장차 죽지 않는 몸으로 새롭게 변화될 것임을 보여준 첫 열매였다. 제자들은 이 토대 위에서 부활한 왕이신 예수님이 맡기신 사역을 수행해 나갔다.

제자들이 부활하신 예수님께 한 마지막 질문 속에 단서가 들어 있기는 하지만(참고. 행 1:6-11에 관한 주석), 누가는 예수님이 하나님 나라에 관해 어떤 내용을 가르치셨는지를 구체적으로 말하지 않는다. 우리가 복음서들로부터 추측할 수 있는 것은, 예수님은 아마도 자신이 행한 비유들과 이

11 N. T. Wright, *Acts for Everyone, Part 1: Chapters 1-12* (Louisville: Westminster John Knox, 2008), 3.

적들을 그들에게 상기시키면서 그런 것들이 하나님 나라의 어떤 측면들을 보이는지를 설명하시고 하나님 나라의 성격에 관해 말씀해 주셨으리라는 것이다. 또한 누가복음의 끝부분에서 예수님은 그분을 중심에 놓고서 성경을 읽어야 한다고 제자들을 가르치셨는데(눅 24:27), 이것도 부활 후에 예수님이 제자들에게 가르치신 것 중 하나일 것이다. 또한 우리는 '하나님(의) 나라'라는 단어가 사도행전을 앞뒤로 둘러싸고 있다는 것도 주목해야 한다. 즉, 누가는 사도행전의 첫 부분에서 하나님 나라가 예수님이 부활 후에 40일 동안 제자들과 함께 계시면서 그들을 가르치신 두 가지 주제 중 하나라고 말한다. 그리고 사도행전의 끝부분에서 바울의 사역에 관해 "하나님의 나라를 전파하며 주 예수 그리스도에 관한 모든 것을 담대하게 거침없이 가르치더라"(행 28:31)고 말함으로써 하나님 나라라는 주제를 다시 한 번 분명하게 강조한다. 따라서 '나라' 또는 '하나님의 나라'라는 표현이 사도행전에 단지 일곱 번밖에 나오지 않음에도, 하나님 나라는 사도행전의 주요한 주제들 중 하나다. 하나님 나라는 예수님이 승천하시기 전에 말씀하신 것이고, 누가가 바울의 가르침을 요약한 것이기도 하다.

복음서와 마찬가지로 사도행전에서도 하나님 나라는 주님의 다스림과 통치를 가리킨다. 하나님 나라는 특정한 지역에 위치하여 국경을 가지는 나라도 아니고, 정치나 문화나 인종적으로 서로 연결되는 특정한 국민으로 이루어진 나라도 아니다. 하나님 나라는 복음의 능력을 통해 사람들의 삶 속에 세워진다. 하나님 나라는 처음에는 미미한 것처럼 보이지만 그 끝은 이루 말할 수 없이 창대해질 겨자씨 같은 나라다(눅 13:18-19). 여기서 핵심은 하나님 나라의 미미한 시작 속에서 이루 말할 수 없이 창대해질 끝을 보는 것인데, 그 끝은 오직 믿음을 통해서만 볼 수 있다. 이 하나님 나라의 주연은 스스로 고난을 당하면서 비폭력과 자기부인을 설교하고, 그분을 따르는 자들에게 그들 자신을 위한 삶을 살지 말고 하나님 및 다른 사람들을 위한 삶을 살 것을 촉구한 한 지도자다. 이 나라를 처음에 이끈 사람들은 이 지도자를 따랐던 한 무리의 사람들이었는데, 그들은 대체로 부유하거나 학식 높은 가문 출신이 아니었다. 개인적으로 학식이 많고 훌륭한 이력을 지녔으며, 서신을 잘 쓰는 제자(바울)조차도 정작 만나보면 인간적으로 대단하다는 인상을 주는 사람은 아니었다(참고. 고후 10:10). 그러나 이 나라의 시작은 미미해 보일지라도, 이 나라가 지닌 상상할 수 없이 큰 능력에는 그 어느 것도 비교할 수 없다. 이 나라의 왕은 죽은 자 가운데서 부활하고 승천하여 하늘 보좌에 앉으셔서, 자기 능력을 자기를 따르는 자들의 삶 속에 부어주신다. 그리고 그분을 따르는 자들은 이 능력을 힘입어서 이 왕을 많은 사람 앞에서 담대하게 전하고, 이 왕의 영원한 나라로 누구나 값없이 들어오라고 초대한다. 이 왕이 다시 오시는 그날에, 이 메시지를 믿는 사람들은 시공간 안에 담을 수 없는 것임이 드러날 그 나라에 들어가게 된다. 사도행전에서 누가는 바로 이 나라의 윤곽을 그려내고 있다.

사도행전 1:4-5에서 예수님은 제자들에게 예루살렘에 머무르며 아버지께서 약속하신 성령을 기다리라고 직접적으로 명령하신다(참고. 눅 24:49). 이것은 세례 요한이 선포한 것이기도 하다. 성령 강림은 진정으로 절정의 순간이다. 세례 요한은 자신이 베푸는 세례가 장차 있을 "성령과 불로"(눅 3:16) 베푸는 세례를 받을 수 있도록 사람들을 준비시키는 것일 뿐이라고 말했다. 누가복음에서 세례 요한은, 바로 예수님이 성령으로 세례를 베푸실 자라고 선언한다. 따라서 성령의 '세례'는 이미 성령을 받은 사람들에게 주어지는 성령의 특별한 두 번째 복이나 두 번째 선물을 가리키는 것이 아니라, 부활하시고 승천하신 주님이 주시는 성령을 받는 것을 가리킨다.[12]

누가는 성령을 언급함으로써 사도행전을 형성하게 될 세 가지 주된 주제들을 모두 모아놓는다. 예수님은 부활 후에 나타나셔서 자신이 육체로 부활했음을 확증하는 증거들을 보이심으로 사도들의 증언을 위한 토대를 제공하신다. 그 증언의 가장 중요한 주제, 또는 그 증언을 요약한 것이 하나님 나라다. 하나님 나라에 대한 증언도 하나님 나라 자체와 마찬가지

12 성령에 대해서는 이후의 장들에서 자세하게 말할 것이다.

로 성령으로 말미암는다. 예수님은 무덤으로부터 부활하여 살아계시고 제자들은 그분의 증인이며, 성령은 그들의 증언에 능력을 더하신다. 따라서 사도행전의 내용을 부활, 증언, 성령이라는 세 단어로 압축해서 요약할 수 있을 것이다.

1:6-11 | 예수님이 승천하심 예수님이 40일 동안 제자들과 함께 하시면서 하나님 나라에 대해 가르치신 후에, 제자들은 하나님 나라가 언제 오는지를 묻는다. 해석자들은 일반적으로 이 질문을 제자들이 여전히 예수님의 가르침을 오해하고 있음을 보여주는 하나의 증거로 본다. 하지만 그렇지 않다. 무엇보다도 먼저 예수님이 부활 후 40일 동안 제자들에게 무엇을 가르치셨는지를 우리는 정확히 알지 못하기 때문에, 그들이 예수님의 구체적인 가르침을 오해했다고 생각하는 것은 성급하다. 사실 제자들이 부활하신 예수님으로부터 40일 동안 하나님의 나라에 관한 가르침을 들었으나, 그분의 모든 가르침을 아직 제대로 소화하지 못하였을 수도 있다는 것은 전혀 이상하지 않다. 새롭게 받아들여야 할 것이 많았지만, 오랜 세월 간직해온 인식이 변화되기 위해서는 시간이 걸릴 수밖에 없었을 것이기 때문이다. 한 사람의 인식과 견해가 아주 깊이 뿌리를 내려서 하나의 문화적이고 사회정치적인 세계관으로 발전되어 있는 경우, 그것이 변화될 수 있는 유일한 길은 아주 강력한 초자연적인 사건을 통해 그 사람의 사고에 지각변동이 일어나는 것뿐이다.[13] 사도행전은 바로 그런 사건들로 점철되어 있다.

제자들이 부활하신 예수님께 실제로 한 질문을 살펴보면, 그 질문이 성경적으로 합당한 질문이라는 것을 발견한다. 그래서 예수님은 그런 질

13 여기에서 사용된 표현들과 개념들은 필자가 읽은 많은 주석서를 반영한 것이다. 그 중에서 가장 중요한 것들로 Darrell L. Bock, *Acts*, BECNT (Grand Rapids, MI: Baker Academic, 2007), 61-67; Eckhard J. Schnabel, *Acts*, ZECNT (Grand Rapids, MI: Zondervan, 2012), 75-80; Wright, *Acts for Everyone, Part 1*, 6-7 등을 들 수 있다.

문을 한 제자들을 꾸짖지 않으셨고, 도리어 그들에게 매우 성경적인 대답을 주신다.[14] 구약 선지자들에 따르면, 이스라엘에 하나님의 나라를 회복하는 것은 미래에 대한 하나님의 계획 속에서 1순위에 해당하는 것이었다. 주후 1세기의 유대인이라면 이 문제와 관련해서 이사야와 에스겔이 한 예언을 잘 알고 있었을 것이다. 에스겔은 하나님이 종말에 성령으로 사람들을 정결하게 하고 포로생활에서 돌아오게 하겠다고 하신 약속을 전한 후에(겔 36장) 하나님의 성령으로 말미암아 마른 뼈들이 생명을 얻어 살아나는 극적인 묵시를 받는데(37:1-11), 그 뼈들이 "이스라엘 온 족속"(11절)이라는 것을 알게 된다. 그런 후에 하나님은 에스겔에게 이렇게 지시하신다.

> "인자야 너는 막대기 하나를 가져다가 그 위에 유다와 그 짝 이스라엘 자손이라 쓰고 또 다른 막대기 하나를 가지고 그 위에 에브라임의 막대기 곧 요셉과 그 짝 이스라엘 온 족속이라 쓰고 그 막대기들을 서로 합하여 하나가 되게 하라 네 손에서 둘이 하나가 되리라 네 민족이 네게 말하여 이르기를 이것이 무슨 뜻인지 우리에게 말하지 아니하겠느냐 하거든 너는 곧 이르기를 주 여호와께서 이같이 말씀하시기를 내가 에브라임의 손에 있는 바 요셉과 그 짝 이스라엘 지파들의 막대기를 가져다가 유다의 막대기에 붙여서 한 막대기가 되게 한즉 내 손에서 하나가 되리라 하셨다 하고"(겔 37:16-19).

북왕국과 남왕국을 합쳐서 한 나라가 되게 하겠다고 하신 하나님의 약속은 종말에 성령을 주겠다고 하신 약속과 나란히 주어진다. 예수님이 40일 동안 제자들에게 하나님의 나라에 관해 가르치시고 대화하시면서

14 필자는 Thompson이 *The Acts of the Risen Lord Jesus*, 106-107에서 이 본문을 해석한 것에 아주 많은 빚을 졌다. 그는 구약적인 배경과 구약성경을 적용해서 제자들의 질문과 예수님의 대답의 성격을 드러낸다. 비록 그가 직접 인용되고 있지는 않으나, 서술된 내용의 많은 부분은 그에게서 가져온 것이다.

에스겔 37장 같은 성경 본문을 거론하였을 것이라고 생각하는 것은 결코 지나친 상상이 아닐 것이다.

마찬가지로 선지자 이사야는 나라의 회복을 약속할 뿐만 아니라, 그 개념을 '이방의 빛'이 될 회복된 새로운 이스라엘이라는 개념과 결합시킨다. 여호와의 종은 특정한 목적을 위해 남왕국과 북왕국을 합칠 것이다.

> "이제 여호와께서 말씀하시나니 그는 태에서부터 나를 그의 종으로 지으신 이시요 야곱을 그에게로 돌아오게 하시는 이시니 이스라엘이 그에게로 모이는도다 그러므로 내가 여호와 보시기에 영화롭게 되었으며 나의 하나님은 나의 힘이 되셨도다 그가 이르시되 네가 나의 종이 되어 야곱의 지파들을 일으키며 이스라엘 중에 보전된 자를 돌아오게 할 것은 매우 쉬운 일이라 내가 또 너를 이방의 빛으로 삼아 나의 구원을 베풀어서 땅 끝까지 이르게 하리라"(사 49:5-6).

이러한 구약적인 배경에 비추어서 제자들의 질문을 읽으면, 이스라엘 사람들이 부활하신 메시아 앞에서 물었을 법한 질문이라는 것을 알 수 있다. 왜냐하면 이스라엘 사람들은 그들의 나라의 미래에 관한 구체적인 기대들을 지녀 왔고, 지금 그 미래와 맞닥뜨리고 있기 때문이다.[15]

이러한 구약적인 배경은 예수님의 대답에도 큰 빛을 비춘다. 주님은 이 질문을 한 제자들을 꾸짖지 않으시고, '때와 시기는 아버지께서 자기의 권한에 두셨다'는 친숙한 표현을 사용하셔서 그들이 그때를 알지도 못하고 알 수도 없다고 대답하신다. 예수님은 제자들이 한 질문의 초점을 다른 방향으로 돌려서 지금 중요한 문제가 무엇인지를 보여주심으로 그들로 하여금 때에 관한 다른 개념을 갖게 하신다. 즉, 제자들은 하나님의 나라가 최종적으로 완성되어 세워지는 것에 초점을 맞추었고, 어떤 결정적인 사

15 Wright, *Acts for Everyone, Part 1*, 6-7.

건을 생각하고 있던 것으로 보인다. 하지만 예수님은 그들의 생각의 방향을 돌려서, 특정한 날이 아니라 그분이 부활하신 결과로 존재하게 된 상황에 초점을 맞추게 하신다. 하나님의 나라는 회복되어 가고 있고, 이제 곧 약속된 성령이 오셔서 제자들이 능력을 덧입게 될 것이기 때문에 계속해서 회복될 것이다. 그 나라의 회복은 이미 시작되었다.

예수님의 대답은 에스겔과 이사야를 따르는 것인데, 사도행전에서 가장 기억할 만하고 자주 인용되는 본문들 중 하나다.

> "때와 시기는 아버지께서 자기의 권한에 두셨으니 너희가 알 바 아니요 오직 성령이 너희에게 임하시면 너희가 권능을 받고 예루살렘과 온 유대와 사마리아와 땅 끝까지 이르러 내 증인이 되리라"(행 1:7-8; 참고. 24:47).

여호와의 참된 종이신 예수님은 성령의 능력을 덧입은 제자들의 증언을 통해 이스라엘을 하나로 연합하여 "이방의 빛"(사 49:6)이 되게 하실 것이다. 하나님 나라와 관련된 구체적인 일정을 아는 것은 사도들의 권한 밖에 있다. 그 '때와 시기'는 성부께 달려 있기 때문이다. 제자들이 예수님이 하신 말씀의 의미를 온전히 이해하고 받아들이는 데는 오랜 시간이 걸리지 않은 것으로 보인다. 왜냐하면, 얼마 후에 베드로가 솔로몬의 행각에서 설교하면서 청중들에게 다음과 같이 말하기 때문이다. "너희가 회개하고 돌이켜 너희 죄 없이 함을 받으라 이같이 하면 새롭게 되는 날이 주 앞으로부터 이를 것이요 또 주께서 너희를 위하여 예정하신 그리스도 곧 예수를 보내시리니 하나님이 영원 전부터 거룩한 선지자들의 입을 통하여 말씀하신 바 만물을 회복하실 때까지는 하늘이 마땅히 그를 받아 두리라"(행 3:19-21). 이 말은 하나님만이 만물을 회복시키실 때를 알고 계시고, 자신의 계획에 따라 정하신 때에 그 일을 행하실 것이라는 의미이다. 하나님이 현세의 종말에 관해서는 우리에게 엄격하게 제한된 지식만을 허용하셨다는 신약성경의 가르침은 우리를 곧바로 믿음의 싸움터로 이끈다(마 24:36;

25:13; 살전 5:2). 오직 하나님이 그때를 정하신다는 것을 믿을 때에만, 제자들은 담대함(하나님이 이 모든 것을 주관하신다고 믿기 때문에)과 절박함(하나님이 분명히 모든 것을 자신이 정하신 종말로 이끄실 것임을 믿지만 그때가 언제일지는 아무도 모르기 때문에) 둘 모두를 가지고 세상으로 나아가서 복음을 전할 수 있다.

제자들은 종말의 때까지의 경로를 알려줄 하늘의 내비게이션 소프트웨어가 아니라 그보다 더 나은 것을 받게 될 것이다. 누가복음에 마지막으로 기록된 예수님의 말씀은 증인됨과 성령의 오심에 관한 것이었다. 그 부분에서 예수님은 이렇게 말씀하셨다. “너희는 이 모든 일[예수님의 구원 사역]의 증인이라 볼지어다 내가 내 아버지께서 약속하신 것을 너희에게 보내리니 너희는 위로부터 능력으로 입혀질 때까지 이 성에 머물라”(눅 24:48-49). 그들은 머지않아 성령으로부터 “권능을 받을”(행 1:8) 것이었다. 좀 더 정확하게 말하자면, 그들이 받게 될 능력은 바로 성령을 가리킨다. 우리는 사도행전에서 성령이 행하시는 역사의 많은 측면을 보게 될 것이다. 오순절에 베드로는, 지금 일어나고 있는 일이 바로 하나님이 장차 자신의 성령을 부어주겠다고 약속하신 그것이라고 선포한다(2:18). 나중에 신자들도 성령을 받는다(8:17; 10:44; 15:8; 19:6). 또한 제자들은 성령의 능력을 덧입어서 표적과 기사를 행한다. 누가는 제자들이 행한 이적들을 가리킬 때에 1:8에서 ‘권능’으로 번역된 단어 뒤나미스(*dynamis*)를 사용한다(2:22; 3:12; 4:7; 8:13; 19:11).

성령에 대한 예수님의 약속은 적어도 암묵적으로는 이 모든 측면을 포함하지만, 여기에 놓인 주된 초점은 특히 복음을 증언할 능력을 얻기 위해 성령을 받게 되리라는 것이다. 그리고 사도행전 2장에서 한 곳에 모여 있던 사도들과 제자들이 오순절에 성령을 받았을 때에 바로 그 일이 일어났다. 마찬가지로 누가는 교회가 초기에 폭발적으로 성장한 것을 사도들이 ‘큰 권능’으로 복음을 증언한 것과 연결시킨다(4:33). 더 나아가 스데반이 ‘은혜와 권능’이 충만하여 표적과 기사를 행하고, ‘지혜와 성령으로 말함을 그들(대적들)이 능히 당하지 못하였기’ 때문에 그의 대적들이 그를 상대할 수 없었다(6:8-10).

누가의 저작들에서 약속의 성취, 즉 증언을 위해 사람을 무장시키려고 성령이 특별히 기름 부어진 것은 사도행전 1:8에서 처음 나오는 것이 아니다.[16] 여호와의 종이신 예수님은 그 자신이 성령을 보내주실 분이다[참고. 1:3-5(특히 4-5절)에 관한 주석]. 그러한데도 세례를 받으신 직후에 아버지 하나님이 그분을 사랑으로 받으시고 무한한 신뢰를 보내는 말씀을 하실 때에 성령이 그분에게 임한다(눅 3:22). 또한 누가는 아담까지 이르는 예수님의 족보를 설명한 직후에, 예수님이 세례를 받으신 뒤 '성령의 충만함을 입어' 돌아오셨고, 그후에 성령의 이끄심을 따라 광야에 '40일 동안' 머무시며 사탄에게 시험을 받으셨다고 말한다(눅 4:1-2). 참 아담이신 예수님은 광야 곧 첫 번째 이스라엘이 실패한 그곳에 가셔서 성령으로 충만한 참 이스라엘(예수님 자신)로서 성공을 거두신다.

그때로부터 얼마 후 나사렛에서 행하신 첫 번째 설교에서 예수님은 이사야서 두루마리를 집어들고 이사야 61장에 나오는 다음과 같은 대목을 읽으신다.

"주의 성령이 내게 임하셨으니
  이는 가난한 자에게 복음을 전하게 하시려고
  내게 기름을 부으시고
나를 보내사 포로 된 자에게 자유를,
  눈 먼 자에게 다시 보게 함을 전파하며
  눌린 자를 자유롭게 하고
주의 은혜의 해를 전파하게 하려 하심이라"(눅 4:18-19).

누가는 이 본문에 대해, "이 글이 오늘 너희 귀에 응하였느니라"(눅 4:21)라는 예수님의 해석을 덧붙임으로써, 독자들이 이 본문의 함의를 의

16 David G. Peterson, *The Acts of the Apostles*, PNTC (Grand Rapids, MI: Eerdmans, 2009), 110을 보라.

심할 여지를 거의 남겨두지 않는다. 예수님은 이사야서 본문에서 옛 언약의 약속들을 성취할 기름 부음 받은 자가 바로 자신이라고 분명하게 말씀하신 것이다. 그리고 이제 사도행전에서 제자들은 예수님의 증인이 되기 위해 예수님으로부터 성령을 받게 될 것이다. 즉, 기름 부음 받은 자이신 예수님은 제자들에게 기름을 부어 그분을 증언할 증인들로 세우셔서 세상으로 보내실 것이다. 그들은 예수님이 이 땅에 오셔서 죽으시고 부활하신 후에 승천하셨다는 동일한 메시지를 세상에 전파하게 될 것이다.

또한 예수님은 제자들에게 그들이 어디에서 성령의 능력을 덧입은 증인이 되어 그분을 증언하게 될 것인지에 대해서도 말씀하신다. 성령이 활동하는 지역은 선교 활동이 이루어질 곳을 나타내는 일련의 동심원보다 더 넓지, 결코 더 좁지는 않다. 예루살렘, 유대, 사마리아는 이스라엘의 분열된 나라를 나타내는데, 그곳들은 제자들이 에스겔과 이사야의 예언을 성취해서 그 나라를 회복하여 왕이신 예수님의 대사들로서 세상에 빛을 비추기 위해 가야 할 곳들을 가리킨다. 이스라엘의 분열(참고. 사 9:21; 11:13; 겔 37:16-17; 슥 11:14)은 구약의 이야기가 결코 완성되지 않았다는 것을 상기시켜주는 비극적이고 주된 증표 중 하나의 역할을 한다. 실제로 이스라엘의 행실은 거기에 대한 대답을 제시하기보다는 날이 갈수록 의문을 더 많이 불러일으키며 상황을 악화시켰다. 이스라엘의 선지자들은 그들이 활동하던 때에는 대체로 거부당했지만, 여호와께서 새 마음과 새 백성과 새로운 곳에 관한 자신의 모든 약속을 성취하실 새로운 날을 가리켜 보여주셨고, 그 중심에는 새로운 왕이 있다는 것도 보여주셨다.

예수님은 제자들에게, 그들이 이스라엘 나라의 회복을 위한 선봉에서 있고 그 회복된 이스라엘 나라를 상징적으로 보여주고 있다는 것과[참고. 행 1:12-26(특히 26절)에 대한 주석], 그 회복된 이스라엘 나라는 선지자들이 예언한 대로 이뤄지지만 사람들이 거의 알아보기 힘들 정도로 예기치 않은 모습일 것이라고 말씀해주신다. 그 나라는 새로운 백성으로 가득한 새로운 나라일 것이다. 참 이스라엘이신 예수님은 새롭게 구성된 열두 지파(맛디아가 곧 거기에 더해질 것이다)를 보낼 것이고, 이 상징적인 새 이스라엘은 다시 온전한 새 이스라엘이 될 것이다. 사도행전의 처음 몇 장에서 열두 명의 제자만이 아니라 더 많은 사람이 등장하고 여기에 훨씬 더 많은 사람이 더해지겠지만, 여기서 예수님은 특별히 사도들에게 말씀하고 계신다. 이 사도들은 예수님이 하나님 나라의 전령이자 대사들로서 특별히 부르신 자들이었고, 그들이 전하는 것은 그 나라에 관한 가르침의 유일한 표준이 될 것이기 때문이다.

예수님의 승천에 관한 이야기는 누가가 기록한 복음서에만 아주 분명하게 나타난다.[17] 그렇지만 다른 복음서들에 승천 기사가 나오지 않는 것에 관해 의문을 제기해서는 안 되는 몇 가지 이유가 있다. 첫째, 복음서들은 예수님이 승천하시고 나서 한참 후에 기록되었다. 신약 서신들 중에서 대부분은 아닐지라도 다수는 복음서들 이전에, 또는 거의 동일한 시기에 기록되었다. 요한의 경우에는 신약성경에 담겨 있는 모든 서신이 기록되고 나서 한참 후에 요한복음을 썼을 것이다. 복음서들의 관심은 나사렛 예수의 삶과 가르침과 하신 일에 관한 신학적인 내러티브를 제공하는 것이었다. 따라서 복음서들의 강조점은 예수님이 활동하며 사역하셨던 이삼 년에, 특히 예수님의 수난과 부활에 놓여 있다. 둘째, 각각의 복음서(마가복음의 경우는 어디에서 끝나는지에 따라 예외일 수도 있지만)는 예수님이 부활 후에 제자들에게 나타나셔서 함께 대화하고 그들을 가르치신 이야기들을 포함하고 있다. 이 부활 이후에 관한 내러티브들과 신약성경의 나머지 부분들을 함께 읽으면 예수님이 승천하셨다는 사실을 알게 된다. 셋째, 누가는 누가복음과 사도행전에 예수님의 승천 이야기를 포함시킨다. 예수님의 승천에 관한 기사를 포함해서 누가의 저작들의 진정성에 관해 중대한 의심은 제기되어 오지 않았다.[18] 넷째, 교회의 처음 여러 세기에 누가의 저작들은 아

17 마가복음 16:19도 승천을 언급하지만, 가장 좋은 초기 사본들 중 대다수는 마가복음 16:9-20을 포함하고 있지 않다.

18 근대의 일부 학자들이 누가에 대해 의문을 제기했지만, 그들의 논증은 학계에서조차도 큰 지지를 얻지 못했다. 또한 필자는 교회가 나중에 누가라는 이름을 꾸며냈다는 논증을 고려하지 않는다. 그런 결론은 석의보다는 주로 역사비평적인 전제들에 기초한 것이다.

무런 논쟁 없이 신속하고 폭넓게 받아들여졌다. 또한 모든 정통적인 초기 기독교의 증언들은 예수님의 승천을 단언한다. 우리가 마가복음의 긴 결말(16:9-20)을 원래의 것으로 보지 않는다고 할지라도, 마가복음 16:19이 "예수께서 하늘로 올려지[셨다]"라고 언급한 것은, 마가가 기록한 것이든 마가복음이 기록된 후 얼마 되지 않아 다른 사람이 추가한 것이든 예수님의 승천에 관한 초기 전승을 반영한다.

사도행전에 나오는 예수님의 승천 기사는 제자들의 반응만 제외하면 누가복음에 나오는 서술과 거의 동일하다. 누가복음에서 제자들은 예수님이 승천하신 후에 "[그리스도께 경배하고] 큰 기쁨으로 예루살렘에 돌아[갔다]"(눅 24:52). 사도행전에 나오는 기사도 이와 비슷하다. 예수님은 제자들에게 그들의 사명에 관해 말씀하신 후에 즉시 그들이 보는 앞에서 "올려져 가[셨는데] 구름이 그를 가리어 보이지 않게 [했다]"(행 1:9). 차이는 제자들의 반응에 있다. 제자들은 누가복음에서는 예수님을 경배하는 반면에, 사도행전에서는 경외심에 사로잡힌다. 이 두 기사는 얼마든지 양립할 수 있다.

예수님의 승천에 대한 반응으로 제자들은 그곳에 서서 한참동안 계속 하늘을 올려다보았다. 이는 그들이 전무후무한 초자연적인 사건, 에녹이나 엘리야가 승천한 것조차도 비교가 될 수 없는 사건을 목격했기 때문이었다. 그래서 천사들이 와서 그들로 하여금 다시 정신을 차리게 해야 했다. "갈릴리 사람들아 어찌하여 서서 하늘을 쳐다보느냐 너희 가운데서 하늘로 올려지신 이 예수는 하늘로 가심을 본 그대로 오시리라"(11절). 그러자 제자들은 다시 정신을 차리고서 예수님을 경배하였을 것이다. 따라서 누가복음 24:52과 사도행전 1:10-11은 서로 아주 잘 들어맞는다.

우리는 예수님이 승천하실 때에 구름이 등장한 것을 주목해야 한다. 성경에 나오는 이 상징은 하늘과 땅이 만났던 다른 때를 상기시킨다. 성경에서 구름은 흔히 하나님의 임재를 상징한다. 예컨대, 출애굽 내러티브에서 구름은 애굽에서부터 시내산에 이르는 여정에서 낮에 이스라엘 백성을 인도한다(출 14:19). 시내산에서 하나님은 구름 가운데서 모세에게 말씀하신다(19:9; 24:15). 하나님의 영광이 성막에 충만하자 구름이 회막을 뒤덮는다(40:34). 이스라엘 백성은 구름이 움직이면 장막을 걷어 이동했고, 구름이 멈추면 이동을 멈추고 그곳에 장막을 쳤다(40:36-37). 출애굽기의 마지막 절에서는 "여호와의 구름"(40:38)이라고 말한다.

복음서 기자들도 이런 상징을 계속해서 사용한다. 하늘과 땅이 만나는 절정의 사건은 예수님의 사역이 중반에 이르면서 그 초점이 예루살렘과 십자가로 이동할 즈음에 일어난다. 하늘에 속한 신적인 차원이 땅의 영역 속으로 뚫고 들어온 변화산 사건에서 구름이 예수님과 모세와 엘리야와 제자들 위로 내려오고, 그 구름으로부터 한 음성이 들린다. "이는 나의 아들 곧 택함을 받은 자니 너희는 그의 말을 들으라"(눅 9:35; 참고. 마 17:5; 막 9:7). 또한 예수님의 재림은 "인자가 구름을 타고 능력과 큰 영광으로 오는 것"(눅 21:27; 참고. 마 24:30; 막 13:26)으로 묘사된다. 마태복음은 예수님이 재판을 받으시는 동안에 구름에 대해 언급하신 것을 기록한다. 대제사장 가야바가 예수님께 그리스도냐고 묻자, 예수님은 그렇다고 대답하시는 대신 다음과 같이 분명하게 대답하신다. "네가 말하였느니라 그러나 내가 너희에게 이르노니 이후에 인자가 권능의 우편에 앉아 있는 것과 하늘 구름을 타고 오는 것을 너희가 보리라"(마 26:64). 예수님이 하신 이 말씀이 무엇을 의미했는지, 그리고 사람들이 이 말씀을 어떤 의미로 알아들었는지는 가야바의 반응 속에서 분명하게 드러난다. "이에 대제사장이 자기 옷을 찢으며 이르되 그가 신성모독 하는 말을 하였으니 어찌 더 증인을 요구하리요 보라 너희가 지금 이 신성모독 하는 말을 들었도다"(마 26:65). 이것은 예수님이 구름을 언급하신 것이, 출애굽 내러티브에서와 마찬가지로 하나님의 임재를 가리키는 것이었음을 분명하게 보여준다.

'하늘'에 대한 누가의 언급은 다양한 심상을 불러일으킨다. 우리의 인식과 경험을 감안할 때, 하늘이라는 말에서 우리는 자연스레 가장 먼저 장소로서의 하늘을 떠올린다. 여기에는 성경적인 근거가 있다. 성경은 하늘을 가리켜 아버지 하나님이 계시는 곳, 상이 주어지는 곳, 내세의 삶을 살게 되는 곳이라고 말한다(마 3:17; 5:12, 16; 6:9-10, 20; 17:5; 막 1:10-11; 12:25;

눅 3:22; 6:23; 15:7). 사도행전 1장에는 하늘이라는 단어가 두 절에 걸쳐서 네 번 등장한다. 예수님이 '올라가실' 때에 제자들은 '하늘'을 쳐다보고 있었다(10절). 그러다가 천사들이 나타나서 "갈릴리 사람들아 어찌하여 서서 '하늘'을 쳐다보느냐 너희 가운데서 하늘로 올려지신 이 예수는 '하늘'로 가심을 본 그대로 오시리라"(11절)고 말하는 것을 듣고서야 정신을 차린다. 첫 번째로 나오는 하늘은 분명히 방향을 가리키는 의미로 사용되고 있다. 예수님이 올려지셔서[아나렘프테이스(*analēmptheis*)] 하늘로[에이스 톤 우라논(*eis ton ouranon*)] 올라가셨다고 할 때, 하늘은 예수님이 들려 올라가신 방향을 설명한다. 그리고 이것은 '하늘로부터의 음성'에서 하늘이 음성이 들려온 방향을 설명하고 있는 것과 같다. 하지만 이것은 예수님이 계속해서 구름을 타고 하늘에 있는 자신의 보좌에 도달하셨다는 것을 의미하지도 않고, 단지 하늘이 있는 방향으로 올라가셨다는 것만을 의미하지도 않는다. 도리어 이것은 예수님이 아버지 하나님이 계신 곳인 하늘로 올라가셨다는 것을 의미한다. 우리는 초자연적인 사건, 즉 하늘(하나님이 거주하시는 곳)과 땅이 만나는 사건에 관한 묘사를 대하고 있다. 출애굽기에서 구름은 하나님의 임재를 나타내는 반면, 여기서 우리는 하나님의 임재를 나타내는 구름만이 아니라 성육신하신 여호와가 친히 임하여 계시는 것을 본다. 예수님의 승천을 통해 땅에서 하늘로 가는 길이 만들어진다. 어떻게 예수님이 땅에서 하늘로 이동하셨는지는 우리의 인식과 경험을 뛰어넘는 것이지만, 성경이 하나님이 계신 곳인 하늘이 언젠가는 새 하늘 및 새 땅과 하나가 될 것이라고 말하고 있다는 것은 분명하다. 여기서 초점은 예수님이 신적인 왕으로서 올라가시는 목적지인 하늘에 맞춰져 있다. 하늘은 예수님이 최종적으로 계시며 권능을 베푸시는 곳으로, 왕이신 예수님은 거기로부터 이 땅에 있는 그분의 나라를 다스리신다.

1:12-26 | 맛디아가 사도들에 합류함 12절은 예수님의 승천이 '감람원이라 하는 산,' 일반적으로 감람산이라 불리는 곳에서 일어났다고 말한다. 누가는 이 산이 예루살렘에서 '안식일에 가기 알맞은 길'이라고 언급하는

데, 이것은 아마도 유대인의 전통에서 안식일에 허용된 0.6킬로미터 남짓하는 거리를 가리키는 것으로 보인다.[19] 누가는 그의 복음서에서 예수님의 승천이 감람산과 인접해 있는 베다니 근처에서 일어났다고 말한다(눅 24:50). 감람산은 예수님과 제자들이 자주 만났던 곳으로, '감람산 강화'로 잘 알려져 있다. 감람산에서 예수님은 제자들에게 성전이 파괴될 것과 그분의 재림에 관해 가르치셨다(마 24장; 막 13장; 눅 21장). 스가랴는 하나님이 예루살렘을 함락시켜서 사람들을 포로로 끌고 간 이방 나라들과 싸우실 장소가 감람산이라고 말한다.

> "그날에 그의 발이 예루살렘 앞 곧 동쪽 감람산에 서실 것이요 감람산은 그 한 가운데가 동서로 갈라져 매우 큰 골짜기가 되어서 산 절반은 북으로, 절반은 남으로 옮기고"(슥 14:4).

스가랴가 묵시적 환상 가운데 하나님이 이방 나라들을 심판하실 장소로 본 그곳은, 이제 부활하신 예수님이 복음을 통해 이방 나라들에게 복을 주시기 위해 제자들을 파송하는 곳이 되었다.

사도행전 1:13-15은 예수님이 승천하신 후에 오순절에 이르기까지 누구와 함께 있었는지를 기록한다. 이것은 복음서에서 열두 제자 외에 많은 사람이 예수님을 따라다녔다는 것을 우리에게 상기시킨다. 가룟 유다가 빠진 것을 제외하면 이 본문에 열거된 열한 제자의 이름은 누가복음 6:14-16에 열거된 것과 동일하다. 단지 여기서는 사도행전에서 가장 중요한 인물들인 베드로, 요한, 야고보가 명단의 앞부분에 등장하고 안드레가 네 번째로 언급된다는 점이 약간 다를 뿐이다. 누가는 예수님의 어머니인 마리아와 그 밖의 다른 여자들도 언급한다. 그는 예수님의 사역에서 여자들이 차지하는 중요한 위치에 관해 그의 복음서에서 하나의 주제로 다룬

19 Bock, *Acts*, 76. Bock은 그 거리와 관련해서 논란이 있다는 것을 지적한다.

다. 왜냐하면 아주 중요한 때에, 특히 십자가와 무덤에서 여자들이 등장하기 때문이다(눅 23:49, 55-56; 24:2-11). 누가는 여기서도 예수님의 아우들을 언급한다. 마가에 따르면, 예수님께는 적어도 야고보, 요셉, 유다, 시몬이라는 네 명의 아우가 있었다(막 6:3). 어떤 전승들은 예수님의 아우들은 마리아가 낳은 자녀들이 아니었다고 주장한다. 다시 말해 마리아가 평생 동안 동정녀로 살았다는 것이다. 하지만 신약성경에 나오는 증거들은 그런 주장이 틀렸음을 보여준다. 또한 예수님의 아우들이 요셉의 전처에게서 태어난 배다른 형제였다거나, 주후 1세기의 유대인 사회에서 사촌이나 친척도 '형제'로 불렸다는 점에서 예수님의 사촌이나 친척이었을 것이라는 주장도 있다. 그러나 이 역시 성경에 나오는 것이 아니라, 마리아가 평생을 동정녀로 살았다는 전제에 기초한 주장이다. 성경을 토대로 해서 마리아가 평생을 동정녀로 살았다고 주장하는 논증들은 그 교리가 형성된 이후에 나왔다. 이 네 명의 아우들이 마리아에게서 태어난 예수님의 친동생들이었다는 것을 의심할 만한 근거는 전혀 없다. 그들 중 전부 또는 일부가 요셉의 전처에게서 태어났을 가능성도 있지만, 그렇게 단정 지어 말할 수는 없다.

예수님이 이 땅에 계시는 동안 늘 기도하셨듯이, 기도는 제자들과 초기 교회의 전형적인 특징이었다. 누가복음을 통해서 우리는 이 무리가 다락방에서만이 아니라 성전에서도 만났다는 것을 안다(눅 24:53). 이 본문에서 누가는 오순절 이전에 다락방에서 일어난 사건들에 관한 이야기를 집중적으로 들려준다. 그런 후에 제자들은 사람들 가운데로 나가고, 2장에서는 무대가 성전으로 바뀐다. 누가는 그들이 "마음을 같이하여 오로지 기도에 힘쓰더라"(행 1:14)라고 말한다. '마음을 같이하여'로 번역된 단어 호모튀마돈(*homothymadon*)은 사도행전의 다른 곳에 아홉 번 나온다(2:46; 4:24; 5:12; 7:57; 8:6; 12:20; 15:25; 18:12; 19:29). 이 단어는 그들이 하나가 되어 '함께였다는 것'을 강조한다. 누가는 이 무리가 끊임없이 함께 기도했다고 말한다(하지만 이것이 24시간 내내 기도했다는 것을 의미하지는 않을 것이다). 예수님이 그들에게 성령(참고. 눅 24:49)과 그분의 증인이라는 역할을 약속하셨지만, 이 무리는 예수님의 약속이 성취될 때를 기다리면서 끊임없이 기도에 힘썼다.

누가는 베드로가 가룟 유다로 인해 공석이 된 한 명의 사도를 채워야 한다는 것을 어떻게 알았는지에 대해서는 말하지 않는다. 아마도 예수님이 부활 후에 40일 동안 제자들과 함께 계실 때에 지시하셨을 수도 있고, 아니면 성령이 베드로를 이끌어 그 자리에서 일어나서 그렇게 말하게 한 것일 수도 있다. 제자들은 가룟 유다 대신에 다른 한 사람을 사도로 세워서 열둘이라는 숫자를 채워야 할 필요성을 분명히 가진 것 같다. 이 본문은 가룟 유다의 행위들이 성경, 특히 시편 69:25과 109:8을 성취한 것임을 분명하게 보여준다. 베드로의 이 말은, 성경이 성령의 감동으로 된 것임을 성경을 통해 보여주는 가장 분명한 말씀들 중 하나다. 성령은 다윗을 통해서 예수님이 배신당하실 것에 관해 예언하셨다.

ESV는 18-19절을 괄호 안에 넣는데, 이를 통해 이 부분이 베드로가 말하는 중간에 누가가 가룟 유다에게 일어난 일에 대해 보충 설명하고자 삽입한 것임을 보여준다. 이러한 삽입은 성경 본문만을 읽어서는 제대로 알 수 없는 어떤 행위나 가르침을 독자에게 더욱 자세하게 설명해주기 위해 신약 내러티브에서 빈번하게 이루어진다.

신약성경에는 가룟 유다의 죽음을 다룬 두 개의 기사가 나온다. 마태복음 27:3-10에서 가룟 유다는 죄책감으로 괴로워하다가 결국 은 삼십을 제사장들과 장로들의 회에 돌려주는데, 이때 "내가 무죄한 피를 팔고 죄를 범하였도다"(마 27:4)라고 하며 자신의 죄를 고백하기까지 한다. 하지만 유대 지도자들은 은 삼십을 가룟 유다에게 지불하여 자신들의 목적을 달성했기 때문에, 이제 자신들과 상관없다고 말하면서 그 돈을 받지 않는다. 그러자 가룟 유다는 그 돈을 성소에 던져버렸다. 마태는 그가 "물러가서 스스로 목매어 죽은지라"라고 간단하게 기록한다(마 27:5). 대제사장들은 핏값인 그 돈을 성전고에 넣는 것이 옳지 않다 여기고, 그 돈으로 토기장이의 밭을 사서 나그네의 묘지로 삼는다. 마태는 이 모든 것이 예레미야 19:1-13을 성취하기 위해 일어난 것이라고 말하고, 그 주된 예언에 스가랴 11:13에 나오는 예언을 덧붙인다.

사도행전에 나오는 가룟 유다에 관한 기사도 많은 점에서 마태복음의 기사와 아주 비슷하다. 가룟 유다가 받은 돈은 밭을 사는 데 사용되고, 그 밭은 '피밭'이라 불린다. 가룟 유다의 후회와 절망이 마태복음에서는 명시적으로 언급되고 사도행전에서는 암묵적으로 전제된다. 즉, 누가는 가룟 유다가 몸이 곤두박질하여 비참하게 죽었다고 말한다(행 1:18). 마태복음 기사와 누가가 사도행전에서 말하고 있는 것을 비교해보면 두 기사 간에 약간의 충돌이 생긴다. 누가는 "이 사람이 불의의 삯으로 밭을 [샀다](18절)고 말하기 때문이다. 이 문제에 대한 간단한 해법은, 누가의 이 말을 가룟 유다가 밭을 산 것이 아니라 가룟 유다의 돈으로 밭을 샀다는 의미로 이해하는 것이다. 또 하나의 표면상의 차이점은, 마태는 가룟 유다가 스스로 목매어 죽었다고 말하는 반면, 누가는 "[가룟 유다가] 몸이 곤두박질하여 배가 터져 창자가 다 흘러나[왔다]"(18절)라고 말한다는 점이다. 가룟 유다가 절벽 근처에 있는 나무에서 스스로 목을 맸고 그 나무가 부러지는 바람에 절벽 아래로 떨어졌을 것이라는 추측은, 단지 두 기사가 서로 모순되지 않게 하려는 사변적인 시도일 뿐이다. 좀 더 유력한 해법은, 누가는 가룟 유다가 스스로 목을 매어 죽은 과정을 좀 더 자세하게 설명하고 있다는 것이다. 아마도 가룟 유다의 몸은 부패될 때까지 그대로 매달려 있던 것 같다. 하지만 우리로서는 그 진위를 알 도리가 없다. '몸이 곤두박질하여'로 번역된 프레네스 게노메노스(*prēnēs genomenos*)에 대해 ESV는 '부풀어 올라'라는 의미일 수도 있다고 각주로 덧붙이지만, 이 번역 역시 하나의 가능성일 뿐이다.

마태는 가룟 유다의 죽음이 자살이었다는 데 초점을 맞추는 반면에, 누가는 가룟 유다의 죽음이 벌이었다는 것을 구체적으로 부각시킨다. 가룟 유다의 죽음이 하나님의 벌이었다는 것은, 그 밭이 영원히 피밭으로 알려져 있다는 사실에 의해 강조된다.[20] 가룟 유다는 예수님을 부인하고 배신

20 Mikeal C. Parsons, *Acts*, Paideia: Commentaries on the New Testament (Grand Rapids, MI: Baker Academic, 2008), 33.

하는 대가로 은 삼십을 받았고 은 삼십을 위해 모든 것을 포기했다. 하지만 그는 돈도 잃고 밭도 잃고, 결국 목숨도 잃었다.

오직 이 본문들에만 기초해서 가룟 유다의 죽음을 둘러싼 여러 사건들을 온전히 설명하는 것은 불가능하다. 마태와 누가는 각자의 목적에 충분한 만큼의 정확한 정보를 제공하지만, 어느 쪽도 이 일의 전말을 세세하게 전하는 것을 목적으로 삼고 있지는 않다. 마태는 가룟 유다가 돈을 돌려준 때부터 죽기까지의 과정을 생략하고서 그가 자살한 것만을 짧게 기록했을 수 있다. 마태와 누가의 기록을 종합하여 이 일을 시간 순으로 정확하게 배열해야 할 필요도 없고, 여러 가지 남아 있는 의문들도 그렇게 중요하지 않다. 우리는 근거 없는 사변을 동원하여 본문을 토대로 한 해석의 한계를 넘어서려는 것을 피해야 한다(우리와 성경을 대적하는 사람들의 그러한 행위를 우리가 결코 용납하지 않는 것처럼). 왜냐하면 그렇게 하는 경우에 우리는 성경을 비판하는 자들로부터 성경을 보호한다거나, 이 문제와 관련해서 성경 자체를 보호한다는 명목 아래 하나님의 계시를 넘어서게 되기 때문이다. 하나님은 이 일에 관해 자세한 것을 정확히 말씀해 주시지 않기로 결정하셨고, 그것은 아마도 가룟 유다의 죽음이 이 내러티브에서 중요한 역할을 하지 않기 때문일 것이다. 중요한 것은, 마태와 누가의 기록이 가룟 유다의 끔찍한 죄와 그에 대한 벌과, 성령이 예수님에 대한 유다의 배신을 예언했다는 사실을 강조한다는 점이다.

20절에서 누가는 가룟 유다를 대신할 사람을 찾는 것이 합당하다는 것을 분명하게 보여주는 성경 본문(시 109:8)을 인용하여 다음과 같이 말한다. "그의 직분을 타인이 취하게 하소서." 이 성경 본문에 근거하여 사도들은 가룟 유다를 대신할 사도로 맛디아를 택한다. 새롭게 사도가 될 사람의 자격은 처음부터 예수님과 항상 함께 다녀서 그분을 증언할 수 있는 사람이어야 한다는 것이었다. 예수님의 아우인 야고보가 후보가 되지 않은 것은 주목할 만한데, 아마도 그가 다른 형제들과 마찬가지로 나중에 믿음을 가졌기 때문인 듯하다. 누가복음 8:19-21(참고. 마 12:46-50; 막 3:31-35)에서 예수님의 어머니와 형제들이 예수님을 찾아온다. 그때 예수님은 대중적인 인기가 최고조에 달했고 사람들로 가득한 집에서 가르치고 계셨다. 그러나 예수님의 어머니와 형제들이 예수님을 찾아온 목적은 제자로서 그분의 가르침을 듣기 위해서가 아닌 것으로 여겨진다. 요한복음 7:5은 "그 형제들까지도 예수를 믿지 아니함이러라"고 분명하게 말한다. 야고보는 나중에 초기 교회에서 큰 영향력을 지닌 중요한 인물로 부상하게 되지만, 이 시점에서는 사도들에 합류하기 위한 새로운 사도 후보가 아니었으며, 바사바(유스도)와 맛디아가 후보로 뽑힌다.

이 본문은 레위기 16:8과 여호수아 18:6; 19:51에서 이스라엘의 열두 지파가 제비뽑기를 해서 땅을 나누었던 것을 상기시킨다. 이것이 본문끼리 확실하게 연결되는 것이라기보다 단지 유사하게 보이는 것일 가능성이 더 많지만, 이 본문에서 새로운 상징적 이스라엘이 제비뽑기에 의해 완성된다. 사도들의 이러한 행위가 그리스도인들의 의사결정에서 규범이 되어야 하는 것은 아니다. 이는 '그리스도 예수를 모퉁잇돌로 하여 사도들과 선지자들의 터 위에 세우심을 입은' 하나님의 교회(엡 2:20)를 세우는 특별한 상징적 행위였다. 신약성경에서 어떤 것을 결정할 때에 제비뽑기를 하는 관행이 계속되지 않으며, 신약 기자들도 제비뽑기를 하는 때와 방식, 이유에 관해 가르치지 않는다.

사도행전에서 나중에 사울(바울)이 부름 받은 것은 맛디아를 새로운 사도로 택한 것이 잘못된 판단이었다거나 실수였음을 보여준다는 견해가 제기되어 왔다. 그러나 그런 주장은 터무니없다. 예수님이 처음에 택하신 열두 사도는 주 예수 그리스도를 모퉁잇돌로 해서 재구성된 이스라엘 지파들이다. 그들에게 맡겨진 일차적인 소임은 메시아이신 예수님의 복음을 유대인들에게 전하는 것이었다(갈 2:6-10). 맛디아를 택한 것은 기도와 믿음과 하나님의 응답을 토대로 한 것이었다. 어떤 식으로든 이것이 잘못되었다거나 결국 오류로 밝혀졌다는 것을 입증하는 어떠한 단서도 없다. 맛디아가 신약성경에 더이상 언급되지 않는다는 사실은, 그를 새로운 사도로 선택한 것이 잘한 일이었는지 잘못한 일이었는지를 평가하는 것과 아무런 관계가 없다. 사도행전 1:13 이후에는 열두 사도 중에서 베드로와 야고보와 요한만이 언급되기 때문이다. 맛디아는 열두 사도 중에서 대다수의 다른 사도들과 다를 바 없이 취급된다. 또한 맛디아가 사도들에 합류하게 됨으로써, 성경과 예수님의 약속이 성취되어 오순절에 성령을 통해 미래의 하나님 나라가 이 땅에 임하는 길이 준비된다. 증언하는 일이 시작되려면 증인들이 준비되어야 했기 때문이다. 끝으로, 바울[그의 말을 빌리자면 "만삭되지 못하여 난 자"(고전 15:8)]이 사도로 추가된 것은 새 시대에 일어나고 있는 새로운 일의 일부였다. 그는 이방인의 사도다. 옛 언약이 열두 지파에게 주어진 것이라고 해서, 하나님의 나라도 열두 사도에 국한되는 것은 아니다. 구약과 신약 사이에는 연속성과 불연속성이 둘 다 존재한다. 감춰져 있던 신비가 바울을 통해 계시된다. 즉, 유대인과 이방인은 이제 그리스도 안에서 한 백성이다(엡 3:6). 새로운 일이 일어나고 있고, 그 일은 옛 것과 연결되어 있긴 하지만 옛 것을 지양하고 뛰어넘는다.

응답

신자들은 사도행전 1:8에서 예수님이 사도들에게 주신 명령에 비추어서 자신의 삶을 생각해야 한다. 예수님을 구주와 주님으로 믿는 사람들의 족보(그들의 믿음의 족보)는 예수님이 사도들을 성령으로 무장시켜서 세상으로 보내신 그날에 시작되었다. 사도행전을 읽을 때, 우리는 단지 하나님이 신약 교회의 초창기에 행하신 온갖 이적과 기사들, 즉 하나님의 교회가 어떻게 성장했고 그분의 말씀이 어떻게 퍼져나갔는지를 읽는 것으로 그치지 않는다(물론 이것은 분명히 맞는 말이다). 우리는 우리가 직접 참여하고 있는 이야기를 읽고 있는 것이다. 그리고 하나님은 우리를 부르셔서 세상에 예수님을 증언하는 그 이야기를 살아내라고 하신다.

또한 신자들은 사도행전 1:11에서 천사들이 사도들에게 한 말에 비추어 자신의 삶을 깊이 생각해야 한다. 신자들은 오늘날 예수님이 다시 오실 것이라는 사실을 생각하면서 살아가고 있는가? 예수님이 반드시 다시 오실 것이라는 성경의 약속은 신자들에게 매일의 삶 속에서 예수님의 뜻을 실천에 옮길 힘을 주기 위한 것이다. 신약 기자들은 그리스도가 다시 오셔서 하나님의 나라를 단번에 확고하게 세우실 하나님의 미래만을 바라보았다. 그것은 단순한 희망사항이나 인생을 헤쳐나가는 데 필요한 소망의 원동력이 아니다. 예수님이 죽은 자 가운데서 부활하셔서 승천하셨기 때문에, 하나님의 미래는 우리의 것이다. 신자들은 오직 하나님의 미래를 믿는 믿음으로 세상 사람들의 비웃음과 위험과 불신앙에 맞서서 담대하게 복음을 전하고, 온갖 예기치 않고 원하지 않은 실패와 낙심과 고난에 맞서서 인내하며 믿음을 지킴으로써 사도들의 발자취를 따를 수 있다. 예수님이 사도들의 눈앞에서 하늘로 올라가신 그 모습 그대로 다시 오실 것임을 진심으로 믿는다면, 우리는 하나님의 은혜를 힘입어서 우리에게 닥칠 모든 것을 이겨내고 두려움 없이 예수님을 증언할 수 있다. 미래에 관한 하나님의 약속들을 믿고 의지할 때에 온갖 세상적인 두려움은 사라진다.

제자들이 그리스도가 주신 약속들을 믿고서 기도한 것(14절)은, 하나님의 약속들이 주어졌을 때에 그 약속들의 성취를 위해 기도하는 것이 필수적임을 상기시켜주는 훌륭한 모범이다. 물론 하나님이 약속하셨을 때, 그 약속은 반드시 이루어진다. 동시에 하나님은 우리에게 그분과의 관계 속에서 그분을 의지하는 삶을 살라고 명령하신다. 하나님은 신자들에게 그들의 아버지인 그분께 구하라고 명령하신다. 누가복음에서 예수님은 이렇게 말씀하신다. "너희가 악할지라도 좋은 것을 자식에게 줄 줄 알거든 하물며 너희 하늘 아버지께서 구하는 자에게 성령을 주시지 않겠느냐"(눅 11:13). 아마도 바로 이 약속이 사도들의 기도의 중심에 있었을 것이다.

우리는 가룟 유다에 관한 이야기를 사도행전 내러티브에서 단지 모든 일이 하나님의 계획에 따라 일어난다는 것을 보여주는 하나의 사례로 치부해버리고 재빨리 넘어가서는 안 된다. 또한 가룟 유다를 경멸하고, 우리와 상관없다는 듯이 무시해서도 안 된다. 우리는 가룟 유다의 심정에 공감할 필요는 없지만, 그의 이야기를 읽으면서 그 속에서 우리 자신의 모습을 발견해내야 한다. 우리가 예수님을 배신한 일들이 가룟 유다의 경우보다 덜 극적이고 미리 예언된 것은 아닐지라도, 배신임에는 틀림이 없다. 우리가 우리 자신의 욕망을 만족시키기 위해 예수님을 배제하고 무언가를 얻고자 할 때마다(이것은 언제나 예수님보다 다른 것을 훨씬 더 원하고 있음을 의미한다) 우리 방식으로 은 삼십을 구하고 있는 것이기 때문이다. 가룟 유다는 자신의 영혼을 희생시켜서 세상을 얻으려고 하는 것의 본보기다. 누가가 사도행전 1:25에서 말했듯이, 가룟 유다는 '제 곳으로' 갔다. 이것은 가룟 유다가 다른 사도들과는 다른 곳, 즉 영원한 형벌을 받을 곳으로 갔다는 의미이다.[21] 가룟 유다는 경고 표지판이다. 우리가 가룟 유다에 관한 이야기 속에서 경고를 보지 못한다면, 그것은 확신이 아니라 자만이고 주제넘음이다. 가룟 유다도 자기가 예수님을 배신하게 될 줄은 몰랐을 것이다. 우리도 이것을 늘 명심해야 한다.

신학적으로 우리는 하나님의 절대주권과 인간의 책임 사이에서 긴장을 경험한다. 예수님은 친히 택하신 가룟 유다가 배신할 것을 처음부터 알고 계셨다(마 26:50; 막 14:18-20; 요 17:12). 마르다와 나사로의 동생인 마리아가 값비싼 향유로 예수님의 발을 씻겨드리자 가룟 유다는 돈을 낭비하는 것이라고 불평하는데, 이를 통해 그의 성품이 드러난다(요 12:4-6). 우리는 하나님이 마음속에서 계획하신 것이 무엇인지를 결코 알 수 없고, 단지 그분이 우리에게 계시하신 것만을 알 수 있을 뿐이다. 가룟 유다의 경우에 우리가 그의 내면의 동기와 은밀한 행위들을 아는 것은, 그런 것들이 성경에 계시되어 있기 때문이다. 우리가 예수님을 제외하고 당시에 살았던 모든 사람보다 그런 것들에 대해 더 잘 아는 것은 성경 덕분이다. 하지만 우리는 우리 자신의 삶과 관련해서는 그런 특권을 갖고 있지 않다. 더 중요한 것은, 가룟 유다의 행위들이 이미 예정되어 있었음을 아는 이유가 오직 성경이 그렇게 말하고 있기 때문이라는 사실이다. 하지만 성경은 하나님

21 Bock, *Acts*, 89. 또한 Bock는 초기 교회에서 '그곳'은 지옥에서 받게 될 영원한 심판을 가리키는 용어가 되었다고 지적한다(예컨대, "제 곳으로 갔다"). Schnabel도 이 기사에서 사용된 표현은 가룟 유다에 대한 하나님의 심판을 강조한다고 주해한다(*Acts*, 99).

의 절대주권과 인간의 책임 관계에 관한 우리의 질문들에 언제나 대답해 주지는 않는다. 하나님은 이 두 가지가 모두 작용하고 있다는 것만을 계시해주실 뿐이다.

우리 자신의 매일의 삶, 그리고 다른 사람들과의 상호작용 속에서 우리는 단지 우리 자신과 다른 사람들이 행하는 행위들만을 볼 수 있을 뿐이다. 우리는 그 행위들의 동기를 다 알지 못하고, 많은 경우 우리 자신의 행위의 동기조차도 알지 못한다. 그러나 우리는 하나님만이 어떤 일의 시작점에서 이미 그 결말을 안다고 스스로 선언하셨다는 사실을 안다. 우리에게 주어진 소명은 하나님이 성경의 모든 대목에서 말씀하신 것들을 믿고서 믿음으로 살아가는 것이다. 가룟 유다의 삶에 담긴 긴장관계는 우리로 하여금 우리 자신의 신실함, 우리 자신의 행위들, 가장 깊은 내면에서의 우리의 생각과 욕망을 시험하여 우리의 외적인 삶과 내면의 삶이 얼마나 일치하는지를 살펴볼 것을 강력하게 촉구한다. 절대주권을 지니신 하나님은 우리에게 요구하시는 바를 말씀해주셨을 뿐만 아니라, 그리스도의 죽으심과 부활을 통해 우리에게 요구하신 그것들을 직접 공급해주신다. 우리는 이 사실을 알고 있는 사람으로서 우리의 모든 삶을 살펴야 한다. 우리가 오직 그리스도를 믿는 믿음을 의지하여 살아갈 수 있는데, 하나님이 알고 계시는 모든 것과 그분의 영원한 계획들을 알아내려는 끝없는 사변으로 시간을 낭비하며, 그 과정에서 죄로 넘어가는 위험을 감수할 이유가 있겠는가? 가룟 유다에 관해 많은 것을 말할 수 있겠지만, 우리는 적어도 가룟 유다가 예수님을 믿지 않았다는 것만은 명심해야 한다. 그의 불신앙이 극단적인 선택을 초래한 것 같아 보이지만, 불신앙은 언제나 그런 것이 아니겠는가?

1 오순절 날이 이미 이르매 그들이 다같이 한 곳에 모였더니 2 홀연히
하늘로부터 급하고 강한 바람 같은 소리가 있어 그들이 앉은 온 집에
가득하며 3 마치 불의 혀처럼 갈라지는 것들이 그들에게 보여 각 사람
위에 하나씩 임하여 있더니 4 그들이 다 성령의 충만함을 받고 성령이
말하게 하심을 따라 다른 언어들로 말하기를 시작하니라

1 When the day of Pentecost arrived, they were all together in one place.
2 And suddenly there came from heaven a sound like a mighty rushing
wind, and it filled the entire house where they were sitting. 3 And
divided tongues as of fire appeared to them and rested[1] on each one of
them. 4 And they were all filled with the Holy Spirit and began to speak
in other tongues as the Spirit gave them utterance.

5 그때에 경건한 유대인들이 천하 각국으로부터 와서 예루살렘에 머
물러 있더니 6 이 소리가 나매 큰 무리가 모여 각각 자기의 방언으로
제자들이 말하는 것을 듣고 소동하여 7 다 놀라 신기하게 여겨 이르되
보라 이 말하는 사람들이 다 갈릴리 사람이 아니냐 8 우리가 우리 각

사람이 난 곳 방언으로 듣게 되는 것이 어찌 됨이냐 9 우리는 바대인
과 메대인과 엘람인과 또 메소보다미아, 유대와 갑바도기아, 본도와
아시아, 10 브루기아와 밤빌리아, 애굽과 및 구레네에 가까운 리비야
여러 지방에 사는 사람들과 로마로부터 온 나그네 곧 유대인과 유대
교에 들어온 사람들과 11 그레데인과 아라비아인들이라 우리가 다 우
리의 각 언어로 하나님의 큰 일을 말함을 듣는도다 하고 12 다 놀라며
당황하여 서로 이르되 이 어찌 된 일이냐 하며 13 또 어떤 이들은 조롱
하여 이르되 그들이 새 술에 취하였다 하더라

5 Now there were dwelling in Jerusalem Jews, devout men from every
nation under heaven. 6 And at this sound the multitude came together,
and they were bewildered, because each one was hearing them speak
in his own language. 7 And they were amazed and astonished, saying,
"Are not all these who are speaking Galileans? 8 And how is it that we
hear, each of us in his own native language? 9 Parthians and Medes
and Elamites and residents of Mesopotamia, Judea and Cappadocia,
Pontus and Asia, 10 Phrygia and Pamphylia, Egypt and the parts of
Libya belonging to Cyrene, and visitors from Rome, 11 both Jews
and proselytes, Cretans and Arabians—we hear them telling in our
own tongues the mighty works of God." 12 And all were amazed and
perplexed, saying to one another, "What does this mean?" 13 But others
mocking said, "They are filled with new wine."

14 베드로가 열한 사도와 함께 서서 소리를 높여 이르되 유대인들과
예루살렘에 사는 모든 사람들아 이 일을 너희로 알게 할 것이니 내 말
에 귀를 기울이라 15 때가 [1]제 삼 시니 너희 생각과 같이 이 사람들이
취한 것이 아니라

14 But Peter, standing with the eleven, lifted up his voice and addressed

them: "Men of Judea and all who dwell in Jerusalem, let this be known
to you, and give ear to my words. 15 For these people are not drunk, as
you suppose, since it is only the third hour of the day.[2]

16 이는 곧 선지자 요엘을 통하여 말씀하신 것이니 일렀으되
17 하나님이 말씀하시기를 말세에 내가 내 영을 모든 육체에 부어
주리니 너희의 자녀들은 예언할 것이요 너희의 젊은이들은 환상
을 보고 너희의 늙은이들은 꿈을 꾸리라 18 그때에 내가 내 영을
내 남종과 여종들에게 부어 주리니 그들이 예언할 것이요 19 또
내가 위로 하늘에서는 기사를 아래로 땅에서는 징조를 베풀리니
곧 피와 불과 연기로다 20 주의 크고 영화로운 날이 이르기 전에
해가 변하여 어두워지고 달이 변하여 피가 되리라 21 누구든지 주
의 이름을 부르는 자는 구원을 받으리라
하였느니라

16 But this is what was uttered through the prophet Joel:
17 "'And in the last days it shall be, God declares,
that I will pour out my Spirit on all flesh,
and your sons and your daughters shall prophesy,
and your young men shall see visions,
and your old men shall dream dreams;
18 even on my male servants and female servants
in those days I will pour out my Spirit, and they shall prophesy.
19 And I will show wonders in the heavens above
and signs on the earth below,
blood, and fire, and vapor of smoke;
20 the sun shall be turned to darkness
and the moon to blood,

before the day of the Lord comes, the great and magnificent day.
21 And it shall come to pass that everyone who calls upon the name
of the Lord shall be saved.'"

22 이스라엘 사람들아 이 말을 들으라 너희도 아는 바와 같이 하나님
께서 나사렛 예수로 큰 권능과 기사와 [2)]표적을 너희 가운데서 베푸사
너희 앞에서 그를 증언하셨느니라 23 그가 하나님께서 정하신 뜻과
미리 아신 대로 내준 바 되었거늘 너희가 법 없는 자들의 손을 빌려
못 박아 죽였으나 24 하나님께서 그를 사망의 고통에서 풀어 살리셨으
니 이는 그가 사망에 매여 있을 수 없었음이라 25 다윗이 그를 가리켜
이르되

내가 항상 내 앞에 계신 주를 뵈었음이여 나로 요동하지 않게 하기
위하여 그가 내 우편에 계시도다 26 그러므로 내 마음이 기뻐하였
고 내 혀도 즐거워하였으며 육체도 희망에 거하리니 27 이는 내 영
혼을 음부에 버리지 아니하시며 주의 거룩한 자로 썩음을 당하지
않게 하실 것임이로다 28 주께서 생명의 길을 내게 보이셨으니 주
앞에서 내게 기쁨이 충만하게 하시리로다

하였으므로 29 형제들아 내가 조상 다윗에 대하여 담대히 말할 수 있
노니 다윗이 죽어 장사되어 그 묘가 오늘까지 우리 중에 있도다 30 그
는 선지자라 하나님이 이미 맹세하사 그 자손 중에서 한 사람을 그 위
에 앉게 하리라 하심을 알고 31 미리 본 고로 그리스도의 부활을 말하
되 그가 음부에 버림이 되지 않고 그의 육신이 썩음을 당하지 아니하
시리라 하더니 32 이 예수를 하나님이 살리신지라 우리가 다 [3)]이 일에
증인이로다 33 하나님이 오른손으로 예수를 높이시매 그가 약속하신
성령을 아버지께 받아서 너희가 보고 듣는 이것을 부어 주셨느니라
34 다윗은 하늘에 올라가지 못하였으나 친히 말하여 이르되

주께서 내 주에게 말씀하시기를

35 내가 네 원수로 네 발등상이 되게 하기까지 너는 내 우편에 앉아
있으라 하셨도다
하였으니 36 그런즉 이스라엘 온 집은 확실히 알지니 너희가 십자가에
못 박은 이 예수를 하나님이 주와 그리스도가 되게 하셨느니라 하니라
22 "Men of Israel, hear these words: Jesus of Nazareth, a man attested
to you by God with mighty works and wonders and signs that God did
through him in your midst, as you yourselves know— 23 this Jesus,[3]
delivered up according to the definite plan and foreknowledge of God,
you crucified and killed by the hands of lawless men. 24 God raised him
up, loosing the pangs of death, because it was not possible for him to be
held by it. 25 For David says concerning him,

"'I saw the Lord always before me,
for he is at my right hand that I may not be shaken;
26 therefore my heart was glad, and my tongue rejoiced;
my flesh also will dwell in hope.
27 For you will not abandon my soul to Hades,
or let your Holy One see corruption.
28 You have made known to me the paths of life;
you will make me full of gladness with your presence.'

29 "Brothers, I may say to you with confidence about the patriarch
David that he both died and was buried, and his tomb is with us to this
day. 30 Being therefore a prophet, and knowing that God had sworn
with an oath to him that he would set one of his descendants on his
throne, 31 he foresaw and spoke about the resurrection of the Christ,
that he was not abandoned to Hades, nor did his flesh see corruption.
32 This Jesus God raised up, and of that we all are witnesses. 33 Being
therefore exalted at the right hand of God, and having received from the

Father the promise of the Holy Spirit, he has poured out this that you
yourselves are seeing and hearing. 34 For David did not ascend into the
heavens, but he himself says,

"'The Lord said to my Lord,
"Sit at my right hand,
35 until I make your enemies your footstool."'

36 Let all the house of Israel therefore know for certain that God has
made him both Lord and Christ, this Jesus whom you crucified."

37 그들이 이 말을 듣고 마음에 찔려 베드로와 다른 사도들에게 물어
이르되 형제들아 우리가 어찌할꼬 하거늘 38 베드로가 이르되 너희가
회개하여 각각 예수 그리스도의 이름으로 [4)]세례를 받고 죄 사함을 받
으라 그리하면 [5)]성령의 선물을 받으리니 39 이 약속은 너희와 너희 자
녀와 모든 먼 데 사람 곧 주 우리 하나님이 얼마든지 부르시는 자들
에게 하신 것이라 하고 40 또 여러 말로 확증하며 권하여 이르되 너희
가 이 패역한 세대에서 구원을 받으라 하니 41 그 말을 받은 사람들은
[4)]세례를 받으매 이 날에 신도의 수가 삼천이나 더하더라

37 Now when they heard this they were cut to the heart, and said
to Peter and the rest of the apostles, "Brothers, what shall we do?"
38 And Peter said to them, "Repent and be baptized every one of you in
the name of Jesus Christ for the forgiveness of your sins, and you will
receive the gift of the Holy Spirit. 39 For the promise is for you and for
your children and for all who are far off, everyone whom the Lord our
God calls to himself." 40 And with many other words he bore witness
and continued to exhort them, saying, "Save yourselves from this
crooked generation." 41 So those who received his word were baptized,
and there were added that day about three thousand souls.

42 그들이 사도의 가르침을 받아 서로 교제하고 떡을 떼며 오로지 기
도하기를 힘쓰니라 43 사람마다 두려워하는데 사도들로 말미암아 기
사와 [2]표적이 많이 나타나니 44 믿는 사람이 다 함께 있어 모든 물건
을 서로 통용하고 45 또 재산과 소유를 팔아 각 사람의 필요를 따라 나
눠 주며 46 날마다 마음을 같이하여 성전에 모이기를 힘쓰고 집에서
떡을 떼며 기쁨과 순전한 마음으로 음식을 먹고 47 하나님을 찬미하며
또 온 백성에게 칭송을 받으니 주께서 구원 받는 사람을 날마다 더하
게 하시니라

42 And they devoted themselves to the apostles' teaching and the
fellowship, to the breaking of bread and the prayers. 43 And awe[4] came
upon every soul, and many wonders and signs were being done through
the apostles. 44 And all who believed were together and had all things
in common. 45 And they were selling their possessions and belongings
and distributing the proceeds to all, as any had need. 46 And day by day,
attending the temple together and breaking bread in their homes, they
received their food with glad and generous hearts, 47 praising God and
having favor with all the people. And the Lord added to their number
day by day those who were being saved.

1) 오전 아홉 시 2) 또는 이적 3) 또는 그의 4) 헬, 또는 침례 5) 또는 성령을 선물로

1 Or *And tongues as of fire appeared to them, distributed among them, and rested*
2 That is, 9 a.m. *3* Greek *this one* *4* Or *fear*

단락 개관

증언이 시작됨: 오순절과 교제

사도행전 2장은 옛 언약이 지고 새 언약이 도래한 것에 관한 이야기로 새로운 장을 시작한다. 이제 승천하셔서 하늘의 보좌에 앉아 계신 예수님은 약속하신 대로 자신의 성령을 보내주신다. 제자들이 성령을 받고 능력을 덧입어 부활하신 그리스도의 복음을 처음으로 전할 때에 그림자들과 약속들과 예언들의 의미가 극적인 방식으로 드러난다. 성령의 강림으로 말미암아 옛 저주는 제거되고, 모든 나라는 한 언어를 통해서가 아니라 한 성령으로 다시 하나 되기 시작하며, 실제로 언어들을 뛰어넘는다. 베드로는 사도행전에서 최초의 공적인 기독교 설교(Christian Sermon)를 한다. 예수님의 죽으심, 장사되심, 부활, 즉위에 관한 그의 메시지가 지닌 능력으로 말미암아 많은 사람이 회개하고 믿게 된다. 이 놀라운 날에 교회는 극적으로 성장한다.

사도행전 2장은 신약 사도들이 행한 사역의 출발점이다. 사도행전의 나머지와 신약 서신들에 담겨 있는 모든 것, 즉 새로운 사도 시대, 성령 시대, 마지막 날들, 우리가 살아가고 있는 날들이 여기서 시작된다. 성경과 역사를 창조, 타락, 구속, 완성이라는 4일로만 이루어져 있는 달력이라고 생각하면, 이날의 중요성을 알 수 있다. 물론 이날들은 함께 연결되어 있다. 오순절은 그 세 번째 날의 일부로서, 하나님의 모든 계획과 약속이 성취될 네 번째이자 마지막 날로 가는 길이 열린 날이다. 예수님의 죽으심과 부활과 승천의 결과로 이루어진 성령 강림으로 말미암아 현세의 종말이 시작되었고, 우리는 지금 종말의 날들을 살아가고 있다.

단락 개요

I. B. 증언이 시작됨: 오순절과 교제(2:1-47)

1. 제자들이 성령을 받음(2:1-4)
2. 성령 시대가 시작됨(2:5-13)
3. 최초의 기독교 설교(2:14-41)
   a. 이것을 알라(2:14-15)
   b. 요엘이 한 예언의 성취(2:16-21)
   c. 예수님은 메시아다(2:22-36)
   d. 회개와 죄 사함(2:37-41)
4. 최초의 그리스도인들(2:42-47)

주석

2:1-4 | 제자들이 성령을 받음 사도행전 2장은 첫 시작부터 하나님이 정하신 대로 옛 체계와 동력을 끝낼 새로운 체계와 동력에 관해 말한다. 사도행전 2장의 사건은 오순절에 일어난다. 오순절은 유대인의 역법에서 한 해의 두 번째 절기이며, 하나님이 자기 백성에게 먹을 것을 공급하시는 것을 송축하는 절기였다. 오순절은 유월절을 지키고 나서 오십 일째 되는 날에 해당하며, 구약에서 칠칠절로도 불린다(레 23:15-21; 출 34:22; 민 28:26-31; 신 16:9-12). 유월절은 마지막 재앙인 죽음의 사자가 애굽에 임한 것을 기념하는 절기였다. 하나님은 이스라엘 백성에게 그 밤에 어린 양을 잡아 그 피를 문설주에 뿌리라고 명령하셨다. 그리고 그 피를 본 죽음의 사자는 이스라엘 백성의 집은 건너뛰어서 애굽 사람들의 장자에게만 죽음을 안겨주었다. 만일 애굽 왕 바로와 그의 신하들이 모세가 전한 하나님의 명령을

듣고 이스라엘로 하여금 자유롭게 가게 했다면, 그 재앙은 일어나지 않았을 것이었다. 그러나 그들은 하나님의 명령을 거부했고, 하나님을 대적한 죄에 대한 대가를 치러야 했다. 그 일의 결과로, 어린 양으로 말미암아 살아남은 이스라엘 백성은 애굽을 떠났다. 하나님은 약속하신 대로 그들을 구속하셨다.

그때로부터 오십 일 후에 이스라엘은 시내산에 당도해서 모세를 통해 하나님의 율법을 받았다. 가나안 땅에 들어갔을 때에 그들은 그들의 첫 소산(새로 수확한 곡식으로 만든 떡)을 하나님께 헌물로 드리는 절기를 지켜야 했다. 첫 소산을 헌물로 드리는 것은, 앞으로 곡식을 풍성히 거둘 것에 대한 소망과 하나님의 공급하심에 대한 감사를 표현하는 것이었다. 오순절은 유월절과 분리될 수 없었으며, 그 날짜가 유월절이 끝난 날을 기점으로 명확히 정해져 있었다(레 23:16). 이는 오순절이 하나님의 선행적인 역사의 결과로서만 존재할 수 있었기 때문이다. 따라서 오순절은 단지 농사의 결실만이 아니라 구속도 기념하는 절기였다. 이스라엘은 애굽의 종살이에서 건져주신 하나님께 그들이 수확한 첫 소산을 드렸다. 오순절이 상징하는 것의 밑바탕에 깔려 있는 개념은, 약속하신 대로 자기 백성을 애굽에서 구속하실 수 있던 하나님이 그들이 살아가는 데 필요한 모든 것들도 공급하실 수 있다는 것이다.

사도행전 2장에서 예루살렘에 모인 유대인들은 여전히 오순절을 기념하고 있다. 그러나 이 오순절은 지금까지의 오순절들과 달랐다. 즉, 이 오순절은 마지막 오순절이었다. 그럴 수밖에 없는 이유는, 이때로부터 오십일 전에 하나님의 흠 없는 어린 양인 예수님이 하나님의 백성의 죄를 속하기 위해 십자가에 못 박히셨을 때에 유월절이 마지막으로 지켜졌기 때문이다. 예수님이 십자가 위에서 자신을 드리심으로 모든 희생 제사를 끝내기 위한 희생 제사를 드리셨다(히 7:27; 9:12, 28; 10:10을 보라). 애굽으로부터 구속 받은 것과 그 일을 기념하는 유월절은, 그것보다 더 큰 어떤 것의 그림자였다. 유월절은 성취되었고, 이제 오순절이 성취될 때가 이르렀다. 지금 예수님은 하늘에 계시고(이것은 이후에 벌어지는 일과 관련해서 가장 중요한 점이었다), 다음에 일어나게 될 일은 바로 이 오순절의 성취가 될 것이다.

제자들은 함께 모여 있었다. 그리고 과거의 경험으로는 설명할 수 없는, 오직 비유로만 설명할 수 있는 어떤 일이 일어났다. "홀연히 하늘로부터 급하고 강한 바람 같은 소리가 있어 그들이 앉은 온 집에 가득하며 마치 불의 혀처럼 갈라지는 것들이 그들에게 보여 각 사람 위에 하나씩 임하여 있더니"(행 2:2, 3). '같은'과 '처럼'이라는 단어들은 누가가 이 장면을 묘사하는 전형적인 성경적 방식을 이해하는 데 중요하다. 주석자들은 실제로 소리가 동반된 급하고 강한 바람이 있었는지, 또는 정말 소리가 있었는지에 대해 의견이 갈린다. 제자들이 바람이라고 느꼈는지 여부는 중요하지 않다. 이 본문에서 일어난 일은 하나의 자연 현상이 아니라 그런 현상 '같은' 것으로 묘사된다. 이런 묘사는 성경에서 흔히 나오는데, 특히 하늘의 영역과 땅의 영역이 서로 만날 때에 하늘과 관련된 장면이나 시기를 묘사하는 본문과 대목에서 그러하다. 즉, 성문들과 성벽들은 보석들 '같은' 것으로, 하늘의 장면들은 일반적으로 땅에 있는 것에 빗대어 '무엇 같은' 으로 묘사된다. 묵시에서는 바퀴들, 불의 형상을 한 사자들, 때때로 여러 종류의 동물들이 서로 결합된 다양한 동물들 '같은' 것들이 등장한다. 이런 묘사들은, 실제로 경험했으나 인간의 언어로 온전히 표현할 수 없는 초자연적인 묵시들과 경험들을 전달하려는 시도이다. 본문은 성령이 강림했을 때에 강한 바람 같은 어떤 소리가 있었다고 말한다. 필자가 생각하기로, 사도들은 내면으로부터 바람 소리 같은 것을 들었고, 돌진하는 공기가 그 경로에 있는 모든 것을 진동시켜서 담과 지붕이 삐걱거리고 창문이 덜컹거리는 소리를 들은 것 같다. 아마도 우리에게 성령 강림은 기차가 다가올 때 나는 소리처럼 들릴 것이다.

여기에서 중요한 것은 바람 같은 소리와 불의 혀 같은 모양이 무엇을 가리키느냐 하는 것이다. 이 둘은 모두 하나님의 임재를 가리킨다(참고. 왕상 19:11-13). 선지자 에스겔은 성령에 이끌려서, 성령이 "인자야 너는 생기를 향하여 대언하라 생기에게 대언하여 이르기를 주 여호와께서 이같이 말씀하시기를 생기야 사방에서부터 와서 이 죽음을 당한 자에게 불어서 살아나게 하라 하셨다 하라"(겔 37:9)고 명령하자, 마른 뼈들이 사람의 형체를 입고 살아나는 환상을 본다. 이 환상은 장차 하나님이 새로운 출애굽을 통해 이스라엘을 구속하여 포로생활에서 건지실 것을 보이는 것이었다. 이 새로운 출애굽이 이전의 출애굽과 한 가지 크게 다른 점은, 하나님이 그들에게 그분의 성령을 주겠다고 약속하셨다는 사실이다(겔 37:14). 이것은 사도행전 2장에 나오는 불이라는 표상과 관련해서도 마찬가지다. 이 불은 여호와께서 불붙은 떨기나무 가운데서 모세에게 나타나신 것(출 3:1-6)이나, 하나님이 광야를 통과해가는 이스라엘 백성을 밤에 불기둥으로 인도하신 것과 비교해볼 수 있다(출 14:19-20; 민 11:25; 12:5; 14:14; 16:42; 신 1:33). 또한 이 불은 이사야 6:4-7에서 하나님이 선지자의 혀를 타는 숯으로 깨끗하게 하신 것의 반영일 수도 있다.

또한 사도행전 2장에서 하나님의 임재가 그분의 행위와 함께 이루어진다. 하나님의 임재는 급하고 강한 바람 같은 소리가 그분이 계시는 곳인 하늘로부터 들려왔다는 사실에 의해 확증된다. 하늘과 땅이 서로 만나는 사건이 즉시로 두 번이나 일어난다. 예수님은 승천하셨고, 이제 하늘로부터 오신 성령이 사도들을 증인으로 충만하게 채우셔서 땅의 영역에 침투하실 것이다.

여기서 사도들은 성령을 받을 때 '구원'받거나 중생한 것이 아니다. 사실 그들이 성령을 받은 것은 이번이 처음은 아니다. 예수님은 부활하신 후에 열한 제자에게 나타나셔서 그들에게 숨을 내쉬며 "성령을 받으라"고 말씀하신다(요 20:22). 그 결과 사도들도 예수님을 대신해서 사람들의 죄를 사할 수 있는 권한을 부여받는다(요 20:23). 사도행전에서 사도들이 성령을 받은 것은, 증인이 되라는 예수님의 사명을 실행하기 위한 것이었다. 사도들의 성령 체험은 그들의 시대에 특별히 필요했기에, 이후에 이어지는 모든 세대의 경험과 그 성격이 다른 것이었다. 이것은 사도들의 성령 체험이 베드로의 설교 이후에 사람들이 성령 체험을 받은 것과 완전히 다르거나 아무런 연관이 없다는 의미가 아니라, 단지 사도들로 이루어진 특별한 무리를 특별한 증인으로 무장시키기 위한 것이었다는 의미이다.

예수님은 이 땅에 계시는 동안 그분을 따르는 자들과 함께 계셨다. 그리고 그들은 분명한 단점과 결점을 지녔으면서도 할 수 있는 한, 자신들이 예수님을 믿고 있음을 확증하는 증거를 보였다("주여 영생의 말씀이 주께 있사오니 우리가 누구에게로 가오리이까" "주는 그리스도시요" "내가 믿나이다 나의 믿음 없는 것을 도와 주소서"). 제자들이 정확히 어느 시점에 신자가 되었는지를 결정할 수 있는 쉽고 분명한 방법은 존재하지 않는다. 예수님이 이 땅에 계실 때에 그들은 '믿었다.' 그렇지만 예수님이 부활하셔서 그리스도의 구속 사역이 완성될 때까지 그들의 믿음은 온전한 것이 아니었다. 제자들은 예수님이 함께 계시는 동안 그분의 말씀에 의해 거룩하게 되었다(요 13:10; 15:3; 17:17). 하지만 그들은 예수님이 부활하신 후에야 (요한복음 14-17장에서 약속된 대로) 부활하신 그리스도의 능력인 성령을 받았다. 구원 역사 가운데 제자들은 역사적이고 경험적으로 우리와 다른 위치에 있었다.

사도행전 2:33에서 베드로는, 예수님이 아버지 하나님께 성령을 '받아서' 오순절에 제자들에게 부어주셨다고 말한다. 한편 8:17에서는 베드로와 요한이 안수했을 때 몇몇 사마리아인이 성령을 받는다. 10:47에서는 베드로가 고넬료를 비롯한 이방인들이 유대인 신자들과 마찬가지로 성령을 '받았기' 때문에 그들에게 세례를 베풀지 않을 이유가 없다고 선언한다. 베드로가 그렇게 말할 때에 성령이 거기에 모인 모든 사람에게 '내려왔고,' 베드로와 함께 온 유대인들은 유대인 신자에게와 마찬가지로 이방인들에게도 성령이 '부어진' 것에 놀랐다(10:44-45). 따라서 분명한 사실은, 언제나 성경이 특별한 능력을 덧입어서 증인이 되기 위해 성령을 받는 것과 믿음에 의거해서 거듭나기 위해 성령을 받는 것을 구별해서 표현하지 않는다는 것이다. 사도들의 증언, 표적과 기사, 중생은 모두 전적으로 성령이 하시는 일이다. 성령이 그 중에서 어떠한 일을 행하셨으며 그 결과가 무엇인지는 문맥에 의해 결정된다.

오순절에 성령이 와서 각 사람 위에 임하였다(2:3). 이는 다락방에 모여 있던 모든 제자에게 일어난 일, 즉 예수님이 승천하실 때 약속하신 성령의 충만함을 받은 일(2:4)이 밖으로 분명히 드러난 것이다. '성령의 충만함을 받았다'는 의미를 수량화할 수는 없다. 우리는 성령을 우리의 영적인 기름통을 가득 채우는 하늘의 연료 같은 것으로 생각해서는 안 된다. '충만함'이라는 표현에서 누가가 '용량'의 의미로 말했다고 볼 수도 있겠지만, 사람이 그릇이고 그 그릇에 채워지는 것은 성령인데, 어떻게 용량에 대해 생각할 수 있겠는가? 어떤 사람이 사분의 일만큼 성령으로 채워졌다고 말할 수 있는가? 양적인 관점에서 어떤 사람에게 성령이 어느 정도 채워져야 '충만하다'고 말할 수 있는가? 바울은 에베소 교회 신자들이 이미 성령을 받았음에도, 그들에게 술에 취하지 말고 "성령으로 충만함을 받으라"(엡 5:18)라고 말한다.

누가는 누가복음에서 제자들의 배가 물고기로 가득차서 가라앉기 시작했다(눅 5:7), 또는 비유적으로 '큰 두려움으로 가득 찼다'(눅 2:9, 개역개정에는 "크게 무서워하는지라")나 "노기가 가득하여"(눅 6:11)라고 말함으로써, '충만하다'는 단어를 정해진 용량에 가득 채워졌다는 의미로 사용한다. 또한 누가는 이 단어를 정해진 결말에 도달했다는 뜻에서 '이루다' 또는 '끝나다'라는 의미로 사용하기도 한다. 사가랴는 제사장으로서 그 직무의 날이 '다 되매' 집으로 돌아갔다고 언급되고(눅 1:23), 감람산 강화에서 예언된 예루살렘의 멸망은 기록된 모든 것을 '이루는' 징벌의 날로 묘사된다(눅 21:22). 중요한 것은 천사가 사가랴에게 그의 아들 요한이 "성령의 충만함을 받[을]"것이라고 말하고(눅 1:15), 엘리사벳이 마리아를 보고 "성령의 충만함을 받아" 하나님을 찬송하기 시작하며(눅 1:41), 사가랴가 또 다시 "성령의 충만함을 받아" 예언하기 시작하여, 하나님이 자신의 약속을 따라 이제 곧 이스라엘 안에서 행하실 일을 찬송한다는 것이다(눅 1:67).

우리는 사도행전에서도 비슷한 본문들을 발견한다. 베드로는 성령의 충만함을 받아서 무리에게 말하고(행 4:8), 이어서 신자들은 기도를 통해 성령의 충만함을 받는다(4:31). 헬라파 유대인들에 속하는 과부들을 돌볼 일곱 명을 선택할 때, 그 기준 가운데 하나는 성령이 충만해야 한다는 것이었다(6:3). 아나니아는 바울에게 그가 "성령으로 충만하게" 될 것이라고 말한다(9:17). 이 본문들은 누가복음에 나온 본문들과 더불어서 사도행전

2:4 및 사도행전 전체에 나오는 이 어구가 무엇을 의미하는지를 결정해준다. 대부분의 경우에 '성령으로 충만하다'는 것은 섬김, 즉 통상적으로 말씀 선포나 선교의 일을 할 수 있는 능력을 받았음을 의미한다. 이것은 어떤 사람에게 처음에 성령이 없었음을 전제하는 것이 아니라, 예루살렘과 유대로부터 시작해 사마리아와 땅 끝에 이르기까지 선교를 수행하기 위한 특별한 성령 체험을 가리킨다. 구원과 관련한 성령의 역사는 사도행전에서 부차적인 것으로 다루어지지 않는다. 다시 말해, 이방인들이 성령을 받은 것은 그들에게 세례를 베풀고 새 언약의 온전한 구성원으로 인정해야 할 가장 중요한 이유로 제시된다(15:8-9). 그러나 오순절에 제자들은 특별히 그날의 큰 일을 위한 능력의 충만함을 받는다.

그 결과, 다락방에 있던 제자들은 "성령이 말하게 하심을 따라 다른 언어들로 말하기를 시작[했다]"(2:4; 참고. 10:45-46; 19:6). '언어들'로 번역된 단어[글로사이(*glōssai*)]의 의미에 대해서는 논란이 있다. 많은 그리스도인은 이 절의 의미를 "제자들이 인간의 언어 체계를 뛰어넘는 하늘의 언어(이 땅의 어떤 언어와도 같지 않은 언어)로 말하기 시작했다"라고 이해한다. 그렇게 해석하는 사람들은 다음과 같이 주장한다. 천하 각국으로부터 와서 예루살렘에 머물러 있던 유대인들은 제자들이 서로 다른 언어들로 말하는 것을 각각 자기의 언어로 들을 수 있었는데(2:6), 이 일은 하나님이 모종의 방언 통역을 하셔서 제자들이 한 '방언'을 그들 각자의 언어로 들을 수 있게 하셨기 때문이라는 것이다. 이렇게 해석하는 사람들은 대개 방언의 이적과 방언 통역의 이적이 동시에 일어났다고 말한다. 그리고 그들은 자신들의 주장에 대한 증거로 바울이 고린도전서 13:1에서 언급한 "사람의 방언과 천사의 말"같은 구절들을 인용한다(참고. 14:2, 18-23, 27). 반면에, 어떤 사람들은 이 본문의 의미는 제자들이 인간의 서로 다른 언어로 말했다는 것이라고 이해한다. 이 해석에 따르면 방언 통역의 이적은 필요하지 않다. 전형적으로 이러한 해석은 신약성경에 나오는 '언어들'(또는 방언들)이라는 용어를 언제나 이미 알려져 있는 인간의 언어들을 가리키는 것으로 이해한다. 하지만 고린도전서 13:1은 인간의 언어와 하늘의 언어를 구별하는 것으로 보인다. 그리고 신약성경에 나오는 모든 '글로사이'를 '인간의 언어들'이라는 의미로 이해하는 것도 억지스럽다. 따라서 세 번째 선택지는 신약성경에서 사용된 언어들(또는 방언들)이라는 단어가 인간의 언어와 하늘의 언어를 둘 다 가리키며, 이 둘 모두를 성령의 역사라고 이해하는 것이다.

오순절에 제자들이 했던 다른 언어들은 인간의 언어였던 것으로 보인다. 따라서 거기에는 방언의 이적만이 있었고, 방언 통역의 이적은 없었다고 할 수 있다. 누가는 여기에서 아포프텡고마이(*apophthengomai*, 말하게 하다, 행 2:4)라는 단어를 사용하는데, 이 단어는 사도행전에서 하나님의 말씀을 하는 것과 관련해서 두 번 더 나온다. 제자들이 성령의 능력을 힘입어서 다른 언어들을 말한 것은 분명하지만, 이때 성령의 능력에 의한 방언 통역도 함께 주어졌음을 입증하는 단서는 전혀 없다. 사도행전 전체에 걸쳐서 성령은 신자들 안에서 역사하여 그들에게 섬김을 위한 능력을 덧입힌다(이미 앞에서 보여주었듯이). 성령은 불신자들 안에서도 역사하지만, 그것은 "믿음으로 그들의 마음을 깨끗이 하는"(15:9) 하나님의 구원 사역의 일부다. 바로 이 때문에 제자들이 다른 언어들로 말한 이적을 살펴보기에 앞서, 이 구절에 나오는 '성령의 충만함'이 무엇을 의미하는지를 확실히 규정하는 것이 중요하다. 즉, 성령의 충만함의 의미가 논란이 있는 이 본문을 이해하는 배경과 맥락이 된다.

2:5-13 | 성령 시대가 시작됨 유대인들의 주요 절기 동안에 예루살렘의 인구는 평소의 두 배, 또는 세 배까지도 늘어났을 것이다. 예루살렘과 유대에 살고 있는 사람들 외에도 지중해 세계 전역에 흩어져 살던 유대인들이 절기를 지키기 위해 예루살렘으로 순례를 오곤 했기 때문이다. 따라서 이날 일어난 이적적인 사건이 아니더라도, 오순절 동안 예루살렘은 수많은 인파로 떠들썩했는데, 이러한 장면이 사도행전 2장을 채운다. 이 오순절도 늘 그래왔던 것처럼 떠들썩했겠지만, 아주 깜짝 놀랄 일이 벌어져서 많은 사람의 주목을 받게 된다. 120명이나 되는 사람들이 느닷없이 서로 다른 외국어로 말하기 시작하고, 전 세계에서 온 사람들이 각자의 모국어

로 그 말을 듣는다. 많은 사람이 모여서 떠들썩하고 웅성거리는 와중에도 사람들은 누군가가 자신의 모국어로 말하는 음성에 귀를 기울이기 마련이다. 근처에 있거나 지나가던 순례자들이 각자의 귀에 아주 친숙한 말을 듣는데, 그들이 각자의 언어로 듣는 내용은 모두 동일한 것이었다(2:6, 8).

또한 사람들은 각자의 모국어가 어디에서 들려오는 지에도 주목한다. 그곳에 있던 모든 사람이 자신의 모국어로 말하는 사람들의 출신배경을 알지는 못했겠지만, 다수는 그들이 누구인지를 알아보았다. 그리고 각종 방언을 말하는 자들이 갈릴리 사람이라는 말이 퍼졌다(2:7). 그들을 갈릴리 사람이라고 한 것이 그들의 교육 수준에 관한 언급은 아닐 것이기 때문에, 공회가 나중에 베드로와 요한을 "학문 없는 범인"(4:13)이라고 말한 것과는 관련이 없을 것이다. 사람들이 놀란 이유는 이스라엘에서 아람어와 헬라어를 사용한다고 알려진 지역 출신의 한 무리가 갑자기 서로 다른 수많은 언어와 방언을 말하고 있었기 때문이다.

누가는 세계 각국에서 온 사람들의 국적을 열거한다. 눈에 띄는 점은 그 범위가 북쪽으로는 로마에서부터 카스피해까지, 그리고 남쪽으로는 북아프리카에서부터 메소포타미아(메소보다미아)까지 이르는 로마 제국과 파르티아 제국(바대)의 대부분을 포괄할 정도로 광범위하다는 것이다. 예루살렘에서 유대와 사마리아를 거쳐 땅 끝까지 이르는 길은 이미 오순절에 마련된다. 여기에 언급된 사람들은 유대인들이지만, 그 중에는 유대교로 온전히 개종한 이방인들도 일부 포함되어 있었다(2:11).

이렇게 하나님이 아브라함에게 주신 약속(창 12:1-3)의 성취가 여기에서 시작되고, 그 성취를 위한 수단도 여기에서 마련된다. 오순절에 열방이 예루살렘에 모였고, 각 사람은 자신의 모국어로 "하나님의 큰 일"(행 2:11)을 듣는다. 하나님이 모든 민족에게 주시겠다고 하신 궁극적인 복은 예수 그리스도의 복음이다(마 28:19-20; 눅 24:46-49; 갈 3:8). 그리고 이 복은 하나님의 백성을 통해 모든 민족에게 전해진다.

이 사건은 적어도 암묵적으로는 옛적의 저주를 뒤엎고 극복한다. 창세기 12장에서 하나님이 아브라함에게 모든 민족과 관련된 약속을 주시기 전에, 성경은 모든 민족이 어떻게 분열되었는지를 기록한다. 하나님은 인류가 점점 더 지속적으로 죄악을 범하고, 특히 교만해져서 하나님께로부터 독립하려는 것을 보시고 그에 대한 벌로 원래 하나였던 인간의 언어를 많은 언어로 바꾸어놓으셨다. 그 결과 인류는 서로 말이 통하지 않게 되어 즉시 혼란에 빠졌으며, 결국 각자의 언어를 따라 수많은 무리로 나뉘어 서로 다른 민족을 이루게 되었다(창 10-11장). 이러한 혼란과 분열은 아담의 타락(창 3장)으로 말미암아 시작된 사람들 간의 반목과 불화를 더욱 부채질하여, 인류 역사 전체에 걸쳐서 이루 말할 수 없고 상상할 수 없는 전쟁과 고통과 야만적인 행위를 초래했다. 주전 4세기에 알렉산더 대왕은 헬라 문화와 언어를 전파함으로써 세계를 하나로 통일하고자 했다. 그는 그 일에 어느 정도 성공을 거두었고, 하나님의 섭리에 의해 헬라어는 만국 공통의 교역어가 됨으로써 복음 전파에 사용되었다. 그러나 인간적으로 말해서 그런 것으로 바벨론의 비극(바벨탑)은 극복될 수 없었다. 그런데 오순절에 일어난 방언의 이적과 복음의 선포는 언어나 문화보다 더 큰 힘을 가지고 사람들을 다시 하나로 통일시키고, 그 어떤 장애물도 초월하는 연대의 끈을 만들어냈다. 언어에 의한 인류의 분열과 그 분열이 초래한 모든 것이 성령에 의해 고침을 받는다. 성령의 능력을 덧입은 복음은 수많은 인종과 언어와 문화를 가진 사람들을 하나의 새로운 하나님의 백성으로 만든다.

오순절에 일어난 이 일을 보고서, 어느 누구도 그 자리에서 바벨탑 사건이나 성경신학적으로 연관된 것들을 떠올리지는 못한 것 같다. 베드로는 분명히 성경을 토대로 이 사건을 해석하지만 창세기 11장을 언급하지는 않는다. 하지만 120문도가 이적을 따라 다른 언어들을 말하고 있고, 세계 각국에서 온 사람들이 자신의 모국어로 그들의 말을 듣고 있었기 때문에, 사람들은 일상적인 경험에서 벗어난 아주 특별한 의미를 지니는 어떤 일이 벌어지고 있다는 것을 알았다. 누가는 사람들의 두 번째 반응에 관해 이렇게 적는다. "다 놀라며 당황하여 서로 이르되 이 어찌 된 일이냐 하며"(행 2:12; 참고. 7절). 한편 어떤 사람들은 각 나라의 언어가 서로 뒤섞여서 무슨 말인지 알아들을 수 없는 소리가 났기 때문에, 아니면 각 나라의 언어로 말하는 것을 듣게 된 자신들의 귀를 믿을 수가 없었기 때문에 이들 120명이 술에 취해서 그렇게 하고 있는 것이라고 조롱했다(13절). 역사상 이런 날이나 이와 유사한 일이 벌어진 적이 없었기 때문에, 아무도 무슨 일이 벌어지고 있는지를 알 길이 없었다. 지금 눈앞에서 벌어지고 있는 일이 너무나 놀라웠기에 사람들은 이 일을 일상적인 말로 표현할 수 없었다. 오직 성경에 나오는 이야기와 특정한 언어를 사용해야만 이 일이 무엇인지를 설명할 수 있었다.

2:14-15 | 최초의 기독교 설교: 이것을 알라 누가는 이 부분에서 사도행전 최초이자 어떤 점에서는 가장 중요한 설교라고 할 수 있는 것을 제시한다. 그것은 베드로가 행한 최초의 기독교 설교, 예수님의 죽으심과 부활에 대한 최초의 사도적 해석을 담고 있는 설교다. 서론에서 언급했듯이, 설교는 사도행전에서 초기 교회의 기본적인 기독교적 선포[헬라어로는 케뤼그마, (*kerygma*)]를 보여주는 중심이다. 데이비드 피터슨이 지적하듯이, 이 설교들은 다양한 상황에서 등장하고 아주 비슷한 내용을 담고 있는데, 그 내용은 어떤 타협도 없이 각각의 상황에 맞게 제시되고 있다.[22] 베드로는 오순절에 벌어진 놀라운 사건들을 해석한다. 이 사건들도 놀랍지만, 그 해석은 한층 더 놀랍다. 베드로의 선포는 구약의 메시아 예언의 의미와 성취를 제시함으로써 그의 사도적 권위를 확증해준다.

베드로는 120문도가 술에 취했다는 조롱을 신호로 삼아서 무리 앞으로 걸어 나가 그들을 향해 말하기 시작한다. 여기서 누가는 제자들이 방언으로 말했다고 할 때에 사용한 아포프텡고마이(*apophthengomai*)를 사용한다. 바울도 베스도 총독에게 "내가 미친 것이 아니요 참되고 온전한 말을 하나이다[아포프텡고마이]"(26:25)라고 말할 때에 이 단어를 사용한다. 이 단어는 신약성경에서 누가만 사용하는데, 사도행전에만 세 번 나온다. 이 세 번 모

22 Peterson, *Acts*, 144. 그는 사도행전 3:13-26; 4:10-12; 5:30-32; 10:36-43; 13:23-41에서 발견되는 내용상의 유사점들을 인용한다.

두 하나님의 역사들에 관해 말하는 것과 관련되기 때문에, 이 단어는 '말하다'보다 강한 '선언하다'라는 의미를 지니는 것으로 보인다.

이 일이 벌어진 때가 이제 겨우 아침 9시(유대인이 하루 중 첫 번째 기도를 드리는 때)였으므로, 이 사람들은 술에 취한 것이 아니었다. 그들은 성령으로 충만했다. 지중해 세계 전역에서 온 사람들이 그 자리에 있었지만, 베드로는 "유대인들과 예루살렘에 사는 모든 사람들"(2:14)을 향해 말한다. 이것은 베드로가 예루살렘에 있었고 오순절이 예루살렘에서 지켜지고 있었으며, 무엇보다도 예수님이 예루살렘에서 십자가에 못 박히셨고 그분이 사도들에게 맡기신 선교가 예루살렘에서 시작되었다는 사실에 의해 가장 잘 설명된다. 베드로의 서론적인 말은 주제 상으로 사도행전의 흐름과 부합하고, 신학적으로 실천적인 목표를 담고 있다. 설교가 진행되면서 베드로는 예루살렘 사람들이 예수님을 죽였다고 고발하고(23절), 이를 통해 유대교의 심장부인 예루살렘도 고발한다. 예루살렘이 하나님의 활동의 중심지 역할을 했던 시대는 이제 끝났다. 이것은 반유대교적인 진술이 아니라, 단지 구원사(Salvation history)의 현실을 말한 것일 뿐이다. 예수님이 예루살렘과 유대에서 거부당한 것은 복음서에 잘 기록되어 있다(마 16:21; 20:18; 눅 13:33; 요 11:55-57). 그들이 예수님을 거부한 전체 사실이 베드로의 설교에서 중요한 비중을 차지한다. 하지만 베드로의 목표는 단지 그들을 단죄하는 데 있지 않고, 50일 전 및 그보다 이전에 그들이 저지른 중대한 죄를 드러내는 데 있었다. 베드로가 예수님을 죽인 그들의 죄를 단죄하고 다가올 하나님의 심판을 선포한 것은, 자신의 설교를 듣는 자들을 복음으로 나아오게 하려는 것이었다. 이것은 베드로의 초기 설교들에서 일관되게 반복되어 나타나는 특징이다[행 3:19, 23; 참고. 2:37-41(특히 40절)].

2:16-21 | 최초의 기독교 설교: 요엘이 한 예언의 성취 베드로는 제자들이 이렇게 온갖 언어들로 말하고 있는 것이 무엇을 의미하는지에 대한 그의 해석을 제시하기 시작한다. 즉, 이 일은 단지 사람들의 주목을 끌기 위한 것이 아니라, 예수님이 십자가에 못 박히시고 부활하신 후에 그 결과로서

일어난 일이다. 게다가 이미 옛적에 선지자들은 이 사건이 일어날 것에 관해 예언했다. 베드로는 구약성경의 대변인이자 권위 있는 해석자라는 역할을 맡게 되었다. 메시아의 사도는, 선지자가 메시아에 관해 한 예언이 무슨 의미였는지를 설명한다. 즉, 사람들이 지금 목격한 일은 정확히 요엘이 장차 일어날 것이라고 예언한 바로 그 일이라는 것이다. 우리는 이 본문에 친숙하고 현대적인 감수성을 지니고 있기 때문에 베드로의 이 설교가 실제로 당시에 얼마나 경악할 만하고 대담한 것이었는지를 제대로 인식하지 못한다. 하나님이 그분의 백성을 구원하고 그분의 성령을 보내어 그 복을 모든 민족에게 전하겠다고 약속하셨다는 사실이 베드로가 전한 설교의 핵심이다. 베드로는 사람들을 바라보며 이렇게 말한다. '이것이 바로 그것이다. 때가 이르렀고, 하나님의 그 약속들이 성취되었다.'

베드로는 요엘 2:28-32을 인용하면서 자신의 사도적 권위를 따라 이 예언의 본문을 여러모로 수정하여 명확하게 오순절 사건과 연결시킨다. 먼저 베드로는 "그 후에"(욜 2:28)를 "말세에"(행 2:17, 참고. 욜 3:1의 그날)로 수정한다. 마지막 날들의 시대가 시작되었다는 것이다. 어떤 사람들은 마지막 날들을 오로지 예수님의 재림에 좀 더 가까운 때와 결부시키려는 경향을 보이지만(딤후 3:1; 벧후 3:3 같은 본문들에 대한 어떤 해석들에 따라), 이 어구는 오순절과 예수님의 재림 사이에 있는 기간 전체를 가리킬 수 있다(참고. 히 1:2). 이 어구는 이 두 가지 용법으로 모두 사용할 수 있다. 마지막 날들은 이미 시작되었고, 그리스도가 재림하시는 바로 그날까지 이어질 것이다. 이것이 베드로가 요엘의 예언을 오순절 사건에 적용할 때에 사용한 일반적인 관점이다.

베드로가 인용한 요엘의 예언은 구약의 가장 큰 약속들 중 하나인 하나님이 모든 사람에게 그분의 영을 부어주시겠다는 약속이 성취되었음을 알리는 것으로 시작한다. 이 약속과 관련해서 예레미야 31장과 에스겔 36장에 나오는 중요한 본문들도 오경에서 발견되는 언약의 약속으로 거슬러 올라간다. 신명기 10장은 창조주이신 여호와는 크시고 그분이 자신의 절대주권에 의거해서 이스라엘을 선택하셨으며, 그들을 지속적으로 사랑하고 돌보신다는 것을 모세가 이스라엘 백성에게 들려주는 내용을 담고 있다. 여호와와 이스라엘의 언약 관계는 여호와에 의해 시작되었고 여호와께 절대적으로 달려 있었지만, 언약 관계이기 때문에 양 당사자의 책임을 포함한다. 즉, 이스라엘은 여호와를 경외하고 사랑하며, 섬기고 그분께 순종해야 할 책임을 가졌다. 하지만 내면적인 장애물 때문에 그들은 이 언약에 의해 주어진 책임을 다할 수 없었다. 그들에게는 여호와를 따르고 순종할 바른 마음이 결여되어 있었기 때문이다. 할례는 단지 징표에 불과했기 때문에 이스라엘을 진정한 하나님의 백성으로 만들어주지 못했다. 그래서 여호와는 그들에게 "그러므로 너희는 마음에 할례를 행하고 다시는 목을 곧게 하지 말라"(신 10:16)고 말씀하셨다. 하지만 신명기는 이스라엘이 그렇게 하지 못할 것을 예견하고 다음과 같이 약속한다. 지금 이스라엘은 마음이 완악하여 하나님의 참된 백성이 될 수 없지만, 장차 하나님이 그들에게 새 마음을 주셔서 그들을 참된 백성으로 만드실 것이다. 그분이 다시 한번 일하셔서 이스라엘을 건져내어 그들의 땅으로 되돌아오게 하실 때에 그들을 최종적이고도 결정적으로 재창조하실 것이다. "네 하나님 여호와께서 네 마음과 네 자손의 마음에 할례를 베푸사 너로 마음을 다하며 뜻을 다하여 네 하나님 여호와를 사랑하게 하사 너로 생명을 얻게 하실 것이며"(신 30:6).

선지자들은 이 약속을 받아서 반복해서 선포한다. 하나님은 에스겔을 통해 포로 된 자들을 바벨론에서 건져내실 뿐만 아니라 그것보다 더욱 큰 일, 곧 성령에 의해 깨끗하게 된 새 마음을 주시는 일을 행하실 것을 보증하신다.

> "맑은 물을 너희에게 뿌려서 너희로 정결하게 하되 곧 너희 모든 더러운 것에서와 모든 우상숭배에서 너희를 정결하게 할 것이며 또 새 영을 너희 속에 두고 새 마음을 너희에게 주되 너희 육신에서 굳은 마음을 제거하고 부드러운 마음을 줄 것이며 또 내 영을 너희 속에 두어 너희로 내 율례를 행하게 하리니 너희가 내 규례를 지켜 행할지라"(겔 36:25-27).

예레미야 31장은 새 마음을 주시는 것을 중심으로 하는 새 언약을 약속한다. 예레미야는 요엘과 비슷하게 하나님이 장차 이스라엘을 위해 행하실 날들이 이를 것이라고 언급한다. 하나님은 이스라엘 및 유다와 언약을 맺으시겠지만(참고. 예루살렘…유대…사마리아, 행 1:8), 그분의 법을 두 돌 판에 새겨진 옛 언약과는 "내가 나의 법을 달리 그들의 속에 두며 그들의 마음에 기록하여"(렘 31:33)라고 말씀하신다. 신명기에 약속된 마음, 곧 하나님의 법이 새겨진 마음은 약속된 성령을 통해 주어질 것이다.

또한 예레미야의 예언은 요엘이 자녀들, 젊은이들, 늙은이들, 남종과 여종들을 언급하고 있는 것의 의미도 밝혀준다. "너희의 자녀들은 예언할 것이요 너희의 젊은이들은 환상을 보고 너희의 늙은이들은 꿈을 꾸리라 그때에 내가 내 영을 내 남종과 여종들에게 부어 주리니 그들이 예언할 것이요"(행 2:17-18). 새 언약은 모든 사회적인 경계들을 무너뜨린다. 왜냐하면 "작은 자로부터 큰 자까지 다 나[여호와]를 알[게]"(렘 31:34) 될 것이기 때문이다. 반드시 요엘이 예레미야서를 염두에 두었다거나 베드로가 예레미야서에서 근거를 찾으려 했다고 할 수는 없다(물론 요엘과 베드로는 충분히 그러했다). 하지만 이 모든 본문을 종합해보면, 새 언약과 관련된 약속들이 성취되었을 때에 그것이 어떤 모습일지를 전체적으로 알 수 있다. 요엘서에 언급된 모든 부류의 사람들이 오순절 사건에 직접 참여하지 않았을지라도, 베드로는 오순절에 벌어진 사건을 설명할 수 있는 성경 본문을 이미 가지고 있었다. 하나님이 약속하신 대로 성령이 모든 사람에게 부어지고 있다. 요엘이 예언한 구체적인 사항들이 하나님의 큰 일을 각국의 언어로 말하고 있는 120문도를 통해 성취되었다(행 2:11).

베드로가 인용한 요엘의 예언은, 마지막 날에 일어날 일 중에서 '아직' 일어나지 않은 일들로 옮겨 간다. 오순절에 일어난 일과 사도행전 2:19-20에서 묵시적으로 묘사된 일들 사이에는 분명한 경계가 없다. 요엘의 이 예언이 한 덩어리로 인용되고 있기 때문이다. 여기서는 하나님이 성령을 부어주시는 것과 우주적인 대격변이 긴밀하게 연결되어 있다. 사실 살아계신 하나님의 영이 사람들에게 오신 것은 많은 점에서 해가 어두워지거나 달이 핏빛으로 변하는 것보다 더 놀라운 일이다. 하지만 19-20절은 서로 별개이면서도 연결되어 있는 하나의 사건을 말해준다. 그 표현에 비추어보았을 때, 이 표현들은 마지막 날들에 속하는 최후의 날, 즉 마지막 날들 중에서 가장 중요한 심판의 날을 묘사하고 있다. 자연계에서 이것과 비슷한 현상은, 그리 오래지 않은 때에 갈보리에서 드러난 하나님의 심판을 증언한다. 예수님이 죽으실 때에 지진이 일어나고 해가 빛을 잃고 온 땅에 어둠이 임하였다(마 27:51; 눅 23:44). 예수님의 죽으심에 관한 복음서들의 기사는 전체적으로 요엘이 사용한 것과 비슷한 표현들을 사용한다.

요엘의 묵시적 환상은 하나님이 이 세상에 내리실 궁극적인 심판에 관한 것이기 때문에, 국지적이지 않고 최종적이고도 온 세계를 포괄한다. 예수님도 자신의 재림이 가까웠음을 알리는 사건들을 묘사하실 때에 "일월 성신에는 징조가 있겠고"(눅 21:25)라고 말씀하시는 등 요엘의 환상과 비슷한 표현들을 사용하셨다. 이것은 오순절에서 시작된 것의 궁극적이고 최종적인 장면이다. 하지만 소망은 있다. 베드로가 "누구든지 주의 이름을 부르는 자는 구원을 받으리라 하였느니라"(행 2:21)는 말씀으로 인용을 마무리하고 있기 때문이다. 주목할 만한 것은, 요엘 2:32에서 "여호와"라고 한 것을 베드로가 여기에서 나사렛 예수를 가리키는 "주"로 바꾸어놓았다는 점이다. 구약의 약속들은 새 언약으로 확대되어서 메시아 위에 세워진 더 나은 약속들이 된다. 이제 사람들이 걸려 넘어질 걸림돌이 놓인 것이다.

2:22-36 | 최초의 기독교 설교: 예수님은 메시아다 이제 베드로는 그 자리에 모인 무리를 '이스라엘 사람들', 좀 더 구체적으로 말하자면 '예수님의 행적과 십자가에 못 박히심을 목격했거나 들어서 알고 있는 자들'이라고 부른다(22절).[23] 베드로는 공공연한 예수님의 삶과 죽음을 이 사람들이 방금 목격한 일에 연결시킨다. 베드로의 설교를 듣고 있던 사람들 대부분이 나사렛 예수께 일어난 일에 관해 알고 있었고, 그것을 다 지난 얘기로 여기고 있었을 것임이 틀림 없다. 하지만 그들이 방금 목격한 일은 예수님의 이야기가 계속되고 있음을 보여준다. 예수님은 살아계실 뿐만 아니라,

다윗 가문의 왕이 되어 다스리고 계시고, 방금 그들이 본 성령의 역사와 임재의 원천이시다.

예수님과 결부된 "큰 권능[뒤나메신(*dynamesin*)]과 기사[테라신(*terasin*)]와 표적[세메이오이스(*sēmeiois*)]"은 일차적으로 하나님이 일하고 계신다는 사실을 보여주는 증거의 역할을 했다(22절). 누가는 예수님의 삶과 사역에서 일어난 일들이 사실 구약의 약속들의 성취이며 하나님 나라를 세우는 것이었다는 전제 위에서 그의 복음서를 전개해 나간다. 예컨대, 누가복음 11:20(출애굽기 8:19을 간접적으로 인용)은, 예수님이 귀신을 쫓아내신 것이 하나님의 역사와 그분의 나라가 이제 예수님을 중심으로 전개되고 있다는 사실을 보여주는 적극적 증거라고 말한다. 앞으로 사도들의 사역에 수반될 증거들은 사도들의 사역의 진정성을 계속 증언하는 역할을 하게 될 것이다.

사람들은 흔히 사도행전 2:23-24을 하나님의 절대주권과 인간의 책임이라는 문제와 결부시킨다. 예수님이 죽으신 것은 하나님의 계획 때문이었고, 베드로의 청중들이 로마인들("법 없는 자들", 23절)의 도움을 받아 예수님을 십자가에 못 박았기 때문이었다. 하지만 여기서 베드로의 목적은 하나님의 절대주권과 인간의 책임이라는 복잡한 문제를 해결하려는 것이 아니었다. 성경 전체는 하나님의 절대주권과 인간의 책임을 하나의 현실, 즉 실제로 존재하는 것으로 제시한다. 예컨대, 이 본문이 분명하게 보여주는 것은 하나님이 절대주권을 가지시며 그분이 자신의 뜻을 이루시기 위해 수단들을 사용하셨다는 것이다. 예수님의 죽으심은 하나님께서 정하신 뜻과 미리 아심을 따라 일어난 일인 동시에, 유대 지도자들이 로마인들을 이용하여 예수님을 십자가에 못 박게 함으로써 일어났다. 따라서 유대인

23 일반적으로 사람들은 흔히 사도행전에 나오는 설교들이 복음서들에 나오는 산상수훈(또는 평지설이나 그 밖의 다른 가르침을 다룬 부분들과 마찬가지로 성경에 기록된 것보다 더 길었을 것이라고 지적한다(참고. 행 2:40). 그러한 지적은 대부분의 경우에 옳을 수 있지만, 하나의 본문을 해석하는 데 별 유익이 없다. 성경은 글로 기록된 문학이다. 즉, 본문에 나와 있는 것이 우리에게 주어진 것이고, 그것이 명확하게 하나님이 우리에게 주시기로 의도하신 것이다.

들과 로마인들은 둘 다 예수님을 죽이는 죄를 저질렀다. 하지만 베드로가 이렇게 말한 것은 논쟁과 사변을 위한 것이 아니라, 사람들에게 그들의 죄를 일깨워 회개로 이끌기 위한 것이었다.

예수님은 하나님의 계획에 따라 죽으셨지만, 하나님은 예수님을 죽은 자 가운데서 다시 살리셨다. 여기에는 예수님의 부활도 하나님의 계획의 일부였다는 의미가 내포되어 있다(24절). 예수님은 참된 왕이요 하나님이 약속하신 다윗의 자손이셨으므로, 무덤이 그를 붙잡아둘 수 없었다. 이것이 베드로가 시편 16:8-11을 인용한 목적이었다(행 2:25-28). 베드로에게 시편 16편은 요엘서 본문과 마찬가지로 그저 도움이 되는 하나의 예시가 아니라, 최근에 벌어진 일련의 사건들을 설명해주는 본문이었다. 사도들은 그들이 말하고자 하는 것을 증명하기 위한 증거 본문으로 성경을 사용하지 않았다. 그들은 자신의 가르침이 성경과 부합하고 성경에서 약속하고 있는 것들의 성취라는 것을 성경에 의거해서 제시한다. 베드로는 시편 16편을 인용하기에 앞서 "다윗이 그를 가리켜 이르되"(25절)라고 말하는데, 이것은 다윗이 메시아의 부활을 예언했다는 것을 의미한다. 베드로는 30절에서 다윗을 선지자라고 명시적으로 부른다. 나사렛 예수는 생명의 길을 아시고 하나님의 임재 안에 계시는 거룩한 자이시기 때문에 음부에 버려질 수 없었다(27-28절; 참고. 31-33절). 다윗은 이 거룩한 자가 궁극적으로 자신이라고 말하지 않았다. 어떻게 그가 그렇게 말할 수 있었겠는가? 베드로의 설교를 듣고 있던 청중들은 모두 다윗이 죽었고 그의 무덤이 어디에 있는지를 알고 있었다(29절). 그는 시편 16편과 예수님 간의 분명한 병행들을 이끌어낸다(도표 1).

베드로는 예수님의 죽으심과 부활을 하나님이 성령을 부어주신 것과 긴밀하게 연결시킨다. 베드로의 청중들이 오순절에 목격한 일은 왕이신 예수님이 즉위하신 결과였고, 이것은 예수님이 죽음을 이기셨기 때문에 가능했다. 베드로는 예수님이 "약속하신 성령을 아버지께 받아서"(행 2:33)라고 말한다. 이 말의 의미는 성부 하나님이 성령을 신자들 안에 내주하게 하신 것처럼 예수님 안에도 내주하게 하셨다는 것이 아니라, 높아진 왕이

시 16:10-11을 인용한 행 2:27-28	행 2:31-33
내 영혼을 음부에 버리지 아니하시며(27절)	그가 음부에 버림이 되지 않고(31절)
주의 거룩한 자로 썩음을 당하지 않게 하실 것임이로다(27절)	그의 육신이 썩음을 당하지 아니하시리라(31절)
주께서 생명의 길을 내게 보이셨으니(28절)	이 예수를 하나님이 살리신지라(32절)
주 앞에서 내게 기쁨이 충만하게 하시리로다(28절)	하나님이 오른손으로 예수를 높이시매(33절)

도표 1. 시편 16편과 예수님의 부활 간의 병행들

신 예수님에게 약속하신 성령을 이 땅에 보낼 권한을 주셨다는 의미이다. 새 언약에서 선물로 주어지는 성령은 오직 예수님이 단번에 희생 제사를 드리심으로써 시작된 새 언약으로 말미암아 주어진다. 왕이신 예수님은 살아계시고, 따라서 생명의 성령을 주실 수 있다. 예수님은 자기가 떠나가는 것이 모든 면에서 그분을 따르는 자들에게 더 유익할 것이라고 약속하셨고, 이제 성령을 주심으로써 그 약속을 이루셨다(요 14:16-17, 26; 15:7).

베드로는 초기 교회가 선호한 구약 본문들 중 하나가 되는 시편 110편을 인용하여 설교를 마친다. "주께서 내 주에게 말씀하시기를 내가 네 원수로 네 발등상이 되게 하기까지 너는 내 우편에 앉아 있으라 하셨도다 하였으니"(시 110:1을 인용한 행 2:34-35). 이렇게 베드로는 예수님의 부활이 성경의 성취라는 사실을 강조한다. 또한 그는 요엘서 본문이 분명하게 드러내는 심판이라는 주제로 되돌아간다. 예수님은 왕으로 즉위하여 보좌에 앉아 계신다. 그리고 시편 110편에 따르면 이제 유일하게 남은 것은 하나님의 원수들에 대한 최종적인 심판뿐이다. 베드로는 다음과 같이 선언함으로써 그러한 결론을 이끌어낸다. "그런즉 이스라엘 온 집은 확실히 알지니 너희가 십자가에 못 박은 이 예수를 하나님이 주와 그리스도가 되게 하셨느니라"(행 2:36). 베드로가 말하고자 한 요지는 분명하다. 나사렛 예수는 한 사람의 평범한 이스라엘인이 아니었으나, 이스라엘 사람들은 예수님을 죽였다. 베드로는 설교의 처음(23절)과 마지막(36절)에서 그들의 죄를 부각시킴으로써, 그들이 메시아를 십자가에 못 박은 하나님의 원수라는 사실을 강조한다.

2:37-41 | 최초의 기독교 설교: 회개와 죄 사함 베드로의 설교는 정곡을 찌르는 것이었고, 복음의 능력을 보여준다. 누가는 이것을 생생하게 묘사한다. "그들이 이 말을 듣고 마음에 찔려 베드로와 다른 사도들에게 물어 이르되 형제들아 우리가 어찌할꼬 하거늘"(37절). 베드로의 대답은 간단하지만 헤아릴 수 없을 정도로 심오하다. "회개하여 각각 예수 그리스도의 이름으로 세례를 받[으라]"(38절). 이것이 죄 사함을 받는 길이다. 여기서 베드로는 구원을 '죄 사함'이라는 말로 요약한다(참고. 10:43; 13:38-39; 26:18). 우리는 죄 사함이라는 말을 이런 포괄적인 의미로 사용하기를 주저해서는 안 된다. 이 본문은 비록 믿음을 명시적으로 언급하지 않으나, 분명하게 전제하고 있다. 왜냐하면 회개하여 예수 그리스도의 이름으로 세례를 받는 것이 믿음을 전제하기 때문이다. 또한 세례는 그리스도를 믿는 믿음, 즉 믿음으로 그리스도의 죽으심과 부활에 참여한다는 공적인 고백이다. 베드로의 설교의 요지는 하나님이 예수님을 거부하고 죽인 자들의 죄까지도 사하신다는 것이다.

여기서 우리가 주목해야 할 것은, 이렇게 성령을 받으라는 초대와 앞에서 성령이 제자들에게 부어진 것의 차이이다. 첫째, 38절은 구원을 위해 성령을 받는 것을 가리키고, 성령에 의해 주어진 능력을 따라 방언들을 말하는 것 같이 특정한 은사를 위해 성령을 나누어주는 것을 가리키지 않는다. 둘째, 우리는 이 약속이 유대인은 물론이고 먼 데 있는 사람인 이방인에게도 주어지는 것을 본다(39절). 셋째, 이 약속과 관련해서 모든 먼 데 사람과 더불어 자녀를 언급한 것은 끝 부분에 나오는 주 우리 하나님이 얼마든지 부르시는 자들에 비추어서 해석되어야 한다. 이 본문이 암묵적으로는 유아세례라는 좀 더 큰 문제와 관련하여 논의될 수 있긴 하지만, 언약의 자녀들이 받는 유아세례를 옹호하거나 반대하는 근거로 사용되어서는 안 된다. 따라서 유아세례를 옹호하거나 반대하는 사람들은 그들의 입장을 뒷받침해줄 본문들을 다른 곳에서 찾아야 할 것이다. 그런데도 이 본문을 유아세례를 옹호하거나 반대하는 것을 지지하는 본문으로 해석하려는 것은 이 본문이 자신의 입장을 뒷받침한다고 단정지었다는 것밖에 되지 않는다. 유아세례에 관한 문제는 복잡하기에 주의 깊고 방대한 연구를 필요로 한다. 분명히 그리스도인들은 이 문제와 관련해서 서로 다른 견해를 보여 왔으며, 앞으로도 그럴 것이다. 반면에, 성경 본문에 충실하기 위해서는 본문이 강조하는 것을 강조해야 한다.

베드로의 주된 요지는 하나님의 구원 사역 속에 죄인들이 포함되어 있다는 것이다. 사도행전이 여러 가지 다양한 구원 수단을 제시하고 그 다양성을 강조하고 있을지라도 구원은 하나님께 속한다는 것이 기본적인 진리다. 즉 하나님이 한편으로는 구원받을 자들을 정해놓으셨고, 다른 한편으로는 사람들을 구원하기 위한 수단들을 정해놓으셨다는 것이다. 사도행전에 나오는 구원 이야기들을 읽을 때 13:48을 명심하는 것이 좋다. "영생을 주시기로 작정된 자는 다 믿더라."

누가는 베드로가 계속해서 무리에게 말하고 그들을 전도했음을 독자들에게 알리면서, 베드로가 전한 메시지의 요지는 임박한 심판에 대한 경고였다고 요약한다. "너희가 이 패역한 세대에서 구원을 받으라"(2:40). 이 권면은 하나님이 행하시는 구원에 사람들이 어떤 협력을 해야 한다는 것이 아니라, 율법을 선포할 때와 달리 복음을 선포할 때에 구원을 위한 능력이 역사한다는 것을 의미한다. '율법'이라는 용어는 정죄하는 원리라는 의미로 사용될 수 있다(참고. 롬 7:21). 따라서 율법을 선포하는 것은 사람이 자신의 힘으로 구원받을 수 없다는 사실로부터 생겨나는 정죄의 원리를 강조하며, 하나님의 일과 관련해서 사람은 아무런 소망도 없고, 오직 하나님의 징벌만을 기다리고 있다는 사실을 강조한다. 베드로의 설교와 같은 설교는 청중으로 하여금 복음의 약속으로 나아가게 만든다. 왜냐하면 복음은 하나님이 그리스도 안에서 우리의 죄를 사하시기 위한 모든 준비를 마치셨고, 이제 그리스도께 나아오기만 하면 죄 사함을 베푸시겠다는 약속이기 때문이다. 따라서 베드로가 불신자들에게 '구원을 받으라'고 촉구한 것은, 신속하게 그리스도의 초대를 받아들여 구원을 받으라는 의미이다. 신약의 참된 설교가 되기 위해서는 반드시 심판의 말씀(율법)과 복음의 소망을 모두 포함해야 한다.

최초의 기독교 설교가 빚은 결과로 3천 명의 새로운 신자가 생겼다(행 2:41). 신자들의 극적인 증가는 사도행전의 첫 번째 부분의 특징으로서, 스데반이 돌에 맞아 죽은 후에 박해가 일어나서 많은 신자가 예루살렘을 빠져나와 피신할 때까지 이른다(8:1).

2:42-47 | 최초의 그리스도인들 여기서 누가는 사도행전에 나오는 신자들 중 최초의 무리가 어떤 식으로 생활을 했는지에 관해 짤막하지만 생생하게 묘사한다. 예루살렘의 초기 신자들이 아직 '교회'라는 명칭으로 불리지는 않으나 교회를 이루고 있었다는 것은 두말 할 필요가 없다. 이 본문이 묘사하는 것들은 교회의 모습이다. 실제로 이 본문들은 서술적인 동시에 규범적이다. 즉, 이 본문들은 초기 교회의 상황을 묘사한 것인 동시에 우리가 따라야 할 모범을 보여주는 것이다. 앞으로 보게 되겠지만, 사도행전에서 이 둘은 쉽게 구별되지 않는다.

분명한 것은 그들이 근본적으로 사도들의 가르침을 중심으로 모이기를 지속했다는 것이다(42절). 또한 누가는 그들이 '함께 모이는 것'(교제)과 '떡을 떼는 것'과 '기도하기'에 힘썼다고 말한다. 본문이 명시적으로 말하고 있지는 않으나, 떡을 떼는 것은 성찬을 포함한 공동 식사(27:34-35과 대비되는)를 의미하는 것으로 보인다. 기도하기는 성전에서 드리는 기도와 그 밖의 다른 곳에서 하는 기도를 모두 포함하는 것으로 보인다(참조. 2:46). 가르침, 기도, 교제, 성찬은 모두 오늘날의 교회가 본받을 수 있고 본받아야 할 측면들이다.

반면에 그 밖의 다른 측면들은 그대로 적용하기가 더 어렵다. 예컨대, 사도들이 "기사와 표적"(43절)을 많이 행하였기 때문에, 신자들은 두려워했다. 그런 기사와 표적들 속에는 치유(참고. 3:7)를 비롯해서 오순절에 나타난 종류의 다른 은사들이 포함되어 있었을 것이다. 사도들이 행한 기사와 표적들에 어떤 것들이 포함되든, 그것을 후대의 그리스도인들의 모임에 적용하기는 어렵다. 사도들이 행한 기사와 표적은 그들의 권위 및 그들과 예수님이 행한 사역의 연속성을 확증하는 것으로서, 그들만이 행한 것이기 때문이다. 예수님이 행하신 이적들과 마찬가지로 사도들이 행한 이적들도 하나님 나라의 실체와 진정성을 증언하는 역할을 했다. 그런 이적들, 그 중에서도 특히 치유 이적은 하나님 나라에 관한 약속들이 성취되고 있다는 것과 새 언약의 나라가 지닌 총체적이고 종말론적인 성격(이 주제는 사도행전의 다음 장에서 직접적으로 다루어질 것이다)을 가리킨다.

더 나아가 사도행전 전체는, 표적과 기사를 행하는 것이 신자들의 모임에서 통상적이거나 전형적인 것이라는 어떠한 증표도 제공하지 않는다. 이날 이후로도 그리스도인들의 모임 가운데서 이적들은 분명히 일어날 수 있지만, 사도행전의 본문을 토대로 해서 그런 모임 속에서 이적들이 반드시 일어날 것이라고 결론 내릴 만한 근거는 없다.

43절과 44절은 오랜 세월에 걸쳐 엄청난 논쟁을 불러일으킨 본문이며, 이 본문에 대해서 의도는 좋았을지라도 잘못된 판단과 해석이 생겨났다. 분명한 사실은, 이 본문이 모종의 기독교 사회주의의 모범도 아니고, 우리가 따라야 할 하나의 규범으로 제시된 것도 아니라는 점이다. 신자들은 그렇게 하라는 명령을 받아서가 아니라, 자원해서 그런 일들을 행하였다(참고. 2:42). 나중에 아나니아와 삽비라가 정죄를 받은 것은 그들이 판 소유의 일부를 감추고 내놓지 않았기 때문이 아니라 거짓말을 했기 때문이다(5:4). 일부 소수 집단은 성경에서 서술적인 것과 규범적인 것을 구별하지 못해서 이 본문을 토대로 한 공동체나 분파(cults)를 세우기도 했다. 그러나 예루살렘 교회의 신자들이 그들의 모든 소유와 재산을 교회에 바친 것은 아니었다. 도리어 정반대로 그들은 여전히 각자 재산을 소유하였고, 계속해서 자기 집에서 모임을 가졌다. 또한 사도행전의 나머지 부분들과 서신서를 보면, 초기 그리스도인들이 모든 것을 팔고서 집단생활을 한 것이 아니었음을 분명하게 알 수 있다(참고. 12:12; 16:15; 18:7-8; 21:8, 16; 롬 16:5; 고전 16:19; 골 4:15). 예컨대, 바울은 재산이 많은 신자들에게 가난한 신자들이 음식을 먹지도 못하고 집으로 돌아가는 일이 없도록 공동식사를 하기보다는 가정에서 식사하라고 권한다(고전 11:22). 사도행전 2장과 4장에 기록된 일들은 기독교의 초창기에 예루살렘에서 아주 흔한 현상이었던 것으로 여겨지는데, 이는 아마도 예루살렘에 있던 많은 신자의 재정적인 사정 때문이었을 것이다. 왜냐하면 그들이 그리스도를 믿음으로 인해 유대인 사회에서 추방되었을 것이기 때문이다. 우리가 당시의 상황을 잘 알지 못할지라도, 본문이 모든 것을 팔아서 집단생활을 하라고 명시적으로 명령하지도 않고, 이 내러티브 자체도 그런 명령을 담고 있지 않다는 것은 여전히 사실이다.

누가가 교회에 새 신자들이 극적으로 추가되었음을 언급하는 두 대목(행 2:42-47; 4:32-37)이 모두 초기 신자들 간의 나눔을 언급하고 있다는 것은 주목할 만하다. 그러한 나눔은 성령이 신자들의 삶 속에서 일하심으로써, 그들이 그들 자신만을 위해서가 아니라 다른 사람들을 위해 살기 시작했다는 것을 보여주는 분명한 증거들 중 하나이기 때문이다. 이러한 이타적인 삶은 신앙의 기본적인 신조이며(참고. 빌 2:5 이하), 네 이웃을 네 자신같이 사랑하라는 큰 계명(레 19:18; 마 22:39)에 순종하는 것으로 나타난다. 신자들이 사도들의 가르침을 중심으로 교제와 공동 식사와 기도에 힘썼을 뿐만 아니라 각자가 가진 것을 서로 나누었다는 것은, 그들이 성령의 능력으로 말미암아 구원받았다는 증거이다. 신자들은 예수님의 가르침을 받아들이는 데 그치지 않고 후히 나누어주고 다른 사람들의 복리에도 관심을 가짐으로써, 살아가는 방식까지도 근본적으로 변화되었음을 보여야 한다.

복음주의자들은 이 본문이 서술적인 성격을 지니고 있다는 것에는 쉽게 수긍하지만, 우리가 본받아야 할 보편적인 교훈을 담고 있다는 사실에 대해서는 곧바로 무시해버린다. 진심으로 후히 베푸는 것, 이 땅에서 자기가 지닌 소유를 하찮게 여기는 것, 다른 사람들의 필요를 최우선시하는 것은 신약성경 전체가 우리를 위한 규범으로 제시하는 것이며, 예루살렘 신자들은 실천을 통해 이를 뒷받침한다.

신자들은 "온 백성에게 칭송을 받[았다]"(행 2:47). 이 시점에서 복음은 아직 범죄로 여겨지지 않았다. 그러나 이러한 상황은 오래가지 못할 것이었다. 예수님의 사역도 처음에는 사람들에게 경이롭게 여겨졌으나 얼마 못 가서 적대감으로 바뀌었고 특히 유대 지도층의 증오심을 불러일으켰다. 마찬가지로 예루살렘 신자들도 어느 정도는 교회를 중심으로 보여준 아름다운 행실로 말미암아 잠시 '온 백성에게 칭송을 받았지만,' 얼마 못 가서 유대 지도층의 반대에 직면했다.

응답

이 본문의 가장 중요한 의미는, 성령을 주겠다고 하신 약속이 성취되었고 구원사 가운데 새 시대가 시작되었다는 것이다. 하나님은 이제 자기 백성 가운데 거하시고 자기 백성 안에 계신다. 방언에 대해 어떤 입장을 취하든 그보다 더욱 중요한 사실은, 그리스도의 재림 때까지 이어지는 성령의 새 시대가 오순절에 분명히 드러났음을 아는 것이다.

우리는 복음을 전할 때에 무엇을 의지하는가? 우리는 어떻게 설교를 준비하고 전해야 하는지, 청중들과 어떻게 연결시켜야 하는지, 성경의 진리를 어떤 식으로 적용하는 것이 옳은지를 가르치고 배우는 데 많은 시간과 노력을 기울인다. 그런 것들은 모두 중요하고 꼭 필요한 일이다. 그러나 설교 자체가 사람들에게 구원을 가져다주지 않으며, 설교자나 그의 배움과 준비는 더더욱 그리하지 못한다. 사람들로 하여금 죄를 깨닫게 하고 그들을 구원으로 이끄는 것은, 우리가 전하는 복음 안에서 그리고 복음을 통해 일하시는 성령의 능력이다. 베드로의 설교조차도 성령 없이는 아무도 구원할 수 없었을 것이다. 우리가 입을 열어 예수님에 관한 좋은 소식을 전할 수 있는 이유는, 우리가 전하고 사람들이 듣는 그 말씀 안에 성령의 능력이 정확하고도 유일하게 역사하여 죄인들을 그들의 구주이자 주님이신 그리스도께로 인도할 것이라고 확신하기 때문이다.

사도행전 2장의 마지막 절들은 성령으로 충만해서 그 수가 늘어나고 감사와 사랑의 구제가 넘쳐나는 공동체를 보여준다. 이것은 성령의 능력이 복음 사역을 통해 사람들을 변화시킨다는 사실을 보여주는 아름다운 그림이다. 또한 이것은 내세의 삶을 미리 보여주는 그림이기도 하다. 하늘과 땅이 부활하신 그리스도 안에서 서로 만난 것과 흡사한 방식으로, 성령의 능력이 역사하는 공동체 안에서 종말론적인 하나님의 나라가 현재 속으로 뚫고 들어온다. 복음을 중심으로 하나님을 찬송하고 기도하며 기꺼이 다른 사람들의 필요를 살피는 믿음의 공동체는 지금 여기에서 천국의 실체를 경험하며 세상에 그 천국을 보여준다. 누가가 우리에게 제시하는 모델은, 우리가 어떻게 교회를 '운영해야' 하는지에 관한 것이 아니라, 우선순위와 행위와 섬김과 실천에서 하나님의 백성이 어떤 모습이어야 하는지에 관한 것이다.

3:1 [1]제 구 시 기도 시간에 베드로와 요한이 성전에 올라갈새 2 나면서
못 걷게 된 이를 사람들이 메고 오니 이는 성전에 들어가는 사람들에
게 구걸하기 위하여 날마다 미문이라는 성전 문에 두는 자라 3 그가 베
드로와 요한이 성전에 들어가려 함을 보고 구걸하거늘 4 베드로가 요
한과 더불어 주목하여 이르되 우리를 보라 하니 5 그가 그들에게서 무
엇을 얻을까 하여 바라보거늘 6 베드로가 이르되 은과 금은 내게 없거
니와 내게 있는 이것을 네게 주노니 나사렛 예수 그리스도의 이름으
로 일어나 걸으라 하고 7 오른손을 잡아 일으키니 발과 발목이 곧 힘을
얻고 8 뛰어 서서 걸으며 그들과 함께 성전으로 들어가면서 걷기도 하
고 뛰기도 하며 하나님을 찬송하니 9 모든 백성이 그 걷는 것과 하나님
을 찬송함을 보고 10 그가 본래 성전 미문에 앉아 구걸하던 사람인 줄
알고 그에게 일어난 일로 인하여 심히 놀랍게 여기며 놀라니라

3:1 Now Peter and John were going up to the temple at the hour of
prayer, the ninth hour.[1] 2 And a man lame from birth was being carried,
whom they laid daily at the gate of the temple that is called the Beautiful
Gate to ask alms of those entering the temple. 3 Seeing Peter and John

about to go into the temple, he asked to receive alms. 4 And Peter
directed his gaze at him, as did John, and said, "Look at us." 5 And he
fixed his attention on them, expecting to receive something from them.
6 But Peter said, "I have no silver and gold, but what I do have I give
to you. In the name of Jesus Christ of Nazareth, rise up and walk!"
7 And he took him by the right hand and raised him up, and immediately
his feet and ankles were made strong. 8 And leaping up, he stood and
began to walk, and entered the temple with them, walking and leaping
and praising God. 9 And all the people saw him walking and praising
God, 10 and recognized him as the one who sat at the Beautiful Gate
of the temple, asking for alms. And they were filled with wonder and
amazement at what had happened to him.

11 나은 사람이 베드로와 요한을 붙잡으니 모든 백성이 크게 놀라며
달려 나아가 솔로몬의 행각이라 불리우는 행각에 모이거늘 12 베드로
가 이것을 보고 백성에게 말하되 이스라엘 사람들아 이 일을 왜 놀랍
게 여기느냐 우리 개인의 권능과 경건으로 이 사람을 걷게 한 것처럼
왜 우리를 주목하느냐 13 아브라함과 이삭과 야곱의 하나님 곧 우리
조상의 하나님이 그의 [2)]종 예수를 영화롭게 하셨느니라 너희가 그를
넘겨 주고 빌라도가 놓아 주기로 결의한 것을 너희가 그 앞에서 거부
하였으니 14 너희가 거룩하고 의로운 이를 거부하고 도리어 살인한 사
람을 놓아 주기를 구하여 15 생명의 주를 죽였도다 그러나 하나님이
죽은 자 가운데서 그를 살리셨으니 우리가 [3)]이 일에 증인이라 16 그
이름을 믿으므로 그 이름이 너희가 보고 아는 이 사람을 성하게 하였
나니 예수로 말미암아 난 믿음이 너희 모든 사람 앞에서 이같이 완전
히 낫게 하였느니라
11 While he clung to Peter and John, all the people, utterly astounded,

ran together to them in the portico called Solomon's. 12 And when Peter
saw it he addressed the people: "Men of Israel, why do you wonder at
this, or why do you stare at us, as though by our own power or piety we
have made him walk? 13 The God of Abraham, the God of Isaac, and
the God of Jacob, the God of our fathers, glorified his servant[2] Jesus,
whom you delivered over and denied in the presence of Pilate, when he
had decided to release him. 14 But you denied the Holy and Righteous
One, and asked for a murderer to be granted to you, 15 and you killed
the Author of life, whom God raised from the dead. To this we are
witnesses. 16 And his name—by faith in his name—has made this man
strong whom you see and know, and the faith that is through Jesus[3] has
given the man this perfect health in the presence of you all.

17 형제들아 너희가 알지 못하여서 그리하였으며 너희 관리들도 그리
한 줄 아노라 18 그러나 하나님이 모든 선지자의 입을 통하여 자기의
그리스도께서 고난 받으실 일을 미리 알게 하신 것을 이와 같이 이루
셨느니라 19 그러므로 너희가 회개하고 돌이켜 너희 죄 없이 함을 받
으라 이같이 하면 새롭게 되는 날이 주 앞으로부터 이를 것이요 20 또
주께서 너희를 위하여 예정하신 그리스도 곧 예수를 보내시리니 21 하
나님이 영원 전부터 거룩한 선지자들의 입을 통하여 말씀하신바 만물
을 회복하실 때까지는 하늘이 마땅히 그를 받아 두리라 22 모세가 말
하되 주 하나님이 너희를 위하여 너희 형제 가운데서 나 같은 선지자
하나를 세울 것이니 너희가 무엇이든지 그의 모든 말을 들을 것이라
23 누구든지 그 선지자의 말을 듣지 아니하는 자는 백성 중에서 멸망
받으리라 하였고 24 또한 사무엘 때부터 이어 말한 모든 선지자도 이때
를 가리켜 말하였느니라 25 너희는 선지자들의 자손이요 또 하나님이
너희 조상과 더불어 세우신 언약의 자손이라 아브라함에게 이르시기

를 땅 위의 모든 족속이 너의 씨로 말미암아 복을 받으리라 하셨으니
26 하나님이 그 [2]종을 세워 복 주시려고 너희에게 먼저 보내사 너희로
하여금 돌이켜 각각 그 악함을 버리게 하셨느니라
17 "And now, brothers, I know that you acted in ignorance, as did also
your rulers. 18 But what God foretold by the mouth of all the prophets,
that his Christ would suffer, he thus fulfilled. 19 Repent therefore, and
turn back, that your sins may be blotted out, 20 that times of refreshing
may come from the presence of the Lord, and that he may send the
Christ appointed for you, Jesus, 21 whom heaven must receive until the
time for restoring all the things about which God spoke by the mouth of
his holy prophets long ago. 22 Moses said, 'The Lord God will raise up
for you a prophet like me from your brothers. You shall listen to him
in whatever he tells you. 23 And it shall be that every soul who does
not listen to that prophet shall be destroyed from the people.' 24 And all
the prophets who have spoken, from Samuel and those who came after
him, also proclaimed these days. 25 You are the sons of the prophets and
of the covenant that God made with your fathers, saying to Abraham,
'And in your offspring shall all the families of the earth be blessed.'
26 God, having raised up his servant, sent him to you first, to bless you
by turning every one of you from your wickedness."

4:1 사도들이 백성에게 말할 때에 제사장들과 성전 [4]맡은 자와 사두개
인들이 이르러 2 예수 안에 죽은 자의 부활이 있다고 백성을 가르치고
전함을 싫어하여 3 그들을 잡으매 날이 이미 저물었으므로 이튿날까
지 가두었으나 4 말씀을 들은 사람 중에 믿는 자가 많으니 남자의 수
가 약 오천이나 되었더라
4:1 And as they were speaking to the people, the priests and the captain

of the temple and the Sadducees came upon them, 2 greatly annoyed
because they were teaching the people and proclaiming in Jesus the
resurrection from the dead. 3 And they arrested them and put them in
custody until the next day, for it was already evening. 4 But many of
those who had heard the word believed, and the number of the men
came to about five thousand.

5 이튿날 관리들과 장로들과 서기관들이 예루살렘에 모였는데 6 대제
사장 안나스와 가야바와 요한과 알렉산더와 및 대제사장의 문중이 다
참여하여 7 사도들을 가운데 세우고 묻되 너희가 무슨 권세와 누구의
이름으로 이 일을 행하였느냐 8 이에 베드로가 성령이 충만하여 이르
되 백성의 관리들과 장로들아 9 만일 병자에게 행한 착한 일에 대하여
이 사람이 어떻게 구원을 받았느냐고 오늘 우리에게 질문한다면 10 너
희와 모든 이스라엘 백성들은 알라 너희가 십자가에 못 박고 하나님
이 죽은 자 가운데서 살리신 나사렛 예수 그리스도의 이름으로 이 사
람이 건강하게 되어 너희 앞에 섰느니라 11 이 예수는 너희 건축자들
의 버린 돌로서 집 모퉁이의 머릿돌이 되었느니라 12 다른 이로써는
구원을 받을 수 없나니 천하 사람 중에 구원을 받을 만한 다른 이름을
우리에게 주신 일이 없음이라 하였더라
5 On the next day their rulers and elders and scribes gathered together
in Jerusalem, 6 with Annas the high priest and Caiaphas and John
and Alexander, and all who were of the high-priestly family. 7 And
when they had set them in the midst, they inquired, "By what power
or by what name did you do this?" 8 Then Peter, filled with the Holy
Spirit, said to them, "Rulers of the people and elders, 9 if we are being
examined today concerning a good deed done to a crippled man,
by what means this man has been healed, 10 let it be known to all of

you and to all the people of Israel that by the name of Jesus Christ of
Nazareth, whom you crucified, whom God raised from the dead—by
him this man is standing before you well. 11 This Jesus[4] is the stone that
was rejected by you, the builders, which has become the cornerstone.[5]
12 And there is salvation in no one else, for there is no other name under
heaven given among men[6] by which we must be saved."

13 그들이 베드로와 요한이 담대하게 말함을 보고 그들을 본래 학문
없는 범인으로 알았다가 이상히 여기며 또 전에 예수와 함께 있던 줄
도 알고 14 또 병 나은 사람이 그들과 함께 서 있는 것을 보고 비난할
말이 없는지라 15 명하여 공회에서 나가라 하고 서로 의논하여 이르되
16 이 사람들을 어떻게 할까 그들로 말미암아 유명한[5)] 표적 나타난 것
이 예루살렘에 사는 모든 사람에게 알려졌으니 우리도 부인할 수 없
는지라 17 이것이 민간에 더 퍼지지 못하게 그들을 위협하여 이후에
는 이 이름으로 아무에게도 말하지 말게 하자 하고 18 그들을 불러 경
고하여 도무지 예수의 이름으로 말하지도 말고 가르치지도 말라 하니
19 베드로와 요한이 대답하여 이르되 하나님 앞에서 너희의 말을 듣
는 것이 하나님의 말씀을 듣는 것보다 옳은가 판단하라 20 우리는 보
고 들은 것을 말하지 아니할 수 없다 하니 21 관리들이 백성들 때문에
그들을 어떻게 처벌할지 방법을 찾지 못하고 다시 위협하여 놓아 주
었으니 이는 모든 사람이 그 된 일을 보고 하나님께 영광을 돌림이라
22 이 [5)]표적으로 병 나은 사람은 사십여 세나 되었더라
13 Now when they saw the boldness of Peter and John, and perceived
that they were uneducated, common men, they were astonished.
And they recognized that they had been with Jesus. 14 But seeing the
man who was healed standing beside them, they had nothing to say
in opposition. 15 But when they had commanded them to leave the

council, they conferred with one another, 16 saying, "What shall we do
with these men? For that a notable sign has been performed through
them is evident to all the inhabitants of Jerusalem, and we cannot deny
it. 17 But in order that it may spread no further among the people, let us
warn them to speak no more to anyone in this name." 18 So they called
them and charged them not to speak or teach at all in the name of Jesus.
19 But Peter and John answered them, "Whether it is right in the sight
of God to listen to you rather than to God, you must judge, 20 for we
cannot but speak of what we have seen and heard." 21 And when they
had further threatened them, they let them go, finding no way to punish
them, because of the people, for all were praising God for what had
happened. 22 For the man on whom this sign of healing was performed
was more than forty years old.

23 사도들이 놓이매 그 동료에게 가서 제사장들과 장로들의 말을 다
알리니 24 그들이 듣고 한마음으로 하나님께 소리를 높여 이르되 대주
재여 천지와 바다와 그 가운데 만물을 지은 이시요 25 또 주의 종 우리
조상 다윗의 입을 통하여 성령으로 말씀하시기를

어찌하여 열방이 분노하며 족속들이 허사를 경영하였는고 26 세상
의 군왕들이 나서며 관리들이 함께 모여 주와 그의 그리스도를 대
적하도다

하신 이로소이다 27 과연 헤롯과 본디오 빌라도는 이방인과 이스라엘
백성과 합세하여 하나님께서 기름 부으신 거룩한 [2)]종 예수를 거슬러
28 하나님의 [6)]권능과 뜻대로 이루려고 예정하신 그것을 행하려고 이
성에 모였나이다 29 주여 이제도 그들의 위협함을 굽어보시옵고 또 종
들로 하여금 담대히 하나님의 말씀을 전하게 하여 주시오며 30 손을
내밀어 병을 낫게 하시옵고 [5)]표적과 기사가 거룩한 종 예수의 이름으

로 이루어지게 하옵소서 하더라 31 빌기를 다하매 모인 곳이 진동하더
니 무리가 다 성령이 충만하여 담대히 하나님의 말씀을 전하니라
23 When they were released, they went to their friends and reported
what the chief priests and the elders had said to them. 24 And when they
heard it, they lifted their voices together to God and said, "Sovereign
Lord, who made the heaven and the earth and the sea and everything in
them, 25 who through the mouth of our father David, your servant,[7] said
by the Holy Spirit,

"'Why did the Gentiles rage,
and the peoples plot in vain?
26 The kings of the earth set themselves,
and the rulers were gathered together,
against the Lord and against his Anointed'[8]—

27 for truly in this city there were gathered together against your holy
servant Jesus, whom you anointed, both Herod and Pontius Pilate,
along with the Gentiles and the peoples of Israel, 28 to do whatever your
hand and your plan had predestined to take place. 29 And now, Lord,
look upon their threats and grant to your servants to continue to speak
your word with all boldness, 30 while you stretch out your hand to heal,
and signs and wonders are performed through the name of your holy
servant Jesus." 31 And when they had prayed, the place in which they
were gathered together was shaken, and they were all filled with the
Holy Spirit and continued to speak the word of God with boldness.

32 믿는 무리가 한마음과 한 [7]뜻이 되어 모든 물건을 서로 통용하고
자기 재물을 조금이라도 자기 것이라 하는 이가 하나도 없더라 33 사
도들이 큰 권능으로 주 예수의 부활을 증언하니 무리가 큰 은혜를 받

아 34 그 중에 가난한 사람이 없으니 이는 밭과 집 있는 자는 팔아 그
판 것의 값을 가져다가 35 사도들의 발 앞에 두매 그들이 각 사람의 필
요를 따라 나누어 줌이라 36 구브로에서 난 레위족 사람이 있으니 이
름은 요셉이라 사도들이 일컬어 바나바라(번역하면 위로의 아들이
라) 하니 37 그가 밭이 있으매 팔아 그 값을 가지고 사도들의 발 앞에
두니라

32 Now the full number of those who believed were of one heart and
soul, and no one said that any of the things that belonged to him was
his own, but they had everything in common. 33 And with great power
the apostles were giving their testimony to the resurrection of the Lord
Jesus, and great grace was upon them all. 34 There was not a needy
person among them, for as many as were owners of lands or houses
sold them and brought the proceeds of what was sold 35 and laid it at the
apostles' feet, and it was distributed to each as any had need. 36 Thus
Joseph, who was also called by the apostles Barnabas (which means
son of encouragement), a Levite, a native of Cyprus, 37 sold a field that
belonged to him and brought the money and laid it at the apostles' feet.

5:1 아나니아라 하는 사람이 그의 아내 삽비라와 더불어 소유를 팔아
2 그 값에서 얼마를 감추매 그 아내도 알더라 얼마만 가져다가 사도들
의 발 앞에 두니 3 베드로가 이르되 아나니아야 어찌하여 사탄이 네
마음에 가득하여 네가 성령을 속이고 땅 값 얼마를 감추었느냐 4 땅이
그대로 있을 때에는 네 땅이 아니며 판 후에도 네 마음대로 할 수가
없더냐 어찌하여 이 일을 네 마음에 두었느냐 사람에게 거짓말한 것
이 아니요 하나님께로다 5 아나니아가 이 말을 듣고 엎드러져 혼이 떠
나니 이 일을 듣는 사람이 다 크게 두려워하더라 6 젊은 사람들이 일
어나 시신을 싸서 메고 나가 장사하니라

7 세 시간쯤 지나 그의 아내가 그 일어난 일을 알지 못하고 들어오니
8 베드로가 이르되 그 땅 판 값이 이것뿐이냐 내게 말하라 하니 이르
되 예 이것뿐이라 하더라 9 베드로가 이르되 너희가 어찌 함께 꾀하여
주의 영을 시험하려 하느냐 보라 네 남편을 장사하고 오는 사람들의
발이 문 앞에 이르렀으니 또 너를 메어 내가리라 하니 10 곧 그가 베드
로의 발 앞에 엎드러져 혼이 떠나는지라 젊은 사람들이 들어와 죽은
것을 보고 메어다가 그의 남편 곁에 장사하니 11 온 교회와 이 일을 듣
는 사람들이 다 크게 두려워하니라

5:1 But a man named Ananias, with his wife Sapphira, sold a piece of
property, 2 and with his wife's knowledge he kept back for himself some
of the proceeds and brought only a part of it and laid it at the apostles'
feet. 3 But Peter said, "Ananias, why has Satan filled your heart to lie
to the Holy Spirit and to keep back for yourself part of the proceeds of
the land? 4 While it remained unsold, did it not remain your own? And
after it was sold, was it not at your disposal? Why is it that you have
contrived this deed in your heart? You have not lied to man but to God."
5 When Ananias heard these words, he fell down and breathed his last.
And great fear came upon all who heard of it. 6 The young men rose and
wrapped him up and carried him out and buried him.
7 After an interval of about three hours his wife came in, not knowing
what had happened. 8 And Peter said to her, "Tell me whether you[9] sold
the land for so much." And she said, "Yes, for so much." 9 But Peter
said to her, "How is it that you have agreed together to test the Spirit
of the Lord? Behold, the feet of those who have buried your husband
are at the door, and they will carry you out." 10 Immediately she fell
down at his feet and breathed her last. When the young men came in
they found her dead, and they carried her out and buried her beside her

husband. 11 And great fear came upon the whole church and upon all who heard of these things.

12 사도들의 손을 통하여 민간에 5) 표적과 기사가 많이 일어나매 믿는
사람이 다 마음을 같이하여 솔로몬 행각에 모이고 13 그 나머지는 감
히 그들과 상종하는 사람이 없으나 백성이 칭송하더라 14 믿고 주께로
나아오는 자가 더 많으니 남녀의 큰 무리더라 15 심지어 병든 사람을
메고 거리에 나가 침대와 요 위에 누이고 베드로가 지날 때에 혹 그의
그림자라도 누구에게 덮일까 바라고 16 예루살렘 부근의 수많은 사람
들도 모여 병든 사람과 더러운 귀신에게 괴로움 받는 사람을 데리고
와서 다 나음을 얻으니라

12 Now many signs and wonders were regularly done among the people
by the hands of the apostles. And they were all together in Solomon's
Portico. 13 None of the rest dared join them, but the people held them in
high esteem. 14 And more than ever believers were added to the Lord,
multitudes of both men and women, 15 so that they even carried out the
sick into the streets and laid them on cots and mats, that as Peter came
by at least his shadow might fall on some of them. 16 The people also
gathered from the towns around Jerusalem, bringing the sick and those
afflicted with unclean spirits, and they were all healed.

17 대제사장과 그와 함께 있는 사람 즉 사두개인의 당파가 다 마음
에 시기가 가득하여 일어나서 18 사도들을 잡아다가 옥에 가두었더니
19 주의 사자가 밤에 옥문을 열고 끌어내어 이르되 20 가서 성전에 서
서 이 생명의 말씀을 다 백성에게 말하라 하매 21 그들이 듣고 새벽에
성전에 들어가서 가르치더니 대제사장과 그와 함께 있는 사람들이 와
서 8) 공회와 이스라엘 족속의 원로들을 다 모으고 사람을 옥에 보내어

사도들을 잡아오라 하니 22 부하들이 가서 옥에서 사도들을 보지 못
하고 돌아와 23 이르되 우리가 보니 옥은 든든하게 잠기고 지키는 사
람들이 문에 서 있으되 문을 열고 본즉 그 안에는 한 사람도 없더이다
하니 24 성전 [4)]맡은 자와 제사장들이 이 말을 듣고 의혹하여 이 일이
어찌 될까 하더니 25 사람이 와서 알리되 보소서 옥에 가두었던 사람
들이 성전에 서서 백성을 가르치더이다 하니 26 성전 [4)]맡은 자가 부하
들과 같이 가서 그들을 잡아왔으나 강제로 못함은 백성들이 돌로 칠
까 두려워함이더라

17 But the high priest rose up, and all who were with him (that is, the
party of the Sadducees), and filled with jealousy 18 they arrested the
apostles and put them in the public prison. 19 But during the night
an angel of the Lord opened the prison doors and brought them out,
and said, 20 "Go and stand in the temple and speak to the people all
the words of this Life." 21 And when they heard this, they entered the
temple at daybreak and began to teach.

Now when the high priest came, and those who were with him, they called together the council, all the senate of the people of Israel, and
sent to the prison to have them brought. 22 But when the officers came,
they did not find them in the prison, so they returned and reported,
23 "We found the prison securely locked and the guards standing at
the doors, but when we opened them we found no one inside." 24 Now
when the captain of the temple and the chief priests heard these words,
they were greatly perplexed about them, wondering what this would
come to. 25 And someone came and told them, "Look! The men whom
you put in prison are standing in the temple and teaching the people."
26 Then the captain with the officers went and brought them, but not by
force, for they were afraid of being stoned by the people.

27 그들을 끌어다가 공회 앞에 세우니 대제사장이 물어 28 이르되 우
리가 이 이름으로 사람을 가르치지 말라고 엄금하였으되 너희가 너희
가르침을 예루살렘에 가득하게 하니 이 사람의 피를 우리에게로 돌
리고자 함이로다 29 베드로와 사도들이 대답하여 이르되 사람보다 하
나님께 순종하는 것이 마땅하니라 30 너희가 나무에 달아 죽인 예수
를 우리 조상의 하나님이 살리시고 31 이스라엘에게 회개함과 죄 사함
을 주시려고 그를 [9]오른손으로 높이사 임금과 구주로 삼으셨느니라
32 우리는 이 [10]일에 증인이요 하나님이 자기에게 순종하는 사람들에
게 주신 성령도 그러하니라 하더라

27 And when they had brought them, they set them before the council.
And the high priest questioned them, 28 saying, "We strictly charged
you not to teach in this name, yet here you have filled Jerusalem with
your teaching, and you intend to bring this man's blood upon us."
29 But Peter and the apostles answered, "We must obey God rather
than men. 30 The God of our fathers raised Jesus, whom you killed by
hanging him on a tree. 31 God exalted him at his right hand as Leader
and Savior, to give repentance to Israel and forgiveness of sins. 32 And
we are witnesses to these things, and so is the Holy Spirit, whom God
has given to those who obey him."

33 그들이 듣고 크게 노하여 사도들을 없이하고자 할새 34 바리새인 가
말리엘은 율법교사로 모든 백성에게 존경을 받는 자라 공회 중에 일
어나 명하여 사도들을 잠깐 밖에 나가게 하고 35 말하되 이스라엘 사
람들아 너희가 이 사람들에게 대하여 어떻게 하려는지 조심하라 36 이
전에 드다가 일어나 스스로 선전하매 사람이 약 사백 명이나 따르더
니 그가 죽임을 당하매 따르던 모든 사람들이 흩어져 없어졌고 37 그
후 호적할 때에 갈릴리의 유다가 일어나 백성을 꾀어 따르게 하다가

그도 망한즉 따르던 모든 사람들이 흩어졌느니라 38 이제 내가 너희에
게 말하노니 이 사람들을 상관하지 말고 버려 두라 이 사상과 이 소행
이 사람으로부터 났으면 무너질 것이요 39 만일 하나님께로부터 났으
면 너희가 그들을 무너뜨릴 수 없겠고 도리어 하나님을 대적하는 자
가 될까 하노라 하니 40 그들이 옳게 여겨 사도들을 불러들여 채찍질
하며 예수의 이름으로 말하는 것을 금하고 놓으니 41 사도들은 그 이
름을 위하여 능욕 받는 일에 합당한 자로 여기심을 기뻐하면서 공회
앞을 떠나니라 42 그들이 날마다 성전에 있든지 집에 있든지 예수는
그리스도라고 가르치기와 전도하기를 그치지 아니하니라
33 When they heard this, they were enraged and wanted to kill them.
34 But a Pharisee in the council named Gamaliel, a teacher of the law
held in honor by all the people, stood up and gave orders to put the
men outside for a little while. 35 And he said to them, "Men of Israel,
take care what you are about to do with these men. 36 For before
these days Theudas rose up, claiming to be somebody, and a number
of men, about four hundred, joined him. He was killed, and all who
followed him were dispersed and came to nothing. 37 After him Judas
the Galilean rose up in the days of the census and drew away some of
the people after him. He too perished, and all who followed him were
scattered. 38 So in the present case I tell you, keep away from these men
and let them alone, for if this plan or this undertaking is of man, it will
fail; 39 but if it is of God, you will not be able to overthrow them. You
might even be found opposing God!" So they took his advice, 40 and
when they had called in the apostles, they beat them and charged them
not to speak in the name of Jesus, and let them go. 41 Then they left
the presence of the council, rejoicing that they were counted worthy
to suffer dishonor for the name. 42 And every day, in the temple and

from house to house, they did not cease teaching and preaching that the Christ is Jesus.

1) 오후 세 시 2) 또는 소자 3) 또는 그의 4) 또는 경비대장 5) 또는 이적 6) 헬, 손과 7) 또는 영혼 8) 또는 공회 즉 이스라엘 9) 또는 오른 편에 10) 또는 말씀의

1 That is, 3 p.m. 2 Or *child*; also verse 26 3 Greek *him* 4 Greek *This one* 5 Greek *the head of the corner* 6 The Greek word *anthropoi* refers here to both men and women 7 Or *child*; also verses 27, 30 8 Or *Christ* 9 The Greek for *you* is plural here

단락 개관

표적, 기사, 결과

이 길고 집중적인 내러티브는 사도가 행한 하나의 이적에서 시작하여 유대 당국자들과의 갈등으로 이어진다. 그리고 이 갈등은 사도행전의 나머지 전체로 확산된다. 적대감은 예루살렘에서 시작되며, 복음이 전파되어감에 따라 지중해 세계로 번지고 사도행전의 끝부분에 이르러서 예루살렘으로 되돌아와 끝난다. 이 내러티브 중 유대 지도자들이 베드로와 요한을 소환하여 성전 밖에서 일어난 일에 대해 심문하는 부분에서 그들의 의심과 불신이 부각된다. 이 일을 통해 이 두 사도의 담대함과 권위가 드러났고, 하나님의 백성에게 새로운 지도자들이 생겼다는 것이 분명해졌다. 게다가 이 지도자들이 그들의 일을 행할 때, 그 일이 성전 밖에서 일어난다. 반면에, 이전 지도자들은 메시아 예수를 통해 이뤄진 하나님의 역사를 믿지 않고 거부하는 데 깊이 빠져 있었다.

이 단락은 사도들이 전한 복음과 그들이 하는 일에 대한 반응들을 다룬다. 유대 지도자들의 부정적인 반응은, 사도들이 그들의 경고와 지시에 대해 보인 반응 및 사도들이 구금에서 풀려났을 때에 예루살렘의 그리스

도인들이 보인 반응과 대비된다.

누가는 예루살렘의 그리스도인들이 살았던 삶을 생생하게 보여준다. 이 공동체는 성령으로 말미암아 하나가 되어서 다른 사람들의 필요를 그들 자신의 필요보다 먼저 챙겼다. 그들은 모든 것을 공유하고, 공동체가 필요로 하는 것들을 위해 자신이 가지고 있는 것을 아낌없이 드렸다. 이렇게 희망찬 시작 가운데 아나니아와 삽비라가 자신들의 소유를 팔아 공동체를 위해 바치는 척하며 사도들에게 거짓말을 하고, 궁극적으로는 성령을 속임으로써 어두운 그림자가 드리워진다. 이 일을 통해 당시 예루살렘 공동체가 교회사 속에서 황금시대가 아니었다는 것이 신속히 드러난다. 그러나 아나니아와 삽비라 사건 이후에도 사도들의 사역을 통한 하나님의 이적은 계속되며 점점 더 많이 일어난다.

이 단락이 끝나는 부분에서, 사도들은 다시 체포되어 공회 앞에 끌려간다. 베드로는 유대 지도자들에게 자신을 비롯한 사도들은 부활하신 메시아 예수 즉, 유대 지도자들이 죽였지만 하나님이 다시 살리시고 높이신 예수님께 순종한다고 분명하게 말한다. 베드로의 증언은 사도행전에서 죽음에 대한 최초의 경고로 이어진다. 공회의 의원이었던 가말리엘은 이 상황이 어떤 식으로 흘러가는지 당분간 지켜보는 것이 좋겠다고 조언한다. 유대 지도자들은 그 제안을 받아들여서 사도들을 매질하고 경고한 후에 풀어준다. 그러자 두 사도는 상식적으로는 도무지 말이 안 되는 반응을 보인다.

> "사도들은 그 이름을 위하여 능욕 받는 일에 합당한 자로 여기심을 기뻐하면서 공회 앞을 떠나니라 그들이 날마다 성전에 있든지 집에 있든지 예수는 그리스도라고 가르치기와 전도하기를 그치지 아니하니라"(행 5:41-42).

단락 개요

I. C. 표적, 기사, 결과(3:1-5:42)

1. 베드로가 날 때부터 걷지 못한 사람을 고침(3:1-10)
2. 이 이적이 의미하는 것(3:11-26)
   a. 베드로가 예수님을 전함(3:11-16)
   b. 예수님 안에서 회개할 것을 촉구함(3:17-26)
3. 공회의 반응(4:1-4)
4. 베드로가 공회에서 답변함(4:5-12)
5. 질문들과 불신앙(4:13-22)
6. 기도, 찬송, 공동체(4:23-37)
   a. 담대함을 달라고 기도함(4:23-31)
   b. 한마음과 한 뜻이 된 공동체(4:32-37)
7. 아나니아와 삽비라(5:1-11)
8. 요약: 표적과 기사(5:12-16)
9. 박해가 시작됨(5:17-42)
   a. 사도들이 체포됨(5:17-26)
   b. 공회 앞에 선 사도들(5:27-32)
   c. 공회가 사도들에게 경고함(5:33-42)

주석

3:1-10 | 베드로가 날 때부터 걷지 못한 사람을 고침 예루살렘의 그리스도인들은 계속 성전에서 모여 기도한다. 그들은 스스로를 하나님이 선지자들을 통해 약속하신 메시아를 따르고, 예수님을 믿는 믿음으로 말미암

아 아브라함의 참된 자녀요 하나님이 아브라함에게 주신 약속의 상속자라고 이해했다. 그래서 그들은 유대인의 삶의 중심인 성전을 변함없이 계속해서 자신들의 삶의 중심으로 삼았다. 하지만 그들은 성전 예배 자체에는 참여하지 않았다. 예컨대, 예루살렘의 신자들이 희생 제사를 드리기 위해 성전에 올라갔다는 기록은 전혀 없다. 성전의 쇠퇴가 이토록 극적이고도 신속하게 일어나고 있었음을 그들이 어떻게 깨달았는지는 확인하기 어렵다. 예수님은 분명히 감람산 강화에서 성전의 파괴를 미리 말씀하셨으며(마 24:1-25:46; 막 13:1-37; 눅 21:5-36), 따라서 부활하시고 나서 승천하시기까지 40일 동안 제자들에게 하나님의 나라에 관해 가르치실 때에 성전과 그것의 미래를 주제로 삼아 논의했을 수 있다. 어쨌든 이 내러티브는 제자들의 사역을 통해 하나님의 나라가 급격히 드러났으며, 그 과정에서 성전은 필요하지 않았음을 분명하게 보여준다. 여기에 기록된 이적은 성전 밖에서 일어났고, 독자들은 이 점을 주목해야 한다.[24]

베드로와 요한이 성전으로 올라가고 있을 때, 날 때부터 걷지 못한 한 사람이 성전의 미문 앞에 앉아 있었다. 그곳은 사람들이 많이 다니는 곳이었다. 예컨대, 동남아시아에 살거나 여행하는 사람이라면 여러 가지 이유로 형편이 어려운 사람들이 사찰이나 사당이나 사리탑의 입구 옆에 앉아서 구걸하는 모습을 쉽게 볼 수 있을 것이다. 부처나 신에게 참배하러 온 사람들이 다른 지역의 사람들보다 지갑을 더 쉽게 열 것이기 때문이다. 누가는 베드로와 요한이 그 사람을 주목하였다는 것을 강조한다. 이것은 그들이 직접적인 수준으로 인격적인 관계를 맺었음을 분명히 보여준다. 베드로는 "우리를 보라"(행 3:4)고 말한다. 그 사람이 돈을 기대했다는 것은 의심의 여지가 없다. 하지만 그는 돈보다 훨씬 귀한 것을 받는다. 그가 근본적으로 필요로 했던 것은 돈이 아니라 예수님이었다.[25]

베드로가 날 때부터 걷지 못한 사람에게 준 선물은 예수님이었다. 왜

24 Wright, *Acts for Everyone, Part 1*, 52.

냐하면 베드로가 예수님의 이름으로 그 사람의 오른손을 잡아 일으켰기 때문이다(6-7절). 이것은 사도들이 어떤 종류의 기사와 표적을 행했는지를 보여준다(2:43). 베드로가 나사렛 예수 그리스도의 이름을 부른 것은, 주문을 외워 주술을 행한 것이 아니라 그 사람을 고치는 분이 누구인지를 증언한 것이었다. 베드로가 예수님의 출신지인 나사렛을 함께 언급한 것은, 예루살렘과 유대에 살고 있는 사람들이 십자가에 못 박혀 죽은 것으로 알고 있는 바로 그 예수님이 지금도 여전히 활동하고 계신다는 것을 확인시키는 역할을 한다. 이 주제는 이후의 본문에 나오는 베드로의 설교에서 다루어진다. 병을 고치는 것은 예수님이 행한 사역에서 중요한 부분들 중 하나였다. 예수님은 병 고치는 사역을 통해, 하나님 나라가 임하였으며 자신이 메시아이심을 보이셨다(참고. 눅 7:22). 이렇게 하나님 나라를 보이는 것은 사도들의 사역을 통해 이어지지만(참고. 행 14:8-10), 실제로 계속해서 이적들을 행하시는 이는 예수님이시다.

날 때부터 걷지 못한 사람을 고치는 이적은 즉각적이고 극적으로 일어났다. 그 사람은 단지 일어서는 데 그치지 않고, 걷기도 하고 뛰기도 하며 기쁨으로 충만하여 하나님이 자기에게 행하신 일을 찬송하면서 베드로와 요한을 따라 성전으로 걸어 들어간다(3:8). 그 사람은 예수님께 고침 받은 열 명의 사마리아인 나병환자들 중에서 하나님께 영광을 돌리며 돌아와 예수님 앞에 엎드려 감사했던 한 명의 나병환자와 같았다(눅 17:15-16). 8절에서 '뛰다'로 번역된 단어[헬라어로 할로마이(*hallomai*)]는 신약성경에서 오직 여기에만 나온다. 특히 베드로가 곧이어 전할 설교에서 이사야서 본문과 종말론적인 성취를 언급한 것에 비추어볼 때, 이 맥락 속에서 누가가

25 우리는 이 장면을 근거로 삼아, 우리가 사람들과 나누어야 할 것은 오직 복음뿐이며, 따라서 궁핍한 사람들에게 돈을 주는 것은 결코 적절하지 않다고 생각해서는 안 된다. 예수님의 이름으로 돈을 주는 것은 적절한 일일 수 있다. 누가가 이 사건을 기술한 목적은, 기독교적인 구제를 배제하기 위한 하나의 선례를 제시하는 것이 아니다. 이 본문은 구제에 관한 것이 아니라, 하나님 나라의 능력과 그 나라가 현세 속으로 뚫고 들어온 것에 관한 것이다. 더 나아가 이 장면은 3:11-26에서 이 일을 해석하는 말씀을 준비하는 역할을 한다.

이 단어를 사용한 것은 의미심장하다. 이사야 35장은 종말에 주어질 복을 묘사하면서, 장차 하나님이 오셔서 자기 백성을 구원하시고 그분의 원수들을 심판하실 것이라고 예언한다. 이 부분에서 구약의 헬라어 역본인 칠십인경(Septuagint)은 누가가 사용한 것과 동일한 단어를 사용한다. 하나님의 백성이 소망을 지닐 수 있고 위로를 받을 수 있는 이유는, 장차 하나님이 대적들을 심판하시고 그분의 백성을 구원하실 것이기 때문이다.

> "너희는 약한 손을 강하게 하며 떨리는 무릎을 굳게 하며 겁내는 자들에게 이르기를 굳세어라, 두려워하지 말라. 보라 너희 하나님이 오사 보복하시며 갚아 주실 것이라 하나님이 오사 너희를 구하시리라 하라 그때에 맹인의 눈이 밝을 것이며 못 듣는 사람의 귀가 열릴 것이며 그때에 저는 자는 사슴 같이 '뛸'〔할레이타이(*halleitai*)〕 것이며 말 못하는 자의 혀는 노래하리니 이는 광야에서 물이 솟겠고 사막에서 시내가 흐를 것임이라"(사 35:3-6).

이러한 종말론적인 약속들은 예수님의 사역에서 성취되기 시작했고, 제자들의 사역을 통해 계속 성취되고 있다. 이 새로운 종말론적인 성취의 시대가 메시아이신 예수님에 의해 시작되었다는 것이 베드로가 이 이적을 목격한 자들에게 전한 설교의 중심적인 메시지다.

3:11-16 | 이 이적이 의미하는 것: 베드로가 예수님을 전함 10절은 사람들이 "심히 놀랍게 여기며 놀[랐다]"고 말한다. 그리고 11절은, 사람들이 베드로와 요한과 전에 걷지 못한 사람을 보려고 솔로몬의 행각(이 행각은 성전을 마주보았을 때 미문의 왼편에 있었다)으로 달려가면서 "크게 놀라[는]" 반응을 보였다고 더욱 강조한다. 오순절 때와 마찬가지로 베드로는 이 상황을 무리에게 복음을 전하는 기회로 삼는데, 또 다시 "이스라엘 사람들아"(12절)라는 말로 설교를 시작한다. 베드로는 이 이스라엘 사람들에게 메시아이신 예수님으로 말미암아 하나님의 새 언약 속으로 들어올 기회를 준다. 사

도행전 2장에 나온 설교와 마찬가지로 이 설교 역시 공개적으로 일어난 하나의 이적 사건에 대한 해석을 제시한다.

방금 일어난 일에 비추어 볼 때, 베드로의 도입 부분은 놀랍도록 간단명료하다. "이 일을 왜 놀랍게 여기느냐"(12절). 만일 그들이 그들의 조상들의 하나님께 계속 신실했다면 이런 표적들을 보고 하나님의 역사임을 알았을 테고, 따라서 놀라거나 이상하게 여기지 않았을 것이기 때문이다. 13절에서 베드로는 하나님을 소개하면서, 여호와께서 불붙은 떨기나무 가운데서 모세에게 자신을 알리실 때 말씀하신 바로 그 이름을 사용한다. "나는 네 조상의 하나님이니 아브라함의 하나님, 이삭의 하나님, 야곱의 하나님이니라"(출 3:6). 즉, 자기 백성을 애굽의 종살이로부터 구원하기 위해 모세에게 나타나신 하나님은 아브라함에게 주신 자신의 약속에 신실하신 분이며, 지금 베드로의 설교를 듣는 자들이 빌라도의 손을 빌어 죽인 예수님을 통해 궁극적인 구원을 이루심으로써 자신의 약속을 또 다시 지키셨다는 것이다. 그들의 죄는 예수님을 거부함으로써 하나님을 거부한 것이었다. 이것은 사도행전과 누가복음 모두의 주된 주제다.

베드로는 그의 청중들에 대한 고발을 최대한 짧게 마친다. 그들은 예수님을 거부했지만, 하나님은 그분의 종 예수님을 영화롭게 하셨다. 베드로의 말은 이사야 53:11에 나오는 고난 받는 여호와의 종을 상기시킨다. 그들이 예수님을 거부한 죄의 깊이는 상상을 초월하는 것이었다. 왜냐하면 빌라도가 예수님을 놓아주려고 했지만, 그들은 "이 사람을 없이하고 바라바를 우리에게 놓아 주소서"(눅 23:18)라고 소리를 지름으로써 사형수인 살인자를 선택하고 예수님을 거부했기 때문이다. 이방인인 빌라도조차 예수님에게서 죄, 곧 사형에 처할 만한 죄를 발견할 수 없었기에 그분을 놓아주려고 했다. 그러나 이스라엘 백성은 "거룩하고 의로운 이"(행 3:14)를 거부했다. 거룩하고 의로운 이라는 말은 예수님을 메시아로 지칭하는 표현이다(참고. 4:27, 30; 7:52; 22:14). 베드로는 청중들이 그들의 메시아를 철저히 거부했다는 사실을 강조하기 위해, 그들을 고발하는 말들을 이렇게 차곡차곡 쌓아 올린다. 그들은 살인자를 구하고 "생명의 주"(3:15)를 죽였다.

여기에서 '주'로 번역된 헬라어 아르케고스(*archēgos*)는 5:31에서는 '임금'으로, 히브리서에서는 '창시자'(2:10)와 '주'(12:2)로 번역된다. 바울은 이것과 동의어는 아니지만 유사한 표현을 사용해서, 예수님을 "근본이시요 죽은 자들 가운데서 먼저 나신 이"(골 1:18)라고 부른다. 예수님은 죽은 자를 살리시는 분이다. 베드로의 메시지는 분명하다. 생명의 원천이신 예수님은 십자가나 무덤, 날 때부터 걷지 못한 사람이 걷게 된 것을 본 사람들이 밀어 넣은 저 십자가와 무덤보다 더 강하시다. 예수님은 죽으셨다가 부활하여 지금도 살아계신다. 하나님이 예수님을 다시 살리셨다. 그리고 예수님이 살아계신다는 것은 그분의 죽으심과 부활과 승천을 통해 이미 확증되었으며(행 3:20-21), 날 때부터 걷지 못한 사람이 예수님의 이름으로 말미암아 걸을 수 있게 된 것으로도 확증된다.[26] 예수님은 생명의 주, 즉 부활 생명을 주시는 분이다.

16절은 '믿음'을 명시적으로 언급한다. 그 사람은 예수님을 믿는 믿음으로 인해 걷게 되었다. 그러나 이 믿음은 누구의 믿음인가? 베드로의 믿음인가, 아니면 날 때부터 걷지 못한 사람의 믿음인가? 이 질문에 대한 대답은 두 사람 모두의 믿음이라는 것이다. "그 이름을 믿으므로"(16절)라는 말에 나오는 첫 번째 믿음은, 예수님이 베드로를 통해서 그분의 이름으로 그 사람을 고칠 것이라고 믿은 베드로의 믿음을 가리킨다. 베드로는 계속해서 "예수로 말미암아 난 믿음"(16절)이 이 사람을 완전히 낫게 하였다고 말한다. 우리가 날 때부터 걷지 못한 사람의 생각을 알 수는 없지만, 복음서가 고침을 받은 사람들이 지닌 믿음을 종종 언급한다는 것(참고. 마 9:28; 요 9:35)과 이 사람이 고침을 받은 후에 제자들에게 보인 반응(참고. 눅 17:11-19에 나오는 사마리아인 나병환자)에 비추어 볼 때, 베드로가 언급한 믿음은 베드로와 요한의 믿음 및 날 때부터 걷지 못한 사람의 믿음을 가리킨다고 보

26 다시 한 번 말하지만, 사도행전에 나오는 모든 설교의 중심에는 예수님의 죽으심과 부활이 있다. 그리고 우리의 모든 설교에서도 마땅히 그래야 한다(2:23-24; 4:10; 5:30-32; 10:39-41; 13:28-31; 17:31; 26:23을 보라).

는 것이 합당하다.

3:17-26 | 이 이적이 의미하는 것: 예수님 안에서 회개할 것을 촉구함

무지는 악한 행위에 대한 변명이 될 수 없다. 백성들이나 관리들이나 예수님이 약속된 메시아라는 것을 알지 못했지만, 그렇다고 해서 그들이 예수님을 죽인 죄를 면제받지는 못한다. 사실 그들의 무지는 하나님이 선지자들을 통해 주신 예언들을 성취하는 수단이었다(18절). 하지만 예수님이 메시아라는 것을 알지 못했다면, 그들은 무슨 이유로 예수님을 죽인 것에 관해 정죄 받고 있는가? 그 이유 중 하나로, 무지는 빌라도가 아무런 죄도 발견하지 못한 사람이 아니라 살인자를 풀어달라는 요구에 대한 변명이 될 수 없다는 것이다. 또한 그들에게는 예수님이 메시아시라는 충분한 증거들 곧 그분이 행한 이적들과 가르침뿐만 아니라 메시아가 오실 것이라는 성경의 예언들이 주어졌다. 그러한데도 그들은 예수님이 메시아라는 것을 알지 못했고, 이는 그 자체만으로도 정죄받기에 충분하다.

그러나 이 모든 것이 하나님의 계획이었는데, 어떻게 사람들에게 죄를 물을 수 있다는 것인가? 또 다시 베드로는 인간의 책임과 하나님의 절대주권 간의 긴장관계를 그대로 둔 채 이 둘을 함께 제시한다(2:22-24을 상기하라). 여기에서 베드로는 철학적인 문제를 제기하는 것이 아니라, 하나님의 계획과 그분이 그 계획을 성취하기 위해 선택하신 수단에 관해 말하고 있을 뿐이다. 하나님의 계획은 그분의 절대주권과 인간의 책임 사이에서 꼼짝없이 붙잡혀 있는 사람들을 그들의 죄 가운데 버려두는 것이 아니라, 절망으로 이끌어서 회개하게 하는 것이다. 우리는 그리스도의 죽으심으로 말미암은 구원이 하나님의 계획의 성취라는 사실을 잊어서는 안 된다. 죄에 대한 인간의 책임과 하나님의 절대주권을 마주한 모든 사람은 자신이 심판받을 자라는 사실을 깨닫게 되고, 그렇게 함으로써 구원하고자 하시는 하나님의 의도를 발견한다.

그래서 베드로는 그들에게 "너희가 회개하고 돌이켜 너희 죄 없이 함을 받으라"(3:19)고 말함으로써 회개를 촉구한다. 그들은 언약의 하나님에 대해 신실하지 않았고, 예수님을 거부함으로써 그것을 가장 극명하게 드러내 보였다. 그러나 하나님의 종말론적인 약속을 기업으로 받는 회개라는 문이 그들에게 열려 있었다. 그런 후에 베드로는 "새롭게 되는 날"(19절)이 여호와로부터 올 것이며, 그날은 예수님이 다시 오실 때에 성취될 것이라고 말한다(20절). 사람들을 새롭게 하는 것은 주가 계신 자리(19절, 개역개정에는 "주 앞")로부터 직접 흘러나올 것인데, 그곳에는 그리스도가 부활하신 왕으로 앉아 계신다. 회개한 사람들은 그리스도로 말미암아 새롭게 되어 새로운 피조물이 될 것이고, 만물을 회복하실 때(21절)가 이르면, 예수님이 그들을 위해 다시 오실 것이다. 성령에 의해 새롭게 되는 것은 그리스도가 다시 오실 때까지 그런 상태를 유지하는 것이 아니라, 만물의 최종적인 완성에 참여하는 수단이다. 그리스도로 말미암아 하나님께로 돌이킨다는 것은 옛 길을 버리고 새로운 영역, 즉 하나님이 그분의 선지자들을 통해 약속하신 새로운 현실 속으로 들어가는 것을 의미한다. 부활하여 다스리는 그리스도께서 성령을 보내셨고, 신자들은 성령으로 말미암아 이루어진 하나님의 영역과 땅의 만남을 통해 이 새로운 현실을 누리기 시작한다. 이러한 새롭게 되는 날들은 새 하늘과 새 땅(계 21:1)에서 정점에 이른다.[27]

사도행전 3:22-26은, 청중들이 지금 목격하는 일이 오랜 세월 동안 기다려 온 것의 정점이라는 베드로의 요지를 강화한다. 베드로는 구약 시대의 가장 위대한 두 인물인 모세와 아브라함을 설교의 근거로 제시하는데, 이것은 13절과 함께 베드로의 설교 전체를 앞뒤로 감싼다. 그리스도이신 예수님(20절)은 하나님이 모세를 통해 신명기 18장에서 약속하신 바로 그 선지자다. 베드로는 이 선지자에 대한 약속뿐만 아니라, 장차 올 이 선지자의 말을 들으라는 명령과 이 선지자를 거부하는 자들에 대한 경고도 인용한다(신 18:15, 19). 이를 통해 그는 예수님이 바로 그 약속의 성취라는 사실을 단언하는 동시에 그분을 거부했을 때의 결과도 강조한다(행 3:23).

27 Wright, *Acts for Everyone*, Part 1, 57-58.

모세뿐만 아니라 사무엘을 비롯하여 모든 선지자가 예수님에 관해 예언했다(24절). 이것은 성경의 모든 예언과 그 예언들에 나오는 모든 말씀이 예수님에 '관한' 것이라는 의미가 아니라, 그들의 메시지가 전체적으로 그분을 가리킨다는 의미다. 다가올 구원에 관한 모든 약속 및 하나님을 거부하는 것과 관련된 모든 경고는 결국 예수님으로 수렴된다.

설교의 마지막 부분에서 베드로는 나사렛 예수와 관련된 모든 사건을 하나님이 아브라함에게 주신 언약에 담긴 근본적인 약속이라는 맥락 가운데 둔다. 하나님이 예수님 안에서 행하신 일은 아브라함의 자손들을 위한 것이며 하나님의 말씀을 성취하기 위한 것이었다. 베드로의 설교를 듣는 이들은 "선지자들의 자손이요 하나님이 너희[유대인] 조상과 더불어 세우신 언약의 자손이[다]"(25절). 그는 창세기 22:18절을 인용하는데, 이 말씀은 아브라함의 자손으로 말미암아 땅 위의 모든 족속이 복을 받게 되리라는 약속으로, 하나님이 창세기 12:3에서 아브라함에게 주신 첫 번째 약속의 정점이 된다. 이스라엘을 형성한 그 약속, 곧 그들을 모든 민족 가운데 최초로 구별해내고 그들의 정체성을 만들어낸 약속이 예수님 안에서 실현되었다. 하나님은 아브라함의 자손으로 말미암아 땅위의 모든 족속에게 복을 주겠다고 하신 약속을 이루시려고 처음에는 성육신으로, 지금은 성령을 통해 예수님을 그들에게 보내셨다(행 3:26).

유대인이라는 사실만으로 그 사람이 언약에 신실하다고 확증할 수 없음은 분명하다. 메시아를 거부한 사람이 자기는 언약과 언약의 하나님에 대해 신실했다고 주장할 수는 없다. 하나님의 선지자들을 거부한 이스라엘 이전 세대들은 신실하지 않았다(창 37:11-24; 출 2:14; 16:3; 32:1, 33; 민 14:4; 왕상 19:10; 대하 36:16; 렘 2:30). 그들은 선지자들을 거부함으로써 하나님을 거부했다. 마찬가지로, 예수님을 거부한 것은 하나님을 거부한 것이다(스데반 역시 사도행전 7장에서 동일한 취지로 말한다). 약속을 상속받은 자라면 반드시 언약의 하나님에 대한 충성을 보여야 한다. 수난 이야기와 베드로의 초기 설교들은, "이스라엘에게서 난 그들이 다 이스라엘이 아니요"(롬 9:6)라는 바울의 말이 참되다는 것을 증명해 준다. 아브라함의 참된 자손들은 혈통이 아니라 믿음으로 말미암은 자들이다(갈 3:6). 베드로가 자신의 청중들을 "언약의 자손"(행 3:25)이라고 부른 것은, 그들에 대한 하나님의 신실하심과 자비로우심을 보임으로써 그들에게 회개를 촉구한 것이다. 즉, 그들이 예수님을 영접해야 한다는 것이다. 하나님은 오직 예수님 안에서 그들이 돌이켜 각각 그 악함을 버리고 복 받기를 뜻하셨다(26절).

베드로는 하나님이 예수님을 먼저 유대인들에게 보내셨다고 말한다(26절). 예수님이 일차적으로 "이스라엘 집"(마 10:6; 15:24)에 초점을 맞추어 사역을 하신 것과 바울이 "먼저는 유대인에게요 그리고 헬라인에게로다"(롬 1:16)라고 말한 것은 이러한 구속사의 흐름과 일치한다. 베드로의 이 말은 사도들에 관한 최초의 계획인 땅 끝까지 가라는 명령과 관련되며, 이 계획을 아브라함 언약에서 민족과 관련하여 주어진 약속과 결속시킨다. 역설적이게도, 하나님의 계획에서 드러난 부분들은 교회가 하나님의 그 계획을 따라 이방인들을 교회에 포함시키려고 애를 쓸수록 유대인들에게 더욱 거부당할 것이다.

4:1-4 | 공회의 반응 베드로가 행한 치유로 벌어진 소동과 그가 무리에게 전한 설교에 이목이 집중되자, 예수 안에 죽은 자의 부활이 있다고 백성을 가르치고 전하는 것을 싫어했던 유대 지도층은 믿을 만한 어떤 사람들을 보내어 무슨 일이 벌어지고 있는지를 살펴보게 했다(1-2절). 제사장들은 성전에서 복무하던 사람들이었고, 성전 맡은 자는 대제사장 다음으로 권력을 지닌 이인자였다. 그리고 사두개인들은 육신의 부활을 부정하였고(마 22:23; 막 12:18; 눅 20:27) 제사장들을 정치적으로 통제하던 무리였으며, 부와 권력을 쥐고 있으면서 자신들의 권력과 영향력을 유지하기 위해 로마인들에게 협력했다. 그들은 가이사에게 정면으로 도전한 왕이자 죽은 자 가운데서 부활한 메시아에 관한 소문이 백성들 사이에 떠돌게 되면, 자신들의 부와 권력을 보장해주던 현재의 경제와 정치 지형이 무너질까봐 두려워했다.

이에 대응해서 유대 당국자들은 요한과 베드로를 급히 잡아들였다(행

4:3). 로마인들이 개입하기 전에 이 소동을 가라앉히는 것이 그들에게 가장 큰 이익이 되었기 때문이다. 바로 여기서 사도행전의 반복되는 수순이 시작된다. 박해는 하나님의 나라를 멈춰 세우지 못하고, 대부분의 경우 도리어 그 나라가 확장되는 데 밀접하게 연관된다. 두 사도가 체포되었지만, 복음의 소망은 많은 사람 안에 뿌리를 내린다. 이 지점에서 누가는 사도행전에서 세 번째로 교회의 양적 성장을 기록한다. 누가는 1:15에서 120명의 제자들을 언급했고 2:41에서 오순절에 믿는 자들의 수가 3천 명으로 늘어났다고 보고했으며, 여기서는 믿는 자들의 수가 대략 5천 명으로 불어났다고 기록한다(4:4). 믿는 사람들 중에서 남자만 대략 5천 명이었다는 언급은 여자들과 아이들도 하나님의 나라에 합류했다는 것을 함의한다. 따라서 일부 주석자들은 이 시점에 믿는 자들의 수가 많으면 만 명 정도였으리라고 추산한다. 이렇게 믿는 자들의 수가 폭발적으로 증가한 이유는 복음이 사람들에게 주목을 받았기 때문이다. 성령의 능력을 힘입어 이루어진 복음 전도와 거기에 수반된 표적과 기사는 사람들을 예수님을 믿는 믿음으로 이끌었다.

4:5-12 | 베드로가 공회에서 답변함 이튿날 공회 전체가 이 상황을 논의하기 위해 모인다. 누가복음에서와 마찬가지로, 공식적인 대제사장은 가야바였지만(참고. 마 26:3; 요 18:13), 안나스도 대제사장으로 불린다(눅 3:2). 여기에 열거된 제사장들(행 4:6)은 오랫 동안 제사장직을 장악해 온 가문의 일원이었다. 그들이 던진 질문은 곧바로 핵심을 찌른다. "너희가 무슨 권세와 누구의 이름으로 이 일을 행하였느냐"(7절). 그들은 베드로가 날 때부터 걷지 못한 사람을 예수님의 이름으로 고쳤다는 사실을 이미 알고 있었기에, 베드로와 요한으로 하여금 그 사실을 공개적으로 인정하게 하려고 그런 질문을 던진 것으로 보인다. 나중에 그들은 두 사도가 예수님을 따르던 자들이었다는 사실을 이미 알고 있었음을 보인다(13절). 베드로의 대답(9절)도 일어난 일에 대해 공회가 이미 어느 정도 알고 있었음을 시사한다.

예수님이 약속하신 대로(마 10:19-20; 눅 12:11-12), 베드로는 박해에 직면해서 당국자들에게 말할 때에 도움을 받는다. 즉, 그는 "성령이 충만하여"(행 4:8) 담대하게 말한다. 예수님은 사도들을 혼자 내버려두지 않을 것이고 그들이 박해에 직면해서 믿음을 변호할 때, 성령을 통해 그들이 무슨 말을 해야 하는지를 가르쳐주는 등 그들을 도울 것이라고 약속하셨다.

베드로는 공회 앞에서 단도직입적으로 답변하여, 그 사람을 고친 능력이 예수님으로부터 왔다는 것을 있는 그대로 인정한다. 베드로는 그들의 질문에 대답할 뿐만 아니라, 더 나아가 (1) 예수님이 진정으로 어떠한 분인지를 말하고 (2) 메시아를 거부한 공회를 단죄하며 (3) 복음을 전한다. 베드로는 세 번에 걸쳐 전한 세 설교 모두에서 청중들이 예수님을 죽였다고 책망한다(참고. 오순절에 행한 첫 번째 설교와 솔로몬의 행각에서 행한 두 번째 설교). 베드로는 예수님을 "나사렛 예수 그리스도"(10절)라고 지칭하는데, 이는 날 때부터 걷지 못한 사람을 고칠 때에 사용한 바로 그 명칭이다. 베드로는 지금 일반 백성의 무리가 아니라, 예수님을 십자가에 못 박는 데 좀 더 직접적인 책임이 있는 사람들을 향해 말하고 있다. 지금 그의 말을 듣는 사람들 중 다수는, 예수님을 신성모독을 범한 죄인으로 정죄하고 사형에 처해야 마땅하다고 주장한 조작된 재판에서 현재와 동일한 자리에 앉아 있었을 것이다. 이에 대해 베드로는 그들을 단죄하며, 그들은 예수님을 대적하고 죽였지만 하나님은 예수님 편이었다고 선언한다. 날 때부터 걷지 못한 사람이 예수님의 이름으로 고침 받아 그들 앞에 서 있다는 사실은, 하나님이 예수님을 옳다고 인정하여 다시 살리셨음을 확증하는 반박할 수 없는 증거였다.

베드로는 예수님의 죽으심이 하나님의 계획과 미리 아심을 따라 된 것이라고 명시적으로 말하지 않고(오순절에 전한 설교와 달리), 그저 그와 동일한 의미를 전하는 성경 본문을 인용한다. 시편 118:22은 "건축자가 버린 돌이 집 모퉁이의 머릿돌이 되었나니"라고 말하는데, 베드로는 이 본문을 그리스도의 오심에 비추어 해석한다. "이 예수는 너희 건축자들의 버린 돌로서 집 모퉁이의 머릿돌이 되었느니라"(행 4:11). 예수님은 모퉁잇돌이지만, 시편 기자가 예견한대로 유대인들은 예수님을 거부했다. 그들은 예수님을 십자가에 못 박음으로써 하나님을 대적하여 죄를 범했고 성경의 예언을 성취했다.

그런 후에 베드로는 구원이 오직 예수 그리스도 안에 있다는 진리를 단도직입적으로 제시한다(12절). 베드로는 청중들을 정죄한 후에 그들에게 복음을 제시한다. 예수님의 이름은 단지 병 고치는 능력을 지닌 주문이 아니라, 사람들을 구원으로 이끄는 유일한 이름이다. 날 때부터 걷지 못한 사람이 예수님의 이름으로 고침을 받은 것은, 병 고침보다 더 중요한 것을 가리킨다. 예수님의 이름은 병을 고칠 뿐만 아니라 죄를 사한다. 유대 당국자들은 이것을 알아야 했다. 예수님은 바로 이 문제와 관련해서 서기관들과 바리새인들에게 다음과 같이 도전하셨다.

> "네 죄 사함을 받았느니라 하는 말과 일어나 걸어가라 하는 말이 어느 것이 쉽겠느냐 그러나 인자가 땅에서 죄를 사하는 권세가 있는 줄을 너희로 알게 하리라 하시고 중풍병자에게 말씀하시되 내가 네게 이르노니 일어나 네 침상을 가지고 집으로 가라 하시매"(눅 5:23-24; 참조. 마 9:5-6; 막 2:9-11).

예수님은 이 중풍병자를 고치심으로써 죄를 사하는 권세를 가졌음을 증명하셨다. 사도행전의 이 본문에서도 동일하게, 날 때부터 걷지 못한 사람이 예수님의 이름으로 고침 받은 것은, 사람들이 오직 예수님의 이름으로 구원을 받는다는 증거다. 그리고 이것은 암묵적으로 공회를 향해 예수님을 믿으라고 요구한 것이다. 베드로가 오순절에 무리를 향해 회개하라고 말한 것(행 2:38)은, 그들의 죄를 인정하고 죄를 사하시는 예수님의 능력을 믿으라고 요구한 것이었다. 베드로는 그들의 죄를 그들 앞에 제시하고 오직 예수님 안에 있는 생명으로 그들을 초청한다.

4:13-22 | 질문들과 불신앙 공회는 베드로와 요한에 대해 다음 세 가지를 말한다. 그들은 담대하고 배우지 못했으며, 예수님을 따르던 자들이다.

사도행전에서 담대함은 사도들이 행한 사역의 특징이다(참고. 4:29, 31). 누가는 로마에 연금된 바울이 하나님의 나라를 전파한 것에 관해 언급하는 마지막 부분에서 이 표현을 다시 사용한다. 사도들의 담대함을 무모한 자만심과 혼동해서는 안 된다. 그들은 그들 자신을 믿은 것이 아니라 하나님을 믿었다. 하나님에 대한 믿음이 그들을 담대하게 만들었다(참고. 2:29; 4:13, 29, 31; 9:27-28; 13:46; 14:3; 18:26; 19:8; 26:26; 28:31). 베드로와 요한은 서기관처럼 신학 교육을 받지 않았다는 점에서 배우지 못한 자들이었다. 바울이나 일부 공회원들과는 달리 그들은 랍비 교육을 받지 않았는데, 이 점 때문에 그들의 담대함은 더욱 주목받을 만한 것이 되었다. 요한과 베드로는 예수님께 훈련을 받았고 성령의 능력을 덧입었다. 중요한 것은 신학 교육을 받았는지 여부가 아니라, 성령을 따라 행하고 있는지 여부다(물론 신학 교육을 폄하하려는 의도는 아니다). 아마도 공회는 사도들의 담대함 및 배우지 못한 배경과 연결해서 그들이 예수님을 따르던 자들이라고 인식했을 것이다. 예수님은 사도들의 선생이었고, 공회는 그들의 말이 예수님의 가르침과 동일하다는 것을 알아차렸다.

공회는 어떻게 해야 할 줄을 알지 못했다. 날 때부터 걷지 못한 사람이 고침을 받아 지금 그들 앞에 서 있었기 때문에(4:14) 그 이적을 부인하는 것은 불가능했다. 그들은 그 이적을 알고 있었고, 더 중요한 사실은 예루살렘에 있는 모든 사람이 그것을 알고 있었다는 것이다(16절). 공회의 의도는 더 많은 사람이 합류하기 전에 이 운동을 중단시키는 것이었다. 방금 사도들로부터 하나님 나라에 들어오라는 초대를 받았지만, 그들은 그 초대를 무시하고 정치와 종교 지도자라는 지위를 고수하면서 그들이 섬긴다고 주장하는 하나님을 계속 대적하는 쪽을 선택한다. 그들이 생각해낸 해법은 사도들에게 경고를 보내고, 그들이 예수님에 관해 말하는 것을 금지시키는 것이었다. 하지만 사도들은 무슨 일이 있어도 거기에 동의할 수 없었다. 실제로 그들은 이렇게 대답한다. "하나님 앞에서 너희의 말을 듣는 것이 하나님의 말씀을 듣는 것보다 옳은가 판단하라 우리는 보고 들은 것을 말하지 아니할 수 없다"(19-20절). 공회는 사도들을 침묵시키기 위해 하나님을 대적하고 있지만, 사도들은 그들보다 더 높은 권위 아래 있다. 이 시점에서 공회가 할 수 있는 일은 오로지 위협하는 것뿐이었다. 사도들이 날 때부터 걷지 못한 사람을 고친 이적으로 말미암아 백성들이 하나님을 찬송하고 있었기 때문에, 공회는 백성들이 두려워서 사도들을 처벌할 수 없었다(21절).

4:23-31 | 기도, 찬송, 공동체: 담대함을 달라고 기도함 베드로와 요한이 제사장들과 장로들 앞에서 벌어진 일들을 보고하자, 예루살렘의 그리스도인들은 기도와 찬송으로 응답한다. 그들에게서 두려움이나 위축된 모습은 찾아볼 수 없었다. 신자들은 단지 성경이 성취되었음을 인정하고 확인하고서, "한마음으로 하나님께 소리를 높여"(24절) 기도하는 것으로 응답한다. 그들은 하나님을 창조주와 대주재, 즉 유일하신 언약의 하나님 여호와로 부르고, 시편 2:1-2을 기독론적으로 해석한 내용을 기도한다. 이 시편 본문이 그리스도에 의해 성취되었다는 것은 쉽게 포착된다(도표 2).

시 2:1–2을 인용한 행 4:25b–26	행 4:27–28
어찌하여 열방이 분노하며 족속들이 허사를 경영하였는고 세상의 군왕들이 나서며 관리들이 함께 모여 주와 그의 그리스도를 대적하도다	과연 헤롯과 본디오 빌라도는 이방인과 이스라엘 백성과 합세하여 하나님께서 기름 부으신 거룩한 종 예수를 거슬러 … 이 성에 모였나이다

도표 2. 시편 2:1–2과 그 기독론적 성취

이 신자들은, 예수님이 기름 부음 받은 메시아이고 그분을 대적하는 모든 자는 언약의 하나님의 원수라는 것을 분명하게 인식하고 있다. 그런 하나님의 원수들 가운데 '이스라엘 백성'도 포함되어 있다. 그들은 분명히 하나님의 백성이었는데도, 그들의 메시아를 거부했다. 사도행전에서 형성되어가는 것은 스스로를 하나님의 참된 백성, 선지자의 후예, 메시아를 따르는 자들로 여기는 공동체다.

또한 헤롯, 빌라도, 로마인들, 유대인들이 예수님께 행한 모든 것은 하나님의 뜻을 따라 된 일이었다. 즉, 하나님은 이 모든 일이 일어나도록 예정하셨다(4:28). 하나님이 사건들과 행위들을 예정하셨다는 것은 초기 그리스도인들이 함께 가진 기본적인 전제였고, 이것은 그들의 확신과 담대함의 열쇠로 작용했다. 오늘날의 사람들과는 달리 그들은 하나님의 절대주권이나 예정을 숙명론과 혼동하지 않았다. 그들은 하나님의 절대주권을 성경적으로 하나님이 그분의 영원하고도 신적인 지식이라는 감춰진 신비를 실행하시는 것으로 이해했고, 그들이 가지는 확신과 소망의 근거로 삼았다. 하나님을 아는 사람들은 그리스도를 믿는 믿음으로 말미암아 하나님의 절대주권을, 그분이 그분에 관해 계시하신 것의 일부로 받아들인다. 초기 그리스도인들에게 하나님의 절대주권은 그들이 예수님을 메시아로 믿는 믿음의 토대였다. 예수님은 성경대로, 즉 하나님의 뜻에 따라 십자가 위에서 죽으셨다. 하나님의 원수들은 하나님이 예정하신 계획에 따라 예수님을 죽였다. 하나님은 성령으로 예수님을 죽은 자 가운데서 다시 살리셨다. 그들은 이 모든 것을 확신하면서도, 동시에 사람들이 자신들의 죄에 대해 책임을 져야 한다는 것과 예수님으로 말미암은 죄 사함을 전하는 복음 메시지에 의해서만 구원 받을 수 있다는 것을 확신했다. 그들은 하나님의 뜻과 하나님이 그 뜻을 이루기 위한 수단으로 그들의 전도를 사용하신다는 것을 잘 알고 있었다. 그렇기 때문에 하나님의 절대주권은 그들이 전도하는 원동력이 되었다.

그들의 기도는, 하나님께 공회의 위협에 맞설 담대함을 구하는 간구로 옮겨 간다(29절). 공회가 그들을 위협하고 있지만, 이 공동체는 하나님께 공회를 심판해달라고 구하는 식으로 대응하지 않는다. 대신 그들은 예수님을 증언하는 일을 계속 해나가기로 결심하고, 그들이 그 일을 잘 해낼 수 있도록 준비되기를 하나님께 기도한다. 그들은 담대함을 구하는 것과 아울러, 오순절에 시작된 일이 계속되어 예수님의 이름으로 이적이 일어남으로써 그들의 증언이 참되다고 인정받기를 하나님께 기도한다. 이 모든 것을 종합해 볼 때, 이 본문에 나오는 기도는 모든 신자가 드려야 할 기도의 본이라고 할 수 있다. 이 기도는 하나님을 주와 왕으로 부르는 것으로 시작해서 하나님의 뜻과 역사에 대한 신뢰를 표현하며, 그들이 현재 처해 있는 상황 속에서 믿음과 소망을 드러내고 지금 그들에게 필요한 것들을 하나님께 구하는 것으로 끝난다. 이 기도는 일련의 신학적인 흐름을 제시한다. 하나님은 만유를 다스리시는 주이시고, 그렇기 때문에 언제나 자신이 하신 말씀을 지키셔서, 자기 백성 가운데서 자신의 신실함을 보이신다. 그러므로 그들은 하나님이 그들에게 필요한 모든 것을 온전히 공급하실 것이라고 신뢰할 수 있다.

이 본문은 하나님이 그들의 기도를 들으셨다는 것을 아주 극명하게 보여준다. 성령이 아주 강력하게 임해서, 그들은 마치 지진으로 인해 건물이 진동하듯이 성령의 능력을 물리적으로 느낀다. 이제 갓 태어난 이 공동체는, 성령이 그들의 증언과 함께하며 뒷받침하는 극적인 나타남을 일상적으로 경험한다. 사도행전에 기록된 표적과 기사는 대부분 사도들의 증언과 직접적으로 맞물려 일어난다. 따라서 이적이 지금도 계속되고 있는지에 관해 논의할 때는, 사도행전이 보이는 이적과 사도들의 사역 간의 분명한 관계, 특히 이적과 복음에 대한 증언의 연결 관계를 고려해야만 한다.

4:32-37 | 기도, 찬송, 공동체: 한마음과 한 뜻이 된 공동체 이 단락은 2:42-47에 나오는 것과 비슷한 내러티브의 요약을 제공한다. 이 두 단락은 모두 극적인 성령 사건 다음에 나와서, 새 언약 공동체의 성장을 보여주는 역할을 한다. 이 두 단락은 이 공동체가 돈과 소유를 공유했다고 동일하게 언급한다(2:42-47에 관한 주석을 참고하라). 그래서 이 요약들이 모든 그리스도인 공동체에게 규범적인 것인지, 아니면 단지 예루살렘에 있던 최초 그리스도인의 삶을 서술한 것인지에 관한 문제가 많은 관심과 주목을 받아 왔다. 이 요약들은 이 두 가지 측면을 모두 지닌다. 즉, 여기서 누가는 최초의 그리스도인들이 그들의 소유를 공유하고 함께 나누는 삶을 살았다는 것을 규범으로 제시하지 않고 단지 하나의 사실로 서술하면서, 신자들의 삶을 변화시키는 성령의 능력을 보여준다. 하지만 또한 이 본문은 참된 그리스도인으로 살아가기 위한 기본적인 원리들을 제공한다. 참된 그리스도인의

삶은 하나님의 구원에 대한 기쁨, 그분이 이 세상에서 행하고 계시는 일, 그분이 앞날에 대해 주신 확실한 약속들에 깊이 뿌리를 내리고 있기 때문에 궁핍한 자들에게 후히 베풀고 나누어주는 삶, 요컨대 하나님과 이웃 모두를 위한 삶일 수밖에 없다는 것이다.

이 이야기가 그 자체로 우리에게 가르침을 주기 때문에, 내러티브에서 서술과 규범은 결코 완전히 분리될 수 없다. 또한 이 본문이 지닌 규범적 성격은 복음서와 서신서에서 발견되는 가르침에 의해 확증된다(빌 2:2-4은 단지 하나의 예일 뿐이다). 독자들은 이 본문 속에 나타나는, 거의 의식하지 않고 서로에게 행하는 사랑과 나눔에 관심을 기울여야 한다. 이 신자들은 예수님의 가르침을 진정으로 삶 속에서 실천하고 있었다.

> "너희 소유를 팔아 구제하여 낡아지지 아니하는 배낭을 만들라 곧 하늘에 둔 바 다함이 없는 보물이니 거기는 도둑도 가까이 하는 일이 없고 좀도 먹는 일이 없느니라 너희 보물 있는 곳에는 너희 마음도 있으리라"(눅 12:33-34; 참고. 마 6:19-21).

그리스도를 따르는 사람들은 이기심을 버리고 후히 베풀며, 서로를 돌보고 하나가 되라는 명령을 받는다. 사도행전 4장에서 신자들이 보여주는 모범이 예수님의 가르침을 그대로 이행하는 유일한 방식은 아닐지라도 그 중 한 가지 방식이라는 것은 분명하다.

이 본문을 통해서 누가는 놀라운 성취가 이루어졌다는 것뿐만 아니라 주목할 만한 변화도 보여준다.[28] 이 신자들은 하나님의 말씀이 그들의 마음에 새겨지고 성령으로 충만한 공동체가 됨으로써, 옛 언약 백성인 이스라엘과 뚜렷하게 다른 점을 보여준다. 그들은 자신들의 행위를 통해 '네 이웃을 네 몸같이 사랑하라'는 두 번째로 큰 계명을 성취하는데, 이 계명은 모

28 같은 책, 73-78. 이 부분에 대한 필자의 주해는 Wright에게 많은 영향을 받았다.

세 율법을 요약한 것으로써 새 언약의 성취를 보여주는 하나의 증표가 된다(레 19:18; 마 19:19; 참고. 막 12:31; 눅 10:27; 롬 13:9; 갈 5:14; 약 2:8). 그들은 성령으로 충만한 사람들이고, 가장 큰 자로부터 가장 작은 자에 이르기까지 그들의 마음에 새겨진 율법을 나타낸다(참고. 렘 31:33-34). 이것이 새 언약의 특징이다. 앞에서 이미 언급했듯이, 하나님은 이스라엘 백성에게 마음에 할례를 행하라고 명령하셨고(신 10:16; 참고. 서론: 신학 및 성경 다른 본문과 그리스도와의 관련성 중 사도들의 설교), 나중에는 명령하신 바로 그것을 친히 행하겠다고 약속하셨다(신 30:6). 새 마음에 관한 약속은 성령에 관한 약속이고, 이 약속을 담고 있는 본문들은 여호와께서 명령하신 바를 행하신다는 것을 강조한다. 사도행전의 이 대목에서 우리는 그리스도인 공동체가 성령이 만들어낸 새 마음을 지니고 있음을 본다.

니콜라스 토머스 라이트(N. T. Wright)가 지적하듯이, 이 신자들은 다른 점들에서도 구약성경의 분명한 성취를 보여준다. 안식년에 채무를 탕감하는 것을 다루는 맥락에 위치한 신명기 15:4-5에서 모세는 “너희 중에 가난한 자가 없으리라”고 말한다. 안식년은 그리스도 안에서 성취되었다(참고. 눅 4:18-19). 이사야의 예언과 같은 구약의 예언들에 대한 예수님이 이루신 성취는 가난을 없애고 포로를 풀어주며, 육신의 질병을 고치고 억눌린 자들을 해방시키는 것을 뛰어넘는다. 즉, 예수님 안에서 죄들이 사해지고, 하나님과의 언약 관계가 맺어진다. 그러나 새 하늘과 새 땅에 완성될 새 언약의 실체 속에서는 육신적인 것과 영적인 것이 분리되지 않는다. 사도행전의 이 본문은, 신자들이 성령으로 말미암아 변화되어 서로의 육신적인 필요들을 충족시켜주는 것을 우리에게 제시한다. 예루살렘의 신자들은 ‘새롭게 되는 날’(행 3:20-21)을 현재적으로 경험한다. 또한 이것은 모든 시대의 신자들에게 규범적인 것이다.

사도행전에서 나중에 중요한 역할을 하게 될 바나바(위로의 아들)가 이 시점에 자신의 소유를 팔아 필요한 곳에 쓰도록 사도들에게 맡긴 모범적인 인물로 등장한다(4:36-37). 나중에 바나바는 예루살렘의 신자들이 바울의 회심에 관해 의심과 두려움을 드러낼 때 그를 옹호하고 보증할 뿐만 아니라(9:27), 자신의 고향인 구브로에서 시작된 바울의 1차 선교 여행에서 바울과 동행하기도 했다(13:4; 참조. 4:36). 바나바는 요한 마가를 선교 여행에 참여시킬 지를 놓고 바울과 이견을 보이며 결별할 때까지 바울과 함께 한다(15:39). 사도행전의 현재 맥락 속에서 바나바는 다음 단락에서 중대한 죄를 저지른 아나니아와 삽비라와 극명하게 대비되는 인물이다.

5:1-11 | 아나니아와 삽비라 어떤 독자는 아나니아와 삽비라에 관한 기사에서 큰 고민을 느끼는데, 이것은 충분히 이해할만한 일이다. 왜냐하면 어떤 사람들은 아나니아와 삽비라에 대한 처벌을 "눈은 눈으로, 이는 이로 갚으라"(마 5:38; 참고. 출 21:24; 레 24:20; 신 19:21)는 원칙을 뛰어넘는 가혹한 것이라고 생각하기 때문이다. 하지만 우리는 이 기사를 사도행전 4:32에서 시작된 믿음의 공동체에 관한 서술이라는 맥락 속에서 읽어야 한다. 이 공동체는 성령이 새 언약의 약속들을 성취하여 각 사람 안에 내주하고 계신다는 것을 보여주는 살아 있는 증거였다. 신자들은 사도들을 중심으로 한마음과 한 뜻이 되어 자신이 가진 것을 자발적으로 공유하고, 힘써 기도하면서 서로를 위해 살아가고 있었다. 그리고 바나바는 예루살렘의 그리스도인들 사이에 자리잡은 이타적인 삶의 모범을 보여 주었다.

반면에, 아나니아와 삽비라는 자신들의 밭을 판 돈 중에서 일부를 자기 몫으로 몰래 감춰두고 마치 전부를 바치는 것인 양 그 나머지를 사도들에게 가져왔다. 밭도 돈도 모두 그들의 것이기 때문에, 그들은 얼마든지 그 돈을 원하는 대로 사용할 수 있었다. 베드로가 분명하게 말했듯이(5:4), 아무도 그들에게 그 밭을 팔라거나 밭을 판 돈 전부를 바치라고 강요하지 않았다. 그런데도 아나니아와 삽비라가 거짓말을 했다는 것은, 이 부부가 베드로와 공동체 전체를 의도적으로 속였다는 것을 분명하게 보여준다(8절). 이 부부는 하나님께 기도와 찬송을 드리는 대신 거짓에 빠졌다(3-4절). 그들은 성령으로 충만한 대신 사탄으로 '가득(충만)'했다(3절). 이 일에는 그들이 거짓말을 한 것보다 더 심각한 것이 관련되어 있다.

새 언약이라는 맥락이 이 본문을 이해하기 위한 열쇠다. 성령이 이 공동체 안에 거하고 계셨다. 즉, 하나님이 그들 가운데 임하여 그들과 함께 계셨다. 그래서 사도들과 이 공동체는 우리에게 하나님의 참된 백성을 보여준다. 성전과 유대 지도자들의 지위와 역할은 사라졌고, 교회가 그것을 대신했다. 교회는 이스라엘의 하나님이 계획하고 미리 아신 바를 따라 이스라엘의 메시아가 이스라엘의 성경을 성취하였음을 믿는 믿음을 통해, 민족 이스라엘을 대신하였을 뿐만 아니라 성취하였다. 스데반이 나중에 분명하게 말한 대로(7장), 이제 하나님은 사람의 손으로 지은 건물에 거하지 않고, 자기 백성 가운데 계신다. 따라서 이 공동체와 사도들에게 거짓말을 한 것은 하나님께 거짓말을 한 것이었다(5:4). 라이트가 말했듯이, 이 공동체는 신성했다.[29]

여기에서 또 다시 우리는 서신서가 명제의 형태로 가르치는 진리들이 하나의 내러티브로 서술된 것을 본다. 이때로부터 몇 년 뒤에 베드로는 신자들에게 서신을 쓰면서, 시편 118편 같은 구약 본문들을 인용하여(참고. 행 4:11) 이렇게 말한다.

> "사람에게는 버린 바가 되었으나 하나님께는 택하심을 입은 보배로운 산 돌이신 예수께 나아가 너희도 산 돌 같이 신령한 집으로 세워지고 예수 그리스도로 말미암아 하나님이 기쁘게 받으실 신령한 제사를 드릴 거룩한 제사장이 될지니라 성경에 기록되었으되 보라 내가 택한 보배로운 모퉁잇돌을 시온에 두노니 그를 믿는 자는 부끄러움을 당하지 아니하리라 하였으니 그러므로 믿는 너희에게는 보배이나 믿지 아니하는 자에게는 건축자들이 버린 그 돌이 모퉁이의 머릿돌이 되고 또한 부딪치는 돌과 걸려 넘어지게 하는 바위가 되었다 하였느니라 그들이 말씀을 순종하지 아니하므로 넘어지나니 이는 그들을 이렇게 정하신 것이라 그러나 너희는 택하신 족속이요 왕 같은 제사장들이요 거룩한 나

29 같은 책, 80.

라요 그의 소유가 된 백성이니 이는 너희를 어두운 데서 불러내어 그의 기이한 빛에 들어가게 하신 이의 아름다운 덕을 선포하게 하려 하심이라 너희가 전에는 백성이 아니더니 이제는 하나님의 백성이요 전에는 긍휼을 얻지 못하였더니 이제는 긍휼을 얻은 자니라"(벧전 2:4-10).

예루살렘의 그리스도인들은 베드로가 묘사한 교회의 살아 있는 본보기였다. 이러한 맥락 속에서 아나니아와 삽비라는 죄를 지었다. 구약 시대에 나답과 아비후(레 10장), 아간(수 7장), 웃시야 왕(대하 26장)이 성전과 공동체와 관련하여 지은 죄 때문에 벌을 받은 것처럼, 아나니아와 삽비라가 벌을 받은 이유는 새 언약의 성소에 죄를 들여왔기 때문이다.[30]

아나니아와 삽비라가 거짓말한 사건에는 새 언약의 또 다른 측면이 구체적으로 관련되어 있다.[31] 스가랴 선지자는 하나님이 유대와 예루살렘에 선한 일을 행하실 때(슥 8:6-8), 즉 "많은 백성과 강대한 나라들이 예루살렘으로 와서 만군의 여호와를 찾고 여호와께 은혜를 구하[게]"(슥 8:22) 될 종말론적인 복이 주어질 때가 올 것을 예언했다. 그러한 예언의 맥락 속에서 하나님은 사람들에게 다음과 같이 명령하신다. "너희는 이웃과 더불어 진리를 말하며 너희 성문에서 진실하고 화평한 재판을 베풀고 마음에 서로 해하기를 도모하지 말며 거짓 맹세를 좋아하지 말라 이 모든 일은 내가 미워하는 것이니라 여호와의 말이니라"(슥 8:16-17). 참된 것을 말하는 것은 새 언약의 특징이고, 새 언약 공동체의 구성원들이 서로 맺게 될 관계의 특징이다. 그래서 바울은 에베소의 신자들에게 새롭게 되어 영적으로 살아갈 것을 격려하면서 이렇게 말한다. "그런즉 거짓을 버리고 각각 그 이웃과 더불어 참된 것을 말하라 이는 우리가 서로 지체가 됨이라"(엡

30 같은 책.

31 동료인 Peter J. Gentry는 참된 것을 말하는 것이 새 언약의 특징임을 필자에게 환기시켜 주었다. 구체적으로는 그가 쓴 논문인 "Speaking the Truth in Love (Eph 4:15): Life in the New Covenant Community," *SBJT* 10/2 (Summer 2006): 70-87이다. 여기에 제시된 필자의 견해는 Gentry의 논문 및 그와 개인적으로 나눈 토론에 의해 깊은 영향을 받았다.

4:25). 아나니아와 삽비라는 오직 참된 것만 있어야 하는 곳에 거짓을 들여왔다. 그리고 그때 그곳에서 그런 거짓말을 한 것은 그들이 새로운 공동체의 참된 지체가 아니라는 사실을 증언한다.

또한 누가는 신자들이 성령으로 충만했다는 것을 계속 강조함으로써 그들의 행위가 성령의 인도하심을 따라 된 것임을 분명하게 제시한다. 이는 베드로가 아나니아를 향해 거짓의 아비(요 8:44)인 사탄이 가득하여 성령을 속였다고 말한 것(행 5:3)과 뚜렷하게 대비된다. 신자들의 입에서는 성령으로 충만한 기도와 찬송과 복음 선포가 나온 반면, 이 부부의 입에서는 사탄으로 충만한 거짓말이 나왔다. 이 부부의 마음에서는 주님이 약속하신 성령의 생수(요 7:38)가 아니라, 악한 속임이 흘러나왔다. 이 부부가 벌을 받은 이유는 신자로서 거짓말을 했기 때문이 아니라, 사탄에 충만한 불신자로서 사탄의 대리인이 되어 새 언약의 공동체 속에 악을 들여왔기 때문이다. 이 본문이 성령과 사탄을 대비하는 데서, 아나니아와 삽비라가 신자로서 잘못을 저지른 것도 아니고 이미 얻은 구원을 잃은 것도 아니라 처음부터 구원 받지 않았다는 결론이 도출된다. 그들은 사탄에게 속아서 하나님을 대적하여 반기를 든 가룟 유다와 같다. 그리고 가룟 유다와 마찬가지로 그들도 비참한 최후를 맞이한다(행 5:5, 10).

따라서 누가는 교회에서 거짓말하는 것을 어떻게 처리해야 하는지를 보여주고자 이 사건을 기록하지 않았다. 아나니아와 삽비라는 교회의 지체들이 아니었고, 따라서 그들이 저지른 죄로 인해 징계를 받은 것이 아니었다. 압도적으로 성령이 충만한 공동체 가운데서 그들이 저지른 죄는 그들의 불신앙을 드러내는 것이었다. 그들은 공동체를 배신함으로써 그들의 실체를 드러냈다. 또한 사도들의 이적과 담대함이 하나님이 그들을 통해 역사하고 계신다는 것을 보여주는 증표인 것과 마찬가지로, 여기에서 아나니아와 삽비라에 대해 집행된 죽음의 심판은 베드로나 공동체가 내린 것이 아니라 하나님께로부터 온 것이다. 베드로는 단지 이 부부에 대한 하나님의 판결을 알려주고 집행한 대리인이었을 뿐이다.

베드로는 아나니아에게 "네가 성령을 속[였다]"(3절)라고 말한 후에,

다음 절에서 이 말을 약간 다른 표현으로 바꾸어서 반복한다. "사람에게 거짓말한 것이 아니요 하나님께로다"(4절). 이 작은 변화에는 중요한 의미가 담겨 있다. 성령에게 거짓말하는 것은 하나님께 거짓말한 것과 동일한 것인데, 이는 성령이 하나님이심을 가리킨다. 성령이 하나님이시라는 것은 베드로가 삽비라에게 한 말에도 암시되어 있다. 베드로는 삽비라에게 "너희가 어찌 함께 꾀하여 주의 영을 시험하려 하느냐"(9절)고 묻는다. 베드로의 이 말은 이스라엘이 하나님을 시험한 것에 대해 말하는 구약 본문들을 상기시킨다(예컨대, 출 17:2; 민 14:22; 신 6:16; 시 95:9; 106:14). 그렇다면 여기서 베드로는 성령이 하나님이시라고 믿고 있거나, 별 생각 없이 경솔하게 말하고 있는 것이다. 그리고 적어도 후자일 가능성은 없어 보인다.

아나니아와 삽비라의 죽음은 옛 언약에서 새 언약으로 옮겨졌음을 나타내는 또 하나의 분명한 증거다. 그들에 대한 심판은 성전이나 이스라엘 지도자들로 이루어진 공회가 아니라, 사도 베드로가 이끄는 신자들의 공동체에서 집행된다. 여기서 베드로만이 하나님을 대신하여 말하는 권위를 가지며, 하나님께 거짓말을 한 자들에 대한 하나님의 심판이 그를 통해 임한다. 하나님은 구원과 심판 모두에서 믿는 자들과 함께 하신다. 두 사람이 죽은 후에 '두려움'이라는 단어가 등장한다(행 5:5, 11). 여기서 '두려움'은 하나님이 어떤 분이시고 무엇을 하실 수 있는지를 아는 데서 생기는 그분에 대한 건강한 두려움을 가리킨다. 이 두려움은 성전이나 나사렛 예수 그리스도를 거부한 자들이 아니라 예수님을 믿는 신자들의 무리 안에서 생겨난다.

5:12-16 | 요약: 표적과 기사 아나니아와 삽비라가 하나님의 심판을 받은 사건 앞뒤에 신자들의 활동을 요약하는 두 본문이 자리한다. 여기서 누가는 사도들이 계속해서 표적과 기사를 점점 더 많이 행했다는 것, 즉 성령의 역사가 계속해서 더 강하게 나타났다는 것을 강조한다. 13절은 다음 두 의미로 이해할 수 있다. 하나는, 오직 사도들만이 사역을 하였기 때문에 그들이 표적과 기사를 행할 때에 유대인들은 사도들을 칭송하였지만 나머

지 신자들은 그 사역에 참여하지 않았다는 의미일 수 있다. 다른 하나는, 신자들의 공동체에 속하지 않은 백성들은 공개적으로 신자들과 상종하기를 두려워하여 감히 그렇게 할 엄두를 내지 못했으나, 사도들과 신자들을 호의적으로 바라보았다는 의미일 수 있다. 헬라어 본문은 이 둘 중 어느 쪽으로도 이해할 수 있다. 하지만 14절은 "믿고 주께로 나아오는 자가 더 많으니"라고 말한다. 이것은 13절을 백성들이 신자들과 상종하려 하지 않았다는 의미로 이해하는 것이 문맥과 부합하지 않음을 보여준다. 또한 15-16절은 백성들이 베드로에게 고침 받을 수 있을 것이라는 큰 기대를 지니고 있었고, 실제로 유대 전역에서 많은 사람이 병든 사람과 귀신 들린 사람을 데리고 와 고침 받았다는 것을 강조한다. 사도들의 사역이 이 본문의 주된 주제라는 것을 감안했을 때, 13절에 언급된 '그들'이 사도들을 가리킨다고 보는 것이 가장 좋을 것이다. 즉, 사도들을 제외한 다른 신자들은 사도들처럼 병을 고치거나 표적과 기사를 행할 수 없었기 때문에, 감히 사도들과 상종할 엄두조차 내지 못했다는 것이다. 누가는 솔로몬 행각에서 행해진 표적과 기사가 그리스도인들의 큰 무리가 아니라 오직 사도들이 한 일이었음을 우리에게 말해 준다.

4:32부터 5:16까지 누가는 새로운 공동체의 지도자로서 사도들이 지닌 권위를 특별히 강조한다. 신자들은 돈을 사도들에게 바치고 베드로는 아나니아와 삽비라를 심판하며, 5:12-16에 나오는 요약 본문은 사도들이 표적과 기사를 계속 행한 것과 더 많은 사람이 사도들을 칭송하게 된 것을 강조한다. 사람들은 그들이 데려온 병자 위에 베드로의 그림자만이라도 지나가기를 바랐다(15절). 사도들의 활동과 사역에 관한 이러한 기사의 앞뒤에는 유대 당국자들이 사도들을 박해하고 체포한 것에 관해 말하는 본문들이 자리한다. 누가는 두 부류의 지도자를 대비시킨다. 그 중에서 하나님께 신실하지 않고 이미 시효가 지난 부류의 지도자들은 다른 부류의 지도자들에게 밀려서 사라진다. 그 중의 유대 지도자들, 즉 예수님을 죽이는 데 앞장선 자들은 전자에 해당하는 시효가 지난 지도자들이다. 이들은 이스라엘의 통치자요 실세인 자신들이 아브라함과 모세의 후계자로서 하나

님을 대변한다고 생각하지만, 사실은 하나님의 나라를 분명하게 대적하고 있는 자들이다. 반면에, 사도들은 후자에 해당하는 지도자들로서, 선지자들의 증언 및 예수님의 가르침과 명령을 따르는 사람들이다. 그들은 성령으로 충만해서 하나님을 대변하고, 이방인들과 공모하여 예수님을 죽인 공회를 비롯한 믿지 않는 이스라엘을 심판하고 단죄한다. 또한 그들은 예수님의 이름으로 죄 사함의 복음을 선포한다. 그들은 하나님의 대변인들이고 새 언약의 지도자들이다.

사도들에 대한 백성들의 평판은, 표적과 기사 및 새로운 신자들의 회심을 통해 뚜렷하게 드러난 성령의 역사를 보여준다. "믿고 주께로 나아오는 자가 더 많으니 남녀의 큰 무리더라"(14절). 예수님이 말씀하신 대로, 하나님의 나라는 계속해서 성장하며 퍼져나가고 있었다. 사도들을 둘러싼 열기와 소동은 예수님의 사역을 상기시킨다(마 4:23-25; 8:16; 14:35; 막 6:53-56). 하지만 하나님의 나라가 성장할수록 박해도 점점 심해진다.

5:17-26 | 박해가 시작됨: 사도들이 체포됨　사도들은 복음을 선포하면서 표적과 이적들을 행한 것으로 인해 또 다시 체포된다. 반대가 점점 심해져서, 베드로와 요한뿐 아니라 모든 사도가 체포되는데 이전(4:1)과 마찬가지로 대제사장과 사두개인들이 이 일을 주동하였다. 그들은 성령으로 충만한 것이 아니라 "시기가 가득하여"(5:17) 사도들을 잡아다가 옥에 가둔다.

하지만 이적적인 사건이 일어나서, 사도들과 교회가 하나님의 참된 백성이라는 것을 다시금 확증해 준다. '주의 사자'가 나타나서 사도들을 감옥에서 풀어준다(19-20절; 참고. 12:7-10). 주의 사자는 구약성경에서 잘 알려져 있는 존재이지만, 그 정체를 확인하기 어려울 때가 있다. 해석자들은 흔히 구약성경에 나오는 이 '사자'가 삼위일체 중에서 성육신하기 이전의 제2위라고 말한다. 하지만 주의 사자를 삼위일체 중에서 성육신하기 이전의 제2위라고 단정지을만한 근거는 없다. 주의 사자는 하나님을 전하는 자로 나온다. 예컨대, 출애굽기 3장은 '여호와의 사자'가 모세에게 나타났다고 말하고 나서(출 3:2), 하나님이 모세에게 말씀하셨다고 말한다(출 3:4; 참고. 행

7:30-34에 나오는 스데반의 설교). 따라서 우리는 주의 사자가 여호와의 말씀을 전하는 사자라는 것을 알 수 있다. 이것은 사도행전에서도 마찬가지다. 누가는 예수님이 나타나신 것과 천사들이 나타난 것을 분명하게 구별한다. 사도행전에서 다메섹으로 가고 있던 사울에게는 부활하신 예수님이 나타나셨으나(9:5; 참고. 26:15-16), 바울이 로마로 가기 위해 탄 배가 멜리데에서 난파되기 전에 본 환상 속에서는 천사가 나타났다(27:23). 또한 사도행전에서 천사들은 다른 사람들에게도 나타난다(8:26; 10:3-6; 12:23).

주의 사자가 구약성경에서처럼 사도행전에서도 활동했다는 것은 분명하며, 구약성경에 나온 여호와의 사자나 사도행전에 등장하는 주의 사자가 삼위일체 중에서 성육신하기 이전의 제2위라고 생각할 근거가 없다. 그러므로 여기서 주의 사자는 성육신하기 이전의 그리스도가 아니다. 여호와의 사자가 이스라엘이 곤경에 처했을 때 나타나 그들을 인도하고 지켜주며 보호했던 것처럼(민 22:27; 삿 13:3; 대상 21:12; 시 34:7; 단 3:28; 6:22), 주의 사자는 여기서도 초기 그리스도인들을 위해 그런 일들을 한다.

하나님은 사도들이 예루살렘 유대 지도자들의 경고와 위협에도 불구하고 사역을 계속하기로 결심한 것이 옳았음을 진심으로 확증하신다. 주의 사자는 사도들을 감옥에서 풀어주고 그들에게 곧장 성전으로 가서 "이 생명의 말씀을 다 백성에게 말하라"(행 5:20)고 지시한다. 여기서 '이 생명의 말씀'이 사도들이 지금까지 전해 온 복음을 가리킨다는 것은 의심의 여지가 없다. 사람들이 새벽에 성전으로 갔을 때, 그곳에 사도들도 있었다(21절).

제사장들과 공회가 예수님의 제자들이 감옥에 없을 뿐더러 버젓이 성전으로 돌아가서 다시 사람들을 가르치고 있는 것을 보았을 때(22-25절), 그들은 다시 한 번 믿을 것이냐 거부할 것이냐를 놓고 선택의 기로에 서게 된다. 지금까지 일어난 일들을 부정할 길은 없지만, 아무리 많은 증거가 있더라도 그것만으로는 사람들에게서 믿음이 생겨나게 할 수 없다. 그래서 유대 지도자들은 자신들의 안위만 걱정한다. 그리고 사도들을 강제로 체포해서 끌고 왔다가는 도리어 자신들이 백성들의 돌에 맞아 죽을지도 모른다고 생각해서(26절) 사도들에게 함께 가줄 것을 정중하게 요청할 수밖에 없었다. 사도들이 백성들로부터 칭송을 받고 있었기 때문에, 유대 지도자들은 예수님의 경우처럼 백성들을 분노하게 하는 것이 지혜롭지 못함을 알고 있었다(마 14:5; 막 11:32; 눅 20:6). 치안이 불안해지면 로마인들이 개입하게 되므로, 유대 지도자들은 치안을 유지해야 했다. 그런데 십자가에 못 박힌 한 나사렛 사람을 따르는 어중이떠중이들이 아니꼽게도 예수님의 이름으로 이적들을 행하면서, 하나님이 언약을 통해 약속하신 모든 것이 그들을 비롯하여 여호와께서 예수님을 죽은 자 가운데서 다시 살리셨음을 믿는 모든 사람에게 이루어질 것이라고 선포하고, 예수님을 믿고서 죄 사함을 받으라고 가르치고 있었다. 감옥도 사도들을 가두어두지 못했고, 백성들은 사도들의 말을 듣고자 한다. 그렇지만 유대 지도자들은 꿈쩍도 하지 않았다. 조금만 더 힘을 쓰면 메시아를 완전히 거부하고 그 무리를 뿌리 뽑을 수 있으리라 생각했기 때문이다.

5:27-32 | 박해가 시작됨: 공회 앞에 선 사도들 사도들은 공회의 경고를 무시하고 예수님의 이름으로 가르쳤다는 것과 예수님의 죽음을 공회 탓으로 돌리며 비난했다는 죄목으로 고발된다(27-28절). 공회가 특히 염려한 것은 그들의 가르침이 들불처럼 번져나가고 있다는 것이었다. 공회는 그들이 무엇을 가르쳤는지, 또는 그들의 가르침이 참된 것인지에 대해서는 묻지 않고(그에 관해 이미 결론을 내려놓았기 때문에) 다짜고짜 그들이 백성들을 가르친 것에 대해 비난을 가한다.

29-32절에 나오는 대답이 베드로가 혼자 말한 것인지, 사도들이 말한 것들을 섞어 놓은 것인지, 사도들의 대답을 요약해놓은 것인지는 알기 어렵지만, 성령의 인도하심을 따른 것임은 분명하다. 사도들의 이러한 대응은 오늘날 많이 사용하는 시민 불복종에 해당하는 행위가 아니다. 그들이 지금 대응하는 모습은 불의를 중단시키기 위해 불의에 저항하는 것이 아니기 때문이다. 물론 실제로 공회는 이 일과 관련해서 많은 불의를 저지르고 있지만, 그들의 그런 불의가 사도들로 하여금 예수님의 이름으로 복음을 전하고자 결심하게 한 원인이나 계기는 아니었다. 사도들은 변화를

소망하지만, 그들이 추구하는 변화는 언론의 자유가 아니라 믿음과 회개다. 사실 그들에게 언론의 자유 같은 것은 문제가 되지 않았다. 주의 천사가 나타나서 그들에게 지시했듯이, 그들은 언론의 자유가 있든 없든 상관없이 계속해서 예수님의 이름으로 복음을 전할 것이었다. 따라서 이것은 하나님께 순종하는 것에 관한 문제였다(29절).

그 다음에 나오는 사도들의 대답은 언약의 실체에 관한 중요한 진술이며, 이 진술은 '우리 조상의 하나님' 이 하신 일들을 중심으로 한다. 사도들은 아브라함과 이삭과 야곱의 하나님 여호와에 관해 말하고 있다. 이 언약의 하나님이 그들이 나무에 달아 죽인(30절, 이는 사형당할 죄를 저지른 자에게 집행될 형벌에 관해 말하는 신 21:22-23의 인용이다; 참고. 행 10:39) 예수님을 살리셨다. 또한 인용된 말씀의 맥락에서 모세는 술 취하고 부모를 공경하지 않는 패역한 아들을 성문 밖으로 끌고 나가 돌로 쳐 죽이라고 명령한다(신 21:18-21). 마태복음 11:19에서 바리새인들은 예수님을 가리켜 술에 취했고 먹기를 탐하는 사람이라고 비난하는데, 이는 이 율법에 비추어 볼 때 예수님이 죽어 마땅한 사람이라고 말한 것이다. 그들은 예수님이 처형당하는 것을 즐거워했지만, 역설적이게도 그들이 집행한 예수님의 죽음으로 말미암아 새 언약이 세워졌으며 정작 그들은 새 언약에서 배제되었다.

베드로는 하나님이 "그[그리스도]를 오른손으로 높이[셨다]"(행 5:31)고 선언한다. 베드로의 이 선포는 오순절에 예수님이 다윗의 보좌를 계승할 합법적인 후계자라는 것을 단언하기 위해, 시편 16편과 110편을 인용하여 선포한 것의 반복이다(2:25, 33, 34). '이끄는 자'(행 5:31, 개역개정에는 "임금")로 번역된 헬라어 아르케고스(*archēgos*)는 3:15에서 '창시자'(개역개정에는 "주")로 번역되었다. 히브리서 2:10(그들의 구원의 "창시자")과 12:2(믿음의 "주"요 또 온전하게 하시는 이)이 말하는 것처럼, 예수님은 무엇보다도 이끄시는 분이자 원천이요, 기원이시다. 또한 이 단어는 왕이신 예수님의 뛰어나심(참고. 행 5:31 KJV, NIV의 Prince)을 나타내는 의미도 담고 있다.

또한 베드로는 하나님이 예수님을 높이셔서 '구주'(구원자)로 삼았다고 선언한다. 구약성경에서 여호와는 이스라엘의 구원자, 곧 유일한 구원자시다. 이사야는 "나는 여호와 네 하나님이요 이스라엘의 거룩한 이요 네 구원자임이라…나 곧 나는 여호와라 나 외에 구원자가 없느니라"고 기록한다(사 43:3, 11; 참고. 사 45:15, 21; 49:26; 60:16; 63:8; 삼하 22:3; 시 17:7; 106:21; 렘 14:8; 호 13:4). 이렇게 사도들은 그리스도를 '구주'라고 선언함으로써 그분을 여호와라고 말한다. 그리고 그들은 하나님이 높이신 이 구주께서 "이스라엘에게 회개함과 죄 사함을 주시려고"(행 5:31) 오셨다고 선포하는데, 이는 선지자들이 계속해서 전한 약속, 곧 하나님이 자기 백성과 새 언약을 세우실 회개와 죄 사함의 때이다(렘 31:34; 33:8; 36:3).

끝으로, 베드로는 "우리는 이 일에 증인이요"(행 5:32)라는 말을 덧붙인다. 구약성경은 법적인 신빙성을 위해 두세 명의 증인을 요구했고(민 35:30; 신 17:6; 19:15), 신약성경도 이를 그대로 받아들인다(마 18:16; 요 8:17-18; 히 10:28). 베드로는 사도들뿐 아니라 성령도 자기가 한 말의 증인이라고 말한다. 베드로가 이렇게 성령의 증언과 성령의 내주를 연결시킨 근거는, 성령은 "하나님이 자기에게 순종하는 사람들에게 주신"(행 5:32) 것이기 때문이다. 구약성경의 예레미야와 에스겔의 예언들도 하나님이 성령을 주시는 것과 하나님께 순종하는 것을 밀접하게 연결시킨다(참고. 서론: 신학 및 성경 다른 본문과 그리스도와의 관련성 중 사도들의 설교).

여기서 순종은 사람들이 복음을 듣고 응답으로 보이는 믿음과 회개(이 둘도 하나님의 선물이다)를 가리킨다. 베드로의 이 말은, 하나님이 율법을 지키거나 선행을 한 사람들에게 성령을 주신다는 의미가 아니다. 그러한 이해는 이미 사도행전에서 분명하게 반복해서 드러나는 양상을 무시하는 것이고, 성경의 전체적인 가르침과도 상반된다. 에스겔 36장에서 하나님은 사람들의 완고함과 패역함에도 불구하고 장차 그들에게 성령을 주겠다고 약속하시며, 이를 통해 성령을 주시는 것은 사람들이 행하는 어떠한 노력과도 상관이 없음을 보이신다. 또한 베드로는 믿음과 순종이 동의어라고 말하고 있지 않다. 하지만 믿음이 없이는 순종할 수 없고, 참된 믿음은 순종을 통해 분명하게 드러난다. 사도행전의 이 단락 전체가 강조하는 것은, 나사렛 예수에 관한 복음 메시지를 받아들임으로써 예수님의 이름으로 성령을 받고 죄 사함을 받으라는 것이다. 이 맥락 속에서 '순종'은 곧 예수님을 믿는 것이다.

5:33-42 | 박해가 시작됨: 공회가 사도들에게 경고함 유대 지도자들은 복음서에서 예수님께 한 것처럼, 사도들에게도 심문을 해치워버리고 신속하게 사형을 언도하려 한다. 그들은 사도들이 한 말을 듣고서 "크게 노하여 사도들을 없이하고자"(33절) 했다. 하나님의 섭리로 한 사람이 이 일에 개입하여 그들을 어리석음에서 건져내지 않았다면, 그들은 정말 그렇게 했을 것이다. 영향력 있는 학자요, 바리새인이며 율법교사였던 가말리엘만이 공회와 사도들 사이를 중재한다(가말리엘은 사도 바울을 가르친 자였다, 22:3). 지금까지 누가는 대제사장들과 사두개인들이 주축이었던 관리들을 언급했었다. 그런데 바리새인이었던 가말리엘은 대제사장들과 생각이 많이 달랐을 것이다. 그의 관심은 정치가 아니라 토라와 전통들에 있었다. 가말리엘은 신중할 것을 조언했고, 사도들이 하나님의 사람일 가능성도 배제하지 않았다. 가말리엘이 사도들에게 특별히 동조했다거나 마음이 기울었다는 증거는 전혀 없지만, 그는 지혜로운 사람이었다.

가말리엘은 최근까지 사람들이 기억하고 있는 두 명의 반란주모자를 언급한다. 그 중 한 사람인 드다는 메시아(분명히 정치적 성격을 지닌)로 자처하고 반란을 일으켜서 소수의 무리를 이끌었으나 결국 죽었고, 그의 무리도 흩어졌다(5:36). 이 반란주모자에 관해 다른 기록물은 찾아볼 수 없으며, 본문에 기록된 것이 유일하다. 또 한 사람인 갈릴리의 유다는 성경 외에 역사서에도 기록되어 있다. 유대 역사가 요세푸스는 이 사람이 세금 문제로 반란을 일으켰다고 말한다(《유대 고대사》 18.1-10). 그도 드다와 마찬가지로 반란에 실패했고, 그가 죽자 추종자들도 흩어졌다. 가말리엘은 이러한 역사에 비추어서 전에도 이런 종류의 일을 보았기 때문에, 이번 일도 사태가 어떻게 진행되는지를 좀 더 지켜보자는 취지의 조언을 했다.

가말리엘이 갈릴리 사람들로 이루어진 이 새로운 무리 속에서 무언가를 감지했을 가능성도 있다. 그는 사도들이 행한 표적과 기사에 대해 알고 있었고, 베드로와 사도들이 두 차례에 걸쳐 말하는 것을 들으면서 분명히 그들의 말들 속에 인용된 구약성경의 모든 말씀을 그냥 지나치지 않았을 것이다. 그 결과, 가말리엘은 무언가를 감지했고 하나님이 이 일의 배후에 계실 수도 있다는 결론을 내렸다. 아울러 이것이 단지 사람이 하는 일이라면, 결국에는 드다나 유다처럼 실패할 것이라는 계산도 있었다. 따라서 만약 이것이 하나님이 하시는 일이라면, 그들이 그 일을 중단시키기란 불가능하기 때문에, 좀 더 진행되는 양상을 지켜보는 편이 합리적일 것이었다. 게다가 그들이 잘못된 쪽에 서 있을 가능성도 있었다(39절). 가말리엘은 적어도 실용적인 사람이었다. 한편 가말리엘의 조언을 받아들이기는 했지만, 공회는 여전히 앙금이 남아 있었기 때문에 사도들을 채찍질하고 다시 한번 "예수의 이름으로 말하지 말라"고 경고했다(40절).

박해를 당하면서 신자들은 숨거나 두려워하지 않고 한층 더 담대해지는데, 이는 사도행전에서 전형적으로 나타나는 모습이다. 사도들과 초기 교회는 자신들이 하나님 편에 서 있다는 것을 확신하고 있었기 때문에, 상상할 수 없는 반응을 보인다. 그들은 채찍질을 당하는 끔찍한 일을 겪으면서도 기뻐했다. 이것은 예수님이 다음과 같이 말씀하셨기 때문이다. "인자로 말미암아 사람들이 너희를 미워하며 멀리하고 욕하고 너희 이름을 악하다 하여 버릴 때에는 너희에게 복이 있도다"(눅 6:22). 또한 그리스도는 제자들에게 자기가 다시 오기 전에 박해가 있을 것이라고 미리 경고하셨다(눅 21:12). 고난 속에서 기뻐하는 것은 기독교 신앙의 독특한 주제다. 그러한 기쁨은 예수님의 이름을 위해 고난 받는 것의 의미, 곧 하나님이 고난 받는 자들의 편이시며 그렇게 고난 받는 자들을 거룩하고 온전하게 하신다는 것을 아는 데서 흘러나온다(롬 5:3-5; 벧전 1:6-8; 약 1:2-4). 아무리 극심한 박해라도 사도들을 뒤흔들지 못함은, 그들이 그리스도의 증인이요 예수님의 약속과 성령을 받은 자들이기 때문이었다. 그들은 예수님이 메시아시고, 하나님이 이스라엘과 온 세상에 주신 말씀을 성취하신 분이심을 믿었다. 그렇기 때문에 사도들은 계속해서 예루살렘의 도처에서 기쁨으로 예수님을 전한다(행 5:41-42).

사도행전 내러티브는 전환점에 가까웠다. 이 사건은 유대 당국자들과 신자들 사이에서 어느 정도 조심스레 이뤄진 마지막 상호작용이었다. 예수님의 계획 중에서 예루살렘을 중심으로 한 부분이 끝나가고 있었다. 이것은 예루살렘에서의 사역이 끝났다는 의미가 아니다. 사도행전 내러티브가 진행되면서 복음은 점점 더 바깥으로 확장되지만, 예루살렘에서 이뤄지는 사역과 외부 세계에서 이뤄지는 선교는 서로 긴밀하게 연결된다. 복음이 예루살렘에서 시작해서 땅 끝으로 확장되는 과정은, 한 지역에서 사역을 완수한 뒤 다른 지역으로 옮겨가고 그곳에서 사역이 완결되면 또 다른 새로운 지역으로 옮겨가는 과정의 반복이 아니다. 그 이야기는 새로운 지역에 대한 선교가 강조되는 가운데 복음이 동심원처럼 계속 확장되는 것에 관한 것이다.

응답

초기 그리스도인들이 성전을 중심으로 활동한 것은 오늘날 선교 현장에서 행해지고 있는 이른바 '내부자 운동'(insider movement)의 본보기거나 그런 운동을 뒷받침하는 근거가 아니다. 요컨대, 내부자 운동은 기독교로 개종한 사람들이 이전에 속해 있던 종교에 계속 몸담고서 선교 활동을 해야 한다고 주장한다(이 주장에도 정도의 차이는 있지만). 일례로, 이 운동은 기독교로 개종한 이슬람교도가 반드시 복음 전도의 목적이 아니더라도 이슬람 사원에 계속 참석하며, 속으로는 알라가 아니라 성부 하나님께 기도할지라도 기존의 종교생활을 계속해나가도록 권한다. 그러나 그렇게 하는 경우에는 종종 성경의 하나님과 쿠란의 알라 사이의 구별이 심각하게 모호해진다. 그리고 그것은 기껏해야 기독교로 새롭게 개종한 사람이 박해를 피할 수 있게 해줄 뿐이다. 최악의 경우는, 그리스도인 선교사들이 '이슬람'이나 '무슬림' 같은 용어들을 받아들여야 한다고 주장하고, '평안'이나 '온전한 복종' 같은 용어들에 대한 이른바 언어학적 정의들을 고집하는 것이다. 예루살렘의 그리스도인들은 그런 의미에서의 '내부자들'이 아니었다. 유대 사회에서 예수님이 메시아이자 구원의 유일한 길이라고 공개적으로 믿음으로써 극심한 박해에 직면한 외부자들이었다.

베드로가 오직 예수님의 이름으로만 구원을 얻을 수 있다고 한 것(4:12)은 참이고, 성경이 말하는 기독교의 중심 진리다. 그렇지만 그는 단지 신학적인 명제를 진술한 것이 아니라, 공회를 향해 복음의 소망을 제시한 것이다. 베드로가 사람들의 눈치를 보지 않고 오직 그리스도 안에만 구원이 있다고 담대하게 선포한 것은 우리가 따라야 할 본이다. 오직 예수님의 이름으로만 구원을 얻을 수 있다고 선포하는 것은 어느 시대에나 결코 쉬운 일이 아니었지만, 우리는 예수님이 영생으로 가는 유일한 길이라는 메시지에 대해 전례 없이 완강하게 저항하는 시대 속에서 살아가고 있다. 많은 사람이 예수님을 수많은 선한 도덕 교사 중 한 명으로 받아들이려 할지라도, 우리는 예수님이 유일한 구주이심을 분명하게 단언할 준비를 갖춰야 한다. 그렇게 할 때 우리는 반드시 오만하고 교만하다는 비난을 받을 것이고, 우리의 증언은 '증오를 선동하는 발언'으로 낙인찍힐 수도 있다. 사람들이 오직 그리스도 안에만 구원이 있다는 메시지를 싫어하는 또 다른 이유가 있다. 그런 메시지는 그리스도를 거부하는 자가 죄 가운데서 영원한 멸망에 떨어질 것이라는 뜻을 담고 있기 때문이다. 즉, 예수 그리스도를 구원자라고 선포하는 것은, 모든 사람이 구원을 필요로 하는 죄인이라고 선언하는 것이다. 이런 메시지는 사람들에게 특히 증오와 분노를 불러일으킨다. 하지만 우리의 소망은 성령의 능력을 지닌 복음 진리(우리가 사도행전에서 역사하고 있음을 목격하는 그 동일한 성령과 진리)에 있다. 우리가 우리 신앙의 진리를 선포하는 것은 베드로를 충만하게 했던 그 동일한 성령이 우리도 충만하게 할 것을 믿고, 그 신앙의 진리가 지닌 소망을 제시하는 것이다.

공회의 경고에 대해 사도들이 보인 반응을 시민 불복종이라고 부르는 것은 그들의 담대함과 용기를 폄하하는 것이다. 시민 불복종은, 자신들의 불복종이 위법한 것이 될지라도 정부 당국의 명령에서 드러난 불의를 중단시키기 위해 그 명령에 반대하는 것을 의미한다. 사도들은 유대 당국자들에게서 어떤 문제점을 발견하고, 거기에 대항할 계획을 세워서 실행하지 않았다. 그들은 비밀 결사도 아니었고 반역을 획책하는 무리도 아니었다. 그런 결사나 무리는 불의한 정부나 지도자들 때문에 생겨난다. 반면에, 사도들은 하나님 나라의 구성원으로서 메시아이신 예수님이 가르치신 진리를 놓고 유대 지도자들과 충돌하였다. 그들의 목적은 유대 지도자들에게 반대하거나 저항하는 것이 아니었다. 단지 왕이신 예수님께 충성하다 보니 결과적으로 유대 지도자들과 부딪히게 된 것일 뿐이다. 반체제운동들은 압제를 일삼는 정부나 당국이나 집단에 반발하여 생겨난다. 그러나 기독교 운동은 예수님이 죽은 자 가운데서 부활하신 결과로 생겨났다. 복음은 우리로 하여금 다양한 종류의 압제에 반대하는 사회적이고 문화적인 입장을 취하게 만든다. 그리고 현재의 세상과 그 체제들은 하나님을 거역하여 반역하고 있기 때문에 하나님 나라와 대립하고 있다. 복음은 인간의 반역에 대한 하나님의 대응이지만, 주로 정치적 행동주의(보수적인 것이든 진보적인 것이든)라는 관점에서 복음을 말하는 것은 하나님이 그분의 나라를 이 땅에 이루시는 방식을 잘못 해석하고 적용하는 것이다.

여기서 우리는 성경이 여러 가지 서로 다른 문학 유형을 통해 독자인 우리를 가르치고 있다는 사실을 유념해야 한다(참고. 서론: 장르와 문학적 구조). 신약 서신들은 세속 통치자들을 대하는 '정상적인 그리스도인의 삶'(더 나은 표현을 찾지 못해서 이렇게 표현한 것이다)의 규범을 제시한다. 베드로와 바울은 그들의 서신에서 독자들에게 사회적이고 정치적인 현실 가운데 어떻게 일상적인 삶을 살아야 할지에 관한 지침을 제공한다(참고. 롬 13:1-7; 딛 3:1-2; 벧전 2:13-25). 그들이 그렇게 가르치는 이유는 거룩함과 신실함과 증언이 삶의 모든 영역과 연관되어 있기 때문이다. 지중해 세계 전역의 정치적 환경은 초기 그리스도인들에게 호의적이지 않았기 때문에, 순종하고 공손한 가운데 기도하는 삶을 살라고 하는 명령은 한층 더 중요했다. 반면에, 사도행전 4장의 이야기는 그리스도인들이 예수 그리스도를 말하고 증언하는 것을 정부 당국자들이 방해하려고 할 때에 어떻게 대응해야 하는지를 보여준다. 여기서 사도들이 보여준 행실과 그들의 서신에 나오는 가르침 사이에는 아무런 모순도 없다. 이렇게 우리는 일상적인 경험과 특별한 경험을 구별해야 한다. 하지만 상황이 어떠하든 중요한 것은 하나님에 대한 신실함이다. 그것은 어떤 때는 정부 당국에 반대하는 형태를 띠고, 어떤 때는 정부 당국에 복종하는 형태를 띤다. 그리스도인들, 특히 서양이 아닌 지역에서 살아가는 그리스도인들은 정부의 압력에 반대해서 그리스도를 전할 때에 어떤 결과가 벌어지는지를 아주 잘 알고 있다. 베드로는 "죄가 있어 매를 맞고 참으면 무슨 칭찬이 있으리요 그러나 선을 행함으로 고난을 받고 참으면 이는 하나님 앞에 아름다우니라"(벧전 2:20)고 말한다. 하지만 베드로와 바울은 정부 당국이 신앙을 훼방할 때는 기꺼이 당국의 지시를 무시한다(행 16:35-39; 빌 1:12-14; 딤후 1:8-12).

신약성경이 지도자들에게 복종하고 그리스도께 신실해야 할 신자들의 책임에 관해 말한 것들은 여기에 적용될 수 있다. 사도들은 예수님에 관해 말하지 말라는 구체적인 경고를 받는다. 원칙적으로 그리스도인들은 자신들의 정부와 조화롭게 살아가면서 정부 당국자들을 포함한 모든 사람을 위해 기도하고, 평화로운 삶을 추구해야 한다(딤전 2:1-2). 그리스도는 황제나 왕, 대통령이나 수상, 총독을 공경하고 존대하라는 명령을 받는다(벧전 2:17). 우리는 가장 세속적인 정부를 비롯한 모든 정부가 하나님이 이 땅에 두신 것이기 때문에, 율법을 실행하기 위한 하나님의 도구인 정부에 복종해야 하는 책임이 있음을 인정해야 한다. 정부에 복종하지 않는 것은 하나님의 심판을 초래하는 것이다(롬 13:1-3). 신자들이 시민 당국에 복종하는 것은 그들이 왕이신 그리스도께 더 큰 순종을 드리고 있음을 보이는 증표다. 그러나 당국에 복종하는 것이 하나님에 대한 불순종을 의미하고 그리스도에 대한 그들의 신앙고백을 위태롭게 하며, 당국이 신자들에게 그들의 신앙을 고백하거나 전하면 처벌을 받을 것이라고 경고하는 경우에는, 신자들은 상황이 어떠하든지 베드로나 요한이 그랬던 것처럼 "우리는 보고 들은 것을 말하지 아니할 수 없다"(행 4:20)고 분명하게 선언해야 한다. 이것은 신자들이 먼저 당국에 반기를 드는 것이 아니다. 하지만 당국이 예수님을 믿는다는 이유로 신자들을 반대하고 박해할 수 있다. 바로 그때, 신자들이 하나님과 인간 중에서 어느 쪽에 충성하고 있는지가 분명하게 드러날 수밖에 없다.

표적과 기사에 대해서 무어라고 말해야 하는가? 그리스도인들은 사도행전에 묘사된 이적들의 유형과 범위와 지속기간을 놓고 서로 견해가 갈린다. 하지만 신자들이 중심적인 문제들에 대해 의견을 일치시킬 수 있는 근거들을 찾아내는 것은 중요하다. 현세에서 그리스도인들 사이에 방언과 예언에 관한 견해가 완전히 일치할 가능성은 희박하다. 하지만 방언이나 예언은 그렇게 중요한 문제가 아니다. 사도행전에서 말하는 이적들은 언제나 하나님이 사람들의 복음 사역을 통해 성령 안에서 일하고 계신다는 것을 뒷받침하는 증표들이다. '은사지속론'(은사들이 교회 시대 전체에 걸쳐서 주어지고 행해진다는 견해)을 지지하는 사람들은 이 사실을 간과해서는 안 된다. 성령의 은사 문제에 대해 어떤 입장을 취하든, 심지어 하나님이 은사를 주시는 것을 완전히 끝내셨다고 보는 '은사중단론'(은사가 사도 시대 이후에 본질적으로 중단되었다고 믿거나, 신약 정경이 완성될 때까지만 지속되었다는 견해)을 지지하는 사람들도 하나님이 여전히 계속해서 신자들의 기도에 강력하게 응답하고 계시고, 성령을 통해 자신의 임재를 극적인 방식으로(비록 지진처럼 아주 극적인 것은 아닐지라도) 알리고 계신다는 사실을 부정할 수 없다. 역사 속에서 일어난 신앙부흥운동들은 대규모의 회심, 하나님께서 베푸신 놀라운 복들과 '새롭게 하시는' 역사들, 많은 사람이 공동체적인 기도에 열렬히 헌신하는 모습을 보여주는 극적인 예들로 가득하다.

그 중 한 예는 18세기에 존 웨슬리 등이 주도한 영국의 신앙부흥운동이다. 불리아미는 그의 웨슬리 전기에서 '거룩한 모임'(holy club)의 활동에 관해 이렇게 썼다.

> 모임의 회원들은 아침과 저녁으로 각각 한 시간 동안 개인적으로 기도하는 시간을 가졌다. 그들은 오전 9시와 12시, 오후 3시에는 성공회의 기도문들을 낭송했고, 언제나 그들 안에 은혜의 증표가 있는지를 면밀

하게 살폈으며, 신앙의 열심을 높은 수준으로 유지하기 위해 애썼다… 하루에 한 시간은 오로지 묵상하며 보냈다…일주일에 두 번 금식했고, 교회의 모든 절기들을 지켰으며, 주일마다 성찬에 참여했다. 모임에 가기 전에는 자신들의 행실을 점검하고 준비함으로써 쓸데없는 말을 하지 않으려고 했다. 그들은 자신들이 알고 있는 한 초대 교회를 자신들의 본으로 삼았다.[32]

우리 중에서 많은 사람이 그런 묘사를 읽으면서, 거기에서 지나치다고 생각되는 것들, 행위에 의지하는 경향, 그 밖에 우리가 빠지기 쉬운 여타 신학적 함정들을 찾아내려고 한다. 그러나 그들이 보인 기도와 경건이나 사도행전에 나오는 교회의 기도와 경건이 원인이 되어 신앙부흥이 일어난 것은 아닐지라도, 하나님이 구원의 큰 역사를 일으키기 위해 그들을 수단으로 사용하셨다는 사실은 인정해야 한다. 이러한 수단을 통해서 하나님은 그분의 백성을 준비하셨고, 성령은 그들에게 불을 붙여서 그리스도의 복음을 섬기고 헌신하게 하셨다.

우리가 함께 기도하여 응답 받은 경험이 없고, 부활하신 왕이신 예수님 안에서 성령의 능력을 통해 자신을 계시하시는 하나님이 바로 만유를 다스리시는 여호와 하나님이시라는 것을 믿지 않는다고 해서, 하나님이 성령을 부어주신 것을 단지 역사상의 한 사건으로 치부해서는 안 된다. 사도행전에 계시된 하나님은 구원과 영생에 관한 그분의 약속을 여전히 지키고 계시고 그분의 백성을 사용하셔서 새 언약과 하나님 나라에 관한 약속들을 성취하고 계신다. 그렇지만 이 사실을 고백하는 것과 그것을 믿는 것은 별개의 문제다. 우리는 웨슬리를 비롯한 그리스도인들에게 일어났던 것 같은 신앙부흥이 우리의 땅을 휩쓸기를 열망하는가? 우리는 신앙부흥이 일어나게 해달라고 함께 만나서 기도하는가? 우리는 우리의 세속적인

32 C. E. Vulliamy, *John Wesley* (London: Geoffrey Bles, 1931), 55.

문화가 웨슬리가 복음을 전했던 문화보다 복음을 받아들이기에 더 척박하다고 생각하는가? 우리는 복음이 구원을 주시는 하나님의 능력이라는 것과 복음을 전하기 위해 오직 하나님과 그분의 말씀만 의지해야 한다는 것을 진정으로 믿는가? 우리는 우리 자신의 영적인 삶과 거룩함이 우리의 사역 및 선교와 밀접하게 연결되어 있다는 사실을 진지하게 받아들이고 있는가? 아니면, 우리는 신학적으로 올바른 모든 대답을 알고 있고 올바른 모든 설교자의 설교를 경청하고 있으며, 올바른 모든 책들을 읽고 있기 때문에, 하나님이 우리에게 그분의 복을 부어주실 것이라고 기대하고 있는가? 사도행전은 신자들이 위대한 신학을 가지고 있으면서도 그리스도를 공경하는 삶을 살아가고, 잃어버린 자들에게 그리스도를 전하기 위해 열심을 내어 자신의 시간과 노력과 자원을 드릴 수 있다는 것을 보여준다.

아나니아와 삽비라와 관련하여, 그들이 신자가 아니었고 사탄의 도구로서 처벌받았을지라도, 거짓말하는 것의 심각성이나 참된 것을 말하는 것이 새 언약 공동체의 중요한 표징이라는 사실은 약화되지 않는다. 우리는 거짓말하는 것을 사소한 잘못으로 치부해버리고, '악의없는 거짓말'은 잘못이 아니라고 너무나도 자주 그냥 넘겨버리곤 한다. 그러나 거짓말을 하는 것은 현실과 다른 가상 세계를 만들어냄으로써 하나님이 우리를 두신 현실을 부인하는 것이다. 거짓말을 하는 것은 우리가 처해 있는 현실을 그대로 받아들이지 않고 우리가 원하는 대로 바꾸려는 시도다. 거짓말은 하나님의 세계를 있는 그대로가 아니라 거짓된 모습으로 제시하는 것이다. 무엇보다도 최악인 것은, 거짓말을 하는 것이 새 언약과 관련된 하나님의 계획, 즉 하나님 나라가 완성되었을 때 새 하늘과 새 땅에 거짓이 없게 하려는 그분의 계획을 부정하는 행위라는 것이다.

끝으로, 이적의 개입과 관련해서 우리는 이적이 성경에 흔히 등장하긴 하지만, 성경에 나오는 모든 사람이 이적을 통해 박해와 고난으로부터 건짐을 받지는 않았음을 기억해야 한다. 엘리야의 동료들은 살해되었고(왕상 19:10) 예레미야는 물구덩이에 던져졌으며(렘 38:6), 바울은 로마의 감옥에 투옥되었다(행 28장). 무엇보다도 우리의 모범이신 예수님은 갈보리의 고난을 참고 견디셨다(벧전 2:21-25). 교회사는 하나님이 자기 백성을 위험에서 건져내신 것을 보여주는 무수히 많은 사례와 믿는 자들이 고난 받고 순교 당하는 많은 사례를 동시에 담고 있다. 우리는 우리가 위험에 처했을 때 현세에서 건짐을 받을 것인지를 미리 알 수 없고, 무슨 이유로 고난을 받는지도 알지 못한다. 우리는 "모든 것이 합력하여 선을 이루느니라"(롬 8:28)는 말씀을 반복한다. 그것은 실제로 그렇게 되는 것을 보고 있기 때문이 아니라, 오직 믿음으로 그렇게 말하는 것일 뿐이다. 우리는 하나님이 현세에서 우리를 위험으로부터 구하시든지 구하지 않으시든지 예수님 안에서 완벽하게 구원하셨다는 확신을 가진다. 사도행전 4-5장에서 하나님이 사도들을 구하신 것은 그들에게 아직 할 일이 남아 있었기 때문이다.

6장

6:1 그때에 제자가 더 많아졌는데 헬라파 유대인들이 자기의 과부들이
매일의 [1]구제에 빠지므로 히브리파 사람을 원망하니 2 열두 사도가
모든 제자를 불러 이르되 우리가 하나님의 말씀을 제쳐 놓고 [2]접대를
일삼는 것이 마땅하지 아니하니 3 형제들아 너희 가운데서 성령과 지
혜가 충만하여 칭찬 받는 사람 일곱을 택하라 우리가 이 일을 그들에
게 맡기고 4 우리는 오로지 기도하는 일과 [3]말씀 사역에 힘쓰리라 하
니 5 온 무리가 이 말을 기뻐하여 믿음과 성령이 충만한 사람 스데반
과 또 빌립과 브로고로와 니가노르와 디몬과 바메나와 유대교에 입교
했던 안디옥 사람 니골라를 택하여 6 사도들 앞에 세우니 사도들이 기
도하고 그들에게 안수하니라

7 하나님의 말씀이 점점 왕성하여 예루살렘에 있는 제자의 수가 더 심
히 많아지고 허다한 제사장의 무리도 이 [4]도에 복종하니라

6:1 Now in these days when the disciples were increasing in number,
a complaint by the Hellenists[1] arose against the Hebrews because
their widows were being neglected in the daily distribution. 2 And the
twelve summoned the full number of the disciples and said, "It is not

right that we should give up preaching the word of God to serve tables.
3 Therefore, brothers,[2] pick out from among you seven men of good
repute, full of the Spirit and of wisdom, whom we will appoint to this
duty. 4 But we will devote ourselves to prayer and to the ministry of
the word." 5 And what they said pleased the whole gathering, and they
chose Stephen, a man full of faith and of the Holy Spirit, and Philip,
and Prochorus, and Nicanor, and Timon, and Parmenas, and Nicolaus,
a proselyte of Antioch. 6 These they set before the apostles, and they
prayed and laid their hands on them.
7 And the word of God continued to increase, and the number of the
disciples multiplied greatly in Jerusalem, and a great many of the
priests became obedient to the faith.

8 스데반이 은혜와 권능이 충만하여 큰 기사와 [5)] 표적을 민간에 행하
니 9 이른바 자유민들 즉 구레네인, 알렉산드리아인, 길리기아와 아시
아에서 온 사람들의 회당에서 어떤 자들이 일어나 스데반과 더불어
논쟁할새 10 스데반이 지혜와 성령으로 말함을 그들이 능히 당하지 못
하여 11 사람들을 매수하여 말하게 하되 이 사람이 모세와 하나님을
모독하는 말을 하는 것을 우리가 들었노라 하게 하고 12 백성과 장로
와 서기관들을 충동시켜 와서 잡아가지고 공회에 이르러 13 거짓 증인
들을 세우니 이르되 이 사람이 이 거룩한 곳과 율법을 거슬러 말하기
를 마지 아니하는도다 14 그의 말에 이 나사렛 예수가 이곳을 헐고 또
모세가 우리에게 전하여 준 규례를 고치겠다 함을 우리가 들었노라
하거늘 15 공회 중에 앉은 사람들이 다 스데반을 주목하여 보니 그 얼
굴이 천사의 얼굴과 같더라
8 And Stephen, full of grace and power, was doing great wonders and
signs among the people. 9 Then some of those who belonged to the

synagogue of the Freedmen (as it was called), and of the Cyrenians, and
of the Alexandrians, and of those from Cilicia and Asia, rose up and
disputed with Stephen. 10 But they could not withstand the wisdom and
the Spirit with which he was speaking. 11 Then they secretly instigated
men who said, "We have heard him speak blasphemous words against
Moses and God." 12 And they stirred up the people and the elders and
the scribes, and they came upon him and seized him and brought him
before the council, 13 and they set up false witnesses who said, "This
man never ceases to speak words against this holy place and the law,
14 for we have heard him say that this Jesus of Nazareth will destroy
this place and will change the customs that Moses delivered to us."
15 And gazing at him, all who sat in the council saw that his face was
like the face of an angel.

7:1 대제사장이 이르되 이것이 사실이냐 2 스데반이 이르되
여러분 부형들이여 들으소서 우리 조상 아브라함이 하란에 있기 전
메소보다미아에 있을 때에 영광의 하나님이 그에게 보여 3 이르시
되 네 고향과 친척을 떠나 내가 네게 보일 땅으로 가라 하시니 4 아브
라함이 갈대아 사람의 땅을 떠나 하란에 거하다가 그의 아버지가 죽
으매 하나님이 그를 거기서 너희 지금 사는 이 땅으로 옮기셨느니라
5 그러나 여기서 발 붙일 만한 땅도 유업으로 주지 아니하시고 다만
이 땅을 아직 자식도 없는 그와 그의 후손에게 소유로 주신다고 약속
하셨으며 6 하나님이 또 이같이 말씀하시되 그 후손이 다른 땅에서 나
그네가 되리니 그 땅 사람들이 종으로 삼아 사백 년 동안을 괴롭게 하
리라 하시고 7 또 이르시되 종 삼는 나라를 내가 심판하리니 그 후에
그들이 나와서 이곳에서 나를 섬기리라 하시고 8 할례의 언약을 아브
라함에게 주셨더니 그가 이삭을 낳아 여드레 만에 할례를 행하고 이

삭이 야곱을, 야곱이 우리 열두 조상을 낳으니라

7:1 And the high priest said, "Are these things so?" 2 And Stephen said:
"Brothers and fathers, hear me. The God of glory appeared to our father
Abraham when he was in Mesopotamia, before he lived in Haran, 3 and
said to him, 'Go out from your land and from your kindred and go into
the land that I will show you.' 4 Then he went out from the land of the
Chaldeans and lived in Haran. And after his father died, God removed
him from there into this land in which you are now living. 5 Yet he gave
him no inheritance in it, not even a foot's length, but promised to give
it to him as a possession and to his offspring after him, though he had
no child. 6 And God spoke to this effect—that his offspring would be
sojourners in a land belonging to others, who would enslave them and
afflict them four hundred years. 7 'But I will judge the nation that they
serve,' said God, 'and after that they shall come out and worship me
in this place.' 8 And he gave him the covenant of circumcision. And so
Abraham became the father of Isaac, and circumcised him on the eighth
day, and Isaac became the father of Jacob, and Jacob of the twelve
patriarchs.

9 여러 조상이 요셉을 시기하여 애굽에 팔았더니 하나님이 그와 함
께 계셔 10 그 모든 환난에서 건져내사 애굽 왕 바로 앞에서 은총과 지
혜를 주시매 바로가 그를 애굽과 자기 온 집의 통치자로 세웠느니라
11 그때에 애굽과 가나안 온 땅에 흉년이 들어 큰 환난이 있을새 우리
조상들이 양식이 없는지라 12 야곱이 애굽에 곡식 있다는 말을 듣고
먼저 우리 조상들을 보내고 13 또 재차 보내매 요셉이 자기 형제들에
게 알려지게 되고 또 요셉의 친족이 바로에게 드러나게 되니라 14 요
셉이 사람을 보내어 그의 아버지 야곱과 온 친족 일흔다섯 사람을 청

하였더니 15 야곱이 애굽으로 내려가 자기와 우리 조상들이 거기서 죽
고 16 세겜으로 옮겨져 아브라함이 세겜 하몰의 자손에게서 은으로 값
주고 산 무덤에 장사되니라
9 "And the patriarchs, jealous of Joseph, sold him into Egypt; but God
was with him 10 and rescued him out of all his afflictions and gave him
favor and wisdom before Pharaoh, king of Egypt, who made him ruler
over Egypt and over all his household. 11 Now there came a famine
throughout all Egypt and Canaan, and great affliction, and our fathers
could find no food. 12 But when Jacob heard that there was grain in
Egypt, he sent out our fathers on their first visit. 13 And on the second
visit Joseph made himself known to his brothers, and Joseph's family
became known to Pharaoh. 14 And Joseph sent and summoned Jacob
his father and all his kindred, seventy-five persons in all. 15 And Jacob
went down into Egypt, and he died, he and our fathers, 16 and they were
carried back to Shechem and laid in the tomb that Abraham had bought
for a sum of silver from the sons of Hamor in Shechem.

17 하나님이 아브라함에게 약속하신 때가 가까우매 이스라엘 백성이
애굽에서 번성하여 많아졌더니 18 요셉을 알지 못하는 새 임금이 애굽
왕위에 오르매 19 그가 우리 족속에게 교활한 방법을 써서 조상들을
괴롭게 하여 그 어린 아이들을 내버려 살지 못하게 하려 할새 20 그때에
모세가 났는데 하나님 보시기에 아름다운지라 그의 아버지의 집에서
석 달 동안 길리더니 21 버려진 후에 바로의 딸이 그를 데려다가 자기
아들로 기르매 22 모세가 애굽 사람의 모든 지혜를 배워 그의 말과 하
는 일들이 능하더라
23 나이가 사십이 되매 그 형제 이스라엘 자손을 돌볼 생각이 나더니
24 한 사람이 원통한 일 당함을 보고 보호하여 압제 받는 자를 위하여

원수를 갚아 애굽 사람을 쳐 죽이니라 25 그는 그의 형제들이 하나님
께서 자기의 손을 통하여 구원해 주시는 것을 깨달으리라고 생각하였
으나 그들이 깨닫지 못하였더라 26 이튿날 이스라엘 사람끼리 싸울 때
에 모세가 와서 화해시키려 하여 이르되 너희는 형제인데 어찌 서로
해치느냐 하니 27 그 동무를 해치는 사람이 모세를 밀어뜨려 이르되
누가 너를 관리와 재판장으로 우리 위에 세웠느냐 28 네가 어제는 애
굽 사람을 죽임과 같이 또 나를 죽이려느냐 하니 29 모세가 이 말 때문
에 도주하여 미디안 땅에서 나그네 되어 거기서 아들 둘을 낳으니라
30 사십 년이 차매 천사가 시내산 광야 가시나무 떨기 불꽃 가운데서
그에게 보이거늘 31 모세가 그 광경을 보고 놀랍게 여겨 알아보려고
가까이 가니 주의 소리가 있어 32 나는 네 조상의 하나님 즉 아브라함
과 이삭과 야곱의 하나님이라 하신대 모세가 무서워 감히 바라보지
못하더라 33 주께서 이르시되 네 발의 신을 벗으라 네가 서 있는 곳은
거룩한 땅이니라 34 내 백성이 애굽에서 괴로움 받음을 내가 확실히
보고 그 탄식하는 소리를 듣고 그들을 구원하려고 내려왔노니 이제
내가 너를 애굽으로 보내리라 하시니라

17 “But as the time of the promise drew near, which God had granted
to Abraham, the people increased and multiplied in Egypt 18 until there
arose over Egypt another king who did not know Joseph. 19 He dealt
shrewdly with our race and forced our fathers to expose their infants,
so that they would not be kept alive. 20 At this time Moses was born;
and he was beautiful in God’s sight. And he was brought up for three
months in his father’s house, 21 and when he was exposed, Pharaoh’s
daughter adopted him and brought him up as her own son. 22 And
Moses was instructed in all the wisdom of the Egyptians, and he was
mighty in his words and deeds.

23 "When he was forty years old, it came into his heart to visit his
brothers, the children of Israel. 24 And seeing one of them being
wronged, he defended the oppressed man and avenged him by striking
down the Egyptian. 25 He supposed that his brothers would understand
that God was giving them salvation by his hand, but they did not
understand. 26 And on the following day he appeared to them as they
were quarreling and tried to reconcile them, saying, 'Men, you are
brothers. Why do you wrong each other?' 27 But the man who was
wronging his neighbor thrust him aside, saying, 'Who made you a
ruler and a judge over us? 28 Do you want to kill me as you killed the
Egyptian yesterday?' 29 At this retort Moses fled and became an exile in
the land of Midian, where he became the father of two sons.

30 "Now when forty years had passed, an angel appeared to him in the
wilderness of Mount Sinai, in a flame of fire in a bush. 31 When Moses
saw it, he was amazed at the sight, and as he drew near to look, there
came the voice of the Lord: 32 'I am the God of your fathers, the God
of Abraham and of Isaac and of Jacob.' And Moses trembled and did
not dare to look. 33 Then the Lord said to him, 'Take off the sandals
from your feet, for the place where you are standing is holy ground. 34 I
have surely seen the affliction of my people who are in Egypt, and have
heard their groaning, and I have come down to deliver them. And now
come, I will send you to Egypt.'

35 그들의 말이 누가 너를 관리와 재판장으로 세웠느냐 하며 거절하
던 그 모세를 하나님은 가시나무 떨기 가운데서 보이던 천사의 손으
로 관리와 속량하는 자로서 보내셨으니 36 이 사람이 백성을 인도하여
나오게 하고 애굽과 홍해와 광야에서 사십 년간 기사와 [5]표적을 행하

였느니라 37 이스라엘 자손에 대하여 하나님이 너희 형제 가운데서 나
와 같은 선지자를 세우리라 하던 자가 곧 이 모세라 38 시내 산에서 말
하던 그 천사와 우리 조상들과 함께 광야 교회에 있었고 또 살아 있는
말씀을 받아 우리에게 주던 자가 이 사람이라 39 우리 조상들이 모세
에게 복종하지 아니하고자 하여 거절하며 그 마음이 도리어 애굽으로
향하여 40 아론더러 이르되 우리를 인도할 신들을 우리를 위하여 만들
라 애굽 땅에서 우리를 인도하던 이 모세는 어떻게 되었는지 알지 못
하노라 하고 41 그때에 그들이 송아지를 만들어 그 우상 앞에 제사하
며 자기 손으로 만든 것을 기뻐하더니 42 하나님이 외면하사 그들을
[6]그 하늘의 군대 섬기는 일에 버려 두셨으니 이는 선지자의 책에 기
록된 바

> 이스라엘의 집이여 너희가 광야에서 사십 년간 희생과 제물을 내
> 게 드린 일이 있었느냐 43 몰록의 장막과 신 레판의 별을 받들었음
> 이여 이것은 너희가 절하고자 하여 만든 형상이로다 내가 너희를
> 바벨론 밖으로 옮기리라

함과 같으니라

35 “This Moses, whom they rejected, saying, ‘Who made you a ruler
and a judge?’—this man God sent as both ruler and redeemer by the
hand of the angel who appeared to him in the bush. 36 This man led
them out, performing wonders and signs in Egypt and at the Red Sea
and in the wilderness for forty years. 37 This is the Moses who said
to the Israelites, ‘God will raise up for you a prophet like me from
your brothers.’ 38 This is the one who was in the congregation in the
wilderness with the angel who spoke to him at Mount Sinai, and with
our fathers. He received living oracles to give to us. 39 Our fathers
refused to obey him, but thrust him aside, and in their hearts they turned
to Egypt, 40 saying to Aaron, ‘Make for us gods who will go before us.

As for this Moses who led us out from the land of Egypt, we do not
know what has become of him.' 41 And they made a calf in those days,
and offered a sacrifice to the idol and were rejoicing in the works of
their hands. 42 But God turned away and gave them over to worship the
host of heaven, as it is written in the book of the prophets:

"'Did you bring to me slain beasts and sacrifices,
during the forty years in the wilderness, O house of Israel?
43 You took up the tent of Moloch
and the star of your god Rephan,
the images that you made to worship;
and I will send you into exile beyond Babylon.'

44 광야에서 우리 조상들에게 증거의 장막이 있었으니 이것은 모세
에게 말씀하신 이가 명하사 그가 본 그 양식대로 만들게 하신 것이라
45 우리 조상들이 그것을 받아 하나님이 그들 앞에서 쫓아내신 이방인
의 땅을 점령할 때에 여호수아와 함께 가지고 들어가서 다윗 때까지
이르니라 46 다윗이 하나님 앞에서 은혜를 받아 [7]야곱의 집을 위하여
하나님의 처소를 준비하게 하여 달라고 하더니 47 솔로몬이 그를 위하
여 집을 지었느니라 48 그러나 지극히 높으신 이는 손으로 지은 곳에
계시지 아니하시나니 선지자가 말한 바

49 주께서 이르시되 하늘은 나의 보좌요 땅은 나의 발등상이니 너
희가 나를 위하여 무슨 집을 짓겠으며 나의 안식할 처소가 어디냐
50 이 모든 것이 다 내 손으로 지은 것이 아니냐

함과 같으니라

44 "Our fathers had the tent of witness in the wilderness, just as he who
spoke to Moses directed him to make it, according to the pattern that
he had seen. 45 Our fathers in turn brought it in with Joshua when they

dispossessed the nations that God drove out before our fathers. So it
was until the days of David, 46 who found favor in the sight of God
and asked to find a dwelling place for the God of Jacob.[3] 47 But it was
Solomon who built a house for him. 48 Yet the Most High does not
dwell in houses made by hands, as the prophet says,

49 "'Heaven is my throne,
  and the earth is my footstool.
What kind of house will you build for me, says the Lord,
  or what is the place of my rest?
50 Did not my hand make all these things?'

51 목이 곧고 마음과 귀에 할례를 받지 못한 사람들아 너희도 너희 조
상과 같이 항상 성령을 거스르는도다 52 너희 조상들이 선지자들 중
의 누구를 박해하지 아니하였느냐 의인이 오시리라 예고한 자들을 그
들이 죽였고 이제 너희는 그 의인을 잡아 준 자요 살인한 자가 되나니
53 너희는 천사가 전한 율법을 받고도 지키지 아니하였도다 하니라
51 "You stiff-necked people, uncircumcised in heart and ears, you
always resist the Holy Spirit. As your fathers did, so do you. 52 Which
of the prophets did your fathers not persecute? And they killed those
who announced beforehand the coming of the Righteous One, whom
you have now betrayed and murdered, 53 you who received the law as
delivered by angels and did not keep it."

54 그들이 이 말을 듣고 마음에 찔려 그를 향하여 이를 갈거늘 55 스데
반이 성령 충만하여 하늘을 우러러 주목하여 하나님의 영광과 및 예
수께서 하나님 우편에 서신 것을 보고 56 말하되 보라 하늘이 열리고
인자가 하나님 우편에 서신 것을 보노라 한대 57 그들이 큰 소리를 지

르며 귀를 막고 일제히 그에게 달려들어 58 성 밖으로 내치고 돌로 칠
새 증인들이 옷을 벗어 사울이라 하는 청년의 발 앞에 두니라 59 그들
이 돌로 스데반을 치니 스데반이 부르짖어 이르되 주 예수여 내 영혼
을 받으시옵소서 하고 60 무릎을 꿇고 크게 불러 이르되 주여 이 죄를
그들에게 돌리지 마옵소서 이 말을 하고 자니라
8:1 사울은 그가 죽임 당함을 마땅히 여기더라
그날에 예루살렘에 있는 교회에 큰 박해가 있어 사도 외에는 다 유대
와 사마리아 모든 땅으로 흩어지니라 2 경건한 사람들이 스데반을 장
사하고 위하여 크게 울더라 3 사울이 교회를 잔멸할새 각 집에 들어가
남녀를 끌어다가 옥에 넘기니라

54 Now when they heard these things they were enraged, and they
ground their teeth at him. 55 But he, full of the Holy Spirit, gazed into
heaven and saw the glory of God, and Jesus standing at the right hand
of God. 56 And he said, "Behold, I see the heavens opened, and the Son
of Man standing at the right hand of God." 57 But they cried out with a
loud voice and stopped their ears and rushed together[4] at him. 58 Then
they cast him out of the city and stoned him. And the witnesses laid
down their garments at the feet of a young man named Saul. 59 And
as they were stoning Stephen, he called out, "Lord Jesus, receive my
spirit." 60 And falling to his knees he cried out with a loud voice, "Lord,
do not hold this sin against them." And when he had said this, he fell
asleep.
8:1 And Saul approved of his execution.
And there arose on that day a great persecution against the church in
Jerusalem, and they were all scattered throughout the regions of Judea
and Samaria, except the apostles. 2 Devout men buried Stephen and
made great lamentation over him. 3 But Saul was ravaging the church,

and entering house after house, he dragged off men and women and
committed them to prison.

4 그 흩어진 사람들이 두루 다니며 복음의 말씀을 전할새 5 빌립이 사
마리아 성에 내려가 그리스도를 백성에게 전파하니 6 무리가 빌립의
말도 듣고 행하는 [5)]표적도 보고 한마음으로 그가 하는 말을 따르더라
7 많은 사람에게 붙었던 더러운 귀신들이 크게 소리를 지르며 나가고
또 많은 중풍병자와 못 걷는 사람이 나으니 8 그 성에 큰 기쁨이 있더라
4 Now those who were scattered went about preaching the word. 5 Philip
went down to the city[5] of Samaria and proclaimed to them the Christ.
6 And the crowds with one accord paid attention to what was being
said by Philip, when they heard him and saw the signs that he did. 7 For
unclean spirits, crying out with a loud voice, came out of many who had
them, and many who were paralyzed or lame were healed. 8 So there
was much joy in that city.

9 그 성에 시몬이라 하는 사람이 전부터 있어 마술을 행하여 사마리아
백성을 놀라게 하며 자칭 큰 자라 하니 10 낮은 사람부터 높은 사람까
지 다 따르며 이르되 이 사람은 크다 일컫는 하나님의 능력이라 하더
라 11 오랫동안 그 마술에 놀랐으므로 그들이 따르더니 12 빌립이 하나
님 나라와 및 예수 그리스도의 이름에 관하여 전도함을 그들이 믿고
남녀가 다 [8)]세례를 받으니 13 시몬도 믿고 [8)]세례를 받은 후에 전심으
로 빌립을 따라다니며 그 나타나는 [5)]표적과 큰 능력을 보고 놀라니라
14 예루살렘에 있는 사도들이 사마리아도 하나님의 말씀을 받았다 함
을 듣고 베드로와 요한을 보내매 15 그들이 내려가서 그들을 위하여
성령 받기를 기도하니 16 이는 아직 한 사람에게도 성령 내리신 일이
없고 오직 주 예수의 이름으로 [8)]세례만 받을 뿐이더라 17 이에 두 사

도가 그들에게 안수하매 성령을 받는지라 18 시몬이 사도들의 안수로
성령 받는 것을 보고 돈을 드려 19 이르되 이 권능을 내게도 주어 누
구든지 내가 안수하는 사람은 성령을 받게 하여 주소서 하니 20 베드
로가 이르되 네가 하나님의 선물을 돈 주고 살 줄로 생각하였으니 네
은과 네가 함께 망할지어다 21 하나님 앞에서 네 마음이 바르지 못하
니 이 [9]도에는 네가 관계도 없고 분깃 될 것도 없느니라 22 그러므로
너의 이 악함을 회개하고 주께 기도하라 혹 마음에 품은 것을 사하여
주시리라 23 내가 보니 너는 [10]악독이 가득하며 불의에 [11]매인 바 되
었도다 24 시몬이 대답하여 이르되 나를 위하여 주께 기도하여 말한
것이 하나도 내게 임하지 않게 하소서 하니라

25 두 사도가 주의 말씀을 증언하여 말한 후 예루살렘으로 돌아갈새
사마리아인의 여러 마을에서 복음을 전하니라

9 But there was a man named Simon, who had previously practiced
magic in the city and amazed the people of Samaria, saying that he
himself was somebody great. 10 They all paid attention to him, from
the least to the greatest, saying, “This man is the power of God that is
called Great.” 11 And they paid attention to him because for a long time
he had amazed them with his magic. 12 But when they believed Philip
as he preached good news about the kingdom of God and the name of
Jesus Christ, they were baptized, both men and women. 13 Even Simon
himself believed, and after being baptized he continued with Philip.
And seeing signs and great miracles[6] performed, he was amazed.

14 Now when the apostles at Jerusalem heard that Samaria had received
the word of God, they sent to them Peter and John, 15 who came down
and prayed for them that they might receive the Holy Spirit, 16 for he
had not yet fallen on any of them, but they had only been baptized in
the name of the Lord Jesus. 17 Then they laid their hands on them and

they received the Holy Spirit. 18 Now when Simon saw that the Spirit
was given through the laying on of the apostles' hands, he offered them
money, 19 saying, "Give me this power also, so that anyone on whom
I lay my hands may receive the Holy Spirit." 20 But Peter said to him,
"May your silver perish with you, because you thought you could
obtain the gift of God with money! 21 You have neither part nor lot in
this matter, for your heart is not right before God. 22 Repent, therefore,
of this wickedness of yours, and pray to the Lord that, if possible, the
intent of your heart may be forgiven you. 23 For I see that you are in the
gall[7] of bitterness and in the bond of iniquity." 24 And Simon answered,
"Pray for me to the Lord, that nothing of what you have said may come
upon me."

25 Now when they had testified and spoken the word of the Lord, they
returned to Jerusalem, preaching the gospel to many villages of the
Samaritans.

26 주의 사자가 빌립에게 말하여 이르되 일어나서 남쪽으로 향하여
예루살렘에서 가사로 내려가는 길까지 가라 하니 그 길은 광야라
27 일어나 가서 보니 에디오피아 사람 곧 에디오피아 여왕 간다게의
모든 국고를 맡은 관리인 내시가 예배하러 예루살렘에 왔다가 28 돌아
가는데 수레를 타고 선지자 이사야의 글을 읽더라 29 성령이 빌립더러
이르시되 이 수레로 가까이 나아가라 하시거늘 30 빌립이 달려가서 선
지자 이사야의 글 읽는 것을 듣고 말하되 읽는 것을 깨닫느냐 31 대답
하되 지도해 주는 사람이 없으니 어찌 깨달을 수 있느냐 하고 빌립을
청하여 수레에 올라 같이 앉으라 하니라 32 읽는 성경 구절은 이것이
니 일렀으되

그가 도살자에게로 가는 양과 같이 끌려갔고 털 깎는 자 앞에 있는

어린 양이 조용함과 같이 그의 입을 열지 아니하였도다 33 그가 굴
욕을 당했을 때 공정한 재판도 받지 못하였으니 누가 그의 세대를
말하리요 그의 생명이 땅에서 빼앗김이로다
하였거늘
34 그 내시가 빌립에게 말하되 청컨대 내가 묻노니 선지자가 이 말한
것이 누구를 가리킴이냐 자기를 가리킴이냐 타인을 가리킴이냐 35 빌
립이 입을 열어 이 글에서 시작하여 예수를 가르쳐 복음을 전하니 36
길 가다가 물 있는 곳에 이르러 그 내시가 말하되 보라 물이 있으니
내가 [8]세례를 받음에 무슨 거리낌이 있느냐 37 [12](없음) 38 이에 명하여
수레를 멈추고 빌립과 내시가 둘 다 물에 내려가 빌립이 [8]세례를 베
풀고 39 둘이 물에서 올라올새 주의 영이 빌립을 [13]이끌어간지라 내시
는 기쁘게 길을 가므로 그를 다시 보지 못하니라 40 빌립은 아소도에
나타나 여러 성을 지나 다니며 복음을 전하고 가이사랴에 이르니라
26 Now an angel of the Lord said to Philip, "Rise and go toward the
south[8] to the road that goes down from Jerusalem to Gaza." This is a
desert place. 27 And he rose and went. And there was an Ethiopian, a
eunuch, a court official of Candace, queen of the Ethiopians, who was
in charge of all her treasure. He had come to Jerusalem to worship
28 and was returning, seated in his chariot, and he was reading the
prophet Isaiah. 29 And the Spirit said to Philip, "Go over and join this
chariot." 30 So Philip ran to him and heard him reading Isaiah the
prophet and asked, "Do you understand what you are reading?" 31 And
he said, "How can I, unless someone guides me?" And he invited Philip
to come up and sit with him. 32 Now the passage of the Scripture that he
was reading was this:

"Like a sheep he was led to the slaughter
and like a lamb before its shearer is silent,

so he opens not his mouth.
33 In his humiliation justice was denied him.
Who can describe his generation?
For his life is taken away from the earth."
34 And the eunuch said to Philip, "About whom, I ask you, does the
prophet say this, about himself or about someone else?" 35 Then Philip
opened his mouth, and beginning with this Scripture he told him the
good news about Jesus. 36 And as they were going along the road they
came to some water, and the eunuch said, "See, here is water! What
prevents me from being baptized?"[9] 38 And he commanded the chariot
to stop, and they both went down into the water, Philip and the eunuch,
and he baptized him. 39 And when they came up out of the water, the
Spirit of the Lord carried Philip away, and the eunuch saw him no
more, and went on his way rejoicing. 40 But Philip found himself at
Azotus, and as he passed through he preached the gospel to all the
towns until he came to Caesarea.

1) 헬, 봉사 2) 또는 재정 출납을 3) 헬, 말씀의 봉사에 4) 헬, 믿음 5) 또는 이적 6) 그 하늘의 별들 7) 다른 사본에, 하나님을 위하여 처소를 8) 헬, 또는 침례 9) 또는 일에는 10) 헬, 쓴 담즙이 11) 또는 매는 자가 되었도다 12) 어떤 사본에, 37 '빌립이 이르되 네가 마음을 온전히 하여 믿으면 가하니라 대답하여 이르되 내가 예수 그리스도께서 하나님의 아들인 줄 믿노라'가 있음 13) 헬, 빼앗아간지라

1 That is, Greek-speaking Jews *2* Or *brothers and sisters* *3* Some manuscripts *for the house of Jacob* *4* Or *rushed with one mind* *5* Some manuscripts *a city* *6* Greek *works of power* *7* That is, a bitter fluid secreted by the liver; bile *8* Or *go at about noon* *9* Some manuscripts add all or most of verse 37: *And Philip said, "If you believe with all your heart, you may." And he replied, "I believe that Jesus Christ is the Son of God."*

단락 개관

헬라파 유대인들이 등장함

사도행전 6장은 짧은데다 그 의미가 종종 간과되고 있지만, 사도행전 내러티브의 중요한 부분이다. 이 장을 읽으면서 독자들은 사도들이 행한 사역의 성격(기도와 말씀을 전하는 것)과 교회의 일상적인 일들을 담당할 일꾼들의 필요성에 쉽게 초점을 맞추게 된다. 이렇게 사도행전 6장은 사역, 교회론, 집사 직분의 시작에 관한 좀 더 폭넓은 논의들과 결부되어 있다. 본문에서 '집사'라는 단어는 나오지 않지만, 이 사람들이 맡은 일에 관한 설명과 명사 디아코노스(*diakonos*, 집사)의 동사 형태인 디아코네오(*dikonēo*, 섬기다)가 사용되기 때문에 그러한 논의로 이어진다.

하지만 우리는 이 이야기 속에 담긴 하나의 중요한 구별과 불화의 씨앗에 주목해야 한다. 여기서 헬라파 유대인들과 히브리파 유대인들이 구별된다(참고. 6:1-7에 관한 주석). 헬라파 유대인에 대한 의도적인 편견이나 차별은 존재하지 않은 것으로 보이지만, 하나의 실제적인 문제와 관련해서 그러한 구별이 겉으로 드러난다. 또한 우리는 헬라파 유대인에 대한 이러한 명시적인 소개가 사도행전에서 하나의 큰 단락을 이루는 스데반에 관한 이야기로 어떻게 이어지는지도 주목해야 한다. 스데반에 관한 이야기가 끝나는 시점부터 누가는 복음에 대한 증언이 예루살렘을 벗어나 그리스와 로마라는 더 넓은 세계로 확장되는 것에 초점을 맞출 것이다.

스데반의 순교는 사도행전에서 가장 잘 알려져 있는 부분들 중 하나다. 이 이야기는 스데반의 사역과 체포(6:8-15), 스데반의 설교(7:1-53), 스데반의 처형(7:54-8:1a)이라는 세 부분으로 나뉜다.[33] 스데반은 구약성경에 대한 그리스도 중심적인 해석을 포괄적으로 제시한 최초의 인물이다. 그

33 Bock, *Acts*, 267.

는 이스라엘의 역사를 해석하여 자세히 들려주면서, 이스라엘이 계속 하나님을 거부해 오다가 결국 예수 그리스도를 죽임으로써 하나님을 최종적으로 거부했다는 것을 강조한다. 좀 더 넓은 맥락에서 스데반은 예루살렘에서 세 번째로 재판을 받은 사람인데, 그 재판의 강도는 점점 거세진다. 첫 번째 재판에서는 유대 당국자들이 베드로와 요한에게 경고만 했고(4:21) 두 번째 재판에서는 사도들에게 채찍질을 했으며(5:40), 세 번째 재판에서는 스데반을 죽인다(7:60).[34] 사도행전 전체의 맥락에서 이 단락은 복음이 유대의 나머지 지역과 사마리아와 땅 끝으로 확장되는 관문이다. 정경 전체의 맥락 속에서 이 사건은 하나님의 복이 이방 나라들에게로 흘러들어가는 길을 닦는다. 박해는 복음 전파를 위한 촉진제가 된다. 본문 자체의 수준에서 누가는 장차 복음을 이방 나라들에 전할 다소의 사울을 소개하는데, 그는 그 과업을 맡으리라고 전혀 생각되지 않는 사람이었다.

사도행전 8장은 복음이 유대와 유대 민족을 넘어 확장되는 것을 이야기한다. 여기서 복음을 받아들인 첫 번째 사람들은 사마리아 사람들이다. 그들은 이전에 북왕국 이스라엘이었던 곳에 살았으며 혈통상 반쪽 유대인(half-Jewish)이었다. 사마리아에서 일어난 일은 아주 놀라운 일이었기 때문에, 베드로와 요한은 그 일을 직접 살펴보았고, 이로 인해 사마리아인들이 전적으로 교회에 받아들여졌다. 그들은 성령을 받았다. 하나님의 나라가 회복되고 있었다. 이것이 바로 사도들이 예수님의 승천 직전에 질문한 것이었다(1:6). 이어서, 이사야서 본문을 읽지만 그 뜻을 깨닫지 못해 곤혹스러워하던 에디오피아 내시가 빌립이 선포하는 하나님의 말씀을 듣고 믿어 즉시 세례를 받는다. 이 두 경우 모두 복음을 전한 사람들은 누가가 6:5에서 소개한 헬라파 유대인이었다. 사도가 아니라 일곱 집사 중 한 사람이었던 빌립은 복음을 예루살렘 너머로 전함으로써, 복음이 땅 끝까지 이르는 여정을 개시한다.

34 Polhill, *Acts*, 183. Bock, *Acts*, 267에서 재인용.

단락 개요

I. D. 헬라파 유대인들이 등장함(6:1-8:40)
   1. 제자들이 일곱 집사를 선택함(6:1-7)
   2. 최초의 기독교 순교자(6:8-8:3)
      a. 스데반이 체포됨(6:8-15)
      b. 스데반의 설교(7:1-53)
      c. 스데반이 순교하고 신자들이 흩어짐(7:54-8:3)
   3. 유대와 사마리아와 그 너머로(8:4-40)
      a. 빌립이 사마리아로 감(8:4-8)
      b. 베드로와 요한이 사마리아로 감(8:9-25)
      c. 에디오피아 내시(8:26-40)

주석

6:1-7 | 제자들이 일곱 집사를 선택함　교회나 가족이나 사업의 성장을 경험해 본 사람은 누구나 성장과 함께 새로운 도전들이 찾아온다는 사실을 안다. 초기 교회도 그런 문제에 직면했다. 교회가 급속도로 아주 많이 성장해서 모든 구성원을 점점 더 돌보기 어려워진 것이다. 신자들이 소유물과 재산을 팔아서 사도들에게 바쳤기 때문에 재원은 있었지만, 그 재원을 적절하게 분배할 일손이 부족했다. 사도들이 복음을 전하고 표적과 기사를 행하는 동시에, 돈을 필요한 곳에 적절하게 사용하기에는 역부족이었다. 사도들은 옛적에 광야에서 이스라엘을 이끌던 모세와 비슷한 상황에 놓여 있었다. 그때에도 이드로는 사위인 모세를 찾아와, 그가 하는 일이 너무 많으니 이스라엘을 다스리는 일에 사람들의 도움이 필요하다고

강하게 충고하고서(출 18:14-23) 그의 짐을 나누어질 "능력 있는 사람들"(출 18:21)을 선택하라고 조언했다. 사도들 역시 새 언약의 공동체에서 점점 확장되는 복음 사역을 감당하기 위해 도움을 줄 사람들이 필요했다.

사도들은 그들을 도울 사람들을 직접 선택하지 않고, 선택할 책임을 공동체의 모든 구성원에게 일임한다. 그러면서도 구제하는 일을 맡을 사람들이 어떠해야 하는지에 대한 지침을 준다. 그 일을 맡을 사람들은 (1) 평판이 좋아야 하고 (2) 성령으로 충만해야 하며 (3) 지혜가 충만해야 한다(행 6:3). 즉, 그들은 공동체 가운데서 잘 알려진 존경받는 사람, 성령이 주신 믿음의 분명한 증거를 보여주는 사람, 무슨 일을 어떻게 해야 하는지를 아는 사람이어야 한다는 것이다. 그들의 사역은 사도들을 돕는 것이었지만, 그들에게 요구된 자격은 결코 사도들보다 덜하지 않았다. 나중에 기독교의 지도자 및 공동체의 구조와 관련한 이러한 본이 교회에 실제로 반영되었다(딤전 3:8-10; 딛 2:2-6).

일부 해석자들은, 예루살렘 교회가 유일무이한 성격을 지녔다는 점에서 이후의 교회들과는 달랐기 때문에, 사도들을 도울 사람들을 선택하는 것에 관한 이 기사는 이후의 교회들에게 규범적인 것이 아니라고 주장한다. 예루살렘 교회와 이후의 교회들 사이에는 뚜렷한 차이점도 있고 유사점도 있다. 첫째, 예루살렘 교회는 그리스도가 선택하신 사도들이 지도자였던 반면에, 이후의 교회들은 교회가 선택한 목회자들이 지도자다. 그렇지만 사도행전의 후반부를 보면 예루살렘 교회에도 장로들이 등장한다. 둘째, 사도행전 6장에서 선택된 일곱 사람은 집사라고 불리지는 않으나 섬기는 일을 맡는다. 그들이 맡은 일차적인 역할은 복음을 전하고 가르치는 지도자들과 구별되었는데 이는 나중에 생겨난 집사들도 동일하다. 또한 그들에게 요구된 자격은 이후에 교회에서 집사들을 선택할 때에 요구된 자격에 반영된다(행 6:3; 딤전 3:8-13). 하지만 이후에 생겨난 집사들과는 달리 스데반과 빌립은 그들에게 맡겨진 섬김의 일 외에 다른 사역들도 한다(행 6:8; 8:5-8, 26-40). 물론 그런 사역들을 함께 하는 것이 이후의 집사들에게 금지되지는 않으나, 당연한 것으로 여겨지지도 않는다.

따라서 예루살렘 교회와 이후 교회들의 주된 차이는, 열두 사도와 일곱 일꾼이 함께 있었다는 것인데, 이것은 초기 교회가 유동적인 성격을 지니고 있었음을 보여주는 것이기도 하다. 그러나 사도행전 9장 이후부터 상황은 급격하게 변화된다.[35] 사도행전의 초반에 나오는 몇몇 장들에 묘사된 교회 지도층과 사도행전의 후반에 묘사된 교회 지도층은 불리는 명칭은 서로 다르지만, 기능적인 측면에서 매우 비슷한 역할을 한다. 그러나 직분은 서로 동일하지 않다. 사도들을 비롯한 신자들이 박해를 피해 예루살렘을 떠나 흩어진 후에, 예루살렘 교회는 신약 교회의 전형적인 특징들을 더 많이 지니게 된 것으로 보인다. 예루살렘 교회는 신약 교회의 역사에서 유일무이하게 사도들이 있었던 교회이다.

예루살렘 교회는 오순절에 일어난 사건과 사도들이 성령에 이끌려 행한 사역의 결과로 역사의 무대에 갑자기 등장했다. 따라서 예루살렘 교회는 신약 교회의 탄생지이자 지역 교회와 교회 정치의 토대였다고 생각하는 것이 최선이다. 사도행전 8장에서 신자들이 흩어지기 전까지, 예루살렘에 있던 교회는 교회사에서 어떤 교회도 따라할 수 없는 유일무이한 교회였다. 시작은 단 하나만 존재할 수 있기 때문이다.

교회에서 사도들을 돕도록 선택된 일곱 사람 중에서 스데반과 빌립은 사도행전의 내러티브에서 두드러진 역할을 하는 반면에, 나머지 사람들은 다시는 언급되지 않는다. 헬라파 유대인 중 한 사람이었던 스데반은 머지않아 성경의 성취인 새 언약의 실체들에 관해 성경신학적인 강의를 유대 엘리트 지도층에게 하게 된다. 그 강의에서 스데반은 이러한 새 언약의 실체들을 말로는 하나님을 섬긴다고 하지만 실제로는 그분을 거부해 왔던 이스라엘의 오랜 역사, 곧 이스라엘 민족의 수립까지 거슬러 올라가는 불신앙과 배신의 역사와 대비시킨다. 훈련받은 유대 랍비가 아니라 헬라파 유대인이었던 스데반이 이런 메시지를 전한 것은 주목할 만하다.

35 흥미로운 점은 누가가 일곱 명의 일꾼 중에서 다섯 명에 관해서는 아무것도 말하지 않으며, 이후에 다시는 이 직분이나 섬김에 관해 언급하지 않는다는 것이다.

일곱 일꾼 중에서 마지막으로 언급된 사람은 니골라다. 여기에서 중요한 점은 누가가 그를 '안디옥의 개종자'(6:5, 개역개정에는 "유대교에 입교했던 안디옥 사람")라고 소개한다는 것이다. 개종자는 유대교로 완전히 개종해서 모세 율법을 지키고 할례를 받은 이방인이라는 점에서 '하나님을 경외하는 자'(God-fearer)와 다르다. 개종자는 언약의 증표인 할례를 받고 언약의 구성원이 된다. 개종자는 유대교를 믿을 뿐만 아니라 할례를 받음으로써 겉으로는 완벽하게 유대인이 되었지만, 인종적으로는 여전히 이방인이다. 초기 교회의 신자로서 그리스도를 따르는 자들을 섬기는 일꾼으로 선출된 니골라는 히브리인이나 열두 지파에 속하지 않은, 육신적으로는 아브라함의 자손이 아니었다. 안디옥은 사도행전에서 처음으로 이방인이 예수님을 믿은 곳이자 이방인의 사도인 바울을 파송해서 이방 선교의 출발점이 되는 곳인데, 니골라는 바로 그곳 출신이었다. 유대인과 이방인이 함께하는 하나님 나라의 구성은 이미 예루살렘에서부터 시나브로 형태를 갖추어가기 시작한다. 그리고 눈에 띄지 않게 이루어진 그 형태는 오래지 않아 밝히 드러나게 된다. 다시 말해 어떤 사람이 그리스도를 따르는 자인지를 결정하는 근거는, 민족이나 인종이나 그 밖의 어떠한 사회적이고 문화적인 구별이 아니라 오직 성령과 믿음이 될 것이다.

이렇게 사도들은 구제를 담당할 일꾼들을 세운 후에 오로지 "기도하는 일과 말씀 사역에 힘[쓴다]"(6:4). 이는 복음을 선포하는 것이야말로 기독교 사역의 근간이 되는 소임이라는 사실을 명백하게 보여준다. 아무리 꼭 필요한 일일지라도 그 밖의 다른 모든 일은 이 일에 종속되고 이 일로부터 흘러나온다. 사도행전의 이러한 맥락 속에서 기도는 성령의 역사 및 사도들의 사역과 직접적으로 연결되어 있다(참고. 1:14; 4:24-30). 복음 사역에는 기도가 수반되고, 이것은 예수님이 친히 세우신 본이다. 예수님은 열두 사도를 선택하시기 전에 먼저 밤을 새워 기도하셨고(눅 6:12), 갈릴리 사역을 하시기 전에도 동이 트기 전에 일어나서 기도하셨다(막 1:35). 물론 사랑하는 사람들이나 고난을 겪거나 곤경에 처해 있는 사람들, 또는 그 밖의 다른 온갖 기도해야 할 것들을 위해 개인적으로 기도하는 것이 중요하지 않다는 의미는 아니다. 그렇지만 누가가 사도들의 사역에 초점을 맞추고 있기 때문에, 이 본문도 그 연장선상에서 말씀 사역과 관련된 기도라는 맥락을 따라 적용해야 한다. 이것은 복음의 전파 및 그 결과가 전적으로 하나님께 달려있어서 그분이 이 사역과 관련된 모든 것을 공급하고 보호하며 촉진하시기 때문에, 사도들이 그들의 사역과 관련해 절대적으로 하나님을 의지했다는 것을 보여준다. 특히 사역과 관련한 기도야말로 우리가 하나님을 전적으로 의지하고 있음을 가장 분명하게 보여주는 방편이다.

사도행전 6:7에는 복음 전파가 얼마나 성공적이었는지를 보여주는 또 하나의 요약문이 나온다(참고. 2:41, 47; 4:4; 6:7; 12:24; 13:49; 19:20). 이 요약문은 이 내러티브에서 복음이 예루살렘에서 전파되다가 이제 유대 밖으로 확장되는 방향으로 전환되는 것을 준비하는 역할도 한다. 누가는 특히 많은 제사장이 예수님을 믿게 되었다고 말한다. 유대 당국자들이 예수님을 배척했다는 것이 강조되기 때문에 아리마대 사람 요셉과 니고데모(눅 23:50-51; 요 19:38-39; 참고. 마 27:57; 막 15:43), 사울/바울(행 9장) 같은 지도층이 예수님을 믿었다는 사실을 잊기가 쉽다. 예루살렘 공회에도 바리새인으로서 예수님을 믿은 사람들이 있었고(15:5), 고린도에서는 회당장 그리스보가 복음을 믿었다(18:8). 제사장들은 아론의 후손으로서 여러 지역들에 흩어져 살면서 성전에서 복무할 순번이 돌아올 때마다 예루살렘에 올라왔기 때문에, 그들 중 대부분은 지도층에 속하지 않았다. 그들이 믿음의 공동체에 들어왔다는 것은 유대 사회의 모든 계층으로부터 신자들이 생겨났음을 보여준다.

6:8-15 | 최초의 기독교 순교자: 스데반이 체포됨 누가는 스데반이 "은혜와 권능이 충만[한]"(8절) 사람이라고 말함으로써, 그가 구제하는 일을 잘 담당할 수 있는 은사 외에 다른 은사들도 소유하고 있었다는 사실을 처음부터 분명히 한다. 은혜와 권능이 충만했다는 말은 문맥상으로 성령의 임재와 역사를 가리킨다. 이것은 예수님이 사도들에게 약속하신 것이었다(1:8). 스데반은 사도들과 마찬가지로 "큰 기사와 표적"(6:8)을 행했다. 사도

들 외에도 이런 성령의 은사가 신자들에게 어느 정도까지 일반적으로 주어졌는지는 알 길이 없다. 하지만 복음을 선포할 때에 복음이 참되다는 것을 확증하기 위해 표적과 기사가 수반되었음은 분명하다.

여기서 복음 사역은 또 다시 반대에 부딪친다. 이번 반대는 성전과 관련된 유대인들이 아니라 헬라파 유대인로부터 비롯되었다. 스데반이 복음을 전할 때, 청중 가운데 '자유민들의 회당'에 속한 사람들과 지중해의 반대편에서 온 사람들도 있었다(9절). '자유민들'은 이전에 노예였다가 자유를 얻은 유대인들을 가리킨다. 또한 그 자리에는 북아프리카에서 온 구레네인, 알렉산드리아인, 길리기아와 아시아(오늘날의 터키)에서 온 사람들도 있었다. 이 사람들이 모두 자유민들의 회당에 속해 있었는지, 아니면 자유민들의 회당만이 아니라 여러 회당에서 왔는지는 알기 어렵다. 어쨌든 그들은 디아스포라 유대인들, 즉 앗수르와 바벨론에 의해 포로로 끌려가서(주전 722년과 586년에) 유대 밖 지역들에 흩어져 살던 유대인들이었다.

이 사람들은 유대교 신앙에 열심이 있는 자들이었는데도 스데반의 적수가 되지 못했다. 좀 더 정확하게 말하자면 그들은 스데반을 통해 역사하시는 성령의 적수가 될 수 없었다(10절). 그들은 스데반의 말을 반박할 수 없었지만 그를 제거하고자 했기에, 은밀하게 사람들을 매수하여 스데반에 대한 자신들의 고발에 대해 증언해줄 거짓 증인들을 확보했다(11절). 이렇게 그들은 무리와 지도자들과 율법학자들을 자기 편으로 끌어들이는 데 성공했고, 결국 스데반을 체포하여 성전으로 끌고온다. 역설적인 것은 그들은 스데반이 율법을 거슬러 말했다고 거짓으로 고발했지만(13절), 정작 그 일로 인해 그들이 율법을 범하였다는 것이다(출 20:16; 참고. 롬 2:23). 스데반이 전한 가르침은 예수님의 가르침과 동일했던 것으로 보인다. 왜냐하면 스데반을 고발하는 죄목이 이전에 예수님을 고발한 죄목과 놀랍도록 비슷하기 때문이다(참고. 막 14:58, 63-64). 사람들은 예수님께 그랬던 것처럼 스데반의 가르침도 전체적인 맥락 속에서 이해하지 않고 왜곡해서 해석한다.

누가는 공회가 "스데반을 주목하여 보니 그 얼굴이 천사의 얼굴과 같더라"(행 6:15)고 기록한다. 이것은 거짓된 고발로 말미암아 죽을 수도 있는 상황에 처한 사람이 보이는 일반적인 반응과는 정반대로 스데반이 너무나 침착하며 전혀 공격적이지 않은 표정을 하고 있었음을 가리키는 것으로 보인다. 구약성경에서 천사가 삼손의 어머니에게 나타난 후에, 그녀는 남편에게 "하나님의 사람이 내게 오셨는데 그의 모습이 하나님의 사자의 용모 같아서 심히 두려[웠다]"(삿 13:6)고 말한다. 15절에서 누가는 아마도 모세가 하나님을 만난 뒤 산에서 내려왔을 때 얼굴이 영광으로 빛났던 것을 암시하는 듯하다(출 34:29; 참고. 고후 3:13). 예수님도 변화산에서 변모되셨을 때, 이 세상의 용모가 아니었다(눅 9:29; 참고. 마 17:2; 막 9:2). 이 성경적인 표상은 성령으로 말미암아 스데반 안에 하나님의 임재와 능력이 있었음을 보여준다.[36]

7:1-53 | 최초의 기독교 순교자: 스데반의 설교 이 설교는 사도행전에서 가장 긴 것으로, 대제사장이 간단하게 "이것이 사실이냐"(1절)고 물은 것에 대한 대답으로 시작한다. 스데반은 그 질문에 대해 그렇다라거나 아니다라고 대답하지도 않고, 그를 고발한 자들에 맞서 스스로를 변호하지도 않는다. 그 대신 아브라함에서 시작하여 이스라엘의 역사를 주의 깊게 재해석하여 예수님을 죽인 것으로 설교를 끝맺는다. 베드로의 이전 설교들과 마찬가지로, 스데반은 율법과 선지자들이 그리스도에 관해 말하고 있음을 보인다. 이는 예수님이 엠마오로 내려가던 제자들에게 가르치신 것이다(눅 24장). 스데반이 그의 설교에서 신학적, 석의적, 주제적인 측면으로 매우 중요한 주제들을 너무나도 많이 선별해서 제시하고 있기 때문에, 여기서 그것들을 자세하게 다루기란 불가능하다. 그렇지만 자주 반복되어 두드러지는 몇 가지 기본적인 주제들이 있다.

첫 번째 주제는 하나님이 자기 백성을 주권적으로 '택하셨다'는 것이

36 Schnabel, *Acts*, 351.

다. 그리고 중요성에서 결코 뒤지지 않는 두 번째 주제는 '약속과 성취'로, 이 설교 전체를 관통한다. 약속과 성취는 구약성경과 신약성경을 연결하는 가장 기본적인 해석 원리이고, 스데반의 설교를 끌고 가는 요소다. 세 번째 주제는 자기 백성에 대한 하나님의 '구원'이다. 언제나 그러하듯이, 성경에서 구원은 심판과 연결되어 있고, 이 둘은 서로 밀접하게 붙어 있다.[37] 네 번째 주제는 이스라엘이 하나님과 그분이 그들을 위해 행하신 일들을 '거부'했다는 것이다. 불신앙, 반역, 배신이라는 측면들이 거부라는 주제와 깊이 관련되어 있다. 마지막 주제는 '성전'인데, 이는 스데반과 그를 고발한 자들 간의 다툼에서 주된 쟁점 중 하나로 다뤄진다. 여기서는 스데반의 설교 전체를 자세하게 설명하거나 재진술하기보다, 이러한 주제들 및 그의 설교를 구성하는 네 개의 주된 단락 각각의 핵심에 초점을 맞춰서 그의 설교를 살펴볼 것이다.

7:2-8 스데반은 이스라엘의 조상 아브라함으로부터 시작한다. 아브라함은 갈대아 사람들의 땅에 살고 있던 많은 사람 중 한 사람일 뿐이었는데, 하나님은 자신을 그에게 계시하셨다. 스데반은 하나님이 아브라함을 선택하신 것으로 시작한다. 이것은 단순히 역사적 사실을 가르치는 것도 아니고, 그들이 아직 모르고 있는 사실을 말하는 것도 아니다. 하지만 아브라함의 거처가 갈대아 사람들의 땅에 있었다는 것이 중요하다. 하나님에 대한 이스라엘의 경험은 성전에서 시작된 것도 아니었고, 가나안 땅에서 시작된 것도 아니었다. 하나님은 이스라엘 민족이 존재하기 전에 '이방 나라들'에 속해 있던 아브라함을 부르셨다. 아브라함은 하나님의 지시를 따라 갈대아 사람들의 땅을 떠나 하란으로 갔고, 그런 후에 최종적으로 가나안 땅"으로 갔다. 하지만 거기서 하나님은 아브라함에게 "발붙일 만한 땅(5절)조차 유업으로 주지 않으셨다. 아브라함에게는 아들이 없었는데도 아브

37 James M. Hamilton Jr., *God's Glory in Salvation through Judgment: A Biblical Theology* (Wheaton, IL: Crossway, 2010)은 구원과 심판이라는 성경의 핵심 주제를 포괄적으로 다루는 책 중 가장 탁월하다.

라함이 하나님께로부터 받은 것은 그분이 아브라함과 그의 자손에게 주신 약속뿐이었다(창 12장을 보라). 이스라엘의 이후 역사는 이 약속이 전개된 과정에 관한 이야기다. 아브라함에게 주어진 땅에 관한 약속의 성취는 그의 자손들이 애굽 땅에서 400년 동안 종살이하며 고생한 뒤에야 이루어질 것이다. 그때가 되면 마침내 하나님은 아브라함의 자손들을 붙잡고 있던 자들을 심판하시고, 아브라함의 자손들을 종살이에서 건져내신 후에 그분을 예배할 수 있는 땅으로 이끄실 것이다. 이 약속을 인치시기 위해 하나님은 아브라함에게 할례라는 표를 주셨는데, 이는 하나님의 백성을 위한 언약의 증표였다. 스데반의 설교 중에서 이 짧은 단락은, 하나님이 아브라함에게 주신 약속을 실제로 성취하기 시작했음을 확증하는 사건, 즉 아브라함이 이삭을 낳아서 언약의 증표인 할례를 그에게 행한 것으로 끝난다. 이삭은 야곱을 낳고, 야곱은 이스라엘 열두 지파의 조상인 열두 아들을 낳는다. 따라서 이스라엘의 이야기는 하나님이 아브라함을 부르시고 약속을 주신 것으로부터 시작되지만, 아브라함에게서 끝나지 않는다.

7:9-16 스데반의 설교에서 두 번째 단락은 요셉의 경험에 초점을 맞춘다(창 37-50장을 보라). 요셉 이야기는 배신에 관한 언급으로 시작한다. 이스라엘의 족장들이 될 요셉의 형제들이 그를 노예로 팔았다(행 7:9). 스데반의 설교에 담긴 주제 중 하나인 이스라엘의 배신의 역사가 여기서 시작된다. 그 다음에 나오는 몇 절은 요셉이 그의 형제들에게 한 유명한 말에 대한 짧은 주해다. "당신들은 나를 해하려 하였으나 하나님은 그것을 선으로 바꾸사 오늘과 같이 많은 백성의 생명을 구원하게 하시려 하셨나니"(창 50:20). 하나님은 애굽에서 요셉에게 은총을 베풀어 그를 형통하게 하셨다. 여기에는 하나님이 아브라함에게 주신 약속이라는 주제가 밑바탕에 흐른다. 요셉은 형제들에게 핍박을 받았지만, 도리어 그들을 애굽으로 데려와서 기근을 피하게 함으로써 구원하였다. 그리고 하나님이 아브라함에게 주신 약속은 요셉을 통해 계속 이어져간다. 내러티브의 이 부분에서 이방 나라들(여기서는 애굽)은 하나님의 백성을 위한 피난처이자 구원의 장소가

된다. 대략 70명쯤 되는 아브라함의 자손들이 애굽으로 내려간다(행 7:14). 그들은 약속의 땅이 아니라 애굽에서 번성하여 하나의 민족이 된다. 그들이 광야에서 성막을 중심으로 모였을 때, 그들의 수는 여자와 아이를 포함하여 60만 명이었다(민 1-2장).[38]

스데반이 언급한 이름들 및 장소들과 관련해서 여러 가지 의문이 제기되어 왔다. 스데반은 족장들이 "세겜으로 옮겨져 아브라함이 세겜 하몰의 자손에게서 은으로 값 주고 산 무덤에 장사되니라"(행 7:16)고 말한다. 하지만 창세기에서 아브라함은 가나안에서 헷 족속에게 밭을 산다(창 23:16). 세겜에서 땅을 산 사람은 야곱이었고(창 33:19), 나중에 요셉이 그 땅에 묻힌다(수 24:32). 스데반의 설교가 이야기를 압축하고 요약한다는 것을 유념해야 한다. 지금 누가는 신학교에서 과제로 내준 성경의 역사에 관한 논문을 쓰는 것이 아니라, 이스라엘의 역사를 자신의 목적에 맞게 생략하고 발췌해서 사용하고 있다. 이는 신약 기자들에게도 공통적이다. 그들이 어떤 이야기 전체를 말하는 경우는 극히 드물다. 그렇게 할 지면도 없고 필요성도 없었기 때문이다. 사실 이것은 모든 역사가에게 공통적인 것이다. 예컨대(무작위로 한 가지 예를 들자면), 30년 전쟁에 관한 역사 전체를 완벽하게 말하려면 (적어도) 30년은 걸릴 것이다! 그리고 그런 책은 아무도 읽고 싶지 않을 것이다. 이것은 성경의 역사적 신뢰성을 의심하는 것이 아니라, 단지 성경 내러티브가 역사의 모든 세세한 사항을 연대순으로 써내려간 것이 아니라는 사실을 인정하는 것이다. 성경 내러티브를 읽고 해석하기 위해 무엇보다도 가장 중요한 것은, 성경의 저자들이 어떤 식으로 자신의 이야기를 들려주고 역사를 전해주는지(우리가 하는 것과 결코 다르지 않은 방식으로)를 포함해서 본문과 문맥을 건전한 상식으로 고찰하는 것이다.

하나님이 아브라함을 부르신 직후에, 창세기 12:6에서 아브라함은 스데반이 언급한 바로 그 지역들을 거쳐서 가나안 땅에 도착한다(아브라함이

38 Stephen Dempster, *Dominion and Dynasty: A Theology of the Hebrew Bible*, NSBT 15 (Downers Grove, IL: IVP Academic, 2003), 110을 보라.

하란을 떠나 가나안 땅에 도착할 때까지 꽤 긴 시간이 흐르긴 했지만). 아브라함이 나중에 이스라엘의 일부가 될 지역들을 통과할 때, 하나님은 그에게 나타나셔서 그 땅을 그에게 주리라 약속하시고, 아브라함은 그곳에 제단을 쌓는다(창 12:7). 야곱이 그 땅의 일부를 사기 훨씬 전에, 아브라함은 하나님께로부터 그 땅에 대한 소유권을 약속받는다. 그리고 나중에 야곱이 바로 그 땅을 산다. 스데반을 비롯한 주후 1세기의 유대인들이 이 이야기와 관련해서 창세기에 나오는 내용보다 더 많은 것을 알고 있었고, 그 가운데 아브라함이 원래 직접 그 땅을 샀다는 내용이 담겨있었을 수 있다고 생각하는 것은 결코 억지스럽지 않다. 또한 스데반은 아브라함이라는 이름을 언급하고 있지만, 실제로는 그 이름이 족장들을 가리키는 것일 수도 있다.[39] 아브라함이 친히 그 땅을 샀고 스데반은 그것을 알고 있었다는 첫 번째 설명이 최선인 것으로 보이지만, 어떤 것이 사실이든 이 본문은 합리적이고 상식적으로 해결할 수 없는 문제점을 지니고 있지 않다. 여하튼 스데반의 설교 중에서 요셉 이야기를 다룬 단락의 결론은 분명하다. 야곱을 비롯한 족장들은 모두 약속의 땅 밖에서 죽었기 때문에, 하나님이 아브라함에게 주신 약속에 관한 이야기는 계속된다.

7:17-34 모세에 관한 이야기를 다룬 단락(17절)은 스데반의 설교에서 가장 긴 부분이며, 이 이야기 속에서 그가 제시한 주제들이 그의 설교 전체에 걸쳐서 반복되고 확장된다. 불붙은 떨기나무 가운데서 말씀하시는 하나님을 만날 때까지의 모세의 삶에 관한 내러티브는 40년 단위로 구분되어서 세 부분으로 다뤄진다. 17-22절은 애굽에서 일어난 이야기이고 23-29절은 애굽에서 미디안으로의 여정을 다룬 이야기이며, 30-34절은 모세가 시내산에 머물 때에 관한 이야기다. 하나님이 아브라함에게 주신

39 Peterson은 창세기 23:10-19; 33:18-20; 49:29-32; 50:13; 여호수아 24:32을 근거로 제시하며, 다른 주석자들과 마찬가지로 '누가가 족장들의 매장지에 관한 성경의 여러 전승을 압축해 놓았다'고 말한다(*Acts*, 253).

약속, 그 중에서 적어도 자손과 땅에 관한 약속은 모세를 통해 성취된다. 스데반은 모세에 관한 이야기를 요셉에 관해서와 마찬가지로 박해를 언급하며 시작한다. 요셉이 노예로 팔린 것으로 시작된 박해가 이제는 이스라엘 백성이 낳은 남자 아이들을 모두 버리라는 애굽 왕의 명령을 통해 이스라엘 자손의 씨를 말리려는 계획으로 한층 더 강화된다(19절). 사도행전에서와 마찬가지로 구원은 박해로부터 오는데, 이번에는 모세의 출생을 통해 구원이 온다. 여기서도 스데반은 모세가 "하나님 보시기에 아름다[웠다]"(20절)라고 말함으로써 하나님의 택하심을 전면에 부각시킨다. 스데반은 모세가 그의 아버지의 집에서 세 달 동안 보호받았으며 바로의 딸에 의해 구조되어 애굽식 교육을 받았다는 것을 강조한다. 비록 구약성경은 모세가 애굽식 교육을 받았다고 명시적으로 언급하지 않지만, 스데반은 그런 내용을 담고 있는 유대 전승들을 잘 알고 있었을 수 있다.[40] 스데반은 단지 청중들이 모세에 관해 이미 알고 있는 뒷얘기를 되풀이하는 것이 아니라, 그 이야기 중에서 아무도 주목하지 않았던 부분, 곧 모세가 애굽 왕실에서 양육되고 교육을 받은 것은 하나님이 이스라엘 백성을 애굽의 종살이로부터 건지시기 위해 하신 일이었다는 것을 강조하고 있다.

두 번째 부분(23-29절)에서 스데반은 모세가 이스라엘 사람을 때리던 한 애굽 사람을 죽인 사건(출 2:11-12)을 언급한다. 이것은 모세와 이스라엘 백성의 관계가 처음부터 삐걱거렸음을 보여주려는 것이었다. 한 애굽 사람을 죽인 다음날, 모세가 동포를 때리는 이스라엘 사람에게 항의하자 그 사람은 다음과 같이 조롱한다. "누가 너를 우리를 다스리는 자와 재판관으로 삼았느냐 네가 애굽 사람을 죽인 것처럼 나도 죽이려느냐"(출 2:14, 스데반은 행 7:27-28에서 이 본문을 인용한다). 흥미롭게도 스데반은 "그[모세]는 그의 형제들이 하나님께서 자기의 손을 통하여 구원해 주시는 것을 깨달으리라

40 I. Howard Marshall은 "구약성경이 이것을 명시적으로 말하지 않지만, 스데반은 필로에게서 확인되는 전승을 따라서, 모세가 애굽식 교육을 철저하게 받았다고 말한다"고 지적한다[*Acts*, TNTC (Leicester: IVP Academic; Grand Rapids, MI: Eerdmans), 139]. Bock은 모세가 받은 교육과 관련된 몇몇 유대 전승들을 인용한다(*Acts*, 290).

고 생각하였으나"(25절)라는 말을 덧붙인다. 출애굽기 기사에는 모세가 하나님이 자기를 통해 역사하고 계신다는 것을 알았다는 언급이 나오지 않지만, 스데반은 모세가 하나님이 자기를 부르셨음을 알았고 소명 의식을 지니고 있었다고 말한다. 이스라엘 백성은 모세가 개입하는 것을 거부했고, 모세는 목숨을 부지하기 위해 도망쳤다. 이 거부로 모세는 "미디안 땅에서 나그네가 되[었다]"(29절). 이렇게 해서 모세 내러티브의 세 번째 부분이 시작된다.

모세 내러티브의 세 번째 부분(30-34절)은, 모세가 불붙은 떨기나무 가운데 계신 하나님을 만나는 이야기이다. 스데반은 모세가 40년 동안 미디안에 있었다고 간략하게 말한다. 40년이나 40일 같이, 40이라는 숫자는 대개 구원사적으로 중요한 사건들과 연결되어 있다. 일례로, 모세는 하나님이 그를 애굽으로 보내시기 전에 광야에서 40년을 보낸다. 이스라엘은 약속의 땅으로 들어가기 전에 광야에서 40년 동안 유랑생활을 한다(36절). 그때로부터 오랜 세월이 흐른 뒤, 예수님이 약속의 땅으로 다시 돌아가 하나님의 나라를 선포하기에 앞서 참 이스라엘이라는 지위를 지니고 광야에서 40일을 지내신다(막 1:12-15). 또한 사도행전에 나오는 기사에서도 예수님은 부활 후에 제자들과 함께 40일을 지내시면서 자신이 떠난 후의 일과 오순절 사건을 위해 그들을 준비시키신다(행 1:3-5).

스데반이 이 설교를 하게 된 목적과 관련해서 가장 중요한 것은, 모세가 미디안에서 40년을 살고 난 후에 벌어진 일이다. 스데반은 청중들에게 이스라엘의 역사 속에서 가장 중요한 사건의 시작점이 된 계시가 약속의 땅 밖에서 일어났다는 것(아브라함의 경우와 마찬가지로)을 상기시킨다. 불붙은 떨기나무 가운데서 모세에게 나타나신 하나님은 아브라함에게 약속을 주시고 그 약속을 지키고자 하신 언약의 하나님이다. 스데반은 하나님이 모세에게 "네 발의 신을 벗으라 네가 서 있는 곳은 거룩한 땅이니라"(행 7:33)고 하신 말씀을 설교에 포함시킨다(cf. 출 3:5). 이 대목은 모세 이야기에서 얼마든지 건너뛸 만한 부분이었지만, 스데반은 어떤 곳을 거룩하게 만드시는 분이 하나님이시라는 사실을 보여주기 위해 설교에 포함시킨다. 하나님이 계시는 곳이 거룩한 곳이며 하나님은 어느 한 군데 묶여 계시지 않는다. 이것은 현재 재판이 진행되고 있던 성전에 관해 말한 것이다. 그리고 나중에 스데반은 그가 성전에 관해 한 말로 인해 죽음을 맞게 된다. 이렇게 해서 스데반 설교의 클라이맥스를 위한 배경이 깔렸다. 그 클라이맥스에서 스데반은 청중들에게 그들이 성전과 관련해서 중대한 잘못을 저지르고 있다는 것을 경고할 것이다.

7:35-43 다음 절들에서는 거부라는 주제가 무대의 중심을 차지한다. 여기서 스데반은 이스라엘이 하나님을 거부한 것(이는 모세를 배척하는 것으로 나타났다)이 구약성경에서 구원과 관련한 가장 큰 사건이 벌어지고 있는 와중에 시작되었다는 데에 초점을 맞춘다. 이스라엘 사람들은 모세가 '다스리는 자와 재판관'이 되는 것을 거부했지만, 하나님은 모세를 '관리와 속량하는 자'로 삼으셨다(35절). "가시나무 떨기 가운데서 보이던 천사의 손으로"(35절)라는 표현이, 하나님이 친히 모세와 만나셨다는 사실을 부정하는 것이 아니다. 스데반(31절)과 출애굽기 내러티브는 하나님이 친히 모세와 만나셨다고 말한다. 천사는 가시 나무 불꽃 가운데서도, 율법의 수여에서도 하나님과 모세 사이에서 중재하는 역할을 한다(53절; 참고. 갈 3:19; 히 2:2). 이것이 하나님이 모세나 이스라엘에게 주신 계시의 의미를 절대 약화시키지 않는다. 스데반이 '이 모세/이 사람'이라는 표현을 계속 반복하는 것은, 이스라엘 백성이 하나님을 거부한 사실을 강조하는 것이다. 실제로 스데반은 이렇게 말하고 있는 것이다. "너희가 따르고 있다고 주장하는 모세 이 사람은 너희의 조상들이 거부했던 바로 그 사람이다." 스데반이 말하고자 하는 요지는 곧 분명해질 것이다. 이스라엘 백성이 모세를 거부했던 것처럼, 그들은 예수님을 거부함으로써 또 다시 하나님을 거부하였다.

하나님이 모세를 통해 이루신 구원에는 "기사와 표적"(36절)이 수반되었다. 여기서 우리는 스데반의 시대와 이루는 병행을 쉽게 알아차릴 수 있다. 모세는 표적과 기사를 행했지만 이스라엘 백성은 결국 모세를 거부했다. 이와 동일하게 관원들과 유대 지도자들은 표적과 기사를 행한 예수님을 거부하고 동일한 표적과 기사를 행한 그분의 제자들을 거부했다. 이는 이 사람이 자기와 같은 또 다른 선지자가 올 것이라고 약속한 모세와 동일하다는 말인데(37절), 여기에는 예수님이 오기로 되어 있던 그 선지자였지만 그들이 예수님도 거부했다는 의미가 담겨있다. 38절에서 누가는 '교회'로 번역된 에클레시아(*ekklēsia*)라는 단어를 사용하여 이스라엘을 지칭한다.[41] '모임' 또는 '회중'을 뜻하는 이 헬라어는 칠십인경에서 이스라엘을 지칭하는 데 흔히 사용된다. 이 단어가 신약성경에서 교회를 가리키는 데 일반적으로 사용되었음을 고려할 때, 모세가 이스라엘의 회중 내에서 가지는 위치와 예수님이 새 언약의 회중 내에서 가지는 위치 사이에 병행이 있음을 볼 수 있다.[42] 모세도 이스라엘에게 하나님의 율법("살아 있는 말씀," 38절; 참고. 신 32:47; 롬 3:2)을 주었다. 하지만 이스라엘 백성은 하나님께 이 모든 은사를 받았으면서도 애굽에서의 삶이 그렇게 나쁘지 않았다고 생각하고서 우상숭배를 시작했다(행 7:39-40). 이스라엘이 초기에 하나님을 거부한 것의 정점은, 모세가 율법을 받기 위해서 아직 산 위에 있는 동안에 금송아지 우상을 숭배한 사건에서 드러난다(출 32장). 구약 성경의 사건들 중 시내산 자락에서 벌어진 이방의 우상숭배 축제야말로 하나님이 아브라함에게 주신 약속이 이스라엘 스스로의 힘으로는 성취될 수 없다는 사실을 여실히 보여준다. 이 사건은 우상숭배와 행위라는 두 단어로 요약된다. 스데반은 "그때에 그들이 송아지를 만들어 그 우상 앞에 제사하며 자기 손으로 만든 것을 기뻐하더니"(행 7:41)라고 말한다. 하나님은 출애굽을 통해 이스라엘 백성에게 은사와 은혜를 베푸셨지만, 그들은 그런 하나님을 거부하고 스스로 만든 우상을 섬겼다.

41 일반적으로 '에클레시아'는 그 말을 이루는 헬라어 단어에 근거하여 '불러낸 자들'이라는 뜻으로 알려져 있다. 그런데 이런 생각에는 주의할 점이 있다. 그러한 생각이 신학적으로는 맞지만, 신약 교회의 의미는 이 헬라어의 형태론(morphology)이 아니라 신약성경 전체에서 찾아야 한다는 점이다. 이 단어는 성경을 헬라어로 번역한 사람들과 헬라어로 글을 쓴 사람들이 '교회'를 가리키는 데 가장 적합할 것이라고 생각해서 사용한 것이다

42 Polhill, *Acts*, 199.

스데반은, 이스라엘 백성이 저지른 우상숭배에 대한 반응으로 "하나님이 외면하사 그들을 그 하늘의 군대 섬기는 일에 버려두셨으니"(42절)라고 말한다. 그는 아모스 5:25-27에 나오는 이스라엘 민족에 대한 하나님의 판결을 인용함으로써 이스라엘의 역사를 압축해서 보여준다. 출애굽 내러티브에서 하나님은 이스라엘 백성을 엄하게 벌하셨지만, 모세의 중보기도와 아브라함에게 주신 약속 때문에 모세에게 자기가 계속 이스라엘 백성보다 앞서 가서 그들을 약속의 땅으로 이끌고 그들의 원수들을 쫓아내겠다고 약속하신다. 아모스서에서 인용한 본문은 출애굽 때로부터 수세기가 지난 후의 것이지만, 스데반은 그 본문을 광야에서의 우상숭배와 연결시킨다. 금송아지 우상숭배는 그때부터 시작되어 오랜 세월 동안 이스라엘이 지속해온 우상숭배의 원조였다. 그러므로 스데반이 아모스서 본문을 인용해서 그 우상숭배와 연결시킨 것은, 이스라엘이 애굽에서 나온 그때부터 이미 바벨론으로 포로로 잡혀가기로 정해져 있었다는 의미를 내포한다.

하나님이 그들을 그 하늘의 군대 섬기는 일에 버려두셨다는 스데반의 말은 바울이 이방인들의 죄에 대해 말한 것과 비슷하다. "하나님께서 그들을 마음의 정욕대로 더러움에 내버려두사 그들의 몸을 서로 욕되게 하게 하셨으니"(롬 1:24). 이 두 본문은 사람들이 우상숭배의 죄를 저지르면, 하나님은 궁극적으로 그들의 가장 어둡고도 비인간적인 욕망, 즉 하나님이 아닌 다른 것을 섬기고자 하는 욕망에 그들을 내버려두는 방식으로 벌하신다고 말한다.

또한 스데반이 인용한 아모스서 본문도 이스라엘이 다른 신들을 섬긴 구체적인 예들을 부각시킴으로써 그러한 우상숭배의 역사를 요약해서 보여준다. 몰록은 가나안의 신이었다. 레판은 애굽의 신을 가리키는 것으로 여겨지지만, 정확한 정체는 알 수 없다. 독자들이 사도행전과 아모스서를 비교했을 때 발견할 수 있는 차이점은, 스데반이 히브리어 구약성경을 헬라어로 번역한 어떤 판본을 인용하고 있다는 것으로 설명이 가능하다. 또한 히브리어 구약성경에서는 하나님이 자기 백성을 다메섹 밖으로 옮길 것이라고 말씀하지만, 스데반이 인용한 헬라어 역본의 번역자는 그 부분을 "바벨론 밖으로 옮기리라"(행 7:43)고 해석했다. 이러한 번역상의 문제들을 제외하면, 히브리어 구약성경과 스데반이 인용한 헬라어 역본 모두에서 아모스의 메시지는 다음과 같이 분명하다. 금송아지를 섬긴 때로부터 약속의 땅에 들어와 살았던 때까지 이스라엘의 역사 전체는 그들의 조상들에게 약속을 주신 하나님을 거부한 것으로 특징지을 수 있다.

7:44-50 스데반은 설교에서 모세에 관한 이야기를 끝낸 후에 성막과 성전에 대한 비교로 넘어간다. "증거의 장막"(44절), 또는 성막은 하나님의 지시와 설계를 따라 만들어졌고, 다윗 왕 때까지 이스라엘의 삶의 일부였다. 여기서 스데반이 언급한 시기는 통일 왕국 시대다. 예수님은 제자들에게 옛적 통일 왕국의 두 지역인 유대와 사마리아를 가장 먼저 복음화하라고 명령하셨다(1:8을 보라). 다윗은 성전을 짓고 싶었으나, 하나님은 성전 짓는 일을 솔로몬에게 맡기셨다. 스데반은 성전 건물이나 성전의 존재를 비판하는 것이 아니라, 성전에 대해 청중들이 가진 관점을 단죄한다. 스데반은 하나님이 성전에 계신다고 여기고서 성전을 떠받들며 성전에 대해 열심을 내고 있는 그들의 행태가 완전히 잘못된 것이라고 지적한다. 솔로몬이 그랬듯이(왕상 8:27), 스데반도 청중들에게 "지극히 높으신 이는 손으로 지은 곳에 계시지 아니하[신다]"(행 7:48)는 것을 일깨워주고, 이사야 66:1-2을 인용해서 만물의 창조주이자 왕이신 하나님은 사람이 지은 건물 안에 갇혀 계실 수 없다는 것을 보여준다. 사람들은 땅에 속한 것에 관심을 두지만, 하나님의 보좌는 하늘에 있다. 독자들은 누가가 사도행전의 첫머리에서 지금 예수님이 하늘로부터 다스리고 계신다는 것을 분명하게 보였음을 기억할 것이다. 이 마지막 인용문을 토대로 스데반의 설교는 마지막 부분으로 넘어간다.

7:51-53 스데반은 구약성경의 표현을 빌려서 청중들을 "목이 곧고 마음과 귀에 할례를 받지 못한 사람들"(51절)이라고 부른다. 달리 말하자면, '너

희는 하나님이 하신 말씀을 전혀 알아듣지도 못하고 조금도 알지 못하고 있다'는 것이다. 스데반이 이렇게 말한 것은 지극히 옳다. 또한 그들은 성령을 거스르고 있는데, 그 증거는 사도행전 2장부터 지금까지 층층이 쌓여 있다. 그들에 대한 스데반의 고발과 단죄는 다음과 같다. '너희는 하나님을 믿지 않고 배신을 일삼고 있으며, 그분을 알지 못하는 자들이다.' 그들은 하나님의 선지자들을 죽였던 조상들과 전혀 다르지 않다. 스데반은 정확히 예수님을 그대로 따르고 있다. 왜냐하면 예수님도 믿지 않는 유대인들을 그런 식으로 단죄하셨기 때문이다(눅 13:34; 마 23:31-32, 37을 보라). 그들은 결국 메시아를 죽임으로써, 오랜 세월에 걸쳐 조상들이 불신앙 가운데서 자행해온 일을 완성했다. 이 고발은 베드로의 설교에서도 여러 차례 제기된 것이며, 옛 언약이 막을 내렸다는 사실을 보여준다. 옛 언약과 그 언약에 속해 있던 성전과 율법은 이제 끝났다.

사도행전에는 이후에도 몇 번의 설교가 더 나오지만, 스데반의 설교는 옛 언약에 대한 최종적인 사망선고다. 그리고 이 사망선고는 사도행전 전체에 걸쳐 반복될 것이다. 스데반은 그들의 조상 아브라함에 관한 이야기에서 시작해서, 하나님이 아브라함에게 주신 약속이 예수님을 통해 성취되었음을 보여준다. 스데반의 설교 전체는 아브라함에 관한 부분과 예수님에 관한 부분이 앞뒤로 자리하며, 그 중간에는 이스라엘의 옛 언약 경험에 관한 이야기가 나온다. 옛 언약에 관한 이야기는 이스라엘이 모세를 거부한 것(행 7:25, 35)에서 시작해서 예수님을 죽인 것으로 끝난다. 하나님이 아브라함을 택하시고 그에게 약속하신 것은 나사렛 예수에게서 성취되었고, 이 이야기는 마침내 하나님이 정하신 그 끝에 도달했다.

7:54-8:3 | 최초의 기독교 순교자: 스데반이 순교하고 신자들이 흩어짐

스데반이 이 마지막 말을 마쳤을 때, 청중들은 한계에 도달한다. 그들은 이를 갈고 있었는데, 스데반이 "성령[그들이 거부했던 바로 그 성령] 충만하여" 예수님이 "하나님 우편에 서신 것"을 본다고 말하자(7:55-56) 일제히 큰 소리를 지르며 그에게 달려든다. 스데반이 본 이 환상은 하늘(하나님이 계시고 다스리시는 곳)이 땅의 영역으로 뚫고 들어온 또 한 번의 극적인 사건이다. 이런 종류의 사건은 예수님이 세례 요한에게 세례를 받으셨을 때, 변화산에서 변모되셨을 때, 승천하실 때 일어났다. 이 환상 속에서 예수님은 하나님의 오른편에 앉아 계시지 않고 서 계신다(시 110:1; 참고. 행 2:34). 사람들은 흔히 이것을 예수님이 스데반의 설교와 임박한 순교에 대한 증인으로서 계신 것으로 해석한다. 거기에 있던 무리도 일어나서 광분하여 스데반에게 달려든다. 이것이 돌로 쳐서 죽이는 공식적인 사형 집행이었는지, 아니면 폭도들에 의한 살해였는지에 관해 논란이 있다. 하지만 둘 모두라 할 수 있다. 왜냐하면 스데반은 공회 앞에 서 있었고, 직접 지시하지는 않았을지라도 공회의 묵인 없이 폭도들이 그렇게 할 수 있었을 것이라고 생각할 수 없기 때문이다. 공회의 구성원 중 일부도 이 일에 가담했을 것이다. 여기서 우리가 놓치지 말아야 할 것은, 예수님에 대한 재판에서 볼 수 있듯이(요 18:31) 공회가 법적으로 사형을 선고하거나 집행할 권한을 가지고 있지 않았다는 것이다. 따라서 그들이 이런 식으로 스데반의 죽음을 방조하거나 공모했을 것임은 분명하다.

스데반은 성 밖으로 끌려 나가(그들이 이 점에서 율법을 따르고 있다는 것은 이율배반적이다. 레 24:14-16) 돌에 맞아 죽었다. 이때에 사울이라고 불리는, 아직은 알려지지 않은 청년이 증인들이 벗은 옷을 간수하는 역할을 하면서 이 일을 옳다고 여기며 지켜본다(행 7:58, 8:1). 신약성경을 읽어본 사람들은 이것이 사울에 관한 이야기의 얄궂은 시작이라는 것을 알고 있으며, 사울 자신도 나중에 이날을 회상한다(행 22:20). 스데반이 죽는 순간은 그의 삶과 설교만큼이나 주목할 만하다. 그가 죽으면서 보인 모습은 그의 구주께서 죽으시기 직전에 보이신 모습을 빼닮았다. 예수님은 십자가 위에서 "아버지 내 영혼을 아버지 손에 부탁하나이다"(눅 23:46)라고 소리치신 후에 죽으셨고, 그 직전에는 자신을 십자가에 못 박은 자들을 위해 "아버지 저들을 사하여 주옵소서 자기들이 하는 것을 알지 못함이니이다"(23:34)라고 기도하셨다. 마찬가지로 스데반도 주님의 이름을 부르며 "내 영혼을 받으시옵소서"라고 말하고, "주여 이 죄를 그들에게 돌리지 마옵소서"라고 기도했다(행 7:59-60). 스데반의 죽음은 박해 당하는 모든 그리스도인을 위한 본이다. 누가는 자신들의 전통이 정죄 당한 무리가 격분하여 필사적으로 그 전통을 옹호하려는 모습과 스데반이 그리스도 안에서 만족하고 안식하며 평안을 누리는 모습을 대비시킨다.

박해는 처음에는 경고로 시작해서 채찍질과 투옥으로 강화되었다가 이제는 처형에까지 이르렀는데, 이 일을 계기로 사도행전의 이야기에서 새로운 장이 시작된다. 예수 운동을 탄압해서 뿌리 뽑아버리려는 시도와 정반대로 복음이 더욱 널리 전파되는 결과로 이어진다. 당시의 신자들이 처한 상황은 우리가 지금 처해 있는 상황보다 더 안 좋았을 것이지만, 누가는 사람들이 악을 계획할지라도 하나님이 그 악에서 선한 결과를 만들어내신다는 것을 보여준다. 스데반의 죽음은 이 말도 안 되는 예수 운동을 단번에 끝장내버리고 싶던 사람들의 욕구를 자극한다. 그날에 예루살렘 전역에서 박해가 일어났고, 이 박해는 전혀 예상하지 못한 결과를 낳는다. 그리스도인들은 박해를 피해 유대와 사마리아 전역으로 흩어졌고, 이것은 예수님의 명령 두 번째 단계, 즉 유대와 사마리아에서 증인이 되라는 명령(1:8)을 성취하게 된다.

이후의 두 절은 사도행전의 하나의 대 단락에서 또 다른 대 단락으로 넘어가는 전환 역할을 한다. 이제 스데반에 관한 이야기가 끝나면서, 예수님이 사도행전 1:8에서 말씀하신 계획에 따라 복음이 유대와 사마리아로 퍼져나가기 시작한다. 또한 이 두 절은 사도행전의 나머지 분량 중에서 많은 부분을 차지하는 주역이 될 사울을 소개한다.

무리가 스데반을 죽일 때 증인들의 옷을 맡아 지켰던 사울은, 이제 본격적으로 "교회를 잔멸"하는 일에 뛰어들어 그리스도인의 집에 들어가 사람들을 끌어내어 감옥으로 보낸다(8:3; 참고. 9:13). 오늘날의 표현을 사용하자면, 사울은 '급진적이 되었다.' 그는 예수를 따르는 사람들을 미워하여 이 운동을 완전히 쓸어버리고 싶어 했다. 사도가 된 바울은 지난날 자신이 행한 이 일을 결코 잊지 못하며, 사도행전과 그의 서신들에서 이 일을 언급한다(행 22:4-5; 26:10; 고전 15:9; 갈 1:13, 23; 빌 3:6; 딤전 1:13). 바울을 옛 언약에 신실했던 사람이라고 말하는 것은 옳지 않다. 회심하기 전의 바울은 신실한 유대인이 아니었다. 하나님이 아브라함에게 주신 약속의 성취이신 예수님을 거부한 사람을 옛 언약에 신실한 사람이라고 부를 수는 없기 때문이다. 하지만 바울은 하나님이 인간의 상상을 뛰어넘는 방식으로 이 세상에 대한 그분의 계획을 이루어 나가신다는 것을 강조한다. 하나님은 그분의 궁극적인 약속들을 이루시기 위해 우르에서 우상을 숭배하고 살아가던 아브라함을 선택하셨고, 이스라엘을 종살이에서 건져내시기 위해 애굽 왕 바로의 궁전에서 애굽식 교육을 받은 모세를 선택하셨다. 또한 끔찍한 배교와 고난의 시대에 이스라엘 민족을 구하시기 위해 불완전한 사사들을 일으키셨고, 한 소년을 세우셔서 물맷돌로 거인 골리앗을 죽이게 하시고 왕이 되게 하셨다. 그리고 특별히 자기 아들 예수 그리스도를 나사렛 출신의 목수로 태어나게 하셔서 사람들에게 하나님이 행하실 가장 위대하신 일을 알리게 하시고 스스로 종이 되어 십자가 위에서 저주를 받아 죽게 하셨다. 하나님 외에는 아무도 이런 대본을 쓸 수 없다.

8:4-8 | 유대와 사마리아와 그 너머로: 빌립이 사마리아로 감 박해는 초기 교회가 원래 가야 할 길을 가도록 등을 떠밀었다. 그들은 그 길을 가면서 복음을 전했다. 빌립은 예루살렘에서 헬라파 과부들을 구제하고 돌보는 일을 하도록 선택된 일곱 일꾼의 명단에 등장한다. 그는 스데반에 이어 두 번째로 언급된다(6:5). 여기에서 "내려가"(8:5)라는 표현은 당시 사람들이 예루살렘에서 다른 지역으로 이동할 때 흔하게 사용한 것으로, 지도상의 이동 방향과 상관없이 예루살렘이 다른 곳들보다 좀 더 높은 지역이었음을 가리킨다. 빌립은 예수님이 사도행전 1:8에서 세 번째로 언급하신 지역인 사마리아로 간다. 사마리아인들은 반쪽 유대인으로, 예전에 북왕국의 수도였던 성 안이나 그 주변에 살고 있었다. 그들의 조상 중 일부는 바벨론이 이주 정책을 펴던 시기에 사마리아로 와서 정착했고, 유대인이 돌아왔을 때에도 그대로 거기에 눌러앉았다. 그리고 시간이 흐르면서 그들은 독특한 종족이 되었다. 사마리아인들은 모세 오경의 여러 판본 중 하나를

따랐고, 그리심산에 그들의 성전을 가지고 있었다(요 4장).

사마리아인과 유대인은 심하게 반목했다. 예수님은 제자들과 함께 다니시며 사역하시던 동안에 많은 반대에 부딪쳤다. 그중 일부 사마리아인이 예수님을 배척했을 때는, 야고보와 요한이 "주여 우리가 불을 명하여 하늘로부터 내려 저들을 멸하라 하기를 원하시나이까"(눅 9:54)라고 말할 정도였다. 의외일 수 있지만, 복음서의 다른 곳에서 사마리아인들은 상당히 호감이 가는 모습으로 등장한다. 선한 사마리아인의 비유에서 제사장과 레위인은 여리고로 가다가 봉변을 당해 반쯤 죽게 된 사람을 보고 그냥 지나치지만, 사마리아인은 그들과 달리 그 사람을 데려다가 보살펴줌으로써 이웃의 의미를 보여주는 본보기로 등장한다(눅 10장). 또한 예수님이 예루살렘으로 가시는 길에 열 명의 나병환자를 고쳐주셨을 때, 오직 사마리아인 나병환자 한 사람만이 예수님께 돌아와 감사를 표했다(눅 17:15-16). 요한복음 4장에서 예수님은 우물가에서 한 사마리아 여자를 만나셔서 성령이라는 선물에 대해 가르치시고, 그녀의 간음을 지적하시며 그녀를 복음으로 불러내신다. 예수님은 이 사마리아 여자를 만나실 때까지 내내 자신이 메시아(적어도 백성들이 생각하는 그런 메시아)라고 밝히기를 거부하거나 그런 질문에 모호하게 대답하곤 하셨는데, 그녀에게는 자기가 메시아라고 있는 그대로 말씀하신다(요 4:26). 이제 사도행전에서는 박해로 말미암아 대부분의 신자들이 예루살렘을 떠난 후에, 사마리아인들이 기꺼이 복음을 받아들인다. 빌립은 스데반과 마찬가지로 성령의 능력을 덧입고서 표적과 기사를 행한다. 또한 스데반의 경우와 마찬가지로 빌립이 행한 표적들(귀신을 쫓아내고 중풍병자와 못 걷는 사람을 고친 것)도 독립적인 은사들이 아니라, 그가 예수님에 관해 전한 메시지를 증언하는 것들이었다(행 8:6-7).

8:9-25 | 유대와 사마리아와 그 너머로: 베드로와 요한이 사마리아로 감

사마리아인 시몬은 마술을 행하여 유명해졌고, 아마도 마술로 생계를 꾸려간 것으로 보인다. 또한 그는 자신과 자신의 재능을 아주 높이 평가하고 있었다. 구약성경과 신약성경은 모두 마술, 주술, 점 등을 가차 없이 단죄한다(레 19:26, 31; 신 18:10; 말 3:5; 계 21:8; 22:15). 이 세계의 많은 지역에서 사람들은 그런 식으로 악한 능력들을 조종해서 이득을 얻거나 다른 사람의 삶을 황폐하게 하는 일이 흔하게 이뤄지고 있으며, 이는 종종 심각한 위협이 되기도 한다. 사마리아인들이 어떤 의미로 "이 사람은 크다 일컫는 하나님의 능력이라"(행 8:10)고 말했는지 알기는 어렵지만, 사람들이 시몬의 주장을 그대로 받아들여서 그의 능력을 하나님으로부터 온 것으로 믿었다는 편이 합당할 것이다. 하지만 빌립이 사마리아 성으로 가서 표적과 기사를 행하며 예수님을 전하면서 상황이 변하기 시작한다. 예루살렘 사람들이 그러했듯이, 사마리아인들도 빌립의 메시지를 받아들이고 세례를 받았다. 사람들이 예수님의 죽으심과 부활을 믿고 공개적으로 고백하여 세례를 받고 신자가 되는 사건이 원래의 이스라엘 밖에서 최초로 일어났다. 마술사 시몬도 믿고 세례를 받았을 뿐만 아니라 전심으로 빌립을 따라다니기 시작했는데, 이는 극적인 회심처럼 보인다. 하지만 누가는 시몬이 진정으로 관심을 가진 것은 빌립이 행하는 표적과 큰 능력이었다는 말을 덧붙인다(13절). 사마리아인들이 시몬의 마술에 '놀랐듯이'(11절), 시몬도 빌립이 행하는 표적에 '놀랐다'(13절). 이것은 시몬이 베드로와 요한과 만나는 장면을 위한 복선이다.

이때에도 사도들은 여전히 교회에서 유일한 권위를 지니고 있었다. 빌립이 표적과 기사를 행하고 복음을 효과적으로 전해서 믿게 된 자들에게 세례를 주었지만, 이 소식을 전해들은 베드로와 요한은 그 진상을 확인하기 위해서 사마리아로 출발한다(14절). 그들은 사마리아인들이 성령을 받도록 기도하였는데 그들이 예수님의 이름으로 세례를 받았지만, 아직 "한 사람에게도 성령 내리신 일이 없[었기]" 때문이다(15-16절). 오순절 때 베드로는 사람들에게 회개하고 세례를 받음으로써 성령을 선물로 받으라고 권하였다(2:38). 그런데 사마리아인들이 이미 믿고 세례를 받았는데도 성령을 받지 못했기 때문에, 베드로와 요한은 그들이 성령을 받게 해달라고 기도한 것이다. 누가는 아무런 설명도 없이, 마치 사도들이 이렇게 한 것이 전혀 이상한 일이 아니라는 듯 이 이야기를 들려준다. 하나님은 친히 세우신 사도들이 도착하기를 기다리셨다가 그들이 와서 기도했을 때에 비로소 사마리아인들에게 성령을 나누어주신다. 아직 확실하게 정해진 절차는 없었다. 왜냐하면 이 일로부터 잠시 뒤에 한 에디오피아 사람이 믿고 세례를 받지만, 사도들이 그에게로 갔다는 언급이 없고(그리고 그 사람이 성령을 받았다는 언급도 없다), 나중에 사도들은 그들이 직접 사역하지 않았는데도 복음을 믿고 성령을 받은 사람들을 만나기 때문이다.

여기서 또 다시 누가는 이후의 교회가 본이나 규범으로 삼아야 하는 것이 아닌, 하나의 사건을 보도하고 있다. 사도행전, 특히 처음에 나오는 여러 장이 잠정적인 성격을 지니고 있다는 것을 도외시해서는 안 된다. 우리는 기사들 속에서 본이나 규범을 찾아내야 하지만, 그런 본이나 규범이 바뀔 수 있다는 것도 인정해야 한다. 또한 우리는 질서나 순서를 강조하지만, 사도행전이 항상 그런 것에 관심을 두는 것도 아니다. 중요한 것은 구원의 구성요소들이지, 그 구성요소들의 정확한 순서가 아니다. 사도행전에서 보게 되는 일반적인 본은, 믿는 자들이 성령을 받고 나서 세례를 받는 것이다. 이것이 원칙이지만, 예외도 있다. 어떤 때에는 믿는 자들이 먼저 세례를 받은 후에 성령을 받는다. 하지만 신약성경의 나머지 부분에서는 그것이 통상적인 순서로 제시되지 않는다. 어쨌든 모든 경우에 믿는 자만이 성령과 세례를 받는다. 여기서 변하지 않는 것은, 믿음이 선행되어야 성령도 받고 세례도 받을 수 있다는 것이다. 이 이야기에서도 믿음이 선행된다. 믿음과 중생 중에서 어느 쪽이 먼저냐 하는 것에 관한 논의는 나중에 생겨났다.

베드로와 요한이 이 이야기에 등장하는 이유는 이 사건이 실제로 일어난 일임을 보여주기 위한 것이다. 유대 공동체 외부의 사람들이 예수님을 믿은 최초의 사례와 관련해서 그들이 성령을 받는 순간에 사도들이 그 자리에 있었다는 것은, 새 언약이 예수님을 믿는 모든 사람에게 열려 있음을 입증하는 확실한 증거가 된다. 믿는 자들은 누구나 성령을 받는다. 그리고 출신배경이나 혈통 같은 것들로 말미암아 새 언약과 그것이 약속한 성령을 보장받거나 거기서 배제되지 않는다. 나중에 사도 베드로가 이방인들이 성령을 받았다고 증언한 것은, 이방인 문제와 관련해서 예루살렘 공의회에 가장 중요한 증거로 제시된다(15장).

사도들이 믿는 자들에게 안수하자 성령이 그들에게 임했고(17절), 사람들도 성령이 임하셨음을 분명하게 알 수 있었다. 그리고 이것을 본 시몬 마구스[43]의 속마음이 드러난다. 시몬은 사람들에게 안수하여 성령을 받게 하는 능력을 자신이 사겠다고 사도들에게 요청한다(18-19절). 그러자 베드로는 시몬에게 분명하게 대답하고, 그 과정에서 시몬이 지닌 믿음의 실체가 드러난다. 21절에서 베드로는 시몬에게 "하나님 앞에서 네 마음이 바르지 못하니 이 도에는 네가 관계도 없고 분깃 될 것도 없느니라"고 말하며 그의 정곡을 찌른다. '부분'(개역개정에는 "관계")과 '분깃'은 성경에서 유업이나 몫을 가리키는 데 사용되는 용어들이다(참고. 느 2:20). 당연한 말이지만, 시몬은 믿는 자들 가운데 어떤 자리도 가지지 않았고, 하나님 나라에서 미래도 없었다. "악독[직역하면 쓴 담즙]이 가득하며"와 "불의[직역하면 불의의 끈]에 매인 바 되었도다"라는 표현들(행 8:23)은 우상숭배, 시험, 죄, 그리고 그것들이 가져다주는 경험을 가리키는 구약적인 표현이다(신 29:18; 32:32; 잠 5:22; 애 3:19). 또한 베드로는 시몬에게 주님이 혹시 그의 죄를 용서해 주실지도 모르기 때문에 회개하고 죄 사함을 위해 기도하라고 말한다.

베드로의 이 말만 따로 떼어서 본다면, 비록 정도가 심하긴 하지만, 어떤 상황에서는 믿는 자에게도 할 수 있는 책망의 말로 보인다. 그러나 회개하고 죄 사함을 구하라고 한 것, 시몬의 바르지 못한 마음을 지적한 것, 시몬이 믿는 자들 가운데서 분깃이 있다는 것을 부정한 것, "네 은과 네가 함께 망할지어다"(행 8:20)라고 꾸짖은 것 등을 종합해보면, 시몬은 진정한 신자가 아니었다는 결론이 나온다. 성령에 대한 시몬의 반응과 그가 믿게 된 동기는 지금까지 믿은 사람들과 뚜렷하게 대비된다. 시몬은 오순절에 믿게 된 사람들, 이후의 복음 전도를 통해 교회에 더해진 사람들, 사도들이

43 전승에 따르면, 시몬은 이 이름으로 알려져 있다. 여기서 마구스(Magus)는 마술사라는 뜻이다.

행한 표적과 기사를 보고 믿은 사람들과 달랐다. 그는 사도행전의 내러티브가 아주 분명하게 제시하는 그리스도인 공동체의 한결같고 이타적인 모습을 보여주지 않는다. 시몬이 기독교 신앙에 대해 아무것도 몰랐거나 무지했다 하더라도, 분명한 사실은 그가 개인적인 이득을 위해 성령을 구했고, 이전보다 한층 더 큰 능력을 소유해서 사람들에게 과시할 기회를 얻으려 했다는 것이다. 그가 단지 선한 동기에서 믿는 자들에게 성령을 나누어 주려고 그리했을 일말의 가능성도 배재할 수는 없다. 그러나 그랬을 가능성은 거의 없고, 그렇게 결론을 내리는 것은 이 이야기의 흐름을 거스르는 순진한 생각일 뿐이다. 사마리아인들이 시몬이 행한 마술을 보고 놀랐던 것처럼, 시몬은 빌립이 행한 표적과 기사에 놀랐다(11, 13절). 그래서 그는 표적과 기사를 행하는 능력이 사도들의 것이고, 사도들이 그 능력을 자신들이 원하는 사람에게 주거나 팔 수 있을 것이라고 생각하여 돈을 주고 사도들로부터 "이 권능"을 사려고 했다(19절). 시몬은 신자로서 행동하지 않았고, 베드로는 시몬을 신자로 대하지 않았다.

하지만 시몬 내러티브는 문제가 해결되지 않은 채로 끝이 난다. 누가는 시몬이 그에 대한 베드로의 말들이 실현되지 않도록 사도들에게 기도를 부탁했다고만 언급할 뿐(24절), 그 후에 시몬이 어떻게 되었는지에 대해서는 말하지 않는다. 시몬이 뉘우치는 것처럼 보이기도 하지만 여기서 누가가 기록한 것에 기초할 때, 그가 보인 반응은 진정으로 자신의 죄를 고백하고 회개한 것이라기보다 베드로가 말한 것들이 자신에게 일어날 수 있다는 두려움 때문인 것 같다. 사도 시대 이래로 오늘날까지 그리스도인 공동체 안에 거짓 신자들도 들어왔다. 모든 증거는 시몬이 그러한 거짓 신자들 중 최초의 인물임을 보여준다. 복음이 극적으로 전파되고 확장되는 와중에도 장애물이 생겨나는데, 이것은 교회가 하나님 나라의 성취를 향해 나아가고 있지만 그 나라에 온전히 도달한 것은 아니라는 사실을 일깨워준다. 복음은 성공적으로 전파되지만, 그와 동시에 오해와 거짓된 믿음과 잠재적 이단도 생겨난다. 복음이 가장 성공적으로 전파되는 시기에도 하나님 나라를 위협하는 사상들과 세력들이 생겨나서 복음을 방해한다.

이러한 양상은 사도행전의 나머지 부분에서도 계속된다.

예수님의 승천에서 시작되어 전개되어 온 더 큰 내러티브의 틀 안에서 보면, 복음의 증인들이 이방 나라들로 나아가는 내러티브의 흐름은 지속된다. 빌립의 사역의 결과로 사마리아인들이 믿게 되었을 뿐만 아니라, 베드로와 요한도 예루살렘으로 돌아가기 전에 사마리아의 여러 마을에서 복음을 전한다. 그들은 모든 기회를 활용해서 복음을 전한다.

사도행전에서 시간이 흐름에 따라 확립되는 뚜렷한 방식이 이 내러티브가 끝나는 부분에서 어렴풋이 드러난다. 사도들은 사마리아를 떠나기 전에 "주의 말씀"(25절)을 좀 더 증언하고 가르친다. 복음이 새로운 지역들, 특히 주로 이방인들이 살고 있어서 성경에 관해 거의 알지 못하는 지역들로 전파되기 시작하면서, 사도들은 그들이 이전에 복음을 전한 지역들을 자주 다시 찾았다. 또한 단지 복음을 전하는 데서 그치지 않고, 이미 믿은 자들을 가르치는 일에도 힘을 쏟는다.[44]

8:26-40 | 유대와 사마리아와 그 너머로: 에디오피아 내시 성경에 초기 그리스도인들이 복음을 온 세계에 전파하기 위해 세워놓은 계획(선교 지도 같은)이 있었다는 기록은 없지만, 이 본문에는 하나님이 이 선교를 초자연적으로 지휘하고 계신다는 사실을 보여주는 또 하나의 사례가 등장한다. 주의 사자가 빌립에게 나타나서, 애굽의 국경 근처에 위치한 가사로 가는 길을 따라 남쪽으로 내려가라고 말해준다. 나중에 바울은 그를 마게도냐로 부르는 환상을 본다. 이런 것들은 하나님이 사도행전 1:8의 선교를 이루기 위해 하신 특별한 역사들이다. 빌립이 그 길을 따라 얼마나 내려갔는지는 알 수 없다. 하지만 가사는 광야로 들어서기 전에 있는 마지막 지점이었기 때문에, 그곳까지는 꽤 먼 길이었다. 오늘날로 말하자면, 가사는 미국의 서부로 여행할 때 "마지막 주유소: 이후 200마일까지는 주유소가 없

44 사도들의 이러한 행동 양식과 그들이 그렇게 한 동기에 관한 탁월한 연구로는 M. David Sills, *Reaching and Teaching: A Call to Great Commission Obedience* (Chicago: Moody, 2010)을 보라.

음"이라는 꼿말이 붙어 있는 마을이라고 할 수 있다. 하나님이 아주 특별한 소임을 위해 빌립을 그곳에 보내셨다는 것은 너무나 분명했다. 그렇지 않다면 왜 그에게 가사로 가라고 하셨겠는가?

빌립은 가사로 가는 길에서 에디오피아 내시를 만난다. 그 내시는 예루살렘에 와서 예배를 드린 후에 본국으로 돌아가는 중이었다. 고대 세계에서 내시는 일반적으로 궁중의 관리였다. 그는 에디오피아 여왕 간다게의 모든 국고를 맡은 관리였는데, 어쩌다가 유대교 신앙을 갖게 된 사람이었다. 그는 내시(거세된 환관)여서 유대교로 온전히 개종할 수 없었다. 따라서 그는 '하나님을 경외하는 자'(참고. 10:1-8에 대한 주석)였던 것으로 보인다. 이것은 누가 보아도 당연한 사실이므로, 누가는 이 내시가 하나님을 경외하는 자였다고 밝히지 않는다. 유대인에게 에디오피아인은 사마리아인보다 한 단계 더 먼 이방인이었다는 점에서, 이 일은 복음이 점점 더 넓게 퍼져나가고 있었음을 보여주는 또 다른 사례다.

빌립은 성령의 인도하심을 따라 에디오피아 내시가 타고 있던 수레로 다가간다. 그리고 그가 이사야서를 큰 소리로 읽고 있는 것(고대 세계에서는 흔히 이렇게 읽었다)을 발견하고서는, 그에게 지금 읽고 있는 것이 무엇을 의미하는지 이해하느냐고 묻는다(8:30). 내시는 그 유명한, "지도해 주는 사람이 없으니 어찌 깨달을 수 있느냐"(31절)라고 대답한다. 이 본문은 하나님의 섭리에 의해 일어난 사건들로 가득 차 있다. 빌립은 특정한 장소로 인도하심을 받는데, 어떤 사람이 성경을 읽고 있고 그 사람은 빌립에게 성경 말씀을 깨닫도록 도움을 요청한다. 그런데 그 사람은 구약성경에서 예수님과 관련하여 가장 유명한 본문인 이사야 53장을 읽고 있다. 구체적으로 내시는 장차 여호와의 종이 부당하게 고난을 겪을 것에 관해 말하는 이사야 53:7-8을 읽고 있었다. 내시의 질문을 받은 빌립은 이 본문에서 시작하여 계속해서 '예수에 관한 복음'을 그에게 전하였다(행 8:35).

빌립은 예수님께 초점을 맞추어서 구약성경의 이야기를 에디오피아 내시에게 들려준다. 이것은 사도행전에서 사도들과 제자들이 구약성경을 해석할 때 사용한 일차적인 방법이다. 그들은 이 방법을 예수님께 배웠고,

예수님은 누가복음 24:13-27에서 엠마오로 내려가던 두 제자에게 이 방법을 가르치셨다. 사도행전은 예수 그리스도를 중심에 두고 구약성경의 이야기를 반복해서 들려준다. 베드로는 초기 설교들에서 그렇게 하고 스데반은 이스라엘이 예수님을 거부할 때까지 이르는 구약성경의 이야기를 그런 식으로 제시하며, 나중에 바울은 구약성경을 토대로 하여 예수님이 진정한 메시아시라는 것을 입증한다(행 17:1-4; 28:23). 아주 초기부터 그리스도인들은 사람들에게 복음을 전하기 위해 성경의 장대한 내러티브를 사용하기 시작했다. 우리는 흔히 성경을 읽을 때 장절들을 따라 읽으면서 숲보다는 나무들에 초점을 맞추어 생각하려 하고, 그렇게 하는 것을 이상하게 여기지도 않는다. 중요한 대목에서는 분명히 그런 식으로 읽어야 한다. 그러나 성경은 단순히 성경 구절들을 모아놓은 책이 아니다. 가장 중요한 측면에서 바라보았을 때 성경은 만유, 그 중에서도 특히 하나님이 예수님으로 말미암아 만유를 창조하시고 구속하신 것에 관한 이야기다.[45]

이러한 맥락에 비추어 볼 때, 에디오피아 내시가 읽고 있던 이사야서 본문은 매우 흥미로운 본문이다. 이사야 53장은 고난 받는 여호와의 종에 초점을 맞추는 반면에, 이사야 54장은 잉태하지 못하며 출산하지 못하는 자(이스라엘)의 자녀들이 "장래에 열방을 얻으며 황폐한 성읍들을 사람 살 곳이 되게 할"(사 54:3) 유례없이 큰 복을 받을 것이라는 약속을 담고 있다. 이사야 54장은 새 언약을 제시하면서, "나의 화평의 언약은 흔들리지 아니[할]"(사 54:10) 것이고, "네 모든 자녀는 여호와의 교훈을 받을 것"(사 54:13)이라고 말한다. 그리고 마지막에서 하나님은 "너는 공의로 설 것"(사 54:14)을 선언하신다. 사도행전에서 이미 나타나듯이, 신약적인 맥락에서 이 약속들은 이스라엘 민족뿐만 아니라 이방 나라에게도 성취될 것이다.

그 다음에 이어지는 이사야 55장은 하나님의 큰 일에 참여하라는 부르심이다. 하나님의 큰 일은 원하시는 모든 것을 이루는 하나님의 약속의

45 Wright, *Acts for Everyone, Part 1*, 134에 나오는 논의를 보라.

'말씀'(사 55:11은 요 1:1을 이해하기 위한 최고의 배경 중 하나다)과 직접적으로 연결되어 있다. 그리고 이 모든 것은 새 창조에 관한 묘사로 표현된다(사 55:12-13). 이렇게 하나님의 백성의 죄를 속할 여호와의 종(사 53장), 새 언약(사 54장), 새 창조(55장)가 제시된다.[46] 그런 후에 이사야 56장은 장차 도래할 날에 외인들이 온전히 받아들여질 것이라는 약속을 준다. 이 장의 본문은 외국인들(이방인)과 내시(고자)를 구체적으로 언급한다. 이 대목은 길지만 여기에 인용할 만한 가치가 있다.

> "여호와께 연합한 이방인은 말하기를 여호와께서 나를 그의 백성 중에서 반드시 갈라내시리라 하지 말며 고자도 말하기를 나는 마른 나무라 하지 말라 여호와께서 이와 같이 말씀하시기를 나의 안식일을 지키며 내가 기뻐하는 일을 선택하며 나의 언약을 굳게 잡는 고자들에게는 내가 내 집에서, 내 성 안에서 아들이나 딸보다 나은 기념물과 이름을 그들에게 주며 영원한 이름을 주어 끊어지지 아니하게 할 것이며 또 여호와와 연합하여 그를 섬기며 여호와의 이름을 사랑하며 그의 종이 되며 안식일을 지켜 더럽히지 아니하며 나의 언약을 굳게 지키는 이방인마다 내가 곧 그들을 나의 성산으로 인도하여 기도하는 내 집에서 그들을 기쁘게 할 것이며 그들의 번제와 희생을 나의 제단에서 기꺼이 받게 되리니 이는 내 집은 만민이 기도하는 집이라 일컬음이 될 것임이라 이스라엘의 쫓겨난 자를 모으시는 주 여호와가 말하노니 내가 이미 모은 백성 외에 또 모아 그에게 속하게 하리라 하셨느니라"(사 56:3-8).

문맥으로 말미암아 얼마나 많은 풍부함이 더해지는가! 이사야는 이방인과 고자가 이스라엘의 쫓겨난 자와 함께 여호와의 집에서 영원한 기업과 동등한 지위를 얻을 때가 올 것이라고 약속한다. 이 본문이 중요한 이

46 이 부분에 대한 필자의 서술 방향은 같은 책, 135에서 큰 영향을 받았다.

유는, 단지 빌립과 에디오피아 내시에 관한 이야기에 빛을 비추기 때문이 아니다. 이 본문은 특히 이제 곧 이방인의 사도가 될 사울의 회심을 기점으로, 사도행전의 초점이 예루살렘에서 이방 나라들로 옮겨가는 것을 더 잘 이해할 수 있도록 한다.

빌립이 에디오피아 내시에게 예수님을 전하면서 기독교의 세례를 언급했음은 분명하다. 그들이 물 있는 곳에 이르자 내시가 세례를 받겠다고 말하기 때문이다. 본문은 내시가 믿음을 가졌다는 것을 암시하고, 빌립도 그것을 분명하게 확신했기 때문에 그에게 세례를 베푼다. 비록 본문은 내시가 성령을 받았다고 언급하지 않지만, 우리는 그랬을 것이라고 짐작할 수 있다. 따라서 사도행전에 나오는 세례의 반복되는 양상을 다음과 같이 추적해보는 것이 최선이라 여겨진다. 기본적인 구원 사건은 믿음, 회개, 성령, 세례를 포함한다. 사도행전에서는 세례 문제가 크게 부각되므로, 우리는 사도행전 10장을 다룰 때에 이 문제를 다시 생각해볼 것이다.

에디오피아 내시가 세례를 받음으로써 하나님 나라는 이방 나라들을 향해 아주 중요한 한 걸음을 내딛게 된다. 사도행전 8장의 끝부분은 하나님 나라의 이러한 진전을 지휘하는 것이 성령의 일차적인 역할임을 극적인 형태로 드러낸다. 성령은 즉시 빌립을 아소도로 옮긴다(행 8:39-40). 성령이 빌립에게 가사로 가는 길을 따라 내려가라고 지시하고 나서, 그런 후에 어째서 초자연적인 능력으로 그를 멀리 옮겼는지를 우리는 알 수 없다.

응답

스데반에 대한 재판과 처형에 관한 이야기를 읽을 때, 우리는 스데반을 고발한 자들보다 훨씬 더 선하다는 듯이 너무 성급하게 그들에게 손가락질을 해서는 안 된다. 물론 이는 스데반을 박해한 자들(또는 사도행전에서 복음을 배척하는 그 밖의 다른 자들)을 옹호하려는 것이 아니다. 하지만 우리의 안전, 우리가 소중히 여기는 개념, 생각하고 행동하는 방식이 위협을 받을 때, 우리는 과연 어떻게 행동하는지 생각해보아야 한다. 일반적으로 우리는 새로운 것들을 좋아하지 않는다. 특히 그 새로운 것들이 우리가 지키려고 하는 것들을 비판하며 변경하거나 대체하려 할 때 더욱 그러하다. 우리는 누가 우리에게 잘못했다고 비난하는 것을 좋아하지 않는다. 또 우리 중 대다수는 우리가 잘못했다는 것을 인정하기를 극도로 어려워한다. 우리가 소중히 여기는 전통, 우리가 받은 교육, 우리의 조상들(개인적인 조상이든 국가적인 선조이든)이 잘못되었다는 것을 인정하기는 한층 더 어렵다. 우리가 이 세계와 관련해서 기존의 것들을 믿고 그대로 행하는 이유는, '그것이 지금까지 해왔던 방식이기' 때문이고, 우리의 좁은 관점을 벗어나 이 세계를 다른 방식으로 바라본 적이 없기 때문이다. 새로운 길들은 우리가 완전히 옳지만은 않고, 모든 것을 알지도 못한다는 것을 인정하고 다시 배울 것을 요구한다. 변화는 쉽지 않고, 그 변화가 종교적인 것일 때는 한층 더 어렵다.

하루가 끝날 무렵에는 모든 사람이 어느 정도 근본주의자가 되어 있다. 그것도 아주 나쁘지는 않겠지만 우리는 우리의 견해들을, 특별히 성경의 분명한 증언보다 우리의 문화 및 전통과 밀접하게 연관되어 있는 문제들을 더 기꺼이 점검하고자 해야 한다. 성경에서 하나님의 원수들인 악한 왕들, 거짓 선지자들, 믿지 않는 사람들, 바리새인들과 사두개인들, 에베소의 폭도들을 만날 때 우리는 스스로에게 이렇게 물어보아야 한다. "나는 그들 속에서 나 자신에 대해 무엇을 보는가? 나는 정말 그들과 다르게 행해 왔는가?" 우리 마음속에 하나님과 그리스도 안에서 형제요 자매된 사람들에 대해 치솟는 거부감은 스데반을 돌로 쳐서 죽인 자들의 생각이나 판단과 관련이 있는 것은 아닌가? 우리는 하나님의 뜻을 따라 스데반의 처지에 놓였을 때 하나님의 은혜로 말미암아 스데반처럼 행할 수 있기를 바랄 것이다. 하지만 너무 성급하게 우리 자신을 스데반과 동일시해서는 안되며, 만일 자신이 자유민들의 회당이나 공회의 구성원이었다면 정말 스데반을 반대하고 박해하지 않았을지를 진지하게 스스로에게 물어야 한다. 우리 각자는 하나님에 대한 반역과 불신앙을 엄하게 단죄하는 것으로 끝나는 설교를 듣는 동안 성령의 인도하심을 받아서 우리 자신의 마음과 삶에 그러한 반역과 불신앙이 자리 잡고 있는지를 살펴보아야 한다. 그런 식으로 하면 우리는 우리 속에 있는 반역과 불신앙을 찾아낼 수 있다.

또한 우리는 예수님을 거부한 사람들도 유대인이었지만, 예수님을 믿고 성령을 받은 후에 예수님을 선포한 사람들도 유대인이었다는 것을 결코 잊어서는 안 된다. 유대인이 예수님을 배척하고 십자가에 못 박았다는 이유로 그들 전체를 비난하는 것은 역사적으로 위험하고 성경적으로도 잘못된 것이다. 유대인은 예수님을 십자가에 못 박았지만, '그들'이 예수님을 믿은 사람들이기도 하다. 사도들도 유대인이었고, 초기 신자들도 유대인이었다. 예수님도 유대인으로 태어나셨다. 사도행전에서 지금까지 등장한 모든 인물도 유대인이다(니골라는 개종자였다). 복음서들과 사도행전의 이 부분에서 볼 수 있고 바울이 로마서 9-11장에서 설명하는 예수님에 대한 유대인의 거부는, 아담으로부터 시작되어 이스라엘과 이방 나라들을 거쳐 신약 시대까지 이어지는 반역의 일부다. 유대인이 거부함으로 말미암아 언약은 예수님의 십자가 죽음과 부활과 즉위를 통해 변화되었다. 유대인이 예수님을 거부한 것은 이 세상이 예수님을 거부한다는 사실을 보여주는 본보기다. 유대인이 하나님께로부터 모세의 율법을 받았지만 그 율법을 지킬 수 없었다는 사실은, 인간의 마음 곧 유대인과 이방인 모두의 마음(롬 3:19-20)의 실상을 폭로하여 온 세상을 단죄하는 것이었다. 그와 마찬가지로, 이스라엘과 그 너머에서 대부분의 유대인이 예수님을 거부한 것은 온 세상이 예수님을 거부하고 있다는 것을 상징적으로 보여준다. 새 언약에서 하나님 나라는 분명히 이방인들을 향해 움직이지만, 모든 유대인도 그들의 메시아를 믿고서 새 언약으로 들어오라는 초대를 받는다.

그리스도인들은 믿는 친구들과 사랑하는 사람들이 죽을 때 애곡하며 울어야 하는가? 누가는 "경건한 사람들이 스데반을 장사하고 위하여 크게 울더라"(행 8:2)고 말한다. 오늘날 많은 복음주의 진영에서 장례식은 슬퍼하는 자리라기보다 축하하는 자리다(적어도 사람들은 그렇게 말하려고 애쓴다). 그리스도인의 죽음이 불신자의 죽음과 다르다는 것은 절대적으로 옳다. 우리는 소망을 품고 죽는다. 그리고 그리스도를 믿는 사랑하는 사람을 떠나 보내고 살아가는 자 역시 부활에 대한 소망을 지니고 살아간다. 우리가 그런 소망을 가질 수 있는 이유는, 예수님이 사망과 음부를 이기셨기 때문이다(고전 15:56-57). 또한 그리스도인이 죽을 때, 그리스도로 말미암아 그 사람의 삶이 구속받았기 때문에 축하해야 한다는 말도 틀린 것은 아니다. 하지만 죽음은 축하해야 할 때가 아니다. 죽음을 축하하려는 시도는 비성경적일뿐더러, 솔직히 말해서 우스꽝스럽다. 죽음은 끔찍하고 부자연스러운 것이고 하나님의 창조 목적에 대한 모욕이며, 인간의 불신앙과 불순종의 결과물이다. 게다가 기독교회에는 죽음을 축하하는 전통이 전혀 존재하지 않는다. 그런 관습은 소름끼치는 이교 제의들 가운데 존재한다.

복음주의 진영(특히 미국의)은 대체로 슬퍼하고 애곡하는 것을 나쁜 것이라고 여겨 피해야 한다고 생각한다. 이것은 승리를 노래하는 찬송을 아주 좋아하고, '우울하거나' '지나치게 느린' 곡조의 찬송을 거부하는 우리의 기호 속에 반영되어 있다. 죽음과 관련한 우리의 정서에도 그러한 문화가 침투해 있어서, 우리는 장례식에 가서도 죽음에 관해 말하기를 기피한다. 나는 상당수의 그리스도인이 장례식에 거의 가본 적이 없거나 한 번도 가지 않았다는 사실에 언제나 놀라곤 한다. 우리가 다니는 교회에 속한 형제나 자매가 죽어도, 우리는 시간이 없다거나 우울해지고 싶지 않다는 이유로 장례 예배에 가지 않는다. 고인에 관한 재미있는 일화들을 얘기하고 상투적인 가벼운 위로의 말을 건넬지라도, 가족과 친구들은 슬퍼한다. 아내, 남편, 자녀, 부모 모두가 슬퍼한다. 웃으면서 얘기를 하든, 호들갑을 떨며 얘기를 하든, 짐짓 무게를 잡고 얘기를 하든, 유족에게 슬퍼하지 말라고 말하는 것은 그저 그들의 죄책감을 더 무겁게 만드는 것일 뿐이다. 또한 우리는 고인에 관한 얘기보다는 우리 자신이 살아가는 얘기에 집중한다. 신약의 그리스도인들은 믿는 자가 죽었을 때 소망 없는 자들처럼 슬퍼하지는 않았지만(살전 4:13) 그 죽음을 슬퍼했다. 스데반을 장사한 사람들은 그를 위하여 크게 울었다(행 8:2).

스데반이 그의 설교 마지막 부분에 청중이 율법을 지키지 않았다고 말한 것(7:53)은 그저 그들이 전체적으로 율법을 지키지 않았다는 말도 아니고, 그들이 하나님을 배신했다는 것을 보여주는 또 하나의 개별적인 증거를 제시한 것도 아니다. 이 말 역시 구체적으로 그들이 예수님을 십자가에 못 박은 것과 연결된다. 율법을 범한 그들의 역사는 메시아를 죽인 일에서 정점에 도달했다. 메시아를 죽인 것은 궁극적으로 토라를 범한 것이었다. 살인은 율법을 지키는 것과 양립할 수 없는데, 메시아를 죽인 것은 더욱 그러하다. 구약의 율법, 그리고 성경의 명령들 전체를 잘못된 방향에서 접근하는 경우가 너무너도 많다. 성경의 모든 명령은 하나님에 대해 신실하고 그분을 사랑하라는 것이다. 그러나 스데반의 시대에 많은 유대인은 성경이 하나님을 중심에 두도록 의도한 것에서 실질적으로 순종을 제거해버리고, 성경을 일련의 명령들로 변질시켜버렸다. 이것은 오늘날도 마찬가지다. 그렇게 할 때 초점은 하나님을 믿고 사랑하는 것보다 '행하는 것'에 맞춰진다. 이것은 하나님에 대한 순종에 조종을 울리는 것이다. 하나님과 이웃을 사랑하는 것이 아닌 어떤 다른 것을 목적으로(전통을 고수하려는 목적이든, 하나님의 일하심이 아니라 우리 자신의 행위 속에서 우리의 믿음을 입증하려는 목적이든) 삼아 성경의 명령들을 지키려는 모든 시도는 절망적인 실패로 이어진다. 다시 말해 예수님 안에서 역사하시는 하나님을 보지 못하는 실패, 하나님이 예수님 안에서 이루신 일을 믿지 못하는 실패를 초래한다.

우리가 성경을 하나의 이야기로 읽고 나누면서, 성경 이야기의 모든 구성 요소가 얼마나 서로 잘 맞아떨어지는지, 그리고 우리가 그 이야기에 얼마나 부합하는지를 보이는 것은 지극히 중요하다. 초기 그리스도인들이 바로 그렇게 했다. 물론 대개는 성경의 몇몇 본문에 대해서만 사람들과 나누겠지만, 우리는 주로 성경의 '큰 그림'을 이해하는 가운데 우리 자신과 우리의 삶을 위해 성경을 읽고 다른 사람들과 말씀을 나누기를 힘써야 한다. 우리는 성경에 나오는 어떤 것에서 시작하더라도, 성경 전체가 예수님을 처음과 중간과 마지막으로 해서 완벽하게 맞아 떨어지는 하나의 이야기라는 사실을 보여줄 수 있어야 한다. 이것은 불신자들, 특히 성경에 관해 거의 또는 전혀 알지 못하는 지역에서 살아가는 사람들과 성경을 나누는 가장 효과적인 방법일 것이다. 필자가 그러한 지역으로 여행했을 때 주로 하는 일은 그 지역의 사람들과 성경의 '큰 그림'을 나누는 것이다.

여기에서 한 가지 주의할 점을 말해두는 것이 좋을 것 같다. 오늘날 복음주의자들은 과거의 어느 때보다도 성경의 '큰 그림'을 강조하고 있으며, 그래서 이 큰 그림을 이해하는 데 도움이 될 만한 책들과 자료들이 엄청나게 많이 나와 있다. 하지만 우리는 언제나 성경을 재구성한 것인 우리의 '큰 그림'이 실제 성경 본문을 대체하지 않도록 극히 조심해야 한다. 물론, 우리는 숲보다 나무를 보는 데 더 많은 시간을 할애하는 경향이 있지만, 숲만 보고 그 숲을 이루는 온갖 서로 다른 나무들을 보지 못하는 것도 똑같이 결함이 있는 해석이다.

오늘날 신자들은, 성령이 빌립을 순식간에 다른 곳으로 이동시킨 것같이 역사하기를 기대할 수는 없지만, 우리 안에서 그리고 우리를 통해 지금도 역사하고 계신다는 사실을 명심해야 한다. 성령의 역사는 대개 빌립의 경우처럼 분명하게 나타나지 않지만, 우리 가운데 존재한다. 또한 우리는 복음 전파가 하나님의 손에 달려 있음을 명심해야 한다. 하나님은 여러 가지 다양한 수단을 사용하셔서 주권적으로 복음이 모든 나라에 전파되게 하신다. 어떤 사람들은, 하나님이 이 세계에 대한 자신의 선교를 수행하기 위해 인간적인 수단들을 사용하신다는 사실을 잘못 이해하거나 기억하지 않거나 애써 무시하고는, 하나님이 인간적인 수단을 사용하신다는 주장이 선교와 복음 전도를 약화시킨다고 주장한다. 그러나 성경과 교회사는 우리로 하여금 주후 1세기 이후로 가장 중요한 선교 사역들이 하나님의 주권을 믿는 사람들에 의해 수행되어 왔다는 사실을 인정할 수밖에 없게 만든다. 또한 우리는 하나님이 조종하시는 줄에 묶여서 움직이는 꼭두각시 인형들이 아니다. 우리가 선교하는 이유는, 하나님이 그분의 약속들을 지키시는 분임을 사람들에게 들려주기를 뜻하셨기 때문이다. 그리고 그 일을 이루기 위해 하나님은 일반적으로 사람들에게 개인적이고 내적으로 말씀하시는 방식(이런 일도 종종 일어나긴 하지만)이 아니라, 그분의 백성이 성령으로 충만하여 복음을 선포하는 방식을 사용하신다.

1 사울이 주의 제자들에 대하여 여전히 위협과 살기가 등등하여 대제
사장에게 가서 2 다메섹 여러 회당에 가져갈 공문을 청하니 이는 만일
그 도를 따르는 사람을 만나면 남녀를 막론하고 결박하여 예루살렘으
로 잡아오려 함이라 3 사울이 길을 가다가 다메섹에 가까이 이르더니
홀연히 하늘로부터 빛이 그를 둘러 비추는지라 4 땅에 엎드러져 들으
매 소리가 있어 이르시되 사울아 사울아 네가 어찌하여 나를 박해하
느냐 하시거늘 5 대답하되 주여 누구시니이까 이르시되 나는 네가 박
해하는 예수라 6 너는 일어나 시내로 들어가라 네가 행할 것을 네게
이를 자가 있느니라 하시니 7 같이 가던 사람들은 소리만 듣고 아무도
보지 못하여 말을 못하고 서 있더라 8 사울이 땅에서 일어나 눈은 떴
으나 아무 것도 보지 못하고 사람의 손에 끌려 다메섹으로 들어가서
9 사흘 동안 보지 못하고 먹지도 마시지도 아니하니라

1 But Saul, still breathing threats and murder against the disciples
of the Lord, went to the high priest 2 and asked him for letters to the
synagogues at Damascus, so that if he found any belonging to the Way,
men or women, he might bring them bound to Jerusalem. 3 Now as he

went on his way, he approached Damascus, and suddenly a light from
heaven shone around him. 4 And falling to the ground, he heard a voice
saying to him, “Saul, Saul, why are you persecuting me?” 5 And he
said, “Who are you, Lord?” And he said, “I am Jesus, whom you are
persecuting. 6 But rise and enter the city, and you will be told what you
are to do.” 7 The men who were traveling with him stood speechless,
hearing the voice but seeing no one. 8 Saul rose from the ground, and
although his eyes were opened, he saw nothing. So they led him by
the hand and brought him into Damascus. 9 And for three days he was
without sight, and neither ate nor drank.

10 그때에 다메섹에 아나니아라 하는 제자가 있더니 주께서 환상 중
에 불러 이르시되 아나니아야 하시거늘 대답하되 주여 내가 여기 있
나이다 하니 11 주께서 이르시되 일어나 직가라 하는 거리로 가서 유
다의 집에서 다소 사람 사울이라 하는 사람을 찾으라 그가 기도하는
중이니라 12 그가 아나니아라 하는 사람이 들어와서 자기에게 안수하
여 다시 보게 하는 것을 [1]보았느니라 하시거늘 13 아나니아가 대답하
되 주여 이 사람에 대하여 내가 여러 사람에게 듣사온즉 그가 예루살
렘에서 주의 성도에게 적지 않은 해를 끼쳤다 하더니 14 여기서도 주
의 이름을 부르는 모든 사람을 결박할 권한을 대제사장들에게서 받았
나이다 하거늘 15 주께서 이르시되 가라 이 사람은 내 이름을 이방인
과 임금들과 이스라엘 자손들에게 전하기 위하여 택한 나의 그릇이라
16 그가 내 이름을 위하여 얼마나 고난을 받아야 할 것을 내가 그에게
보이리라 하시니 17 아나니아가 떠나 그 집에 들어가서 그에게 안수하
여 이르되 형제 사울아 주 곧 네가 오는 길에서 나타나셨던 예수께서
나를 보내어 너로 다시 보게 하시고 성령으로 충만하게 하신다 하니
18 즉시 사울의 눈에서 비늘 같은 것이 벗어져 다시 보게 된지라 일어

나 2) 세례를 받고 19 음식을 먹으매 강건하여지니라
10 Now there was a disciple at Damascus named Ananias. The Lord
said to him in a vision, "Ananias." And he said, "Here I am, Lord."
11 And the Lord said to him, "Rise and go to the street called Straight,
and at the house of Judas look for a man of Tarsus named Saul, for
behold, he is praying, 12 and he has seen in a vision a man named
Ananias come in and lay his hands on him so that he might regain
his sight." 13 But Ananias answered, "Lord, I have heard from many
about this man, how much evil he has done to your saints at Jerusalem.
14 And here he has authority from the chief priests to bind all who call
on your name." 15 But the Lord said to him, "Go, for he is a chosen
instrument of mine to carry my name before the Gentiles and kings
and the children of Israel. 16 For I will show him how much he must
suffer for the sake of my name." 17 So Ananias departed and entered the
house. And laying his hands on him he said, "Brother Saul, the Lord
Jesus who appeared to you on the road by which you came has sent me
so that you may regain your sight and be filled with the Holy Spirit."
18 And immediately something like scales fell from his eyes, and he
regained his sight. Then he rose and was baptized; 19 and taking food,
he was strengthened.

사울이 다메섹에 있는 제자들과 함께 며칠 있을새 20 즉시로 각 회당
에서 예수가 하나님의 아들이심을 전파하니 21 듣는 사람이 다 놀라
말하되 이 사람이 예루살렘에서 이 이름을 부르는 사람을 멸하려던
자가 아니냐 여기 온 것도 그들을 결박하여 대제사장들에게 끌어 가
고자 함이 아니냐 하더라 22 사울은 힘을 더 얻어 예수를 그리스도라
증언하여 다메섹에 사는 유대인들을 당혹하게 하니라

9장

23 여러 날이 지나매 유대인들이 사울 죽이기를 공모하더니 24 그 계
교가 사울에게 알려지니라 그들이 그를 죽이려고 밤낮으로 성문까지
지키거늘 25 그의 제자들이 밤에 사울을 광주리에 담아 성벽에서 달아
내리니라
For some days he was with the disciples at Damascus. 20 And
immediately he proclaimed Jesus in the synagogues, saying, "He is the
Son of God." 21 And all who heard him were amazed and said, "Is not
this the man who made havoc in Jerusalem of those who called upon
this name? And has he not come here for this purpose, to bring them
bound before the chief priests?" 22 But Saul increased all the more in
strength, and confounded the Jews who lived in Damascus by proving
that Jesus was the Christ.
23 When many days had passed, the Jews[1] plotted to kill him, 24 but
their plot became known to Saul. They were watching the gates day and
night in order to kill him, 25 but his disciples took him by night and let
him down through an opening in the wall,[2] lowering him in a basket.

26 사울이 예루살렘에 가서 제자들을 사귀고자 하나 다 두려워하여
그가 제자 됨을 믿지 아니하니 27 바나바가 데리고 사도들에게 가서
그가 길에서 어떻게 주를 보았는지와 주께서 그에게 말씀하신 일과
다메섹에서 그가 어떻게 예수의 이름으로 담대히 말하였는지를 전하
니라 28 사울이 제자들과 함께 있어 예루살렘에 출입하며 29 또 주 예
수의 이름으로 담대히 말하고 헬라파 유대인들과 함께 말하며 변론
하니 그 사람들이 죽이려고 힘쓰거늘 30 형제들이 알고 가이사랴로 데
리고 내려가서 다소로 보내니라
26 And when he had come to Jerusalem, he attempted to join the
disciples. And they were all afraid of him, for they did not believe that

he was a disciple. 27 But Barnabas took him and brought him to the apostles and declared to them how on the road he had seen the Lord, who spoke to him, and how at Damascus he had preached boldly in the name of Jesus. 28 So he went in and out among them at Jerusalem, preaching boldly in the name of the Lord. 29 And he spoke and disputed against the Hellenists.[3] But they were seeking to kill him. 30 And when the brothers learned this, they brought him down to Caesarea and sent him off to Tarsus.

9장

31 그리하여 온 유대와 갈릴리와 사마리아 교회가 평안하여 든든히 서 가고 주를 경외함과 성령의 [3)]위로로 진행하여 수가 더 많아지니라
31 So the church throughout all Judea and Galilee and Samaria had peace and was being built up. And walking in the fear of the Lord and in the comfort of the Holy Spirit, it multiplied.

1) 어떤 사본에, 환상 중에 보았느니라 2) 헬, 또는 침례 3) 또는 후원으로

1 The Greek word *Ioudaioi* refers specifically here to Jewish religious leaders, and others under their influence, who opposed the Christian faith in that time *2* Greek *through the wall* *3* That is, Greek-speaking Jews

단락 개관

사울의 회심

독자들은 대체로 바울의 회심에 관한 이야기를 잘 알고 있지만, 사도행전 9:1-31이 오랜 기간에 걸쳐 일어난 일들을 기록한 것이라는 사실을 종종

간과한다. 사도행전 9:26-30에 기록된 바울의 예루살렘 방문이 갈라디아서 1:18-19에 기록된 바울과 사도들의 교제와 동일한 것이라면, 이 기사는 3년이 넘는 기간 동안 벌어진 일들을 기록한 것이다. 따라서 본문에는 바울이 아라비아에서 보낸 기간도 포함되어 있다(갈 1:17). 바울의 삶에서 이 기간에 속하는 이야기는 다메섹으로 가는 길 위에서 시작되고, 수리아와의 접경지대인 길리기아 지방의 다소에서 끝난다(1:21).

바울이 다메섹으로 가는 길 위에서 한 경험은 하나님에 의한 특별하고 초자연적인 사건이다. 이 사건은 전형적인 회심 이야기도 아니고, 사도행전에서 다른 사람들에게 반복적으로 일어나지도 않았다. 사울/바울은 나사렛 예수 안에서 여호와에 관한 참된 계시를 만나고, 그의 회심은 그가 사도로 부르심을 받은 것과 직접적으로 연결되어 있다. 사도행전의 나머지 부분을 읽어나갈 때, 우리는 이방인의 사도가 처음에는 하나님의 백성을 악랄하게 박해했던 인물이라는 사실을 명심해야 한다. 바울은 그의 이러한 과거를 결코 잊지 않았고, 이 회심에 관한 이야기를 여러 차례에 걸쳐 언급한다.

사도행전 6-8장에서 빌립과 스데반이 전면에 등장했듯이, 이 단락에서도 사도가 아닌 또 한 사람의 신자가 등장한다. 방금 말했듯이 아나니아는 한 사람의 제자였을 뿐(9:10), 사도도 아니었고 스데반이나 빌립 같은 일꾼(또는 집사)도 아니었다. 하지만 예수님은 아나니아를 사용해서 바울을 성령으로 충만하게 하신다. 아나니아는 바울에게 주님이 자기를 보내셔서 그를 치료하고 성령으로 충만하게 하셨다고 말한다(17절). 이것은 사도행전에서 최초로 사도 이외의 다른 사람을 통해서 성령이 주어진 사례다. 주님이 이렇게 하신 데는 현실적인 이유가 있던 것으로 보인다. 사울은 예수님과 이적적인 만남을 가졌고, 예수님은 사울에 관해 즉각 실행하려는 계획들을 갖고 계셨는데, 사도들이 있는 예루살렘은 210킬로미터 이상 떨어져 있었다.

단락 개요

I. E. 사울의 회심(9:1-31)

1. 다메섹으로 가는 길에서(9:1-19a)
   - a. 사울이 부활하신 예수님을 만남(9:1-9)
   - b. 아나니아가 사울을 보살핌(9:10-19a)
2. 사울이 예루살렘으로 감(9:19b-31)
   - a. 다메섹에서의 사울(9:19b-25)
   - b. 예루살렘에서의 사울(9:26-30)
   - c. 교회가 성장함(9:31)

주석

9:1-9 | 다메섹으로 가는 길에서: 사울이 부활하신 예수님을 만남

13:9에서 바울이라 불리게 될 사울은 스데반의 죽음 직후에 시작된 그리스도인들에 대한 박해를 계속해나간다. 믿는 자들에 대해 "여전히 위협과 살기가 등등[했던]"(1절) 그는 그리스도인을 박해하는 일을 전업으로 삼은 것으로 보인다. 이 모든 것은 앞으로 일어날 사건을 한층 더 극적으로 만든다.

2절에서 누가는 믿는 자들을 "그 도를 따르는 사람"으로 지칭한다. '그 도'는 믿는 자들이 초기에 자신들이 믿는 것을 가리키는 데 사용한 용어이다. 이 표현은 사도행전에 여러 번 나오는데, 특히 바울이 자신을 변호하는 말들 속에 등장한다(19:9, 23; 22:4; 24:14, 22). 16:17에서는 빌립보의 귀신 들린 여종이 "구원의 길"이라고 부르며, 18:25에서는 누가가 아볼로의 가르침을 "주의 도"로 지칭한다. 헬라어 호도스(*hodos*)는 비유적으로 어떤 것

을 하는 방법 또는 삶의 길을 가리킬 수 있다. 따라서 이 단어는 우리가 '신자'라는 표현을 사용하는 방식과 유사하게, 그리스도인의 삶(예수님의 길로 살아가는 것)을 일반적으로 가리키는 표현이라고 할 수 있다. 그 도는 '삶의 방식이자 생명으로 가는 길인 구원의 길'을 가리킨다.[47] 사울과 그 도의 관계는 간단했다. 그는 그 도를 근절하고 말살시키려고 했다. 하지만 하나님은 다른 계획을 갖고 계셨다. 왜냐하면 교회를 박해하고 믿는 자들을 잡아다가 죽인 자를 통해 세상에 복음을 전하는 계획은 너무나 분명하게 오직 하나님으로부터 나온 것일 수밖에 없기 때문이다.

사도행전에는 다메섹으로 가는 길 위에서 바울이 체험한 것에 관한 기사가 세 번 나온다. 이 이야기는 9장 외에도 22장과 26장에 나온다. 이 기사들은 서로 차이가 있다. 그래서 성경의 역사적 신뢰성을 부정하는 사람들은 그러한 차이를 그들의 견해가 옳다는 증거로 언급한다. 9장에서는 하늘로부터 빛이 비추자 바울이 땅에 엎드러져 "사울아 사울아 네가 어찌하여 나를 박해하느냐"(4절)고 말씀하시는 예수님의 음성을 듣는다. 예수님은 자신의 정체를 밝히신 후에, 바울에게 다메섹으로 가라고 말씀하신다. 바울과 동행했던 사람들은 음성을 듣기는 했지만 아무도 보지는 못했다. 22장에서는 바울이 예루살렘에서 유대인 무리를 향해 말하면서, 다메섹 사건을 언급한다. 그가 다메섹으로 내려가고 있을 때 정오경에 하늘로부터 빛이 나타났고, 예수님이 "사울아 사울아 네가 왜 나를 박해하느냐"고 말씀하시고서는 자신을 예수라고 밝히신다. 이때 바울은 그와 동행했던 사람들이 빛은 보았지만 음성을 알아듣지는 못했다고 얘기한다(22:4-9). 26:9-18에서 바울은 아그립바 왕 앞에서 그의 회심 이야기를 이전의 두 기사보다 더 길게 들려준다. 그는 정오에 해보다 더 밝은 빛을 보았고, 그 빛이 그와 그의 일행을 덮었다고 말한다. 그는 땅에 엎드러졌고, 누군가가 히브리 말로 "사울아 사울아 네가 어찌하여 나를 박해하느냐 가시채

47 Bock, *Acts*, 356.

를 뒷발질하기가 네게 고생이니라"(26:14)고 말하는 음성을 듣는다. 이 음성의 후반부는 26장에서만 추가로 언급된다. 그런 후에 바울은 예수님이 자신의 정체를 밝히셨다고 말한다. 그리고 그의 회심 이야기에 예수님이 바울에 대해 어떤 계획을 갖고 계시는지에 관한 꽤 긴 말씀을 포함시킨다. 하지만 그의 일행이 그 음성을 들었다거나 알아듣지 못했다는 언급은 나오지 않는다.

이 세 회심 이야기가 각각 서로 다른 상황 속에서 서로 다른 청중을 향해 서로 다른 목적으로 말한 것임을 고려하면, 그 차이점을 쉽게 설명할 수 있다. 첫 번째 기사는, 누가가 사도행전의 전체적인 내러티브의 흐름 속에서 바울의 회심을 얘기하는 기사다. 두 번째와 세 번째 기사는, 바울이 그의 회심 이야기를 서로 다른 청중에게 직접 들려준 것을 누가가 재 진술하는 것이다. 이 기사들에서 서로 다른 세부 사항들은 이 이야기를 전하고 있는 상황과 맥락을 반영한다. 두 번째와 세 번째 기사에 대해서는 이 책에서 해당 기사를 주석하는 부분에서 다루겠지만, 몇몇 차이는 여기서 살펴볼 필요가 있다. 9:7에서는 바울의 일행이 음성을 듣는 반면에, 22:9에서는 음성을 이해하지 못했다(개역개정에는 "소리는 듣지 못하더라"). 두 번째 기사는 첫 번째 기사를 보충 설명한다. 이 두 기사 모두 바울의 일행이 어떤 음성을 들었다고 말하며, 22장은 그들이 이 음성을 듣기는 했지만 그 뜻을 이해하지 못했다고 설명을 덧붙인다. 9장의 기사를 그들이 그 음성이 하는 말을 알아들었다는 것으로 해석할 근거는 전혀 없다. 이 기사들은 예수님이 십자가 위에서 시편 22:1을 인용하셨을 때 일부 사람들이 엘리야를 부른다고 생각한 것과 비슷하다(막 15:34-35; 참고. 마 27:46-47). 이것은 성부 하나님이 예수님에게 말씀하셨을 때, 어떤 사람들은 우렛소리를 들었다고 생각하고 어떤 사람들은 천사가 말한 것이라고 생각한 것과 매우 비슷하다(요 12:27-30).

바울의 회심 이야기에 관한 세 기사는 자세하게 말한 정도가 다를 뿐 그 내용은 서로 전혀 상반되지 않기 때문에, 그 길이가 서로 다른 것은 문제가 되지 않는다. 누가는 바울이 두 번에 걸쳐 직접 얘기한 회심 체험을 사도행전에 포함시키기로 계획하였고, 따라서 바울의 회심 이야기와 관련된 모든 내용을 반드시 9장에 전부 담을 필요가 없었다. 누가는 눈앞에서 벌어지고 있는 사건들을 써내려가고 있는 것이 아니라, 과거에 이미 일어난 일들을 뒤돌아보면서 글을 쓰고 있다. 그리고 그는 틀림없이 사도행전을 쓰기 전에 처음부터 끝까지 어떤 식으로 쓸지를 계획했거나, 적어도 자기가 어떤 것들을 사도행전에 포함시킬지를 알고 있었을 것이다. 또한 26장의 기사가 바울 일행이 음성을 들은 일에 대해 언급하지 않는 이유는 그 이야기의 핵심을 부각시키기 위한 것이다. 그 회심 이야기에서 핵심은 바울의 회심이고, 그의 일행은 단지 그 경험을 뒷받침하는 역할을 할 뿐이다. 이것이 바울의 특별한 경험이지만, 그의 일행 역시 현장에서 일어난 일을 모두 이해하지 못했을지언정 함께 경험한 사실이다. 바울의 일행은 빛을 보았고 어떤 음성을 들었으며, 바울이 땅에 엎드러졌다가 그 후에는 눈이 멀어서 보지 못하게 된 것을 알았다. 즉, 바울의 일행은 사도 바울의 이후의 삶과 사역, 그리고 사도행전의 이야기에서 극히 중요한 이 극적인 사건을 증명해줄 목격자 역할을 한다.

바울이 '회심했다'고 말하는 것은 정당한가? 이 표현은 사도행전이 이 사건을 설명할 때에도, 바울이 나중에 이 이야기를 들려줄 때에도 사용되지 않는다. 바울은 갈라디아서에서 "이전에 유대교에 있을 때에 행한 일"(1:13)이라고 언급하는데, 이 문구가 변화를 인정하는 말이긴 하지만 우리가 오늘날 '회심'이라는 단어를 사용하는 방식과 반드시 같은 의미를 담는 것은 아니다. 그렇지만 회심이 이전의 죄악 된 삶을 버리고 새로운 가치와 목표와 근본적인 신념으로 이루어진 다른 삶을 받아들임으로써 하나의 세계관에서 또 다른 세계관으로 변화되는 것을 의미한다면, '회심'이라는 표현이야말로 다메섹으로 가는 길에 이뤄진 바울의 경험을 가장 잘 가리키는 것이 아니겠는가? 오늘날 회심을 가리키는 '새로운 길로 접어드는 것' 또는 '여정을 시작함' 같은 표현들이 사람들 사이에 널리 퍼지고 호감을 얻고 있기는 하지만, 그런 표현들은 그날에 일어난 저 급진적인 사건, 다시 말해 한 사람이 예수님을 믿게 된 사건이 지닌 의미를 거의 담아내지 못한다.

바울의 회심 이야기에서 그가 회개했다거나 믿었다고 명시적으로 언급되지는 않지만, 사도행전의 이후 장들과 바울의 서신들은 그가 회개하고 믿었다는 것을 분명하게 보여준다. 내러티브는 어떤 일이 일어났다는 것을 알려주기 위해, 통상적이지는 않지만 명제적으로 서술하기보다 정황을 들려주고 보여주는 방식을 매우 흔하게 사용한다. 예컨대, 창세기 22장은 아브라함의 믿음을 명시적으로 언급하지 않지만(그러나 창 15:6을 보라), 그의 순종은 그에게 하나님을 믿는 믿음이 있었음을 보여주는 증거다. 사도행전에서도 동일하다. 바울이 다메섹으로 가는 길 위에서 부활하신 예수님을 만난 이후에 보여준 삶과 사역은 그가 회개했고 믿었다는 것을 보여주는 증거다. 또한 바울은 하나님이 보내신 아나니아를 통해 세례를 받고 성령의 충만함을 받는다(행 9:17-18). 여기서 회심의 모든 증표가 암묵적으로든 명시적으로든 제시된다.

바울의 회심을 둘러싼 더 큰 문제는 그의 유대교적 배경과 관련되어 있다. 따라서 사도행전의 처음 여러 장에서 예수님을 믿게 된 모든 사람도 이 문제와 관련되어 있다. 여기서 사마리아인들과 에디오피아 내시는 예외가 될 수도 있지만, 그들조차 나름대로 유대교와 밀접한 연관이 있다. 이 문제와 관련해서 가장 중요한 쟁점은 옛 언약과 새 언약 간의 연속성과 불연속성에 관한 것이며, 이것은 사도행전과 신약성경을 이해하는 데 아주 중요하다. 옛 언약은 하나님과 이스라엘이 역사 속에서 맺은 언약 관계다. 하나의 언약으로 옛 언약은 예수님을 통해 종결되었다. 예수님은 율법, 성전, 제사장직이 목적한 바를 완성하심으로써, 그것들로 이루어진 옛 언약의 기본적인 체계를 성취하셨다. 모세가 섬긴 옛 언약은, 하나님이 아브라함에게 큰 나라의 머리가 되게 하고 그를 통해 온 세계에 복을 주겠다고 하신 언약의 약속을 이루기 위한 수단이었다. 옛 언약은 저주를 가져다주었고, 예수님은 하나님이 아브라함에게 주신 약속을 이루시기 위해 그 저주 아래에서 죽으셨다(갈 3:10). 모세 언약, 특히 그 언약과 분리될 수 없던 율법은 온 세상이 죄 아래 있다는 사실을 공개적으로 드러내는 것이었

9장

다. 유대인들은 율법을 가지고 있었고 율법을 알았지만, 율법을 지킬 수 없었다. 그리고 유대인들이 율법을 지키지 못한 것은, 그들의 마음이 다른 모든 사람의 마음과 전혀 다를 바 없음을 드러내 보였다. 따라서 율법에 대한 유대인들의 경험은, 모든 사람이 죄 아래 있다는 사실을 드러냈다. 유대인들이 율법을 알면서도 지킬 수 없어서 율법을 통해 하나님 앞에서 의롭다 함을 얻을 수 없었다면, 세상 사람들은 하나님과 그분이 인류에게 원하시는 바를 계시해주는 율법 없이 살아가는데 무슨 수로 하나님 앞에서 의롭다 함을 얻을 수 있겠는가? 바울은 어느 누구도 그렇게 할 수 없기 때문에 모든 사람이 죄 아래 있다고 단언한다(참고. 롬 1:18-3:20).

모세 언약은 장차 올 것의 그림자였고, 예수님으로 성육신한 하늘의 실체의 그림자였다(히 8:5; 10:1-10). 이 언약은 더 큰 것을 가리키는 것이었기 때문에, 더 큰 것이 왔을 때 더는 그 역할을 하지 못했다. 바울과 히브리서 기자는 이 언약과 관련해서 두 가지를 분명히 하고, 이것은 최종적인 의미로 이어진다. 첫째, 옛 언약은 그 자체로 사람을 구원하기 위한 것도 아니었고 사람을 구원할 수도 없었다(갈 3:19-22; 히 10:1-4, 11). 둘째, 옛 언약이 언약으로 유효한 시기는 끝났다(갈 3:23-29; 히 8:13). 이는 율법 언약에 근거하여 하나님 앞에서 의롭다 함을 얻으려고 하는 사람에게 다음과 같은 절망적인 의미를 전한다. 율법이 효력을 지니고 있던 때조차 어느 누구도 율법을 지킴으로써 구원을 얻을 수 없었다면, 예수님이 오신 지금은 율법을 통해 구원을 얻을 가능성이 전혀 없고 그러한 시도는 절망을 안겨줄 뿐이다. 한낮에 해가 가장 높이 떠오를 때, 모든 그림자는 사라진다.

예수님이 다메섹으로 가는 길에서 사울에게 나타나셨을 때, 그가 존재하던 토대요 살아가는 목적이던 모든 체계와 가치는 다시 세울 수 없도록 완전히 무너졌고, 오로지 나사렛 예수를 터로 삼아서 새롭게 세워져야 했다. 사울은 지금 모든 믿는 자의 마음에서 빛나는 것이 실제로 나타난 것, 즉 "예수 그리스도의 얼굴에 있는 하나님의 영광"(고후 4:6)을 보았다. 다메섹으로 가는 길에서 사울이 본 빛과 음성은 떨기나무와 시내산과 성막과 성전에서 이루어진, 무엇보다도 변화산 위에서 변모되신 예수님을 통해 이루어진 하나님과의 만남을 상기시킨다. 그 하나님이 이제 예수님 안에서 나타나셨고, 옛 언약은 성취되었다.

모세 언약에서 '의인들'은 하나님을 믿었고 그분이 그분의 약속들을 지키신다는 것을 믿었기 때문에 의롭다 함을 얻었다. 그들은 하나님을 믿는 믿음으로 말미암아 구원받은 옛 언약의 구성원들이었다. 이제 그 모든 약속은 예수님 안에서 예가 되고(고후 1:20) 성취의 날이 도래했으며, 하나님에 대한 신실함은 예수님을 믿는 믿음을 통해 드러난다. 바울은, 약속의 성취가 이를 때까지 하나님과 관계를 맺는 방식으로 주어진 성전과 제사장 제도와 모세 율법에 대한 거짓된 이해에서 벗어나야 했다. 이것은 회심이라고 부르기에 전혀 부족함이 없으며, 이러한 실체를 회심이라는 말 이외에 다른 말로 표현하기란 불가능하다.

사도행전 9:4-6은 예수님이 사울에게 하신 말씀을 짧게 제시한다. 사울은 그가 미워한 대상인 예수님이 그의 앞에 하나님의 영광으로 계시된 바로 그분이라는 사실을 깨닫는다. 예수님이 하신 말씀의 핵심은 '나는 네가 박해하는 예수'라는 것이었고, 누가가 우리에게 말해주는 전부는 예수님이 바울에게 일어나서 다메섹으로 가라고 명령하셨다는 것이다. 예수님과 만난 후에 바울은 눈이 보이지 않았고, 그런 상태로 다메섹에 이르러 사흘 동안을 금식하는데 이 금식이 기도하기 위한 것이었는지, 아니면 충격 때문이었는지는 확실하지 않다(8-9절). 분명한 사실은, 바울이 살기등등하여 교회를 박해하던 자에서 한순간에 눈먼 자가 되었고 그의 삶은 완전히 뒤집어졌기 때문에, 이 사건으로 인해 충격을 받았다는 것이다.

9:10-19a | 다메섹으로 가는 길에서: 아나니아가 사울을 보살핌 누가는 아나니아를 제자, 즉 예수님을 믿는 자라고 지칭한다. 이 본문에서 아나니아는 하나님과 관련해서 사무엘과 똑같은 경험을 한다. 하나님은 그의 이름을 부르셨고, 아나니아는 "주여 내가 여기 있나이다"(10절; 참고. 삼상 3:4)라고 대답한다. 하나님은 교회의 원수인 사울을 "택한 나의 그릇"이라고 부르시고, 그가 "내 이름을 위하여" 고난을 받게 될 것이라고 말씀하신다

(9:15-16). 아나니아에게 말씀하고 계시는 분은 바로 예수님이셨다(17절). 여기에 기록된 이 짧은 만남과 몇 마디 안 되는 말씀을 통해, 본문은 예수님이 하나님의 역할과 방식을 따라 하나님의 백성 중 한 사람에게 친히 말씀하신 것을 묘사함으로써 예수님의 신성을 보여준다.

우리는 아나니아가 하나님께로부터 사울에 관해 듣고서 즉시 기뻐하지 않고 도리어 믿지 못하는 태도를 보인 것을 충분히 이해할 수 있다. 그의 의심이 사실 하나님의 말씀에 의문을 제기한 것이긴 하지만, 우리는 아나니아를 이해해야 한다. 또한 우리는 하나님이 아나니아를 책망하지 않으시고, 단지 사울에게 가서 하나님이 그에 대해 갖고 있는 계획들을 위해 그를 다시 보게 하고 성령으로 충만하게 하라고 말씀하신 것도 고려해야 한다. 또한 우리는 아나니아에게서 하나님께 순종하고 이웃을 사랑하며, 우리를 욕하는 자들의 복을 빌어주고 우리를 박해하는 자들을 위해 기도해야 한다는 교훈을 배워야 한다(마 5:7-9, 43-47; 22:34-40; 롬 12:14-21).

사도행전 9:15에서 누가는 주님이 바울의 장래에 관해 말씀하신 것을 요약한다. 바울은 온 세상에, 즉 이방인들과 임금들(높은 지위에 있는 자들)과 이스라엘 자손들(동포 유대인들)에게 예수님을 전할 증인이 될 것이다. 실제로 바울이 증인으로서 행한 일의 모든 측면이 사도행전에 기록되어 있다. 바울은 이방인의 사도로 여겨지지만(바울도 롬 11:13에서 자신을 그렇게 부른다), 사도행전에 기록된 그의 사역은 이방인들로 국한되지 않는다.

사울은 시력을 회복하자 즉시 세례를 받는다. 그가 예수님을 믿었다는 말은 본문에 직접 언급되지 않지만, 이 이야기 속에 함축되어 있다. 누가는 실제로 성령이 사울을 충만하게 했다고는 말하지 않고, 단지 예수님이 사울을 다시 보게 하고 성령으로 충만하게 하고자 아나니아를 그에게 보내셨다고만 말한다. 사울은 다시 보게 된 후에 세례를 받는다. 그가 세례를 받았다는 말 속에는 확실히 성령을 받았다는 의미도 내포되어 있다(참고. 고전 7:40). 사도행전의 초기 설교들이 보여주는 것과 마찬가지로 사울의 회심에서도 믿음과 세례는 긴밀히 결합되어 있고, 성령을 받았다는 것이 전제된다.

본문은 회심의 증표를 한 가지 더 제시한다. 볼 수 없게 된 사울이(행 9:8) 다시 보게 되었을 때, 그의 눈에서 비늘 같은 것이 벗어진다(18절). 헬라어 레피스(*lepis*)는 신약성경에서는 거의 사용되지 않지만, 신약성경 밖에서는 깍지, 껍질, 비늘을 가리키는 데 사용된다. 또한 이 단어는 영적으로 눈먼 것을 가리키는 은유로도 사용된다. 바울이 다시 보게 되었을 때, 비늘 같은 것이 그의 눈에서 떨어진다. 불신앙은 물고기를 덮고 있는 비늘처럼 우리의 영적인 눈을 덮고 있다. 우리는 믿을 때에 영적으로 눈먼 것도 고침을 받게 된다. 그러나 불신앙 가운데 있을 때 우리의 눈은 비늘로 덮여 있는 것과 같다.

9:19b-25 | 사울이 예루살렘으로 감: 다메섹에서의 사울 사울은 회심하고 얼마 되지 않아 그의 사역을 시작한다. 그는 곧장 회당들로 가서, 예수님이 하나님의 아들이시라고 선포한다(20절). 철저하게 율법 교육과 훈련을 받은 사울은 하나님 나라의 일꾼이 되어서 예수를 그리스도라 증언하여, 다메섹의 유대인들을 당혹하게 했다(22절). 사울은 그가 전하는 것에 대해 성경을 근거로 제시함으로써 그 유대인들을 압도했다. 본문에는 '성경'이라는 단어가 사용되고 있지 않지만, 누가는 바울의 사역에 대해 일례로 그가 데살로니가의 유대인 회당으로 가서 성경을 가지고 강론하며 예수 그리스도가 십자가에 못 박히셨다가 다시 살아나신 것을 설명하고 증명했다고 기록한다(17:1-3). 앞 장에서 빌립이 성경을 사용해서 예수 그리스도를 증명했다는 것을 감안할 때, 바울이 성경 이외의 다른 것을 사용해서 예수님을 '증명했다'고 생각하기는 어렵다. 마찬가지로 베드로도 그의 설교들에서 성경을 사용하여 하나님의 주권적인 뜻이 예수님 안에서 그리고 예수님을 통해 역사하고 있다는 것을 보인다. 이런 식으로 성경을 사용하는 것은 사도행전에서 바울이 전형적으로 보이는 모습이다. 또한 그는 그의 서신에서 수많은 구약 성경의 본문을 근거로 사용하여 예수님에 관해서나 신자들이 어떻게 살아야 하는지에 대해 가르친다. 바울이 앞으로 아라비아에서 삼 년을 머무르며 사역을 준비할 동안 성경을 통해 예수님에 관해

훨씬 더 많은 것을 배우게 되겠지만, 예수님에 관한 그의 확신은 처음부터 성경에 근거한 것이었다. 복음 전도를 위한 효과적인 전략도 중요하지만, 우리의 확신은 우리의 계획이나 솜씨가 아니라 근본적으로 오로지 성경을 근거로 한 것이어야 한다.

사울의 회심에 깜짝 놀란 사람들은 초기 그리스도인들만이 아니었다. 유대인들도 깜짝 놀랐다. 누가는 다메섹의 회당에 있던 유대인들이, 예수님을 따르는 자들을 박해하는 데 누구보다도 앞장섰던 사울이 하룻밤 사이에 예수님을 따르는 자들과 한 편이 된 것을 보고서 '놀랐다'고 기록한다(9:21). 그들은 사울이 전하는 것을 며칠 동안 참고 듣다가 충분히 들었다고 판단하고서, 우리가 유대인들에게서 보게 되는 익숙한 행동을 실행에 옮긴다. 즉, 그들은 예수님과 스데반을 죽였던 것처럼 바울도 죽이려고 음모를 꾸민다. 전에 공회가 예수님을 죽이려고 빌라도와 로마인들을 끌어들였듯이, 이번에도 그들은 이방인 당국자들을 끌어들인다(고후 11:32). 하지만 그들이 사울을 죽이려고 온 힘을 기울였음에도, 사울은 그들의 손에서 빠져나온다.

사도 바울은 일생에 걸쳐 받은 박해의 위협에 다양하게 대응한다. 여기에서는 도망치지만, 다른 때에는 추가로 채찍질당하는 것을 피하기 위해 자신이 가진 로마 시민의 권리를 활용하고(행 22:25), 그 후에는 예루살렘에서 목숨을 건지기 위해 가이사에게 상소함으로써(25:11) 구금된 상태로 로마로 이송된다. 바울이 일부러 박해받기를 자청한 경우는 없다. 그가 박해를 겁내지는 않지만, 박해당하는 것은 그의 목표도, 주님의 목표도 아니다. 주님의 계획은 바울이 그분의 증인이 되는 것이었고, 그러한 역할을 수행하는 데 반드시 고난과 박해가 수반된다. 하지만 고난은 수단일 뿐, 그 자체가 목적은 아니다. 사도행전의 내러티브를 결말에 비추어서 읽어보면(훌륭한 성경 독자들은 그렇게 해야 한다) 바울이 결국 다메섹에서 그의 목숨을 구하는 자들의 마수에서 빠져나올 수 있던 원인이, 하나님께서 그를 로마로 보내겠다는 계획을 가지셨기 때문이었음을 알게 된다.[48]

9:26-30 | 사울이 예루살렘으로 감: 예루살렘에서의 사울 표면상으로는 사울이 다메섹에서 빠져나오자마자 지체하지 않고 예루살렘으로 간 것 같지만, 실제로는 이 두 사건 사이에 삼 년이라는 간격이 존재한다. 바울이 회심한 후에 하나님은 그를 꽤 오랜 기간 동안 은밀하게 숨겨 두신다. 바울이 회심한 후에 어떤 일들을 겪었는지를 시간 순으로 배열하기란 쉽지 않지만, 독자들은 사도행전의 이 본문을 연대기적 맥락 속에 이해하기 위해 갈라디아서를 참고해야만 한다. 갈라디아서 1:17은 사울이 회심하고 나서 예루살렘으로 올라가기까지 삼 년이 걸렸다는 것을 보여주고, 갈라디아서 1:18-19은 바울이 예루살렘을 방문한 일에 관해 말한다. 여기서 바울이 베드로와 야고보만 만났다고 말하는 것은, 누가가 사도행전 9:27에서 기록한 것과 일치한다.

사울은 예루살렘에서 제자들과 만나기를 원하지만, 그들은 그를 두려워한다. 이것은 그의 박해가 가져다준 부정적인 영향이 얼마나 컸는지를 보여준다. 그는 믿는 자들을 박해하기를 멈춘 뒤 무려 삼 년이나 지난 뒤에 예루살렘으로 돌아왔지만, 믿는 자들은 그를 잊지 않고 있었다. 이에 위로하는 자(4:36)라는 뜻의 이름을 가진 바나바가 바울과 사도들의 만남을 주선하고, 바울이 회심한 이야기와 그 후에 그가 다메섹에서 행한 사역을 사도들에게 들려준다(9:27). 이것은 사도들의 마음을 얻기에 충분했고, 여전히 남아 있던 의구심은 바울이 예루살렘에서 복음을 전하고 헬라파 유대인들과 변론을 벌인 것을 통해 불식되었다(28-29절).

여기에 언급된 헬라파 유대인들은 스데반과 빌립을 포함한 일곱 명의 일꾼들을 배출한 헬라파 신자들(6:1-6)과 출신배경이 동일했다. 사도행전 내러티브에서 헬라파 유대인들에 해당하는 사람들은 구레네, 알렉산드

48 성경을 처음 읽는 독자처럼 읽음으로써, 우리는 특히 하나님이 그리스도를 통해 행하시는 일에 대해 경이로움과 놀라움을 새롭게 느끼며, 더 중요하게는 우리의 결론들을 다시 생각하게 되는 유익을 누릴 수 있다. 하지만 성경을 해석하고 가르치며 설교하기 위해서는, 그 이야기의 결말을 알고서 그 결말에 비추어 이전의 본문들을 고찰할 수 있어야 한다. 이러한 원칙은 성경 전체에 적용할 수 있고 실제로 적용해야 한다.

리아, 길리기아 출신의 유대인들이었는데, 그들은 스데반과 논쟁을 벌였지만 상대가 되지 않자 그를 성 밖으로 끌고 나가서 돌로 쳐 죽인 자들이었다. 여기서 바울과 논쟁을 벌인 헬라파 유대인들 중 일부가 스데반을 돌로 쳐 죽인 자들이었을 수 있다. 그들이 스데반을 죽일 때 바울이 그들의 옷을 맡아 간수했기 때문에, 그들은 그때에 바울을 마지막으로 보았을 것이다. 스데반이 죽을 때 그들에게 동조했던 바울이 이번에는 그들에게 성경을 근거로 해서 예수님이 메시아이심을 역설했을 것임에 틀림없다. 그들이 바울을 죽이려고 했다는 누가의 기록을 볼 때(9:29), 그들이 바울에게 보인 반응은 이전에 스데반에게 보인 것과 분명히 동일한 것이다.

바울은 복음을 전하다가 또 다시 죽을 위기를 맞지만, 이번에도 위기에서 벗어난다. 제자들은 그를 가이사랴로 데리고 가고, 그곳에서 그는 고향인 길리기아의 다소로 떠난다. 그 후 바나바가 그를 찾으러 올 때까지(11:25), 바울은 8년 동안 다소에 머물면서 길리기아와 수리아 지역에서 복음을 전한다. 이것으로 누가는 다소의 사울에 관한 소개를 끝맺는다.

9:31 | 사울이 예루살렘으로 감: 교회가 성장함 누가는 초기 그리스도인 공동체 가운데 일어난 극적인 사건을 마무리하는 지점에서 다시 한번 요약적인 서술을 기록한다. 이 요약적인 서술에는 베드로가 중심적인 인물로 등장하며, 다른 제자들과 함께 지중해 연안에 복음을 전하는 내용이 담겨 있다. 여기서 가장 중요한 점은, 누가가 제자들에 대한 예수님의 계획(1:8)을 암시하고 있다는 것이다. 유대와 갈릴리, 사마리아의 교회가 지속적으로 성장하며 평화로운 시기를 보낸다. 여기에 하나님 나라가 북부지방인 갈릴리에 전파되어 그곳에 교회가 생겨났다는 언급이 처음으로 등장한다. 하지만 그보다 더 북쪽인 다메섹과 그 주변 지역들에 이르기까지 믿는 자들이 있었다는 것을 감안하면, 이것은 의외의 일이 아니다. 누가가 기록한 이야기가 넓고 장대하지만, 그 기록에 포함되지 않은 이야기는 훨씬 더 많다. 믿는 자들이 많은 지역에서 생겨났지만, 누가는 제자들이 스데반의 죽음 직후에 흩어져 복음을 전했다는 사실만을 언급할 뿐, 그 믿는 자들이

어떻게 해서 그곳에 존재하게 되었는지에 대해서는 설명하지 않는다.

누가는 모든 믿는 자를 단수형으로 사용된 '교회'라는 말로 포괄한다. 신약성경에서 단수형의 교회는 가정교회들을 가리키는 데 사용되지만, 모든 믿는 자를 집합적으로 가리키는 데도 사용된다. KJV(흠정역)에는 교회들(churches)로 되어 있지만 초기의 더 나은 신약 사본들에는 단수형으로 되어 있고, ESV, NIV, NLT, NASB도 그런 사본들을 따르고 있다. 여기서 교회는 우리가 '보편 교회'라고 부르는, 전 세계의 모든 믿는 자를 가리킨다.

9장

"주를 경외함…[으]로 진행하여"라는 표현은 하나님의 위대하심과 능력을 알고 의식하면서 살아가는 것을 가리킨다. 성경의 나머지 부분과 마찬가지로 사도행전에도 '경외'라는 단어가 자주 사용된다(2:43; 5:5, 11; 10:2; 13:26; 16:29; 19:17). 하나님을 경외함으로 행하는 것은, 우리를 사랑하셔서 우리를 위해 자기 아들을 주신 하나님이 이 세계의 창조주이자 심판주이시기도 하다는 사실을 아는 지식 가운데서 살아가는 것을 의미한다. 잠언은 "여호와를 경외하는 것이 지혜의 근본이요"(잠 9:10)라고 말한다. 어떤 독자들은 그런 표현이 새 언약 아래에서는 적절하지 않다고 생각해서 그런 표현을 사용하기를 꺼리지만, 성경의 하나님은 어느 시대에나 사람들이 마땅히 경외해야 할 분이다(참고. 히 12:29). 예수님은 마음이 온유하고 겸손하시지만(마 11:29), 만유를 다스리는 왕이시기도 하다. 요한은 그가 본 환상에서 예수님의 입에서 검이 나오는 것으로 묘사하는데, 이 검은 심판을 상징한다(계 1:16; 2:16; 19:15, 21). 예수님은 우리 편이시기 때문에, 우리를 대적하는 자는 누구든지 예수님을 대적하는 것이다.

누가는 이렇게 주를 '경외함'으로 행하는 것을 '성령의 위로 가운데서' 살아가는 것과 연결시킨다. 교회는 초창기에 소란스러웠고 자주 위험에 직면했으며, 종종 생명을 위협받기도 했다. 그러나 신자들은 성령의 능력으로 말미암아 확신과 담대함을 지니고 있었다. 누가가 '경외함'과 '위로'로 묘사한 그리스도인의 삶이야말로 진정으로 건강한(환경에 의해서가 아니라 하나님이 건강하게 하신) 그리스도인의 삶이다. 교회는 그러한 상태 속에서 계속해서 성장하며 예수님이 주신 약속을 실현해나간다.

응답

우리 중 대다수는 하나님이 누구든지 구원하실 수 있으며, 구원하시지 못할 사람이 없다는 데 동의할 것이다. 하지만 조금만 더 곰곰이 생각해보면, 우리는 다른 사람들보다 훨씬 더 구원받을 가능성이 희박하게 여겨지는 사람들을 생각해낼 수 있다. 이는 우리가 전혀 개인적으로 만나보지 못한 사람에게도 동일하게 해당된다. 예컨대, 그리스도인들을 박해하고 죽이는 데 앞장선 테러리스트들이나 그렇게 하도록 정권에 영향력을 미친 사람들이 그런 경우다. 초기 그리스도인은 틀림없이 바울에 대해 이러한 생각을 지니고 있었을 것이다. 아마도 그들은 바울이 구원받을 수 있을 것이라고는 상상조차 할 수 없었을 것이다. 그리고 그가 구원받았다는 말을 전해 들었을 때, 대부분의 사람들은 그 말을 믿지 못하고 자신들의 귀를 의심했을 것이다. 하지만 바울의 회심은 하나님이 누구든지 구원하실 수 있다는 것을 보여주는 생생한 증거였다.

사도행전에서 바울이 그의 사역을 이방인들로 제한하지 않았다는 사실은 믿는 자들인 우리에게 도전을 준다. 왜냐하면 우리는 특히 어떤 사역에 매진하는 경우에 오직 그 사역에만 신경을 쓰고, 실수로든 의도적으로든 우리 주변에서 주어지는 다른 사역의 기회들을 너무나도 자주 무시해버리기 때문이다. 필자의 한 친구는 여러 해 동안 준비하여, 힌두교인들이 대다수를 차지하는 가운데 특히 이슬람교도들이 밀집해서 살아가는 지역으로 선교를 떠났다. 그는 그 도시에서 살아가는 수백만 명의 이슬람교도들 가운데서 사역하는 일꾼들 중 한 명이었기 때문에 당연히 늘 바빴다. 필자는 그와 함께 있으면서, 그가 이슬람교도 개종자들이나 불신자들과 매일 몇 시간씩 만나는 와중에서도 힌두교인들과 교류하고 관계를 맺는 일을 병행하고 있었음을 알고 크게 놀라움을 느꼈다. 또 하나의 예는 와오라니 부족을 선교하기 위해 여러 해 동안 애를 썼지만 그 부족 사람들의 창에 죽은 선교사 짐 엘리엇이다. 엘리엇은 자신이 해외선교로 부르심을 받았다는 것을 확신했지만, 실제로 그 일을 하기까지 수 년 동안 기다려야 했다. 그동안 그는 에콰도르에서 사역을 시작할 날을 기다리며 가만히 앉아있지 않고, 미국 전역을 여행하며 말씀을 전하고 전도를 하였다.

예수님을 따른다는 것이 때로는 예수님을 따라 죽는다는 것을 의미하기도 한다. 이것은 바울에게도 마찬가지였다. 맞서야 할 때인지 피해야 할 때인지는 그 순간에 판단해야만 한다. 장차 일어날 모든 상황을 상정해서 거기에 맞는 계획을 미리 세워두는 것은 불가능하다. 하지만 사도행전에서 바울과 그리스도인들의 모범을 통해, 우리는 박해받을 때에 어떻게 해야 할지 하나의 계획을 세울 수는 있다. 그들은 단지 박해를 피하기 위해 예수님의 이름으로 복음을 전하는 일을 결단코 멈추지 않았다. 바울은 박해를 피하기 위해 결코 조용히 뒤로 물러나서 침묵하지 않았다. 할 수 있다면 박해를 피해도 되지만, 박해로 인해 겪을 일을 상관하지 않고 침묵으로 박해를 피하려 해서는 안 된다.

9:32 그때에 베드로가 사방으로 두루 다니다가 룻다에 사는 성도들에
게도 내려갔더니 33 거기서 애니아라 하는 사람을 만나매 그는 중풍병
으로 침상 위에 누운 지 여덟 해라 34 베드로가 이르되 애니아야 예수
그리스도께서 너를 낫게 하시니 일어나 네 자리를 정돈하라 한대 곧
일어나니 35 룻다와 사론에 사는 사람들이 다 그를 보고 주께로 돌아
오니라

36 욥바에 다비다라 하는 여제자가 있으니 그 이름을 번역하면 도르
가라 선행과 구제하는 일이 심히 많더니 37 그때에 병들어 죽으매 시
체를 씻어 다락에 누이니라 38 룻다가 욥바에서 가까운지라 제자들이
베드로가 거기 있음을 듣고 두 사람을 보내어 지체 말고 와 달라고 간
청하여 39 베드로가 일어나 그들과 함께 가서 이르매 그들이 데리고
다락방에 올라가니 모든 과부가 베드로 곁에 서서 울며 도르가가 그
들과 함께 있을 때에 지은 속옷과 겉옷을 다 내보이거늘 40 베드로가
사람을 다 내보내고 무릎을 꿇고 기도하고 돌이켜 시체를 향하여 이
르되 다비다야 일어나라 하니 그가 눈을 떠 베드로를 보고 일어나 앉
는지라 41 베드로가 손을 내밀어 일으키고 성도들과 과부들을 불러 들

여 그가 살아난 것을 보이니 42 온 욥바 사람이 알고 많은 사람이 주를
믿더라 43 베드로가 욥바에 여러 날 있어 시몬이라 하는 무두장이의
집에서 머무니라

9:32 Now as Peter went here and there among them all, he came down
also to the saints who lived at Lydda. 33 There he found a man named
Aeneas, bedridden for eight years, who was paralyzed. 34 And Peter
said to him, "Aeneas, Jesus Christ heals you; rise and make your bed."
And immediately he rose. 35 And all the residents of Lydda and Sharon
saw him, and they turned to the Lord.

36 Now there was in Joppa a disciple named Tabitha, which, translated,
means Dorcas.[1] She was full of good works and acts of charity. 37 In
those days she became ill and died, and when they had washed her,
they laid her in an upper room. 38 Since Lydda was near Joppa, the
disciples, hearing that Peter was there, sent two men to him, urging
him, "Please come to us without delay." 39 So Peter rose and went
with them. And when he arrived, they took him to the upper room. All
the widows stood beside him weeping and showing tunics[2] and other
garments that Dorcas made while she was with them. 40 But Peter put
them all outside, and knelt down and prayed; and turning to the body
he said, "Tabitha, arise." And she opened her eyes, and when she saw
Peter she sat up. 41 And he gave her his hand and raised her up. Then,
calling the saints and widows, he presented her alive. 42 And it became
known throughout all Joppa, and many believed in the Lord. 43 And he
stayed in Joppa for many days with one Simon, a tanner.

10:1 가이사랴에 고넬료라 하는 사람이 있으니 이달리야 부대라 하는
군대의 백부장이라 2 그가 경건하여 온 집안과 더불어 하나님을 경외

하며 백성을 많이 구제하고 하나님께 항상 기도하더니 3 하루는 제 구
시쯤 되어 환상 중에 밝히 보매 하나님의 사자가 들어와 이르되 고넬
료야 하니 4 고넬료가 주목하여 보고 두려워 이르되 주여 무슨 일이니
이까 천사가 이르되 네 기도와 구제가 하나님 앞에 상달되어 기억하
신 바가 되었으니 5 네가 지금 사람들을 욥바에 보내어 베드로라 하는
시몬을 청하라 6 그는 무두장이 시몬의 집에 유숙하니 그 집은 해변에
있다 하더라 7 마침 말하던 천사가 떠나매 고넬료가 집안 하인 둘과
부하 가운데 경건한 사람 하나를 불러 8 이 일을 다 이르고 욥바로 보
내니라

10:1 At Caesarea there was a man named Cornelius, a centurion of what
was known as the Italian Cohort, 2 a devout man who feared God with
all his household, gave alms generously to the people, and prayed
continually to God. 3 About the ninth hour of the day[3] he saw clearly in
a vision an angel of God come in and say to him, "Cornelius." 4 And
he stared at him in terror and said, "What is it, Lord?" And he said to
him, "Your prayers and your alms have ascended as a memorial before
God. 5 And now send men to Joppa and bring one Simon who is called
Peter. 6 He is lodging with one Simon, a tanner, whose house is by the
sea." 7 When the angel who spoke to him had departed, he called two of
his servants and a devout soldier from among those who attended him,
8 and having related everything to them, he sent them to Joppa.

9 이튿날 그들이 길을 가다가 그 성에 가까이 갔을 그때에 베드로가
기도하려고 지붕에 올라가니 그 시각은 제 육 시더라 10 그가 시장하
여 먹고자 하매 사람들이 준비할 때에 황홀한 중에 11 하늘이 열리며
한 그릇이 내려오는 것을 보니 큰 보자기 같고 네 귀를 매어 땅에 드
리웠더라 12 그 안에는 땅에 있는 각종 네 발 가진 짐승과 기는 것과

공중에 나는 것들이 있더라 13 또 소리가 있으되 베드로야 일어나 잡
아 먹어라 하거늘 14 베드로가 이르되 주여 그럴 수 없나이다 속되고
깨끗하지 아니한 것을 내가 결코 먹지 아니하였나이다 한대 15 또 두
번째 소리가 있으되 하나님께서 깨끗하게 하신 것을 네가 속되다 하
지 말라 하더라 16 이런 일이 세 번 있은 후 그 그릇이 곧 하늘로 올려
져 가니라

9 The next day, as they were on their journey and approaching the city,
Peter went up on the housetop about the sixth hour[4] to pray. 10 And
he became hungry and wanted something to eat, but while they were
preparing it, he fell into a trance 11 and saw the heavens opened and
something like a great sheet descending, being let down by its four
corners upon the earth. 12 In it were all kinds of animals and reptiles
and birds of the air. 13 And there came a voice to him: "Rise, Peter; kill
and eat." 14 But Peter said, "By no means, Lord; for I have never eaten
anything that is common or unclean." 15 And the voice came to him
again a second time, "What God has made clean, do not call common."
16 This happened three times, and the thing was taken up at once to
heaven.

17 베드로가 본 바 환상이 무슨 뜻인지 속으로 의아해 하더니 마침 고
넬료가 보낸 사람들이 시몬의 집을 찾아 문 밖에 서서 18 불러 묻되 베
드로라 하는 시몬이 여기 유숙하느냐 하거늘 19 베드로가 그 환상에
대하여 생각할 때에 성령께서 그에게 말씀하시되 [1]두 사람이 너를 찾
으니 20 일어나 내려가 의심하지 말고 함께 가라 내가 그들을 보내었
느니라 하시니 21 베드로가 내려가 그 사람들을 보고 이르되 내가 곧
너희가 찾는 사람인데 너희가 무슨 일로 왔느냐 22 그들이 대답하되
백부장 고넬료는 의인이요 하나님을 경외하는 사람이라 유대 온 족속

이 칭찬하더니 그가 거룩한 천사의 지시를 받아 당신을 그 집으로 청
하여 말을 들으려 하느니라 한대 23 베드로가 불러 들여 유숙하게 하
니라
이튿날 일어나 그들과 함께 갈새 욥바에서 온 어떤 형제들도 함께 가
니라 24 이튿날 가이사랴에 들어가니 고넬료가 그의 친척과 가까운 친
구들을 모아 기다리더니 25 마침 베드로가 들어올 때에 고넬료가 맞아
발 앞에 엎드리어 절하니 26 베드로가 일으켜 이르되 일어서라 나도
사람이라 하고 27 더불어 말하며 들어가 여러 사람이 모인 것을 보고
28 이르되 유대인으로서 이방인과 교제하며 가까이 하는 것이 위법인
줄은 너희도 알거니와 하나님께서 내게 지시하사 아무도 속되다 하거
나 깨끗하지 않다 하지 말라 하시기로 29 부름을 사양하지 아니하고
왔노라 묻노니 무슨 일로 나를 불렀느냐
30 고넬료가 이르되 내가 나흘 전 이맘때까지 내 집에서 제 구 시 기도
를 하는데 갑자기 한 사람이 빛난 옷을 입고 내 앞에 서서 31 말하되
고넬료야 하나님이 네 기도를 들으시고 네 구제를 기억하셨으니 32 사
람을 욥바에 보내어 베드로라 하는 시몬을 청하라 그가 바닷가 무두
장이 시몬의 집에 유숙하느니라 하시기로 33 내가 곧 당신에게 사람을
보내었는데 오셨으니 잘하였나이다 이제 우리는 주께서 당신에게 명
하신 모든 것을 듣고자 하여 다 하나님 앞에 있나이다
17 Now while Peter was inwardly perplexed as to what the vision that
he had seen might mean, behold, the men who were sent by Cornelius,
having made inquiry for Simon's house, stood at the gate 18 and called
out to ask whether Simon who was called Peter was lodging there.
19 And while Peter was pondering the vision, the Spirit said to him,
"Behold, three men are looking for you. 20 Rise and go down and
accompany them without hesitation,[5] for I have sent them." 21 And
Peter went down to the men and said, "I am the one you are looking

for. What is the reason for your coming?" 22 And they said, "Cornelius,
a centurion, an upright and God-fearing man, who is well spoken of by
the whole Jewish nation, was directed by a holy angel to send for you
to come to his house and to hear what you have to say." 23 So he invited
them in to be his guests.

The next day he rose and went away with them, and some of the
brothers from Joppa accompanied him. 24 And on the following day
they entered Caesarea. Cornelius was expecting them and had called
together his relatives and close friends. 25 When Peter entered, Cornelius
met him and fell down at his feet and worshiped him. 26 But Peter lifted
him up, saying, "Stand up; I too am a man." 27 And as he talked with
him, he went in and found many persons gathered. 28 And he said to
them, "You yourselves know how unlawful it is for a Jew to associate
with or to visit anyone of another nation, but God has shown me that I
should not call any person common or unclean. 29 So when I was sent
for, I came without objection. I ask then why you sent for me."

30 And Cornelius said, "Four days ago, about this hour, I was praying in
my house at the ninth hour,[6] and behold, a man stood before me in bright
clothing 31 and said, 'Cornelius, your prayer has been heard and your
alms have been remembered before God. 32 Send therefore to Joppa and
ask for Simon who is called Peter. He is lodging in the house of Simon,
a tanner, by the sea.' 33 So I sent for you at once, and you have been kind
enough to come. Now therefore we are all here in the presence of God to
hear all that you have been commanded by the Lord."

34 베드로가 입을 열어 말하되 내가 참으로 하나님은 사람의 외모를
보지 아니하시고 35 각 나라 중 하나님을 경외하며 의를 행하는 사람

은 다 받으시는 줄 깨달았도다 36 만유의 주 되신 예수 그리스도로 말
미암아 화평의 복음을 전하사 이스라엘 자손들에게 보내신 말씀 37 곧
요한이 그 [2)]세례를 반포한 후에 갈릴리에서 시작하여 온 유대에 두루
전파된 그것을 너희도 알거니와 38 하나님이 나사렛 예수에게 성령과
능력을 기름 붓듯 하셨으매 그가 두루 다니시며 선한 일을 행하시고
마귀에게 눌린 모든 사람을 고치셨으니 이는 하나님이 함께 하셨음이
라 39 우리는 유대인의 땅과 예루살렘에서 그가 행하신 모든 일에 증
인이라 그를 그들이 나무에 달아 죽였으나 40 하나님이 사흘 만에 다
시 살리사 나타내시되 41 모든 백성에게 하신 것이 아니요 오직 미리
택하신 증인 곧 죽은 자 가운데서 부활하신 후 그를 모시고 음식을 먹
은 우리에게 하신 것이라 42 우리에게 명하사 백성에게 전도하되 하나
님이 살아 있는 자와 죽은 자의 재판장으로 정하신 자가 곧 이 사람인
것을 증언하게 하셨고 43 그에 대하여 모든 선지자도 증언하되 그를
믿는 사람들이 다 그의 이름을 힘입어 죄 사함을 받는다 하였느니라
34 So Peter opened his mouth and said: “Truly I understand that God
shows no partiality, 35 but in every nation anyone who fears him and
does what is right is acceptable to him. 36 As for the word that he sent to
Israel, preaching good news of peace through Jesus Christ (he is Lord
of all), 37 you yourselves know what happened throughout all Judea,
beginning from Galilee after the baptism that John proclaimed: 38 how
God anointed Jesus of Nazareth with the Holy Spirit and with power.
He went about doing good and healing all who were oppressed by the
devil, for God was with him. 39 And we are witnesses of all that he
did both in the country of the Jews and in Jerusalem. They put him to
death by hanging him on a tree, 40 but God raised him on the third day
and made him to appear, 41 not to all the people but to us who had been
chosen by God as witnesses, who ate and drank with him after he rose

from the dead. 42 And he commanded us to preach to the people and
to testify that he is the one appointed by God to be judge of the living
and the dead. 43 To him all the prophets bear witness that everyone who
believes in him receives forgiveness of sins through his name."

44 베드로가 이 말을 할 때에 성령이 말씀 듣는 모든 사람에게 내려오
시니 45 베드로와 함께 온 할례 받은 신자들이 이방인들에게도 [3]성령
부어 주심으로 말미암아 놀라니 46 이는 방언을 말하며 하나님 높임을
들음이러라 47 이에 베드로가 이르되 이 사람들이 우리와 같이 성령을
받았으니 누가 능히 물로 [2]세례 베풂을 금하리요 하고 48 명하여 예수
그리스도의 이름으로 [2]세례를 베풀라 하니라 그들이 베드로에게 며
칠 더 머물기를 청하니라
44 While Peter was still saying these things, the Holy Spirit fell on all
who heard the word. 45 And the believers from among the circumcised
who had come with Peter were amazed, because the gift of the Holy
Spirit was poured out even on the Gentiles. 46 For they were hearing
them speaking in tongues and extolling God. Then Peter declared,
47 "Can anyone withhold water for baptizing these people, who have
received the Holy Spirit just as we have?" 48 And he commanded them
to be baptized in the name of Jesus Christ. Then they asked him to
remain for some days.

11:1 유대에 있는 사도들과 형제들이 이방인들도 하나님의 말씀을 받
았다 함을 들었더니 2 베드로가 예루살렘에 올라갔을 때에 할례자들
이 비난하여 3 이르되 네가 무할례자의 집에 들어가 함께 먹었다 하니
4 베드로가 그들에게 이 일을 차례로 설명하여 5 이르되 내가 욥바 시
에서 기도할 때에 황홀한 중에 환상을 보니 큰 보자기 같은 그릇이 네

귀에 매어 하늘로부터 내리어 내 앞에까지 드리워지거늘 6 이것을 주
목하여 보니 땅에 네 발 가진 것과 들짐승과 기는 것과 공중에 나는
것들이 보이더라 7 또 들으니 소리 있어 내게 이르되 베드로야 일어나
잡아 먹으라 하거늘 8 내가 이르되 주님 그럴 수 없나이다 속되거나
깨끗하지 아니한 것은 결코 내 입에 들어간 일이 없나이다 하니 9 또
하늘로부터 두 번째 소리 있어 내게 이르되 하나님이 깨끗하게 하신
것을 네가 속되다고 하지 말라 하더라 10 이런 일이 세 번 있은 후에
모든 것이 다시 하늘로 끌려 올라가더라 11 마침 세 사람이 내가 유숙
한 집 앞에 서 있으니 가이사랴에서 내게로 보낸 사람이라 12 성령이
내게 명하사 아무 의심 말고 함께 가라 하시매 이 여섯 형제도 나와
함께 가서 그 사람의 집에 들어가니 13 그가 우리에게 말하기를 천사
가 내 집에 서서 말하되 네가 사람을 욥바에 보내어 베드로라 하는 시
몬을 청하라 14 그가 너와 네 온 집이 구원 받을 말씀을 네게 이르리라
함을 보았다 하거늘 15 내가 말을 시작할 때에 성령이 그들에게 임하
시기를 처음 우리에게 하신 것과 같이 하는지라 16 내가 주의 말씀에
요한은 물로 [2]세례를 베풀었으나 너희는 성령으로 [2]세례를 받으리라
하신 것이 생각났노라 17 그런즉 하나님이 우리가 주 예수 그리스도를
믿을 때에 주신 것과 같은 선물을 그들에게도 주셨으니 내가 누구이
기에 하나님을 능히 막겠느냐 하더라 18 그들이 이 말을 듣고 잠잠하
여 하나님께 영광을 돌려 이르되 그러면 하나님께서 이방인에게도 생
명 얻는 회개를 주셨도다 하니라

11:1 Now the apostles and the brothers[7] who were throughout Judea
heard that the Gentiles also had received the word of God. 2 So when
Peter went up to Jerusalem, the circumcision party[8] criticized him,
saying, 3 "You went to uncircumcised men and ate with them." 4 But
Peter began and explained it to them in order: 5 "I was in the city of
Joppa praying, and in a trance I saw a vision, something like a great

sheet descending, being let down from heaven by its four corners, and it
came down to me. 6 Looking at it closely, I observed animals and beasts
of prey and reptiles and birds of the air. 7 And I heard a voice saying
to me, ‘Rise, Peter; kill and eat.’ 8 But I said, ‘By no means, Lord;
for nothing common or unclean has ever entered my mouth.’ 9 But
the voice answered a second time from heaven, ‘What God has made
clean, do not call common.’ 10 This happened three times, and all was
drawn up again into heaven. 11 And behold, at that very moment three
men arrived at the house in which we were, sent to me from Caesarea.
12 And the Spirit told me to go with them, making no distinction. These
six brothers also accompanied me, and we entered the man’s house.
13 And he told us how he had seen the angel stand in his house and
say, ‘Send to Joppa and bring Simon who is called Peter; 14 he will
declare to you a message by which you will be saved, you and all your
household.’ 15 As I began to speak, the Holy Spirit fell on them just as
on us at the beginning. 16 And I remembered the word of the Lord, how
he said, ‘John baptized with water, but you will be baptized with the
Holy Spirit.’ 17 If then God gave the same gift to them as he gave to us
when we believed in the Lord Jesus Christ, who was I that I could stand
in God’s way?” 18 When they heard these things they fell silent. And
they glorified God, saying, “Then to the Gentiles also God has granted
repentance that leads to life.”

19 그때에 스데반의 일로 일어난 환난으로 말미암아 흩어진 자들이
베니게와 구브로와 안디옥까지 이르러 유대인에게만 말씀을 전하는
데 20 그 중에 구브로와 구레네 몇 사람이 안디옥에 이르러 [4] 헬라인
에게도 말하여 주 예수를 [5] 전파하니 21 주의 손이 그들과 함께 하시매

수많은 사람들이 믿고 주께 돌아오더라 22 예루살렘 교회가 이 사람들
의 소문을 듣고 바나바를 안디옥까지 보내니 23 그가 이르러 하나님의
은혜를 보고 기뻐하여 모든 사람에게 굳건한 마음으로 주와 함께 머
물러 있으라 권하니 24 바나바는 착한 사람이요 성령과 믿음이 충만한
사람이라 이에 큰 무리가 주께 더하여지더라 25 바나바가 사울을 찾으
러 다소에 가서 26 만나매 안디옥에 데리고 와서 둘이 교회에 일 년간
모여 있어 큰 무리를 가르쳤고 제자들이 안디옥에서 비로소 그리스도
인이라 일컬음을 받게 되었더라

27 그때에 선지자들이 예루살렘에서 안디옥에 이르니 28 그 중에 아가
보라 하는 한 사람이 일어나 성령으로 말하되 천하에 큰 흉년이 들리
라 하더니 글라우디오 때에 그렇게 되니라 29 제자들이 각각 그 힘대
로 유대에 사는 형제들에게 [6]부조를 보내기로 작정하고 30 이를 실행
하여 바나바와 사울의 손으로 장로들에게 보내니라

19 Now those who were scattered because of the persecution that arose
over Stephen traveled as far as Phoenicia and Cyprus and Antioch,
speaking the word to no one except Jews. 20 But there were some of
them, men of Cyprus and Cyrene, who on coming to Antioch spoke to
the Hellenists[9] also, preaching the Lord Jesus. 21 And the hand of the
Lord was with them, and a great number who believed turned to the
Lord. 22 The report of this came to the ears of the church in Jerusalem,
and they sent Barnabas to Antioch. 23 When he came and saw the grace
of God, he was glad, and he exhorted them all to remain faithful to the
Lord with steadfast purpose, 24 for he was a good man, full of the Holy
Spirit and of faith. And a great many people were added to the Lord.
25 So Barnabas went to Tarsus to look for Saul, 26 and when he had
found him, he brought him to Antioch. For a whole year they met with
the church and taught a great many people. And in Antioch the disciples

were first called Christians.
27 Now in these days prophets came down from Jerusalem to Antioch.
28 And one of them named Agabus stood up and foretold by the Spirit
that there would be a great famine over all the world (this took place in
the days of Claudius). 29 So the disciples determined, every one according
to his ability, to send relief to the brothers[10] living in Judea. 30 And they
did so, sending it to the elders by the hand of Barnabas and Saul.

1) 어떤 사본에, 세 사람이 2) 헬, 또는 침례 3) 헬, 성령의 선물 부어 주심으로 4) 어떤 사본에, 헬라파 유대인에게도 5) 헬, 복음으로 전하니 6) 헬, 봉사

1 The Aramaic name *Tabitha* and the Greek name Dorcas both mean *gazelle* *2* Greek *chiton*, a long garment worn under the cloak next to the skin *3* That is, 3 p.m. *4* That is, noon *5* Or *accompany them, making no distinction* *6* That is, 3 p.m. *7* Or *brothers and sisters* *8* Or *Jerusalem, those of the circumcision* *9* Or *Greeks* (that is, Greek-speaking non-Jews) *10* Or *brothers and sisters*

단락 개관

복음이 북쪽으로 전파됨

이 단락에 나오는 이야기는 사도행전(실제로는 성경 전체)에서 가장 중요한 내러티브 중 하나다. 이 단락은 세상을 구속하기 위한 하나님의 계시와 계획이 아주 중요한 한 걸음을 내딛으며 진전된 것을 보여준다. 이 이야기가 사도행전에서 가장 길게 이어지는 단일한 내러티브라는 것은 전혀 이상하지 않다. 고넬료라는 로마 군인이 기도하고 있을 때, 그에게 한 천사가 나타나서 사람을 보내어 베드로를 청하라고 지시한다. 한편, 기도하던 베드로도 '세상을 바꾸는' 매우 극적인 환상을 본다. 그 환상이 보여준 메시지는 베드로의 마음속에 깊이 자리하던 옛 언약의 마지막 흔적들 중 하나를

박살내는 것이었다. 그는 그 환상이 두 번 더 주어진 후에야 비로소 그 메시지를 받아들인다. 그후 기도를 마친 베드로에게 고넬료가 보낸 사람들이 찾아온다. 베드로는 이 환상을 마음속에 생생히 간직한 채 가이사랴에 도착하고, 고넬료는 베드로에게 천사가 자기를 찾아온 얘기를 들려준다. 베드로는 고넬료와 그 권속에게 복음을 전하기 시작해서, 예레미야 31:34을 간접적으로 인용하여 "그[예수]를 믿는 사람들이 다 그의 이름을 힘입어 죄 사함을 받는다"(행 10:43)고 선언하며 설교를 끝마친다. 이 계시가 충격적인 이유는, 이 '모든 사람'에 이방인들도 포함되기 때문이다. 하지만 이때로부터 얼마 지나지 않아, 이방인들을 받아들이는 문제는 초기 교회에서 주요한 쟁점이 될 것이다.

이 소식은 곧 유대에 전해진다. 누가가 기록한 최초의 반응은 할례자들의 반응이다(11:2). 그들은 베드로가 이방인들에게 갔을 뿐만 아니라 그들과 함께 음식을 먹었다는 이유로 베드로를 비판했다. 베드로는 자기가 환상을 본 것에서 시작해서 성령이 고넬료를 비롯한 이방인 신자들에게 내린 것에 이르기까지 이 이야기의 전모를 들려준다. 베드로의 말을 들은 모든 사람은 하나님이 이방인을 교회로 받아들였다는 사실을 인정한다. 하지만 그러한 결론으로 이 문제가 최종적으로 해결된 것은 결코 아니었다. 이방인을 교회로 받아들이느냐 마느냐 하는 문제는 사도행전의 나머지 부분에서 주된 쟁점들 중 하나이고 갈라디아서, 빌립보서, 로마서를 비롯한 바울의 다수의 서신에서도 거론된다.

또한 사도행전의 이 단락에서 무대는 북쪽에 있는 안디옥으로 이동해 간다. 예루살렘은 사도행전의 내러티브에서 여전히 중심이 되는 곳이지만 안디옥은 새로운 활동의 근거지요 바울이 세 번에 걸친 선교 여행을 출발한 장소기 때문이다.

단락 개요

I. F. 복음이 북쪽으로 전파됨(9:32-11:30)
  1. 애니아와 도르가(9:32-43)
  2. 하나님을 경외하는 자 고넬료(10:1-11:18)
    a. 고넬료에게 주어진 환상(10:1-8)
    b. 베드로에게 주어진 환상(10:9-16)
    c. 베드로가 고넬료를 찾아감(10:17-33)
    d. 베드로가 복음을 전함(10:34-43)
    e. 이방인들이 성령을 받음(10:44-48)
    f. 베드로의 보고(11:1-18)
  3. 안디옥의 이방인 교회(11:19-30)

주석

9:32-43 | 애니아와 도르가 이 단락은 바울의 회심과 베드로가 지붕에서 기도할 때 본 환상이라는 사도행전에서 가장 극적인 두 단락 사이에 끼어 있는 탓에 합당한 주목을 받지 못했다. 이 단락에서 누가는 31절을 연결고리로 삼아서 다시 초점을 베드로에게로 이동한다. 왜냐하면 32절의 '그들 모두 가운데서'(개역개정에는 "사방으로")는 "온 유대와 갈릴리와 사마리아"(31절)에 있는 교회를 가리키기 때문이다. 베드로는 믿는 자들을 방문하기 위해 이 세 지역을 이곳저곳(개역개정에는 "두루") 다녔다. 바울이 그런 식으로 많은 지역을 두루 다닌 것으로 가장 잘 알려져 있지만, 베드로도 우리가 '제자훈련'이라고 부르는 것을 행하기 위해 믿는 자들을 찾아 이곳저곳을 두루 다녔다. 사도행전 전체에 걸쳐서 우리는 사도들과 그들의 동역

자들이 새로운 신자들을 방문하여 함께 시간을 보내기 위해 많은 노력을 하는 것을 본다. 사도들은 교회가 자리를 잡을 때까지 제자훈련을 미루지도 않았고, 다른 지역들로 가서 전도하여 교회를 세우기 위해서 새 신자들을 방치하지도 않았다. 초창기 신자들은 제자를 삼는 것이 그들에게 주어진 소임이라는 것을 의심하지 않았지만, 오늘날 일부 선교 전략들과는 달리 신자들을 복음으로 훈련시키는 것과 믿지 않는 자들을 전도하는 것을 양자택일의 문제로 여기지 않았다. 서신들, 특히 디모데전후서와 디도서는 사도들이 믿는 자들을 가르치고 제자훈련을 하는 것을 최우선과제로 여겼다는 것을 아주 분명하게 보여준다.

베드로는 이렇게 신자들을 두루 방문하다가 룻다에 이르렀다. 룻다는 예루살렘에서 북서쪽으로 40킬로미터 떨어진 마을이었다. 그곳에서 베드로는 중풍병으로 8년 동안이나 누워 있던 애니아라는 사람을 만난다. 예수님이 병자들을 고치신 때를 연상시키는 방식으로, 베드로는 단지 "애니아야 예수 그리스도께서 너를 낫게 하시니 일어나 네 자리를 정돈하라"(34절)고 말했을 뿐인데, 즉시 그 말대로 되었다. 베드로가 '네 자리를 정돈하라'고 명령한 것은, 사람들이 지붕을 뜯고 달아 내린 중풍병자에게 예수님이 "내가 네게 이르노니 일어나 네 침상을 가지고 집으로 가라"(눅 5:24; 참조. 마 9:6; 막 2:11)고 말씀하신 것과 비슷하다. 베드로가 "예수 그리스도께서 너를 낫게 하[신다]"(행 9:34)라고 말했듯이, 여기서도 애니아를 고치신 분은 예수님이었고, 베드로는 단지 도구였을 뿐이다.

다음 장면은 규범적이라기보다는 서술적인 사건의 또 다른 예다. 성경에는 믿는 자들이 죽은 자를 살리는 능력을 받을 것이라는 약속이 나오지 않는다. 애니아 이야기와 마찬가지로 다비다(도르가)를 다시 살린 일은 예수님이 회당장의 딸을 살리신 것(막 5:41), 나인 성 과부의 아들을 살리신 것(눅 7:14), 특히 나사로를 다시 살리신 것(요 11:43-44) 같은 복음서에 나오는 이야기들을 상기시킨다. 룻다에서 18킬로미터 정도 떨어진 곳인 욥바에 살고 있던 제자들은, 다비다(헬라어로는 "도르가")라는 신자가 죽자 베드로를 모셔오기 위해 두 사람을 룻다로 보낸다(행 9:36-38). 그들은 베드로가 죽은 다비다를 다시 살릴 수 있을 것이라고 믿었기 때문에, 이렇게 두 사람을 보내어 그에게 빨리 욥바로 와달라고 간청했다.

누가는 다비다가 "선행과 구제하는 일이 심히 많더니"(36절)라고 언급한다. 다비다가 사람들로부터 사랑을 받고 있었음은 분명하다. 그 증거로 모든 과부가 그녀의 죽음에 애곡하였다(39절). 다비다도 과부였던 것으로 보이고, 무엇보다 그녀의 죽음에 애곡한 과부들은 그녀에게서 도움을 받아온 사람들이었을 것이다. 특히 당시의 과부들은 대개 일을 해서 수입을 얻을 만한 개인적인 방편이 없었기에 몹시 힘겹게 살아갔고, 가족이나 친지나 친구를 의지할 수밖에 없었다. 이 과부들은 다비다가 그들에게 손수 만들어준 옷들을 베드로에게 보여주었다. 이 옷들은 36절에 언급된 선행과 구제하는 일과 관련된 것으로 보인다. 즉, 다비다는 자기 손으로 만든 것들을 사람들에게 나누어주었을 것이다.

베드로는 즉시 자기가 해야 할 일을 해나간다. 본문은 그 다음에 일어날 일에 관해 어떠한 의문도 제시하지 않는다. 그가 조문객들을 모두 내보내고서 무릎을 꿇고 기도한 후에, "다비다야 일어나라"고 말하자, 다비다가 일어난다(40절). 다비다가 살아났다는 소식이 퍼지고, 그 결과 "많은 사람이 주를 믿[었다]"(42절). 지중해 해안에서 일어난 이 사건들은 사도행전에서, 그리고 새 언약이 동트는 데 중요한 전환점이 될 사건으로 넘어가는 다리 역할을 한다. 베드로는 다비다를 살린 후에 무두장이 시몬의 집에 머문다. 그곳에서 그는 교회가 나아갈 길을 영원히 바꾸게 될 경험을 하게 될 것이다.

응답

우리는 흔히 우리 자신에게 초점을 맞추어서 성령의 은사들을 원하고 구하는데, 이것은 마술사 시몬이 자기도 능력을 갖고 싶어서 사도들에게 돈 주고 사려고 한 것과 다르지 않다(8:19). 하지만 우리는 스스로에게 다음과 같이 질문해야만 한다. '나는 무슨 이유로 그런 은사들을 원하는가?' 그런 은사들을 원하는 것이 나쁜 것은 아니지만, 그 동기는 다른 사람을 사랑하고 섬기려는 것이어야 하며, 우리 자신이 이득을 얻거나 인정을 받기 위한 것이어서는 안 된다. 사랑 없이 그런 은사들을 행하는 것은 시끄러운 소음일 뿐이다(참고. 고전 13장). 우리에게 주어진 은사는 '우리의 것'이 아니다. 어떤 의미에서 은사들은 우리가 빌린 것이지, 우리에게서 시작되어 우리에게서 끝나는 우리의 소유가 아니다. 우리는 하나님이 주시는 은사들을 맡은 청지기들이고, 그 은사들은 오직 하나님의 것이다. 하나님은 은사를 주실 수도 있고 다시 가져가실 수도 있다. 이것은 '신령한'(spiritual) 은사들뿐만 아니라, 하나님이 우리로 하여금 각자의 소명을 수행할 수 있도록 주시는 여러 가지 다양한 은사, 즉 말씀을 전하는 것, 가르치는 것, 자녀를 양육하는 것, 숫자나 기계로 일하는 것, 노래를 만드는 것 등에도 적용된다. 은사들은 언제나 섬김과 증언을 위한 것이다. 사도 베드로가 애니아를 고친 일조차도 단지 성령의 능력을 보여주는 데서 그치지 않고, 사도행전의 다른 많은 경우와 마찬가지로 많은 사람의 회심으로 이어진다. 사람들은 애니아에게 일어난 일을 보고 듣고서 예수님을 믿게 되었다(행 9:35).

우리는 일터나 교회나 학교에서 만나는 대부분의 사람들을 지나치기가 쉽다. 또한 우리는 위인전의 주인공이 될 가능성이 대단히 높은 사람이라거나, 우리의 삶에 어떤 식으로든 도움을 줄 수 있는 가능성이 가장 큰 사람이라는 관점에서 쉽사리 다른 사람들의 가치를 평가하곤 한다. 하지만 하나님 나라에서는 다비다도 바울이나 베드로와 동일하게 왕이신 예수님께 아주 소중하고 중요한 사람이다. 하나님은 자신에게 주어진 소명을 위해 충실하게 일하고 일상의 힘든 삶 가운데서도 소망을 잃지 않으며, 자신의 언행을 통해 예수님의 능력을 증언하는 신실한 그리스도인들을 이 세상에서 가장 유명한 설교자와 똑같이 중요하게 여기신다. 하나님의 백성 중 대부분은 온갖 종류의 감춰져 있거나 드러나 있는 질병과 시험과 개인적으로 어려운 일들과 맞서 싸우는 평범한 신자들이고, 거의 항상 다른 많은 사람은(심지어 그들 자신조차도) 그들이 믿음을 가지고 있는지를 인식하지 못한다. 하지만 하나님은 차별하거나 편애하지 않으시고 모든 믿는 자들을 아신다. 누가복음으로부터 사도행전에 이르기까지 계속되는 누가의 주제들 중 하나는, 하나님이 사회에서 소외된 자들에게 관심을 가지시고 그들을 돌보신다는 것이다. 누가는 예수님이 사회에서 가장 중요한 사람들, 가진 것이 아주 많은 사람들, 자기와 가장 많이 닮은 자들과 함께 시간을 보내기 위해 오신 것이 아니라 젊은 어머니와 그녀의 가족, 여자들, 목자들, 모세 언약 밖에서 살아가는 유대인들, 세리들, 나병환자들, 사마리아인들을 찾아서 이 땅에 오셨다는 사실을 분명하게 보여준다. 물론 누가는 성령으로 말미암아 이루어진 이적들에 관해 쓰지만, 그 이적들은 평범한 사람들에게(그리고 평범한 사람들을 통해) 행해졌다. 베드로는 큰 무대 위에 오르지도 않고 성전 가까이에 서 있지도 않으며, 예루살렘 거리를 걷고 있지도 않다. 그는 세상으로부터 상대적으로 소외된 채 이름도 알려지지 않은 마을에서 살아가는 한 명의 믿는 자를 돌보기 위해 먼 여행을 마다하지 않는다. 우리는 다비다와 베드로 두 사람에게서 많은 것을 배울 수 있다.

하나님은 그분의 섭리 가운데, 친구들에게 사랑과 인자함이 많은 사람으로 알려져 있던 이 한 여자를 도구로 사용하셔서 많은 사람으로 하여금 예수님을 믿게 하신다. 그녀가 성령의 무한한 능력의 대상이 되어 수동적으로 증언한 것은 우리 자신이 능동적으로 증언한 것과 실제로 전혀 다르지 않다. 그녀는 죽었다가 다시 살아났고, 그녀의 이야기는 다른 사람들로 하여금 믿음을 갖게 하는 도구가 된다. 우리는 우리의 죄와 허물 가운데서 죽었다가 예수님 안에서 생명을 얻어 다시 살아났다(엡 2:1-10). 이 일에 대한 우리의 증언이 우리 삶 속에서 예수님이 하신 일을 보여준다. 우리의 이야기가 다비다의 이야기처럼 극적인 것은 아닐 수 있지만, 하나님께서 사람들로 하여금 예수님을 믿게 하시는 은혜의 역사에 관한 이야기라는 점에서 전혀 다르지 않다.

10:1-8 | 하나님을 경외하는 자 고넬료: 고넬료에게 주어진 환상 고넬료는 600명 또는 그 이상의 병력으로 구성되었던 이달리야 부대에서 100명의 군인을 지휘하는 백부장이었다. 누가는 그가 하나님을 경외하는 사람이었

다고 설명한다(2절). 그가 베드로에게 보낸 두 사람은 고넬료를 의인이요 하나님을 경외하고 유대 온 족속이 칭찬하는 사람이라고 소개한다(22절). 하나님을 경외하는 사람은 유대교를 추종하지만 개종하지는 않은 이방인을 가리키는 말이었다. 그는 유대교의 관습에 따라 기도했고 구제를 베풀었지만, 할례를 받지는 않았다. 하나님을 경외하는 사람은 특정한 의미를 담는 용어라기보다 특정 유형의 사람들을 설명하는 말이었다. 다시 말해, 하나님을 경외하는 사람들은 바리새인이나 사두개인과는 달리 특정한 사회 집단을 이루지는 않았다. 고넬료는 유대교를 추종하긴 했지만 유대인은 아니었다. 그는 회당에 출석했겠지만, 예루살렘 성전에서 이방인의 뜰(예수님이 환전상들을 쫓아내셨던 성전의 바깥 구역)보다 안쪽으로 들어가는 것을 허가받지는 않았을 것이다. 누가는 고넬료의 모든 가족 구성원이 함께 하나님을 경외하는 신앙생활을 했다고 말한다. 일반적으로 온 집안은 직계 가족뿐만 아니라 하인들을 포함하여 그 집에서 살아가는 모든 사람으로 이루어진 권속을 가리킨다.

'제 구 시'는 대략 오후 3시경으로, 유대교 전통이 매일 정기적으로 기도하도록 정한 시간이었다. 고넬료는 여느 날과 다름없이 이 시간에 기도했지만, 그날은 평소와는 완전히 다른 일이 일어났다. 천사가 환상 가운데서 그에게 나타났고, 고넬료는 두려워했다. 그가 두려워한 것은 충분히 이해할 수 있는 일이다. 왜냐하면 천사는 하나님의 말씀을 전하는 천상의 존재로서 사람들에게 두려움을 불러일으키기 때문이다. 천사를 보았을 때 사람들은 통상적으로 두려움을 보이고, 흔히 땅에 엎드러진다(사 6:1-7; 겔 1:4-28; 단 8:17-18; 10:9-15을 보라).

그 천사는 고넬료에게 그의 기도와 구제가 "하나님 앞에 상달되어 기억하신 바가 되었다"(행 10:4)고 말한다. 이것은 하나님이 스스로를 돕는 자들을 친히 맞으러 나오셔서 그들을 도우신다는 것을 보여주는 사례도 아니고, 하나님이 고넬료의 선행을 기억하셨다가 그가 하나님 나라로 들어오기에 합당한 후보라고 알려주기 위해 나타나신 사례도 아니다. '기억하신 바가 되었다'라는 표현은 구약성경의 제사와 관련이 있다. 제사장들은 소제로 드려진 곡물의 고운 가루 중에서 일부를 기념물로 제단 위에서 불살라 드리는데, 이것은 여호와께 향기로운 냄새가 된다(레 2:2). 출애굽기, 레위기, 민수기에서 반복되어 나오는[49] '향기로운 냄새'라는 표현은 여호와께서 제사를 받으셨다는 것을 나타낸다. 고넬료의 기도와 구제가 기억하신 바가 되었다는 것은, 하나님이 제물(곡물 또는 양이나 가축)이 아니라 그 제물을 드린 사람의 마음에 관심을 갖고 계신다는 사실을 보여준다. 이스라엘 사람이 아침부터 밤까지 하나님께 제사를 드린다고 할지라도, 그가 여호와께 신실한 자가 아니라면 그의 제사는 아무런 의미도 없을 것이다(렘 6:20). 참된 제사는 상한 심령이고 상하고 통회하는 마음이다(시 51:17). 제사를 드리고 전통을 지켰지만 메시아를 죽인 예루살렘의 모든 유대 지도자보다 이 이방인 군인이 하나님께 더 가까운 사람이었다. 하나님이 받으시는 제사의 참된 성격은, 모세의 음식법이 가진 목적 및 이방인들이 하나님의 백성 안에 들어오게 된 것과 긴밀히 연결되어 있었다. 하지만 고넬료의 기도와 구제가 그를 구원한 것은 아니었다. 그래서 하나님은 고넬료에게 구원을 베푸시기 위해 베드로를 청하라고 지시하신다.

10:9-16 | 하나님을 경외하는 자 고넬료: 베드로에게 주어진 환상 이제 무두장이 시몬의 집에 머물고 있던 베드로에게로 장면이 이동한다(9:43). 베드로가 무두장이 시몬의 집에 머물고 있었다는 사실 자체가 주목할 만하다. 왜냐하면 시몬은 유대인이었지만 무두장이(짐승들의 가죽을 다듬어서 실제로 사용할 수 있는 상태로 만드는 일을 하는 사람)로서 늘 죽은 짐승과 접촉하였기에 율법에 따라 부정한 상태에 있는 경우가 많았을 것이기 때문이다. 또 다시 누가는 베드로가 정오(제 육 시)에 기도하러 지붕으로 올라갔다고 말함으로써 기도를 강조한다. 우리가 하나님께로부터 온 꿈이나 환상을 무엇이라고 생각하든, 우리는 이 장에 나오는 두 번의 환상이 기도하고 있을

49 다음을 보라. 출 29:18, 25, 41; 레 1:9; 2:2, 9, 12; 3:5, 16; 4:31; 6:15, 21; 8:21, 28; 17:6; 23:13, 18; 민 15:3, 7, 10, 13, 14, 24; 18:17; 28:2, 6, 8, 13, 24, 27; 29:2, 6, 8, 13, 36.

때 주어졌다는 사실을 주목해야 한다.

점심 식사 시간이 다 되었기 때문에, 베드로는 시장했다. 그 다음에 일어난 일은 하나님 나라의 도래와 관련해서 상황을 일거에 변화시킨다. 누가는 베드로가 황홀경 속으로 빠져들어 갔고(황홀한 중에), 큰 보자기 같은 것이 하늘로부터 땅으로 내려왔다고 말한다(10:10-11). 보자기 속에는 파충류와 조류를 포함해서 온갖 종류의 동물이 있었다. 그런 후에 베드로는 "일어나 잡아먹어라"(13절)고 명령하는 소리를 듣게 된다. 베드로는 자기가 지금까지 살아오면서 모세 율법이 금지한 음식을 결코 먹은 적이 없었다는 것(이런 이해가 수 세기 동안 하나님과 그분의 언약에 대해 신실하다는 것의 의미로 받아들여져 왔다)을 이유로 들어서 그 명령을 거절한다. 이 환상은 두 번 더 반복된다.

베드로는 예수님께로부터 직접 가르침을 받았고 성령을 받았으며, 능력으로 복음을 전했고 예수님의 이름으로 이적들을 행해왔다. 그러할지라도 하나님 나라와 관련해서 다음 단계로 넘어가는 것은 그의 존재의 핵심을 뒤흔드는 도전이었다. 유대인이라 함은 무엇을 먹고 무엇을 먹지 말아야 하는지를 정해놓은 율법을 엄격하게 따르는 것을 의미했다. 레위기의 한 장 전체가 그런 것들을 자세하게 설명하는 데 할애되어 있다(레 11장). 이때까지 베드로는, 예수님을 따른다는 것이 그가 지금까지 소중히 여겨온 거의 모든 것을 새로운 방식으로 바라보는 것을 의미한다는 사실을 깨닫지 못했다. 베드로는 소년 시절부터 구약성경에 나오는 출애굽 이야기를 들어왔고 시편들을 노래했으며, 꾸준히 회당에 출석했을 것이다. 또한 그는 율법이 먹으라고 한 음식만을 먹어왔고, 율법이 금지한 음식은 입에 댄 적도 없었다. 그런데 그 율법을 정하신 바로 그 하나님이 지금 그에게 그런 율법을 무시하고 모든 것을 먹으라고 명령하신다.

하나님이 이렇게 음식과 관련된 율법을 완전히 뒤엎으시는 것은, 그분이 그분의 백성과 관계하시는 방식이 근본적으로 변화했음을 의미한다. 옛 방식이 지시한 모든 것이 이제 성취되었기 때문에, 옛 방식은 그 역할을 다했다. 하나님이 유대인인 베드로에게 "하나님께서 깨끗하게 하신 것을 네가 속되다 하지 말라"(행 10:15)고 말씀하신 것은 결코 한 입으로 두 말을 하시는 것이 아니었다. 하나님은 한 번 마음먹으신 것을 절대로 바꾸시지 않고, 보완 계획을 준비하시지도 않는다. 하나님의 전체적인 계획 속에는 하나님의 백성이 특정한 음식들만을 먹고 제사를 드리며, 할례라는 표를 지니고 살아가야 할 시기가 포함되어 있었다. 하지만 하나님의 계획 속에서 그 시기는 이제 끝이 났다. 예수님을 믿는 믿음으로 하나가 된 하나님의 한 백성이 함께 교제할 수 있으려면, 그 교제를 방해하는 것들이 제거되어야 했다. 이 새로운 현실은 베드로조차도 받아들이기 어려운 것이었고, 사도행전의 나머지 부분 및 신약의 많은 서신에서 아주 끈질기게 다루는 문제가 된다. 사도행전 10장에 계시된 것을 놓고서 비방들, 긴 변론들, 항의들, 중요한 회의, 소동들, 거짓 고소들, 전체적인 혼란이 일어날 것이다.

10:17-33 | 하나님을 경외하는 자 고넬료: 베드로가 고넬료를 찾아감

베드로는 환상을 본 후에도 그가 본 것이 무엇이었는지, 또는 그 환상이 무엇을 의미하는지를 정확히 알지 못했다. 그렇지만 그는 음식 문제가 빙산의 일각일 뿐, 하나님이 진정으로 말씀하시고자 한 것이 음식에 관한 것이 아니었음을 이내 알게 된다. 베드로가 환상을 본 때는 고넬료가 보낸 사람들이 도착한 때와 일치했다(17절). 그가 지붕 위에서 자신에게 방금 일어난 일의 의미를 생각하고 있을 때, 성령은 그에게 세 사람이 그를 찾아왔으니 지붕에서 내려가서 가능한 빨리 그들과 함께 떠나라고 말씀하신다. 이 장에서 누가는, 이 세 사람이 베드로에게 말해주는 형식을 통해 고넬료가 본 환상에 대해 두 번째로 말한다.

이튿날 그들이 가이사랴를 향해 48킬로미터의 여정을 떠날 때, 욥바에 있던 몇몇 유대인 신자도 함께 간다. 이것은 그 유대인 신자들이 이제 곧 일어나게 될 일에 대한 증인이 된다는 점에서 중요했다. 한편 고넬료가 베드로를 맞이하면서 보인 행동은 그가 사도들을 얼마나 존경하고 공경했는지를 드러낸다. 그러나 사도들은 존경의 대상이기는 하지만, 예배의 대상은 아니다. 베드로는 고넬료에게 자기도 똑같은 사람이기 때문에 일어나라고 말한다(26절). 물론 고넬료는 베드로를 존경하고 공경한 표시로 그렇게 한 것이지, 하나님으로 여기고서 예배한 것은 아니었다. 그러나 공경과 우상숭배는 언제나 종이 한 장 차이일 뿐이다. 유명한 지도자들을 존경하고 인정하는 것은 전적으로 합당하지만, 지나치게 아양을 떠는 것은 존경하는 것과 완전히 다른 문제다. 베드로는 고넬료를 일으켜 세워 사람 대 사람으로 얼굴을 마주보며 얘기한다. 사람들과 어울리지 않은 채 저 멀리 고고하게 있는 지도자는 그리스도인들 가운데 설 자리가 없다. 그런 지도자는 하나님 나라에서 섬기는 자가 가장 큰 자라고 하신 예수님의 가르침을 정면으로 어기는 자이다. 예수님은 친히 모범을 보이심으로써 제자들에게 이 메시지를 직접적으로 가르치셨다(눅 22:25-27; 참고. 마 20:25-28; 막 10:42-45).

베드로는 고넬료와 대화하는 가운데 얼마 가지 않아서 자신이 본 환상이 무엇을 의미하는지 이해하게 된다. 이 본문에서 일어나고 있는 일이 지닌 무게를 이해하는 것이 중요하다. 이 시점 이후에는 모든 것이 달라져서 이전과 동일한 것이 하나도 남지 않게 될 것이기 때문이다. 경계와 담이 무너지고 원수들이 서로 화해하며, 하나님이 옛적에 아브라함에게 주신 약속이 이 순간 가이사랴에서 최초로 열방에 미치면서, 하나님께 나아가는 길이 이방인들에게 열린다. 이것은 처음이기에 삐걱거림이나 중대한 장애물이 있을 테지만, 사도행전이나 신약성경의 나머지 부분은 이 사건 이후에 일어날 변화에 대해 어떠한 의심도 제기하지 않는다.

베드로는 그들에게 자기가 그들의 집에 들어가는 것이 율법, 또는 적어도 율법에 대한 당시의 해석을 어기는 것이라고 말하는데, 그들도 이미 이에 관해 알고 있었다. "위법"(행 10:28)이 율법을 가리키느냐 전통을 가리키느냐 하는 논쟁은 논점을 벗어난 것이다. 하나님은 예수님의 나라가 도래한 지금은 예법과 관련된 율법이 이제 더는 유효하지 않다는 사실을 베드로에게 이미 전날에 보여주셨다. 여기서 중요한 것은 접속사 '그러나'이다(28절). 베드로는 사실상 이렇게 말한 것이다. "내가 이 집에 있는 것이 유대교의 결례에 비추어서 무엇을 의미하는지를 당신들도 알 것이다. 그러나 하나님은 그 모든 것의 효력이 다했고 그런 것들은 이미 지나간 일이라고 내게 말씀해주셨다. 율법의 시대는 끝났다." 음식 문제는 부차적인 것이었고, 일차적인 문제는 사람과 관련된 것이었다. 베드로는 환상 속에서 "하나님께서 깨끗하게 하신 것을 네가 속되다 하지 말라"(15절)는 말씀을 들었고, 그 말씀의 의미를 다음과 같이 해석했다. "하나님께서 내게 지시하사 아무도 속되다 하거나 깨끗하지 않다 하지 말라 하[셨다]"(28절). 여기서 문제가 되는 것은, 음식이 아니라 하나님과 사람들이다. 음식법은 궁극적으로 음식 자체와 관련된 문제가 아니라, 하나님에 대한 신실함과 관련된 문제였다. 음식법은 거룩함 곧 음식을 포함한 모든 측면에서 하나님께 온전히 헌신된 삶을 살아가는 것에 관한 언약적 표현이었다. 따라서 음식법의 유효기간이 끝났다는 것은, 하나님에 대한 헌신과 신실함을 어떤 특정한 방식으로 표현하는 것의 유효기간이 끝났다는 의미였다. 물론 음식법은 언제나 하나님과 이웃에 관한 것이었지만, 그러한 이해는 금송아지 사건 이후로 일반적으로 상실되었다.

누가는 30-33절에서 고넬료가 본 환상을 세 번째로 언급하는데, 이 부분에서 고넬료는 자기 집에 온 유대인 손님들에게 이 환상에 관해 이야기한다.[50] 아마도 이것은 모세 율법 및 이방인들이 교회로 들어온 것에 관한 사도적 견해를 옹호하는 일종의 기독교적 변증의 역할을 한 것으로 보인다. 그러나 고넬료가 본 환상이 기독교적 변증으로 제시된 것이든 그렇지 않든, 누가가 그 환상을 반복해서 제시하는 것은 적어도 두 가지 사실을 분명하게 보여준다. 첫 번째는, 이 모든 일이 의심할 여지없이 하나님의 섭리와 계획 아래에서 일어났다는 것이다. 고넬료에게 사람을 보내 베드로를 청하라고 지시하신 분은 하나님 자신이었다. 고넬료가 보낸 사람들이 그의 환상에 관해 베드로에게 짤막하게 들려준 부분에서도 이 환상이

50 Schnabel, *Acts*, 498.

천사로부터 주어졌다는 것이 언급된다. 두 번째는, 이 환상에 관한 세 번의 설명 속에서 항상 고넬료의 경건이 중요한 요소로 언급된다는 것이다. 이 것은 고넬료의 선행을 부각시키는 것이 아니라, 하나님이 이방인을 받으셨다는 사실을 강조한다. 고넬료가 분명히 모세 언약 바깥에 있었을지라도, 하나님은 그의 구제와 기도를 중요히 여기셨다. 이방인 고넬료는 하나님이 어떤 것을 원하시고 받으시는지를 보여준다.

하나님이 이방인들을 받으신다는 사실부터 시작한다면, 교회가 이방인들을 받아들여야 한다는 것은 의심할 여지없이 명료해진다. 하나님이 그들을 깨끗하다고 하셨다면, 그들은 깨끗한 것이다. 나중에 베드로는 "내가 누구이기에 하나님을 능히 막겠느냐"(11:17)고 말한다. 다음 단락이 이러한 이해를 뒷받침한다. 그리고 하나님이 이방인들을 어느 정도나 받으시는지가 짧은 단락을 통해 밝혀질 것이다. 고넬료가 우리에게 마지막으로 들려주는 것은 확신과 신뢰에 관한 진술이다. 그와 그의 권속들은 하나님이 베드로와 함께 계신다는 것과 베드로가 하나님의 말씀, 곧 "주께서 당신[베드로]에게 명하신 모든 것"(10:33)을 자신들에게 전하기 위해 이 자리에 있다는 것을 인정한다. 하나님은 고넬료 일행이 복음을 들을 수 있도록 그들을 이미 준비시켜 놓으셨다.

10:34-43 | 하나님을 경외하는 자 고넬료: 베드로가 복음을 전함 베드로는 그가 본 환상에 대한 해석을 더 확대해서, 하나님은 인종이나 문화적 배경 같은 사람의 외모를 보지 아니하신다는 것을 이제 알게 되었다고 말한다(34절). 본문에서 '나라'는 일차적으로 오늘날의 지도에 그려져 있는 국경을 지닌 국가가 아니라 사회적이고 언어적으로 구별되는 집단들을 가리킨다(35절). 따라서 각 나라는 이 땅에 있는 사람들의 모든 집단을 가리킨다. 사람들의 인종적인 계보는 중요하지 않다. 중요한 것은 하나님을 경외하고 그분이 기뻐하시는 일들을 행하며 살아가느냐는 것이다. 하나님이 사람들을 받으시거나 받지 않으시는 기준은 바로 그런 것들이지, 음식이나 인종이 아니다. 35절은 고넬료에 관한 증언과 흡사하다. 하나님은 '하

나님을 경외하며 의를 행하는' 사람은 모두 받으신다(참고. 2, 4, 22, 31절). 앞에서와 마찬가지로 이 구절도 행위로 구원받는다거나 일종의 행위와 은혜의 혼합에 의해 구원받는다는 생각을 제시하는 것이 아니라, 하나님이 복음 안에서 모든 사람을 받으신다는 사실을 강조하는 것일 뿐이다. 이 구절은 사람이 무엇으로 구원을 받느냐 하는 문제를 체계적으로 다루는 것이 아니기 때문에, 이 구절의 '받다'라는 동사를 이 특정한 문맥 속에서의 의미보다 더 확대해서 해석해서는 안 된다. 고넬료는 베드로가 오기 전에는 구원받지 않았다(11:14). 이것은 하나님이 모든 사람을 '유대인들과 동일한 토대 위에서' 받으신다는 사실을 보여준다.[51] 이 구절은 다원주의에 대해 암시하고 있지도 않다. 즉, 베드로의 이 말은 어떤 사람이 그리스도를 믿지 않더라도 의를 행하기만 하면 하나님이 그리스도와 상관없이 그를 받으신다는 것을 의미하지 않는다. 나중에 베드로는 죄 사함이 예수님을 믿는 믿음으로 말미암아 온다고 선포하는 것으로 설교를 끝맺는다(10:43).

베드로는 복음을 전하기 시작한다. 이 설교에서 그는 초기 기독교의 선포를 구성하고 있던 모든 주된 요소를 언급한다. 하지만 누가는 베드로의 설교의 첫머리에 예수 그리스도가 "만유의 주"(36절)시라는 사실을 포함시키고, 이어서 복음을 "[하나님이] 이스라엘 자손들에게 보내신 말씀"이라고 소개한다. 이로 인해 미묘한 차이가 생기는데, 이는 복음 메시지를 상황에 맞게 바꾼 것이지 어떠한 변경이나 왜곡을 가한 것이 아니다. 여기서는 복음이 이방인들에게 제시되고 있기 때문에, 누가는 예수님이 모든 사람의 주님이시라는 사실을 특별히 강조한 것이다. 예수님이 만유의 주시라는 것은 이전의 설교들에도 제시되지만, 여기 이방인들을 위한 설교에서는 분명하게 강조된다.

베드로의 설교는 예수님의 삶과 사역에 관한 요약이다. 예수님이 죽으신 지는 얼마 되지 않았고 그분에 관한 소문은 이미 유대와 그 너머까지

51 Peterson, *Acts*, 335.

널리 퍼져 있었기 때문에, 청중은 이미 그 일을 알고 있었다. 그래서 베드로는 여기에 나와 있는 것보다 더 자세하게 말할 필요가 없었다. 물론 실제로 그가 더 자세하게 말했을 수도 있다. 그렇지만 누가가 이전의 설교들과 마찬가지로 이 설교에서 언급하고 있는 것 이상으로 기록했다면, 독자들에게 똑같은 내용을 지루하고 장황하게 반복하는 것이 되었을 것이다. 베드로는 복음을 증언한 사도들의 사역에 관한 언급으로 예수님의 삶과 죽으심과 부활에 관한 설명의 앞뒤를 둘러싼다(36, 43절). 앞에서도 자주 보아왔듯이 이러한 형식은 이 일들에 대한 목격자로서 사도들이 전하는 증언과 그들에게 맡겨진 복음 전파의 사명을 강조한 것이다.

누가는 예수님의 삶에 관해 탁월하게 압축시켜 설명하는데, 이 설명은 예수님과 관련된 다음의 핵심적인 사건들을 중심으로 구성되어 있다.

- 예수님이 세례를 받으시고 기름 부음을 받으신 것
- 제자들이 목격한 예수님의 사역
- 마찬가지로 제자들이 목격한 예수님의 십자가 처형과 부활

이 설교는 심판에 대한 언급에서 절정에 이른다. 예수님은 사도들에게 "백성에게 전도하되 하나님이 살아 있는 자와 죽은 자의 재판장으로 정하신 자가 곧 이 사람인 것을 증언하[라]"고 명령하셨다(42절). 이 명령은 예수님이 제자들에게 주신 지상명령의 일부도 아니고(마 28:18-20), 사도행전의 이 시점 이전에는 언급되지도 않았다. 예수님이 승천하시기 전에 제자들과 40일 간 함께 하시는 동안 이 명령을 주셨을 가능성도 있지만, 이 명령이 정확히 언제 주어졌는지는 그다지 중요하지 않다. 더 중요한 것은 베드로가 여기서 이 명령을 언급한 이유이다. 그리고 이 질문에 대한 해답은 이 설교가 이방인들을 향한 것에서 찾을 수 있다.

베드로는 예루살렘에서 사람들이 어떻게 그리스도를 나무에 달아 죽였는지에 대해 설명하는 것을 방금 끝마쳤다(행 10:39). 베드로와 스데반은 이전에 예루살렘의 청중 앞에서 예수님의 죽음에 관해 말했고, 그와 관련

해서 그들을 단죄했다. 오순절과 그 이후에 성전 밖에서 선포된 이 심판의 메시지는 사람들을 복음으로 몰아가서 회개와 믿음에 이르게 하였다. 하지만 베드로는 고넬료의 집에서 설교할 때, 예수님이 십자가에 못 박혀 죽으신 것에 관해 이방인인 그들에게 책임을 물을 수 없었다. 그래서 그는 심판의 메시지를 좀 더 확대해서, 예수님은 단지 그분을 십자가에 못 박은 자들만 심판하시는 분이 아니라, 하나님이 "살아 있는 자와 죽은 자의 재판장"(42절)으로 정하신 분이라고 선포한다. 그리고 그 다음 절에서 그는 모든 선지자가 "그를 믿는 사람들이 다 그의 이름을 힘입어 죄 사함을 받는다"(43절)고 말함으로써 보여준 소망을 제시한다. 즉, 베드로는 42절에서는 심판을 말하고 43절에서는 복음을 말한다. 죄 사함을 받으라고 한 것은 죄가 있다는 것을 암묵적으로 전제한 것이다. 죄가 없는데 죄 사함을 받으라고 말할 이유가 있겠는가?

사도행전 17장에서 바울이 아레오바고에서 행한 설교가 이러한 해석을 뒷받침한다. 그곳에서 바울은 철학자 청중을 향해 하나님이 이제는 그들의 무지를 더는 간과하지 않으신다고 지적하며 다음과 같이 말한다. "어디든지 사람에게 다 명하사 회개하라 하셨으니 이는 정하신 사람으로 하여금 천하를 공의로 심판할 날을 작정하시고 이에 그를 죽은 자 가운데서 다시 살리신 것으로 모든 사람에게 믿을 만한 증거를 주셨음이니라"(17:30-31). 로마서 3:19-20의 원칙이 또 다시 적용된다. 유대인들이 하나님 앞에서 저질러온 모든 죄는 온 세상 사람들의 죄를 드러낸 것이다. 이 세상은 하나님의 정죄 아래 있고, 예수님은 모든 사람에게 회개와 죄 사함의 길이 되신다. 이 사실이 먼저는 유대인에게 적용되고 다음으로는 이방인에게 적용된다. 사도들은 설교를 통해 심판을 선포했지만, 모든 설교가 그러하듯이 성경 전체가 말하고 있는 모든 세부 사항을 자세하게 말할 수는 없었다. 그러나 사도들이 선포한 심판 메시지는 성경 전체의 세계관을 담고 있다.

10:44-48 | 하나님을 경외하는 자 고넬료: 이방인들이 성령을 받음 이제 전환점이 도래한다. 이 본문은 일종의 이방인을 위한 오순절이다. 베드로가 복음을 전하고 있을 때에 성령이 "말씀 듣는 모든 사람에게" 내려왔다(44절). '내려오다'로 번역된 헬라어 에피핍토(*epipiptō*)는 2:4에서 사용된 핌플레미(*pimplēmi*, 충만하게 하다)와 다른 단어지만, 그 의미는 동일하다. 이러한 단어 사용의 차이는 이방인들이 유대인들과는 다르거나 열등한 방식으로 성령을 받았다는 의미를 담는 것이 절대 아니다. 이 두 경우 모두에서 성령을 받은 것은 방언을 말하게 된 것에 의해 확증된다(10:46; 참고. 2:4). 베드로와 함께 온 유대인 신자들은 이방인들이 성령을 받은 것을 보고 '놀란다.' 그들이 느꼈을 충격을 상상하기는 쉽지 않다. 성령이 할례 받지 않은 자들인 이방인에게 내려오는 극적인 사건이 그들의 눈앞에서 벌어졌기 때문이다. 베드로가 앞에서 "내가 참으로 하나님은 사람의 외모를 보지 아니하[시는]…줄 깨달았도다"(10:34, 35)라고 한 말이 한 점의 의혹도 없이 옳다는 것이 증명되었다. 오순절 때 제자들이 그러했던 것처럼 이방인들이 방언으로 말하기 시작했기 때문에, 그것을 부정하는 것은 불가능했다.

여기서 이방인들이 방언을 말한 것은 반드시 다른 언어들로 말한 것이라고 이해할 필요는 없다. 오순절 때와는 달리 이곳이 서로 다른 언어나 방언을 사용하는 사람들로 가득했다고 보이지는 않기 때문이다(참고. 19:6). 일부 해석자들은 '방언'이 언제나 인간의 언어를 가리키는 것이라고 믿지만, 이 본문은 그런 주장을 입증하지 않는다. 이 본문은 사도행전 2장과의 병행에 비추어서 해석되어야 한다. 성경으로 성경을 해석해야 하고, 의미가 분명한 본문으로 어려운 본문을 해석해야 한다는 해석학적 원칙은 성경을 해석하는 바른 방법이다. 또한 여기에는 성경의 중심에서 시작해서 점점 원(어떤 사람들은 '나선'이라는 표현을 선호한다)을 크게 그리는 방식으로 바깥으로 이동해가는 '해석학적인 원'이라는 원칙도 적용된다. 하지만 이 원은 양방향으로 움직인다. 어떤 사람들은 바울이 고린도전서 13:1에서 언급한 "사람의 방언과 천사의 말'(참고. 고전 14:5, 13)을 천상의 영적인 언어를 가리키는 것으로 해석하는 반면, 다른 사람들은 바울이 1-3절에서 과장법으로 말한 것으로 이해한다.

성경을 믿는 그리스도인들도 이 문제에 관해서는 서로 너무나도 다른 견해를 가진다. 그러므로 이 문제에 대해 어떤 견해를 주장할 때는 어느 정도의 겸손이 필요하다. 성령이 내려왔을 때 만일 고넬료를 비롯해서 거기에 있던 이방인들이 히브리어, 라틴어, 아람어 등 서로 다른 언어로 말했다고 한다면 그것은 복음이 전 세계로 퍼져나가는 것을 보여주는 증표로서 상징적인 의미를 지닐 수는 있겠지만, 그 밖의 다른 의미를 찾기는 어렵다. 그들이 일종의 천상의 영적인 말을 한 것이라는 견해를 쉽게 받아들일 수는 없지만, 우리의 경험이 최종적인 잣대일 수는 없다. 이 본문에서 이방인들이 믿음을 가질 때 한 방언을 해석하는 최선의 방법은, 성령이 그들에게 임하면서 그들이 황홀경 상태에서 성령이 준 어떤 말들을 했다라고 이해하는 동시에, 그들이 유대인 신자들과 마찬가지로 동일한 성령을 실제로 받았다는 것을 보여주는 부정할 수 없는 증거로 보는 것이다.

방언 문제에 집중하다보면, 이 이방인들이 '하나님을 높였다'는 사실을 놓칠 수 있다(행 10:46). 이 이방인들이 한 분 참 하나님을 예배하고 찬송한 것은 선지자들의 예언을 성취한 것이었다. 여호와의 날이 도래했다는 것을 보여주는 핵심적인 종말론적 증표들 중 하나가 그날 고넬료의 집에서 성취되었다. 선지자들은 장차 유대인들 중에서 신실한 남은 자들과 함께 이방인들이 하나님의 백성 가운데 들어오게 될 것이라고 예언했고, 그 예언의 약속은 이 본문에서 성취되기 시작했다.

베드로는 그 다음 단계로 무엇을 해야 하는지 알았다. 이 이방인들은 세례를 받아야 한다. 초기 교회는 믿는 것과 세례 받는 것을 분리하지 않았다. 베드로가 이 이방인들에게 세례를 베풀기로 결심한 이유는 그들이 유대인들과 마찬가지로 성령을 받았기 때문이었음이 분명하다(47절). "예수 그리스도의 이름"(48절)으로 세례를 베풀라는 명령은 성부와 성자와 성령의 이름으로 세례를 베풀라는 명령과 다르지 않다(마 28:19). 고넬료는 세례를 통해 구체적으로 예수님과 하나가 된다. '예수의 이름'은 성부나 성령을 배제하지 않는다. 왜냐하면 예수님의 본성과 이름은 서로 분리될 수 없기에, 성부와 성자와 성령이 공유하는 삼위 하나님의 본성이 '예수의 이름'이라는 말 속에 포괄되기 때문이다. 아울러 '예수의 이름'은 누가가 선호하는 표현으로, 사도행전에 열여덟 번이나 나온다. 예수님은 병 고침과 악한 영을 쫓아내는 능력과 죄 사함의 원천이고, 이 모든 것은 예수님의 이름으로 행해진다. 예수님은 메시아이시고, 하나님의 참된 백성은 유대인이든 이방인이든 오직 예수님으로 말미암아 구원을 받고 하나가 된다.

누가 세례를 받았는가와 관련해서 누가는 성령이 "말씀 듣는 모든 사람에게 내려[오셨]"다고 말한다(행 10:44). 또한 누가는 베드로가 고넬료의 집으로 들어갔을 때 여러 사람이 모여 있었고(27절), 고넬료와 온 집안(가족과 하인들)이 하나님을 경외했다고 이미 언급했다(2절). 베드로가 그 집에 들어갔을 때에 모여 있던 고넬료의 권속 가운데는 아이들도 포함되어 있었을 것이므로, 성령이 그 방에 있던 모든 사람에게 내려왔을 때 그 아이들에게도 임했을 것이다. 성령을 받는 것은 예수님을 믿는 것과 분명하게 연결되어 있다. 실제로 베드로가 예수님을 믿는 사람들이 그의 이름을 힘입어 죄 사함을 받는다고 말하고 나서, 성령이 이 말씀을 듣는 모든 사람에게 내려왔다. 세례를 받은 사람들의 나이가 어떻게 되었든, 그들은 예수님을 믿고 성령을 받은 사람들이었다. 그리고 믿는 것과 성령을 받는 것은 여기서 베드로가 그들에게 세례를 베풀기 위한 분명한 전제조건이었다. 이때 유아들도 세례를 받았다는 것을 보여주는 확실한 증거는 없으며, 누가는 그것에 관해 전혀 언급하지 않는다.

응답

고넬료가 주의 천사를 만난 것은, 하나님이 사람들과 소통하기 위해 선택하시는 전형적인 방법은 아니다. 이것은 구원사 속에서 유일무이하게 펼쳐진 전환점이다. 하지만 이 만남과 관련된 사항들은 오늘날에도 적용될 수 있다. 고넬료는 '특별 계시'라고 불러도 무방한 것을 받는다. 그러나 이 계시는 구원과 직접적으로 관련된 것이 아니고, 주의 천사가 그에게 구원의 길을 보여줄 수 있는 사람을 알려주신 것이다. 우리 시대에는 사람들이 하나님께로부터 꿈이나 환상을 받았다는 이야기들이 차고 넘치는데, 특히 그리스도인의 증언이 존재하지 않는 지역에서 그러하다. 그런 이야기들을 전해 듣는 입장에서는 진짜와 가짜를 구별해 내는 것이 어렵지만, 그런 일들이 일어나고 있다는 것은 문서로 잘 기록되어 있다.[52] 어떤 그리스도인들은 그런 이야기들을 성경 외적인 계시라는 이유를 들어 말도 안 되는 것으로 여기며 배척한다. 그러나 그런 이야기들은 고넬료의 경험과 비슷하고, 그런 의미에서 상당히 성경적이다. 개인에게 주어지는 환상과 꿈은 전형적인 것이 아니라고 말하는 편이 더 옳다. 이런 점에서 개인에게 환상과 꿈이 주어지는 것은 성경 내러티브에서도 전형적인 것이 아니다. 주님이 또는 주의 천사가 사람들을 만나서 대화하는 경우는 전형적으로 한 내러티브의 핵심 인물과 관련해서 일어난다(예컨대, 아담, 아브라함, 모세, 다윗, 구약의 선지자들, 요셉, 마리아, 베드로, 바울). 성경에 언급된 대부분의 신자들은 특별 계시를 받지 않고, 오직 믿음을 통해서 하나님과 관계를 맺는다.

이 점에서 처음부터 지금까지 상황은 변하지 않았다. 오늘날 어떤 꿈이나 환상이 하나님께로부터 주어진 것임을 보여주는 전형적인 특징들 중 하나는, 그 꿈이나 환상을 본 사람에게 어디로 가서 어떤 사람을 만나라고 지시하거나, 그가 있는 마을이나 지역으로 오고 있는 어떤 사람을 받아들이라고 지시한다는 것이다. 하나님께로부터 주어졌다고 여겨지는 꿈이나 환상에 관한 이야기 대다수는, 어떤 사람이 그런 꿈이나 환상을 통해서 예수님을 믿게 되었다는 내용이 아니라, 고넬료가 본 환상처럼 그 사람에게 예수님에 관해 말해줄 어떤 사람을 알려주었다는 내용이다(참고. 11:14). 따라서 이러한 경험들은 특별 계시가 아니다. 일반적으로 말해서 고넬료의 경험은 성경에서도 이례적이고, 그 이후의 교회사 속에서도 이례적이다.

세례를 받기 위해서는 무엇이 요구되는가? 많은 교회는 이 질문을 교

52 George H. Martin, "The God Who Reveals Mysteries: Dreams and World Evangelization," *SBJT* 8/1 (Spring 2004): 60-72.

인의 자격이라는 문제와 함께 다룬다. 이 질문에 대한 대답은, 예수님이 주님이시라는 사실과 회개하는 자는 예수님 안에서 죄 사함을 발견할 수 있다는 사실을 믿는 것이다. 다시 말해, 세례를 받기 위해서는 복음을 믿어야 한다. 고넬료의 집에서 베드로는 성령이 임하였음을 분명히 보여주는 가시적인 증거를 목격했고, 이로 말미암아 고넬료 집에 있던 이방인들에게도 믿은 유대인들과 마찬가지로 세례를 베풀어야 한다고 결론을 내리게 되었다. 하지만 교회사 가운데에는, 오순절과 사마리아와 고넬료의 집에서 일어난 일이 사람들이 믿을 때에 전형적으로 일어나는 일임을 입증하는 증거가 거의 없다. 어떤 사람이 예수님을 믿는다고 공개적으로 고백하고, 그 사람과 대면해서 그의 신앙고백이 참되다는 것을 확인했을 때, 우리는 그것을 그가 회개하였고 성령이 참되게 역사하였다는 의미로 해석해야 한다. 어떤 사람이 하나님 앞에서 자신의 죄와 죄책을 깨닫고, 예수님의 죽으심으로 말미암아 죄 사함을 받기 위해 회개하고, 예수님을 주님으로 받아들인다고 확실하게 고백했다면 그 사람에게 세례를 베풀어야 한다.

지역교회가 아이들이나 특별한 경우의 신앙고백을 어떻게 다루어야 할지를 결정해야만 할 때가 있다. 이때 예수님을 믿는 믿음과 관련이 없는 어떤 것을 이유로 삼아 세례 베풀기를 거부하는 일이 없도록 극히 조심해야 한다. 어떤 사람의 출신배경, 이전의 행위나 행실, 삶의 방식과는 상관없이 그 사람이 그리스도를 고백할 때는 마땅히 그에게 세례를 베풀어야 한다. 우리는 외적인 것들, 또는 개인적으로나 문화적으로 불편해하는 것들이 성령의 역사를 인정하는 데 장애물로 작용하는 것을 조심해야 한다. 물론 그 신앙고백이 거짓일 수도 있다(슬프게도 이런 경우가 너무나 많다). 그렇다 할지라도 교회를 보호하려는 우리의 선한 관심이, 예수님을 진심으로 믿는 새로운 신자들을 배척하는 행위에 정당성을 부여하는 해로운 장벽이 되게 해서는 안 된다. 어떤 사람의 진실성을 의심할 만한 근거가 전혀 없는데도, 우리가 우리 자신의 '지혜'와 경험을 토대로 독단적인 담을 쌓는다면, 옛적에 이방인들에게 터무니없고 죄악된 것들을 요구했던 할례당과 똑같은 짓을 하는 것이다. 그리스도를 고백하는 한 사람을 보호해야 할 우리의 책임은 어떤 전통을 보호해야 할 우리의 책임보다 더 크다.

베드로가 고넬료의 집에서 행한 설교 속에서 복음을 제시하는 방식은, 설교자들과 교사들과 복음전도자들에게 성경과 신학을 가르치고 복음을 나누는 방법에 관한 하나의 틀을 제공한다. 첫째, 세례 요한은 그리스도의 성육신으로 귀결되는 옛적 이야기를 전개해나가기 위한 관문 역할을 한다. 세례 요한은 메시아를 예언한 마지막 선지자였기 때문에, 우리는 세례 요한으로부터 시작해 구약의 선지자들과 모세에게로, 그리고 이 선지자들이 가르치고 적용했던 율법으로 거슬러 올라갈 수 있다. 이를 통해 우리는 세례 요한이 확고하게 서 있었던 약속과 성취의 궤적 속으로 진입하게 된다. 둘째, 예수님이 성령으로 기름 부음을 받으신 것에서, 예수님이 약속의 성취이시고 그리스도의 죽으심과 부활로 말미암아 성령이 지금 믿는 자들 안에서 역사하신다는 내용으로 연결시켜 나갈 수 있다. 좀 더 일반적으로 말해, 예수님과 성령의 관계에 관한 신학적인 논의를 전개해나갈 수 있다. 또한 베드로는 세례 요한에 관해 말한 직후에 기름 부음을 언급하여 예수님이 세례를 받으신 것과 연결시키는데, 이것은 예수님의 신성과 삼위일체에 관한 논의로 나아갈 수 있는 문을 열어준다. 셋째, 복음서에 나오는 이야기는 예수님의 삶과 사역에 관한 다음과 같은 요약문으로 제시될 수 있다. "그가 두루 다니시며 선한 일을 행하시고 마귀에게 눌린 모든 사람을 고치셨으니"(10:38).

11:1-18 | 하나님을 경외하는 자 고넬료: 베드로의 보고 많은 유대인이 수백 년에 걸쳐 지켜온 전통을 하루아침에 뒤엎어버리는 이 급격한 변화를 쉽게 받아들이지 못했는데, 이는 전혀 이상한 일이 아니다. 이방인들이 예수님을 믿고 성령을 받아서 세례까지 받은 것은 상당히 갑작스럽게 이루어진 일이었다. 그 일만 해도 충분히 받아들이기 어려운 일이었는데, 한 걸음 더 나아가 유대인이었던 초기 기독교 지도자들이 모두 이방인의 집으로 들어가서 이방인들과 함께 식사를 했다. 어떤 사람들은 베드로(하나님이 그로 하여금 이 일을 받아들이도록 세 번이나 반복해서 환상을 보여주셔야 했지만)와

마찬가지로, 이방인들이 성령을 받았다면 하나님이 그들을 온전히 받으신 것이기 때문에 이방인들을 거부하는 것이 하나님을 거부하는 것임을 알았다. 베드로 자신도 바울이 그를 바로잡아 줄 때까지는 이 문제를 놓고 씨름해야 했다(갈 2장을 보라).[53] 만일 초기 그리스도인들이 이방인 신자들을 거부한다면, 그들은 예수님을 배척한 유대 지도자들과 다를 바 없는 사람들이 될 것이다. 유대 지도자들이 예수님을 배척한 것은, 그들의 조상들이 선지자들을 배척한 것과 마찬가지로 하나님을 배척한 것이었다. 결코 변하지 않는 사실은 사람이 하나님에 대해 신실하면서, 동시에 하나님이 이 세상에서 하시는 일을 받아들이기를 거부하는 일은 있을 수 없다는 것이다.

1절의 '형제들'에는 분명히 여자들도 포함되어 있었을 것이다(참고. ESV의 난외주). 누가는 이 소식이 유대 전역으로 퍼져나갔다고 말한다. 이 표현과 더불어 '사도들과 형제들'이라는 표현은, 이방인들이 교회로 들어왔다는 소식이 모든 사람에게 전해졌음을 가리킨다. 2절에서는 앞으로 신약성경에서 대개 안 좋은 방식으로 큰 역할을 하게 될 '할례당'(개역개정에는 "할례자들")이라는 무리가 소개된다. 그들은 이방인 신자들을 교회로 받아들인 것에 대해 문제를 제기한 유대인 신자들이다. 유대인인 그들은 음식과 할례에 관한 법을 포함해서 율법 중에서 의식법이 계속 유효하다고 주장하였다. 이방인 새 신자들이 할례를 받기만 한다면 그들을 얼마든지 환영한다는 것이 그들의 입장이었다. 그들은 베드로가 이방인(무할례자)의 집에 들어갔을 뿐만 아니라 이방인과 함께 먹었다는 이유로 베드로를 비난했다(3절). 그들의 입장에서 볼 때, 이방인과 함께 먹은 것, 즉 식탁 교제를 한 것은 모세 율법이 금지한 부정한 것들 및 부정한 사람들과 접촉한 것일 뿐만 아니라 이방인을 받아들이고 그들과 하나가 되는 것이었기 때문이다. 할례당에게 이방인은 부정하게 태어나서 일생 동안 부정한 자로 살아가는

53 야고보가 보낸 사람들이 안디옥에 왔을 때, 베드로가 순간적으로 신학적인 잘못을 범한 것은 사회적인 압박 때문이었다. 바울은 그런 사회적인 압박을 어려워하지 않았다. 왜냐하면 그는, 온전히 예수님의 편에 서지 않으면 전혀 예수님의 편에 서지 않는 것이라고 여겼기 때문이다.

사람들이었고, 이방인의 집과 음식은 물론이고 기본적으로 이방인과 관련되어 있는 모든 것이 부정하였다.

할례당 중에서 새 언약의 실체를 온전히 이해한 사람이 과연 몇 사람이나 되었을지는 의문이다. 이 본문에서 베드로는 청중을 설득시킨다. 나중에 예루살렘 공의회에서도 처음에는 반대하거나 의문을 가진 사람들이 있었으나, 그들은 공의회가 이방인 신자 문제에 대한 해결책으로 결정한 사항을 기쁜 마음으로 받아들인다. 하지만 갈라디아서와 빌립보서가 보여주는 것처럼 이방인 신자 문제가 신약성경에서 계속해서 쟁점이 되었다는 것은, 유대인 신자들 중에서 일부가 이 문제와 관련해서 이방인에게 결코 우호적이지 않았다는 사실을 보여준다. 나중에 바울과 그의 교회들을 괴롭힌 유대주의자들 가운데 이 본문에서 베드로의 보고를 들었거나 15장에 기록된 예루살렘 공의회에 참석한 사람이 있었는지 여부는 우리가 알 길이 없다. 하지만 유대주의적인 정서가 교회 속에 계속해서 존재했다는 것은 분명하다. 초대 교회사에는 바울을 거부하고 야고보를 중심으로 그들만의 기독교를 형성하고 있던 유대인 신자 집단이 등장한다. 이단인 에비온주의자(Ebionites)들은 그러한 분파 중 후대에 나타난 한 사례이며, 할례당의 한 지류이거나 적어도 비슷한 정서를 공유한 집단이었던 것으로 보인다. 그러나 우리가 그러한 연결 관계를 모두 파악하기란 불가능하다. 신약성경 나중에 등장하는 이런저런 분파들과 신약 시대 초기에 존재했던 분파들 간의 연결 관계가 어느 정도 분명하게 드러나 있다고 할지라도, 후자가 지니고 있던 신앙의 내용이 전자와 정확하게 일치하는 것은 아니다. 하지만 모든 이단이 정통 신앙에서 시작된다는 것은 엄연한 사실이다. 모든 거짓은 어떤 진리에 뿌리를 두고 있다. 그렇지 않다면 아무도 그 거짓을 믿지 않을 것이다.

5-15절에서는 베드로가 지붕에서 본 환상과 그 환상에 대한 해석이 두 번째로 서술되고 있다. 고넬료의 이야기를 세 번이나 반복해서 서술한 것과 마찬가지로, 베드로가 본 환상을 이렇게 두 번이나 언급한 것 역시 이 사건의 중요성을 강조하는 것이다. 이번에 베드로는 그가 본 환상만이

아니라, 고넬료가 사람들을 보내온 것과 성령이 이방인들에게 내려온 것에 관한 짤막한 요약도 덧붙인다. 그런 후에 16-17절에서 이 모든 일에 대한 그의 성찰과 해석도 추가한다. 베드로가 본 환상에 관한 이러한 두 번째 서술은 성경의 구원사 속에서 이 사건이 지닌 중요성을 강조하고, 실제로 일어난 일을 정확하게 기록하는 역할을 한다. 뿐만 아니라, 베드로와 그를 반대하고 비난했던 할례당 간의 사적인 만남 속으로 독자들을 끌어들이는 역할도 한다. 나중에 밝혀지겠지만, 할례당의 기본적인 입장은 사도행전과 신약성경의 나머지 부분에 기록된 이후의 사건들을 이해하는 데 중요한 정보다. 이방인 문제와 관련된 이후의 반대와 거리낌이 이 만남에 비추어서 해석될 것이다.

이제 모든 사람이 고넬료의 집에서 있었던 일에 대해 알고, 그 일에 관해 증언할 수 있는 증인들도 있다. 우리는 이렇게 베드로가 자신이 겪은 일을 다시 진술하면서 "욥바에서 온 어떤 형제들"(10:23)이 정확히 "여섯 형제"(11:12)였다고 말한 것을 놓치기 쉽다. 즉, 베드로가 한 말이 진실임을 입증해 줄 충분한 증인이 있었다는 것이다. 이것은 사도행전에서 목격자 증인이라는 주제의 중요성과 부합한다.

베드로는 성령이 그에게 아무 의심 말고 함께 가라고 명령하셨기 때문에 자신이 두 말 없이 고넬료의 집으로 갔다는 말을 덧붙인다(12절). 지금까지 베드로의 사역은 잘 증언되고 입증되어 왔다. 그런 베드로의 입에서 "성령이 내게 명하사"라는 말이 나왔기 때문에, 이 말은 매우 큰 무게를 지닌다.

여기서 베드로는 욥바에서 온 형제들이 여섯 명이었다고 정확한 수를 명시할 뿐만 아니라, 고넬료 이야기 중에서 지금까지 알려지지 않은 또 하나의 내용도 밝힌다. 그것은 고넬료에게 나타난 천사가 그에게 사람을 보내어 욥바에 있는 베드로를 청하라고 지시했을 뿐만 아니라, 베드로가 "너와 네 온 집이 구원 받을 말씀을 네게 이르리라"(14절)고 말할 것임을 알려주었다는 것이다. 이것은 베드로가 말씀을 전하며 성령이 내려온 그때 고넬료가 구원 받았음을 보여준다. 하나님을 경외하는 자였던 고넬료는 예수님을 믿고 성령을 받았을 때 구원 받았다. 이것은 고넬료가 본 환상이 준비시키는 것으로, 하나님이 고넬료가 유대교에 있을 때 구한 것을 이루어주시기 위해 환상을 통해 그에게 구원 받을 길을 알려주셨다는 것을 의미한다. 어떤 사람들은 구약의 성도들이 예수님 안에서 궁극적으로 성취될 하나님의 약속들을 믿음으로써 구원을 받은 것처럼, 고넬료도 베드로를 만나기 전에 이미 그런 식의 믿음으로 구원을 받았다고 생각할 수도 있을 것이다. 하지만 고넬료는 약속의 성취를 기다리던 구약 시대가 아니라, 그 약속이 성취된 이후의 신약 시대, 또는 그 과도기에 살고 있었다. 베드로가 가이사랴로 오기 전까지 고넬료가 하나님 앞에서 어떠한 신분이었는지에 대해 우리가 무슨 말을 하든, "그[베드로]가 너와 네 온 집이 구원 받을 말씀을 네게 이르리라"는 말의 의미는 너무나 명백하다. 하나님이 고넬료에게 나타나셨고 그에게 은총을 베푸셨다는 것은 사실이다. 그러나 그 사실이 고넬료가 이미 구원을 받았다는 것을 의미하지는 않는다. 본문은 예컨대 베드로가 "네게 예수님을 어떻게 따라야 하는지를 알려줄 것이다"라고 말하지 않는다. 고넬료는 자기가 어떻게 구원을 받게 될 것인지에 관한 말을 들었다. 고넬료가 들은 그 말의 의미가, 빌립보 감옥의 간수가 바울에게 "내가 어떻게 하여야 구원을 받으리이까"(16:30)라고 한 질문의 의미와, 또는 베드로가 "다른 이로써는 구원을 받을 수 없나니 천하 사람 중에 구원을 받을 만한 다른 이름을 우리에게 주신 일이 없음이라"(4:12)고 한 말의 의미와 다르다고 볼 근거는 전혀 없다.

베드로는 자신과 유대인 신자들이 함께 경험한 성령 체험에 근거하여 가이사랴에 일어난 일을 이해하였다. 그가 "성령이 그들에게 임하시기를 처음 우리에게 하신 것과 같이 하는지라"(11:15)고 보고한 것은, 성령의 임재를 확증해주는 어떤 유형적인 현상에 대해 말한 것이다. 이 경우에 성령의 임재는 거의 틀림없이 방언에 의해 확증되었을 것이다. 이러한 외적인 표징은 성령을 받았다는 내적인 진실에 대한 일종의 증언으로 기능한다. 성령의 나타남을 본 사람들은, 성령이 믿는 자들의 삶 속에 임재하고 있음을 증언할 수 있게 된다. 이것은 그보다 덜 현저한(또는 알아보기 어려울 만큼

미미한) 성령의 표징에도 적용될 수 있다. 물론 방언으로 말하는 것 같은 대규모의 영적 은사는 속임수일 수도 있지만, 어느 정도 직접적으로 성령의 임재를 확인할 수 있다는 이점이 있다. 변화된 삶이나 행위나 욕구나 동기 등과 같은 그 밖의 다른 성령의 증거들을 확인하고 평가하는 데는 대개 시간이 더 오래 걸린다.

이 일에 대한 베드로의 해석은 복음서까지 소급된다. 복음서에서는 세례 요한이 바로 이 일을 예고했다. 세례 요한은 물로 세례를 주었지만, 예수님은 성령으로 세례를 주실 것이라고 예고했다(눅 3:16; 행 1:5). 그리고 유대인이나 이방인이나 "주 예수 그리스도를 믿을 때"(11:17) 성령을 받았다. 베드로의 결론은 단순하다. 이방인들이 유대인 신자들과 마찬가지로 성령을 받았다면, 이미 결론은 정해진 것이다. 여기서도 믿음과 성령을 받은 것이 또 다시 직접적으로 결합된다. 사도들조차도 예수님을 믿었을 때 성령을 받았다.

사도들이 그들의 삶 속에서 언제 예수님을 믿고 성령을 받았는지 결정하기란 더욱 어렵다. 그들이 믿은 때는 오순절이 아니라, 예수님이 부활하신 후의 어느 시점이었음이 분명하다. 성경 본문에 비추어볼 때 가장 유력한 시점은, 예수님이 그들을 향해 숨을 내쉬며 "성령을 받으라"(요 20:22) 고 말씀하신 때일 것이다. 사도들과 최초의 제자들의 경험은, 사도행전에서 이방인들을 포함해서 나중에 믿게 된 대다수 사람들의 경험과 다르다. 사도행전에서는 믿는 것과 성령을 받는 것이 서로 연결되어 있다. 성령의 나타남(예컨대 방언)은 여러 상황에서 서로 차이를 보인다. 베드로와 제자들의 경우, 성령의 특별한 표징은 그들이 믿고 성령을 받은 후의 어느 시점에 나타났다. 하지만 가이사랴의 고넬료와 이방인들의 경우에는 믿은 것과 성령을 받는 것과 성령의 나타남이 동시에 일어났다. 이것은 17절과 더불어서 16절에 있는 베드로의 말을 이해할 수 있게 해준다. 성령을 받는 것과 성령의 나타남은 서로 분리될 수 없지만 동일하지 않다.

17절은 이방인들이 세례 받는 것을 거부하는 것 또는 방해하는 것 [헬라어로 콜뤼사이(*kōlysai*, 막다)]에 대해 말한다. 이와 동일한 동사는 에디오피아 내시가 "내가 세례를 받음에 무슨 거리낌[콜뤼에이(*kōlyei*)]이 있느냐"(8:36)라고 말할 때, 그리고 베드로가 고넬료의 집에서 성령이 이방인들에게 내려오는 것을 보고 "누가 능히 물로 세례 베풂을 금하리요[콜뤼사이(*kōlysai*)]"(10:47)라고 반문할 때 사용된다. 새 언약의 구성원이 되었음을 나타내는 외적인 표징은 세례이고, 그 내적인 표징은 성령을 받은 것이다(렘 31장; 겔 36장; 요 3장). 베드로가 고넬료와 그의 권속에게 세례를 준 것은, 그들이 예수님을 믿었고 성령을 받았다는 것을 인정했다는 의미이다. 성령을 받은 사람에게는 세례를 베풀어야 한다.

베드로의 간증은 유대인 청중의 정곡을 찔렀다. 그들은 할 말을 잃고 한동안 조용히 있다가 하나님께 영광을 돌렸다(행 11:18). 다시 말해, 그들은 베드로의 말이 옳다는 것을 인정했고, 베드로가 그 자신과 그의 행한 일에 대해 참된 것을 말했다는 것을 인정했다. 이 유대인들은 그렇게 확신했다. 따라서 이 동일한 유대인들이 나중에 변심해서 이방인들에 대한 입장을 바꾸었다고 생각할 근거는 없다. 물론 그 중 일부가 그랬을 수도 있지만(베드로가 나중에 안디옥에 있던 때에 그랬던 것처럼), 이것은 우리가 할례당에 관해 다음과 같이 이해하는 데 도움이 된다. 할례당은 주의 깊게 조직되고 경계가 분명했던 하나의 집단을 가리키는 것이 아니라, 유대인 신자들 중에 예수님을 받아들인 이방인들이 동시에 유대교도 받아들이기를 원했던 사람들을 가리키는 포괄적인 용어로 사용된다. 베드로의 청중은 할례당 전체가 아니라, 그런 부류의 더 큰 무리 중 일부였다. 예루살렘 공의회를 다룬 15장에서 우리는 여기에 언급된 할례당과 비슷한 견해를 주장하는 또 다른 유대인 신자들을 만나게 될 것이다.

우리는 이방인 문제와 관련해서 교회가 초기에는 일치된 견해를 보여주었다는 사실을 간과해서는 안 된다. 특히 오늘날의 학계는 종종 새 언약 아래에서 유대인과 이방인의 관계를 두고 벌어진 불화를 일방적으로 강조함으로써, 초기 교회에 속한 많은 신자가 이 문제와 관련해서 일치된 견해를 지니고서 조화롭게 지냈다는 사실을 무시해버린다. 그러나 그런 생각은 성경 본문이 우리에게 보여주는 초기 교회의 모습이 아니다. 우리는 이 문제의 중요성과 무게감을 축소해서도 안 되지만, 누가가 초기 교회의 하나 된 모습을 얼마나 반복해서 강조하고 있는지를 잊어서도 안 된다. 사도행전 11장에서 고넬료의 집에서 일어난 일을 두고 베드로를 비난했던 유대인 신자들도 나중에는 그 일을 기뻐하게 된다. 예루살렘 공의회에 참석했던 유대인 신자들(적어도 본문에서 언급하고 있는 사람들)도 유대 밖의 이방인 신자들과 마찬가지로 공의회의 결정을 기뻐한다.

유대인 신자들은 "하나님께서 이방인에게도 생명 얻는 회개를 주셨도다"(18절)라고 결론을 내렸다. 믿는 것, 세례, 성령을 받는 것, 성령의 나타남과 관련되어 있는 전후 문맥 및 좀 더 큰 문맥을 고려할 때, 뿐만 아니라 사도행전의 초반부에 회개라는 말이 구원이라는 맥락 속에서 사용된다는 사실(2:38을 보라)을 감안할 때, 모든 증거는 10:44-45이 '구원 받는 것'이라고 부를 수 있는 것 즉, 예수님을 믿을 때 일어나는 구원 체험에 관한 서술임을 보여준다.

11:19-30 | 안디옥의 이방 교회 이 본문에서 누가는 초기 기독교 활동이 이뤄진 또 다른 중심지를 독자들에게 소개한다. 누가는 사건들의 연대기적인 순서를 엄격하게 따르지 않고, 이 사건들을 고넬료에 관한 이야기 바로 다음에 기록한다. 안디옥과 예루살렘은 하나님 나라를 전 세계로 전파하기 위한 지리적인 중심지들이었다. 안디옥에 세워진 교회는 스데반의 죽음 이후에 일어난 박해와 직접적으로 연결되어 있다. "구브로와 구레네 몇 사람"(20절)은 이스라엘 바깥 지역에 사는 유대인들이다. 그들은 안디옥에 와서 '헬라파'(개역개정에는 "헬라인")에게 복음을 전한다. 헬라파라는 단어는 굉장히 느슨하게 사용되는 표현이며, 여기서는 이방인을 가리킨다. 앞에서 누가는 헬라어를 말하는 유대인 신자들(6:1)과 헬라어를 말하는 믿지 않는 유대인들(9:29)을 가리키는 데 이 단어를 사용했다. 사도행전 11장에 언급된 이 헬라파가 이방인이라는 결론은 예루살렘 교회의 반응을 근거로 한 것이다. 만일 이 헬라파가 헬라어를 사용하는 유대인들이었다면, 예루살렘 교회에서 그들의 회심을 확인하기 위해 바나바를 보낼 이유가

없었을 것이기 때문이다. 예루살렘에 있던 초기 교회의 신자들은 고넬료의 회심에 관해 들었던 것(11:1)과 비슷하게 안디옥에서 이방인들이 회심했다는 소문을 듣는다. 이 상황은 사마리아인들이 회심했던 때와 비슷하게 진행된다. 예루살렘에 있던 초기 교회의 신자들이 그 소문을 들었고, 베드로와 요한이 그 일을 조사하기 위해 사마리아로 갔다(8:14). 이제 그들은 안디옥에서 이방인 신자들이 생겼다는 소식을 듣고서 바나바를 보내 그 일을 확인하게 한다.

안디옥에 온 바나바는 하나님의 은혜가 역사하고 있는 것을 보고 주저 없이 기뻐한다. 그는 무슨 일이 벌어지고 있는지를 보고서, 이 새로운 신자들에게 계속해서 믿음을 지켜나가라고 격려한다. 누가는 이 부분에서 "바나바는 착한 사람이요 성령과 믿음이 충만한 사람이라"(11:24)고 말하며, 다시금 그의 인품을 분명하게 설명한다. 사도들은 그를 바나바, 즉 '위로의 아들'(4:36, 그의 본명은 요셉이었다)이라고 불렀다. 바나바는 당시에 지도자로서 두각을 드러내고 있었음에 틀림없다. 그가 지도자가 된 것은 그의 인품과 관련이 있었고, 그의 등장은 머지않아 그와 바울이 함께 1차 선교여행을 떠나게 될 것과도 연결된다.

바나바는 사울/바울을 잘 알고 있었다. 바울은 누가의 내러티브 속에서 9:30에 마지막으로 언급되지만, 바나바는 어디에 가면 그를 찾을 수 있는지를 알고 있었다. 바울을 사도들에게 소개하고 그에 관한 이야기를 들려준 것도 바나바였다(9:27). 전에 바울이 예루살렘에서 아주 담대하게 복음을 전하면서 그를 죽이려고 했던 믿지 않는 유대인들과 논쟁을 벌이는 모습(9:28-29)을 보았던 바나바는, 이제 그를 찾으러 다소로 간다. 수 년 동안 지속될 두 사람의 동역관계는 이렇게 시작된다. 이 두 사람은 안디옥에 일 년 동안 함께 머물면서 신자들의 큰 무리를 가르친다.

안디옥에서 신자들은 "비로소 그리스도인"(11:26)이라 불렸는데, 이것이 스스로 만들어낸 명칭이었는지, 아니면 다른 사람들이 그들을 그렇게 부른 것인지를 두고 논란이 있다. 좀 더 유력한 결론은, 다른 사람들이 예수님을 믿는 자들을 그 밖의 다른 비슷한 집단들과 구별하기 위해 처음으로 붙인 명칭이었다는 것이다.[54] 유대교적인 배경 속에서 예수님을 믿는 신자들은 유대교에서 갈라져 나온 한 분파로 여겨졌고(24:5, 14; 28:22), 이방인들은 그리스도인들을 유대교의 한 분파에 속한 유대인들로 바라보았던 것 같다. 하지만 안디옥에서 이방인들이 나사렛 예수를 따르는 유대인들에 합류했다. 이 이방인들이 유대인들과 종종 교제하긴 했지만 유대인은 아니었고, 또한 자신들의 이전의 삶의 방식을 바꾸고 이전의 행실을 버렸다. 그런 무리를 지칭할 새로운 명칭이 필요했고, 이내 그리스도인이라는 명칭이 생겨났다.

이 장은 나중에 또 다시 등장할 아가보라는 선지자를 언급하며 끝난다(11:28; 21:10-14). 구약의 선지자들과는 달리 아가보는 단지 성령을 힘입어서 장차 일어날 일을 미리 말할 뿐이었다. 그는 사람들이 자신의 예언에 응답해서 회개할 것을 요구하거나 특정한 행동을 할 것을 명령하지 않는다. 그는 단지 예루살렘에 기근이 닥칠 것이라고 예언할 뿐이다. 성경과 성경 외의 역사 기록들은 클라우디우스 황제가 통치하던 주후 1세기 중반에 실제로 기근이 있었다는 것을 확인해준다. 이 일과 관련해서 사도행전이 말하고자 하는 핵심은, 안디옥에 있던 그리스도인들이 즉시 유대에 있는 그리스도인들을 돕기로 결의하고 헌금을 모아 바울과 바나바 편으로 보냈다는 것이다. 예루살렘 교회를 위한 헌금을 모으는 일은 바울의 사역에서 중요한 역할을 한다. 그 일이 안디옥에서 시작된다. 나중에 바울은 선교 여행 동안 이방인들 가운데 세운 교회로부터 모은 헌금을 전달하기 위해 다시 예루살렘에 온다.

54 Peterson, *Acts*, 356.

응답

우리는 초기 그리스도인들이 이방인 문제를 해결하기 위해 고군분투한 것을 이해하려고 해야 한다. 어떤 사람들은 '만일 유대인들이 구약성경을 제대로 알았더라면, 이방인들이 교회로 들어오게 된 것을 이상하게 여기지 않았을 것'이라고 말할지도 모른다. 예수님도 유대인들이 성경을 제대로 알지 못한다고 비슷한 말씀을 하셨다(예컨대, 눅 16:31). 하지만 우리는 예수님께로부터 '너희가 알고 있는 것이 고작 그런 것이냐'는 책망과 반문을 들을 짓을 결코 하지 않을 정도로 충분히 개화되었고, 개인적이거나 문화적인 편견들을 뛰어넘었으며, 전통이나 관습이나 문화나 사회적 압력 같은 것들에 영향을 받지 않고 있는가? 교회사가 시작된 지 2천 년이 넘은 지금도 여전히 말도 안 되는 생각과 행동을 하고 있는 우리를 보면 초창기 신자들은 무엇이라고 말하겠는가? 또한 오직 하나님의 약속을 믿은 채로 죽은 구약의 성도들은 어떠한가(히 11장)? 그들이 그토록 사모했지만 결국 죽을 때까지 이뤄지지 않은 것들이 성취되었는데도, 그 후에 오랜 세월 동안 우리가 보인 행적에 대해 그들이 무슨 생각을 하겠는가? 우리의 모습은 자신 앞에서 전개된 역사적 사건들을 이해하기 위해 고군분투했던 초기 유대인들의 모습과 과연 얼마나 다른가?

우리가 어떤 것들을 신학적으로 아무리 잘 안다고 할지라도, 우리의 편견들과 성향들과 습관들이 잘못되었다는 것을 인정하고 버리는 것은 여전히 어려운 일이다. 우리는 스스로가 모든 오류나 잘못된 판단으로부터 자유롭다고 말할 수 있는 사치를 결코 부릴 수 없다. 죄는 늘 존재하고, 주님이 다시 오실 때까지 앞으로도 존재할 것이다. 따라서 우리의 목표가 사람들을 얻는 것이라면, 우리는 오류에 빠져 있는 사람들을 용납하고 이해해야 한다. 이 말은 "비판을 받지 아니하려거든 비판하지 말라"(마 7:1)는 주님의 말씀을 멋대로 해석하여 우리의 오만이나 자만을 사실상 모든 오류를 편하게 받아들이는 태도로 대체하라는 의미가 아니다. 또한 믿음과 관련해서 최소한의 공통분모만 요구하기를 권하는 것도 아니다. 우리의 목표는, 이 이야기 속으로 더 깊이 들어가 여러 선하거나 악한 등장인물들 속에서 우리 자신을 보게 하는 것이다. 그리고 성령이 성경 본문을 사용하여 우리의 내면 깊은 곳으로 파고 들어와, 우리로 하여금 우리 자신과 남들 앞에서 투명해지는 것을 가로막는 어두운 구석들과 그림자들을 드러내게 하는 것이다. 이야기의 힘은 이야기의 좋은 부분만이 아니라, 이야기 전체를 받아들이고 거기에 참여하는 데서 비롯된다. 바로 이것이 내러티브가 가르치는 것을 배우는 방식이고, 내러티브를 읽고 해석하는 방식이다. 일부 초창기 신자들이 지닌 문제점은 그들이 복음을 받아들이기만 했을 뿐, 그들 자신의 편견이나 기대나 신념을 살피는 일은 도외시했다는 것이다. 복음은 더하거나 빼는 것을 필요로 하지도 않고 용납하지도 않는다. 그러한 진리를 붙잡는 것은 초창기 신자들에게나 우리에게나 마찬가지로 어려운 일이다.

1 그때에 헤롯 왕이 손을 들어 교회 중에서 몇 사람을 해하려 하여
2 요한의 형제 야고보를 칼로 죽이니 3 유대인들이 이 일을 기뻐하는
것을 보고 베드로도 잡으려 할새 때는 무교절 기간이라 4 잡으매 옥에
가두어 군인 넷씩인 네 패에게 맡겨 지키고 유월절 후에 백성 앞에 끌
어 내고자 하더라 5 이에 베드로는 옥에 갇혔고 교회는 그를 위하여
간절히 하나님께 기도하더라

1 About that time Herod the king laid violent hands on some who
belonged to the church. 2 He killed James the brother of John with the
sword, 3 and when he saw that it pleased the Jews, he proceeded to
arrest Peter also. This was during the days of Unleavened Bread. 4 And
when he had seized him, he put him in prison, delivering him over to
four squads of soldiers to guard him, intending after the Passover to
bring him out to the people. 5 So Peter was kept in prison, but earnest
prayer for him was made to God by the church.

6 헤롯이 잡아 내려고 하는 그 전날 밤에 베드로가 두 군인 틈에서 두
쇠사슬에 매여 누워 자는데 파수꾼들이 문 밖에서 옥을 지키더니 7 홀
연히 주의 사자가 나타나매 옥중에 광채가 빛나며 또 베드로의 옆구
리를 쳐 깨워 이르되 급히 일어나라 하니 쇠사슬이 그 손에서 벗어지
더라 8 천사가 이르되 띠를 띠고 신을 신으라 하거늘 베드로가 그대로
하니 천사가 또 이르되 겉옷을 입고 따라오라 한대 9 베드로가 나와서
따라갈새 천사가 하는 것이 생시인 줄 알지 못하고 환상을 보는가 하
니라 10 이에 첫째와 둘째 파수를 지나 시내로 통한 쇠문에 이르니 문
이 저절로 열리는지라 나와서 한 거리를 지나매 천사가 곧 떠나더라
11 이에 베드로가 정신이 들어 이르되 내가 이제야 참으로 주께서 그
의 천사를 보내어 나를 헤롯의 손과 유대 백성의 모든 기대에서 벗어
나게 하신 줄 알겠노라 하여

6 Now when Herod was about to bring him out, on that very night, Peter
was sleeping between two soldiers, bound with two chains, and sentries
before the door were guarding the prison. 7 And behold, an angel of the
Lord stood next to him, and a light shone in the cell. He struck Peter on
the side and woke him, saying, "Get up quickly." And the chains fell
off his hands. 8 And the angel said to him, "Dress yourself and put on
your sandals." And he did so. And he said to him, "Wrap your cloak
around you and follow me." 9 And he went out and followed him.
He did not know that what was being done by the angel was real, but
thought he was seeing a vision. 10 When they had passed the first and
the second guard, they came to the iron gate leading into the city. It
opened for them of its own accord, and they went out and went along
one street, and immediately the angel left him. 11 When Peter came to
himself, he said, "Now I am sure that the Lord has sent his angel and
rescued me from the hand of Herod and from all that the Jewish people

were expecting."

12 깨닫고 마가라 하는 요한의 어머니 마리아의 집에 가니 여러 사람
이 거기에 모여 기도하고 있더라 13 베드로가 대문을 두드린대 로데
라 하는 여자 아이가 영접하러 나왔다가 14 베드로의 음성인 줄 알고
기뻐하여 문을 미처 열지 못하고 달려 들어가 말하되 베드로가 대문
밖에 섰더라 하니 15 그들이 말하되 네가 미쳤다 하나 여자 아이는 힘
써 말하되 참말이라 하니 그들이 말하되 그러면 그의 천사라 하더라
16 베드로가 문 두드리기를 그치지 아니하니 그들이 문을 열어 베드
로를 보고 놀라는지라 17 베드로가 그들에게 손짓하여 조용하게 하고
주께서 자기를 이끌어 옥에서 나오게 하던 일을 말하고 또 야고보와
형제들에게 이 말을 전하라 하고 떠나 다른 곳으로 가니라
18 날이 새매 군인들은 베드로가 어떻게 되었는지 알지 못하여 적지
않게 소동하니 19 헤롯이 그를 찾아도 보지 못하매 파수꾼들을 심문
하고 죽이라 명하니라 헤롯이 유대를 떠나 가이사랴로 내려가서 머
무니라

12 When he realized this, he went to the house of Mary, the mother of
John whose other name was Mark, where many were gathered together
and were praying. 13 And when he knocked at the door of the gateway,
a servant girl named Rhoda came to answer. 14 Recognizing Peter's
voice, in her joy she did not open the gate but ran in and reported that
Peter was standing at the gate. 15 They said to her, "You are out of your
mind." But she kept insisting that it was so, and they kept saying, "It
is his angel!" 16 But Peter continued knocking, and when they opened,
they saw him and were amazed. 17 But motioning to them with his
hand to be silent, he described to them how the Lord had brought him
out of the prison. And he said, "Tell these things to James and to the

brothers."[1] Then he departed and went to another place.
18 Now when day came, there was no little disturbance among the
soldiers over what had become of Peter. 19 And after Herod searched
for him and did not find him, he examined the sentries and ordered that
they should be put to death. Then he went down from Judea to Caesarea
and spent time there.

20 헤롯이 두로와 시돈 사람들을 대단히 노여워하니 그들의 지방이
왕국에서 나는 양식을 먹는 까닭에 한마음으로 그에게 나아와 왕의
침소 맡은 신하 블라스도를 설득하여 화목하기를 청한지라 21 헤롯이
날을 택하여 왕복을 입고 단상에 앉아 백성에게 연설하니 22 백성들이
크게 부르되 이것은 신의 소리요 사람의 소리가 아니라 하거늘 23 헤
롯이 영광을 하나님께로 돌리지 아니하므로 주의 사자가 곧 치니 벌
레에게 먹혀 죽으니라
24 하나님의 말씀은 흥왕하여 더하더라
25 바나바와 사울이 [1)]부조하는 일을 마치고 마가라 하는 요한을 데리
고 예루살렘에서 돌아오니라
20 Now Herod was angry with the people of Tyre and Sidon, and they
came to him with one accord, and having persuaded Blastus, the king's
chamberlain,[2] they asked for peace, because their country depended on
the king's country for food. 21 On an appointed day Herod put on his
royal robes, took his seat upon the throne, and delivered an oration to
them. 22 And the people were shouting, "The voice of a god, and not of
a man!" 23 Immediately an angel of the Lord struck him down, because
he did not give God the glory, and he was eaten by worms and breathed
his last.
24 But the word of God increased and multiplied.

25 And Barnabas and Saul returned from[3] Jerusalem when they had completed their service, bringing with them John, whose other name was Mark.

1) 헬, 봉사를

[1] Or *brothers and sisters* [2] That is, trusted personal attendant [3] Some manuscripts *to*

단락 개관

예루살렘에서의 박해

이방인들이 교회에 들어온 극적인 일이 일어난 후에 "우리가 하나님의 나라에 들어가려면 많은 환난을 겪어야 할 것이라"(행 14:22)는 말씀을 상기시켜주는 사건이 발생한다. 헤롯이 야고보를 죽이고, 유월절이 끝나면 유대인들 앞에 세우려는 계획으로 베드로를 체포한다. 그러나 하나님이 천사를 보내어 베드로를 감옥에서 구해내심으로써, 헤롯의 그런 계획은 수포로 돌아가고 만다. 그리고 하나님은 헤롯의 교만과 우상숭배를 중대한 문제로 여기셨기 때문에, 헤롯은 자신에게 영광을 돌리다가 끔찍한 죽음을 맞이한다. 이 내러티브는 교회가 박해를 받을수록 성장한다는 친숙한 주제로 끝이 난다. 이 짧은 장은 사도행전의 내러티브에서 전환점 역할을 한다. 누가는 다음 장부터 여러 장에 걸쳐서 바울의 선교 여행을 다룬다.

12장은 박해 뒤의 성장이라는 내러티브를 계속해서 보여준다. 따라서 헤롯의 박해 후에 교회는 더욱 성장하게 된다. 또한 12장은 이 세상에서 아무리 큰 권력이나 영향력을 지닌 자라도 하나님의 뜻을 거스르고서 무사할 수 없다는 진리를 강조한다. 끝으로, 누가는 하나님이 자기 백성을 구속하시는 역사를 전개해나가실 때 천사들이 나타나 그 일을 돕는다는 것을 함께 기록하는 그만의 경향성을 이 부분에서도 이어간다.

역사적 기록에 따르면, 헤롯은 주후 44년에 죽었다. 따라서 사도행전의 처음 열두 장은 적어도 12년에 걸친 기간에 대한 기록이다. 사도행전 내러티브가 연속적으로 일어난 사건들을 연대순으로 기록한 것이라고 생각했을 독자들은 이 사실이 의외일 것이다. 그러나 분명한 것은, 누가의 관심이 초기 교회에 관한 이야기 전체를 들려주는 것이 아니라, 하나님의 감동을 따라 초기 교회의 핵심과 본질을 해석하고 설명해주는 내러티브를 제시하는 데 있다는 것이다.

단락 개요

I. G. 예루살렘에서의 박해(12:1-25)
- 1. 야고보가 죽고 베드로가 체포됨(12:1-19)
  - a. 야고보가 죽임을 당함(12:1-5)
  - b. 베드로가 구출됨(12:6-11)
  - c. 응답된 기도(12:12-19)
- 2. 헤롯의 죽음(12:20-25)

주석

12:1-5 | 야고보가 죽고 베드로가 체포됨: 야고보가 죽임을 당함 사도들은 누가의 박해 내러티브에서 중심에 있다. 지금까지 유대 당국자들에 의한 박해는 비난과 경고, 투옥, 채찍질, 적어도 한 사람의 죽음을 초래했다. 교

회가 예루살렘으로부터 시작해서 지리적으로 더 큰 원을 그리며 계속 성장해나감에 따라, 더 많은 박해자가 교회를 대적하여 싸우는 데 동참했다. 여기에 언급된 헤롯은 헤롯 대왕의 손자들 중 한 명인 헤롯 아그립바 1세다. 그는 로마에서 자랐고, 로마 황제들인 칼리굴라(가이우스)와 클라우디우스의 친구였다. 헤롯 아그립바의 영토는 그의 조부가 다스렸던 영토와 거의 비슷해서 사해로부터 갈릴리를 거쳐 가이사랴 빌립보까지 뻗어 있었다. 헤롯은 그의 영토에 다메섹 북쪽의 땅을 추가로 합병했다. 헤롯은 강력한 군주였고, 로마의 모든 총독과 마찬가지로 그가 다스리는 지역을 안정시키는 데 관심을 쏟았다. 유대는 황제의 영토였고, 이것은 유대가 황제의 직속 관할 지역이었음을 의미한다. 일반적으로 로마 제국 전역에 걸쳐서 모든 위험 지역은 황제의 직할 영토였다. 치안이 좀 더 안정되어 있던 지역은 원로원이 관할했지만, 유대 같이 치안이 불안한 지역에서는 황제가 임명한 통치자들(왕이나 총독 등)이 로마 황제에게 직접 책임을 져야 했다.

12장

의심의 여지없이 이러한 현실은 빌라도가 예수님을 처형하기로 결정하는 데에 영향을 미쳤을 것이다. 빌라도가 예수님이 무죄라는 사실을 믿고서도 유대인들에게 넘긴 것은, 유대인들을 달래서 치안을 유지하고자 한 것이었다. 헤롯은 교회를 박해하는 것이 유대인들을 기쁘게 할 것임을 일찍부터 알고 있던 것 같지만, 교회가 자신의 통치에 어느 정도 위협이 된다고 느꼈을 수도 있다.[55] 헤롯 같은 인물이 교회를 박해한 데는 여러 동기가 뒤섞여 있었을 것이다. 그가 교회를 박해하게 된 개인적인 동기가 무엇이든, 분명한 사실은 교회에 대한 박해가 모든 계층에서 진행되고 있었다는 것이다. 사도행전에서 유대 지도자들 외에 다른 사람들이 점점 더 교회를 박해하는 데에 가담하고 있었다.

헤롯은 '손을 들어' 신자들을 박해했고, 심지어 사도 야고보를 죽이기까지 했다. 요한의 형제인 야고보는 믿음 때문에 죽은 최초의 사도였다. 예

55 같은 책, 361.

수님은 모호한 표현으로 말씀하시긴 했지만, 야고보와 요한이 순교를 당하거나 적어도 고난을 받게 될 것을 예고하셨다. "너희는 내가 마시는 잔을 마시며 내가 받는 세례를 받으려니와"(막 10:39). 성경은 오직 두 명의 사도의 죽음에 대해서만 언급하는데, 그 중 한 명(바울)에 대해서는 죽음이 임박했다고 암시할 뿐이다. 또한 예수님은 야고보와 요한 외에도 베드로의 죽음에 대해서도 말씀하셨고(요 21:18-19), 일부 사도들이 예수님을 위해 죽게 되리라는 것도 분명하게 알려주셨다(눅 21:16). 교회 전승에는 사도들의 순교에 관한 이야기들이 담겨 있는데, 그 이야기들이 참되다는 것을 의심할 근거는 거의 없다. 어떤 운동을 이끄는 지도자들을 죽이는 것은 그 운동을 끝장내기 위한 가장 좋은 방법이다. 이것은 인류 역사 전체에 걸쳐서 그토록 많은 왕, 황제, 대통령, 종교 분파 지도자가 암살된 주된 이유들 중 하나다. 많은 경우, 지도자를 암살하는 것이 소기의 목적을 달성하는 데로 이어지지만, 도리어 그 지도자를 구심점으로 만들어서 그가 이끌고 있던 그 나라나 운동을 강화시키고 그 구성원들이 더욱 대담히 행동하게 만들기도 한다.

교회의 경우, 지도자들에게 가해진 박해는 압도적으로 후자의 결과를 가져왔다. 예컨대, 바울은 그의 투옥으로 말미암아 신자들이 한층 더 담대하게 말씀을 전했다고 말한다(빌 1:14). 왜냐하면 교회는, 박해라는 최악의 상황 속에서조차 전진하게 하는 추진력인 예수님의 생명과 약속을 소유하고 있기 때문이다. 예수님은 신자들이 그분 자신을 위해 죽을 수도 있다고 예고하셨지만, 오직 그분만이 하실 수 있는 약속도 함께 주셨다. 그리스도인들은 체포되고 재판을 받으며, 가족이나 친구로부터 배신을 당하고 미움을 받으며, 심지어 죽임을 당할 수도 있지만 결국에는 건짐을 받게 될 것이다(눅 21:12-19).

헤롯은 야고보를 죽이자 유대인들이 기뻐하는 것을 보고서는 베드로를 체포한다. 이 모든 일은 한 해 중에서 예수님이 십자가에 못 박히신 때와 거의 동일한 시기에 일어났다. 따라서 이 모든 일의 배경에는 예수님이 죽으신 역사적 사건이 어른거리고 있다. '무교절 기간'은 유월절 식사

후의 7일 동안을 가리키는데, 이 기간 전체를 유월절이라 부르기도 했다. 유월절이 끝난 후에 베드로를 백성 앞에 끌어내려고 계획한 것으로 보아, 헤롯은 베드로를 죽이려 한 것이 분명하다. 누가가 유대 지도자들이 아니라 '백성'을 언급한 것은, 이 사건과 예수님이 체포되어 재판을 받으신 일 사이에 있는 유사점을 의도적으로 부각시키기 위한 것일 수 있다. 유대 지도자들과 백성이 힘을 합쳐서 예수님을 죽였던 것처럼, 지금도 그들이 합세하여 베드로를 죽이려 한다는 것이다.[56] 유대 전통에 따르면, 유월절 식사 후의 7일 동안에는 사람을 처형하는 것이 불법이었다. 따라서 헤롯이 유월절 후에 베드로를 백성 앞에 끌어내고자 했다는 누가의 말은, 헤롯이 베드로를 처형하려 했다는 것을 암시한다. 로마의 모든 죄수처럼 베드로 역시 도망치지 못하도록 군인들이 지키고 있었다. 베드로를 '네 분대의 군인들'(개역개정에는 '군인 넷씩인 네 패')이 지켰다는 것이 경비가 지나쳤다는 것처럼 들릴 수 있다. 그렇지만 밤은 세시간씩 사경으로 되어 있었고, 네 명의 군인으로 이루어진 한 분대가 세시간(일경)씩 교대로 지킨 것이기 때문에 경비가 지나쳤다고 할 수 없고 오히려 통상적인 것이었다. 하지만 헤롯이나 군인들은 하나님의 상대가 될 수 없었다.

12:6-11 | 야고보가 죽고 베드로가 체포됨: 베드로가 구출됨 베드로는 감옥에 갇혀 있었을 뿐만 아니라 쇠사슬에 묶여 있었다. 또한 네 명의 군인이 그를 지키고 있었으며, 문 밖에는 더 많은 파수꾼들이 감옥을 지키고 있었다. 성경 내러티브에서 자주 그러하듯이, 상황은 절망적이었다. 예컨대, 하나님은 갈대아 우르에 살고 있던 매우 나이든 노인과 불임인 아내에게 큰 민족의 조상이 될 것이라고 약속하셨다(창 11:27-30; 12:1-3). 천사들의 존재와 활동은 누가복음과 사도행전의 핵심적인 주제 중 하나이다. 누가는 누가복음에서 마리아, 엘리사벳, 요셉, 사가랴에게 천사가 나타난 것

56 같은 책.

을, 사도행전에서는 예수님의 승천 이후에 천사들이 나타나서 제자들에게 예루살렘으로 돌아가라고 말한 것, 스데반의 모세 이야기 속에 천사들이 등장한 것, 천사가 빌립에게 에디오피아 내시에게 가라고 지시한 것, 천사가 고넬료에게 나타난 것을 기록함으로써 천사들의 역할을 강조한다.

천사들의 활동은 오늘날 우리에게 낯설게 들리는 것처럼, 실제로 성경에서도 결코 흔한 일은 아니었다. 성경에 천사들이 등장하기는 하지만, 천사나 천사의 활동을 마치 일상적인 일처럼 본 사람은 없다. 우리는 천사들을 생각할 때 둥근 얼굴을 하고 날개가 있으며, 활과 화살이나 수금과 나팔을 지니고서 여기저기를 날아다니는 아이들을 연상하곤 한다. 그러나 성경에 나오는 천사들은 하나님을 섬기는, 힘 있으며 때때로 두려움을 불러일으키는 존재들이다. 구약성경에서 천사를 본 사람들은 전형적으로 땅에 엎드러지는 반응을 보이지만, 천사들과 사도들의 만남은 그런 것과는 성격이 달랐던 것으로 보인다.[57] 그렇다고 해서 천사들의 출현이 일상적인 일이 된 것은 아니지만, 천사들과 새 언약의 백성의 관계는 천사들과 옛 언약의 백성의 관계와는 다르다. 그리고 그 이유는 새 언약의 백성이 예수님의 제사로 말미암아 죄를 단번에 사함 받아 깨끗하게 되었기 때문이 아니겠는가? 아마도 그런 차이는, 지금은 천사들이 부활한 왕이신 예수님을 믿는 믿음으로 말미암아 하나님에 의해 온전히 받아들여진 사람들과 만나는 데서 비롯된다고 여겨진다(물론 완전한 확신을 가지고 단언할 수는 없지만).

신구약중간기(대략 느헤미야 때부터 주후 70년까지) 동안에, 특히 하나님으로부터 직접 말씀이 주어지지 않은 수 세기 동안(마카베오1서 9:27을 보라) 천사에 대한 관심이 급격하게 높아졌다. 이는 천사들이 하나님과 그의 백성 사이에서 중재자로서 핵심적인 역할을 하는 묵시 문헌의 등장에서 확인할 수 있다. 신약성경은 천사가 구약 시대와 신약 시대에서 연속적으로 활동했음을 증언하면서도 천사가 하나님이 부리시는 종으로 역할하며, 예수

57 나는 Peterson, *Acts*를 읽으면서 이러한 고찰을 처음으로 접했다.

님은 물론이고 인간보다 열등한 존재라는 것을 강조한다(히 2장). 하나님은 자신의 뜻을 수행하고 자기 백성을 보호하거나 경고하기 위해 천사들을 보내신다. 이것 외에는 신약성경이나 구약성경 모두 천사들에 관해 자세하게 말하지 않는다. 주후 1세기 사람들이나 오늘날 사람들이 천사에 대해 가지는 관심에는 서로 유사한 점이 있는데, 그때나 지금이나 천사들이 일차적으로 하나님의 종으로서 하나님과 인간 사이에서 구원의 중재자 역할을 한다는 것을 놓치고 있다.

"주의 사자"(7절)라는 호칭은, 구약 시대에 하나님이 권능으로 자기 백성을 위험에서 건지셨던 여러 경우를 떠올리게 한다. 떨기나무 가운데 계셨던 하나님의 임재는 한 천사에 의해 중재되고(출 3:2), 하나님은 광야에서도 한 천사를 통해 자기 백성과 함께 하신다(출 14:19). 나중에 천사는 하나님이 율법을 수여하실 때 중재하는 역할을 하고(출 14:19), 수적으로 절대적 약세인 이스라엘을 위해 싸우기도 한다(출 23:20, 23). 천사가 가나안의 대군을 격파한 것은 감옥에서 베드로를 구해낸 일만큼이나 극적이다.

베드로는 자신에게 일어나고 있는 일이 환상이라고 생각했는데(행 12:9), 이것은 천사의 방문과 환상 둘 모두의 성격에 대해 말해준다. 신약성경에서 환상(하나님이 고넬료, 베드로, 바울, 밧모섬의 요한에게 주신)은 창조된 공간을 점유하며 일어나는 삼차원적인 사건이 아니라, 우리가 일상적으로 겪는 일과는 완전히 다른 초자연적인 경험이다. 그런 일들은 하늘과 땅이 서로 만나는 일이고, 시간과 공간에 대한 우리의 상대적으로 협소한 인식으로는 부분적으로만 인식할 수 있는 일이다. 성경에 나오는 환상들은 단지 우리의 생각 속에서만 일어나는 것으로 보이지는 않지만, 우리가 살아가고 있는 이 세계를 지배하는 자연법칙들에 종속되어 있지도 않다. 예컨대, 활활 타오르면서도 실제로 전혀 불타지 않던 불붙은 떨기나무가 있다. 베드로가 본 환상 같은 것들은, 하나님이 자기 백성을 위해 능력을 행하시려고 시간 속에 개입하시는 것이다. 그런 일들은 출애굽기를 제외하고는 성경의 다른 어떤 부분보다도 사도행전에서 더 자주 일어나고, 교회사의 다른 어느 시기보다도 주후 1세기에 더 자주 일어난다.

베드로가 감옥에서 벗어나는 각각의 단계마다 이적적인 사건이 개입된다. 그를 묶고 있던 쇠사슬이 벗어지고 베드로가 경비병들을 통과하는데도 그들은 깨어나지 않으며, 쇠문이 저절로 열린다. 아무것도 하나님의 뜻과 계획을 막을 수 없었다. 베드로에게는 하나님이 계획하신 해야 할 일들이 아직 있었고, 헤롯이나 베드로를 지키던 자들이나 쇠사슬이나 쇠문은 하나님이 계획하신 것을 막을 수 없었다. 감옥 밖으로 나온 후에야 베드로는 자신에게 일어난 일이 단지 환상이 아니었다는 것을 깨닫는다.

11절은 헤롯이 독자적으로가 아니라 믿지 않는 유대인들과 한통속이 되어서 이런 일을 벌였음을 확증해준다. 또한 이 절은 예수님의 이적들과 부활에 대한 증인이고 성령이 부어지는 것과 많은 사람이 회심하는 것을 직접 목격했던 사람이며, 스스로 이적을 행하고 이미 하늘로부터 주어진 한 번의 환상을 경험한 지도자인 사도 베드로조차도 이런 일을 일상적인 것으로 여기지 않았다는 것을 강조한다. 이 이야기가 우리에게 친숙해서 평범한 일로 보일 수 있지만, 베드로와 누가에게 이 일은 하나님이 이적을 통해 개입하신 이례적인 사건이었다.

12:12-19 | 야고보가 죽고 베드로가 체포됨: 응답된 기도 감옥에서 벗어난 베드로는 요한 마가(신약성경에 여러 번 등장하는 인물; 참고. 행 12:25; 13:5, 13; 15:37, 39; 골 4:10; 딤후 4:11; 몬 1:24; 벧전 5:13)의 어머니 마리아의 집으로 간다. 베드로가 그 집 문 앞에 이르렀을 때, 믿는 자들이 그곳에 함께 모여 기도하고 있었는데, 베드로를 위해 기도하고 있던 것으로 보인다. 베드로가 대문을 두드리자, 로데라는 여자 아이가 문 두드리는 소리를 듣고 나갔다가 베드로의 음성을 듣고 너무나 흥분한 나머지, 문을 열어줄 생각을 하지 않고 다시 달려 들어와서 다른 사람들에게 베드로가 대문 밖에 와 있다고 말한다. 로데는 베드로가 풀려났으리라고는 생각조차 할 수 없었고, 그래서 '진짜라기에는 너무나 좋은' 데다 심장이 벌렁거리는 경험을 해서 자신의 눈(적어도 귀)을 의심하는 사람처럼 행동한다. 하지만 로데는 자기 앞에서 벌어지고 있는 일을 믿지 못한 또 한 명의 도마는 아니었다. 비록 너무

나 놀라서 제정신이 아니긴 했지만, 누가는 그녀가 믿기를 거부했다는 것을 강조하지 않는다. 다른 사람들은 그녀가 '미쳤다'고 말하지만, 그녀가 워낙 완강하게 주장하자, 그 중 한 사람이 문밖에 베드로 같은 사람이 서 있다면 틀림없이 베드로의 '천사'일 것이라고 결론내린다(행 12:15). "그의 천사"라는 말이 정확히 무슨 뜻인지는 분명하지 않다. 어떤 사람들은 이 말이 '수호' 천사의 존재를 증명해주는 증거라고 주장해왔다(또한 그런 결론을 위한 근거가 될 가능성이 있는 마 18:10도 보라). 또한 마리아의 집에 모여 기도하고 있던 신자들이 베드로를 위해 기도하고 있었지만, 자신들의 기도가 이렇게 응답되었을 것이라고는 거의 믿지 않았다는 것도 주목할 만하다.[58]

베드로가 계속 문을 두드리자, 그들은 마침내 문을 연다. 이제 독자들은 그들의 반응에 익숙해져 있다. "그들이……베드로를 보고 놀라는지라"(행 12:16). 베드로는 그들에게 조용히 하라고 손짓하고서, 자신에게 일어난 일의 자초지종을 얘기해준 뒤, "야고보와 형제들에게" 자기 말을 전하라 하고 지혜롭게도 다른 곳으로 이동한다(17절). 예수님의 아우인 야고보는 이제 예루살렘 교회에서 지도자 역할을 하고 있었다(참고. 15장; 갈 1-2장). 반면에, 베드로는 이곳저곳을 돌아다녔다. 원래의 열두 사도와 바울에게 주어진 사명은 한 곳에 머물러 있지 않고 여기저기를 돌아다니며 전도하고 신자들을 두루 돌보는 것이었다. 베드로조차도 예루살렘 교회에서 중심적인 역할을 한 기간은 그렇게 길지 않다. 사도들은 예수님의 명령에 따라 복음을 전하고 제자를 삼기 위해 돌아다녔다. 반면에 야고보 같은 사람들은 지역 교회의 지도자 역할을 담당했다. 베드로와 요한은 결국 예루살렘으로부터 멀리 떨어져서 사역을 했고, 예루살렘으로부터 멀리 떨어져서 살아가는 신자들에게 서신을 썼다(베드로전후서, 요한일이삼서, 요한계시록).

당연하게도, "날이 새매 군인은 베드로가 어떻게 되었는지 알지 못하여 적지 않게 소동하[였다]"(행 12:18). 베드로가 감쪽같이 사라졌다는 것을

58 같은 책, 363.

알고 나서 그들의 가슴이 철렁 내려앉았을 것임은 충분히 상상할 수 있다. 이제 그들은 헤롯에게 책임을 추궁당해야 했고, 그 결과는 그들의 예상대로였다. 헤롯은 베드로를 찾았지만 찾을 수 없었기 때문에 파수꾼들을 처형한다. 이런 곤혹스러운 일을 당한 헤롯은 잠시 유대와 거리를 두기 위해 북쪽으로 간다. 하지만 유대에 계신 하나님은 가이사랴에도 계신다.

12:20-25 | 헤롯의 죽음 이 장은 헤롯이 사도들을 죽이려고 한 이야기로 시작되었다. 그는 사도들 중 한 사람을 죽이는 데는 성공했지만, 또 다른 한 사도를 죽이는 데는 실패했다. 그는 가이사랴로 내려가 마음을 가다듬은 뒤, 돌아와서 왕의 직무를 재개했다. 이번에 그가 다루어야 할 문제는 두로와 시돈 사람들에 관한 것이었다. 그들은 전에 헤롯의 노여움을 샀었는데, 이제 그의 노여움을 풀고서 양식을 구하기 위해 그를 찾아왔기 때문이다. 헤롯은 마치 자신이 그들에게 은총을 베푸는 신인 것처럼 행세한다. 그는 왕복을 입고서 자신의 보좌에 앉아 있었고, 그가 말할 때 백성들은 "이것은 신의 소리요 사람의 소리가 아니라"(22절)고 외쳤다. 헤롯 시대에 통치자들은 자기가 신인 것처럼 행세하기를 주저하지 않았다. 로마 황제들도 종종 백성들에게 자신을 신으로 섬길 것을 요구하였다. 백성들이 헤롯을 진정 신으로 믿었는지는 의심스럽지만, 어떠한 방식으로 대접하면 헤롯의 환심을 살 수 있는 지는 너무나 잘 알고 있었다. 유대인 역사가 요세푸스는 이 사건을 언급하면서, 은으로 만들어진 헤롯의 왕복이 햇빛을 받아 광채를 발하였다고 썼다(《유대 고대사》 19. 343-350). 누가는 이 사건의 핵심을 다음과 같이 간결하게 서술한다. 주의 사자가 베드로 사건을 통해서 하나님 외에 다른 신은 없다는 것을 보여주었는데도, "헤롯이 영광을 하나님께로 돌리지 아니하므로"(행 12:23; 참고. 10:25-26) 그를 쳐 죽였다.

유대인의 왕을 자처했던 헤롯은 아합(왕상 22:34-38)을 비롯해서 구약성경에 나오는 많은 악한 왕처럼 비참하게 죽는다. 그의 죽음은 신속하고도 확실했다. 헤롯은 백성들로부터 칭송을 받는 자리에서 비참한 죽음을 맞는다. 누가는 헤롯이 "벌레에게 먹혀 죽으니라"(행 12:23)라고 말한다. 이 말은 벌레가 헤롯을 죽인 수단이었다는 의미로 해석될 수도 있지만,[59] 다른 의미로도 해석될 여지가 충분하다. 헬라어 문장에서는 분사와 술어인 게노메노스 스콜레코브로토스(*genomenos skōlēkobrōtos*, '벌레에게 먹혀') 다음에 엑세프쉬켄(*exepsyxen*, '죽으니라')이 나온다. ESV가 '그리고'를 덧붙여서 "벌레에게 먹혔고, 그리고 마지막 숨을 쉬었다"라고 번역한 것이 문법적으로는 가능하지만, '그리고'를 제거한다면 이 문장은 사실상 다음과 같이 이해할 수 있다. '그는 죽었고, 모든 사람, 심지어 왕들과 같이 벌레의 먹이가 되었다.' 강력한 권세를 지니고 있던 헤롯은 마치 자기가 신인 것처럼 행세했지만 죽어 매장됨으로써 다른 모든 사람과 똑같은 결말을 맞이했다.[60] 사람이 무덤에 들어가면 아무런 차이가 없다.

12장

헤롯의 죽음은 누가의 내러티브에서 일종의 회전축 역할을 한다. 헤롯은 이방인이었지만 부분적으로는 유대인이었고, 황제의 꼭두각시가 되어 이스라엘을 통치한 자였다. 믿는 자들을 박멸하기 위해 제사장들, 사두개인들, 바리새인들, 헤롯이 온갖 박해를 자행했음에도, "하나님의 말씀은 흥왕하여 더하[였다]"(24절). 이 요약문을 끝으로 누가는 내러티브의 전반부를 끝맺는다. 하나님의 말씀은 예루살렘과 유대와 사마리아 전역으로 퍼져나갔고, 이방인들이 처음으로 교회 속으로 들어왔다. 이후의 여러 장에 걸쳐서 누가는 "땅 끝"(1:8)으로 눈을 돌린다. 예루살렘에 관한 이야기가 아주 끝나지는 않았으나, 더는 내러티브의 초점이 되지는 않는다.

모든 사람 중에서 사도가 될 가능성이 가장 적었던 인물이 이제 무대의 중심을 차지하게 될 것이다. 사울은 스데반의 죽음 이후에 이 내러티브에 등장했다가 사라졌으며 바나바에 의해 다시 등장했다. 누가는 이제 그와 바나바가 예루살렘에 헌금을 전달하는 일을 마치고 안디옥으로 돌아왔

59 Schnabel은 이 어구가 의학 전문용어는 아니지만 특정한 질병을 나타내는 헬라어 표현이라고 말한다(*Acts*, 543).

60 가룟 유다의 죽음에 관한 주석에서 이것과 비슷한 논의를 한 것을 보라. 필자가 주장하는 바는, 현대어 역본들이 이 절을 이런 식으로 의역하는 것으로 바뀌어야 한다는 것이 아니라, 번역문도 해석이기 때문에 번역문 자체도 해석되어야 한다는 것일 뿐이다.

다고 기록함으로써(12:25), '이방인의 사도'를 통해 복음이 온 세계에 전해지는 하나님의 이야기가 시작됨을 알린다. 그들은 요한 마가를 데리고 기독교 선교에서 최초의 핵심 전초기지인 안디옥으로 돌아온다.

응답

베드로가 이적을 통해 감옥에서 빠져나왔을지라도, 하나님이 현세에서 위험에 처한 자기 백성을 언제나 건져주신다고 생각할 근거는 전혀 없다. 천사가 베드로를 이끌어서 감옥에서 빠져나오게 한 기사의 바로 몇 절 앞에서 누가는 야고보의 죽음을 말한다(스데반이 돌에 맞아 죽은 것이나 바울이 나중에 감옥에 갇히게 된 것은 말할 것도 없다). 우리는 신약성경의 나머지 부분을 통해서 베드로가 해야 할 일이 아직 끝나지 않았다는 것을 알지만, 이는 이미 지나간 일들을 기록한 성경을 보고서 뒤를 돌아봄으로써 알게 된 것일 뿐이다. 어떤 일이 벌어지고 있을 때, 그것이 심지어 사도들과 관련된 일이라고 할지라도 하나님이 언제 어디에서 이적을 통해 개입하여 자기 백성을 구원하실 지는 알 수 없다. 하지만 우리가 확신할 수 있는 한 가지는, 하나님이 위기의 순간에 자기 백성을 건져주시든 고난을 받게 허용하시든, 그분의 약속(궁극적으로 자신의 모든 백성을 현세의 시련들과 고난들로부터 구원해주실 것이라고 하신 약속)은 결코 변하지 않는다는 것이다.

베드로가 감옥을 벗어난 때에 신자들은 그를 위해 기도하고 있었다. 누가가, 그들의 기도가 원인이 되어 하나님이 그 기도에 응답하여 천사를 시켜 베드로를 감옥에서 꺼내주시는 결과를 가져왔다는 식으로 기록하고 있지는 않지만, 이 두 가지 일을 서로 연결시키고 있다는 것은 분명하다. 이것이 주는 메시지는 충분히 많은 수의 신자가 모여서 간절하게 기도하면 하나님이 그들의 기도를 들으시고 그들이 원하는 대로 응답하신다는 것이 아니다. 하나님은 언제나 기도를 들으시고 응답하신다. 우리는 대개 하나님이 우리가 바라는 방식으로 기도에 응답하실 때에만 '기도 응답을 받았다'고 말한다. 그렇게 말하는 것이 잘못된 것은 아니지만, 우리는 우리의 바람과 다르게 응답되거나 응답되지 않은 것처럼 보일 때조차도 하나님이 우리의 기도를 받으시고 이미 응답하신 것임을 기억해야 한다(고후 12장의 바울을 생각해보라). 우리는 마리아의 집에 모인 성도들이 어떤 기도를 했는지 알지 못한다. 그렇지만 로데와 그 성도들의 반응을 보면, 베드로가 이런 식으로 나타나게 될 것을 전혀 예상하지 못했다는 사실을 알 수 있다. 또는, 그들이 놀란 이유가 하나님이 그들의 기도를 이런 식으로 응답하신 것에 어안이 벙벙했기 때문일 수도 있다. 하나님이 하신 일에 대해 사람들이 그런 반응을 보이는 것은 충분히 상상할 수 있다.[61] 그들의 반응이 무엇을 의미하든, 그들은 박해가 심해져가는 상황 속에서도 만나서 함께 기도했다. 한 사도는 죽었고 베드로는 감옥에 갇혔으며, 헤롯은 살기가 등등했고 그들의 동포 유대인들은 그들을 적대시했다. 그들은 두려움과 염려 가운데서 기도하기 위해 함께 만났다. 그들은 하나님이 신뢰할 만한 분이고, 이런 혹독하고 엄중한 상황 속에서도 의지할 수 있는 분이라고 분명히 믿은 것이다.

베드로는 이 신자들을 만난 후에 어딘가로 떠난다. 누가는 그가 어디로 갔는지를 말하지 않는다. 이것은 지혜로운 처사였다. 왕이 사도들을 죽이려고 하는 상황에서 베드로가 방금 로마 군인이 지키는 감옥을 빠져나왔기 때문에, 이제 당국자들은 그를 찾아 나설 것이었다. 무슨 일이 벌어질지를 알아보기 위해 그 근방에 머물러 있을 법도 한데, 베드로는 그렇게 하지 않고 즉시 그 자리를 떠났다. 베드로는 하나님이 그의 편이라는 것을 알지만(12:11), 여전히 지혜가 시키는 대로 머무는 장소를 계속 옮긴다. 하나님이 베드로가 감옥 밖에 있기를 원하시는 것이 분명한데도 당국자들이 그를 찾으려고 가장 먼저 수색할 곳에 머물러 있었다면, 그것은 주제넘은 짓인데다 대단히 지혜롭지 못한 일이었을 것이다. 모든 일에는 때와 장소

61 Peterson, *Acts*, 364.

가 있다. 감옥에 가는 것을 피할 수 있으나 감옥에 가야 할(또는 머물러야 할) 때도 있지만(예컨대, 바울이 가이사에게 상소한 것처럼), 정해진 공식은 없다. 성경의 지혜는 어떤 상황에서 무엇을 해야 하는지를 알고 실제로 그렇게 행하는 것이다. 알기는 하지만 행하지 않거나, 알지 못하고 행하는 것은 어리석은 것이다. 우리가 사도들의 행동에서 어떤 지혜를 보든, 사도들은 어떻게 행하는 것이 지혜로운 것인지에 관한 본을 우리에게 보인다.

헤롯의 죽음은 마치 모든 가능성이 떼를 지어 하나님 나라를 공격하는 것처럼 보일지라도 하나님 나라는 결코 패배할 수 없고 패배하지 않을 것임을 우리에게 일깨워준다. 그리고 하나님 나라는 지금 오직 믿음으로만 말미암아 들어갈 수 있다. 이것은 현실에서 폭력적이고 강력한 박해를 직면하고 있는 형제들과 자매들에게 중요한 통찰이다. 사도행전에서 복음을 전하는 일이 완전히 실패할 것처럼 보이는 때가 얼마나 자주 나오는가? 극심한 반대, 박해, 죽음, 소동, 감옥, 분열, 난파는 이 도를 따르는 사람들의 특징이다. 그들이 살아가는 대부분의 기간 동안에 그러한 일들은 순간순간 그들을 위협하고 겁을 주며, 심지어 그들의 목숨을 노리기까지 한다. 하지만 이 모든 일은 복음이 땅 끝까지 전파되는 것을 막을 힘이 없다.

또한 헤롯의 죽음은 권력이나 명성이나 돈이 아무리 많아도 인간의 최후의 원수인 죽음을 막을 수는 없다는 엄중한 사실을 일깨워준다. 죽음은 우리 모두에게 어김없이 찾아와서, 우리 인간을 궁극적으로 동등하게 만든다. 우리는 이것을 안다. 하지만 우리는 우리의 소유나 지위, 업적이나 가족을 아주 대단한 것으로 여기고서, 마치 그런 것들이 우리와 우리의 안전을 지켜줄 것처럼 여기는 경우가 얼마나 많은가? 우리가 부나 권력을 가지고 있기 때문에 우리 자신을 믿고 교만해진다면, 그런 부나 권력은 우리에게 필요하지 않을 것이다. 우리가 그리스도와 그분이 십자가에 못 박히신 것을 제외한 어떤 것을 의지하고 자랑한다면, 가라앉는 모래 위에 서 있는 것이다.

13장

13:1 안디옥 교회에 선지자들과 교사들이 있으니 곧 바나바와 니게르
라 하는 시므온과 구레네 사람 루기오와 분봉 왕 헤롯의 젖동생 마나
엔과 및 사울이라 2 주를 섬겨 금식할 때에 성령이 이르시되 내가 불
러 시키는 일을 위하여 바나바와 사울을 따로 세우라 하시니 3 이에
금식하며 기도하고 두 사람에게 안수하여 보내니라
13:1 Now there were in the church at Antioch prophets and teachers,
Barnabas, Simeon who was called Niger,[1] Lucius of Cyrene, Manaen
a lifelong friend of Herod the tetrarch, and Saul. 2 While they were
worshiping the Lord and fasting, the Holy Spirit said, "Set apart for me
Barnabas and Saul for the work to which I have called them." 3 Then
after fasting and praying they laid their hands on them and sent them off.

4 두 사람이 성령의 보내심을 받아 실루기아에 내려가 거기서 배 타고
구브로에 가서 5 살라미에 이르러 하나님의 말씀을 유대인의 여러 회
당에서 전할새 요한을 수행원으로 두었더라 6 온 섬 가운데로 지나서
바보에 이르러 바예수라 하는 유대인 거짓 선지자인 마술사를 만나니

7 그가 총독 서기오 바울과 함께 있으니 서기오 바울은 지혜 있는 사
람이라 바나바와 사울을 불러 하나님의 말씀을 듣고자 하더라 8 이 마
술사 엘루마는 (이 이름을 번역하면 마술사라) 그들을 대적하여 총
독으로 믿지 못하게 힘쓰니 9 바울이라고 하는 사울이 성령이 충만하
여 그를 주목하고 10 이르되 모든 거짓과 악행이 가득한 자요 마귀의
자식이요 모든 의의 원수여 주의 바른 길을 굽게 하기를 그치지 아니
하겠느냐 11 보라 이제 주의 손이 네 위에 있으니 네가 맹인이 되어 얼
마 동안 해를 보지 못하리라 하니 즉시 안개와 어둠이 그를 덮어 인도
할 사람을 두루 구하는지라 12 이에 총독이 그렇게 된 것을 보고 믿으
며 주의 가르치심을 놀랍게 여기니라
4 So, being sent out by the Holy Spirit, they went down to Seleucia,
and from there they sailed to Cyprus. 5 When they arrived at Salamis,
they proclaimed the word of God in the synagogues of the Jews. And
they had John to assist them. 6 When they had gone through the whole
island as far as Paphos, they came upon a certain magician, a Jewish
false prophet named Bar-Jesus. 7 He was with the proconsul, Sergius
Paulus, a man of intelligence, who summoned Barnabas and Saul and
sought to hear the word of God. 8 But Elymas the magician (for that is
the meaning of his name) opposed them, seeking to turn the proconsul
away from the faith. 9 But Saul, who was also called Paul, filled with
the Holy Spirit, looked intently at him 10 and said, "You son of the
devil, you enemy of all righteousness, full of all deceit and villainy,
will you not stop making crooked the straight paths of the Lord? 11 And
now, behold, the hand of the Lord is upon you, and you will be blind
and unable to see the sun for a time." Immediately mist and darkness
fell upon him, and he went about seeking people to lead him by the
hand. 12 Then the proconsul believed, when he saw what had occurred,

for he was astonished at the teaching of the Lord.

13 바울과 및 동행하는 사람들이 바보에서 배 타고 밤빌리아에 있는
버가에 이르니 요한은 그들에게서 떠나 예루살렘으로 돌아가고 14 그
들은 버가에서 더 나아가 비시디아 안디옥에 이르러 안식일에 회당에
들어가 앉으니라 15 율법과 선지자의 글을 읽은 후에 회당장들이 사람
을 보내어 물어 이르되 형제들아 만일 백성을 권할 말이 있거든 말하
라 하니 16 바울이 일어나 손짓하며 말하되
이스라엘 사람들과 및 하나님을 경외하는 사람들아 들으라 17 이 이
스라엘 백성의 하나님이 우리 조상들을 택하시고 애굽 땅에서 나그
네 된 그 백성을 높여 [1]큰 권능으로 인도하여 내사 18 광야에서 약 사
십 년간 [2]그들의 소행을 참으시고 19 가나안 땅 일곱 족속을 멸하사
그 땅을 기업으로 주시기까지 약 사백오십 년간이라 20 그 후에 선지
자 사무엘 때까지 사사를 주셨더니 21 그 후에 그들이 왕을 구하거늘
하나님이 베냐민 지파 사람 기스의 아들 사울을 사십 년간 주셨다가
22 폐하시고 다윗을 왕으로 세우시고 증언하여 이르시되 내가 이새의
아들 다윗을 만나니 내 마음에 맞는 사람이라 내 뜻을 다 이루리라 하
시더니 23 하나님이 약속하신 대로 이 사람의 후손에서 이스라엘을 위
하여 구주를 세우셨으니 곧 예수라 24 그가 오시기에 앞서 요한이 먼
저 회개의 [3]세례를 이스라엘 모든 백성에게 전파하니라 25 요한이 그
달려갈 길을 마칠 때에 말하되 너희가 나를 누구로 생각하느냐 나는
그리스도가 아니라 내 뒤에 오시는 이가 있으니 나는 그 발의 신발끈
을 풀기도 감당하지 못하리라 하였으니
26 형제들아 아브라함의 후손과 너희 중 하나님을 경외하는 사람들아
이 구원의 말씀을 우리에게 보내셨거늘 27 예루살렘에 사는 자들과 그
들 관리들이 예수와 및 안식일마다 외우는 바 선지자들의 말을 알지
못하므로 예수를 정죄하여 선지자들의 말을 응하게 하였도다 28 죽일

13장

죄를 하나도 찾지 못하였으나 빌라도에게 죽여 달라 하였으니 29 성경
에 그를 가리켜 기록한 말씀을 다 응하게 한 것이라 후에 나무에서 내
려다가 무덤에 두었으나 30 하나님이 죽은 자 가운데서 그를 살리신지
라 31 갈릴리로부터 예루살렘에 함께 올라간 사람들에게 여러 날 보이
셨으니 그들이 이제 백성 앞에서 그의 증인이라 32 우리도 조상들에게
주신 약속을 너희에게 전파하노니 33 곧 하나님이 예수를 일으키사 우
리 자녀들에게 이 약속을 이루게 하셨다 함이라 시편 둘째 편에 기록
한 바와 같이 너는 내 아들이라 오늘 너를 낳았다 하셨고 34 또 하나님
께서 죽은 자 가운데서 그를 일으키사 다시 썩음을 당하지 않게 하실
것을 가르쳐 이르시되 내가 다윗의 거룩하고 미쁜 은사를 너희에게
주리라 하셨으며 35 또 다른 시편에 일렀으되 주의 거룩한 자로 썩음
을 당하지 않게 하시리라 하셨느니라
36 다윗은 당시에 하나님의 뜻을 따라 섬기다가 잠들어 그 조상들과
함께 묻혀 썩음을 당하였으되 37 하나님께서 살리신 이는 썩음을 당하
지 아니하였나니 38그러므로 형제들아 너희가 알 것은 이 사람을 힘입
어 죄 사함을 너희에게 전하는 이것이며 39 또 모세의 율법으로 너희
가 의롭다 하심을 얻지 못하던 모든 일에도 이 사람을 힘입어 믿는 자
마다 의롭다 하심을 얻는 이것이라 40 그런즉 너희는 선지자들을 통하
여 말씀하신 것이 너희에게 미칠까 삼가라
41 일렀으되

보라 멸시하는 사람들아 너희는 놀라고 멸망하라 내가 너희 때를 당하여 한 일을 행할 것이니 사람이 너희에게 일러줄지라도 도무지 믿지 못할 일이라

하였느니라 하니라 42 그들이 나갈새 사람들이 청하되 다음 안식일에
도 이 말씀을 하라 하더라 43 회당의 모임이 끝난 후에 유대인과 유대
교에 입교한 경건한 사람들이 많이 바울과 바나바를 따르니 두 사도
가 더불어 말하고 항상 하나님의 은혜 가운데 있으라 권하니라

44 그 다음 안식일에는 온 시민이 거의 다 하나님의 말씀을 듣고자 하
여 모이니 45 유대인들이 그 무리를 보고 시기가 가득하여 바울이 말
한 것을 반박하고 비방하거늘 46 바울과 바나바가 담대히 말하여 이르
되 하나님의 말씀을 마땅히 먼저 너희에게 전할 것이로되 너희가 그
것을 버리고 영생을 얻기에 합당하지 않은 자로 자처하기로 우리가
이방인에게로 향하노라 47 주께서 이같이 우리에게 명하시되
내가 너를 이방의 빛으로 삼아 너로 땅 끝까지 구원하게 하리라
하셨느니라 하니
48 이방인들이 듣고 기뻐하여 하나님의 말씀을 찬송하며 영생을 주시
기로 작정된 자는 다 믿더라 49 주의 말씀이 그 지방에 두루 퍼지니라
50 이에 유대인들이 경건한 귀부인들과 그 시내 유력자들을 선동하여
바울과 바나바를 박해하게 하여 그 지역에서 쫓아내니 51 두 사람이
그들을 향하여 발의 티끌을 떨어 버리고 이고니온으로 가거늘 52 제자
들은 기쁨과 성령이 충만하니라
13 Now Paul and his companions set sail from Paphos and came to
Perga in Pamphylia. And John left them and returned to Jerusalem,
14 but they went on from Perga and came to Antioch in Pisidia. And
on the Sabbath day they went into the synagogue and sat down.
15 After the reading from the Law and the Prophets, the rulers of the
synagogue sent a message to them, saying, "Brothers, if you have any
word of encouragement for the people, say it." 16 So Paul stood up, and
motioning with his hand said:
"Men of Israel and you who fear God, listen. 17 The God of this people
Israel chose our fathers and made the people great during their stay in
the land of Egypt, and with uplifted arm he led them out of it. 18 And
for about forty years he put up with[2] them in the wilderness. 19 And
after destroying seven nations in the land of Canaan, he gave them

their land as an inheritance. 20 All this took about 450 years. And after
that he gave them judges until Samuel the prophet. 21 Then they asked
for a king, and God gave them Saul the son of Kish, a man of the tribe
of Benjamin, for forty years. 22 And when he had removed him, he
raised up David to be their king, of whom he testified and said, 'I have
found in David the son of Jesse a man after my heart, who will do all
my will.' 23 Of this man's offspring God has brought to Israel a Savior,
Jesus, as he promised. 24 Before his coming, John had proclaimed a
baptism of repentance to all the people of Israel. 25 And as John was
finishing his course, he said, 'What do you suppose that I am? I am not
he. No, but behold, after me one is coming, the sandals of whose feet I
am not worthy to untie.'

26 "Brothers, sons of the family of Abraham, and those among you who
fear God, to us has been sent the message of this salvation. 27 For those
who live in Jerusalem and their rulers, because they did not recognize
him nor understand the utterances of the prophets, which are read
every Sabbath, fulfilled them by condemning him. 28 And though they
found in him no guilt worthy of death, they asked Pilate to have him
executed. 29 And when they had carried out all that was written of him,
they took him down from the tree and laid him in a tomb. 30 But God
raised him from the dead, 31 and for many days he appeared to those
who had come up with him from Galilee to Jerusalem, who are now his
witnesses to the people. 32 And we bring you the good news that what
God promised to the fathers, 33 this he has fulfilled to us their children
by raising Jesus, as also it is written in the second Psalm,

"'You are my Son,
today I have begotten you.'

34 And as for the fact that he raised him from the dead, no more to
return to corruption, he has spoken in this way,

"'I will give you the holy and sure blessings of David.'

35 Therefore he says also in another psalm,

"'You will not let your Holy One see corruption.'

36 For David, after he had served the purpose of God in his own
generation, fell asleep and was laid with his fathers and saw corruption,
37 but he whom God raised up did not see corruption. 38 Let it be known
to you therefore, brothers, that through this man forgiveness of sins is
proclaimed to you, 39 and by him everyone who believes is freed[3] from
everything from which you could not be freed by the law of Moses.
40 Beware, therefore, lest what is said in the Prophets should come about:
41 "'Look, you scoffers,
    be astounded and perish;
for I am doing a work in your days,
    a work that you will not believe, even if one tells it to you.'"
42 As they went out, the people begged that these things might be told
them the next Sabbath. 43 And after the meeting of the synagogue broke
up, many Jews and devout converts to Judaism followed Paul and
Barnabas, who, as they spoke with them, urged them to continue in the
grace of God.

44 The next Sabbath almost the whole city gathered to hear the word of
the Lord. 45 But when the Jews[4] saw the crowds, they were filled with
jealousy and began to contradict what was spoken by Paul, reviling
him. 46 And Paul and Barnabas spoke out boldly, saying, "It was
necessary that the word of God be spoken first to you. Since you thrust
it aside and judge yourselves unworthy of eternal life, behold, we are

turning to the Gentiles. 47 For so the Lord has commanded us, saying,
"'I have made you a light for the Gentiles,
that you may bring salvation to the ends of the earth.'"
48 And when the Gentiles heard this, they began rejoicing and glorifying
the word of the Lord, and as many as were appointed to eternal life
believed. 49 And the word of the Lord was spreading throughout
the whole region. 50 But the Jews incited the devout women of high
standing and the leading men of the city, stirred up persecution against
Paul and Barnabas, and drove them out of their district. 51 But they
shook off the dust from their feet against them and went to Iconium.
52 And the disciples were filled with joy and with the Holy Spirit.

14:1 이에 이고니온에서 두 사도가 함께 유대인의 회당에 들어가 말하
니 유대와 헬라의 허다한 무리가 믿더라 2 그러나 순종하지 아니하는
유대인들이 이방인들의 마음을 선동하여 형제들에게 악감을 품게 하
거늘 3 두 사도가 오래 있어 주를 힘입어 담대히 말하니 주께서 그들
의 손으로 [4)]표적과 기사를 행하게 하여 주사 자기 은혜의 말씀을 증
언하시니 4 그 시내의 무리가 나뉘어 유대인을 따르는 자도 있고 두
사도를 따르는 자도 있는지라 5 이방인과 유대인과 그 관리들이 두 사
도를 모욕하며 돌로 치려고 달려드니 6 그들이 알고 도망하여 루가오
니아의 두 성 루스드라와 더베와 그 근방으로 가서 7 거기서 복음을
전하니라
14:1 Now at Iconium they entered together into the Jewish synagogue
and spoke in such a way that a great number of both Jews and Greeks
believed. 2 But the unbelieving Jews stirred up the Gentiles and
poisoned their minds against the brothers.[5] 3 So they remained for a
long time, speaking boldly for the Lord, who bore witness to the word

of his grace, granting signs and wonders to be done by their hands.
4 But the people of the city were divided; some sided with the Jews and
some with the apostles. 5 When an attempt was made by both Gentiles
and Jews, with their rulers, to mistreat them and to stone them, 6 they
learned of it and fled to Lystra and Derbe, cities of Lycaonia, and to the
surrounding country, 7 and there they continued to preach the gospel.

8 루스드라에 발을 쓰지 못하는 한 사람이 앉아 있는데 나면서 걷지
못하게 되어 걸어 본 적이 없는 자라 9 바울이 말하는 것을 듣거늘 바
울이 주목하여 구원 받을 만한 믿음이 그에게 있는 것을 보고 10 큰 소
리로 이르되 네 발로 바로 일어서라 하니 그 사람이 일어나 걷는지라
11 무리가 바울이 한 일을 보고 루가오니아 방언으로 소리 질러 이르되
신들이 사람의 형상으로 우리 가운데 내려오셨다 하여 12 바나바는 제
우스라 하고 바울은 그 중에 말하는 자이므로 헤르메스라 하더라 13 시
외 제우스 신당의 제사장이 소와 화환들을 가지고 대문 앞에 와서 무
리와 함께 제사하고자 하니 14 두 사도 바나바와 바울이 듣고 옷을 찢
고 무리 가운데 뛰어 들어가서 소리 질러 15 이르되 여러분이여 어찌하
여 이러한 일을 하느냐 우리도 여러분과 같은 성정을 가진 사람이라
여러분에게 복음을 전하는 것은 이런 헛된 일을 버리고 천지와 바다
와 그 가운데 만물을 지으시고 살아 계신 하나님께로 돌아오게 함이
라 16 하나님이 지나간 세대에는 모든 민족으로 자기들의 길들을 가게
방임하셨으나 17 그러나 자기를 증언하지 아니하신 것이 아니니 곧 여
러분에게 하늘로부터 비를 내리시며 결실기를 주시는 선한 일을 하사
음식과 기쁨으로 여러분의 마음에 만족하게 하셨느니라 하고 18 이렇
게 말하여 겨우 무리를 말려 자기들에게 제사를 못하게 하니라

8 Now at Lystra there was a man sitting who could not use his feet. He
was crippled from birth and had never walked. 9 He listened to Paul

speaking. And Paul, looking intently at him and seeing that he had faith
to be made well,[6] 10 said in a loud voice, "Stand upright on your feet."
And he sprang up and began walking. 11 And when the crowds saw
what Paul had done, they lifted up their voices, saying in Lycaonian,
"The gods have come down to us in the likeness of men!" 12 Barnabas
they called Zeus, and Paul, Hermes, because he was the chief speaker.
13 And the priest of Zeus, whose temple was at the entrance to the city,
brought oxen and garlands to the gates and wanted to offer sacrifice with
the crowds. 14 But when the apostles Barnabas and Paul heard of it, they
tore their garments and rushed out into the crowd, crying out, 15 "Men,
why are you doing these things? We also are men, of like nature with
you, and we bring you good news, that you should turn from these vain
things to a living God, who made the heaven and the earth and the sea
and all that is in them. 16 In past generations he allowed all the nations to
walk in their own ways. 17 Yet he did not leave himself without witness,
for he did good by giving you rains from heaven and fruitful seasons,
satisfying your hearts with food and gladness." 18 Even with these words
they scarcely restrained the people from offering sacrifice to them.

19 유대인들이 안디옥과 이고니온에서 와서 무리를 충동하니 그들이
돌로 바울을 쳐서 죽은 줄로 알고 시외로 끌어 내치니라 20 제자들이
둘러섰을 때에 바울이 일어나 그 성에 들어갔다가 이튿날 바나바와
함께 더베로 가서 21 복음을 그 성에서 전하여 많은 사람을 제자로 삼
고 루스드라와 이고니온과 안디옥으로 돌아가서 22 제자들의 마음을
굳게 하여 이 믿음에 머물러 있으라 권하고 또 우리가 하나님의 나라
에 들어가려면 많은 환난을 겪어야 할 것이라 하고 23 각 교회에서 장
로들을 택하여 금식 기도 하며 그들이 믿는 주께 그들을 위탁하고

19 But Jews came from Antioch and Iconium, and having persuaded the
crowds, they stoned Paul and dragged him out of the city, supposing
that he was dead. 20 But when the disciples gathered about him, he rose
up and entered the city, and on the next day he went on with Barnabas
to Derbe. 21 When they had preached the gospel to that city and had
made many disciples, they returned to Lystra and to Iconium and to
Antioch, 22 strengthening the souls of the disciples, encouraging them
to continue in the faith, and saying that through many tribulations we
must enter the kingdom of God. 23 And when they had appointed elders
for them in every church, with prayer and fasting they committed them
to the Lord in whom they had believed.

24 비시디아 가운데로 지나서 밤빌리아에 이르러 25 말씀을 버가에서
전하고 앗달리아로 내려가서 26 거기서 배 타고 안디옥에 이르니 이곳
은 두 사도가 이룬 그 일을 위하여 전에 하나님의 은혜에 부탁하던 곳
이라 27 그들이 이르러 교회를 모아 하나님이 함께 행하신 모든 일과
이방인들에게 믿음의 문을 여신 것을 보고하고 28 제자들과 함께 오래
있으니라
24 Then they passed through Pisidia and came to Pamphylia. 25 And when
they had spoken the word in Perga, they went down to Attalia, 26 and
from there they sailed to Antioch, where they had been commended to
the grace of God for the work that they had fulfilled. 27 And when they
arrived and gathered the church together, they declared all that God had
done with them, and how he had opened a door of faith to the Gentiles.
28 And they remained no little time with the disciples.

15:1 어떤 사람들이 유대로부터 내려와서 형제들을 가르치되 너희가

모세의 법대로 할례를 받지 아니하면 능히 구원을 받지 못하리라 하
니 2 바울 및 바나바와 그들 사이에 적지 아니한 다툼과 변론이 일어
난지라 형제들이 이 문제에 대하여 바울과 바나바와 및 그 중의 몇 사
람을 예루살렘에 있는 사도와 장로들에게 보내기로 작정하니라 3 그
들이 교회의 전송을 받고 베니게와 사마리아로 다니며 이방인들이 주
께 돌아온 일을 말하여 형제들을 다 크게 기쁘게 하더라 4 예루살렘에
이르러 교회와 사도와 장로들에게 영접을 받고 하나님이 자기들과 함
께 계셔 행하신 모든 일을 말하매 5 바리새파 중에 어떤 믿는 사람들
이 일어나 말하되 이방인에게 할례를 행하고 모세의 율법을 지키라
명하는 것이 마땅하다 하니라

15:1 But some men came down from Judea and were teaching the
brothers, "Unless you are circumcised according to the custom of
Moses, you cannot be saved." 2 And after Paul and Barnabas had no
small dissension and debate with them, Paul and Barnabas and some
of the others were appointed to go up to Jerusalem to the apostles and
the elders about this question. 3 So, being sent on their way by the
church, they passed through both Phoenicia and Samaria, describing
in detail the conversion of the Gentiles, and brought great joy to all the
brothers.[7] 4 When they came to Jerusalem, they were welcomed by the
church and the apostles and the elders, and they declared all that God
had done with them. 5 But some believers who belonged to the party of
the Pharisees rose up and said, "It is necessary to circumcise them and
to order them to keep the law of Moses."

6 사도와 장로들이 이 일을 의논하러 모여 7 많은 변론이 있은 후에 베
드로가 일어나 말하되 형제들아 너희도 알거니와 하나님이 이방인들
로 내 입에서 복음의 말씀을 들어 믿게 하시려고 오래 전부터 너희 가

운데서 나를 택하시고 8 또 마음을 아시는 하나님이 우리에게와 같이
그들에게도 성령을 주어 증언하시고 9 믿음으로 그들의 마음을 깨끗
이 하사 그들이나 우리나 차별하지 아니하셨느니라 10 그런데 지금 너
희가 어찌하여 하나님을 시험하여 우리 조상과 우리도 능히 메지 못
하던 멍에를 제자들의 목에 두려느냐 11 그러나 우리는 그들이 우리와
동일하게 주 예수의 은혜로 구원 받는 줄을 믿노라 하니라
12 온 무리가 가만히 있어 바나바와 바울이 하나님께서 자기들로 말
미암아 이방인 중에서 행하신 [4]표적과 기사에 관하여 말하는 것을 듣
더니 13 말을 마치매 야고보가 대답하여 이르되 형제들아 내 말을 들
으라 14 하나님이 처음으로 이방인 중에서 자기 이름을 위할 백성을
취하시려고 그들을 돌보신 것을 시므온이 말하였으니 15 선지자들의
말씀이 이와 일치하도다 기록된 바
16 이후에 내가 돌아와서 다윗의 무너진 장막을 다시 지으며 또 그 허
물어진 것을 다시 지어 일으키리니 17 이는 그 남은 사람들과 내 이름
으로 일컬음을 받는 모든 이방인들로 주를 찾게 하려 함이라 하셨으
니 18 즉 예로부터 이것을 알게 하시는 주의 말씀이라 함과 같으니라
19 그러므로 내 의견에는 이방인 중에서 하나님께로 돌아오는 자들을
괴롭게 하지 말고 20 다만 우상의 더러운 것과 음행과 목매어 죽인 것
과 피를 멀리하라고 편지하는 것이 옳으니 21 이는 예로부터 각 성에
서 모세를 전하는 자가 있어 안식일마다 회당에서 그 글을 읽음이라
하더라

6 The apostles and the elders were gathered together to consider this
matter. 7 And after there had been much debate, Peter stood up and said
to them, "Brothers, you know that in the early days God made a choice
among you, that by my mouth the Gentiles should hear the word of the
gospel and believe. 8 And God, who knows the heart, bore witness to
them, by giving them the Holy Spirit just as he did to us, 9 and he made

no distinction between us and them, having cleansed their hearts by
faith. 10 Now, therefore, why are you putting God to the test by placing
a yoke on the neck of the disciples that neither our fathers nor we have
been able to bear? 11 But we believe that we will be saved through the
grace of the Lord Jesus, just as they will."
12 And all the assembly fell silent, and they listened to Barnabas and
Paul as they related what signs and wonders God had done through
them among the Gentiles. 13 After they finished speaking, James
replied, "Brothers, listen to me. 14 Simeon has related how God first
visited the Gentiles, to take from them a people for his name. 15 And
with this the words of the prophets agree, just as it is written,
16 "'After this I will return,
and I will rebuild the tent of David that has fallen;
I will rebuild its ruins,
    and I will restore it,
17 that the remnant[8] of mankind may seek the Lord,
    and all the Gentiles who are called by my name,
    says the Lord, who makes these things 18 known from of old.'
19 Therefore my judgment is that we should not trouble those of the
Gentiles who turn to God, 20 but should write to them to abstain from
the things polluted by idols, and from sexual immorality, and from what
has been strangled, and from blood. 21 For from ancient generations
Moses has had in every city those who proclaim him, for he is read
every Sabbath in the synagogues."

22 이에 사도와 장로와 온 교회가 그 중에서 사람들을 택하여 바울과
바나바와 함께 안디옥으로 보내기를 결정하니 곧 형제 중에 인도자인

바사바라 하는 유다와 실라더라 23 그 편에 편지를 부쳐 이르되 사도
와 장로 된 형제들은 안디옥과 수리아와 길리기아에 있는 이방인 형
제들에게 문안하노라 24 들은즉 우리 가운데서 어떤 사람들이 우리의
지시도 없이 나가서 말로 너희를 괴롭게 하고 마음을 혼란하게 한다
하기로 25-26 사람을 택하여 우리 주 예수 그리스도의 이름을 위하여
생명을 아끼지 아니하는 자인 우리가 사랑하는 바나바와 바울과 함께
너희에게 보내기를 만장일치로 결정하였노라 27 그리하여 유다와 실
라를 보내니 그들도 이 일을 말로 전하리라 28 성령과 우리는 이 요긴
한 것들 외에는 아무 짐도 너희에게 지우지 아니하는 것이 옳은 줄 알
았노니 29 우상의 제물과 피와 목매어 죽인 것과 음행을 멀리할지니라
이에 스스로 삼가면 잘되리라 평안함을 원하노라 하였더라
30 그들이 작별하고 안디옥에 내려가 무리를 모은 후에 편지를 전하니
31 읽고 그 [5]위로한 말을 기뻐하더라 32 유다와 실라도 선지자라 여러
말로 형제를 [6]권면하여 굳게 하고 33 얼마 있다가 평안히 가라는 전
송을 형제들에게 받고 자기를 보내던 사람들에게로 돌아가되 34 [7](없
음) 35 바울과 바나바는 안디옥에서 유하며 수다한 다른 사람들과 함
께 주의 말씀을 가르치며 전파하니라

15장

22 Then it seemed good to the apostles and the elders, with the whole
church, to choose men from among them and send them to Antioch
with Paul and Barnabas. They sent Judas called Barsabbas, and Silas,
leading men among the brothers, 23 with the following letter: "The
brothers, both the apostles and the elders, to the brothers[9] who are of the
Gentiles in Antioch and Syria and Cilicia, greetings. 24 Since we have
heard that some persons have gone out from us and troubled you[10] with
words, unsettling your minds, although we gave them no instructions,
25 it has seemed good to us, having come to one accord, to choose men
and send them to you with our beloved Barnabas and Paul, 26 men who

have risked their lives for the name of our Lord Jesus Christ. 27 We
have therefore sent Judas and Silas, who themselves will tell you the
same things by word of mouth. 28 For it has seemed good to the Holy
Spirit and to us to lay on you no greater burden than these requirements:
29 that you abstain from what has been sacrificed to idols, and from
blood, and from what has been strangled, and from sexual immorality.
If you keep yourselves from these, you will do well. Farewell."
30 So when they were sent off, they went down to Antioch, and having
gathered the congregation together, they delivered the letter. 31 And
when they had read it, they rejoiced because of its encouragement.
32 And Judas and Silas, who were themselves prophets, encouraged and
strengthened the brothers with many words. 33 And after they had spent
some time, they were sent off in peace by the brothers to those who had
sent them.[11] 35 But Paul and Barnabas remained in Antioch, teaching
and preaching the word of the Lord, with many others also.

1) 헬, 높이 드신 팔로 2) 어떤 사본에, 기르시고 3) 헬, 또는 침례 4) 또는 이적 5) 또는 권면 6) 또는 위로 7) 어떤 사본에, 34 '실라는 그들과 함께 유하기를 작정하고'가 있고 또 35 '바울과 바나바도'라 하였음

[1] *Niger* is a Latin word meaning *black*, or *dark* [2] Some manuscripts *he carried* (compare Deuteronomy 1:31) [3] Greek *justified*; twice in this verse [4] Greek *Ioudaioi* probably refers here to Jewish religious leaders, and others under their influence, in that time; also verse 50 [5] Or *brothers and sisters* [6] Or *be saved* [7] Or *brothers and sisters*; also verse 22 [8] Or *rest* [9] Or *brothers and sisters*; also verses 32, 33, 36 [10] Some manuscripts *some persons from us have troubled you* [11] Some manuscripts insert verse 34: *But it seemed good to Silas to remain there*

단락 개관

이방인들에 대한 선교, 제1부

사도행전의 나머지 중에서 대부분(바울이 유대에서 받은 재판들에 대한 긴 기사를 제외한)은 유럽과 아시아가 만나는 지중해 북부지방, 즉 오늘날 우리가 터키와 발칸반도라 부르는 곳에서 일어난 일들을 다룬다. 베드로, 야고보, 요한 같은 친숙한 인물들의 사역은 무대에서 사라지고 시므온, 루기오, 브리스길라, 아굴라, 아볼로 같은 새로운 인물들이 등장한다. 교회는 전 세계를 향해 뻗어가는데 문화와 이름과 장소는 변하지만, 교회가 전하는 메시지의 내용은 변하지 않는다. 하지만 이 새로운 현실은 변화에 맞출 것을 요구하고, 교회 성장은 결코 쉽게 이루어지지 않는다. 사도행전의 전반부에서 첨예한 쟁점이 되었던 이방인 문제는 공의회를 통해 해결되어야 했다.

사도행전 13-14장은 바울의 1차 선교 여행에 관한 이야기를 들려주면서, 그가 갈라디아에 이르기까지의 여정을 설명한다. 바울은 안디옥에서 시작해서 구브로와 버가를 거쳐 갈라디아 지역에 있는 비시디아 안디옥, 이고니온, 루스드라, 더베 등지로 계속해서 나아갔다가 다시 버가를 거쳐 안디옥으로 돌아온다. 사도행전의 전반부에서 제자들이 따랐던 복음전도의 방식은 이제 잘 정립되어 있다. 실제로 바울은 다음번 선교 여행에서도 이 동일한 지역들로 다시 갈 것이다. 그의 전략은 새로운 성읍으로 들어갈 때마다 회당에서 전도를 시작하는 것이었다. 이렇게 회당들이 이방 선교를 촉발시키는 수단이 된 것은 뜻밖의 일이다. 바울과 바나바는 많은 유대인을 새 신자로 얻지만, 메시아 예수의 죽으심과 부활을 선포하는 것에 대한 큰 저항을 만난다. 13장은 바울과 바나바가 예수님이 여러 해 전에 가르쳐주신 정죄의 표시를 비시디아 안디옥을 향해 실제로 행하는 것으로 끝난다(13:51). 요한 마가는 일행이 버가에 이르렀을 때에 그들을 떠나서 예루살렘으로 돌아간다(13:13). 이 일이 발단이 되어, 나중에 바울과 바나바가 이 문제를 놓고 서로 다투고서 각자의 길을 가게 된다(15:36-40).

사도행전 13장에는 사도행전에서 바울이 최초로 행한 긴 설교가 나온다. 이 설교는 왕과 왕국이라는 주제를 성경신학적으로 다룬 탁월한 강해다. 이 대단락은 신자들이 이방인에 관한 문제를 해결하기 위해 예루살렘에 모이는 것으로 끝난다(15:1-35). 공의회에서 사도들은 이방인들이 하나님의 백성의 온전한 구성원들이고 할례를 받을 필요가 없다는 데 동의했다. 또한 예루살렘 공의회는 이방인들이 그리스도인으로서 새로운 삶을 살아갈 때에 지켜야 할 것들에 대해서도 지침을 제시했다. 그 내용은 이방 그리스도인들이 그들의 지난날의 우상숭배와 깨끗하게 단절하고, 그들 주변에서 살아가는 유대인들에게 걸림돌이 되지 않도록 조심해야 한다는 것이었다.

단락 개요

Ⅱ. 땅 끝으로(13:1-28:31)
- A. 이방인들에 대한 선교, 제1부(13:1-15:35)
  - 1. 바울과 바나바의 선교 여행(13:1-52)
    - a. 안디옥 교회가 선교를 개시함(13:1-3)
    - b. 바나바가 구브로에서 선교를 주도함(13:4-12)
    - c. 바울이 비시디아에서 선교를 주도함(13:13-52)
  - 2. 이고니온, 루스드라를 거쳐 안디옥으로 돌아옴(14:1-28)
    - a. 이고니온에서의 사역(14:1-7)
    - b. 루스드라에서의 사역(14:8-18)
    - c. 바울이 돌에 맞음(14:19-23)
    - d. 안디옥으로 돌아옴(14:24-28)

3. 예루살렘 공의회(15:1-35)
   a. 이방인들을 괴롭게 함(15:1-5)
   b. 구원이 이방인에게 주어짐(15:6-21)
   c. 공의회가 이방 그리스도인들에게 보낸 서신(15:22-35)

주석

13:1-3 | 바울과 바나바의 선교 여행: 안디옥 교회가 선교를 개시함

13장은 안디옥 교회 지도자들의 이름을 열거하는 것으로 시작된다. 안디옥 교회는 지난 수년에 걸쳐 성장해서, 이제는 그들 자신의 선지자들과 교사들을 지니고 있었다. 누가는 사울과 바나바 외에도 북아프리카 출신의 두 사람인 시므온과 루기오, 그리고 그가 '헤롯의 젖동생'(같은 양부모 밑에서 자란 형제)이라고 부른 마나엔을 열거한다. 출신배경은 다양했지만, 그들은 성령 안에서 완벽하게 하나로 연합되어 있었다. 우리가 이미 보아 왔듯이 이방인들이 교회로 들어오는 것과 관련해서 심한 논란이 있었음에도, 주로 이방인들로 이루어진 안디옥 교회는 주목할 만한 정도의 하나 됨과 사명감을 보여준다.

이 교회가 주를 섬겨 금식할 때 사울과 바나바를 선교를 위해 파송하라는 성령의 지시를 받는다. "내가 불러 시키는 일을 위하여 바나바와 사울을 따로 세우라"(2절). 본문에는 지도자들만이 열거되고 있지만, 교회의 회중 전체가 주를 섬겨 금식한 것으로 보인다. 누가는 예수님이 사울을 택하시고 사명을 주신 것과 성령이 그렇게 하신 것을 구별하지 않는다. 여기서는 성령이 사울을 특정한 사역으로 '불렀다'고 기록된 반면, 9장에서는 예수님이 사울에 대해 "이 사람은 내 이름을 이방인과 임금들과 이스라엘 자손들에게 전하기 위하여 택한 나의 그릇이라"(9:15)고 말씀하셨다고 기록되어 있다. 나중에 바울은 예루살렘에서 무리를 향해, 예수님이 자기에게 "네가 해야 할 모든 것을 거기서 누가 이르리라"(22:10)고 말씀하셨다고 회고한다. 그 후 헤롯 아그립바 2세에게 말할 때에 바울은 그가 회심하고 나서 예수님이 그에게 다음과 같이 말씀하셨다고 회고한다.

> "내가 네게 나타난 것은 곧 네가 나를 본 일과 장차 내가 네게 나타날 일에 너로 종과 증인을 삼으려 함이니 이스라엘과 이방인들에게서 내가 너를 구원하여 그들에게 보내어 그 눈을 뜨게 하여 어둠에서 빛으로, 사탄의 권세에서 하나님께로 돌아오게 하고 죄 사함과 나를 믿어 거룩하게 된 무리 가운데서 기업을 얻게 하리라"(26:16-18).

예수님이 하신 말씀과 성령으로부터 온 말씀은 동일한 무게를 지닌다. 예수님과 성령은 두 분 다 하나님으로서 본성에서는 하나이지만 두 위격이시다.

안디옥의 지도자들은 성령의 지시를 들은 후에 성령의 말씀을 듣기 이전에 했던 것처럼 또 다시 금식하며 기도하는데, 이번에는 앞으로 있을 선교 여행을 위해 기도한다. 또한 그들은 사울과 바나바에게 안수하고 파송한다. 마가도 그 자리에 있었지만, 그의 이름이 명시적으로 언급되지는 않는다. 안수는 특정한 섬김의 일을 어떤 사람 또는 사람들에게 위임하는 행위다. 구약성경이나 신약성경에는 안수를 어떻게 해야 하는지에 관한 설명이 나와 있지 않다. 신약성경에서 사도들은 최초의 교회 일꾼들에게 안수하였고(6:6), 훨씬 후에 바울은 장로들이 디모데에게 안수한 것에 대해 말한다(딤전 4:14). 또한 바울은 디모데에게 경솔하게 안수하지 말라고 경고한다(딤전 5:22). 구약성경에서 모세는 하나님의 지시로 여호수아에게 안수하여 이스라엘 백성의 지도자로 세운다(민 27:18).

성경은 안수를 할 때 능력이나 다른 어떤 것이 자동적으로 안수 받는 사람에게 이전된다는 것을 전혀 말하지 않는다. 바울은 디모데가 안수 받을 때 그에게 은사가 주어졌다고 썼는데(딤전 4:14), 이는 디모데가 안수 받을 때 은사 자체를 받았다는 의미가 아니라, 그의 은사들에 관한 '예언'을 받은 것을 가리킨다. 하나님은 모세에게 여호수아를 지도자로 세우기 위해 안수하라고 하실 때 '너의 권위의 일부를 그에게 수여하라'(민 27:20, 개역개정에는 "네 존귀를 그에게 돌려")고 말씀하시지만, 안수 자체를 통해서 어떤 권위가 이전된다는 것을 보여주는 내용은 없다. 도리어 이 일 전체를 통해서 백성들은 모세의 권위가 여호수아에게 수여되었다는 것을 알게 된다. 안수는 안수 받은 사람이 어떤 일을 할 자격이 있다고 인정을 받았다는 것과 그가 하나님과 안수에 참여한 모든 사람이 주는 복을 받았다는 것을 상징적이고 공개적으로 선언하는 행위다. 사도행전에서는 안수 없이 금식하고 기도하는 것만으로 어떤 사람에게 어떤 섬김을 위임하기도 하지만(참고. 행 14:23), 안수의 일차적인 목적은 어떤 사람이 특정한 섬김을 위해 자격이 있다는 것을 인정하고 그 섬김을 위임하는 것이다.

13:4-12 | 바울과 바나바의 선교 여행: 바나바가 구브로에서 선교를 주도함

바나바와 사울은 이방 선교를 위한 교회의 위임을 받았지만, 누가는 "두 사람이 성령의 보내심을 받아"(4절)라고 말하며 이것이 하나님의 지시에 의한 것임을 다시 한 번 분명히 한다. 이것은 누가가 끊임없이 강조하는 바인데, 사도들을 통해 역사하는 성령의 능력으로 말미암아 초기 교회가 성장해나갔다는 것을 다시 한 번 부각시킨다.

바울과 그의 일행이 살라미라는 항구 도시에서 많은 시간을 보내지 않은 것으로 보이지만, 누가는 그들의 첫 번째 행선지가 '여러 회당'이었다고 말한다. 이방 선교는 그때나 지금이나 유대인들을 배제하지 않는다. 또한 누가는 이 시점에는 요한 마가가 아직 사울과 바나바의 일행에 속해 있었다는 말을 더한다. 그러나 이 관계는 오래가지 못했다.

9절에서 누가는 처음으로 이방인의 사도를 사울이 아니라 바울이라고 부른다. 바울은 사울을 로마식으로 바꾼 이름이다. 헬라어가 공용어로 사용되고 많은 사람이 라틴어를 사용하는 로마 제국이라는 더 큰 세계로 나오자, 사울은 복음을 전하는 데 걸림돌이 될 수 있는 사울이라는 이름을 버리고 자신의 로마식 이름인 바울을 사용하고자 한 것이다.[62] 이것은 바울이 회심 후에 이제 이방인으로 행세하기로 작정했다는 것이 아니라, 상황에 맞춰서 사역을 하고자 한 것을 보여주는 본보기다. 바울이 그의 이름을 바꾼 것은 박해를 피하기 위한 것도 아니었고, 그의 유대적인 출신 배경을 감추기 위한 것도 아니었다. 그리고 그가 오늘날 이른바 내부자 운동의 선구자가 되려는 것은 더더욱 아니었다. 바울은 그가 처한 상황을 인식하고서, 복음 메시지를 혼잡하게 하거나 왜곡하는 일을 없애고 복음을 전하는 데 최선의 조건을 만들기 위해 변신을 꾀하였다. 우리는 복음에 대한 장애물을 제거하거나, 사람들에게 걸림돌이 될 수 있는 것들을 제거하기 위해서 은밀하게나 공개적으로 할 수 있는 모든 것을 그리스도를 위해 행해야 한다. 복음 사역은 그 성격상 수많은 장애물과 방해물을 수반할 수밖에 없다. 따라서 우리는 가능한 한 그런 것들을 최소화하기 위해 애써야 한다.

바울이 바보에서 겪은 일(6-12절)은 빌립이 사마리아에서 겪은 일(8:9-13)과 비슷하다. 빌립과 마찬가지로 바울도 마술사를 만난다. 이 마술사는 바예수라 하는 유대인 거짓 선지자였고, 엘루마로도 알려져 있었다(13:6, 8). 바예수는 서기오 바울과 '함께' 있었다. 이것은 그가 기본적으로 총독을 위해 일하고 있었다는 것을 의미한다(7절). 서기오 바울이 바나바와 바울을 불러서 하나님의 말씀을 듣고자 했을 때, 바예수는 그들을 대적했는데 이것은 아마도 서기오 바울이 이 그리스도인들을 따르게 되면 더는 자기가 그에게서 돈을 벌지 못하게 될 것임을 알았기 때문으로 보인다.

바울은 성령으로 충만해서 엘루마를 이렇게 단죄한다. "모든 거짓과 악행이 가득한 자요 마귀의 자식이요 모든 의의 원수여 주의 바른 길을 굽게 하기를 그치지 아니하겠느냐"(10절). 여기서 바울이 선언한 말은, 거짓 선지자들(참고. 행 13:6)과 선견자들을 단죄하고 심판한 미가 3:9과 그 맥락을 반영한다. 당시에 이스라엘을 잘못된 길로 이끌던 선지자들이나 선견

62 Ajith Fernando, *Acts*, NIVAC (Grand Rapids, MI: Zondervan, 1998), 375-376.

자들과는 반대로, 선지자 미가는 이렇게 선포한다. "오직 나는 여호와의 영으로 말미암아 능력과 정의와 용기로 충만해져서 야곱의 허물과 이스라엘의 죄를 그들에게 보이리라"(미 3:8, 참고. 행 13:9) 여기서 바울은 구체적으로는 바예수를, 그리고 일반적으로는 마술과 거짓 예언을 단죄하고 있다. 그리고 더 나아가 그는 신약성경에 인용한 구약성경 본문을 어떻게 읽어야 하는지에 관한 본을 보여준다. 즉, 구약성경의 인용된 본문만이 아니라 그 본문의 원래 맥락도 고려해서 해석해야 한다는 것이다.

바울이 주께서 엘루마를 치신다고 선언하자, 바예수는 즉시 눈이 먼다. 이것이 보여주는 역설은 분명하다. 마술사 선견자가 "주의 손"에 의해 눈이 멀어버렸다(행 13:11). 주의 손은 자기 이름과 자기 백성을 위해 일하시는 하나님의 능력을 가리키는 어구다. 이렇게 나타난 하나님의 능력은 바라던 결과를 낳는다. 즉, 서기오 바울은 눈앞에서 벌어진 일을 보고서 주를 믿는다. 그를 믿음으로 이끈 것은 표적 자체가 아니라, 그 표적에 의해 확증된 가르침이었다. 왜냐하면 그는 "주의 가르치심을 놀랍게"(12절) 여겼기 때문이다. 그의 회심이 '내가 본다면 믿겠다'는 상투적인 말이 옳다고 확인해주는 것으로 보일 수도 있을 것이다. 그러나 하나님이 사도들을 통해 성령의 능력을 공개적으로 드러내시는 목적은 이 세상에 예수님의 교회를 세우는 것이다. 이 본문에도 사도행전에서 빈번하게 나타나는 바, 서술적인 요소들과 규범적인 요소들이 뒤섞여 있다. 다시 말해, 이 본문은 한편으로는 그리스도인들이 악한 세력을 어떻게 생각하고 대응해야 하는지, 그리고 그 일을 위해 어떻게 하나님의 말씀을 의지해야 하는지에 관한 규범을 제시한다. 그리고 다른 한편으로는 교회사 속의 이 고유한 시기를 극적으로 묘사해서 보여준다. 이 내러티브는 한 사람의 회심을 말하지만, 일차적이고도 가장 중요하게 강조하는 것은 그의 경험이 아니라 모든 다른 능력을 지배하는 하나님의 능력이다. 그렇지만 사도행전의 맥락을 감안할 때, 우리가 전형적인 회심에서 볼 수 있는 모든 요소(예컨대, 믿음, 회개, 성령을 받음)가 서기오 바울의 경우에서도 드러난다고 말하는 것은 옳다.

바예수에 관한 내러티브는 한 이방인 로마 관리의 회심을 중요하게 부각시킨다. 복음은 사회의 각계각층에 침투해 들어가고 있었다. 복음이 도달할 수 없을 것 같아 보이는 고위 관리들까지도 주의 말씀을 통해 성령의 역사 속으로 들어온다. 누구나 회심할 수는 있지만, 다소의 사울처럼 복음을 들어도 회심하지 않을 것 같은 사람들이 많다고 생각하는 덫에 빠지기 쉽다. 그러나 사도행전은 예수 그리스도의 복음을 그런 식으로 제한하는 것이 옳지 않음을 보여준다.

13:13-52 | 바울과 바나바의 선교 여행: 바울이 비시디아에서 선교를 주도함

13-14절은 무대가 구브로에서 버가로 옮겨지는 것을 보여주는 전환 역할을 한다. 여기서 누가는 요한 마가가 떠난 것도 언급한다(나중에 바나바는 그의 조카인 요한 마가를 선교 사역으로 다시금 불러들이려 하는데, 이 일이 발단이 되어 오랜 친구이자 동역자였던 바울과 결별하게 된다. 참고. 15:36-41에 관한 주석). 비시디아 안디옥은 로마의 주요한 식민지이자 많은 유대인의 본거지였다. 어느 안식일에 바울과 바나바는 회당에 들어갔다. 그곳의 회당장들이 율법과 선지자의 글을 읽은 후에, 이 두 사람에게 "백성을 권할 말이 있거든 말하라"(13:15)고 요청한다. 이것은 흔히 예수님의 취임 설교라고 불리는, 누가복음 4:16-30에 기록된 예수님의 경험을 상기시킨다. 누가는 예수님이 광야에서 시험받으신 뒤 일어난 이 일을 최초의 사건으로 기록하였다. 비록 바울이 회당에서의 그 요청을 통해 사역을 시작한 것은 아니지만, 그 일은 예전에 나사렛에서 예수님께 일어났던 일만큼이나 극적이다.

율법과 선지자의 글을 읽는 것은 회당에서 일반적으로 행하던 일로써, 오늘날 많은 교회가 흔히 특정한 성경 본문을 봉독하는 것과 비슷했다. 바울에게는 전해야 할 진리가 차고 넘쳤다. 그의 설교는 세 부분으로 나눌 수 있다. 16-25절은 구약성경을 다루는 부분으로, 주된 초점은 하나님이 다윗에게 주신 약속들이 예수님 안에서 성취되었음을 말하는 23-25절에 있다. 26-37절은 예수님의 사역과 이루신 일을 다루는 부분이다. 38-41절은 지금까지 말한 것을 바울의 청중에게 적용하고 초대하는 부분이다.

바울은 사도들의 전형적인 방식대로 구약성경으로 설교를 시작한다.

그는 출애굽에서 사무엘에 이르는 수 세기에 걸친 기간을 네 절로(17-20절), 다윗으로부터 예수님까지의 기간을 두 절로 간결하게 설명한다(22-23절). 17-20절에서 바울은 앞서 사도행전에 기록된 다른 설교들을 통해 친숙해진 구약성경의 주제들을 부각시킨다. 이 주제들은 하나님이 이스라엘을 택하셨다는 것, 그들을 애굽에서 구원하셨다는 것, 이스라엘이 불순종하고 반역했다는 것("광야에서 약 사십 년간 그들의 소행을 참으시고," 18절), 하나님이 땅에 대한 그분의 약속을 이루셨다는 것이다. 이 절들은 이스라엘을 하나의 민족으로 탄생시키신 때로부터 그들을 구속하여 땅에 정착시키시기까지 하나님이 이스라엘을 주권적으로 통치하셨음을 강조한다. 독자들은 이 이야기를 알고 있었을 것이기 때문에(바울의 청중은 분명히 알고 있었다), 21-22절에서 구약성경을 읽고 해석하고 풀어 설명하는 데 탁월함을 드러낸 바울의 접근방법은 그들에게 더욱 선명하게 다가왔을 것이다.

13장

바울은 하나님이 다윗을 택하신 것에만 초점을 맞추지 않고 이스라엘 최초의 왕인 사울에 대해서도 언급한다. 이스라엘이 왕을 요구한 것은 민족적으로나 영적으로나 큰 잘못을 저지른 것이었다. 이스라엘 백성이 왕을 요구한 이유는 하나님의 왕권을 거부하고, 주변의 이방 나라들처럼 보좌에 앉아 있는 왕을 갖고 싶었기 때문이다. 왕을 원한 것은 믿음으로 사는 쪽이 아니라 눈에 보이는 것을 따라 사는 쪽을 선택한 것이었다. 하지만 이스라엘 역사의 아주 많은 부분에 대해서와 마찬가지로 하나님은 이스라엘이 이방 나라들처럼 되고 싶어서 왕을 원하리라는 것을 신명기에서 미리 말씀하셨다. 하나님은 자기 백성이 그런 선택을 하리라는 것을 알고 계셨고, 심지어 그들이 왕 곧 하나님이 선택하실 왕을 갖게 될 것이라고 선언하셨다(신 17:15). 그런 후에 신명기는 이 이상적인 왕이 갖추어야 할 요건들을 열거한다. 그 중에서 가장 중요한 것은 왕이 모세 율법의 모든 규례를 필사하여 그의 옆에 두고서 읽고 그대로 모두 행해야 한다는 것이었다(신 17:18-19). 하나님은 그런 왕과 그의 자손이 영속적으로 보좌를 잇게 할 것이라고 말씀하신다.

이상적인 왕에 대한 이러한 설명은 시편 1편에도 병행되어 나타난다.

시편 1편이 일반적으로 말하는 '복 있는 사람'은 보편적으로 적용될 수 있지만, 그것이 이 시편의 핵심 메시지는 아니다. 시편 1편과 신명기 17:14-20사이에 존재하는 여러 병행은 부정할 수 없이 명백하다. 율법은 왕에게 율법을 필사하여 "평생에 자기 옆에 두고 읽어 그의 하나님 여호와 경외하기를 배우며…지켜 행할 것"(신 17:19)을 요구한다. 그리고 이렇게 왕이 율법에 헌신하는 결과에 대해 다음과 같이 말한다. "그의 마음이 그의 형제 위에 교만하지 아니하고 이 명령에서 떠나 좌로나 우로나 치우치지 아니하리니 이스라엘 중에서 그와 그의 자손이 왕위에 있는 날이 장구하리라"(신 17:20). 율법에 대한 헌신은 하나님에 대한 헌신, 즉 하나님의 뜻을 행할 것을 요구한다. 그리고 하나님에 대한 헌신은 단순히 명령을 지키는 것 이상을 의미한다.

시편 1편은 "복 있는 사람은…오직 여호와의 율법을 즐거워하여 그의 율법을 주야로 묵상하는도다"(시 1:1-2)라고 선포한다. 하나님께 헌신하는 이상적인 왕은 형통하여 영속적으로 보좌를 잇게 될 것이고, 마찬가지로 율법을 즐거워하는 복 있는 사람도 형통할 것이다. "그는 시냇가에 심은 나무가 철을 따라 열매를 맺으며 그 잎사귀가 마르지 아니함 같으니 그가 하는 모든 일이 다 형통하리로다"(시 1:3). 시편 1편을 왕에 관한 시로 읽는 것은, 시편 1편이 핵심적인 제왕 시편인 시편 2편과 나란히 놓여 있는 것에 의해서도 뒷받침된다.

이상적인 왕과 복 있는 제왕적 인물은 구약성경에서 오직 한 사람, 다윗에게서 집약된다. 그리고 이것이 바울이 말하고자 하는 바이다. 단지 하나님이 다윗을 택하셨다는 것만이 아니라 다윗에 대한 하나님의 평가도 중요하다. "내가 이새의 아들 다윗을 만나니 내 마음에 맞는 사람이라 내 뜻을 다 이루리라"(행 13:22, 여기서는 시 89:20과 삼상 13:14이 인용됨). '내 뜻을 다 이루는' 것은 하나님의 율법을 읽고 지키고 묵상하는 것이다. 하지만 다윗은 결코 완전하지 않았고, 그의 나라는 그가 죽은 후 한 세대 만에 둘로 쪼개졌다. 이렇게 해서 이 주제들의 완벽한 성취는 다윗에게서 이루어지지 못했고, 그리스도를 기다려야 했다. 그래서 바울은 그의 설교 전반부에서 언급된 주된 주제들(특히 왕권과 나라라는 주제들)을 가져와서 예수님과 연관시켜 전개한다. 바울은 구약성경에 관한 여러 가지 일반적인 것들을 설명한 후에, 그것들을 아무렇게 예수님과 연결시키고 있는 것이 아니다. 그의 설교는 성경 전체를 광범위하게 다루면서도 일정한 흐름으로 잘 이어지는데, 그런 면에서 우리에게 모범이 된다.

바울은 다윗과 관련된 구약 본문들을 인용한 후에 하나님이 다윗에게 주신 약속의 성취이신 예수님께로 직행한다(행 13:23). 이 본문의 밑바탕에는, 하나님이 다윗에게 그의 자손이 언제나 그의 보좌를 잇게 될 것이라고 하신 약속이 놓여 있다(삼하 7:12-13). 예수님은 다윗의 자손이고, 하나님이 세우신 이스라엘의 '구주'다. 그런데 바울이 이 대목에서 세례 요한을 언급한 것이 이상해 보일 수 있다. 그렇지만, 우리는 세례 요한이 구속사의 흐름 속에서 아주 중요한 위치를 차지한다는 것을 놓쳐서는 안 된다. 세례 요한은 이사야의 예언대로 예수님의 길을 준비한 전환기의 인물이었다. 또한 세례 요한은 메시아를 예언한 선지자들 중에서 마지막 선지자였고, 그와 함께 옛 시대는 끝이 났다.

구약성경의 기록이 끝난 후에 하나님께로부터 말씀이 직접 주어지지 않는 상태로 대략 4백여 년이 흘렀다. 그러던 중 행색이나 메시지가 엘리야를 많이 닮은 한 사람이 나타났는데, 그는 장차 주께서 오실 것이라고 선포하면서 하나님이 이제 곧 행하실 큰 일을 사람들이 받을 수 있도록 준비시키기 위해 회개의 세례를 베풀었다. 회개하라고 외친 것은 정확히 구약의 선지자들이 행하던 것이었다(사도행전에 나오는 선지자 아가보와는 달리). 구약의 선지자들은 하나님이 그분의 약속을 따라 행하실 일에 대해(복을 베푸시든 저주를 내리시든) 선포하였고, 하나님이 이제 곧 행하실 일을 사람들이 받아들일 수 있도록 회개를 전했다. 이렇게 세례 요한은 주님의 대변인으로서, 궁극적인 성취의 때가 다가왔다는 것을 사람들에게 알렸다. 그는 하나님이 선지자들을 통해 증언하게 하신 이야기 속에서 필수불가결한 일부였다. 광야 세대, 사무엘, 다윗과 마찬가지로 세례 요한의 역할은 그의 뒤에 오실 크신 이를 사람들에게 가리켜 보이는 것이었다. 바울의 요지는 이

것이다. 세례 요한은 하나님이 이스라엘에게 하신 자신의 말씀을 지키신 것의 일부였다. 즉, 하나님은 구원을 약속하셨고 구원이 도래했을 때 그 구원을 알릴 자(세례 요한)도 보내줄 것이라고 약속하셨다.

바울은 청중을 '형제들,' '아브라함의 후손,' '너희 중 하나님을 경외하는 사람들'(고넬료 같은 하나님을 경외하는 자들)이라고 부르며, 세례 요한의 사역을 적용해서 회심할 것을 촉구한다. 바울은 디아스포라(흩어진 자들) 유대인들에게 예루살렘의 유대인 동포들이 선지자들의 말을 깨닫지 못해서 예수님을 배척한 것이라고 설명한다. 복음의 메시지가 비시디아 안디옥의 유대인들에게 전파될 수 있었던 것은, 예루살렘의 유대인들이 예수님을 배척함으로써 도리어 그들이 오해한 선지자들의 예언을 성취했기 때문이다(행 13:27, 29). 이것은 베드로가 예루살렘 유대인들에게 그들이 "하나님께서 정하신 뜻과 미리 아신 대로"(2:23) 행했다고 말한 것과 비슷하다. 바울의 메시지에는 하나님의 계획이 성취된 것, 예수님의 무죄하심, 로마인들(빌라도)의 개입이라는 친숙한 주제들이 등장한다. 또한 바울은 사람들이 예수님을 "나무에서 내려다가 무덤에 두었[다]"(13:29)고도 말한다. '나무'는 바울이 갈라디아 신자들에게 쓴 편지에서 "나무에 달린 자마다 저주 아래에 있는 자라"(갈 3:13)고 하면서 예수님이 저주 아래 죽으신 것이라고 말한 것을 상기시킨다. 비록 갈라디아서에서 말하고자 한 것과 여기에서 말하고자 한 것은 서로 다르긴 하지만, 바울은 예수님이 십자가 위에서 죽으신 것이 성경대로 이루어진 것임을 보여줌으로써, 그분의 십자가 죽음이 하나님의 주권 아래에 있었음을 다시 한 번 강조한다. 바울은 부활과 부활하신 그리스도를 본 목격자들에 대해 말할 때도 그런 일들이 하나님께서 "미리 정하신 뜻"(행 2:23)을 따라 이루어진 것임을 계속 강조한다.

이제 바울은 청중에게 소망을 제시한다. "우리도 조상들에게 주신 약속을 너희에게 전파하노니 곧 하나님이 예수를 일으키사 우리 자녀들에게 이 약속을 이루게 하셨다 함이라"(13:32-33). 그런 후에 시편 2:7을 인용해서, 하나님이 예수님을 낳으신 것과 부활을 서로 연결시킨다. 하나님이 예수님을 '낳았다'는 것과 관련된 논의는 복잡하지만, 여기서 이 표현을 사용한 이유는 성부 하나님이 예수님을 죽은 자 가운데서 다시 살리셔서 '죽은 자들 가운데서 먼저 나신' 자가 되게 하셨다는 기본적인 개념을 전하기 위한 것이다(계 1:5).

예수님은 죽음의 지배("썩음," 행 13:34)를 받을 수 없는 다윗의 자손이시기 때문에, 그분이 가지신 하나님의 아들이라는 지위는 왕이라는 지위와 분리될 수 없다. 바울은 시편 2:7, 이사야 55:3, 시편 16:10을 함께 엮어서 성경적인 근거로 제시한다. 이 각각의 본문은 "영원한 언약"(사 55:3)과 "이방 나라를 네 유업으로 주리니 네 소유가 땅 끝까지 이르리로다"(시 2:8)라고 다윗에게 하신 약속 및 "주의 오른쪽에는 영원한 즐거움이 있나이다"(시 16:11)라는 영생에 관한 약속과 관련하여 하나님의 신실하심을 단언하는 맥락 속에 나온다. 부활은 단지 하나님이 그분의 약속을 지키신 것을 보여주는 하나의 역사적 사례가 아니라, 하나님의 구원의 수단이다. "죄 사함을 너희에게 전하는" 것과 "모세의 율법으로 너희가 의롭다 하심을 얻지 못하던 모든 일에도…믿는 자마다 의롭다 하심을 얻는" 것은 부활하신 예수님으로 말미암는다(행 13:38-39).

사도행전의 이 대목에서 구원은 예수님을 믿는 믿음으로 말미암는 죄 사함으로 다시금 요약된다. 여기서 '자유롭게 되다'(ESV)로 번역된 단어는 흔히 '의롭다 하심을 얻다'로 번역된다. 로마서, 갈라디아서, 빌립보서에서 바울이 율법에 관해 제시하는 신학은, 죄를 인식하게 하는 모세 율법이 구원을 위한 것이 아니었다는 깨달음 위에 세워져 있다. 율법이 지닌 이러한 정죄의 기능은 하나님만이 인류의 유일한 소망이심을 보여준다. 율법은 다른 기능들도 지니지만, 구원과 관련해서 가장 중요한 기능은 정죄(그리스도를 지시하는 것과 함께)하는 역할이다. 율법은 하나님과 그분의 의, 그리고 그분이 자기 백성에게서 원하시는 의를 계시하지만, 사람들이 그 의를 이룰 수 있게 하지는 못한다. 율법은 사람들의 마음을 변화시킬 수 없으며, 도리어 사람들의 마음에 있는 죄의 깊이를 드러낸다. 율법이 사람들에게 도둑질하지 말라고 명령하는데도 사람들은 도둑질을 한다. 이를 통해 율법은 도둑질하려고 하는 의도가 사람들의 마음속에 늘 존재함을 보여준다. 이것은 하나님이 이스라엘로 하여금 율법을 지킬 수 없음을 깨닫게 하시기 위해 그들에게 율법을 주셨다는 의미인가? 그렇다. 인간은 하나님을 떠나서는 절망밖에 없다는 것을 보여주시기 위한 것이다.

칭의에 관해 자세하게 논하는 로마서 3:21-5:21과 갈라디아서 3장과 달리, 여기서 바울의 목적은 칭의를 논하는 것이 아니다. 그러므로 우리는 여기서 사도가 한 말을 그가 의도한 것 이상으로 해석하려고 해서는 안 된다. 사도행전 13장에서 바울은 율법의 저주 아래에서 종노릇 하는 것과 이스라엘 사람들이 율법을 힘입어서 그 저주로부터 벗어나는 것이 불가능하다는 것에 초점을 맞추고 있다. 죄 사함이 더 폭넓은 성경신학적 논의와 관련해서 여러 가지 다른 의미를 지닐 수는 있다. 그렇다 할지라도, 성경 기자들이 구원을 요약하기 위해 죄 사함이라는 표현을 가장 일반적으로 사용한다는 성경적인 사실을 폄하함으로써, 여기서 바울이 죄 사함을 말한 의도를 벗어나는 결과를 초래해서는 결코 안 된다. 죄 사함이 구원 전체를 담아내는 표현은 아니지만, 성경은 하나님이 자기 백성을 위해 예수님을 통해 행하신 구속 사역을 요약해서 제시하고자 할 때 죄 사함이라는 표현을 가장 자주 사용한다. 사도행전 13장은 이스라엘 사람들이 예수 그리스도가 오실 것을 예언한 선지자들과 예수님을 거부함으로써 하나님을 거부한 죄를 저질렀다는 것을 강조하고 있으며, 이 맥락 속에서 바울은 하나님이 그분의 약속들을 예수님 안에서 이루시는 것과 예수님을 믿는 믿음으로 말미암아 죄 사함을 얻게 하는 것이야말로 이스라엘의 거부에 대한 유일한 해결책이었음을 분명히 한다. 오직 예수님을 믿는 믿음만이 죄의 저주로부터 자유롭게 한다.

바울은 그의 설교를 경고하는 말로 끝맺는다(40-41절). 예루살렘 유대인들이 메시아를 거부했다는 그의 진술은 예수님께 어떤 일이 일어났는지를 설명하는 것인 동시에, 하나의 실물 교육으로 작용한다. 예수님이 하나님의 약속을 성취하기 위해 예루살렘 유대인들에게 오셨던 것처럼, 이제 바울이 복음을 들고서 비시디아 안디옥의 유대인들에게 왔다는 것이다(바울이 갈 3:1에서 그의 복음 선포를 가리켜 "예수 그리스도께서 십자가에 못 박히신 것이 너희 눈앞에 밝히 보이거늘"이라고 말한 것을 참고하라). 바울이 전하는 메시지를 거부하는 행위은 유대 지도자들이 예루살렘에서 예수님을 거부한 행위와 똑같다. 바울은 그의 설교를 마치는 부분에서 하박국 1:5을 인용하는데, 이 말씀은 "너희 때를 당하여…사람이 너희에게 일러줄지라도"(행 13:41) 하나님이 하신 일을 믿지 않을 것이라는 불길한 예언을 담고 있다. 앞에서 바울은 하나님이 예수님을 통해 무슨 일을 행하셨는지에 관해 설명했고, 이제는 자신의 증언을 믿어야 한다고 말한다. 우리는 통상적으로 정죄를 말한 후에 복음을 전해야 한다고 생각하지만, 여기서 바울은 설교를 경고하는 말로 끝낸다. 아마도 그가 그 뒷부분에 더 많은 말을 했을 수 있지만, 그 말들이 사도행전의 독자인 우리에게 별 의미가 없는 것들이었기 때문에 누가가 기록하지 않은 것일지도 모른다. 바울이 이렇게 경고의 말과 거부를 예고한 예언으로 설교를 끝낸 것은, 또 하나의 전환점인 이 이야기의 다음 장면을 준비하는 중요한 역할을 한다.

42-43절은 바울의 설교에 관한 이야기의 결말로 읽어야 한다. 바울의 설교를 들은 청중 가운데서 다수가 그의 가르침에 긍정적인 반응을 보였다. 그래서 어떤 사람들은 다음 주에도 다시 와서 이 말씀을 해주기를 원하였고, 많은 유대인들과 이방인 개종자가 바울과 바나바를 따랐다. 바울과 바나바는 그 유대인과 이방인 개종자들에게 "항상 하나님의 은혜 가운데 있으라"(43절)고 권하였다. 누가의 이런 기록을 볼 때, 이 사람들은 회심한 것 같지는 않으나 적어도 바울의 설교에 공감했고 관심을 보였다. 일반적으로 누가는 사람들이 회심했다는 사실을 모호하거나 암시하는 표현을 사용해서 말하지 않는다. 그들이 사도들을 '따랐다'는 것은 그들이 구원 얻는 믿음을 갖게 되었음을 의미하지는 않는다. 바울이 그들에게 '항상 하나님의 은혜 가운데 있으라'고 권한 것은 아마도 예수님께 나아오려는 노력을 계속하라는 의미였을 것이다. 그들이 예수님을 믿었을 수도 있지만, 어쨌든 비시디아 안디옥의 유대인들 중에서 예수님을 믿은 사람은 분명히 소수였다.

44-45절은 바울이 로마서 10-11장에서 가르친 것을 이야기로 보여

주는 역할을 한다.

> "내가 말하노니 이스라엘이 알지 못하였느냐 먼저 모세가 이르되 내가 백성 아닌 자로써 너희를 시기하게 하며 미련한 백성으로써 너희를 노엽게 하리라 하였고 이사야는 매우 담대하여 내가 나를 찾지 아니한 자들에게 찾은 바 되고 내게 묻지 아니한 자들에게 나타났노라 말하였고 이스라엘에 대하여 이르되 순종하지 아니하고 거슬러 말하는 백성에게 내가 종일 내 손을 벌렸노라 하였느니라"(롬 10:19-21).

그 다음 주에 회당에 갔을 때 바울과 바나바는 첫 번째 방문 때만큼은 환대받지 못했는데, 적어도 첫 번째 방문 때와 동일한 방식으로 '따뜻하게' 환영을 받지는 못했다. 바나바와 바울이 전하는 말을 듣기 위해 이런저런 이유로 "온 시민이 거의 다"(행 13:44) 모였지만, 바울이 로마서 10:19-21에서 신명기 32:21과 이사야 65:1-2을 간접적으로 인용하고 적용해서 한 말이 그대로 현실이 된다. 우리는 여러 가지 이유에서 이 무리가 주로 이방인이었다고 확신할 수 있다. 그 중 한 가지 이유는 비시디아 안디옥이 주로 이방인으로 이루어진 도시였다는 것이다. 또한 이 무리를 보고서 유대인들이 반발한 것과 이 사건이 바울의 미래의 사역에 미친 영향은 '온 시민이 거의 다' 모인 이 무리가 주로 이방인들이었다는 것을 강력하게 시사해준다.

유대인들은 모든 사람이 바울과 바나바의 말에 귀 기울이는 것을 보고서는 시기가 가득하였다. 유대인들이 바울의 말을 반박하기 시작한 것으로 보아서, 바울과 바나바가 예수님을 전한 것이 쟁점이 되었을 것임에 틀림없다(행 13:45). 누가가 이 사건에서 신학적으로 중요한 것만을 짧게 요약해서 기록하고 있음은 분명하다. 이 대목에서 그는 바울이 정확히 무슨 말을 했는지는 기록하지 않고, 단지 유대인들이 바울이 말한 것을 반박하고 '비방했다'고만 기록한다. 여기에서 비방했다(reviling)는 말은 영어 단어 blaspheme의 어원인 헬라어 블라스페메오(*blasphēmeō*)의 한 형태를 번역한 것이다. ESV는 그들이 비방한 대상이 바울이었음을 보여주기 위해 헬라어 본문에 없는 '그'라는 대명사를 첨가한다. 블라스페메오가 어떤 사람을 비방한다는 의미로 사용될 수도 있긴 하지만, 누가는 사도행전의 다른 곳에서 이 단어를 하나님과 관련해서 사용한다(18:6은 여기와 마찬가지로 모호하고 19:37은 이방의 신과 관련해서 사용하며, 26:11은 분명히 하나님과 관련해서 사용한다). 따라서 여기서 누가가 블라스페메오를 사용한 것은, 유대인들이 바울과 그의 메시지를 반박하고 거부한 행위가 하나님을 모독한 것과 다름없다는 의미를 함축하는 것으로 보인다.[63] 이러한 해석은 사도행전이 전체에 걸쳐서 제시하는 바가, 메시아이신 예수님을 거부하는 것(사도들이 전하는 복음을 거부하는 것)이 하나님을 거부하는 것이라는 데 뒷받침된다. 이 유대인들은 바울을 비방했고, 그렇게 함으로써 신성모독을 저질렀다. 물론 그들이 바울을 가리켜 하나님을 모독한 자로 생각했다는 것은 역설적이다. 바울이 그 다음에 한 말은, 누가가 사용한 비방하다의 의미를 앞서 말한 대로 해석할 수 있음을 추가로 뒷받침한다.

바울과 바나바는 성경을 토대로 그들을 통렬하게 정죄하는 것으로 응수한다. 구원사의 흐름 속에서 전환점을 이루게 될 날이자 그토록 오랜 세월 동안 기다려왔던 날(어떤 사람들에게는 구원을 의미하고 어떤 사람들에게는 정죄를 의미하는)이 도래했다. 하나님이 족장들과 모세와 다윗에게 주신 약속으로 인해 복음은 먼저 유대인에게 선포되었지만, 이제 그들이 복음을 거부하는 것이 극에 달했다. 그렇게 해서 그들이 영생을 얻지 못한다고 해도 그것은 전적으로 그들 자신과 그동안 대대로 하나님을 거부해온 그들의 조상 탓이기 때문에, 바울은 "우리가 이방인에게로 향하노라"(13:46)고 선언한다. 그런 후에 바울은 자신의 이 획기적인 선언을 뒷받침하기 위해, 장차 '이방의 빛'(참고. 이방인들, 행 13:47)이 와서 이 땅의 모든 사람에게 구원의 복

63 Peterson, *Acts*, 397; Polhill, *Acts*, 307. Schnabel은 이 유대인들이 실제로는 바울을 비방하였다고 주석하면서도, 그 비방하는 말 속에 "예수님을 향한 신성모독적인 발언, 아마도 예수님께 율법의 저주를 선언하는 말(신 21:22-32)이 포함되어 있었을 수 있다"고 말한다(*Acts*, 587).

음을 전할 것이라고 약속한 이사야 49:6을 인용한다. 하지만 비시디아 안디옥의 유대인들은 바울이 전한 예수님의 복음을 거부함으로써 아주 공개적으로 하나님을 거부한다.

사도행전 13:48은 구원에 관한 하나님의 절대 주권(이는 사도행전 전체에 가장 뚜렷하게 드러나는 주제다)을 부각시킨다. 비시디아 안디옥의 많은 이방인은 유대인들의 방해를 무릅쓰고 그리스도께로 회심한다. 하나님의 말씀인 복음은 두루 퍼져나가면서 하나님이 의도하신 모든 것을 이룬다(사 55:11). 이방인들은 성경적인 배경도 없고 훈련도 받지 않았으며, 특별히 준비한 것도 없었지만 복음을 듣고 기뻐하며 받아들였다. 여기에서 누가는 바울과 바나바가 전한 하나님의 말씀이 불가능해 보이던 일을 이룰 수 있던 이유를 즉시 설명한다. "영생을 주시기로 작정된 자는 다 믿더라"(행 13:48).

복음전도 및 선교와 관련해서 이 말씀은 성경에서 가장 큰 힘을 주는 말씀 중 하나다. 누가는 믿을 사람들이 누구인지를 바울과 바나바가 미리 알았다고 말하지 않는다. 누가는 바울이 그날에 복음을 전하기로 결심한 이유가, 하나님이 거기에 있는 사람들에게 영생을 주기로 작정하셨다는 것을 알았기 때문이라고 말하지 않는다. 하나님이 누구에게 영생을 주기로 작정하셨는지를 어느 누가 알 수 있겠는가? 그것을 알 수 있는 유일한 방법은 바로 하나님이 영생을 주시기로 작정된 자들은 믿었다는 것이다. 택하신 자들이 누구인지는 하나님만이 아실 뿐이고, 그들이 택함받았다는 사실은 하나님의 말씀이 그들에게 역사하여 그들로 하여금 믿음을 갖게 할 것을 보장한다. 영생으로 작정된 자들은 오직 한 가지 방법을 통해, 즉 복음에 대한 증언을 통해 부르심을 받는다. 하나님의 말씀은 그분이 자기 백성을 부르기 위해 정하신 수단이다. 누가는 성경의 다른 기자들과 마찬가지로, 영원 가운데서 오직 하나님만이 아시는 깊은 비밀을 캐내거나 거기에 대한 어떤 사변적인 논의로 빠지지 않는다.

그런 후에 누가는 또 하나의 요약문을 제시하는데, 이 요약문은 초기 교회의 삶 속에서 극적인 사건이 발생한 뒤에 나온다는 점에서 다른 요약문들과 비슷하다. 바울과 바나바는 사회의 여러 계층으로부터 지속적으로 박해를 받는 가운데 유대인들에 의해 비시디아 안디옥에서 쫓겨난다. 그렇지만 이미 복음은 그 지역의 이방인들 가운데 뿌리를 내리고서 그 지역 전체로 퍼져나가기 시작했다(49-50절). 예수님은 제자들을 이스라엘 가운데로 보내시면서 어느 곳이 복음을 받아들이지 않을 때, 그곳을 나오면서 심판을 상징하는 행위를 하라고 지시하셨다(마 10:14). 예수님의 그 지시대로 바울과 바나바는 비시디아 안디옥을 떠나면서 그들의 발의 티끌을 떨어버린다. 이것은 사실상 '너희는 스스로 너희에 대한 심판을 인쳤고, 우리는 그 일의 증인들이다'라고 말하는 극적인 행위였다. '제자들'(아마도 안디옥의 신자들)은 염려와 두려움에 압도되기는커녕 "기쁨과 성령이 충만[했다]"(행 13:52). 이방인들 가운데서 이뤄진 회심과 성령 체험에 관한 이야기는, 사도행전의 처음 몇 장에서 유대인들 가운데서 확립된 수순과 일치한다. 유대인이든 이방인이든 예수님을 믿는 모든 신자는 성령으로 충만한 제자들이다.

14장

14:1-7 | 이고니온, 루스드라를 거쳐 안디옥으로 돌아옴: 이고니온에서의 사역

갈라디아 지방의 중앙에 위치한 도시인 이고니온에서 벌어진 사건들은, 사도들이 복음 사역을 하면서 무엇을 경험했는지를 보여주는 일종의 축소판이다. 믿지 않는 유대인들의 즉각적인 반대 뒤에 많은 사람의 회심이 일어난다. 초자연적인 표적과 기사들이 일어나 복음 사역을 확증한다. 사도들은 그들에 대한 적대감이 점점 커져가는 와중에도 한동안 그곳에 더 머문다. 마침내 유대인들이 그들을 돌로 쳐서 죽이기로 계획하였다는 것을 알고 그곳을 떠나기로 결심한다.

바울이 "우리가 이방인에게로 향하노라"(13:46)고 선언한 것은, 그들이 이제 유대인들을 포기했다는 것을 의미하지는 않는다. 나중에 바울은 "나의 형제 곧 골육의 친척을 위하여 내 자신이 저주를 받아 그리스도에게서 끊어질지라도 원하는 바로라"(롬 9:3)고 쓴다. 바울은 이방인의 사도였지만, 사역에서 유대인을 배제하지는 않았다. 유대인들은 바울이 겪은 최악의 박해들 중 몇몇을 주도한 사람들이었으며, 바울은 유대인들이 역사

적으로 하나님을 믿지 않고 거부해 왔다는 것을 말하는 데 전혀 주저하지 않았다. 그러할지라도 동포 유대인들이 그들의 메시아를 받아들이기를 원하는 바울의 열망은 결코 식을 줄 몰랐다(롬 10:5-21; 살전 2:14-16).

오늘날에도 마찬가지이지만 그리스 로마 세계에서 회당은, 유대인들이 다양한 사회적이고 정치적인 활동들을 펼치는 본거지 역할을 했다.[64] 바울은 이 갈라디아 지방의 도시들을 처음으로 방문하였는데, 고대 세계에서 여행자들은 이용할 수 있는 숙소나 식당이나 주유소나 호텔을 스마트폰으로 검색하는 호사를 누릴 수 없었다. 그래서 회당은 낯선 지역에서 유일하게 친숙한 곳으로, 그 지역에 발을 디딜 수 있게 하는 발판의 역할을 하였다. 그리고 당연히도 회당은 하나님이 아브라함에게 주신 약속을 나사렛 예수를 통해 어떤 식으로 이루셨는지를 나눌 수 있는 기회도 제공해 주었다.

누가는 많은 유대인과 헬라인이 복음을 믿었다고 기록한다(행 14:1; 참고. 13:43에 나오는 표현). 바울과 바나바는 회당에서 복음을 전했기 때문에, 헬라인은 개종자들과 하나님을 경외하는 자들을 가리키는 것일 수 있다. 하지만 '유대인의 회당'이라고 구체적으로 언급하고 나서 헬라인을 따로 언급한 것과 이 절이 지닌 요약적인 성격으로 미루어 볼 때, 누가가 이고니온에 사는 믿지 않는 헬라인 주민들을 언급한 것일 가능성도 있다.[65] 누가가 복음 전파를 반대한 사람들을 언급하는 2절과 5절에서 '이방인들'이라고 다르게 표현하는 것을 주목하라. 이렇게 다르게 표현한 것은, 헬라인이 이방인 신자들을 가리키는 전문용어라거나, 이방인이 언제나 믿지 않는 자들을 가리키는 것이 아니다. 여기서 헬라인이라는 단어는 로마서 1:16("먼저는 유대인에게요 그리고 헬라인에게로다")에서 사용한 것과 마찬가지로, 출신배경이 서로 다른 신자들을 간편하게 구별하는 방법으로 사용된다.

64 N. T. Wright, *Acts for Everyone, Part 2: Chapters 13-28* (Louisville: Westminster John Knox, 2008), 25-26.

65 Schnabel, *Acts*, 603.

믿지 않는 유대인들은 즉시 이방인들을 선동해서 바울과 바나바에 대해 반감을 품게 만든다. 그러할지라도 두 사람은 이고니온에 머물면서 복음을 전한다. 얼마 후에 두 사람은 박해에 직면해서 서로 다른 행동을 취하게 될 것이다. 한편 그들이 복음을 전할 때 주님은 그들의 증언이 옳다는 것을 표적과 기사로 보여주신다. "자기 은혜의 말씀"(행 14:3)은 예수님을 통한 구원의 복음을 가리킨다. 예수님은 두 사람에게 능력을 주셔서 표적과 기사를 행하게 하시는데, 적어도 병 고치는 것과 방언으로 말하는 것이 포함되어 있었을 것이다(참고. 2:4). 베드로와 예루살렘의 사도들의 경우와 마찬가지로 바울과 바나바가 복음을 전할 때 성령이 임하였다.

이고니온의 이방인들 중 어떤 사람들은 유대인 편에 서서 바울과 바나바를 반대했고, 또 다른 사람들은 반드시 신자가 된 것은 아니었지만 이 두 사람 편에 선다. 이는 나중에 아덴(아테네)에서도 믿지 않는 자들이 복음 메시지에 관심을 보이고서 바울에게 다시 와서 말해줄 것을 요청한 것과도 비슷한 모습이었다(17:32). 누가는 바울과 바나바를 '사도'로 지칭한다. 이 단어는 '보내심을 받은 자'라는 일반적인 의미로 사용될 수 있지만(히브리서 3:1에서는 그런 의미로 예수님을 "사도"라고 부른다), 신약성경에서는 원래의 열두 사도(마 10:2; 막 3:14; 눅 9:1; 행 1:2)와 부활하신 주 예수님을 뵙고 친히 사도로 임명된 바울(행 9장)을 가리키는 데 압도적으로 많이 사용된다. 따라서 사도 시대 이후에도 교회에 사도의 직분이 존재한다고 주장할 만한 합당한 근거가 없다.

바울은 서신들에서 그가 분명히 사도와 사도의 사역으로 부름을 받았다는 사실을 여러 번 말하고,[66] 베드로도 동일하게 말한다.[67] 또한 사도라는 단어는 예수님의 아우이자 예루살렘 교회의 지도자였던 야고보에게도 사용된다(갈 1:19). 사도행전 15장에서는 '사도와 장로'(15:22, 23)를 구별해서

66 롬 1:1; 11:13; 고전 1:1; 9:1, 2; 15:9; 고후 1:1; 12:12; 갈 1:1; 엡 1:1; 골 1:1; 딤전 1:1; 딤후 1:1; 딛 1:1.

67 벧전 1:1; 벧후 1:1

말한다. 누가와 바울의 글에 따르면, 다른 사도들이 야고보의 사도직을 인정한 것은 분명하다. 야고보가 부활하신 예수님에 의해 직접 사도로 임명되었다는 성경의 기록은 없지만, 그는 사도들에 의해 사도로 인정을 받는다. 그러나 바나바는 어떠한가? 복음서에서 열두 사도를 가리키는 데 자주 사용된 '제자'라는 단어는, 일반적으로 예수님을 따르는 자들을 가리키는 데에도 사용될 수 있다(예컨대, 행 6:1, 2, 7; 9:1, 19). '사도'라는 단어가 거의 열두 제자, 바울, 야고보, 그 밖의 소수의 사람들에 대해서만 사용되고 있다는 사실은, 누가가 이 단어를 예수님이 직접 사도로 임명한 사람들이나 성령의 인도하심을 따라 다른 사도들에 의해 사도로 인정을 받은 사람들을 가리키는 전문적인 용어로 사용하고 있음을 시사한다. 바나바가 다른 사도들에 의해 사도로 인정을 받았다는 기록이 성경에는 없지만, 이미 그런 방식으로 사도로 인정을 받았을 가능성은 있다.

아마도 누가가 바나바를 사도라고 부른 이유에 관한 가장 좋은 설명은, 바나바가 바울과 함께 성령과 안디옥 교회에 의해 구별되고 위임을 받아(13:2-3) 여행을 다니며 복음을 전하고 가르치는 일을 했기 때문이라는 것이다. 일반적으로 말해, 바나바는 초기 교회에서 권위를 지닌 중요한 인물이었다. 베드로와 요한과 야고보는 바울과 바나바에게 '친교의 악수'를 청하였고, 다른 사도들이 유대인에게로 부름 받은 것처럼 그들이 이방인에게로 부름 받았다는 것을 인정했다(갈 2:9). 바나바는 바울을 도와서 그를 사도들에게 소개해주었고(행 9:27), 사도들은 바나바를 안디옥에 보내 그곳에서 일어난 일을 살펴보게 했다(11:22). 바울은 안디옥에서 모든 유대인 신자가 '외식'한 것에 대해 분노하면서 그들 가운데 베드로와 '바나바'를 지목하여 거론한다(갈 2:13).

이렇게 바나바는 초기 교회에서 특별하고 중요한 사역을 맡은 것으로 인정된다. 적어도 바나바에 관해 사용된 표현들과 여러 가지 맥락 속에서 그가 등장하는 횟수를 감안할 때, 그의 위치는 스데반(초기에 순교했지만)이나 빌립, 그리고 바울의 동역자들이었던 디모데, 디도, 에바브로디도 같은 신약성경에 등장하는 다른 중요한 인물들보다 더 중요했다. 다시 말해, 사도행전이나 신약성경의 나머지 부분에서 야고보를 제외하고는 바나바와 견줄 수 있는 다른 인물이 없었다는 것이다. 예수님의 아우였던 야고보와 마찬가지로 바나바는 열두 제자 및 바울과 견줄 만한 인물로서 사도적 지위에 있었다. 바나바는 이런 특정한 의미에서 사도였고(우리는 그 전모를 알 길이 없지만), 이런 이유로 누가가 이 부분에서 그를 사도라고 불렀을 수 있다(행 14:4).

적대감이 목숨을 위협하는 지경에 이르렀을 때, 바울과 바나바는 이고니온을 떠난다. 이것은 사도들이 가능한 한 기꺼이 박해를 피하려고 했음을 보여주는 또 하나의 예다. 나중에 우리는 바울이 박해를 피할 수 있음에도 피하지 않은 예들도 보게 되는데, 그는 반드시 박해 당하리라는 말을 듣고서도 확신을 가지고 그 박해를 정면으로 마주한다. 하지만 이고니온에서는 하나님께서 아무런 경고도 하지 않으신 것으로 보인다. 누가는 바울과 바나바가 단지 이방인들과 유대인들과 관리들이 자신들을 돌로 쳐 죽이려고 계획했다는 사실을 알았다고만 기록한다. 복음으로 회심한 자들과 마찬가지로 복음을 반대하는 자들도 온갖 사회적, 인종적, 정치적 배경 가운데서 생겨난다. 바울과 바나바는 갈라디아 지방을 좀 더 돌아다니면서 가는 곳마다 계속 복음을 전하고(7절), 그렇게 하면서 계속 위험에 직면하게 된다.

14:8-18 | 이고니온, 루스드라를 거쳐 안디옥으로 돌아옴: 루스드라에서의 사역

이고니온에서 북서쪽으로 32킬로미터 조금 못 되는 곳에 있던 루스드라는 사도들이 지금까지 방문한 곳들 중에서 가장 이방적인 곳이었다. 이 단락은 3장에서 베드로와 요한이 성전 밖에서 겪은 것과 아주 비슷한 사건으로 시작된다. 베드로가 예루살렘에서 날 때부터 걷지 못한 사람을 보고, "나사렛 예수 그리스도의 이름으로 일어나 걸으라"(3:6)고 말한 것처럼, 루바울은 스드라에서 날 때부터 걷지 못하는 사람이 자기가 전하는 말씀을 듣고 있는 것을 주목하여 보다가, "네 발로 바로 일어서라"(14:10)고 말한다. 그리고 3장에서와 마찬가지로 루스드라의 그 사람도 "일어나 걷

[기]"(14:10) 시작했다. 한편 예루살렘에서 날 때부터 걷지 못한 사람은 돈을 구걸하고 있었던 반면에 이 사람은 바울이 전하는 말씀을 듣고 있었는데, 바울은 성령이 보게 하심을 따라 그 사람에게 믿음이 있는 것을 본다. 사도들이 예루살렘에서 행한 표적과 기사가 세상을 향해 성령이 메시아 예수를 증언한 것이었듯이, 루스드라에서 행해진 이 이적은 성령이 이방인 지역사회 속으로 복음이 들어가는 문을 여신 것이다.

예루살렘의 유대인들이 날 때부터 걷지 못한 사람을 고친 사도들의 이적에 놀란 것과 마찬가지로, 루스드라의 이방인 무리도 이 이적을 보고 깜짝 놀란다. 그러나 루스드라의 이방인들은 이 일의 의미를 신속하게 해석한다. "신들이 사람의 형상으로 우리 가운데 내려오셨다"(11절). 구체적으로 말하자면, 그들은 신들의 왕인 제우스가 바나바의 모습으로, 제우스의 아들이자 신들의 사자인 헤르메스가 바울의 모습으로 루스드라에 내려왔다고 생각했다. 그들이 그렇게 생각할 만한 근거가 있는데, 그 지역에는 이 두 신이 이전에도 사람의 모습으로 방문한 적이 있다는 전설이 전해 내려오고 있었기 때문이다.[68] 제우스의 제사장들이 신들이 내려왔다고 생각하고서는 와서 제사를 지내려고 하는 등 소동은 걷잡을 수 없이 커져갔다.

바울과 바나바가 루스드라 사람들에게 보인 반응은, 헤롯이 "이것은 신의 소리요 사람의 소리가 아니라"(12:22)는 백성들의 환호성에 보인 반응과는 정반대다. 두 사도는 즉시 그들의 옷을 찢었는데, 이것은 탄식과 슬픔을 표현하는 전형적인 행위였다.[69] 바울은 자기와 바나바를 가리켜 "여러분과 같은 성정을 지닌"(14:15) 사람이라고 단호하게 말한다. 이 소동을 멈추기 위해서는 신속한 조치가 필요했고, 바울은 즉시 정확하게 그 조치를 취한다. 그는 하나님은 한 분뿐이라고 단언하고, 단도직입적으로 회개하라고 촉구한다. 시작부터 바울은 그들이 가진 세계관의 핵심 부분인 다신교

68 Polhill, *Acts*, 314.

69 이것을 입증하는 본문은 셀 수 없이 많다. 옷을 찢는 것은 여러 가지 상황 속에서 행해진다(예컨대, 창 37:29; 스 9:3; 마 26:65).

에 도전한다. 오직 한 분 하나님이 계실 뿐이며 그 하나님은 만물의 창조주이시다. 이 선포는 그들의 우상숭배에 일격을 가한 것이다. 그런 후에 바울은 그들이 지금 자기가 전하는 그 하나님께 책임을 져야 한다고 말한다.

바울이 이어서 전하는 말들에는, 그가 아레오바고에서 행한 좀 더 긴 강론(17장) 및 우리가 '자연 계시'라고 부르는 로마서 1장의 논의와 비교할 만한 내용들이 있다. 바울은 루스드라 사람들이 가지고 있는 모든 것, 즉 비와 음식을 비롯해 그들이 누리고 있는 좋은 시기와 만족감이 한 분 하나님께로부터 온 것이라고 말한다(참고. 마 5:45). 바울은 모든 사람의 공통적인 경험을 한 분 하나님이 계신다는 사실에 대한 증거로 제시한다. 로마서 2장에서와는 달리 이 부분에서 바울은 하나님이 그런 것들을 통해 개개인에게 그분을 계시하셨다고 말하지는 않지만, 그런 것들이 하나님의 존재를 증언하고 있음을 분명히 한다(행 14:17). 바울은 17절에서 이렇게 말하기에 앞서, 16절에서 하나님이 지금까지는 모든 민족으로 하여금 그들의 길을 가도록 허용하셨다고 말한다. 하나님은 모든 민족에게 우상숭배를 허용하셨지만(롬 1:24), 그 우상숭배는 그들이 태어나면서부터 한 분 하나님을 알고 있음을 보여주는 증표다(롬 1:19-20). 그리고 그들은 비록 한 분 하나님을 인격적으로 알고 있지 못하나 그분이 베푸시는 좋은 선물들을 받고, 그분으로 말미암아 존재하며 살아가고 있다(행 17:28).

이 말씀은 성경의 진리를 간결하면서도 탁월하게 제시하고 있다. 비록 복음을 완벽하게 제시한 것은 아니지만(분명히 그럴 시간이 없었을 것이다), 성경적인 배경을 지니고 있지 않은 사람들을 복음으로 이끌기 위한 길잡이 역할을 한다. 바울은 그들의 삶과 인간의 공통적인 경험을 성경의 진리와 연결시킨다. 그는 이 이방인 무리 앞에서 성경 본문을 인용하지 않지만(유대인 청중에게는 성경 본문을 인용했다), 성경에 담겨 있는 신학적인 메시지를 청중의 삶과 연결시켜 요약해서 제시한다. 이것은 상황에 맞춰 복음을 적절하게 제시한 또 하나의 모범이다. 누가의 기록에 따르면, 바울은 설교를 끝마치지 못하지만, 안디옥으로 돌아오는 길에 루스드라를 들른다(14:21). 이 내러티브에서 바울은 복음을 완벽하게 전할 수 없던 것처럼 보이지만,

장래에 행할 사역을 위한 토대는 닦아놓았다. 누가가 (다른 곳에서와 마찬가지로) 이 기사를 축약하기 위해, 바울이 예수님을 증언한 부분을 제외시켰을 가능성도 있지만, 이는 누가의 전형적인 서술 방식과 부합하지 않는 것으로 여겨진다.

바울이 루스드라를 처음으로 방문한 동안에 사람들이 믿게 되었는지는 분명하지 않다. 누가는 20절에서 사람들이 바울을 돌로 쳐서 죽은 줄로 알고 시외에 갖다버렸는데, 다른 '제자들'이 그를 둘러싸고 있었다고 말한다. 이 제자들은 루스드라에서 회심한 사람들을 가리키는 것일 수도 있고, 비시디아 안디옥과 이고니온 등지에서 바울을 따라온 다른 신자들이나 루스드라에서 바울과 함께 있던 다른 익명의 일행을 가리키는 것일 수도 있다.[70] 우리는 18절과 19절 사이에서 어느 정도의 시간이 흘렀는지 알지 못한다. 그래서 바울이 여러 번에 걸쳐서 복음을 전하고 회개를 촉구했다고 볼 수도 있다. 하지만 누가는 여느 때와는 달리(예컨대, 13:48; 14:1) 이곳에서는 사람들이 믿었다는 말을 하지 않는다. 바울이 다른 곳들을 전도하고 나서 다시 루스드라에 들렀을 때(21절), 그곳에는 바울의 사역을 통해 믿음을 갖게 된 디모데를 비롯한 신자들이 있었다(16:1).

14:19-23 | 이고니온, 루스드라를 거쳐 안디옥으로 돌아옴: 바울이 돌에 맞음 한 때 다소의 사울은 자신이 물려받은 유대교의 유산을 지키기 위해 그리스도인들을 추적하여 잡아들이고 박해하였다. 그런데 이제 예수님이 아나니아를 통해 사울에게 하신 말씀("그가 내 이름을 위하여 얼마나 고난을 받아야 할 것을 내가 그에게 보이리라," 9:16)이 이루어져서 역할이 뒤바뀌었다. 안디옥과 이고니온에서 온 유대인들이 바울과 바나바를 루스드라까지 좇아 왔고, 바울은 그들에 의해 거의 죽을 뻔하였다. 비시디아 안디옥은 루스드라에서 대략 160킬로미터 정도 떨어져 있었는데, 그곳에서 온 사람들이 루스

70 바울은 바나바(행 13:1-2), 요한 마가(13:13), 실라(15:40), 디모데(16:1-3), 누가(16:10)와 같이 꽤 많은 일행과 함께 선교 여행을 다녔다.

드라에 사는 사람들을 선동하여 서로 합세하게 된다. 유대인 공동체가 서로 밀접해 있어서 왕래하고 메시지를 전하기가 상대적으로 수월했으리라는 점을 고려하면, 안디옥과 이고니온(서로 129-145킬로미터 떨어진)의 유대인들이 나사렛 출신의 거짓 메시아를 전하고 모세 율법을 무시하며 하나님에 대해 죄를 짓는 광신도들(믿지 않는 유대인들은 그리스도인들을 그런 무리로 생각했다)의 위험성에 대해 얼마든지 서로 의견을 주고받았을 수 있다.

이것은 바울이 겪은 고난의 시작일 뿐이었지만, 그 고난은 혹독했다. 유대인들은 제우스와 헤르메스 사건으로 인해 이미 흥분해 있던 무리를 선동해서 사도들을 공격하게 만들었고, 이 폭도들은 바울을 붙잡아 돌로 쳐서 죽였다(그들은 바울이 죽은 줄로 알았다). 모세 율법은 범죄한 자를 진영 밖으로 데리고 나가서 돌로 쳐 죽이라고 말하지만(민 15:35), 그들은 바울을 성 안에서 돌로 쳐 죽인 후에 성 밖으로 끌고 가서 내쳤다. 따라서 유대인들은 바울을 돌로 쳐 죽이라고 선동만 하고, 실제로는 이방인들이 실행한 것으로 보인다. 믿지 않는 유대인들은 예수님께 행한 것처럼(눅 23:1-25; 요 18:28-32; 19:12-16), 그리스도인들을 박해하기 위해서라면 거리끼지 않고 부정한 이방인들과 손을 잡았다. 한편 그들이 바나바를 돌로 쳐서 죽이지 않은 이유에 대해서는 추측만 할 수 있을 뿐이다. 일단 우리가 아는 바대로라면 특별히 비시디아 안디옥과 루스드라(루스드라 사람들은 바울을 신들의 사자이자 대변인인 헤르메스라고 불렀다)에서는 대부분 바울이 설교를 전했다(그러나 행 13:46과 14:3을 참고하라). 그 이유가 무엇이었든, 그들은 바울을 더 심각하게 위험한 인물이라고 여기고서 지목하여 돌로 쳐 죽인 것으로 보인다. 바울은 그들이 죽었다고 생각하여 성 밖에 끌어내어 버릴 정도로 아주 심각한 부상을 입었다. 이에 비추어 볼 때, 그가 이튿날 아무렇지 않게 또 다시 전도하러 다녔다는 것은 한층 더 놀라운 일이다. 바나바와 그 밖의 다른 제자들은 틀림없이 엄청난 충격을 받고 경악했을 것이다. 하지만 하나님은 바울이 죽게 내버려두지 않으셨다.

하나님의 은혜로 말미암아 바울은 살아남는다. 루스드라 사람들은 그가 죽었다고 생각해서 그를 성 밖으로 끌어내어 버렸지만, 제자들은 그 밤에 바울을 데리고 다시 성 안으로 들어왔다. 어쨌든 바울은 이튿날 루스드라를 떠나서 96킬로미터쯤 떨어져 있는 더베로 걸어(반드시 그러했으리라는 보장은 없지만) 갔다. 바울은 틀림없이 하나님의 이적적인 치료를 경험했거나 돌에 맞는 동안 하나님의 보호를 받았기에(참고. 딤후 3:11) 이튿날 그렇게 먼 거리를 갈 수 있었다. 바울은 이 선교를 잠시 멈추거나 재고하지 않았다. 그는 예수님이 이방인들에게 복음을 증언할 사도로 구별한 자요, 성령이 선교 여행을 위해 구별한 자였다. 그러하기에 그 무엇도 그가 이 소임을 완수하는 것을 가로막지 못하였다.

1차 선교 여행에서 바울 일행이 가장 멀리 간 곳인 더베에서의 사역에 대해, 누가는 바울이 전도하여 "많은 사람을 제자로"(행 14:21) 삼았다고 매우 짤막하게 서술한다. 여기서도 박해를 받을수록 교회가 성장한다는 양상이 그대로 적용된다. 이제 이방인들도 교회를 박해하는 데 전적으로 가담했기 때문에, 교회가 유대인 선교를 할 때에만 박해를 받는 것이 아니라는 사실이 분명해졌다. 그러나 이방인들은 예수님을 믿음으로 말미암는 구원에도 전적으로 참여하고 있었다.

바울과 바나바는 그들이 지나온 길을 되짚어 가며 루스드라와 이고니온과 비시디아 안디옥의 교회들을 방문했다. 바울이 최근에 루스드라에서 겪은 일을 감안할 때, "우리가 하나님의 나라에 들어가려면 많은 환난을 겪어야 할 것이라"(22절)는 그의 메시지는 대단히 의미심장하다. 초기 그리스도인들은 사도들의 발자취를 따라 점점 더 고난을 겪게 될 것이므로, 바울은 그의 경험에서 우러나온 이 말로 그들을 준비시킨다.

최초의 교회들을 세운 일과 그 교회들의 지도자들을 세운 일은 거의 동시에 이루어졌다. 누가는 바울과 바나바가 "각 교회에서 장로들을 택하[였다]"(23절)고 언급하며 바울의 1차 선교 여행에 관한 내러티브를 끝맺는다. 누가가 자세히 기록하지는 않지만, 우리는 예루살렘 교회에서 발견되는 교회의 기본적인 체제(11:30; 15:2; 21:18)가 다른 교회에도 적용되었다고 말할 수 있다(20:17). 바울은 서신들에서 장로의 자격요건에 대해 말하지만(딤전 3:1-7; 딛 1:5-9), 이 부분에서 누가는 단지 바울이 교회들의 지도

체제에 신경을 썼다는 사실을 보여주는 데에만 관심을 둔다. 누가의 설명과 바울의 서신들을 종합해보면, 사도행전에서 교회의 지도체제와 관련된 구체적이고 반복적인 유형을 충분히 확인할 수 있다.

우리는 루스드라나 이고니온 같은 각각의 지역에 한 교회가 있었는지 여러 교회가 있었는지를 단정지어 말할 수는 없다. 다만 그 지역에는 적은 수의 신자들만 있었기에, 한 지역에 한 교회가 있었으리라고 조심스럽게 추정할 수 있다. 그렇지만 한 도시 또는 한 지역 안에 교회의 수가 하나였든 다수였든, '각 교회에서'라는 표현이 오늘날 많은 교회의 경우와 달리 한 교회에 한 명의 장로만을 택하였다는 의미로 이해할 근거는 없다. 여기에서 누가는 '장로들'로 번역되는 헬라어 복수형태[프레스뷔테로이(*presbyteroi*)]와 '각 교회에서'로 적절히 번역되는 헬라어 어구를 사용하기 때문이다.

14장

14:24-28 | 이고니온, 루스드라를 거쳐 안디옥으로 돌아옴: 안디옥으로 돌아옴

바울과 바나바는 안디옥으로 돌아가는 길에 버가에 들러서 복음 전도의 사역을 한다(25절). 버가는 그들이 선교 여행의 초반에 잠시 들렀던 곳이었고, 요한 마가가 예루살렘으로 돌아가기로 결심한 곳이기도 하다(13:13). 그들은 앗달리아로 내려가 그곳에서 배를 타고 본거지인 안디옥으로 떠난다. 안디옥에 돌아온 그들은 이번 선교 여행에서 일어난 일들, 특히 하나님이 "이방인들에게 믿음의 문을 여신 것"(14:27)을 보고한다. 하나님이 이방인들 가운데서 처음으로 행하신 일은, "땅 끝"(1:8)까지 복음을 전하는 일과 관련해서 중요한 한 걸음을 의미하는 것이었다. 그러나 이방인들이 교회에 받아들여지는 일이 일부 유대 신자들에게 환영받지 못했기 때문에, 초기 교회에서 최초의 가장 큰 논쟁으로 이어졌다.

응답

바울이 이방인 사역을 다닌 곳마다 그곳의 실정에 맞게 복음을 조금씩 다르게 전한 모습에서, 오늘날 선교에서 말하는 상황화(contextualization, 현지 맞

춤형 선교)의 효과적인 형태를 볼 수 있다. 우리는 모두 어느 정도 상황화한다. 우리가 어떤 교회를 갈 때 정장을 입고 갈 것인지 일상복을 입고 갈 것인지를 선택하는 간단한 일도, 그 교회와 무엇이 어울릴지를 생각해서 선택한 것이라면 상황화한 것이다. 다양한 형태의 상황화에 관심을 갖는 것은 합당하다. 오늘날에는 상황화를 단계로 나누는 표현을 사용하기까지 한다. C1은 전혀 상황화하지 않는 단계를 가리키고, C5는 완전히 상황화하여 실제로 그리스도인임을 거의 나타내지 않는 단계를 가리킨다. 어떤 경우에는 그리스도인들에게 이슬람 문화권에서 스스로 무슬림이라고 부르도록 권장하기도 한다. 그러면서 그런 경우에 그리스도인이 무슬림들과 마찬가지로 자신을 '무슬림'이라는 명칭으로 가리킨다 하더라도, 그 명칭을 이해하고 해석하는 방식이 서로 다르기 때문에 거짓을 행하는 것이 아니라는 식으로 말한다. 그러나 실상 그렇게 하는 것은 언어적인 술수를 써서 교묘하게 속이는 것이며, 따라서 잘못된 것이고 때로는 죄가 되기도 하다. 마찬가지로, 어떤 사람들은 양을 키우지 않거나 심지어 그런 동물이 있다는 것조차 모르는 원주민 부족들을 위해, 성경을 번역할 때 '어린 양'이라는 단어 대신 '돼지'나 그 밖의 다른 단어를 사용해야 한다고 주장한다.

비록 극단적인 예시들이지만, 이러한 '상황화'는 그리스도 안에 있는 새 생명이라는 성경적인 실체를 무시하는 것이다. 우리는 상황화가 복음을 희석시키거나 모호하게 만들어야만 하는 것이 아니라는 사실을 이해해야 한다. 올바른 상황화는 복음을 전하는 사람들, 그리고 어떻게 복음을 전할 것인가과 더 관련이 있다. 또한 올바른 상황화는 복음을 전하는 과정에서 어떻게 하면 불필요한 장애물들을 제거할 수 있는지를 세심하게 살피는 것과 관련된다. 여기에서 핵심은 그렇게 하면서도 복음 메시지를 그대로 보존해야 한다는 것이다.

이 본문의 바예수가 행한 마술은 우리 중 대다수가 경험하지 못한 것으로, 오늘날의 판타지 소설에 등장하거나 눈속임을 이용하거나 카드를 사용하는 마술과는 완전히 다르다. 눈속임을 이용한 마술은 아무것도 아니지만, 바나바와 바울은 그와 다른 것을 마주하였다. 대부분의 서양인들이 그런 종류의 흑마술을 거의 경험하지 못했을지라도, 오늘날에도 그런 흑마술은 여전히 존재한다. 8장에 나온 시몬 마구스에 관한 이야기에서 이미 언급했듯이, 성경은 속임수로든 실제로든 자연을 조종해서 힘을 얻거나 개인적인 이득을 얻는 온갖 종류의 마술을 단호하게 정죄한다. 그 근원을 살펴보면, 마술은 일종의 우상숭배다. 마술사, 무당, 주술사, 점쟁이는 그런 일을 거저 해주지 않는다. 그들은 돈을 받고서 자신의 고객에게 어떤 실제적이거나 가상의 이득을 제공한다. 대부분의 서양인들은 초자연적이라면 거의 무엇이든지 배척하고 포스트모더니즘적인 세계관이 의심과 회의에 뿌리를 두고 있지만, 많은 사람이 주술이나 그 대체품인 이런저런 '영성'에 열려 있다.[71] 그런 관심은 인간이 태어나면서부터 우리 자신보다 더 큰 존재에 대해 인식하고 있다는 사실을 보여주는 것이긴 하다. 그러나 마술이나 주술에는 손쉽게 사후세계의 힘을 빌어서 한 개인의 삶을 그가 간절히 바라거나 원하는 대로, 또는 흐릿하게 알거나 마음 내켜하는 바에 따라 만들어 갈 수 있게 해준다는 측면이 있다. 마술이나 점성술이나 주술 같은 것들은, 한 개인이 스스로 노력하거나 삶을 변화시키지 않고도 원하는 것을 얻을 수 있게 하는 방식이다. 마술이나 주술을 '전업으로' 하는 사람들은 기본적으로 그들 자신 외에는 아무에게도 책임을 지지 않는다. 그것들은 투자는 거의 하지 않은 채 이득만 챙기는 것이다. 이와 관련된 끔찍한 진실은, 마술이나 주술이 발휘하는 어떤 힘이 성령이 아니라 악으로부터 흘러나오는 영적인 능력이라는 것이다.[72]

분명한 사실은, 하나님의 절대주권과 복음을 전하고 선교하라는 부르

14장

71 Wright도 이와 동일한 말을 한다(*Acts for Everyone, Part 2*, 5).

72 필자는 사람들에게 즐거움을 주기 위해 눈속임을 이용하는 자들을 시몬 마구나 바예수와 동일한 범주로 여기지 않는다. 어떤 물체가 갑자기 사라지게 하거나 어떤 사람이 뽑은 카드를 알아맞히는 마술은, 그것을 위해 엄청나게 연습을 반복해서 숙련시키는 과정을 겪어야 하며 반드시 주술과 연관되어 있지는 않기 때문이다. 즐거움을 위해 행하는 이러한 많은 것에 관해 그리스도인들은 성경의 지혜를 주의 깊게 적용해서 자신의 양심에 따라 개인적으로 묵인할 수 있는 것인지 아닌지를 자유롭게 결정할 수 있다.

심이 어떤 상황 속에서도 계속된다는 것이다. 우리는 즉시 열매가 나타나지 않아서 조급해하며 복음을 전할 기회를 얻었을 때 복음을 충분히 전했는지, 바른 것들을 모두 전했는지, 충분한 시간을 들여 복음을 온전히 제시했는지 염려한다. 하나님이 자기 백성을 택하셨다는 사실은, 이렇게 조급함과 염려에 대해 모든 것을 하나님께 맡겨야 한다는 것을 우리에게 일깨워준다. 영혼을 구원하는 일은 하나님이 하시는 일이고 그분은 어떤 상황에서든, 많든 적든 우리를 필요한 만큼만 사용하실 것이다. 우리는 우리가 전한 불완전하거나 부분적인 진리의 말씀이 언제 사람들의 심령 속에 씨앗으로 뿌려지고 결실하게 될 지를 결코 알지 못한다. 나중에 바울이 고린도의 신자들에게 한 말이 이 사실을 적절하게 설명해 준다. "나는 심었고 아볼로는 물을 주었으되 오직 하나님께서 자라나게 하셨나니"(고전 3:6). 복음전도의 열매를 놓고 염려하는 것은, 하나님의 능력을 믿지 못하거나 그분이 모든 일을 친히 정하신 때에 뜻하신 대로 행하신다는 것을 기억하지 못하고 있다는 증표다. 복음을 들은 사람이 그 자리에서 회심하든 여러 해 후에 회심하든, 그것은 처음부터 끝까지 하나님이 하시는 일이다. 우리는 오직 하나님이 우리에게 주신 때와 은사와 기회를 충실하게 사용하는 데에 관심을 가져야 한다.

15:1-5 | 예루살렘 공의회: 이방인들을 괴롭게 함 초기 교회에서 일어난 중요한 신학적인 논쟁은 믿음 곧 '구원받기 위해서는 무엇이 요구되는가?'라는 핵심 쟁점에 관한 것이었다. 사실 이것은 모든 시대에서 중요한 신학적 쟁점이 되어 왔다. 한 사람이 그리스도인이 되고 하나님의 백성에 속하게 된다는 것은 무엇을 의미하는가? 이 질문을 통해 기독교의 믿음이 지닌 개인적인 측면과 집단적인 측면이 모두 대두된다. 이 질문에 대해 서로 절대적으로 양립할 수 없는 두 가지 대답이 제시된다. 한 가지 대답은 기본적으로 다음과 같다. 그리스도인이 되려면 오직 예수님을 믿는 믿음만이 필요하다. 또 한 가지 대답은 다음과 같이 말한다. 그리스도인이 되려면

예수님을 믿는 믿음 및 그 밖의 다른 어떤 것(초기 교회의 경우에는 할례)이 필요하다. 이 대답에는 숨겨진 조항이 있다. 할례를 받아들인다면 그 조건과 결부되는 무수히 많은 함의도 받아들여야 한다는 것이다. 왜냐하면 이 대답의 두 번째 요구조건인 할례가 모세 율법의 일부이기 때문이다. 따라서 그리스도인이 되기 위해 율법의 한 부분인 할례를 받아야 한다면, 곧 율법 전체를 지켜야 한다는 것이 된다. 모세 율법을 부분만 선택해서 순종하는 것은 불가능하다. 율법 전체를 지키거나 율법 전체를 지키지 않거나 둘 중의 하나만이 가능하다. 초기 교회의 할례당은 그것을 알고 있었기 때문에, 이방인들이 할례를 받아야 하고 율법 전체를 지켜야 한다고 말했다(5절). 반면, 사도들은 '그렇지 않다, 이방인들이 그리스도인이 되기 위해서는 오직 예수님을 믿는 믿음만 있으면 된다'고 말했다.

여기서 쟁점은 '사람이 하나님과 어떤 관계를 맺어야 하는가'이다. 이스라엘의 역사를 통해 인간은 죄악되기 때문에 율법을 지킬 수 없다는 것이 증명되었다. 그런데도 사람은 율법을 통해 하나님과 관계를 맺어야 하는가, 그렇지 않으면 믿음을 통해 하나님과 관계를 맺어야 하는가? 유대로부터 온 사람들은 이 문제를 탁자 위에 올려놓고서, 이방인들에게 할례를 받고 율법을 지키든 교회를 떠나든 둘 중의 하나를 선택하라고 요구했다(1절). 이 사람들은 고넬료 사건에서 베드로가 이방인들과 함께 식사한 것을 비판했던 사람들이거나(11:2-3), 적어도 그들과 관련이 있었을 것이다. 그들과 바울이 갈라디아서와 빌립보서에서 언급한 유대주의자들 사이에 어떠한 관계가 있는지는 분명하지 않으며, 이 두 부류가 동일한 사람들인지는 확인할 방법이 없다. 우리가 아는 대로 공의회는 이 문제에 대해 모두가 만족한 결론을 내리지만, 일부 유대인 신자들은 여전히 그 결론이 옳다는 것을 확신하지 못했다. 이방인 문제는 예루살렘 공의회에서 신자들이 압도적인 의견 일치를 보인 이후에도 사라지지 않는다.

이 시점에 이르기까지 할례를 받지 않은 수많은 이방인이 성령을 받았다는(따라서 구원을 받았다는) 증거가 제시되었다. 일부 유대인 신자들은 여전히 성령을 받는 것은 좋은 일이고 필요한 일이지만, 그것만으로는 충분하지 않다고 생각했다. 그들은 이방인이 하나님 백성의 온전한 구성원으로서 환영받기 위해서는 유대인이 되어야 한다고 주장했다. 구속사의 흐름 속에서 이방인이 교회로 들어오게 된 것은 오랜 세월의 신앙 전통을 무너뜨리는 경천동지할 일이었고, 유대인이 이방인의 손에 오랜 세월 고통받았다는 사실에 비추어보았을 때, 분명히 받아들이기 어려운 일이었다. 초기 유대인 신자들은 그들이 어려서부터 믿어 온 많은 것에 의문을 제기한 나사렛 출신의 한 목수를 메시아로 이미 받아들인 사람들이었다. 이제 그리스도인 지도자들이 이방인들에게 세례를 베풀고 그들과 함께 먹으며, 그들 가운데서 살고 이방인들이 해야 할 것은 오로지 믿는 것뿐이라고 말하고 있다. 유대인 신자들은 그런 것들도 받아들였다. 그러나 그런 것은 유대인 신자들이 이방인 신자들에게 할례를 요구한 것에 대한 변명이 될 수는 없었다.

이렇게 이방인들에게 할례를 요구한 사람들은, 우리가 알 수 있는 한 예수님을 믿는 자들이었다. 그럼에도 불구하고 논쟁은 격렬했기 때문에, 누가는 "적지 아니한 다툼과 변론"(15:2)이 있었다고 말한다. 우리는 바울의 서신들을 통해 바울이 이 문제를 가볍게 여기지 않았다는 것을 알고 있다. 바울과 바나바가 유대인 신자들과 대화를 했음에도 이 문제는 해결되지 않았다. 그러나 모든 신자는 이 문제가 반드시 해결되어야 한다는 데 동의했다. 이것이 발단이 되어, 모든 교회가 처음으로 함께 모여서 회의를 하게 되었다.

이렇게 해서 안디옥 교회가 파송한 대표단은 예루살렘으로 가는 도중에 베니게와 사마리아에서 친이방인 운동을 계속해갔고, 그곳에서 이방인들이 주께 돌아왔다는 소식을 들은 형제들은 기뻐한다(3절). 하지만 대표단이 예루살렘에 도착해서 하나님이 이방인들에게 행하신 일들을 보고했을 때, 바리새파 중에 어떤 믿는 사람들이 그들의 입장을 분명히 밝힌다. 그것은 이방인들에게 할례를 받게 하고 모세 율법을 지키라고 명령하는 것이 마땅하다는, 즉 그리스도인이 되기 위해서는 이방인이 유대인이 되어야 한다는 것이었다(5절). 신약 교회에는 시작부터 꽤 강력한 인종적이고 민족주의적인 경향이 밑바닥에 존재해 왔다. 그러한 경향이 일으킨 최초의 파장은, 헬라파 유대인 신자들이 그들의 과부가 히브리파의 과부와 동일한 대우를 받지 못하는 것을 보고 항의했을 때 발생했다(6:1). 그 일에 관련된 사람이 모두 유대인이었는데도 배타성의 문제, 아마도 우선순위의 문제가 생겨나기 시작했다. 이 일은 구원과 관련된 문제는 아니었지만, 초창기 신자들이 여러 가지 사회적이고 문화적인 문제에 직면해 있었음을 보여준다. 사마리아인들을 교회에 받아들이는 문제로 그러한 긴장 관계가 좀 더 표면으로 떠올랐다. 그런 후에 고넬료, 안디옥 교회, 2년에 걸친 선교 여행을 통해 많은 이방인이 믿음을 갖게 되었고 교회 속으로 들어왔다. 이로 말미암아 그동안 쌓여 가던 이방인 문제가 한꺼번에 터져 나왔고, 사도들이 이끌던 교회는 이 문제를 해결해야만 했다.

15:6-21 | 예루살렘 공의회: 구원이 이방인에게 주어짐 실제로 이방인 문제는 그리스도인이 된다는 것의 의미를 다루는 너무나 중요한 사안이었기 때문에, 사도행전에 나오는 거의 모든 중요한 인물이 이 문제를 다루는 데에 참여한다.[73] 주된 연사는 베드로, 바울과 바나바, 야고보였다. 베드로는 그가 복음을 전했을 때 최초로 이방인들이 대규모로 회심한 것을 간증했고 바울과 바나바는 안디옥 교회와 선교 여행에서 그들이 경험한 것을 증언했으며, 주된 연사로 나선 야고보는 예루살렘 교회의 지도자로 떠오른 인물이었다. 그들이 한 말을 간단히 훑어만 보아도, 새 언약이 실제로 무엇이며 모든 신자에 대해 어떠한 의미인지에 관해 사도들이 완벽하게 일치된 견해를 지니고 있었음을 볼 수 있다. 사도들이 공의회에 모인 모든 사람과 더불어서 이 중요한 문제에 대한 해결책을 이끌어낸 것은 칭찬받아 마땅하다. 사도들은 모든 신자로 하여금 하나가 되라는 의미로 지시하는 데서 그들의 목회적 감수성을 분명히 드러내며, 우리는 이를 놓쳐서는 안

73 이 논의에 대한 더 방대한 요약과 평가로는 Peterson, *Acts*, 424-446; Schnabel, *Acts*, 641-651을 보라.

된다. 사도들은 이방인이 먼저 유대인이 되지 않고도 하나님 백성의 온전한 구성원으로 환영받아야 한다는 것을 단호하게 역설했고, 다른 무엇보다 이 모습이 공의회에서 가장 부각된다.

베드로는 공의회에 모인 사람들에게 말하기 시작하면서, 공의회가 열리기 대략 10년 전 고넬료의 회심과 관련해 일어난 사건들(10:1-11:18)을 상기시킨다. 또한 베드로는 이방인들을 교회로 받아들인 것은 사도들이 은밀하게 계획을 세워서 강요한 것이나 단지 전도하는 과정에서 호기심이 생겨서 한번 해본 것이 아니며, 순전히 하나님이 계획하신 바에 따라 구체적으로 자신을 선택해서 이방인들에게 복음을 전하게 하셨다는 사실을 강조한다(15:7). 그런 후에 베드로는 그때 일어난 모든 일에 대한 일차적인 증인으로 하나님을 호출한다. 즉, 유대인 신자들에게 성령을 주신 분이 하나님이셨던 것처럼, 그 이방인들에게 성령을 주신 것도 하나님이 하신 일이라는 것이다(8절). 그뿐만이 아니라 유대인 신자들이 믿음으로 말미암아 구원을 받은 것처럼, 이방인들도 믿음으로 말미암아 구원을 받았다. 하나님은 "믿음으로 그들의 마음을 깨끗이 하[셨다]"(9절). 이렇게 하나님은 유대인 신자들과 이방인 신자들을 차별하지 않으셨다(9절). 베드로가 한 이런 말들은, 하나님의 구원과 심판에 관한 바울의 메시지에서 기본적인 내용이 되지만(롬 1:16; 2:9, 10; 3:29-30; 10:12; 갈 3:28; 골 3:11), 그날 그 자리에 참석한 사람들 중 다수에게는 귀에 거슬리는 말이었을 것이다. 여러 해 전에 이와 비슷한 문제에 직면한 베드로 자신도, 하나님이 이방인을 받으시고 그들에게 성령을 주셨는데, 누가 "하나님을 능히 막겠느냐"(행 11:17)고 결론을 내렸다.

그렇게 말한 후에 베드로는 이 문제의 심각성을 거론한다. 즉, 할례당이 지금 행하고 있는 일은 이스라엘이 전에 반복해서 행하다가 파멸을 자초한 짓과 동일하다고 지적한다. 왜냐하면 지난 십여 년에 걸쳐 하나님이 요구하지 않으신다는 사실이 분명하게 드러난 할례를 지금 그들이 이방인들에게 요구하고 있으며, 이렇게 함으로써 그들이 '하나님을 시험하고'(행 15:10) 있기 때문이다. 신명기 6:16은 하나님의 백성으로 살아가는 삶의 기본적인 원칙에 관해 말하고 있다. "너희가 맛사에서 시험한 것 같이 너희의 하나님 여호와를 시험하지 말고." 하나님을 시험하는 것은 하나님이 무엇을 원하시고 요구하시는지를 알면서도 다른 길로 가거나, 적어도 하나님이 요구하시는 것의 경계를 넘어서 행하는 것이다. 하나님을 시험하는 행위는 본질적으로 불신앙을 나타낸다. 시편 기자들은 이스라엘의 광야 세대가 행한 일들을 회고하면서, 이스라엘의 불신앙과 불순종을 가리켜 그들이 하나님을 시험했다는 말로 요약한다(시 78:18, 41, 56; 106:14).

그런 후에 베드로는 이스라엘이 율법 아래에서 경험한 것 전체를 이 문제와 결부시킨다. 그는 할례를 받고 율법을 지켜야 한다는 요구가, 하나님이 이방인에게 요구하지 않으신 것을 요구하는 것일 뿐만 아니라, 유대인들 자신이 결코 질 수 없었던 무거운 짐을 이방인들에게 지우는 것임을 지적한다(행 15:10). 이 무거운 짐은 모세 율법을 가리키고, 베드로는 그것을 '멍에'라고 부른다. 바울도 갈라디아의 신자들에게 쓴 서신에서 율법을 "종의 멍에"(갈 5:1)라고 부르며 이와 비슷하게 표현한다. 베드로의 결론은 율법에 관한 중요한 설명을 제시한다. 율법은 사람이 하나님과 관계를 맺는 방식으로 유효하지 않다는 것이다. 베드로의 주된 논거 중 하나는, 이방인들도 유대인들과 동일한 방식으로 성령을 받았다는 것이다. 이 동일한 논거는 다음과 같이 율법에도 적용시킬 수 있다. '너희와 너희의 부모와 우리의 조상 중 어느 누구도 율법을 온전히 지키지 못했는데, 이제 너희가 이방인들에게 율법을 지키라고 요구한단 말인가? 우리가 율법을 지킬 수 없다는 것을 증언하는 분은 바로 하나님이시다. 하나님은 이방인들이 율법을 지켰기 때문에 그들을 구원하신 것이 아닌 것처럼, 너희가 율법을 지켰기 때문에 너희를 구원하신 것이 아니다.'

그런 후에 베드로는 그의 논증의 결론을 내린다. 율법은 그 누구도 구원한 적이 없고, 구원할 수도 없다. 사람에게 구원을 가져다주는 것은 오직 하나 뿐이며, 그들 모두 그것이 무엇인지 알고 있다. 바로 "주 예수의 은혜"다(행 15:11). 신약성경이 말하는 한 가지 분명한 사실은, 사람이 율법이나 행위로는 결코 구원 받을 수 없다는 것이다. 이러한 사실에 대한 깨달음은 결국 하나님이 행함이 아니라 믿음으로 말미암아 사람들을 구원하기로 작정하셨다는 복음으로 귀결된다. 유대인이든 이방인이든 구원은 '주 예수의 은혜로 말미암는다.' '구원 받을 것이다'라는 동사 속에 구원의 모든 것이 담겨 있다. 언제가 되든지 이것이 사람이 구원 받을 방식이라는 것이다. 또한 이 동사는 어떤 사람이 믿음을 갖게 된 날만이 아니라 장차 구원이 완성될 날도 가르친다는 점에서 구원의 미래 지향성도 보여준다. 처음부터 끝까지 구원은 예수님을 믿는 믿음을 통해서 은혜로 말미암아 온다.

베드로가 말을 마친 후에 바울과 바나바가 나서서 발언을 한다. 누가는 그들이 무슨 말을 했는지 기록하지 않지만, 틀림없이 그들은 안디옥, 비시디아 안디옥, 루스드라, 더베 등지에서 자신들이 경험한 것을 얘기했을 것이다. 아마도 그들은 유대인들이 이고니온과 안디옥으로부터 와서 무리를 선동하여 바울을 돌로 쳐 죽이려 한 일도 얘기했을 것이다. 베드로와 야고보가 예루살렘과 밀접한 관계가 있었기 때문에 누가가 그들의 말을 부각시키고자 했을 수도 있다. 베드로와 야고보는 예루살렘에서 열린 공의회에서 바울보다 더 큰 영향력을 지니고 있었을 것이다. 게다가 이방인 문제에 관한 바울의 견해는 이미 충분히 분명하게 알려져 있었고(13:46-47), 할례당은 바울과 바나바가 지금까지 보인 언행을 문제 삼고 있었다(15:1-2). 그래서 누가는 이 공의회(그가 기록한 것보다 여러 날에 걸쳐 훨씬 더 오래 열렸을 것이다)에서 일어난 일들에 관해 기록할 때 베드로와 야고보의 견해도 바울과 동일했다는 것을 보여주는 데 초점을 맞춘다.

바울과 바나바의 뒤를 이어서 야고보가 발언한다. 예루살렘 교회에서 그가 지도자로서 중추적인 역할을 하고 있었다는 것은 분명하다. 바나바와 마찬가지로 야고보 역시 부활하신 예수님에 의해 개인적으로 사도로 부르심을 받았다는 성경의 기록은 없지만, 사도들 중 한 사람으로 인정받았다. 예수님의 아우였던 야고보는 전에는 예수님의 다른 가족과 마찬가지로 불신앙의 증거를 보여주었으나(눅 8:19-21; 요 7:5), 지금은 사도들이 세운 예루살렘 교회의 "기둥"(갈 2:9) 중 한 사람이었다. 그는 이방인들과 모세 율법에 관한 할례당의 견해를 단호하게 반박한다. 그의 말은 새 언약에서 모세 율법이 어떻게 기능하는지를 보여주는 본보기로, 율법의 어떤 측면을 지키는 것은 자유이지만, 그런 것이 오직 그리스도를 믿는 믿음으로 구원을 받는 것을 방해하지는 못한다는 것을 입증한다.

야고보는 이방인 문제에 관한 사도들의 일치된 견해를 거론하며, 더 나아가 그들이 지난 십여 년에 걸쳐 목격한 일들은 구약 선지자들의 예언과 정확히 일치한다는 것을 입증한다. 구약성경 본문을 인용하여 이방인을 하나님의 백성으로 받아들이는 것이 합당하다고 입증하는 것은 이번이 처음도 아니고, 분명히 마지막도 아닐 것이다. 바울은 비시디아 안디옥에서 구약성경을 인용했고(13:47), 베드로가 욥바에서 본 환상(10:9-16)도 구약성경에 나오는 표상들과 주제들로 가득하다. 여기서 야고보는 장차 이스라엘이 회복됨과 동시에 이방 나라들이 하나님의 백성으로 들어오게 될 미래의 한 날에 관해 예언한 아모스 9:11-12과 이사야 43:7을 인용한다. 실제로 이스라엘과 이방 나라들은 이제 예수님 안에서 함께 하고 있다. 이 인용문들은 예수님이 제자들에게 예루살렘과 유대와 사마리아와 땅 끝까지 복음을 증언할 사명을 주신 것(행 1:8)과 좋은 짝을 이룬다. 이방인이 교회로 들어오지 않으면서 이스라엘이 회복되는 일은 존재하지 않으며, 그 반대도 마찬가지다.

이것은 하나님이 유대인이든 이방인이든 차별 없이 예수님을 믿는 믿음을 통해 은혜로 말미암아 모든 사람을 구원하신다는 베드로의 연설에 더 큰 힘을 실어준다. 또한 이것은 하나님을 시험하지 말라는 베드로의 경고(15:10)도 강화시켜준다. 지금 일어나고 있는 모든 일은 정확히 하나님이 선지자들을 통해 하신 말씀대로 이뤄지는 것이다. 예루살렘에서 예수님과 그분의 사도들을 거부함으로써 하나님을 거부한 최근의 역사는, 사도들이 지금 연설하는 일의 배경으로 기능하여 그 심각성을 드러낸다. 이방인들이 믿음을 갖게 된 것은 하나님의 분명한 뜻과 계획이기 때문에, 그것을 방해하는 것은 하나님을 거슬러 행하는 것이나 다름없다.

계속해서 야고보는 이방인이 진정으로 구원 받으려면 모세 율법을 지켜야 한다는 주장과 그와 사도들이 이방인 신자들에게 지켜야 할 것으로 제시한 네 가지 사항을 명확히 구분한다(19-21절). 아울러 야고보는 네 가지 사항끼리도 구별한다. 예컨대, 야고보가 이방인들에게 음행을 피하라고 단순히 '권고한' 것이 아님이 명백하다. 야고보는 20절에서 사도들이 이방인에게 요구한 네 가지 사항에 관해 말한 후에, 21절에서 그 이유를 제시한다. 야고보는 로마 제국의 거의 모든 성읍에 유대인들이 있다는 사실을 지적하는데, 여기에서 유대인들은 유대인 신자들을 가리키지 않는다. 야고보와 예루살렘 공의회가 할례당과 타협한 것이 아님을 아는 것은 절대적으로 중요하다. 사도들은 할례당이 제기한 문제들을 통해서 이방인 신자들이 믿는 유대인만이 아니라 모든 유대인에게 미칠 영향을 생각하게 되었다. 사도들이 이방인들에게 권고하기로 한 네 가지 사항은, 유대인 메시아를 믿는 이방인 신자들이 각지에 있는 유대인 사회에 미칠 영향을 고려해서 정한 것이다. 이 네 가지 사항은 이전에 이교도였던 이방인 신자들에게 부과된 제한이라기보다는 책임이었다. 즉, 이방인들은 쓸데없이 유대인들에게 반감을 불러일으키거나 장애물이 될 어떠한 행동을 하지 말라는 것이다. 공의회의 결정을 이해하려면 21절의 역할에 관해 알아야만 한다.

야고보는 이방인들에게 우상에게 바쳐진 음식, 음행, 목매어 죽인 것의 고기, 피를 멀리하라고 요청한다. 이것들은 새롭게 회심한 이방인들을 위해 사도들이 정한 지침이었고, 구원받기 위해 지켜야 할 의무를 정한 새로운 율법이 아니었다. 야고보가 '너희는 모세 율법 중에서 할례에 관한 것은 지키지 않아도 되지만 다른 것들은 지켜야 한다'고 말한 것은 더더욱 아니다. 이 네 가지 사항이 모두 모세 율법의 도덕적 측면 및 의식적 측면과 연관되어 있고 모세 율법에 뿌리를 두고 있기는 하지만, 옛 언약의 율법을 신약 시대에 '적용한' 것은 결코 아니다.

야고보는 이방인들에게 그들 주변에서 살아가는 유대인들에게 복음을 증언하기 위해 이런 것들을 조심할 것을 요구한다. 또한 그들의 옛 생활방식, 특히 우상숭배와의 관계를 절대적으로 단절해야 한다고 말한다. 이 두 가지 측면, 즉 이방인들이 지난날의 이교적인 삶과 단절하는 것과 유대인들 가운데서 그리스도인으로서 살아가는 것은 서로 연결되어 있다.

율법에 따라 피는 즉시 부정하게 만드는 것이었고, 유대인들에게 피를 먹는 것은 엄격하게 금지되었다(레 7:26; 17:12). 따라서 네 가지 사항 중에서 두 가지, 곧 목매어 죽인 것(이것은 피를 완전히 빼지 않았음을 의미했다)을 먹지 않는 것과 피 자체를 먹지 않는 것은 이방인들이 유대인 이웃을 위해 할 수 있는 일이었다.

우상숭배는 로마 제국에서 고기의 일반적인 출처였고, 아주 부자인 경우가 아니고서야 그 밖의 다른 방식으로는 고기를 구하기가 매우 어려웠다. 고기는 우상에 의해 주술적으로 오염된 것은 아니었지만 우상과 연관이 있었고, 그 이유 하나만으로 이방인들은 그런 고기를 피하는 것이 마땅했다.

음행을 피하는 것은 너무나 당연한 말처럼 들릴 수 있지만, 오랜 세월 이교적인 관습에 물들어 있던 사람들에게는 전혀 그렇지 않았다. 몇몇 사상의 학파들이 육체적인 즐거움을 부정하고 금욕을 강조하긴 했으나, 대다수의 사람들은 그러한 견해를 가지지 않았다. 대체로 이방 사회와 문화들은, 성적인 비행에 대해 많이는 아니더라도 어느 정도는 제한을 두었다. 이는 오늘날 대부분의 문화에서도 마찬가지다. 예컨대, 로마의 엘리트 계층 가운데서 이혼은 그리 흔한 일이 아니었지만, 여주인과 남녀 종이 성적 관계를 맺는 것은 흔한 일이었다. 이것은 높은 지위에 있는 로마 여자들도 마찬가지였다. 시민들의 생활과 관련하여 일부 신전에서는 제의적인 매춘이 아주 오래 전부터 관행으로 행해졌는데, 모세 율법은 이를 단죄한다(신 23:17). 구약성경은 이스라엘에서도, 특히 포로기 이전의 왕정 시대에 이교 제의적인 매춘이 행해졌다고 언급한다(왕상 14:24; 15:12; 22:46; 왕하 23:7). 고대 이스라엘은 남녀의 온갖 성적 행위를 비롯하여 다산 제의들을 행하고 있던 이방 나라들로 둘러싸여 있었기 때문에, 그러한 음행은 끊임없이 시험이자 유혹이었다. 구약성경은 율법이 그렇게 단호하게 정죄하는데도 이스라엘 사람들이 온갖 음행을 저지른 수많은 예를 넘치게 보여준다.

주후 1세기 이방인들이 성경적인 성도덕을 자연스러운 것으로 받아들이기를 기대할 수 없었을 것이다. 그런 성도덕은 이방인 신자들에게 완전히 새로운 삶의 방식이었을 것이기 때문이다. 그러나 야고보는 이 모든 것을 '요구사항들'[74]이라고 부른다(참고. 15:22-35에 대한 주석). 음행을 피하는 것은 그리스도인의 삶에서 요구되는 것이지만 구원 받기 위해 요구되는 것은 아니다. 음행을 피했다고 해서 불신자가 신자가 되는 것도 아니고, 구원을 보장받거나 구원의 확신을 받지도 않는다. 또한 신약성경은 구원을 받았다는 것이 음행에 대한 안전망이라고 말하지도 않는다. 한 번 음행을 했다고 해서, 그 사람이 그리스도인일 수 없다거나 그리스도인이 아닌 것은 아니지만, 음행은 하나님 나라를 유업으로 받지 않은 사람들의 특징이다(갈 5:19-21). 오직 예수님을 믿는 믿음으로만 구원을 받고, 예수님을 믿는 믿음은 우리의 사고방식과 행실을 바꾸어놓는다.

해석자들과 독자들은 예루살렘 공의회의 결정(바울이 그 결정대로 실행했음은 말할 것도 없고)에 대해 앞으로도 계속해서 이견을 보일 것이지만, 적어도 다음 세 가지는 그 결정을 해석하기 위한 토대가 되어야 한다. (1) 이 네 가지 요구사항은 이방인 신자들이 믿는 유대인들과 믿지 않는 유대인들 가운데서 살아가는 새로운 상황이라는 맥락 속에서 이해되어야 한다. (2) 이 네 가지 요구사항이 보여주는 새로운 행실은, 지난날 이교도로 살던 생활방식과 완전히 단절하라는 요구로 보아야 한다. (3) 이 요구 사항들을 새 언약 아래에서 구원받기 위한 요구 조건들로 보아서는 안 된다.

이렇게 예루살렘 공의회에서 할례당의 요구는 일축된다. 베드로는 자신들이 모세 율법을 고수하는 것은 하나님의 계획과 뜻에 반대하는 것이라고 단언한다. 이방인들에게 율법을 지키라고 요구하는 것은 유대인들조차도 지키지 못할 무거운 멍에를 지우는 것이다. 이방인들은 믿음으로 말미암아 구원을 받고, 하나님은 유대인 신자들과 마찬가지로 이방인 신자

74 신약성경은 성적인 비행을 자주 단죄한다(예컨대, 롬 13:13; 갈 5:19; 엡 5:3, 5; 골 3:5; 살전 4:3; 딤전 1:10; 히 12:16; 13:4; 유 1:7; 계 2:14, 20; 21:8; 22:15). 베드로가 "너희가 음란과 정욕과 술 취함과 방탕과 향락과 무법한 우상 숭배를 하여 이방인의 뜻을 따라 행한 것은 지나간 때로 족하도다"(벧전 4:3)라고 쓴 것은, 거의 틀림없이 이방인 신자들이 지난날에 행하던 이교적인 예배 관행들을 구체적으로 묘사한 것이다.

들에게도 성령을 주심으로써 그것을 확증하신다. 하지만 이방인들은 그들이 유대인들 가운데서 살아가고 있다는 것을 명심해야 하고, 따라서 쓸데없이 유대인들의 반감을 불러일으키는 방식으로 살아가서는 안 된다. 따라서 그들은 우상숭배를 하며 살았던 지난날의 생활방식과 단호하게 결별해야 한다.

예루살렘 공의회는 유대인 메시아를 믿는 이방인 신자들이 유대인들 가운데서 쓸데없이 반감을 불러일으키거나 장애물을 만들어내지 않는 방식으로 살아가는 법을 제시한다. 또한 예루살렘 공의회는 이방인 신자들에게 그리스도인다운 삶이 어떤 것인지도 가르친다. 할례당의 주장은 기본적으로 기각되고, 사도들이나 공의회는 전체적으로 그들과 타협하거나 그들을 달래려는 노력을 하지 않는다. 이것은 다음 단락에서 사도들이 교회들에 쓴 편지에서 분명하게 드러난다. 그 편지에서 공의회는 할례당이 "우리의 지시도 없이 나가서 말로 너희를 괴롭게 하고 마음을 혼란하게 한다"(행 15:24)고 지적한다. 그들은 사도들로부터 권위를 위임받지도 않았고, 지지를 받지도 못했다. 이렇게 해서 한동안 대다수 초기 그리스도인들은 이 문제와 관련해서 일치된 생각을 갖게 되었다. 하지만 나중에 그 중 일부가 여전히 이방인들도 율법을 지켜야 한다고 주장함으로써, 이러한 일치를 시험하고 완전히 깨트릴 것이다. 베드로는 율법을 지키려고 하는 것은 하나님을 시험하는 것이라고 지적했다. 그러나 그러한 시도가 지속되고 점점 더 강화되자, 바울은 그런 시도를 "다른 복음"이라고 부르고, 그런 복음을 전하는 자에게 "저주를 받을" 것이라고 말한다(갈 1:6-9).

15:22-35 | 공의회가 이방 그리스도인들에게 보낸 서신 공의회가 이방인 교회들에 편지를 썼다는 누가의 기록은, 사도 교회가 이방인 문제와 관련해서 완전히 일치된 견해를 가졌음을 보여준다. 초기 교회의 회중적 성격(이것은 6장에서 일곱 명의 일꾼들을 선출한 때부터 시작되었다)이 이 부분에서 다시금 분명하게 드러난다. 사도들이 주도하긴 했지만, 장로들과 '온 교회'는 야고보의 제안을 받아들여서, 공의회에서 의결된 사항을 편지로 쓰고 그

들 중에서 사람들을 택하여 바울과 바나바와 함께 안디옥으로 보내 그 편지를 전하기로 결정하는 데 관여한다. 하지만 우리는 이 공의회와 관련해서 누가가 기록한 것 이상으로 해석해서는 안 된다. 누가는 이 공의회가 현대적인 의미에서 온 회중의 모임이었다고 말하지 않는다. 예루살렘 교회의 회중이 이 결정에 관여하긴 했지만, 사도들과 장로들과 거기에 모인 그 밖의 다른 모든 사람이 이 편지를 함께 작성했음을 입증할 증거는 없다. 또한 안디옥의 신자들이 바울과 바나바를 예루살렘으로 보낸 것은, 이방인 문제에 관해 예루살렘 교회의 회중이 어떻게 생각하는지를 알아보기 위해서가 아니라, 사도들과 지도자들의 견해를 구하기 위해서였다.

유다와 실라를 사도들(바울과 바나바)과 함께 안디옥으로 보내기로 한 결정은, 예루살렘의 형제들이 이 공의회의 결정의 배후에 있었다는 것을 확증해준다(15:22). 이 편지는 교회가 인준한 야고보의 제안을 예루살렘의 형제들이 이방인 교회들의 형제들에게 기록하여 보내는 것이었다. 이 편지에서 '형제'라는 표현을 사용한 것 하나만으로도 유대 교회든 이방 교회든 모든 교회가 하나라는 공의회의 생각이 오롯이 드러난다. 공의회는 교회의 이러한 하나 됨이 예루살렘 교회의 생각을 대변한 적이 없던 할례당(24절)에게는 해당되지 않고(참고. 15:6-21에 관한 주석), "우리 주 예수 그리스도의 이름을 위하여 생명을 아끼지 아니하는 자인"(25, 26절) 바울과 바나바에게는 해당된다고 밝힌다. 부활하신 예수님은 바울에게 나타나셔서 장차 그가 복음을 위하여 고난을 받을 것이라고 말씀하셨다. 그리고 이것은 나중에 바울이 그의 사도직을 옹호할 때 기본적인 논거가 된다(예컨대, 고린도후서). 예루살렘 교회에 바울과 바나바는 '우리가 사랑하는' 형제들이었다(행 15:25, 26). 이미 할례당 가운데서 바울의 권위에 관한 의심과 불만이 끓어오르고 있었는지는 알 수 없지만, 예루살렘 교회가 바울과 그의 사역을 지지하고 인정했다는 것은 의심의 여지가 없다.

이방인 신자들에게 제시한 요구사항에 관해서는 15:6-21에 관한 주석을 참조하라. 누가는 편지에 담긴 요구사항들에 대해, 앞에서는 단지 암묵적으로 전제된 것을 여기서는 분명하게 말한다. 공의회의 결정은 성령이 지도하시고 받으신 것이다(28절). 이것은 하나님이 공의회에 참석한 자들이 숙고해서 내린 결정에 재가의 도장을 찍어주셨다는 것 이상의 의미를 지닌다. 즉, 이 모든 것이 성령으로 말미암아 이루어졌음을 인정한 것이다. 이것은 반드시 성령이 사람들이 들을 수 있거나 감지할 수 있는 방식으로 말씀해주셨다는 것을 뜻하지는 않는다. 하지만 이 공의회에 참석한 사람들은 기도를 하고 서로 논의하는 과정에서 성령이 모든 것을 인도하고 지시하셨다는 것을 절대적으로 확신했을 것이다. 그들이 어떤 방식으로 확신에 도달했든, 중요한 것은 예루살렘의 형제들은 하나님이 그들과 그들의 결정에 함께 하셨음을 확신하였다는 것이다.

안디옥의 신자들은 "그 [편지에 적힌] 위로한 말을 기뻐[했다]"(31절). 그들은 예루살렘 교회와 그 지도자들이 이방인 신자들에 대해 가진 생각을 알고 싶어 했고(2절), 네 가지 멀리할 사항을 권고한 편지를 읽고서 기뻐하고 만족했다. 그들은 바른 신자들이었기 때문에 그러한 요구사항들을 부당한 멍에로 여기지 않았다. 이 편지에서 예루살렘의 형제들이 "이 요긴한 것들 외에는 아무 짐도 너희에게 지우지 아니하[기]"를 원한다고 말한 것(28절)은, 예수님이 "내 멍에는 쉽고 내 짐은 가벼움이라"(마 11:30)고 말씀하신 것과 비슷하다. 이것은 그리스도인으로서 마땅히 짊어져야 할 짐과 할례당이 부과한 짐 중에서 어느 쪽이 상대적으로 무거운지에 대해 말한 것이 아니다. 이방인 신자들이 짊어져야 할 유일한 '짐'은 그들이 외인들에 대하여 그리고 성령 충만한 자로서 새로운 행실에 따라 살아야 할 책임이라고 말한 것이다.

누가는 유다와 실라가 안디옥에 얼마 동안 머무르면서 교회를 위해 사역을 했다고 말하는데(행 15:32-33), 이것은 유대인 신자들과 이방인 신자들이 하나가 되었음을 보여주는 추가적인 증거다. 누가는 이 두 사람을 '선지자'라고 부름으로써, 그들이 교회를 향해 하나님의 말씀을 전할 수 있는 성령의 특별한 은사를 받았음을 보여준다. 구약의 선지자들과는 달리 신약의 선지자들은 회개를 위한 심판을 선포하거나 메시아가 오실 것이라고 알리지 않았으며, 구약의 선지자들과 동일한 권위를 지니지도 않았다.

신약의 선지자들이 한 말들에는 '여호와께서 이렇게 말씀하신다'는 어구가 붙어 있지 않다. 신약의 선지자들에게 주어진 은사는 성령으로부터 받은 말씀을 전하여 교회를 세워가는 것이었고, 그들이 그것을 능가하는 사역을 했다는 것을 보여주는 증거는 없다. 또한 사도 시대 이후에 이 은사가 지속되었음을 보여주는 증거도 없다[은사가 중단되었음을 증명하려는 시도에도 불구하고; 참고. 11:19-30; 21:1-16(특히 10-14절)에 관한 주석].

ESV를 비롯해서 모든 현대어 역본에는 34절이 포함되어 있지 않다. 가장 초기에 기록된 최고의 모든 신약성경 헬라어 사본에는 한때 34절로 매겨져 있던 말씀이 없다(이 절들의 번호를 이제 와서 다시 매기게 되면 이전에 35-41절을 인용한 문헌들에게 재앙이 될 것이다). 본문의 전승과정 속에서 원문이 기록된 뒤 아마도 수 세기 후의 어느 시점에서 33절과 40절이 서로 모순되는 내용을 말하고 있는 것을 해결하기 위한 여러 가지 시도가 행해진 것으로 보인다. 33절은 실라가 예루살렘으로 돌아갔다고 말하는 반면 40절은 바울이 자신의 2차 선교 여행에 동행할 사람으로 실라를 선택했다고 말한다. 하지만 누가가 초기 교회의 역사를 연대순으로 서술하고 있지 않음을 기억하기만 한다면, 33절과 40절 사이에는 사실 모순이 전혀 존재하지 않는다. 왜냐하면 실라가 예루살렘으로 돌아갔다가 다시 안디옥으로 오지 않았다고 볼 이유가 전혀 없기 때문이다.

누가는 이 대목에서 정확한 연대기에 관심을 두고 있지 않다. 유다와 실라는 안디옥에서 "얼마 있다가" 예루살렘으로 돌아갔다(33절). 이때로부터 "며칠 후에" 바울은 바나바에게 2차 선교 여행을 떠나자고 제안한다(36절). 누가는 이 모든 일이 상대적으로 짧은 기간 동안에 일어났다는 것만을 보여줄 뿐, 그 이상으로 자세한 것을 보여주지는 않는다. 또한 우리는 바울과 바나바가 서로 결별한 일과 각자 따로 선교 여행을 떠난 것 사이에 어느 정도의 시간이 흘렀는지도 전혀 알지 못한다(39-40절). 게다가 누가는 바나바가 배를 타고 구브로로 갔다고 말하고 나서, 곧바로 바울이 실라와 함께 선교 여행을 떠났다고 말하고 있지만, 그것을 근거로 그들이 같은 날에, 또는 같은 주간에 출발했다고 말할 수는 없다. 그렇다면 충분한 시간이 있었을 것이기 때문에, 실라가 예루살렘으로 돌아갔다가 다시 안디옥으로 왔을 가능성도 충분하다.

헬라어 신약성경을 필사한 사람들은 수 세기에 걸쳐 연대기를 비롯한 그 밖의 다른 것들과 관련된 문제점들로 인식된 것을 '해결하려는' 시도를 했다. 이는 그들이 성경 본문을 무시해서가 아니라, 도리어 존중했기 때문에 그렇게 하려고 했을 가능성이 더 크다. 무오성을 둘러싼 논의들과 논쟁들은 그들에게는 생소한 것이었다. 중요한 것은, 우리는 필사자들이 여기저기에서 성경 본문을 약간씩 수정한 동기를 알 수 없다는 것이다. 아마도 그 동기는 수정을 행한 필사자들마다 각각 달랐을 것이다. 필사자들은 성경신학자들이 아니었고, 단지 펜과 잉크를 다루는 데 능숙하기만 하면 되었다. 수도원에서 필사자들을 고용하기 위해 면담했을 때 성경 연구를 한 경력보다는 틀림없이 성경 본문을 아름답게 잘 필사하는 재능을 더 높이 평가했을 것이다! 그러할지라도 성경 본문을 수정하는 것은 오랜 세월에 걸쳐 대부분의 필사자가 행해온 표준적인 관행이 아니었다. 대다수의 필사자들은 그들의 일을 대단히 중요한 것으로 여겨서, 성경 본문을 그대로 보존해서 전승하는 데 일생을 바쳤다. 필사자들이 필사를 하면서 저지른 첨가, 탈자, 필사 오류 같은 실수들은 본문 이독의 가장 흔한 형태들이고, 본문비평학자들은 그런 오류들이 어떻게 발생했는지를 기가 막히게 밝혀낸다. 이러한 필사 오류들은 성경의 유효성과 신뢰성에 아무런 영향을 미치지 못하기 때문에, 독자들은 그런 오류들에 대해서 지나치게 신경을 쓰거나 염려하지 않아도 된다.

응답

오직 믿음으로 말미암아 구원을 받는다고 믿는 그리스도인들은, 그리스도인이 된다는 것의 의미와 관련해서 무엇인가를 교묘하게 덧붙이려는 시도를 늘 경계하고 주의해야 한다. 오직 예수님만으로 구원을 받는 것이지, '예수님과 그 무엇'으로 구원을 받는 것이 아니다. 지역과 문화에 따라 사람들은 예수님 외에 각기 다른 요구 사항들을 덧붙이지만, 그런 모든 첨가는 똑같이 위험하다. 이것과 관련해서 오늘날 우리가 직면한 여러 가지 문제가, 초기 교회에서 할례를 받아야만 구원 받는다는 주장이 지닌 문제만큼 치명적이고 노골적인 경우는 드물다. '예수님과 이 신앙고백,' '예수님과 영화를 보지 않는 것,' '예수님과 이 번역'과 같이 우리가 덧붙이는 것들은 일반적으로 치명적인 것도 아니고 아주 중요한 것도 아니다. 이러한 종류의 첨가들(이러한 첨가들은 무수히 많다)을 기준으로 삼아 믿음과 믿음이 아닌 것을 구별하려는 사람은 많지 않다. 하지만 그런 첨가들은 사도행전 15장에서 다루는 문제로 발전해 나갈 가능성을 지니고 있다. 우리가 예수님께 무언가를 덧붙이는 것은 언제나 위험하다. 예컨대, 우리가 민족이나 문화나 지역이나 인종이라는 관점에서 기독교를 정의한다면, 그것은 그리스도인이 된다는 것은 우리와 같이 되는 것이라고 주장하는 것이다. 바로 이것이 할례당이 저지른 오류다.

하지만 오직 예수님을 믿는 믿음이 구원을 위해 필요한 전부라고 가르치는 것은, 우리가 그리스도인으로서 어떻게 살아야 하는지가 부차적인 문제이거나, 심지어 개인적인 선호의 문제라는 의미로 말하는 것이 아니다. 우리의 구원은 성령의 인도하심을 받아 성경의 가르침을 따르며 그리스도 안에서 살아가는 새로운 삶과 분리될 수 없다. 사도행전에서 이방인들은 그들의 죄악된 과거와 그리스도인이라는 그들의 증인된 삶에 비추어서 특정한 방식으로 살아가라는 지시를 받는다. 예루살렘 공의회는 새 언약 아래에서 그리스도인이 되는 새로운 방법들을 공포한 것이 아니라, 새 언약의 신자들이 그들 자신이 처한 상황 속에서 그리스도인으로서의 삶을 살기 위해 어떤 것들이 요구되는지를 보여준 것이었다. 예수님을 믿는다고 하면서 그의 가르침에 충실하지 않다면, 그것은 절대로 믿음이 아니다.

사도행전 15:36-21:36 개관

이방인들에 대한 선교, 제2부

사도행전에서 이 대단락은 바울의 2차와 3차 선교 여행에 관한 내용으로 되어 있고, 사도행전에서 가장 잘 알려져 있는 몇몇 부분을 담고 있다. 성령이 바울을 마게도냐로 부른 것, 빌립보 간수의 회심, 아덴에서 바울의 설교, 에베소에서 일어난 폭동이 모두 이 대단락에 속한 장에서 다루어진다. 복음이 땅 끝으로 퍼져나가면서 많은 사람이 그리스도와 그의 나라로 돌아올수록, 복음에 대한 반대도 커져간다. 바울과 그의 일행은 유대인들만이 아니라 이방인들에게서도 점점 더 거센 반대에 직면한다. 바울의 이야기에 있는 여러 반전 중 하나는, 그가 여러 번 믿지 않는 이방인들의 도움을 받아 죽지 않고 살아남았다는 것이다.

바울의 서신들과 관련이 있는 교회들 중 다수가, 이 선교 여행 동안에 복음이 빌립보, 데살로니가, 에베소, 고린도 같은 도시들에 전해지면서 생겨났다. 이 선교 여행을 준비하는 과정에서 요한 마가를 데려갈 것인지 말 것인지를 놓고 논쟁을 벌인 끝에 오랫동안 동역자로 일한 바울과 바나바가 결별한다. 그렇지만 얼마 지나지 않아 새로운 동역자가 바울에게 합류하는데, 그는 바로 나중에 신약성경의 바울 서신을 통해 잘 알려지게 된 디모데다.

일반적으로 바울의 2차 선교 여행과 3차 선교 여행을 구분하지만, 2차 선교 여행을 끝내고 나서 3차 여행을 시작할 때까지의 기간은 아주 짧았고(행 18:22-23), 그 사이에는 예루살렘 공의회 같은 중요한 사건이 일어나지 않았다. 따라서 이 서쪽 지역을 향한 여행 기사를 읽을 때, 2차와 3차 선교 여행을 갈라디아와 브루기아를 거쳐 한 번 더 시작된 여정이라는 하나의 큰 단위로 묶어서 읽는 편이 좋다.

사도행전의 이 대단락은 바울의 운명적인 예루살렘 여정으로 끝이 난다. 그는 이방 교회가 예루살렘 교회를 위해 모은 헌금을 전달하고자 예루살렘으로 간다. 하지만 그는 자유로운 몸이 아니라 죄수로서 예루살렘을 떠나게 될 것이었다. 이방 세계 전역에서 유대인들 가운데 들끓었던 반대는 바울을 예루살렘까지 쫓아갔고, 결국 그는 성전에서 체포되어 모세 율법과 성전과 유대 민족과 그 전통들을 비방했다는 죄목으로 고발당해 재판을 받는다.

15장

36 며칠 후에 바울이 바나바더러 말하되 우리가 주의 말씀을 전한 각
성으로 다시 가서 형제들이 어떠한가 방문하자 하고 37 바나바는 마가
라 하는 요한도 데리고 가고자 하나 38 바울은 밤빌리아에서 자기들을
떠나 함께 일하러 가지 아니한 자를 데리고 가는 것이 옳지 않다 하여
39 서로 심히 다투어 피차 갈라서니 바나바는 마가를 데리고 배 타고
구브로로 가고 40 바울은 실라를 택한 후에 형제들에게 주의 은혜에
부탁함을 받고 떠나 41 수리아와 길리기아로 다니며 교회들을 견고하
게 하니라

36 And after some days Paul said to Barnabas, "Let us return and visit
the brothers in every city where we proclaimed the word of the Lord,
and see how they are." 37 Now Barnabas wanted to take with them
John called Mark. 38 But Paul thought best not to take with them one
who had withdrawn from them in Pamphylia and had not gone with
them to the work. 39 And there arose a sharp disagreement, so that they
separated from each other. Barnabas took Mark with him and sailed
away to Cyprus, 40 but Paul chose Silas and departed, having been

commended by the brothers to the grace of the Lord. 41 And he went
through Syria and Cilicia, strengthening the churches.

16:1 바울이 더베와 루스드라에도 이르매 거기 디모데라 하는 제자가
있으니 그 어머니는 믿는 유대 여자요 아버지는 헬라인이라 2 디모데
는 루스드라와 이고니온에 있는 형제들에게 칭찬 받는 자니 3 바울이
그를 데리고 떠나고자 할새 그 지역에 있는 유대인으로 말미암아 그
를 데려다가 할례를 행하니 이는 그 사람들이 그의 아버지는 헬라인
인 줄 다 앎이러라 4 여러 성으로 다녀 갈 때에 예루살렘에 있는 사도
와 장로들이 작정한 규례를 그들에게 주어 지키게 하니 5 이에 여러
교회가 믿음이 더 굳건해지고 수가 날마다 늘어가니라
16:1 Paul[1] came also to Derbe and to Lystra. A disciple was there, named
Timothy, the son of a Jewish woman who was a believer, but his father
was a Greek. 2 He was well spoken of by the brothers[2] at Lystra and
Iconium. 3 Paul wanted Timothy to accompany him, and he took him
and circumcised him because of the Jews who were in those places, for
they all knew that his father was a Greek. 4 As they went on their way
through the cities, they delivered to them for observance the decisions
that had been reached by the apostles and elders who were in Jerusalem.
5 So the churches were strengthened in the faith, and they increased in
numbers daily.

6 성령이 아시아에서 말씀을 전하지 못하게 하시거늘 그들이 브루기
아와 갈라디아 땅으로 다녀가 7 무시아 앞에 이르러 비두니아로 가고
자 애쓰되 예수의 영이 허락하지 아니하시는지라 8 무시아를 지나 드
로아로 내려갔는데 9 밤에 환상이 바울에게 보이니 마게도냐 사람 하
나가 서서 그에게 청하여 이르되 마게도냐로 건너와서 우리를 도우라

하거늘 10 바울이 그 환상을 보았을 때 우리가 곧 마게도냐로 떠나기
를 힘쓰니 이는 하나님이 저 사람들에게 복음을 전하라고 우리를 부
르신 줄로 인정함이러라
6 And they went through the region of Phrygia and Galatia, having been
forbidden by the Holy Spirit to speak the word in Asia. 7 And when
they had come up to Mysia, they attempted to go into Bithynia, but the
Spirit of Jesus did not allow them. 8 So, passing by Mysia, they went
down to Troas. 9 And a vision appeared to Paul in the night: a man of
Macedonia was standing there, urging him and saying, "Come over
to Macedonia and help us." 10 And when Paul[3] had seen the vision,
immediately we sought to go on into Macedonia, concluding that God
had called us to preach the gospel to them.

16장

11 우리가 드로아에서 배로 떠나 사모드라게로 직행하여 이튿날 네압
볼리로 가고 12 거기서 빌립보에 이르니 이는 마게도냐 지방의 [1)]첫 성
이요 또 로마의 식민지라 이 성에서 수일을 유하다가 13 안식일에 우
리가 기도할 곳이 있을까 하여 문 밖 강가에 나가 거기 앉아서 모인
여자들에게 말하는데 14 두아디라 시에 있는 자색 옷감 장사로서 하
나님을 섬기는 루디아라 하는 한 여자가 말을 듣고 있을 때 주께서 그
마음을 열어 바울의 말을 따르게 하신지라 15 그와 그 집이 다 [2)]세례
를 받고 우리에게 청하여 이르되 만일 나를 주 믿는 자로 알거든 내
집에 들어와 유하라 하고 강권하여 머물게 하니라
11 So, setting sail from Troas, we made a direct voyage to Samothrace,
and the following day to Neapolis, 12 and from there to Philippi, which
is a leading city of the[4] district of Macedonia and a Roman colony. We
remained in this city some days. 13 And on the Sabbath day we went
outside the gate to the riverside, where we supposed there was a place

of prayer, and we sat down and spoke to the women who had come
together. 14 One who heard us was a woman named Lydia, from the city
of Thyatira, a seller of purple goods, who was a worshiper of God. The
Lord opened her heart to pay attention to what was said by Paul. 15 And
after she was baptized, and her household as well, she urged us, saying,
"If you have judged me to be faithful to the Lord, come to my house
and stay." And she prevailed upon us.

16 우리가 기도하는 곳에 가다가 점치는 귀신 들린 여종 하나를 만나
니 점으로 그 주인들에게 큰 이익을 주는 자라 17 그가 바울과 우리를
따라와 소리 질러 이르되 이 사람들은 지극히 높은 하나님의 종으로
서 구원의 길을 너희에게 전하는 자라 하며 18 이같이 여러 날을 하는
지라 바울이 심히 괴로워하여 돌이켜 그 귀신에게 이르되 예수 그리
스도의 이름으로 내가 네게 명하노니 그에게서 나오라 하니 귀신이
즉시 나오니라
19 여종의 주인들은 자기 수익의 소망이 끊어진 것을 보고 바울과 실
라를 붙잡아 장터로 관리들에게 끌어 갔다가 20 상관들 앞에 데리고
가서 말하되 이 사람들이 유대인인데 우리 성을 심히 요란하게 하여
21 로마 사람인 우리가 받지도 못하고 행하지도 못할 풍속을 전한다
하거늘 22 무리가 일제히 일어나 고발하니 상관들이 옷을 찢어 벗기고
매로 치라 하여 23 많이 친 후에 옥에 가두고 간수에게 명하여 든든히
지키라 하니 24 그가 이러한 명령을 받아 그들을 깊은 옥에 가두고 그
발을 차꼬에 든든히 채웠더니
16 As we were going to the place of prayer, we were met by a slave
girl who had a spirit of divination and brought her owners much gain
by fortune-telling. 17 She followed Paul and us, crying out, "These
men are servants of the Most High God, who proclaim to you the way

of salvation." 18 And this she kept doing for many days. Paul, having
become greatly annoyed, turned and said to the spirit, "I command you
in the name of Jesus Christ to come out of her." And it came out that
very hour.
19 But when her owners saw that their hope of gain was gone, they
seized Paul and Silas and dragged them into the marketplace before the
rulers. 20 And when they had brought them to the magistrates, they said,
"These men are Jews, and they are disturbing our city. 21 They advocate
customs that are not lawful for us as Romans to accept or practice."
22 The crowd joined in attacking them, and the magistrates tore the
garments off them and gave orders to beat them with rods. 23 And when
they had inflicted many blows upon them, they threw them into prison,
ordering the jailer to keep them safely. 24 Having received this order, he
put them into the inner prison and fastened their feet in the stocks.

25 한밤중에 바울과 실라가 기도하고 하나님을 찬송하매 죄수들이 듣
더라 26 이에 갑자기 큰 지진이 나서 옥터가 움직이고 문이 곧 다 열
리며 모든 사람의 매인 것이 다 벗어진지라 27 간수가 자다가 깨어 옥
문들이 열린 것을 보고 죄수들이 도망한 줄 생각하고 칼을 빼어 자결
하려 하거늘 28 바울이 크게 소리 질러 이르되 네 몸을 상하지 말라 우
리가 다 여기 있노라 하니 29 간수가 등불을 달라고 하며 뛰어 들어가
무서워 떨며 바울과 실라 앞에 엎드리고 30 그들을 데리고 나가 이르
되 선생들이여 내가 어떻게 하여야 구원을 받으리이까 하거늘 31 이
르되 주 예수를 믿으라 그리하면 너와 네 집이 구원을 받으리라 하고
32 주의 말씀을 그 사람과 그 집에 있는 모든 사람에게 전하더라 33 그
밤 그 시각에 간수가 그들을 데려다가 그 맞은 자리를 씻어 주고 자기
와 그 온 가족이 다 [2]세례를 받은 후 34 그들을 데리고 자기 집에 올라

가서 음식을 차려 주고 그와 온 집안이 하나님을 믿으므로 크게 기뻐
하니라
25 About midnight Paul and Silas were praying and singing hymns to
God, and the prisoners were listening to them, 26 and suddenly there
was a great earthquake, so that the foundations of the prison were
shaken. And immediately all the doors were opened, and everyone's
bonds were unfastened. 27 When the jailer woke and saw that the prison
doors were open, he drew his sword and was about to kill himself,
supposing that the prisoners had escaped. 28 But Paul cried with a loud
voice, "Do not harm yourself, for we are all here." 29 And the jailer[5]
called for lights and rushed in, and trembling with fear he fell down
before Paul and Silas. 30 Then he brought them out and said, "Sirs, what
must I do to be saved?" 31 And they said, "Believe in the Lord Jesus,
and you will be saved, you and your household." 32 And they spoke the
word of the Lord to him and to all who were in his house. 33 And he
took them the same hour of the night and washed their wounds; and he
was baptized at once, he and all his family. 34 Then he brought them up
into his house and set food before them. And he rejoiced along with his
entire household that he had believed in God.

35 날이 새매 상관들이 부하를 보내어 이 사람들을 놓으라 하니 36 간수
가 그 말대로 바울에게 말하되 상관들이 사람을 보내어 너희를 놓으
라 하였으니 이제는 나가서 평안히 가라 하거늘 37 바울이 이르되 로
마 사람인 우리를 죄도 정하지 아니하고 공중 앞에서 때리고 옥에 가
두었다가 이제는 가만히 내보내고자 하느냐 아니라 그들이 친히 와서
우리를 데리고 나가야 하리라 한대 38 부하들이 이 말을 상관들에게 보
고하니 그들이 로마 사람이라 하는 말을 듣고 두려워하여 39 와서 권하

여 데리고 나가 그 성에서 떠나기를 청하니 40 두 사람이 옥에서 나와
루디아의 집에 들어가서 형제들을 만나 보고 3) 위로하고 가니라
35 But when it was day, the magistrates sent the police, saying, "Let
those men go." 36 And the jailer reported these words to Paul, saying,
"The magistrates have sent to let you go. Therefore come out now and
go in peace." 37 But Paul said to them, "They have beaten us publicly,
uncondemned, men who are Roman citizens, and have thrown us into
prison; and do they now throw us out secretly? No! Let them come
themselves and take us out." 38 The police reported these words to
the magistrates, and they were afraid when they heard that they were
Roman citizens. 39 So they came and apologized to them. And they
took them out and asked them to leave the city. 40 So they went out of
the prison and visited Lydia. And when they had seen the brothers, they
encouraged them and departed.

17:1 그들이 암비볼리와 아볼로니아로 다녀가 데살로니가에 이르니 거
기 유대인의 회당이 있는지라 2 바울이 자기의 관례대로 그들에게로
들어가서 세 안식일에 성경을 가지고 강론하며 3 뜻을 풀어 그리스도
가 해를 받고 죽은 자 가운데서 다시 살아나야 할 것을 증언하고 이르
되 내가 너희에게 전하는 이 예수가 곧 그리스도라 하니 4 그 중의 어
떤 사람 곧 경건한 헬라인의 큰 무리와 적지 않은 귀부인도 권함을 받
고 바울과 실라를 따르나 5 그러나 유대인들은 시기하여 저자의 어떤
불량한 사람들을 데리고 떼를 지어 성을 소동하게 하여 야손의 집에
침입하여 그들을 백성에게 끌어내려고 찾았으나 6 발견하지 못하매
야손과 몇 형제들을 끌고 읍장들 앞에 가서 소리 질러 이르되 천하를
어지럽게 하던 이 사람들이 여기도 이르매 7 야손이 그들을 맞아 들였
도다 이 사람들이 다 가이사의 명을 거역하여 말하되 다른 임금 곧 예

수라 하는 이가 있다 하더이다 하니 8 무리와 읍장들이 이 말을 듣고
소동하여 9 야손과 그 나머지 사람들에게 보석금을 받고 놓아 주니라
17:1 Now when they had passed through Amphipolis and Apollonia, they
came to Thessalonica, where there was a synagogue of the Jews. 2 And
Paul went in, as was his custom, and on three Sabbath days he reasoned
with them from the Scriptures, 3 explaining and proving that it was
necessary for the Christ to suffer and to rise from the dead, and saying,
"This Jesus, whom I proclaim to you, is the Christ." 4 And some of
them were persuaded and joined Paul and Silas, as did a great many of
the devout Greeks and not a few of the leading women. 5 But the Jews[6]
were jealous, and taking some wicked men of the rabble, they formed a
mob, set the city in an uproar, and attacked the house of Jason, seeking
to bring them out to the crowd. 6 And when they could not find them,
they dragged Jason and some of the brothers before the city authorities,
shouting, "These men who have turned the world upside down have
come here also, 7 and Jason has received them, and they are all acting
against the decrees of Caesar, saying that there is another king, Jesus."
8 And the people and the city authorities were disturbed when they
heard these things. 9 And when they had taken money as security from
Jason and the rest, they let them go.

10 밤에 형제들이 곧 바울과 실라를 베뢰아로 보내니 그들이 이르러
유대인의 회당에 들어가니라 11 베뢰아에 있는 사람들은 데살로니가
에 있는 사람들보다 더 너그러워서 간절한 마음으로 말씀을 받고 이
것이 그러한가 하여 날마다 성경을 상고하므로 12 그 중에 믿는 사람
이 많고 또 헬라의 귀부인과 남자가 적지 아니하나 13 데살로니가에
있는 유대인들은 바울이 하나님의 말씀을 베뢰아에서도 전하는 줄을

알고 거기도 가서 무리를 움직여 소동하게 하거늘 14 형제들이 곧 바
울을 내보내어 바다까지 가게 하되 실라와 디모데는 아직 거기 머물
더라 15 바울을 인도하는 사람들이 그를 데리고 아덴까지 이르러 그에
게서 실라와 디모데를 자기에게로 속히 오게 하라는 명령을 받고 떠
나니라

10 The brothers[7] immediately sent Paul and Silas away by night to
Berea, and when they arrived they went into the Jewish synagogue.
11 Now these Jews were more noble than those in Thessalonica; they
received the word with all eagerness, examining the Scriptures daily to
see if these things were so. 12 Many of them therefore believed, with not
a few Greek women of high standing as well as men. 13 But when the
Jews from Thessalonica learned that the word of God was proclaimed
by Paul at Berea also, they came there too, agitating and stirring up the
crowds. 14 Then the brothers immediately sent Paul off on his way to
the sea, but Silas and Timothy remained there. 15 Those who conducted
Paul brought him as far as Athens, and after receiving a command for
Silas and Timothy to come to him as soon as possible, they departed.

16 바울이 아덴에서 그들을 기다리다가 그 성에 우상이 가득한 것을
보고 마음에 격분하여 17 회당에서는 유대인과 경건한 사람들과 또 장
터에서는 날마다 만나는 사람들과 변론하니 18 어떤 에피쿠로스와 스
토아 철학자들도 바울과 쟁론할새 어떤 사람은 이르되 이 말쟁이가
무슨 말을 하고자 하느냐 하고 어떤 사람은 이르되 이방 신들을 전하
는 사람인가보다 하니 이는 바울이 예수와 부활을 전하기 때문이러라
19 그를 붙들어 아레오바고로 가며 말하기를 네가 말하는 이 새로운
가르침이 무엇인지 우리가 알 수 있겠느냐 20 네가 어떤 이상한 것을
우리 귀에 들려 주니 그 무슨 뜻인지 알고자 하노라 하니 21 모든 아덴

17장

사람과 거기서 나그네 된 외국인들이 가장 새로운 것을 말하고 듣는
것 이외에는 달리 시간을 쓰지 않음이더라
16 Now while Paul was waiting for them at Athens, his spirit was
provoked within him as he saw that the city was full of idols. 17 So he
reasoned in the synagogue with the Jews and the devout persons, and
in the marketplace every day with those who happened to be there.
18 Some of the Epicurean and Stoic philosophers also conversed with
him. And some said, "What does this babbler wish to say?" Others said,
"He seems to be a preacher of foreign divinities"—because he was
preaching Jesus and the resurrection. 19 And they took him and brought
him to the Areopagus, saying, "May we know what this new teaching
is that you are presenting? 20 For you bring some strange things to our
ears. We wish to know therefore what these things mean." 21 Now all
the Athenians and the foreigners who lived there would spend their
time in nothing except telling or hearing something new.

22 바울이 아레오바고 가운데 서서 말하되 아덴 사람들아 너희를 보
니 범사에 종교심이 많도다 23 내가 두루 다니며 너희가 위하는 것들
을 보다가 알지 못하는 신에게라고 새긴 단도 보았으니 그런즉 너희
가 알지 못하고 위하는 그것을 내가 너희에게 알게 하리라 24 우주와
그 가운데 있는 만물을 지으신 하나님께서는 천지의 주재시니 손으로
지은 전에 계시지 아니하시고 25 또 무엇이 부족한 것처럼 사람의 손
으로 섬김을 받으시는 것이 아니니 이는 만민에게 생명과 호흡과 만
물을 친히 주시는 이심이라 26 인류의 모든 족속을 한 혈통으로 만드
사 온 땅에 살게 하시고 그들의 연대를 정하시며 거주의 경계를 한정
하셨으니 27 이는 사람으로 혹 [4]하나님을 더듬어 찾아 발견하게 하려
하심이로되 그는 우리 각 사람에게서 멀리 계시지 아니하도다 28 우리

가 그를 힘입어 살며 기동하며 존재하느니라 너희 시인 중 어떤 사람
들의 말과 같이 우리가 그의 소생이라 하니
29 이와 같이 하나님의 소생이 되었은즉 하나님을 금이나 은이나 돌
에다 사람의 기술과 고안으로 새긴 것들과 같이 여길 것이 아니니라
30 알지 못하던 시대에는 하나님이 간과하셨거니와 이제는 어디든지
사람에게 다 명하사 회개하라 하셨으니 31 이는 정하신 사람으로 하여
금 천하를 공의로 심판할 날을 작정하시고 이에 그를 죽은 자 가운데
서 다시 살리신 것으로 모든 사람에게 믿을 만한 증거를 주셨음이니
라 하니라
32 그들이 죽은 자의 부활을 듣고 어떤 사람은 조롱도 하고 어떤 사람
은 이 일에 대하여 네 말을 다시 듣겠다 하니 33 이에 바울이 그들 가
운데서 떠나매 34 몇 사람이 그를 가까이하여 믿으니 그 중에는 아레
오바고 관리 디오누시오와 다마리라 하는 여자와 또 다른 사람들도
있었더라
22 So Paul, standing in the midst of the Areopagus, said: "Men of
Athens, I perceive that in every way you are very religious. 23 For as
I passed along and observed the objects of your worship, I found also
an altar with this inscription: 'To the unknown god.' What therefore
you worship as unknown, this I proclaim to you. 24 The God who made
the world and everything in it, being Lord of heaven and earth, does
not live in temples made by man,[8] 25 nor is he served by human hands,
as though he needed anything, since he himself gives to all mankind
life and breath and everything. 26 And he made from one man every
nation of mankind to live on all the face of the earth, having determined
allotted periods and the boundaries of their dwelling place, 27 that they
should seek God, and perhaps feel their way toward him and find him.
Yet he is actually not far from each one of us, 28 for

17장

"'In him we live and move and have our being';[9]
as even some of your own poets have said,
"'For we are indeed his offspring.'[10]
29 Being then God's offspring, we ought not to think that the divine
being is like gold or silver or stone, an image formed by the art and
imagination of man. 30 The times of ignorance God overlooked, but
now he commands all people everywhere to repent, 31 because he has
fixed a day on which he will judge the world in righteousness by a man
whom he has appointed; and of this he has given assurance to all by
raising him from the dead."
32 Now when they heard of the resurrection of the dead, some mocked.
But others said, "We will hear you again about this." 33 So Paul went
out from their midst. 34 But some men joined him and believed, among
whom also were Dionysius the Areopagite and a woman named
Damaris and others with them.

1) 또는 첫째가는 성이요 2) 헬, 또는 침례 3) 권면하고 4) 헬, 신

[1] Greek *He* [2] Or *brothers and sisters*; also verse 40 [3] Greek *he* [4] Or *that* [5] Greek *he* [6] Greek *Ioudaioi* probably refers here to Jewish religious leaders, and others under their influence, in that time; also verse 13 [7] Or *brothers and sisters*; also verse 14 [8] Greek *made by hands* [9] Probably from Epimenides of Crete [10] From Aratus's poem "Phainomena"

단락 개관

마게도냐와 헬라에서의 사역

바울과 바나바가 요한 마가에 관한 문제로 이견을 보이고서 결별한 후에, 바울은 실라를 새로운 동역자로 삼아서 선교 여행을 떠난다. 이 단락에는 바울의 선교 여행 동안에 일어난 가장 유명한 사건들인 디모데의 할례, 바울이 밤에 환상을 통해 마게도냐 사역으로 부르심을 받은 것, 루디아의 회심, 바울과 실라가 극적인 지진을 통해 빌립보 감옥에서 나오게 된 것, 이 사건 후에 자살하려고 하던 빌립보 간수의 회심, 데살로니가의 폭도, 베뢰아 사람들이 복음을 고상하게 받아들인 것, 바울이 아덴의 이방 지식인들 가운데서 장엄한 설교를 통해 우상을 단죄하고 그리스도를 높인 것이 기록되어 있다.

이 사건들 전체에 걸쳐서 우리는 큰 장애물들을 뚫고 퍼져나가는 복음의 능력을 본다. 마귀와 관리들, 쇠빗장들 그리고 이 땅에서 가장 지혜로운 자로 여겨진 사람들에게 반대를 받으면서도, 평범하거나 비범한 수단들을 통해 부자와 가난한 자, 남녀노소를 막론하고 많은 사람이 회심한다.

단락 개요

II. B. 이방인들에 대한 선교, 제2부(15:36-21:36)
- 1. 바울과 바나바가 결별함(15:36-41)
- 2. 마게도냐에서의 바울의 사역(16:1-40)
  - a. 디모데가 바울을 수행함(16:1-5)
  - b. 마게도냐인 환상(16:6-10)

c. 루디아의 회심(16:11-15)

d. 감옥에 갇힌 바울과 실라(16:16-24)

e. 빌립보 감옥의 간수가 구원을 받음(16:25-34)

f. 바울과 실라가 풀려남(16:35-40)

3. 데살로니가에서의 사역(17:1-9)

4. 베뢰아에서의 사역(17:10-15)

5. 바울과 철학자들(17:16-34)

a. 아덴(17:16-21)

b. 아레오바고(17:22-34)

주석

15:36-41 | 바울과 바나바가 결별함 사도행전 15장에는 교회가 신학과 선교에서 하나가 되는 축하할 만한 내용이 담겨 있지만, 형제들 간의 불화(심각한 불화)에 관한 기록도 포함되어 있다. 바나바가 바울을 예루살렘으로 데려와서 다른 사도들에게 소개한 이래로(9:27) 오랫동안 친구이자 동역자로 함께 했던 두 사람이 요한 마가의 일로 인해 다시는 돌아올 수 없는 강을 건넌다. 두 사람은 너무나도 첨예하게 다투어 화해할 수 없었기 때문에, 결별하는 것만이 이 다툼에 대한 유일한 해법이라고 결론을 내리게 된다.

예루살렘 공의회가 끝나고 안디옥으로 돌아온 뒤 얼마 지나지 않아, 바울은 다시 선교 현장으로 돌아갈 결심을 한다. 좀 더 구체적으로 말하자면, 바울은 바나바에게 그들의 1차 선교 여행에서 믿음을 갖게 된 사람들을 살펴보기 위한 후속적인 선교 여행을 제안한다. 우리는 예수님이 복음을 온 세계에 전파하라고 제자들에게 주신 명령에서, 복음을 전하는 것만큼이나 가르치는 것이 중요하다는 사실을 결코 잊어서는 안 된다. 그러할지라도 제자들은 너무나 분명한 방식으로 복음을 전하기 때문에 여기서 그에 관해 또 다시 언급할 필요는 없을 것 같다. 즉, 예수님은 지상명령에서 가르치는 것과 세례를 베푸는 것을 제자 삼는 것의 필수 요소로 명령하셨다(마 28:19-20).

바나바는 바울의 제안에 동의하면서, 한 가지를 제안한다. 그는 요한 마가를 이 선교 여행에 동행시키고 싶어했다. 하지만 바울은 마가(요한으로도 불린다, 행 12:12)가 1차 선교 여행에서 일찌감치 일행을 떠나 예루살렘으로 돌아온 것(13:13)을 문제 삼아서 그 제안을 받아들이지 않는다. 바울은 마가를 이 두 번째 선교 여행에 동행시킬 마음이 전혀 없었고, 그래서 두 사도는 이 문제를 두고 합의하지 못했다. '심히 다투어'로 번역된 헬라어 파록쉬스모스(*paroxysmos*, 15:39)는 분개했음을 가리킨다(이 단어가 히 10:24에서는 긍정적인 의미로 사용된다).

15장

우리는 두 사도가 이견을 보이고 화해할 수 없을 지경이 된 것을 어떻게 이해해야 하는가? 바울의 글과 가르침은 성령의 권위를 지니지만, 그러한 무오성이 마가를 거부한 그의 결정에도 동일하게 적용되는가? 만일 그렇다면, 사도행전에서 사도로 인정된 바나바가 틀렸거나 적어도 터무니없이 지혜롭지 못했다는 의미가 되지 않겠는가? 이후에 바울은 마가에 관한 그의 생각을 바꾸어, 생애 말기에 디모데에게 "네가 올 때에 마가를 데리고 오라 그가 나의 일에 유익하니라"(딤후 4:11)고 요청한다. 이것은 바나바의 판단이 옳았다는 것을 확증해주는 것으로 보일 수도 있다. 바울이 마가에 관해 잘못 판단했거나 적어도 지나치게 융통성 없이 판단했을 가능성도 있고(그렇다고 해서 이것이 그의 권위나 가르침을 훼손하지는 않는다), 장차 마가가 변화되리라고 예상하지 못했기 때문일 수도 있다. 또한 바울이 마가에게 다시 한 번 기회를 주었어야 했을 수도 있다. 바울은 위대한 인물이지만, 완전하거나 무오하지는 않았다(하나님만이 완전하고 무오하다). 우리는 바나바가 천성적으로 위로에 능한 사람임을 알고 있다(행 4:36). 아마도 그러한 천성 때문에 바나바는 깊게 생각하지 못하고, 이번 선교 여행에 마가를 동행시켜야겠다고 결심한 것 같다. 그러나 마가는 아직 준비가 되지 않았고,

바울이 '이번에는 아니다'라고 말한 것은 옳았던 것으로 보인다. 다른 한편으로 바나바는 요한 마가에게서 바울이 보지 못한 것을 보았을 것이다. 따라서 요한 마가에 관한 문제와 관련해서 두 사도 중 어느 쪽이 절대적으로 옳았다거나 틀렸다고 말할 수는 없을 것 같다.

우리가 확실하게 말할 수 있는 것은, 바나바와 바울이 이견을 극복하지 못했으나 각자의 사역을 계속해나갔다는 것이다. 교회가 신학과 선교에서 하나가 된 것이, 이 두 사도를 통해서 그대로 유지된다. 하나님의 섭리 속에서 두 사람은 서로 견해가 달랐음에도 교회를 세우고 힘 있게 하는 데 사용된다. 바나바는 초기 교회의 가장 중요한 인물들 중 하나였지만, 이 시점 이후로 더는 그의 소식이 들리지 않는다. 사도행전은 바나바가 요한 마가와 함께 배를 타고 구브로로 갔다고만 기록하며, 이후로는 그에 관해 전혀 언급하지 않는다. 반면에, 이후에 이어지는 사도행전의 내러티브에서 바울은 가장 중요한 인물이 된다. 바울이 바나바(또는 베드로나 야고보나 요한)보다 더 나은 것은 아니었다. 단지 서로 달랐을 뿐이다. 바울은 하나님이 특별한 계획을 위해 택한 자였고, 그로 말미암아 그가 행한 일들은 오랜 세월을 거쳐 오늘날까지 전해져 왔다. 하나님이 바울과 바나바의 다툼을 선하게 사용하셨지만, 이 다툼은 바울과 관련해서 일어난 일들 가운데 중요한 것에 속하지는 않는다.

이 장은 2차 선교 여행이 시작된 것을 알리는 내용으로 끝난다. 누가는 18:22까지 이어지는 내러티브를 이 여행에 관한 내용으로 채운다. 교회는 곧 놀랍게 확장될 것이었고, 바울은 그가 복음을 위해 고난을 받을 것이라는 예수님의 말씀과 하나님 나라에 들어가려면 '많은 환난을 겪어야' 할 것이라는 그의 말(14:22)을 계속해서 더욱 생생하고 깊이 경험하게 될 것이다.

응답

장기적으로 봤을 때 바나바가 마가에게 다시 기회를 준 것이 옳게 보이지만, 이 본문은 그리스도인들 사이에 벌어진 다툼을 해결하기 위한 정확한 해법을 제시하고 있지 않다. 또한 이 본문은 모든 상황에서 모든 사람에게 다시 한 번 기회를 주어야 한다고 말하고 있지도 않다. 바울과 마찬가지로 우리에게도 최선의 판단에 따라 '더 이상은 안 된다'고 말해야 할 때가 있기 때문이다. 우리의 판단이 잘못된 것임을 알면서도 의도적으로 죄를 지으려고 억지를 부리는 경우를 제외한다면, 우리는 어떤 결정을 할 때 우리가 하는 최선의 판단을 신뢰하고 따라야 한다. 그렇게 할 때 가장 가까운 사람들과 의견이 충돌하기도 할 것이다. 한편, 우리는 우리의 결정으로 말미암아 장래에 무슨 일이 일어날지를 온전히 알 수 없다는 사실을 인정하고 신중해야 한다.

그러할지라도, 신약성경에서 이러한 다툼이 일어난 경우는 드물다. 그리고 신약의 서신들에는 하나가 되었음을 강조하는 내용이 압도적으로 많이 나온다. 신약성경은 그리스도인의 삶에 관한 가르침들 중 하나가 되는 것에 관해 가장 빈번하게 가르친다. 그리스도인이 서로 다투었을지라도, 우리는 그 어떤 것도 온 세상에 복음을 전하는 일을 방해하게 두어서는 안 된다. 때로는 형제들과 자매들이 서로 생각이 달라서 각자 복음을 전해야 할 수 있다. 그러나 우리가 어떤 생각을 따라 어떤 길을 걷든지 그리스도의 나라의 유익을 구해야 한다는 점에는 이견이 있을 수 없다.

16:1-5 | 마게도냐에서의 바울의 사역: 디모데가 바울을 수행함 이 절들은 이방인들에게 율법을 지키라는 요구와 같이 복음을 훼손할 수 있는 것과 디모데에게 할례를 받게 함으로써 복음에 대한 장애물을 제거할 수 있는 것을 구별하는 바울의 지혜를 서술한다. 사도행전을 읽는 독자들 중에는, 이방인 신자들에게 할례를 요구하지 말라는 예루살렘 공의회의 결정과 디모데로 하여금 할례를 받게 한 바울의 결정이 서로 모순된다고 여겨서 고민하는 사람들이 있다. 하지만 이 두 가지는 그 성격이 서로 완전히 다르다. 전자는 이방인이 구원을 받기 위해 반드시 할례를 받을 필요가 없다는

것이고, 후자는 복음 전도를 목적으로 믿는 유대인으로 하여금 할례를 받게 한 것이다. 여기에서 바울은 디모데에게 율법 중에서 의식법에 복종하라고 요구한 것이 아니라, 동포 유대인들과 복음 사이를 가로막고 있던 장애물들을 헐어버린 것이다.

여기서 바울이 모세 율법을 선별해서 지킴으로써, 그의 다음 말과 모순되게 행동한 것처럼 보일 수 있다. "할례를 받는 각 사람에게 다시 증언하노니 그는 율법 전체를 행할 의무를 가진 자라"(갈 5:3). 하지만 사실 바울이 이렇게 한 것은, 그가 율법으로부터 얼마나 자유로운지를 보여준다. 필자의 친구이자 스승이 전에 필자에게 이렇게 말한 적이 있다. "바울의 율법관은 모든 율법관 중에서 가장 급진적이다. 네가 율법을 지키고 싶으면 지키고, 지키고 싶지 않으면 지키지 말라. 다만 네가 율법을 지킨다고 해서 그것이 네게 구원을 가져다줄 것이라거나 너를 다른 사람들로부터 구별시켜줄 것이라고는 한 순간도 생각하지 말라."[75] 나는 이것이 바울이 로마서 14:3, 5, 17절과 골로새서 2:16에서 가르치고 있는 것이라고 생각한다.

누가는 디모데가 절반만 유대인이었음을 말해준다(행 16:1). 디모데의 아버지는 헬라인이었지만 어머니는 믿는 유대인이었기 때문에 그도 유대인이 되었다. 디모데의 어머니는 믿는 부모의 영향력을 보여주는 훌륭한 예다(나중에 바울은 디모데 가족이 가진 믿음의 내력에 대해 언급한다, 딤후 1:5). 부모가 믿음을 지니고 있다고 해서 반드시 자녀가 구원 받는다는 보장은 없지만, 그리스도를 중심에 둔 새 언약의 가정에서 자라는 데서 받는 유익을 부정

75 이 말이 우리가 도둑질하거나 거짓말하거나 살인하거나 간음하는 것을 우리 마음대로 선택할 수 있다는 의미가 아니라는 것은 너무나 분명하다. 모든 도덕적인 명령은 하나님을 사랑하고 이웃을 사랑하는 것으로 포괄된다. 필자의 동료가 한 이 말은, 여러 날 중에서 어느 한 날을 구별해서 거룩하게 지키는 것, 먹는 것들을 구별해서 어떤 것은 먹고 어떤 것은 먹지 않는 것, 디모데의 경우처럼 할례를 받는 것과 관련해서 받거나 받지 않거나 중의 하나를 선택하는 것과 관련된다. 우리는 어느 한 날을 거룩한 날로 지킬 수도 있고 어떤 음식들을 피할 수도 있으며, 옷을 어떤 식으로 입을 수도 있고 그 밖의 다른 많은 것을 구별해서 행할 수 있다. 그러나 우리가 그러한 행위를 구원과 연결시키거나, 그리스도인이 되기 위해 오직 예수님을 믿는 믿음에 덧붙여야만 한다고 여기는 것은 죄다.

할 수는 없다. 디모데가 어릴 때 할례를 받지 않은 것은 그의 아버지 때문이었을 것으로 추측된다.

바울과 디모데의 관계는 그의 서신들에서 잘 입증된다. 디모데는 바울의 선교 여행에서 거의 언제나 바울을 수행하였다. 바울은 마치 부모가 자녀에게 말하듯이 디모데에게 말하고, 심지어 그를 "믿음 안에서 참 아들 된 디모데"(딤전 1:2; 참고. 1:18)라고 부르기까지 한다. 어떤 사람들은 디모데가 바울의 전도에 의해 회심했다고 주장하지만, 그 주장은 사실이 아닌 것으로 보인다. 그렇지만 적어도 우리는 디모데의 할머니와 어머니(딤후 1:5)가 바울의 1차 선교 여행 동안에 회심했기 때문에, 바울을 통해 디모데가 간접적으로 믿음을 갖게 되었다고 말할 수 있다. 또한 우리는 '믿음 안에서 참 아들 된 디모데'라는 어구를 더 넓은 의미로 해석할 수 있다. 즉, 이 어구는 반드시 디모데가 바울의 전도로 믿음을 갖게 되고 구원을 받았다는 것이 아니라, 바울의 지도 아래 제자로 훈련 받고 믿음이 성장한 것을 가리킬 수 있다. 디모데가 바울의 전도로 믿음을 가진 것이 아니라고 할지라도, 바울이 디모데에 관해 한 말들을 통해 그가 디모데를 얼마나 아끼고 소중히 여겼는지는 그대로 전달된다.

누가는 할례를 권한 바울의 지시에 대해 디모데가 어떻게 생각했는지는 기록하고 있지 않다. 이것은 디모데가 이 문제와 관련해서 바울의 지혜와 판단을 신뢰했다는 암시일 수도 있지만, 아마도 이 내러티브를 전개해 나가는 데 디모데가 할례 받는 것에 대해 가진 생각이 중요하지 않았기 때문에 포함시키지 않았다고 볼 수 있다. 어느 쪽이 사실이든, 디모데는 할례를 받았고 그 이유는 아주 명확했다. 즉, 디모데는 얼마든지 자기가 유대인이라고 정당하게 주장할 수 있었으나, 믿지 않는 유대인들이 그의 아버지가 헬라인이라는 사실을 알고 있는 상황이었기 때문에(행 16:3) 그들의 의심을 피하고자 할례를 받아야 했다. 바울과 디모데는 단지 복음 전파를 막는 장애물을 없앨 방도를 생각했고, 그것이 동기가 되어 바울이 디모데로 하여금 할례를 받게 했다. 디모데가 할례를 받음으로써 유대인들에게 복음을 전하는 데 장애가 되는 것이 제거되었고, 따라서 바울과 디모데는 새로운 도시에 갔을 때 먼저 회당에 가서 복음을 전하는 방식을 계속해 나갈 수 있었다. 바울은 디모데가 유대인이었기 때문에 그로 하여금 할례를 받게 한 것이다. 나중에 유대인들이 이방인인 디도가 할례를 받지 않았다고 항의했을 때, 바울은 그들의 항의를 무시해버린다(갈 2:3). 이방인인 디도가 할례를 받는 것은 이치에 맞지 않고 위선적인 행동이었을 것이기 때문이다. 하지만 디모데는 유대인이었기 때문에 할례를 받는 것이 여러모로 도움이 되는 일이었다.

바울은 디모데의 할례 이후에도 복음을 왜곡하거나 혼잡하게 하는 일이 아니라면 불필요한 오해를 제거하기 위해 옛 언약의 규례들을 기꺼이 따르는 모습을 보인다[참고. 행 21:17-26(특히 24절)에 관한 주석]. 하지만 바울은 모세 율법을 언약의 법으로 지키는 것은 절대로 용납하지 않는다. 사실 바울은 율법을 "이 세상의 초등학문"(갈 4:3)의 일부에 포함시킨다. 그리고 그는 기꺼이 "여러 사람에게 여러 모습이 된 것은 아무쪼록 몇 사람이라도 구원하고자"(고전 9:22) 한 것이라고 말한다. 이것은 바울이 율법(물론 이것뿐만 아니라 다른 것들도)을 무엇이라 여겼는지를 보여준다. 즉, 바울은 율법을 비롯한 이런저런 것들을 사람들을 구원하기 위해 상황에 따라 활용할 수 있는 수단들로 여겼다. 바로 이것이 새 언약에 따른 급진적인 율법관이다.

바울과 실라, 그리고 나중에 합류한 디모데는 이제 계속 교회들을 방문하며 예루살렘 공의회의 결정을 전한다. 누가는 이 결정에 대해 "사도와 장로들이 작정한 규례"(행 16:4)라고 구체적인 설명을 덧붙인다. 누가는 바울 일행이 예루살렘 공의회의 결정을 교회들에 알렸다고 기록하면서도, 바울이 디모데에게 할례를 받게 한 것을 정당화할 필요가 없다고 여겼다. 그는 바울과 그의 일행이 여러 지역을 두루 다니며 제자들을 방문했다고 기록하면서, 다시 한번 우리에게 친숙한 말을 들려준다. 바로 교회가 믿음이 더 굳건해지면서 회심하는 자들의 수도 늘어갔다는 것이다. 제자가 되게 하는 일은 회심으로 끝나지 않고, 굳건하게 하는 것과 훈련하는 것(우리가 제자도라고 부르는 것)으로 이어져야 한다.

16:6-10 | 마게도냐에서의 바울의 사역: 마게도냐인 환상 이 단락에는 사도행전 내러티브에서 가장 이례적인 부분들 중 일부가 나온다. 성령이 사역을 막는다. 바울과 실라와 디모데는 성령이 그들의 비두니아 행을 막은 것(7절)을 어떻게 알았는가? 그리고 성령은 왜 그렇게 했는가? 누가는 이에 대해 말해주지 않는다. 상식적인 결론은, 하나님은 다른 계획을 갖고 계셨고, 지금이 그 지역으로 가서 전도하기에 좋은 때가 아닌 이유를 그들에게 말씀하시지 않았다는 것이다. 우리는 바로 그때가 바울과 그의 일행이 마게도냐로 갈 좋은 때였다는 것을 확신할 수 있다. 우리가 흔히 '마게도냐인 환상'이라고 부르는 일로 말미암아 바울과 그 일행은 마게도냐로 행선지를 바꾼다. 바울이 본 환상은 베드로가 헤롯에 의해 감옥에 갇혀 있을 때 본 환상(12장)과 비슷하다. 누가는 그 환상을 바울이 깨어 있을 때 받았는지, 아니면 잠들었을 때 받았는지에 대해서는 말해주지 않는다. 중요한 것은 그 환상의 메시지였고, 환상을 통해 바울은 그들이 마게도냐로 가야 한다는 것을 아주 분명하게 알게 된다(16:10). 그래서 바울과 그 일행은 드로아에 잠시만 머문다. 바울은 나중에 드로아에 다시 방문하지만, 그때에도 그곳에서 오래 머물지 않는다. 고린도후서 2장에서 그는, 자신이 드로아에 복음을 전하기 위해 갔고, 그곳에서 복음을 전할 문이 열렸으나, 디도가 그곳에 없는 것을 알고 그를 찾아서 마게도냐로 갔다고 말한다(고후 2:12-13).

바울과 그 일행은 드로아를 떠나서 빌립보로 간다. 누가는 이제 바울과 그 일행에 합류하였기 때문에(행 16:10에서 대명사가 바뀐 것에 주목하라), 독자들에게 그들의 여행 경로와 일정을 자세하게 설명한다. 바울과 그 일행은 빌립보에 도착하는데, 그곳에서 바울은 일생 동안 겪은 파란만장한 사건들 중 하나를 경험하게 된다.

16:11-15 | 마게도냐에서의 바울의 사역: 루디아의 회심 서쪽으로의 복음 전파는 마게도냐 지방의 주요 도시이자 로마의 식민지였던 빌립보에서 시작된다. 바울을 비롯한 선교사들은 미지의 땅에 들어와 있다. 그러나 이 내

러티브는, 사람들이 복음을 한 번도 들어보지 못한 것이 하나님께 전혀 장애물이 되지 않는다는 사실을 보여준다. 그들은 안식일에 기도할 곳을 찾기 위해 강가로 나간다. 이것은 빌립보에 회당이 없었거나, 적어도 바울이 방문하고자 한 회당이 없었음을 시사한다(13절). 그 장소에서 바울 일행은 두아디라 시에서 옷감 장사를 하는, "하나님을 섬기는 루디아라 하는 한 여자"(14절)를 만난다. 루디아는 고넬료처럼 유대교를 믿었지만 완전히 개종하지는 않은 이방인이었을 것이다. 루디아는 자색 옷감 장사를 했는데, 이것은 그녀가 부유했음을 의미한다. 고대 세계에서 자색 옷감은 생산에 많은 시간이 소요되는 아주 비싸고 귀한 옷감이었다. 이 옷감을 생산하는 과정 가운데 특정한 품종의 바다 우렁이를 다량으로 끓이는 공정이 있었는데, 이 우렁이 자체는 자주색이 아니지만, 끓이는 동안 나오는 화학물질로 자주색 염료를 만들 수 있었다. 성경은 부가 복음을 받아들이는 것을 방해하는 큰 장애물이라고 말하지만, 루디아는 부자라고 해서 하나님의 구원의 손길 바깥에 있지 않음을 분명하게 보여준다.

바울과 루디아의 짧은 만남은 복음전도의 방식과 수단에 관한 강력한 본보기다. 사도 바울은 루디아를 비롯한 여러 여자에게 말씀을 전했고, 하나님은 "그 마음을 열어 바울의 말을 따르게 하[셨다]"(14절). 하나님은 주권적으로 구원을 주관하시지만, 구원을 이루는 데 사람을 수단으로 사용하신다. 루디아의 회심은 로마 제국으로 복음이 전파되기 시작하였음을 보여준다. 동시에, 선교사들이 그녀의 집에 머물렀기 때문에 그들이 활동할 수 있는 전진기지가 마련되었음을 의미하기도 하다. 초기 그리스도인들은 이곳저곳을 돌아다니며 사역을 했기 때문에 머물 곳을 정하는 일(이것을 접대와 혼동해서는 안 된다)이 큰 문제였다.

누가는 루디아와 "그 집이 다" 세례를 받았다고 기록한다(15절). 이 구절에 근거해서, 어떤 사람들은 루디아의 가족과 하인들만이 아니라 유아들(그 집에 있었다면)도 세례를 받았으리라고 주장한다. 하지만 유아세례를 지지하는 자나 반대하는 자들은 모두 누가가 이 문제에 대해 침묵하고 있음을 직시해야 한다. 누가는 사도행전에 등장하는 집들에 유아가 있었는지 여부는 전혀 말하지 않는다. 하지만 누가는 성령을 받은 신자들이 세례를 받았다는 사실에 대해서는 침묵하지 않는다(9:17-18; 10:44-48; 19:1-10). 우리가 기억해야 할 사실은, 누가가 모든 회심 이야기 속에서 성령과 세례를 받은 것에 대해 항상 언급하지는 않지만, 성령을 받지 않은 사람이 세례를 받았다고는 단 한 번도 명시적으로 말하지 않는다는 것이다.

16:16-24 | 마게도냐에서의 바울의 사역: 감옥에 갇힌 바울과 실라

사도행전에서 돈과 복음은 여러 상황 속에서 자주 충돌한다. 아나니아와 삽비라(5장), 마술사 시몬(8:18)과 바예수(13:8), 16장에 나오는 귀신 들린 여종, 에베소에서 은장색 데메드리오(19:24)가 그런 예들이다. 하지만 복음과 충돌하는 것은 돈 자체가 아니라, 이들에 대한 탐욕과 잘못된 동기다. 이 내러티브 속에는 어느 정도 역설적인 면이 존재한다. 앞에서 부유한 여자인 루디아가 복음을 받아들이고 사도들을 돕는 데 그녀의 부를 사용한 일 다음에 이런 사건들이 벌어졌다는 점이다. 대부분의 사람들은 복음에 대해 극심한 반감을 가지지만, 금전적인 손실과 결합되는 경우에는 그 반감이 두 배가 된다. 빌립보에는 점을 쳐서 주인들에게 돈을 벌어주는 귀신 들린 여종이 있었다. 사람들은 돈을 내고서 결혼이나 재물이나 성공 등과 관련하여 장래에 어떻게 될지를 듣고 싶어 했다. 복음을 전하는 사람들이 초자연적인 능력과 은사를 지닌 자와 마주치는 일은 이번이 처음은 아니었다(참고. 마술사 시몬). 여기서 누가는 이 여종이 귀신에 들림으로 인해 그런 능력을 지니게 되었다고 말한다(16:16, 18). 그녀는 악한 영의 조종을 받고 있었을 뿐만 아니라, 여러 날 동안 바울 일행을 따라다니며 괴롭혔다.

이 여종은 바울이 전하는 말씀을 듣고서, 바울과 그 일행을 가리켜 하나님의 종으로서 구원의 길을 전하는 자들이라고 소리를 질러댔다. 그녀는 그 의미를 이해하지 못한 채, "지극히 높은 하나님"이나 "구원의 길"이라고 말했을 것이다(17절). 즉, 이 말을 하는 존재는 이 여종이 아니라 그녀를 통해서 말하고 있던 귀신이었다. 이 부분은 복음서와 분명한 병행을 이룬다. 거라사의 귀신 들린 자(눅 8:26-39; 참고. 마 8:28-34; 막 5:1-20)가 예수님이 오시는 것을 보고, "지극히 높으신 하나님의 아들 예수여 당신이 나와 무슨 상관이 있나이까"(눅 8:28)라고 말했을 때, 예수님의 참된 정체를 안 것은 귀신 들린 자가 아니라 그 사람 안에 있던 귀신이었다. 따라서 빌립보의 여종은 '지극히 높은 하나님'이나 '구원의 길'이 성경적으로 정확히 어떤 의미인지를 몰랐으나, 의심의 여지없이 그녀 안에 있던 귀신은 그 말의 의미를 적어도 복음서에 등장하는 귀신들이 예수님에 관해 알던 만큼은 알고 있었다. 악한 영들은 모든 것을 정확하게 알지는 못하지만, 자기와 대등하거나 자기보다 더 강한 존재가 등장하면 그 정체에 관해서 만큼은 대략적으로는 알아본다. 따라서 이 여종과 그녀의 주인들과 악한 영은 복음의 능력을 서로 다르게 경험한 것이다.

바울은 오랫동안 참다가 그대로 놔두어서는 안 되겠다고 생각하여 예수님의 이름으로 그 귀신을 쫓아내버린다(행 16:18). 바울이 귀신을 쫓아낼 때 예수님의 이름을 사용한 것은 주술에서 사용하는 주문을 외운 것이 아니라(빌립보 사람들은 그런 식으로 이해했겠지만), 악의 세력에 대한 예수님의 능력과 승리를 선포한 것이다. 예수님은 바로 지극히 높은 하나님이 육체를 입어 사람이 되신 분이다. 복음서에 나오는 많은 축귀 이적과는 달리, 누가는 이 여종에 대해 다시는 언급하지 않는다. 하지만 그녀의 주인들은 또 다른 문제였다.

여종의 주인들은 바울의 일행("우리," 16절) 중에서 다른 사람들은 내버려둔 채 바울과 실라만 붙잡았다(19절). 그들이 실라도 붙잡았다는 것은 그가 바울과 함께 이 일행의 지도자요, 일종의 대변인 역할을 했었음을 시사한다. 여종의 주인들은 바울과 실라를 상관들 앞으로 끌고 가서 그들이 유대인이라고 말한다(20절). 이것은 빌립보에 소수의 유대인만 거주했음에도, 이 도시 사람들이 유대교에 대해 어느 정도 알고 있었다는 것을 시사한다. 또한 바울과 실라가 나사렛 예수에 관한 사도적 복음을 전했다는 것도 분명하다. 왜냐하면 여종의 주인들이 바울과 실라를 상관들(식민지에 파견된 전형적인 로마 관리) 앞에 끌고 가서는 여종과 관련된 사건에 대해서는 전혀 언급하지 않고(적어도 누가는 언급하지 않는다), 오직 그들의 가르침을 통해

"로마 사람인 우리가 받지도 못하고 행하지도 못할"(21절) 풍속을 전한다고만 고발하기 때문이다.

바울과 실라가 로마 사람이 용납할 수 없는 풍속을 전했다는 것이, 단지 유일신론을 주장해서 다신교적인 로마의 종교 관행을 무너뜨리고 있다는 의미일 수는 없다. 왜냐하면 로마 제국 내에서 유대인들은 이미 유일신론자로 알려져 있었기 때문이다.[76] 따라서 바울과 실라가 전한 메시지 속에는 아마도 황제에게 위협이 될 만한 어떤 내용이 포함되어 있었을 것이다. 물론 이것은 하나의 가설일 뿐이다. 우리는 누가의 반제국적인 메시지를 과장해서는 안 된다. 초기 그리스도인들은 정부에 반대하여 반제국적인 혁명 운동을 일으키려는 반란 무리가 아니었다. 그런 견해는 본말이 전도된 것이다. 복음은 그리스도인들이 로마 정부의 탄압으로 말미암아 지하로 들어가서 로마 제국에 맞서 대항하기 위해 만들어낸 이념이 아니다. 로마 정부의 탄압이 그치면, 그리스도인들도 더는 지하로 들어가서 활동하지 않았을 것이다. 기독교 신앙의 목적이나 동력은, 로마 제국을 비롯해서 그 어떤 정부에 의해서 좌지우지되는 것이 결코 아니다.

한편 기독교는 로마 제국의 이념과는 완전히 다른 세계관 위에 세워졌기 때문에 대항문화적인 성격을 지닌다. 이 세계관은 세속 정부와 양립할 수도 있고, 양립하지 않을 수도 있다. 세속 정부가 기독교의 세계관을 완전히 공유할 수 없다는 점에서, 결국 복음은 모든 세속 정부와 충돌할 수밖에 없다. 복음과 부합하는 유일한 통치체제는 새 하늘과 새 땅에서 이루어질 체제, 즉 예수님이 왕으로서 영원토록 다스리실 체제뿐이다. 우리 인간은 궁극적으로 하나님이 왕이신 나라에서 살도록 창조되었다. 그러므로 이 땅에서 완전한 민주주의를 비롯해서 어떤 정치체제가 들어선다 할

76 Peterson은 다음과 같이 쓴다. "빌립보 사람들은 자신들이 로마의 시민이며 로마의 관습을 지킨다는 것을 자랑스러워했다…따라서 (바울의) 새로운 가르침이 기존의 사회 질서를 위협한다는 것은 좋은 명분이 될 수 있었다"(*Acts*, 466). 또한 그는 유대교가 로마 제국에서 합법적인 종교였다는 사실도 지적한다.

지라도, 그곳에 그리스도인들이 설 자리는 없다.

빌립보에서 바울과 실라에게 적용된 죄목을 다음과 같이 요약할 수 있을 것이다. '바울과 그의 일행은 빌립보 시민들이 어떤 대가를 치르더라도 지켜내야 할 로마의 생활방식을 위태롭게 하고 있다.' 이러한 고발은 무리와 당국자들에게 충분히 호응을 얻을 만한 것이었다. 그래서 상관들은 바울과 실라를 무자비하게 '매'를 친 후에(22-23절, 구체적으로 이 매는 작은 막대기들을 다발로 묶은 것으로, 권위를 상징하였다), 그들의 발에 차꼬를 단단히 채워서 옥에 가둔다(24절). 이렇게 바울과 실라의 상태에 관한 상세한 언급은, 앞으로 있을 극적인 사건들을 한층 더 부각시킨다. 사람들은 로마의 생활방식을 지켜야 한다는 생각에 광분해 있었기 때문에, 바울과 실라는 스스로를 변호할 기회조차 받지 못한 것으로 보인다(적어도 누가는 그들에게 그런 기회가 주어졌다고 말하지 않는다). 아무리 범죄 혐의가 있을지라도 로마법은 이런 식으로 벌하는 것을 불법으로 규정하였고, 그 상관들은 이내 그러한 사실을 충분히 알게 될 것이다.

16:25-34 | 마게도냐에서의 바울의 사역: 빌립보 감옥의 간수가 구원받음

감옥에서 바울과 실라는 찬송하였고, 다른 죄수들은 그 찬송을 들었다. 바울과 실라는 "그 이름을 위하여 능욕 받는 일에 합당한 자로 여기심을"(5:41) 기뻐한 베드로와 요한과 똑같이 반응한다. 이때에 갑자기 큰 지진이 나서 감옥의 모든 문이 열리고 모든 죄수에게 채워져 있던 차꼬가 다 벗어짐으로써, 이 장면은 한층 더 비상한 것이 된다(16:26). 이것은 분명히 하나님의 역사였다. 인간의 자연스러운 충동을 따른다면 죄수들이 열린 문을 통해 빌립보 감옥을 탈출하는 것이 상식적인 일이겠지만, 실제로 죄수들은 그렇게 하지 않았다. 물론 빌립보 감옥의 간수는 죄수들이 도망가지 않고 감옥 안에 그대로 있으리라고는 상상조차 하지 못했기 때문에, 이 일이 상관들에게 알려지면 죽음을 면치 못할 것임을 알고 자결하기로 마음을 먹는다(27절). 그러나 바울은 자결하려는 간수를 보고서 죄수들이 탈옥하지 않았으니 자결하지 말라고 큰 소리로 외쳐서 그를 제지한다(28절).

빌립보 감옥의 간수가 보여준 유명한 반응, 즉 믿지 않는 자가 어떻게 해야 구원을 받을 수 있는지를 스스로 묻는 것은 모든 복음전도자가 꿈꾸는 것이다(30절). 이 간수는 어떤 의미로 "선생들이여 내가 어떻게 하여야 구원을 받으리이까"라고 물은 것인가? 아마도 이 간수는 한편으로는 바울과 실라에 관해 다른 사람들에게서 이런저런 말을 들었고, 다른 한편으로는 그들이 감옥에서 찬송을 부르고 기도하는 것을 듣고서 '구원을 받는다'는 의미를 알게 된 것 같다. 귀신 들린 여종과 마찬가지로 빌립보 감옥의 간수는 이 구원에 대해 유대인들처럼 수백 년 전부터 알고 있지는 않았으나, 우리처럼 이 구원에 대해 듣고서야 비로소 구원의 의미를 알았다. 하지만 바울이 구원에 대한 이 간수의 이해에서 부족하거나 부정확한 점들을 즉시 보충하였을 것이기 때문에, 우리는 이 간수의 '구원을 받는다'는 말의 의미를 축소시키거나 부풀려서 평가할 필요가 없다. 이야기에 등장하는 인물들의 사적인 동기나 생각과 관련해서 지나치게 많은 질문을 하는 것은, 본문에 나와 있는 것들보다 본문 배후나 그 아래에 있는 것들을 과도하게 강조하는 결과를 초래한다. 우리가 저자의 의도를 중시한다면, 무엇보다도 저자가 전달하려는 것이 무엇인가에 관심을 가져야 한다. 그리고 우리는 저자가 우리에게 말해주는 것들을 통해서만 저자나 등장인물들이 무엇을 생각하거나 알고 있는지를 알 수 있다. 누가는 엄청난 사건을 겪음으로써 다시는 평범한 일상으로 되돌아갈 수 없게 된 한 사람의 복잡한 심경이 어떠한 결말로 이어지는지를 우리에게 보여준다. 결국 빌립보 감옥의 간수는 이 유대인 죄수들의 기도가 응답되었다는 사실을 깨닫는다.

바울과 실라가 간수에게 한 대답(31절)은 복음의 심오하고 우아한 요약이다. 바울은 복음의 요점을 간단하게 제시한다. 그런 후에 바울과 실라는 간수와 그의 집에 있는 모든 사람에게 "주의 말씀"을 전한다(32절). 복음을 전할 때 시간, 방법, 상황, 기회는 늘 변하지만 오직 복음 메시지와 하나님이 주권적으로 사람을 수단으로 사용하신다는 사실만은 항상 동일하다. 사도행전은 우리에게 선교와 복음전도에 관해 이 진리를 가르쳐 준다.

복음은 간수에게 즉각 영향을 미쳤다. 그는 바울과 실라의 상처를 치료해주고(이것은 의미심장한 일이었다) 세례를 받는다. 이것은 빌립보에서 한 집안 전체가 세례를 받은 두 번째 사례였고, 누가는 '그와 온 집안'이 세례를 받았다고 좀 더 구체적으로 기록한다(33절). 어떤 사람들은 이 구절을 유아세례의 정당성을 입증하는 추가적인 증거로 여긴다. 그러나 그런 주장은 여러 신학적인 전제 및 그 간수의 집에 유아나 갓난아기(또는 아직 자신의 의지를 따라 예수님에 대한 믿음을 고백할 수 없는 나이의 자녀)가 있었으리라는 가정에 기초한다. 당시 간수의 집안에 유아가 있었는지 없었는지를 알 도리는 없다. 필자가 보기에, 사도행전이 성령을 받은 것과 세례를 자주 연결시키고 있다는 사실이 본문을 유아세례의 근거로 삼는 데 가장 큰 장애물로 작용한다.

한 이방인 간수의 이 날은 여느 때와 다름없는 평범한 삶으로 시작했으나 나사렛 예수로 말미암은 믿음과 새로운 삶을 얻는 것으로 끝나고, 이렇게 해서 복음은 세계를 향해 한 걸음 더 나아간다. 어찌 보면, 빌립보 감옥의 간수 같은 사람은 복음이 미치지 못할 곳에 있고 복음을 들을 가능성이 없으며, 복음을 받아들이기란 더더욱 불가능한 것처럼 보인다. 하지만 사도행전이 분명하게 보여주듯이, 경제적, 사회적 지위와는 상관없이 복음이 미치지 못하는 곳에 있는 사람은 없다. 누가가 이미 말했듯이(13:48), 하나님이 영생을 주시기로 작정된 자들은 다 믿게 된다.

16:35-40 | 마게도냐에서의 바울의 사역: 바울과 실라가 풀려남

누가는 상관들이 바울과 실라를 풀어주기로 결정한 이유를 기록하지 않는다. 여기서 중요한 것은 바울의 반응이다. 간수가 이 소식을 전했지만, 바울은 로마 제국을 전복시키는 것이 그의 목표가 아니라는 사실을 빌립보의 모든 사람에게 확실하게 알리기로 결심한다. 바울은 로마 시민으로서 가지는 권리를 주장한다(37절). 그는 나중에 예루살렘에서 두 번 더 그렇게 할 것이다(22:25-29; 25:11). 실제로 로마법을 어긴 사람들은 바울과 실라가 아니라, 빌립보 사람들과 당국자들이었다. 왜냐하면 로마법은 로마 시민에게 판결을 받기 전에 재판을 받을 권리를 보장했기 때문이었다. 여기서 바울은 시민 정부에 관한 그의 견해에 따라 행동한다(롬 13:1-7을 보라). 그는 정부 관리들을 존중하면서도, 그들에게 마땅히 행해야 하는 대로 행할 것을 요구한다. 왜냐하면 하나님이 관리들에게 부여하신 책임이, 그들의 통치 아래 있는 사람들에게 합당하게 행하여 오직 잘못한 사람들만 처벌하는 것이기 때문이다(롬 13:4). 바울은 복음을 전하다가 국가로부터 고난 받는 것도 꺼리지 않았지만, 그 밖의 다른 일에서는 로마법을 충실히 지키고 그 법 아래에서 자신의 권리를 행사하는 시민이었다.

바울은 상관들이 저지른 잘못을 지적하고 직접 와서 자신들을 풀어주라고 요구하였고, 그들은 그 요구대로 바울과 실라에게 직접 와서 사과하고, 빌립보를 떠나달라고 정중하게 요청한다. 바울은 그와 실라에게 불법을 행한 상관들을 고발하여 처벌받게 할 수도 있었지만, 그러한 권리를 행사하지는 않는다. 그리고 그는 빌립보를 떠나달라는 요청을 받아들여 일행과 함께 그 도시를 떠난다. 마게도냐 지방으로 더 깊숙이 들어가기 전에 루디아의 집에 들러, 빌립보의 신자들을 만나서 격려한다. 이러한 일련의 행동들을 통해 바울은 기독교 선교가 적어도 그들이 고발당한 그런 방식으로 로마의 관습과 법을 전복시키는 것이 아님을 보이고, 빌립보의 그리스도인들이 안정된 상태에서 신앙생활과 전도를 해나갈 수 있게 한다.

응답

일부 진영들에서는 흔히 '마게도냐인 환상'을 선교로의 부르심과 결부시킨다. 그래서 어떤 그리스도인들은 그들이 나아갈 선교지에 대해 하나님이 비슷한 방식으로 미리 알려주시기를 기다리기도 한다. 그러나 마게도냐 사람이 도움을 청하는 환상을 보았을 때, 바울은 이미 열심히 사역을 하던 중이었다. 그는 집에 눌러 앉아서, 하나님이 초자연적인 환상을 보여주시기만 고대하거나 자신이 무엇을 하기를 원하시는지 끝없이 묻고만 있지 않았다. 본문에는 하나님이 바울과 그의 일행에게 환상이나 모종의 확신을 통해 다음에 어디로 가야 할지를 알려주겠다고 약속하셨다는 내용이 나오지 않는다. 따라서 우리가 집에 앉아서 기다리면, 하나님이 우리에게 그 다음에 해야 할 큰 일을 지시하실 것이라는 생각을 고쳐야 한다. 이 본문은 하나님의 뜻을 알거나 사역과 관련된 결정을 내리기 위해서는 반드시 환상을 봐야만 한다고 말하는 것이 아니다. 도리어 말은 적게 하고 행동은 더 많이 하는 편이 오늘날의 교회에 더 이로울 것이다. 또한 우리는 사도행전에 나오는 복음전도나 선교 활동 중에서 절대 대다수가 특별한 꿈이나 환상과는 관계없이 행해졌음을 기억해야 한다. 모든 민족에게로 가라고 하신 예수님의 말씀만으로 충분하다.

이 본문은 우리가 복음을 증언할 때 단지 복음을 전하는 것으로 끝나지 않고, 복음을 전하는 것과 복음적인 삶이 결합되어야 한다는 것을 가르쳐준다. 우리가 살아가는 모습은 우리의 마음속에 무엇이 있는지를 드러낸다. 우리가 매일 사람들과 만나서 대화하고 그 과정에서 생기는 여러 가지 일을 대처하는 방식은 우리 주변의 사람들에게 복음을 전하는 데 영향을 미친다. 물론 복음을 말로 전하지 않은 채 그저 삶으로만 증언한다면, 사람들은 복음이 무엇인지를 잘 알지 못할 것이다. 불행히도 우리는 말과 행실 모두를 통해 복음을 증언하는 데 그다지 익숙하지 않다. 많은 사람이 자신은 오직 삶을 통해 복음을 증언한다고 말하지만, 그렇게 하는 것은 위험하다. 물론 그리스도인들은 말로 복음을 증언하지 않는 여러 가지 이유를 제시한다. 그러나 그리스도인의 삶에 속하는 다른 많은 영역과 마찬가지로, 말과 행실 모두를 통해 복음을 증언하는 것은 선택이 아니라 필수다. 말로 복음을 증언하는 것이 일차적이지만, 평상시에 우리의 말이나 행동이나 선택이 우리의 복음 선포와 상관이 없다면, 우리가 말로 복음을 전하는 것이 무슨 소용이 있겠는가? 물론 하나님은 불완전한 삶을 살아가는 불완전한 사람들을 통해 자신의 말씀을 전하실 수 있고, 실제로 그렇게 하신다. 그러나 우리는 그것을 핑계로 그리스도인으로서 복음에 합당하지 않게 사는 것을 정당화해서는 안 된다.

바울이 직면했던 정치적 상황은 오늘날의 정치적 상황과 비슷하다(우리가 어느 곳에서 살고 있는지에 따라 정도에 차이는 있겠지만). 완벽하게 정의로운 정부는 존재하지 않는다. 단지 다른 정부에 비해서 좀 더 정의로운 정부만 이 존재할 뿐이다. 여기서 핵심은, 그리스도인과 정부의 관계에 관한 신약성경의 가르침을 서로 다른 상황들에 어떻게 적용해야 하는지를 아는 것이다. 어느 그리스도인이 특정한 정치적 상황 속에서 행한 것을 다른 정치적 상황 속에 있는 그리스도인에게 획일적으로 적용할 수 없고, 그렇게 해서도 안 된다. 일반적인 원칙은, 그리스도인이 깨끗한 양심에 비추어보아 그리스도께 충성하기 위해 정부의 명령에 불복종해야만 하는 경우 외에는 언제나 정부에 복종해야 한다는 것이다(행 4:19-20; 5:29). 우선 그리스도인은 실제로 자신이 지혜와 분별력이 없어서 곤란을 겪는 것인데도 정부에 의해 박해를 받는다고 주장하지 않도록 조심해야 한다. 그리고 우리는 시민으로서 부여받은 권리들을 당연히 그리스도와 그분의 나라를 위해 사용해야 하며, 그런 경우가 아니더라도 그 권리들을 기꺼이 우리 자신이나 다른 사람들을 위해 사용해야 한다.

정부에 대한 복종이나 저항은 많은 경우, 양심의 문제에 해당한다. 이는 우리가 양심에 의거해서 행하는 것이 언제나 옳다는 것을 의미하지는 않는다. 왜냐하면 많은 윤리적(정치적) 상황 속에서 그리스도인으로서 여러 방식으로 행하거나 반응할 수 있기 때문이다. 사도행전이 정치적 행위를 위한 지침서는 아니지만, 누가는 초기 그리스도인들이 정부를 전복시키려 하지 않았다는 것을 우리에게 보여준다. 그들은 복음과 관련된 경우가 아니라면 정부에 복종했다. 사도행전에서 그리스도인들은 그들의 행위가 로마 제국의 입장에서 어떠한 의미로 받아들여질지를 크게 개의치 않았다. 그들의 관심은 로마 제국에 속하는 각계각층의 시민들에게, 로마의 영향력 안팎에 있는 모든 나라의 사람들에게 복음을 전하는 것이었다. 정치는 일시적이지만, 복음은 영원하다.

17:1-9 | 데살로니가에서의 사역 데살로니가에서 유대인들이 바울과 그의 일행을 대한 모습은 비디시아 안디옥과 이고니온에서 유대인들이 보인

모습에 비견할 만하다. 마게도냐 지방의 수도인 데살로니가는 빌립보에서 160킬로미터쯤 떨어져 있었다. 비록 바울과 그의 일행이 데살로니가에서 곤욕을 치렀지만, 바울이 데살로니가전서에 쓴 내용을 보면, 복음이 이 도시에 견고하게 뿌리를 내렸다는 사실을 알 수 있다. 또한 누가는 일부 유대인들과 하나님을 경외하는 자인 많은 이방인이 믿었다고 기록하는데(행 17:4), 데살로니가전서는 이 지역의 신자들 중 대다수가 이방인이었음을 시사한다(살전 1:9).

여느 때와 마찬가지로 바울과 그의 일행은 가장 먼저 회당에 들른다. 그들은 3주 동안 회당에 참석했고, 그 기간 동안에 바울은 성경(구약성경)을 펴서, 예수님이 그리스도시라는 것과 그분의 고난과 죽으심이 정확히 성경을 따라 된 것이라고 선포했다(2-3절). 다른 경우들과 달리 여기서 누가는, 바울이 구체적으로 어떤 성경 본문을 가지고 설교했는지를 기록하고 있지 않다. 그렇지만 우리는, 바울이 사도행전의 앞부분에서 사도들이 인용한 이사야 55:3(행 13:34에서 인용됨)과 시편 16:10(행 2:27, 31; 13:35에서 인용됨) 같은 본문들을 사용했으리라고 짐작할 수 있다. 그는 단순히 성경의 여러 본문을 그가 전하는 말에 대한 성경적인 증거로 열거하는 것이 아니라, 그 본문들을 사용해서 구약성경 전체를 아우르는 신학적인 고찰을 제시했을 것이다. 물론 그러한 종합적인 고찰을 위해 특정한 성경 본문들을 사용했겠지만, 그는 구약성경의 전체적인 흐름을 통해 그리스도의 죽으심과 부활에 관한 성경의 가르침을 제시했을 것이다.

성경을 근거로 한 바울의 복음 증거는 청중 가운데서 많은 사람을 얻기에 충분한 것이었다. 누가는 '그(유대인) 중의 어떤 사람'과 '하나님을 경외하는 자들'("경건한 헬라인")과 몇몇 '귀부인'이 바울이 전한 말씀을 받아들였다고 기록한다(17:4). 이 귀부인들이 유대인일 수도 있고 하나님을 경외하는 자일 수도 있지만, 헬라어 본문은 그 여자들이 하나님을 경외하는 이방인이었다는 것을 강력하게 시사한다. 귀부인이라는 표현은 그 여자들이 데살로니가 사회에서 상당한 지위를 가졌고, 그 중 일부는 빌립보의 루디아(16장)처럼 장사를 통해 큰 부를 지녔을 수도 있음을 의미한다. 누가는 2

차 선교 여행에 관해 서술하며, 여자들이 신자가 되었다는 언급을 많이 한다(16:15, 40; 17:4, 12, 34; 18:2, 18, 26).[77] 누가복음에서 여자들이 특별한 역할을 하고 있는 것에서 볼 수 있듯이,[78] 일반적으로 누가의 내러티브에서는 믿는 여자들이 두드러진다.

믿지 않는 유대인들은 "시기하여"(17:5) 무리를 선동하였고, 폭도로 변한 무리는 바울과 실라를 붙잡기 위해 온 성에서 소동을 일으킨다. 사람들이 바울과 실라의 말을 듣고 그리스도께로 나아가는 것을 보고 유대인들이 시기한 이유는, 그런 회심들에 의해 그들의 전통과 역사가 위협을 받고 있다고 생각했기(사실은 그들의 전통과 역사가 나사렛 예수 안에서 성취되었음을 무시하는 것이지만) 때문이다. 이것은 로마서 11장에 나오는 바울의 가르침을 내러티브로 보여준 것이다. 로마서 11장에서 바울은 다음과 같이 가르친다. 유대인 전체가 영원히 버림받지는 않았다. 그러나 하나님의 구원 계획 가운데 오랜 세월 하나님을 거부한 그들의 죄가 예수님을 거부하는 데서 정점에 도달하였으며, 이로 말미암아 이제 복음이 유대인을 떠나 이방인에게로 향하게 되었다. "그들이 넘어지기까지 실족하였느냐 그럴 수 없느니라 그들이 넘어짐으로 구원이 이방인에게 이르러 이스라엘로 시기나게 함이니라"(롬 11:11). 여기서 사용된 '시기나게'가 사도행전 17:5에서 사용된 '시기하여'와 직접적으로 연결된다. 바울이 로마의 신자들에게 쓴 내용은 그가 유대인에게 행한 사역에서 직접 겪은 것이다.

데살로니가의 야손(17:6-7, 9)은 바울이 로마서 16:21에서 언급한 바로 그 인물로 여겨진다. 유대인들은 우두머리인 바울과 실라를 발견하지 못하자, 야손을 비롯한 다른 신자들을 읍장들 앞으로 끌고 간다. 그들은 당국자들이 유대교와 관련된 분쟁에 관심을 두지 않는다는 사실을 알고 있었을 것이다(이와 비슷한 상황에서 다른 지역의 로마 당국자들이 전형적으로 그런 태도를

17장

77 Peterson, *Acts*, 479.

78 누가복음에서 여자들이 두드러진 역할을 하는 부분으로 1:5, 6, 13, 24-25, 26-38, 41-45, 46-56; 2:19, 51; 7:37; 8:1-3, 43-44; 10:38-39; 23:49; 24:10 등이 있다.

보였기 때문에). 그래서 그들은 로마 관리라면 관심을 기울일 수밖에 없는 죄목으로 야손과 형제들을 고발한다. 즉, 그리스도인들이 가이사의 법에 불복종하고 예수라고 하는 다른 왕이 있다고 주장한다는 것이었다(행 17:7). 유대인들은 그런 전략을 이미 여러 번 사용해 왔다. 예수님이 이 땅에서 사역을 하고 계시던 동안에도 바리새인들은 가이사에게 충성해야 하는지 충성하지 않아야 하는지를 물음으로써 예수님을 함정에 빠뜨리려고 했다(눅 20:20-25). 그리고 나중에 빌라도 앞에서는 예수님이 가이사에게 세금을 바치지 말고 자기가 왕이라고 주장했다고 고발했다(눅 23:2). 로마인 관리들을 자극할 수 있는 방법은 많이 있었는데, 특히 그들은 가이사의 왕권을 부정했다는 고발을 절대로 그냥 넘길 수 없었다. 로마 제국 안에서 살아가는 모든 사람은 가이사에게 충성을 맹세해야 했기 때문이다.

초기 그리스도인들은 예수님을 왕으로 섬기고 그분께만 최고의 충성을 드렸으나, 로마 제국을 정치적으로 무너뜨리려는 생각은 전혀 가지고 있지 않았다. '반제국적'이라는 표현이 로마 제국을 무력으로 쓰러뜨리려는 목적을 지닌 모든 것을 가리킨다면, 초기 그리스도인들은 분명히 전혀 반제국적이지 않았다. 바울과 실라는 예수님의 복음을 반제국적인 메시지로 전하지 않았다. 그들은 혁명가도 아니었고, 지하에서 자유를 위해 싸우는 전사도 아니었다. 반면에 예수님이 왕이시라는 복음 메시지는, 그리스도인들이 언제나 세속의 당국자들에게 경의를 표하고 복종해야 하지만 국가에 복종하는 것이 왕이신 그리스도께 불순종하는 것을 의미할 때는 세속의 당국자들에게 복종할 책임이 없다고 말한다는 점에서 체제전복적인 성향을 지니고 있다고 할 수 있다.

데살로니가 당국자들은 야손과 그 형제들에 대한 유대인들의 고발을 듣고서 "소동하[였지만]"(행 17:8), 결국 야손과 그 형제들에게 벌금을 부과하는 정도로 사건을 끝냈다(9절). 누가는 바울과 실라가 그곳에서 떠나라는 명령을 받았다는 것을 기록하고 있지 않다. 그런 명령이 내려졌지만 누가가 기록하지 않았을 수도 있고, 그런 명령이 없었지만 바울과 실라가 신변의 안전을 위해 그곳을 떠나야만 했음을 신자들이 알았던 것일 수도 있다. 데살로니가가 복음을 전하는 데 척박한 곳이라는 것이 드러났지만, 바울은 초기에 쓴 서신 중 하나인 데살로니가전서에서 그곳 사람들이 복음을 받아들였다는 사실을 분명하게 언급한다. 그는 데살로니가 사람들이 복음을 받아들였고, 그들의 믿음에 관한 소문이 초기 그리스도인 공동체 전체에 널리 퍼졌음을 그들에게 상기시킨다(살전 1:8). 바울이 데살로니가 교인들을 가리켜 "우상을 버리고 하나님께로 돌아와서 살아 계시고 참되신 하나님을 섬[겼다]"(살전 1:9)고 말한 것처럼, 그의 데살로니가 방문 이후 그곳의 이방인들이 회심하였다.

17:10-15 | 베뢰아에서의 사역 여러 다양한 그리스도인 집단이 스스로를 가리켜 '베뢰아 사람들'로 부르기를 좋아한다. 사도행전의 이 단락에서 비롯된 이 표현은, 성경 연구를 가장 중요시하고 그것에 관심을 갖는 사람들과 동의어가 되었다. 바울을 비롯한 선교사들은 베뢰아에 도착해서, 그들의 관례대로 회당에 참석한다. 누가는 베뢰아의 유대인들을 '너그러운'[헬라어로 유게네스(*eugenēs*)] 사람들이라고 부른다. 이 단어는 흔히 사회적 지위를 가리키는 데 사용되지만, 좀 더 넓은 의미로는 한 사람의 행실의 특성에 대해 사용되기도 한다. 베뢰아의 유대인들은 데살로니가에서 소동을 일으킨 유대인들보다 더 바르고 고결한 사람들이었다. 그들은 바울과 실라가 전한 말씀을 기쁜 마음으로 듣고서, 그들이 전한 말씀이 과연 맞는 것인지를 성경에 비추어서 살펴보았다. 그런 식으로 많은 사람이 복음 메시지를 성경에 비추어 살펴본 뒤 그들은 그 메시지가 옳다고 확신하고서 믿게 되었다. 사도행전 2장 이후부터 성령이 사람들의 회심과 관련해서 계속 역사하고 있음을 감안했을 때, 이 표현은 성령이 베뢰아 사람들의 눈과 마음을 열어 바울과 실라가 전한 말씀을 깨닫게 하시고 그 말씀의 성경적 토대를 알게 해주셨다는 것을 의미한다. 성경은 그리스도 안에서 하나님이 주신 계시일 뿐만 아니라, 성령이 역사하는 수단이기 때문이다.

여기서 누가는 그렇게 믿게 된 많은 신자 중에 "헬라의 귀부인과 남자"(17:12)도 적지 않았다고 다시금 말한다(참고. 4절). 이렇게 복음은 사회의 비천한 자들과 소외된 자들만이 아니라, 현세의 삶 속에서 별로 부족할 것이 없어 보이는 사람들 가운데서도 뿌리를 내린다. 우리는 예수님의 다음 말씀을 읽을 때, 이런 부유한 신자들도 있다는 사실을 고려해야 한다. "부자는 천국에 들어가기가 어려우니라 다시 너희에게 말하노니 낙타가 바늘귀로 들어가는 것이 부자가 하나님의 나라에 들어가는 것보다 쉬우니라"(마 19:23-24). 부자가 믿음을 갖기 어려운 이유는, 자신이 가진 돈과 재산으로부터 눈을 돌려서 자신들에게 하나님이 필요하다는 사실을 쉽게 깨닫지 못하기 때문이다. 그들 스스로는 그 사실을 깨닫기 어려우며 심지어 불가능하다. 그러나 복음의 말씀으로는 그 일이 어렵지 않고 당연히 불가능하지도 않다.

베뢰아에서의 평안한 날은 오래 지속되지 못했다. 데살로니가의 유대인들이 베뢰아에서 벌어지고 있는 일을 전해 듣고서 그 선교사들의 활동을 저지하기 위해 그곳으로 간다(행 17:13). 이 일은 누가의 내러티브에서 복음에 대한 저항이 점점 더 지속적이고 계획적인 것으로 변모하고 있음을 보여준다. 복음이 널리 전파될수록, 반대와 박해도 더욱 심해지기 때문이다. 이 시점에서 그들은 일행을 나눈다. 실라와 디모데는 베뢰아에 남지만, 바울은 배를 타고 그리스-로마 세계에서 지성과 문화의 중심지인 아덴으로 향한다. 바울은 아덴에서 다시 베뢰아로 돌아가는 사람들 편으로 실라와 디모데에게 즉시 오라는 말을 전한다(15절). 나중에 데살로니가전서 3장에 기록하듯이, 그는 아덴에서의 사역이 잘될 것이라고 확신하였다(살전 3:1). 실라와 디모데가 다시 합류하자, 바울은 이제 막 생겨난 교회들을 살피게 하고자 곧바로 디모데를 마게도냐로 보낸다(살전 3:1-2). 이 사실은 사도들이 제자 훈련을 중시했다는 것을 다시금 강조한다.

응답

베뢰아 사람들이 성경만으로 충분하다고 생각한 것은 모든 점에서 그때와 마찬가지로 지금도 중요하다. 우리는 역사적으로는 사도들과 아주 멀리 떨어져 있지만, 하나님께서 그들을 감동하셔서 성경에 기록하게 하신 메시지를 갖고 있다. 그리고 이 메시지는 사도 바울이 직접 우리 앞에 서서 전하는 말씀만큼이나 능력 있고 진정한 말씀이다. 성경의 정경 전체를 가지고 있다는 점에서, 우리가 베뢰아 사람들을 비롯한 주후 1세기의 모든 사람보다 훨씬 더 좋은 환경에 있는 것이 아닌가? 여기서 핵심은 성령의 능력을 의지해서 성경의 충족성과 권위를 신뢰하는 것이다. 성경은 하나님의 말씀이고 우리는 베뢰아 사람들처럼 되어야 하며, '성경에 의거해서 잘못되었다는 것을 확신했을 때를 제외하고는 나는 나의 가르침들을 취소할 수 없다'고 선언한 루터처럼 되어야 한다. 우리는 베뢰아 사람들(그리고 종교개혁자들)이 가진 원칙, 즉 누구나 성경을 읽고 듣고 깨달을 수 있다는 원칙을 고수해야만 한다. 이 말의 의미는 성경에 난해한 것들이 전혀 없다거나 성경의 모든 본문을 똑같이 쉽게 깨달을 수 있다는 것이 아니라, 그리스도 안에서 주어진 하나님의 구원의 메시지가 믿음의 눈으로 읽는 모든 사람에게 아주 분명하다는 것이다. 세상은 변하지만 성경의 충족성을 무효화시킬 수 있을 정도로 커다란 역사적, 문화적, 정치적, 사회적인 간극은 존재하지 않는다.

17:16-21 | 바울과 철학자들: 아덴 바울은 그리스-로마 세계의 문화 수도였던 아덴을 돌아다니다가 온 도시가 우상으로 가득한 것을 보고 "마음에 격분하[였다]"(16절). 이것은 성령을 격동시켰다는 의미가 아니라, 바울의 양심이 분노했다는 뜻이다. 그는 몹시 역겨운 것을 보거나 들을 때 생기는 신체적인 현상인 구토 같은 것을 경험한다. 아덴은 전 세계 중에서 최고의 예술품과 건축물이 가득한 곳으로 사람들에게 알려져 있지만, 그 대부분은 신들 및 그 신들에게 바쳐진 신전과 관련된 것들(주로 조상들과 부조들)이다. 바울이 분노한 이유는 실제로 우상이 아덴에 많았기 때문이 아니라("우상은 세상에 아무 것도 아니며," 고전 8:4), 그곳 사람들이 우상숭배에 완전히 장악되었기 때문이다.

바울은 언제나처럼 곧바로 사역을 시작한다. 다양한 출신배경을 지닌 사람들에게 나아가 복음을 전하는 그의 솜씨는 여기서도 유감없이 발휘된다. 바울은 회당에 가서는 유대인들과 하나님을 경외하는 자들("경건한 사람들")에게 복음을 전했고, 시장에 가서는 이방인들에게 복음을 전했다(행 17:17). 누가는 구체적으로 당시의 주된 두 철학 학파인 에피쿠로스와 스토아 철학자들을 언급한다. 그리스-로마 세계에서 공부하려는 사람들은 대학에 간 것이 아니라, 유명한 철학자들에게 수업료를 지불하고 배웠다. 또한 특정한 철학 전통들을 추종하는 자들도 있었고, 전체적으로는 다양한 관점이 뒤섞여 있었다. 서로 다른 철학이나 종교나 세계관이 뒤섞여 있는 것이 당시의 질서였고, 이는 우리 시대에도 마찬가지다.

에피쿠로스학파는 우리가 '행복한 삶'이라고 부르는 것을 추구했다. 즉, 어떻게 하면 이 세상에서 평화롭고 만족한 삶을 살 수 있을지 탐구했다. 그들에게 신들은 좋게 말해 별 상관이 없는 존재였다. 반면, 스토아학파는 기본적으로 우리가 '숙명'(fate)이라고 부르는 것을 믿었고, 최고의 삶은 각 사람이 스스로 수양을 쌓아 모든 방면에서 극단을 피하는 것이라고 믿었다. 그리고 우주를 움직이는 비인격적인 힘 앞에서 오직 미덕을 따라 엄격한 윤리적인 규칙을 지키며 살아가는 것만이 삶에 질서를 가져다줄 수 있다고 여겼다. 하지만 이 둘 중 어느 학파도 신들이 이 세상에서 매일 이뤄지는 삶에 개입한다고 믿지는 않았다.

에피쿠로스학파와 스토아학파가 독특한 철학을 가졌음에도, 바울은 사역 전체에 걸쳐 나사렛 예수에 관해 전해온 것과 동일한 메시지를 그들에게 전한다. 에피쿠로스학파와 스토아학파의 철학자들은 다른 어떤 학파보다도 불가지론에 가장 가까웠다.[79] 사실 이 불가지론은 그리스-로마의 학파 대부분은 아닐지라도 다수가 동일하게 가졌던 사상이다. 그리스 신화는 그 시대에 이미 수백 년이 되었을 정도로 오래되었고, 로마 신화(혼

79 Wright, *Acts for Everyone, Part 2*, 87. 에피쿠로스학파와 스토아학파의 사상에 관해 짧지만 탄탄한 개관으로는 Schnabel, *Acts*, 724-725를 보라.

히 그리스의 신과 신화와 내용은 동일하고 신들의 이름만 달랐다)도 바울이 아덴에 왔을 당시에는 잘 정리되어 있었다. 에피쿠로스학파와 스토아학파의 철학이 신들에 대해 관심을 갖고 있지 않았지만, 신들을 공경하고 전통들을 존중하는 것은 여전히 아덴 사람들의 삶의 일부였음이 분명하다. 바울의 청중은 그러한 신화들을 열렬히 추종하지는 않았으나, 여전히 "종교심이 많[은]"(22절) 사람들이었다.

아덴 사람들이 무엇을 믿었든, 한 가지 분명한 사실은 바울이 전한 말씀이 그들에게 깊은 인상을 주지 않았다는 것이다. 그들 중의 어떤 사람들은 바울을 '말쟁이'[헬라어로 스페르몰로고스(*spermologos*), 18절]라고 불렀다. 말쟁이라는 말은 문자적으로, 병아리가 땅에 여기저기 흩어져 있는 모이를 쪼아 먹듯 자신조차 이해하지 못하는 이런저런 사상을 쪼아 먹는 사람을 가리킨다.[80] 또한 어떤 사람들은 그가 이방 종교를 전하는 사람이라고 추측했다. 이 모든 것은 바울이 복음을 전하면서 부활에 관해 언급했기 때문이다. 믿지 않는 사람들에게 부활에 관해 말하면, 바울 시대에나 우리 시대에나 동일한 반응을 보인다. 이것은 우리가 부활을 전할 때 사람들이 무시하는 반응을 보일지라도 복음의 핵심 진리인 부활을 더욱 담대하게 전해야 한다는 것을 시사한다. 육체의 부활이 없이는 복음도 없기 때문이다.

17장

바울이 전한 복음은 충분히 흥미로웠기 때문에, 어떤 사람들은 그를 아레오바고(19절), 또는 '아레스/마르스의 언덕'으로 데려간다. 아레오바고는 아덴 사람들의 종교와 시민 생활의 중심지였다. 바울이 그곳에서 사람들과 나눈 대화는 정확히 재판이라고 말할 수는 없지만, 단순히 사상이나 생각들을 자유롭게 교환한 것은 아니었다. 사람들은 바울을 가리켜 "이방 신들을 전하는 사람"(18절)이라고 말하는데, 라이트는 전에 소크라테스도 바울에게 씌워진 혐의와 비슷한 죄목으로 재판을 받았다는 것을 지적한다.[81] 하지만 누가가 "모든 아덴 사람과 거기서 나그네 된 외국인들이 가장

80 Polhill, *Acts*, 367.

81 *Acts for Everyone, Part 2*, 84.

새로운 것을 말하고 듣는 것 이외에는 달리 시간을 쓰지 않음이더라"(21절)는 말을 덧붙인 것을 보면, 그들은 바울이 하는 말에 어느 정도 진정으로 관심을 가졌거나, 적어도 호기심을 가진 것 같다. 끝으로, 바울이 부활을 다시 한번 강조하면서 설교를 마쳤을 때, 소동이나 투옥, 고발이 없었다(31-32절). 누가의 기록에 따르면, 바울은 이렇게 설교하고 나서 자유롭게 그들 가운데서 떠날 수 있었다. 요컨대, 바울이 아레오바고에서 설교하고 사람들과 대화한 것은 논쟁보다는 강도가 셌지만 재판까지는 아니었다.

17:22-34 | 바울과 철학자들: 아레오바고 바울이 아레오바고에서 한 설교는 많은 점에서 주목할 만한 것이지만, 우리는 그것을 단지 학문적인 변증으로 보아서는 안 된다. 왜냐하면 바울의 이 설교는 기독교 신앙을 일반적으로 옹호하는 논증이거나 단지 예수님의 부활 같은 것을 믿는 기독교 신앙이 옳다는 것을 보여주는 '증거들'을 제시한 것이 아니라, 이방인들에게 복음을 제시하여 그들로 하여금 믿게 하려는 것이었기 때문이다. 모든 훌륭한 변증론자는 예수님을 믿게 하는 것이 변증의 최종 목적이라는 것을 인정하지만, 변증학을 추구하고 연구하는 과정에서 종종 복음전도라는 목표는 경시된다. 하지만 바울은 전혀 그렇지 않았다.

아크로폴리스와 파르테논 신전과 아고라 옆에 위치해 있던 아레오바고는, 바울이 하나님께서 사람이 만든 신전들 안에 사시지 않는다는 것을 선포하는 데 아주 극적인 배경을 제공한다. 틀림없이 누가가 축약하고 편집해서 기록하였을(바울이 불과 몇 분만 설교했다고 생각하기는 어렵기 때문에) 바울의 이 설교는, 신약성경에서 이방인들에게 그리스도를 전하는 메시지의 가장 탁월한 사례이다. 바울은 아무런 근거도 해명도 없이 기본적으로 성경에만 근거하여 물리적이고 문화적인 환경들, 종교적이고 철학적인 배경들, 헬라 문학에 대한 그의 지식을 한 데 엮어서 살아 계시고 참되신 한 분 하나님이 모든 사람의 심판주요 구속주이심을 전혀 무리 없이 물 흐르듯이 제시해나간다. 놀라운 점은, 바울의 설교가 심오하면서도 단순하다는 것이다.

바울은 청중에게 친숙한 환경에 대해 언급하면서 복음과의 접촉점을 제시하고 이를 통해 서로 공유하는 시작점을 확보한다. 그들은 "종교심이 많[았고]"(22절), 바울은 이 점을 활용한다. 그는 모든 조각상과 성전 중에서 "알지 못하는 신에게"(23절)라는 문구가 새겨진 제단에 초점을 맞춘다. 지금 바울은 단지 그들의 종교에 존재하는 틈새나 간격을 메우거나, 그들이 다른 모든 것에 대해 이미 알고 있기 때문에 이제 그가 전하는 하나님이 바로 그 제단에 새겨진 알지 못하는 신이라는 것을 알기만 하면 된다고 말하려는 것이 아니다. 다시 말해, 바울은 결코 "너희는 실제로 진리에 근접했기 때문에, 이제 나는 너희에게 있는 공백만을 메울 것이다"라거나, "너희는 이미 올바른 길로 들어섰으므로, 나는 너희가 그 길로 계속 나아가도록 도와줄 것이다"라고 말하고 있지 않다. 바울은 그런 문구가 새겨진 제단을 복음과 그들의 접촉점으로 활용하기는 하지만, 그런 후에는 그들이 행하는 우상숭배의 실체를 드러내는 데로 나아간다. 그 제단에 언급된 알지 못하는 신은 주 하나님이 아니지만, 그런 제단이 다른 모든 제단과 함께 그들 가운데 있다는 것은 그들이 태어날 때부터 하나님에 관해 알고 있다는 것을 시사한다. 그들의 그런 지식은, 하나님이 이 세계를 창조하시고 섭리하셔서 세계와 역사를 궁극적인 목표로 이끌어나가신다는 것에 뿌리를 둔 지식이다.

바울은 모든 존재하는 것을 지으신 한 분 하나님이 계시고 그 하나님이 왕이시며, "천지의 주재"(24절)시라고 단언한다. 바울의 설교는 철저하게 유일신론 설교다. 유일신론은 그가 전하는 설교의 닻이자, 설교에서 다루는 모든 내용의 원천이다. 아덴 사람들은 바울이 이렇게 유일신론을 단언하고 있음을 알아차렸을 것이다.

이 한 분 하나님은 부족함이 전혀 없으신 분이기 때문에, 사람이 지은 신전이나 제사를 필요로 하지 않으신다(24-25절). 이 말은 스데반이 유대인 청중에게 했던 말과 비슷한데(7:48-50), 단지 여기서는 적용되는 상황이 스데반이 설교했을 때와 다를 뿐이다. 사도행전에 나오는 바울의 모든 말 중에서 아마도 이 말을 가장 급진적인 것으로 꼽을 수 있다. 또는 아덴에서 바울이 한 이 말은 스데반의 같은 말을 더 급진적으로 발전시킨 것이라고 말하는 편이 알맞을 수도 있다. 헬라인의 우상들과 그들의 신전은 예수님이 부활하신 뒤의 예루살렘 성전과 마찬가지로 만유의 하나님이 계시는 곳이 아니다. 그리고 그러한 신전에서 드리는 예배는 우상숭배다. 한 분 참되신 하나님은 그리스-로마 신화의 많은 신과는 달리 사람들로부터 아무것도 필요로 하지 않으시고, 사람들이 협력할 필요도 없으신 분이다. 그러할지라도 하나님은 비인격적이고 우주적인 힘이 아니다. 하나님은 인격을 지닌 분으로서, 모든 나라의 연대와 거주지를 포함해서 세계사를 섭리로 이끌어 가신다(17:26). 하나님은 온 세계를 창조하시고 모든 사람을 한 혈통으로 지으신 분이기 '때문에,' 성전이나 제사를 필요로 하지 않으신다(25-26절). 비록 아담이라는 이름을 명시적으로 언급하지는 않지만, 바울은 인류가 한 혈통이라는 사실을 강조함으로써, 이 설교의 정점에서 또 다른 한 사람을 소개하기 위한 복선을 마련한다(31절). 인류는 본질적으로 한 혈통이다. 출신배경이나 인종이나 민족과는 상관없이 우리는 모두 공통의 조상으로부터 생겨났다.

바울이 하나님에 관한 신학적인 사실들을 진술하고 있는 이유는, 단지 한 분 하나님이 존재한다는 사실을 증명하기 위한 것이 아니다. 그가 제시하려는 것은 창조주이자 주님이시며, 이 세계의 보존자이신 한 분 하나님이, "사람으로 혹 하나님을 더듬어 찾아 발견하게 하려"(27절) 하시는 이 특정한 목적을 위해 이 모든 것을 행해 오셨다는 사실이다. 바울이 이 말 때문에, 사람이 특별 계시가 없어도 한 분 참 하나님을 발견할 수 있다고 말한 것이 아닌가 하는 오해를 할 수도 있다. 그러나 '더듬어 찾아'[프셀라페세이안(*psēlaphēseian*)]와 '발견하게'[휴로이엔(*heuroien*)]로 번역된 헬라어 동사들은 희구법(optative mood)으로 되어 있다. 이는 사람이 그렇게 해서 하나님을 찾기를 바라는 것을 의미하며, 그렇게 해서 하나님을 찾을 수 있음을 의미하지 않는다. 다시 말해, 아덴에 만연한 우상숭배는 사람들이 하나님을 발견하려고 시도하는 것을 보여주는, 즉 그들 자신 밖에 계시는 어떤 신적인 존재를 찾으려고 하는 것을 보여주는 증표일 뿐이고, 성경에 계시된 하나님을 본격적으로 찾는 것은 아니라는 뜻이다.

사람들이 그런 식으로 하나님을 찾으려고 하는 것은 하나님이 그들을 지으셨기 때문이다. 다시 말해 사람들의 내면에는 그들을 지으신 하나님을 발견하고자 하는 욕구가 기본적으로 장착되어 있다. 하지만 사람들은 언제나 한 분 참 하나님을 만나지는 못하고, 그 대신에 이런저런 다양한 우상을 섬기는 것에 안착한다. 아덴에서 우상들은 신전과 예술 작품으로 표현되어서 눈으로 볼 수 있었지만, 실상 사람들이 한 분 참 하나님을 배제한 상태에서 추구하는 것들은 모두 우상이다. 유형의 우상들은 물론이고 돈, 권력, 성, 명예, 명성 같은 것을 무분별하게 추구하는 것 역시 모두 더 큰 무엇인가를, 그런 것들을 넘어서는 무엇인가를 더듬어 찾아 발견하려는 시도들이다. 바울이 제시하고 있는 이러한 내용은, 신학자들이 '자연신학'이라고 부르는 것에 관한 이론이 아니다. 지금 바울은 아덴 사람들을 비롯해 모든 사람의 공통적인 경험을 토대로 삼아 복음을 역설하고 있는 것이다. 로마서 1장은 이것을 해석하기 위한 최고의 열쇠다. 로마서 1장에서 바울은 다음과 같이 말한다. 하나님이 지으신 모든 것에는 하나님에 관해 알 수 있는 것이 모든 사람에게 분명하게 드러나 있다. 그러나 타락한 세계에서는 그런 것들이 사람들을 궁극적으로 하나님께로 이끌지 못한다. 그로 말미암아 사람들은 하나님이 지으신 세계를 보고서는 창조주 하나님 대신에 우상들을 섬기고 만다. 그러할지라도 사람들을 우상숭배로 몰아가는 것은, 하나님의 형상을 따라 지음 받았지만 죄로 인해 망가진 사람들이 경험하는 바인 더 위대한 존재를 느낀다는 사실, 즉 하나님에 대한 선천적인 지각이다(바울이 아덴에서 그의 논증을 정확히 이런 방식으로 풀어나가지는 않지만).

그런 후에 바울은 아덴 사람들과 복음의 추가적인 연결고리, 즉 신에 대한 그들의 선천적인 지각과 관련된 또 하나의 연결고리를 제시한다. 즉, 그들이 한 분 참 하나님이 계심을 지각한다는 사실은 그들이 만든 우상들에게서만이 아니라, 그들의 문학에서도 발견된다는 것이다. 바울은 두 명의 헬라 시인을 인용한다(행 17:28). 첫 번째 인용 구절인 "우리가 그를 힘입어 살며 기동하며 존재하느니라"를 쓴 시인은 에피메니데스(주전 600년경)로 여겨진다(바울은 딛 1:12에서도 이 시인을 인용한다). 두 번째 인용 구절인 "우리가 그의 소생이라"를 쓴 시인은 아라토스(주전 300년경)다. 한 제단에 새겨진 알지 못하는 신에게라는 문구가 말해주는 진리가 시인들의 말 속에서도 확인된다. 비록 그들이 정확히 알고 말하지는 않았을지라도 그들의 말은 옳다. 아라토스는 스토아학파의 철학자였기 때문에 "우리가 그의 소생이라"는 그의 말은 모든 사람이 살아 계신 하나님의 자녀들이라는 의미가 아니라, 모든 사람(적어도 스토아학파의 철학자들)은 만유에 존재하는 동일한 우주적인 힘에 의해 만들어졌다는 의미이다. 여기서 바울은 또 다시 우리를 초월하고 우리의 통제에서 벗어나 존재하는 더 큰 무엇, 즉 신에 대한 지각이라는 인간 공통의 경험을 활용한다.

독자들은 이러한 헬라 시인들의 말을 성경으로 인용하는 것이 과연 옳은 것인지 의아해할 수 있다. 그렇지만 우리가 이 시인들의 말을 인용하는 것은, 이 시인들의 글에 나오는 말을 직접 인용하거나 그들의 말이 하나님의 감동으로 쓰인 것으로 여기는 것이 아니다. 우리는 그들의 말 자체가 아니라 바울이 한 말을 인용하며, 그렇게 함으로써 성령을 인용한다. 우리는 단지 성경의 가르침과 어깨를 나란히 하는 어떤 시구를 인용하는 것이 아니라, 사도가 헬라의 시구들을 가져와 맥락을 달리해서 적용하여(맥락이 바뀌면 의미도 바뀔 수밖에 없다) 성경에 포함시킴으로써 성경의 본문이 된 글을 인용하는 것이다. 우리가 그 말들을 인용하는 것은 그 시인들의 원래의 작품 속에서 그 말들이 지닌 의미를 긍정하는 것도 아니고, 그 시인들이 하나님의 감동을 따라 그 말들을 썼다는 것을 인정하는 것도 아니다. 우리는 오직 바울이 설교에서 사용함으로써 그 말들에 부여된 의미를 인정하는 것이다.

이것과 비슷한 사례로 유다서가 성경이 아닌 유대 전승들을 사용한 것을 들 수 있다.[82] 주후 1세기의 유대인들은 구약성경과는 달리 신구약중

82 유다서 1:9은 《모세의 유언》이라는 외경에서 가져온 것으로 보이고, 14-15절의 내용은 《에녹1서》라는 외경에 나온다.

간기의 문헌들을 하나님의 감동으로 된 것으로 인정하거나, 구약성경과 동등한 지위에 있는 것으로 여기지 않았다. 그런데도 유다는 그를 비롯해서 사람들이 참되다고 믿은 전승에 나오는 글들을 인용했다. 성경에 인용된 글이 어떤 문헌이나 역사적 사건에서 가져온 것이든, 그 출처에 대해서는 하나님의 감동을 받은 것이냐 아니냐를 따지지 않는다. 모든 참된 것이 하나님의 감동으로 된 것은 아니기 때문이다. 그래서 바울은 유다서와 마찬가지로 성경 밖의 문헌이 하나님의 감동으로 된 것인지 아닌지를 따지지 않고 그 문헌에 나오는 글들을 인용할 수 있었다. 왜냐하면 바울이 그런 글들을 사용했고 누가가 그 글들을 성경에 포함시킨 것이 바로 하나님의 감동으로 된 것이기 때문이다.

바울은 그가 인용한 아라토스의 글을 토대로 삼아서 탁월한 솜씨로 우상숭배에 대한 자신의 최종적인 단죄를 이끌어낸다. 모든 사람이 하나님의 소생인데, 어떻게 우리가 금이나 은이나 돌로 우상들을 만들어서 신들이라고 부를 수 있겠느냐는 것이다(행 17:29). 바울이 이사야 44장을 인용하지는 않지만, 그 구절에 언급된 비극적인 모순이 그의 이 말에 반영되어 있다. 바울은 이렇게 말함으로써 우상숭배를 해체해버린다. 모든 우상이 그것들을 섬기는 사람들에 의해 만들어진다는 사실은, 우상숭배가 거대한 사기극이라는 것을 잘 보여준다. 사람은 하나의 나무를 가지고 일부로는 우상을 새겨 만들어서 그 우상을 자신의 신이라 부르고 그 앞에 무릎을 꿇고 절하면서, 그 나무의 또 다른 일부로는 자신의 떡을 구울 불을 피운다. 그러면서도 사람은 그 우상이 거짓이라는 것을 깨닫지 못하기 때문에, 참 되고 살아계신 하나님 외에 다른 것을 섬기는 모든 사람은 눈먼 자들일 수밖에 없다.

바울은 30-31절에서 설교의 목적지에 다다른다. 알지 못하고 행하던 시대는 지났다. 하나님이 지금까지는 우상숭배를 심판하지 않으셨지만 앞으로는 심판하실 것이기 때문에, 아덴 사람들도 이 사실을 알아야 한다. 이 사실에 근거하여 바울은 그들에게 회개할 것을 촉구한다. 그러나 사도행전에 나오는 이전의 설교들과는 달리, 여기에서는 개개인의 죄나 그들이 단죄 받는 이유들에 대해서는 언급하지 않는다. 유일하게 다른 점은 심판의 근거로 제시되는 것이다. 사도들의 이전 설교들은 주로 유대인들을 청중으로 하였고, 그들이 구체적으로 저지른 죄는 하나님이 약속하신 메시아인 예수님을 거부함으로써 하나님을 거부한 것이었다. 하지만 그 죄를 아덴의 이방인들에게는 적용시킬 수 없다. 그래서 바울은 한 분 참 하나님에 관한 것과 우상숭배는 있을 수 없는 일이라는 메시지를 전하여서 그들이 저질러온 우상숭배의 죄를 지적하고 회개를 촉구한 것이다. 따라서 바울이 그들에게 촉구한 회개는 기본적으로 유일신론에 뿌리를 두고서 한 분 하나님을 믿을 것인지 거짓된 신들인 우상들을 믿을 것인지, 양자택일해야 한다는 사실 위에 세워져 있다. 이제 그들은 바울이 끔찍한 심판을 불러일으킬 것이라고 경고한 우상숭배를 고수할지, 아니면 한 분 참 하나님께로 돌이킬지를 선택해야 했다. 또한 바울이 그들에게 촉구한 회개는 그가 그 다음에 말한 것, 즉 한 분 하나님이 이 세상을 심판하실 날이 오고 있다는 사실(31절)에 기초한 것이기도 했다.

독자들은 바울이 예수님을 명시적으로 언급하지 않고 '정하신 사람'이라고만 말한 것에 대해 의아해할 수 있을 것이다. 우리는 바울이 예수와 부활을 전했기 때문에 아레오바고에서 설교하게 되었음을 기억해야 한다(18절). 이 부분은 바울이 이방인 청중에게 예수님에 관해 모호하게 전했다는 어떠한 암시를 주지 않는다. 누가가 이 연설의 전문을 기록하지 않았기 때문에, 바울이 사도행전에 나오는 다른 설교들에서와 마찬가지로 여기서도 '예수'라는 이름을 여러 차례 언급했을 것임을 의심할 어떠한 이유도 없다. 설령 바울이 그 이름을 언급하지 않았다고 하더라도, 청중이 처음에 그를 아레오바고로 데려와 그의 말을 듣고 싶어 했던 이유를 벌써 잊어버렸을 정도로 기억력이 형편없지는 않았을 것이다. 우리는 이 이야기에 나오는 아덴 사람들의 당시의 맥락이 아니라, 단지 사도행전의 내러티브를 이루는 문학적인 맥락만을 알고 있을 뿐이다. 그리고 그 맥락 속에서 '정하신 사람'이 누구인지는 명확하게 드러난다. 이것은 우리가 행하는 복음전도에서 예수님의 이름을 분명하게 전해야 한다는 점과 부합한다.

바울의 이방인 청중은 '공의'라는 단어가 지닌 모든 구약적인 배경을 알지 못했을 것이다. 그렇지만 하나님이 이 세상을 공의로 심판하시리라는 것, 즉 하나님의 심판과 그 심판의 이유가 공의로울 것임은 이해했을 것이다. 죽은 자 가운데서 다시 살아나신 '한 사람'이 그 심판의 이유일 것이다. 이 말을 전함으로써 바울은 22절부터 말한 모든 것이 최종적으로 다다르는 지점을 제시한다. 예수님의 부활은 한 분 하나님의 창조 사역의 최종목적지다. 하나님은 한 사람을 통해 인류를 창조하셨고(26절), 죽은 자 가운데서 다시 살리신 한 사람을 통해 인류를 심판하실 것이다. 바울의 말 속에는 경고와 소망이 모두 담겨 있다.

바울의 논증이 모든 사람에게 확신을 주지는 못했지만, '아레오바고 관리'(그곳에 모여 있던 관리들 중 한 사람) 디오누시오, 다마리 등을 비롯한 몇몇 사람이 믿었다(34절). 변증을 사용한 바울의 가장 탁월한 복음전도가 많은 사람의 회심으로 끝나지는 않았다. 그렇지만 우리는 사도행전의 더 큰 내러티브를 통해, 회심하는 사람들의 수효는 하나님의 택하심(13:48)과 그분이 자기 백성을 자신에게로 이끄시는 섭리에 의해 결정된다는 사실을 안다. 아레오바고에서 전한 바울의 설교는 바울 시대와 비슷하기도 하고 다르기도 한 우리 시대에 적용할 복음전도의 본으로 주어진 것이다. 또한 우리는 이방인의 사도인 바울이 지니고 있던 은사들과 능력들에 대해서도 한층 더 잘 알게 되었다. 교회를 박해하던 사울을 사도로 부르신 것은 이해되지 않는 일이었지만, 그가 이 일에 적합한 인물이라는 것이 분명해졌다. 바울이 헬라 문학을 알고 있었다는 사실은, 우리 시대의 복음전도와 관련해서 인상적이면서도 시사해주는 바가 있다.

1 그 후에 바울이 아덴을 떠나 고린도에 이르러 2 아굴라라 하는 본도
에서 난 유대인 한 사람을 만나니 글라우디오가 모든 유대인을 명하
여 로마에서 떠나라 한 고로 그가 그 아내 브리스길라와 함께 이달리
야로부터 새로 온지라 바울이 그들에게 가매 3 생업이 같으므로 함께
살며 일을 하니 그 생업은 천막을 만드는 것이더라 4 안식일마다 바울
이 회당에서 강론하고 유대인과 헬라인을 권면하니라
5 실라와 디모데가 마게도냐로부터 내려오매 바울이 하나님의 말씀
에 붙잡혀 유대인들에게 예수는 그리스도라 밝히 증언하니 6 그들이
대적하여 비방하거늘 바울이 옷을 털면서 이르되 너희 피가 너희 머
리로 돌아갈 것이요 나는 깨끗하니라 이후에는 이방인에게로 가리라
하고 7 거기서 옮겨 하나님을 경외하는 디도 유스도라 하는 사람의 집
에 들어가니 그 집은 회당 옆이라 8 또 회당장 그리스보가 온 집안과
더불어 주를 믿으며 수많은 고린도 사람도 듣고 믿어 [1)]세례를 받더라
9 밤에 주께서 환상 가운데 바울에게 말씀하시되 두려워하지 말며 침
묵하지 말고 말하라 10 내가 너와 함께 있으매 어떤 사람도 너를 대적
하여 해롭게 할 자가 없을 것이니 이는 이 성중에 내 백성이 많음이라

하시더라 11 일 년 육 개월을 머물며 그들 가운데서 하나님의 말씀을
가르치니라
12 갈리오가 아가야 총독 되었을 때에 유대인이 일제히 일어나 바울
을 대적하여 법정으로 데리고 가서 13 말하되 이 사람이 율법을 어기
면서 하나님을 경외하라고 사람들을 권한다 하거늘 14 바울이 입을 열
고자 할 때에 갈리오가 유대인들에게 이르되 너희 유대인들아 만일
이것이 무슨 부정한 일이나 불량한 행동이었으면 내가 너희 말을 들
어 주는 것이 옳거니와 15 만일 문제가 언어와 명칭과 너희 법에 관한
것이면 너희가 스스로 처리하라 나는 이러한 일에 재판장 되기를 원
하지 아니하노라 하고 16 그들을 법정에서 쫓아내니 17 모든 사람이 회
당장 소스데네를 잡아 법정 앞에서 때리되 갈리오가 이 일을 상관하
지 아니하니라
1 After this Paul[1] left Athens and went to Corinth. 2 And he found a
Jew named Aquila, a native of Pontus, recently come from Italy with
his wife Priscilla, because Claudius had commanded all the Jews to
leave Rome. And he went to see them, 3 and because he was of the
same trade he stayed with them and worked, for they were tentmakers
by trade. 4 And he reasoned in the synagogue every Sabbath, and tried
to persuade Jews and Greeks.
5 When Silas and Timothy arrived from Macedonia, Paul was occupied
with the word, testifying to the Jews that the Christ was Jesus. 6 And
when they opposed and reviled him, he shook out his garments and said
to them, “Your blood be on your own heads! I am innocent. From now
on I will go to the Gentiles.” 7 And he left there and went to the house
of a man named Titius Justus, a worshiper of God. His house was next
door to the synagogue. 8 Crispus, the ruler of the synagogue, believed
in the Lord, together with his entire household. And many of the

Corinthians hearing Paul believed and were baptized. 9 And the Lord
said to Paul one night in a vision, "Do not be afraid, but go on speaking
and do not be silent, 10 for I am with you, and no one will attack you to
harm you, for I have many in this city who are my people." 11 And he
stayed a year and six months, teaching the word of God among them.
12 But when Gallio was proconsul of Achaia, the Jews[2] made a united
attack on Paul and brought him before the tribunal, 13 saying, "This
man is persuading people to worship God contrary to the law." 14 But
when Paul was about to open his mouth, Gallio said to the Jews, "If it
were a matter of wrongdoing or vicious crime, O Jews, I would have
reason to accept your complaint. 15 But since it is a matter of questions
about words and names and your own law, see to it yourselves. I refuse
to be a judge of these things." 16 And he drove them from the tribunal.
17 And they all seized Sosthenes, the ruler of the synagogue, and beat
him in front of the tribunal. But Gallio paid no attention to any of this.

18 바울은 더 여러 날 머물다가 형제들과 작별하고 배 타고 수리아로
떠나갈새 브리스길라와 아굴라도 함께 하더라 바울이 일찍이 서원이
있었으므로 겐그레아에서 머리를 깎았더라 19 에베소에 와서 그들을
거기 머물게 하고 자기는 회당에 들어가서 유대인들과 변론하니 20 여
러 사람이 더 오래 있기를 청하되 허락하지 아니하고 21 작별하여 이
르되 만일 하나님의 뜻이면 너희에게 돌아오리라 하고 배를 타고 에
베소를 떠나
22 가이사랴에 상륙하여 올라가 교회의 안부를 물은 후에 안디옥으로
내려가서 23 얼마 있다가 떠나 갈라디아와 브루기아 땅을 차례로 다니
며 모든 제자를 굳건하게 하니라
18 After this, Paul stayed many days longer and then took leave of the

brothers[3] and set sail for Syria, and with him Priscilla and Aquila. At
Cenchreae he had cut his hair, for he was under a vow. 19 And they
came to Ephesus, and he left them there, but he himself went into the
synagogue and reasoned with the Jews. 20 When they asked him to stay
for a longer period, he declined. 21 But on taking leave of them he said, "I
will return to you if God wills," and he set sail from Ephesus.
22 When he had landed at Caesarea, he went up and greeted the church,
and then went down to Antioch. 23 After spending some time there,
he departed and went from one place to the next through the region of
Galatia and Phrygia, strengthening all the disciples.

24 알렉산드리아에서 난 아볼로라 하는 유대인이 에베소에 이르니 이
사람은 언변이 좋고 성경에 능통한 자라 25 그가 일찍이 주의 도를 배
워 열심으로 예수에 관한 것을 자세히 말하며 가르치나 요한의 [1]세례
만 알 따름이라 26 그가 회당에서 담대히 말하기 시작하거늘 브리스길
라와 아굴라가 듣고 데려다가 하나님의 도를 더 정확하게 풀어 이르
더라 27 아볼로가 아가야로 건너가고자 함으로 형제들이 그를 격려하
며 제자들에게 편지를 써 영접하라 하였더니 그가 가매 은혜로 말미
암아 믿은 자들에게 많은 유익을 주니 28 이는 성경으로써 예수는 그
리스도라고 증언하여 공중 앞에서 힘있게 유대인의 말을 이김이러라
24 Now a Jew named Apollos, a native of Alexandria, came to Ephesus.
He was an eloquent man, competent in the Scriptures. 25 He had been
instructed in the way of the Lord. And being fervent in spirit,[4] he spoke
and taught accurately the things concerning Jesus, though he knew only
the baptism of John. 26 He began to speak boldly in the synagogue, but
when Priscilla and Aquila heard him, they took him aside and explained
to him the way of God more accurately. 27 And when he wished to

18장

cross to Achaia, the brothers encouraged him and wrote to the disciples to welcome him. When he arrived, he greatly helped those who through grace had believed, 28 for he powerfully refuted the Jews in public, showing by the Scriptures that the Christ was Jesus.

1) 헬, 또는 침례

1 Greek *he* *2* Greek *Ioudaioi* probably refers here to Jewish religious leaders, and others under their influence, in that time; also verses 14 (twice), 28 *3* Or *brothers and sisters*; also verse 27 *4* Or *in the Spirit*

단락 개관

고린도와 에베소에서의 사역

2차 선교 여행을 이어가는 가운데 바울은 신약성경에 언급된 가장 유명한 (그리고 가장 악명 높은) 도시 중 하나인 고린도에 도착한다. 그곳에서 그는 아굴라와 브리스길라를 만나, 함께 살며 생업을 같이 한다. 그리고 실라와 디모데가 바울에게 다시 합류하는데, 그 당시 바울은 고린도에서 사역을 상당히 진척시킨 상태였다. 바울은 늘 그래왔듯이 처음에는 회당에서 복음을 전했지만 유대인들의 강력한 반대를 받자, 이제부터는 이방인에게 복음을 전할 것이라고 두 번째로 선언한다. 그리고 유대인들의 반대에도 불구하고 많은 사람이 회심하게 되었으며, 바울은 환상 가운데서 주님이 친히 "이 성중에 내 백성이 많기"(행 18:10) 때문에 사역을 계속 해나가라고 말씀하시는 것을 듣게 된다. 그래서 바울은 고린도에 1년 6개월을 머문다.

이 장의 후반부는 바울의 2차 선교 여행이 끝나고 3차 선교 여행이 시작된 것에 관해 서술한다. 누가는 이 두 선교 여행 사이의 시기에 관해 매우 간략하게 적지만, 바울이 안디옥에 도착한 뒤 다시 선교지로 향한 경로를 파악할 수 있게 하는 중요한 지리적 정보를 상세하게 제공한다. 누가는 바울이 안디옥에 도착했다가 다시 선교지로 떠난 것에 관해 단지 두 절만을 할애하여 기록한다.

바울이 안디옥을 떠났을 때, 누가는 바울이 안디옥으로 돌아가는 길에 잠시 들렀던 에베소로 눈길을 돌린다. 이렇게 함으로써 누가는 두 번의 선교 여행을 통해 세워진 교회들을 다시 방문하고 나서 얼마 후에 에베소로 오게 될 바울을 위한 무대를 마련함과 동시에, 바울의 가장 중요한 동역자들 중 한 사람인 알렉산드리아 출신의 아볼로를 소개한다.

단락 개요

II. B. 6. 고린도와 에베소에서의 사역(18:1-28)
- a. 고린도(18:1-17)
- b. 안디옥으로 돌아옴(18:18-23)
- c. 에베소에서의 아볼로(18:24-28)

18장

주석

18:1-17 | 고린도 초기 그리스도인들이 활동한 중심지 가운데 가장 먼저 떠오르는 곳은 예루살렘과 안디옥이다. 하지만 사도행전의 이야기 속에서 누가가 "땅 끝까지"(1:8) 복음을 전하라는 그리스도의 명령이 성취되는 과정을 추적하는 동안, 핵심적인 본거지 역할을 하는 다른 세 도시가 등장한다. 이 도시들은 고린도(여기 18장에서 소개된다), 에베소(19장), 로마(28

장)다. 바울은 고린도에 1년 6개월을 머무는데(18:11), 이는 그가 어느 한 장소에서 자유의 몸으로 머문 기간 중 두 번째로 긴 기간이다(첫 번째는 에베소, 19:8, 10). 고린도에 이렇게 오랫동안 머물렀기 때문에 바울은 고린도 신자들과 고린도전후서에서 다루는 문제들에 관해 매우 잘 알고 있었다.

바울의 고린도 사역과 관련된 다섯 가지 사항이 있는데, 그 중에는 처음 언급되는 것도 있다.[83] 첫째로, 누가는 바울이 장막을 만들어서 돈을 벌었다는 것을 알려준다(행 18:3). 오늘날 표현대로 하자면 바울은 두 가지 직업을 갖고 있었다. 즉, 그는 목회 사역 외에도 생계를 유지하기 위한 또 다른 직업을 갖고 있었다. 둘째로, 바울은 먼저 유대인들에게 복음을 전하고 나서 다음으로 이방인들에게로 나아가는 방식을 지속한다. 셋째로, 회당과 유대인들에게 계속 거부당한 결과, 가정교회 모임이 복음전도를 위한 새로운 방법으로 등장한다(7절). 넷째로, 또 하나의 새로운 측면으로 바울이 한 곳에 머무는 기간이 길어졌다. 끝으로, 고린도 내러티브에서 누가는 당시에 그리스도인들이 세속 당국자들에 의해 여전히 유대교의 일부로 여겨져서 어느 정도 법적 보호를 받고 있었다는 것을 보여준다(15절). 로마 당국자들은 유대인과 그리스도인을 구별하지 않았고, 율법의 지위와 예수님을 둘러싼 논쟁을 내부의 다툼으로 보았다.

바울은 고린도에서 아굴라와 브리스길라를 만나는데, 그들은 주후 49년에 글라우디오 황제가 영을 내려 유대인들을 로마에서 추방시킨 일로 인해(이 사건은 성경 외의 사료들에서도 입증된다) 고린도로 온 사람들이었다. 누가는 아굴라와 브리스길라의 회심에 관해 말하지 않는다. 따라서 그들은 '최근에'(2절, 개역개정에는 "새로") 로마를 떠나기 이전에 회심했을 것이다. 앞에서 언급했듯이 당시 로마 당국은 유대인과 그리스도인을 서로 구별하지 않았기 때문에, 이 부부는 다른 유대인들과 함께 로마에서 추방당했다.

얼마 후에 유대인들은 바울을 총독 갈리오에게 고발하지만, 갈리오는

83 바울의 고린도 사역과 관련된 이 다섯 가지 측면은 James D. G. Dunn, *The Acts of the Apostles* (Grand Rapids, MI: Eerdmans, 1996), 239에 제시되어 있다.

이것이 유대인들 내부의 분쟁이라고 결론을 내린다(15-17절). 나중에 천부장 글라우디오 루시아(23:29)와 총독 베스도(25:19)도 비슷한 결론을 내린다. 이후 세대의 사람들은 유대교와 기독교를 분명하게 구별하지만, 주후 1세기 당시 교회 외부의 사람들은 이 둘을 제대로 구별하지 못했다. 사도행전은 유대교와 기독교가 분리되어 가는 과정을 보여준다. 이 과정은 가장 먼저 예루살렘 성전에서 떨어져 나오는 것으로 시작되었다. 그리고 이 분리는 예루살렘에서 시작해 안디옥으로, 그리고 고린도와 에베소와 로마로 확대된다. 그 다음으로 가정교회가 회당에서 분리되어 나타난다. 역사에 비추어 볼 때는 이러한 분리가 하룻밤 사이에 일어난 일이나 마찬가지이지만, 사도행전 내러티브에 등장하는 사람들의 일생에 비추어 볼 때는 상당한 시간이 걸린 일이었다. 교회가 예루살렘, 유대, 사마리아를 거쳐서 세계로 확대되어 나감에 따라 유대교와 기독교의 차이는 점점 더 분명해졌다. 당시에는 이 차이가 율법과 전통을 둘러싼 사소한 다툼처럼 보였을 수 있지만, 사실 이것은 하나님이 유대인들에게 약속하신 메시아를 믿느냐 거부하느냐와 관련된 차이였다.

바울은 지금까지 해온 대로 먼저 회당에 들어가 유대인들과 하나님을 경외하는 헬라인들을 상대로 성경을 토대로 복음을 전하여 예수님이 메시아라는 사실을 믿게 하려고 했다(18:4). 그러나 유대인들이 완강하게 반대하자, 바울은 이제부터 초기 교회의 전형적인 모임 장소가 될 가정교회로 사역의 장을 옮긴다(7절). 누가의 이야기가 계속 보여주듯이, 박해는 상황의 변화를 가져다준다. 또한 이방인 신자들이 증가한 것도 바울이 가정교회로 사역의 장을 옮기게 된 또 하나의 이유였다. 바울은 복음을 전할 때마다 거의 모든 곳에서 박해와 공격을 받았다. 하지만 고린도에서도 그런 일을 당하자, 비시디아 안디옥에서 그랬던 것처럼(13:46) 자기가 이제는 이방인들에게 갈 것이라고 선언할 뿐만 아니라, 자신의 옷을 털면서 "너희 피가 너희 머리로 돌아갈"(18:6) 것이라고 선언함으로써 그들의 불신앙을 상징적으로 단죄한다. 바울은 이렇게 선언함으로써, 자기가 할 일을 마쳤고 신실하게 복음을 전했기 때문에 이제 유대인들이 불신앙에 대한 모든 책임을 지고 심판을 받게 될 것임을 밝히 보인다. 복음은 듣고 믿는 사람에게는 구원의 메시지이지만, 듣고도 믿기를 거부하는 사람에게는 정죄의 메시지다(참고. 고후 2:16).

이렇게 해서 회당에서의 복음전도는 실패로 끝나는 것처럼 보였지만, 바울이 디도 유스도의 집으로 사역의 장을 옮겼을 때, 즉시 열매가 나타난다. 그리스보(회당장)와 그의 "온 집안"을 비롯해 다른 많은 사람이 믿고 세례를 받는다(행 18:18). 언제나 그러하듯이, 믿음과 세례는 함께 언급된다. 누가는 그리스보의 온 집안이 세례를 받았다고 말한다. 바울은 고린도전서 1:14에서 이 세례를 상기시킨다. 이 '온 집안'에 그리스보의 직계가족과 그 집에서 일하는 하인들이 모두 포함될 수 있지만, 고넬료 내러티브에 비추어 본다면 이 표현이 믿고 성령을 받은 사람들만을 가리킬 수도 있다(행 10:44-48). 비록 누가가 루디아의 집안(16:15), 빌립보 감옥의 간수의 집안(16:33), 그리고 이 본문에서는 그리스보의 집안이 세례를 받았을 때 성령을 받았다고는 언급되지 않지만, 그들도 모두 고넬료의 집안이 밟았던 수순을 그대로 따랐을 것으로 보인다. 누가는 루디아에 관해 "주께서 그 마음을 열어 바울의 말을 따르게 하신지라"라고 말한 후에 그녀와 그 집이 다 세례를 받았다고 언급하는데(16:14-15), 적어도 이 기록에는 루디아가 믿고 성령을 받았음이 전제되어 있다고 보는 편이 합리적이다. 바울은 빌립보 감옥의 간수에게 세례를 받기 위해서는 반드시 믿음이 필요하다고 말한다(16:31). 이 간수는 분명히 성령을 받았을 텐데도, 누가는 성령을 언급하지 않는다. 따라서 사도행전의 독자들은 이 부분에 관해서도, 그리스보가 회심할 때 믿음을 가졌고 성령도 받았을 것이라고 추정할 수 있다. 여기서도 세례를 받은 온 집안에 아직 믿음을 가질 수 없는 유아들이 포함되는지는 확실하지 않다.

복음전도로 인해 심한 반대를 받고 전체적으로 불안정한 상황에 있었음에도, 바울은 주님이 환상 가운데 하신 다음 말씀으로 인해 고린도에 오랫동안 머물 수 있었다. "두려워하지 말며 침묵하지 말고 말하라 내가 너와 함께 있으매 어떤 사람도 너를 대적하여 해롭게 할 자가 없을 것이니

이는 이 성중에 내 백성이 많음이라"(18:9-10). 바울은 누가 믿을지를 알려 주는 특별한 환상을 받은 것이 아니라, 주의 '백성'이 이곳 고린도에 많이 있기 때문에 이 성에 계속 머물면서 복음을 전하라고 격려하는 말씀만을 받았다. 하나님은 그분의 섭리 가운데서 누구를 택하셨으며 그들이 어떤 과정을 통해 구원을 받게 될 것인지(이 두 가지는 오직 하나님만이 아신다)를 계시하시지 않고, 그런 것들은 온전히 하나님의 소관이라는 것과 우리는 그런 것들을 믿고 확신해야 한다는 것만을 우리에게 성경을 통해 계시해주신다. 이것과 관련해서 성경은 숙명론을 암시하지 않으며, 더군다나 말씀을 선포하고 복음을 전하고자 하는 동기를 약화시키는 내용을 전혀 말하지 않는다. 주님이 환상을 통해 바울에게 이렇게 말씀해주셨기 때문에, 바울은 그 말씀을 믿고서 고린도에 오래 머물면서 복음을 전할 수 있는 더 큰 힘을 얻었다.

또한 우리는 구원의 수단이 반드시 필요하다는 사실과 구원이 궁극적으로 하나님께 있다는 사실이 서로 분리되지 않음을 본다. 구원과 관련된 하나님의 절대주권은 복음을 전하는 것을 통해 실현된다. 하나님은 구원 받을 사람들을 예정하시지만, 그들은 반드시 믿어야 한다(13:46). 하나님은 어떤 다른 방식을 사용하여 사람에게 예수님을 아는 구원의 지식을 주실 수 있는가? 또는, 복음을 들을 기회가 전혀 주어지지 않는 외딴 섬에서 살아가는 사람이 구원을 받을 수 있는가? 성경은 우리에게 이런 질문을 던지지도 않고, 탐구해보라고 제안하지도 않는다. 하나님의 택하심에 관한 우리의 지식은, 성경이 구원과 관련해서 하나님의 절대주권을 가르친다는 것과 어떤 사람이 믿게 되었을 때에야 하나님이 그 사람을 택하셨다는 것을 알게 된다는 것으로 제한되어 있다. 그리고 이 지식은 하나님의 택하심과 예정에 대해 사변적으로 생각하라고 주어진 것이 아니라, 어떠한 상황에서도 모든 사람에게 담대하게 복음을 전하게 하고자 주어진 것이다.

18개월 동안 이루어진 바울의 고린도 체류는 또 한 번의 소동으로 끝이 난다. 고린도의 유대인들이 바울을 갈리오 총독 앞으로 데려가서는 그가 사람들에게 "율법을 어기면서"(18:13) 하나님을 예배하라고 가르쳤다는 혐의로 고발한다. 그러한 고발은 모순되게도 그들이 바울도, 그들 자신의 율법도 이해하지 못하고 있다는 것을 드러낸다. 그러나 갈리오는 이 일에 대해 전혀 관심이 없었기 때문에, 무언가를 말하려는 바울에게 말할 기회조차 주지 않고 유대인들에게 그들의 문제는 그들끼리 해결하라고 말한 후에 바울과 그들을 모두 법정에서 내쫓는다. 여기에서 또 다시 누가는 하나님이 섭리로 바울을 이방인들로부터 계속 보호하고 계셨음을 보여준다. 더 중요한 사실은, 유대인들을 법정에서 쫓아내버린(16절) 갈리오의 반응이, 주님이 환상 속에서 바울을 안전하게 지켜주겠다고 하신 약속을 확증한다는 것이다.

분이 안 풀린 유대인들은 화풀이로 회당장 소스데네를 붙잡아 법정 앞에서 때린다(17절). 이것은 그리스보가 신자가 된 후에 회당장이 된 소스데네도 신자가 되었다는 것을 시사한다.[84] 유대인들은 법정(갈리오가 사건들을 재판하는 장소)이 보이는 곳에서 소스데네를 때렸지만, 갈리오는 "이 일을 상관하지 아니하[였다]"(17절). 로마는 아직 복음을 대놓고 적대시하지는 않았지만, 그렇다고 해서 초기 그리스도인들을 특별히 보호하지도 않았다. 사도행전에 나오는 로마 관리들이 바울 같은 그리스도인들을 보호한 것은, 사실 그리스도인이 아니라 로마 제국의 법과 관습을 보호한 것이다. 초기 교회의 대적들은 유대인이었지만, 신자들은 이방인의 손에 의해서도 고난을 겪고 있었고, 이는 머지않아 훨씬 더 심해질 것이다(살전 2:14을 보라).

18:18-23 | 안디옥으로 돌아옴 이 단락은 바울이 고린도에서 안디옥으로 돌아온 경로를 빠르게 설명한 다음, 곧바로 바울의 3차 선교 여행이 시작되었다는 것을 서술한다. 브리스길라와 아굴라는 바울과 헤어진다. 바울이 일반적으로 그의 일행과 함께 선교 여행을 했음은 확실하다. 그리고 브

84 확실하지는 않지만, 여기에 나오는 소스데네와 고린도전서 1:1에 언급된 소스데네는 동일인물일 것이다.

리스길라와 아굴라는 이 내러티브에서 곧 중요한 역할을 하게 된다. 또한 누가는 바울이 서원(아마도 정결 서원)을 했다고 기록하는데, 그 이유에 대해서는 말하지 않는다(18절). 우리가 내릴 수 있는 결론은, 바울이 서원을 하기로 결심했기 때문에 스스로 서원을 이행하였고, 이 행위가 옛 언약과 율법에 대한 그의 견해와 충돌하는 것이 아니었다는 것이다. 바울이 서신들에서 분명하게 밝혔듯이, 믿는 자들은 각자의 양심에 따라 자기가 원하는 어떤 것들을 행하거나 행하지 않을 수 있고, 지키거나 지키지 않을 수 있다. 하지만 그들은 그렇게 행하든 행하지 않든, 지키든 지키지 않든, 그런 행위가 하나님 앞에서 공로가 되지 않음을 알아야 한다(참고. 갈 6:15).

아마도 바울은 개인적인 이유로 서원했을 것이다. 그가 "여러 사람에게 여러 모습이 된 것은 아무쪼록 몇 사람이라도 구원하고자 함이니"라고 말한 것처럼(고전 9:20-23), 유대인들을 얻고자 유대인과 같이 되기 위해 서원했을 수도 있다. 또는 그가 예루살렘으로 갈 준비의 일환으로 한 것일 수도 있다. 사도행전 18:22에는 그가 예루살렘에 올라갔다는 것이 암시되어 있다. 거기에서 누가는 바울이 가이사랴에 상륙한 후에 '올라가 교회의 안부를 물었다'고 말하는데, 여기에서 말하는 "교회"는 예루살렘 교회를 가리키는 것이 거의 틀림없다. 바울이 서원을 한 이유를 우리가 정확히 알 길은 없지만, 그 이유가 무엇이든 간에 우리는 그의 서원이 예루살렘 공의회의 결정(15장)이나 그의 가르침과 모순되지 않다고 결론내려야 한다.

바울이 이방인들에게로 갈 것이라고(18:6) 고린도에서 다시금 선언한 말은, 다시는 회당에 들어가지 않을 것이라는 의미가 아니었다. 이 본문에서 바울은 19장에 기록된 에베소 사역을 본격적으로 행하기 전에 에베소를 잠깐 방문하는데, 그는 곧장 회당으로 가서 "유대인들과 변론[했다]"(18:19). 그리고 에베소에서 바울과 그가 전한 복음은 어느 정도 받아들여졌고, 여러 사람이 그를 붙잡으며 더 머물러주기를 요청하고 바울도 하나님이 원하시면 다시 돌아오겠다고 약속한 것을 볼 때, 에베소에서도 여러 사람이 회심한 것으로 보인다(20-21절). 이 절들은 앞으로 있을 3차 선교 여행을 암시해준다. 실제로 바울은 3차 선교 여행에서 지중해 세계를 다니며 선교할 때 에베소에서 가장 오래 머무르며 사역을 행했다. 또한 이 절들은 바울이 그의 부르심을 수행할 때 보여준 역동성에 대해서도 말해준다. 누가는 바울이 어떤 때는 성령의 직접적인 인도나 환상을 통한 지시를 받아서 사역을 행했지만, 어떤 때는 깊이 생각하거나 특별 계시 없이 어느 곳에 머물거나 떠나기로 결정하는 모습을 보여준다.

누가는 바울이 가이사랴를 거쳐 안디옥으로 돌아가는 과정을 아주 짧게 기록한다. 바울은 가이사랴에서 안디옥으로 돌아가는 중간에 "올라가 교회의 안부를 물[었다]"(22절). 대부분의 주석자들은 여기에 언급된 '교회'가 예루살렘 교회라고 생각한다. 한편, 일부 주석자들은 누가가 다른 대목에서는 예루살렘 교회를 명시적으로 언급하는데 여기서만 그렇게 하지 않은 이유에 대해 의문을 제기한다. 그러나 이방인 신자들과 유대인들 신자들 사이에 고조된 갈등 때문에, 또는 누가가 예루살렘 교회의 지위를 의도적으로 깎아내리기 위해 명시적으로 언급하지 않았다고 추측할 이유는 없다. 도리어 사도행전에서 예루살렘이 지닌 중심적인 지위와 중요성 때문에, 누가가 여기서는 예루살렘 교회라고 명시하지 않은 것이다.

바울은 안디옥으로 돌아갔다가 오래지 않아 3차 선교 여행을 떠난다. 이때 그는 2차 선교 여행 때와 마찬가지로 이전에 사역했던 갈라디아와 브루기아 지역으로 향한다. 누가가 이 지역들을 언급한 이유는, 아마도 이 지역들이 2차 선교 여행 때 성령이 바울로 하여금 가지 못하게 막은 지역의 일부였기 때문으로 생각된다(16:6). 그러나 이제 바울은 그 지역들을 다니며 교회들을 가르치고 견고하게 할 수 있었다.

18:24-28 | 에베소에서의 아볼로 이 내러티브는 에베소로 옮겨가는데, 누가는 신약성경에서 더욱 두드러지는 인물들 중 한 사람을 소개한다. 당시에 알렉산드리아는 세계에서 지성의 전당이라고 할 만한 몇몇 도시 중 하나였는데, 누가는 그곳 출신인 아볼로를 "언변이 좋고 성경에 능통한 자"(24절)로 소개한다. 우리는 고린도전서를 통해 아볼로가 복음을 전하고 가르치는데 매우 유능했던 중요한 사역자들 중 한 사람이었음을 볼 수 있

다(고전 1:12; 3:5; 4:6). 그리고 누가는 아볼로가 탁월한 은사와 재능을 지니고 있었음을 분명하게 언급한다. 그런데 "예수에 관한 것을 자세히" 가르치는 능력을 가진 사람이 오직 요한의 세례만 알고 있었다는 것은 어떻게 이해해야 하는가(행 18:25)? 이것은 사도행전이 다루는 시기가 새로운 시대가 동터오는 과도기적인 성격이었음을 보여준다. 바울이 19장에서 만나는 세례 요한의 제자들과는 달리(참고. 19:1-10에 관한 주석), 아볼로는 예수님에 관한 것을 배워서 그분이 메시아라는 사실을 알고 있었고, 성경을 근거로 해서 그것을 증명할 수도 있었다. 그러나 그는 기독교의 세례에 대해서는 알지 못하였다.

이에 대해 우리는 알렉산드리아에서 아볼로가 복음 메시지 전체를 접하지 않았기 때문이라고 어렵지 않게 추측해 볼 수 있다. 그곳에는 꽤 많은 사람이 '주의 도'에 관한 불완전한 지식을 지니고 있으면서도 예수님을 메시아로 믿었을 것이다. 하지만 누가의 내러티브 배후에 있는 사건들을 추측해서 아볼로에 관해 결론 내리는 것은, 비록 그 결론이 충분히 그럼직해 보이거나 상식에 기초한 것이라고 할지라도 바람직하지 않다. 누가는 모든 공백을 다 채워주지 않는다. 그렇기 때문에 우리는 제1세대 교회에 그 출신 배경이 불완전한 또 하나의 인물이 있었다는 사실만을 알 수 있을 따름이다.

19장에 나오는 세례 요한의 제자들이나 8장에 나온 사마리아인들의 경우와는 달리, 누가는 아볼로에게 성령이 없었다고 말하지 않고, 그가 믿는 자였다는 것을 암묵적으로 보여준다.[85] 아울러 사도행전 전체에 걸쳐 보았듯이 믿음과 세례와 성령은 서로 연결되어 있다. 그런데 누가는 아볼로가 요한의 세례만을 알고 있었다고 명시적으로 말한다. 아볼로는 예수님을 '정확하게'(개역개정에서는 "자세히") 알고 있었지만, 브리스길라와 아굴라는 아볼로에게 예수님에 관해 "더 정확하게" 설명해준다(18:26). 사도행전

85 Bock은 아볼로가 믿는 자였음을 설득력 있게 논증하면서 그와 반대되는 견해를 반박한다(*Acts*, 591-592).

내러티브에 의거해서 독자들은 아볼로가 브리스길라와 아굴라에게 기독교 세례에 관해 듣고서 세례를 받았을 것이라고 추측할 수 있고 그렇게 하겠지만, 누가는 아볼로가 성령을 받았는지에 관해 언급하지 않는다. 아볼로 이야기는 사도행전에 소개된 어느 인물과도 정확히 일치하지 않는 독특함을 보여준다. 그에 관한 이야기는 독특한 인물들과 사건들로 가득한 사도행전의 내러티브에서도 전형적이지 않은 특별한 사례다. 아볼로는 사도행전의 처음 여러 장에 등장하는 예루살렘 북쪽 지역의 신자들과 마찬가지로, 복음이 땅 끝까지 퍼져나가는 좀 더 큰 궤적을 보여준다. 복음 메시지는 그때나 지금이나 모든 점에서 일률적이고 획일적이며, 신학적으로 정확한 형태로 전파되지 않는다. 바로 이것이 누가가 교회에서 지속적으로 가르치고 제자로 훈련시켜야 한다는 것을 항상 강조하는 이유다.

누가의 주된 관심은, 아볼로에게 부족했던 것들이 브리스길라와 아굴라의 가르침에 의해 채워졌다는 사실을 보여주는 것이다. 18절과 마찬가지로 이 부분에서도 누가는 아굴라보다 브리스길라를 먼저 언급하는데(반대로 2절에서는 아굴라를 먼저 언급한다), 이를 보고 남녀보완주의자들이 놀라거나 남녀평등주의자들이 고무되지 않아야 한다. 누가가 이 부부의 이름을 이런 순서로 언급한 이유는 아무도 모른다. 이 부분이 말하고자 하는 핵심은 다음과 같다. 고린도에서 바울과 함께 1년 6개월을 지내면서 믿음에 대해 새롭게 깨달은 이 부부가 아볼로의 가르침을 듣고서 그를 데려와 복음 메시지와 관련하여 그가 알지 못하던 부분들을 모두 설명해주었다는 것이다. 누가는 아굴라만이 아니라 브리스길라도 아볼로를 가르치는 데 참여했다고 말하고, 그 이상 특별한 것을 언급하지 않는다. 누가는 그들이 아볼로를 "데려[갔다]"고 말하는데(26절), 이것은 이 가르침이 공적인 것이 아니었음을 시사한다. 따라서 브리스길라가 아볼로를 가르치는 데 참여한 것은, 바울이 나중에 디모데에게 여자들이 교회에서 남자들을 가르치지 못하게 하라고 쓴 것(딤전 2:12)과 상반되지 않는다. 아울러 이 본문에는 브리스길라가 아볼로에게 직접 말하지 않고 남편을 거쳐서만 말했다거나, 단지 그 자리에서 입을 다문 채 대화를 경청하기만 했을 뿐이라는 주장을 뒷받침할 만한 어떠한 내용도 없다. 어쨌든 아볼로는 브리스길라와 아굴라를 비롯한 형제들이 써준 추천서를 들고서 아가야(고린도 지역)로 건너가서 믿는 자들을 가르치고, 동시에 성경에 근거하여 유대인들의 주장을 반박한다. 이것으로 아볼로에 관한 이야기는 끝이 나고, 에베소로 향하고 있던 바울에게로 이야기가 되돌아간다.

응답

고린도에서 바울이 행한 사역은 모든 복음 사역자에게 다음 사실을 기억해야만 한다고 가르친다. 즉 복음은 듣고 받아들이는 사람들에게는 생명을 가져다주는 말씀이지만, 동시에 듣고 배척하는 자들에게는 심판의 도구가 된다는 사실이다(행 18:6). 또한 이 내러티브가 암시하는 또 다른 가르침이 있다. 복음 사역자의 유일한 책무는 복음을 충실하게 전하고 그 결과를 하나님께 맡겨드리는 것이다. 따라서 사람들이 복음 메시지를 듣고 거부했다고 해서, 반드시 복음 사역자가 계획을 잘못 세웠거나 복음을 잘못 제시했다는 의미로 받아들여서는 안 된다.

앞부분에서도 이방인들이 복음을 반대하고 거부한 예들이 나오지만, 복음을 거부하는 가장 강력한 사례가 이제 에베소에서 벌어질 것이다. 사도행전이 전체적으로 보여주는 것은, 복음 메시지는 어느 문화나 사회 속에서 어느 정도 자연스럽고 편안하게 받아들여질 성질의 것이 아니라는 사실이다. 또한 그 문화나 사회에 맞춰서 가장 적합한 형태로 복음을 전한다고 해서, 그곳 사람들이 복음을 받아들일 것이라는 보장도 없다. 아울러 복음의 능력과 전도의 성패는 상황에 의해 좌우되지 않는다.

1 아볼로가 고린도에 있을 때에 바울이 윗지방으로 다녀 에베소에 와
서 어떤 제자들을 만나 2 이르되 너희가 믿을 때에 성령을 받았느냐
이르되 아니라 우리는 성령이 계심도 듣지 못하였노라 3 바울이 이르
되 그러면 너희가 무슨 [1)]세례를 받았느냐 대답하되 요한의 [1)]세례니
라 4 바울이 이르되 요한이 회개의 [1)]세례를 베풀며 백성에게 말하되
내 뒤에 오시는 이를 믿으라 하였으니 이는 곧 예수라 하거늘 5 그들
이 듣고 주 예수의 이름으로 [1)]세례를 받으니 6 바울이 그들에게 안수
하매 성령이 그들에게 임하시므로 방언도 하고 예언도 하니 7 모두 열
두 [2)]사람쯤 되니라

8 바울이 회당에 들어가 석 달 동안 담대히 하나님 나라에 관하여 강
론하며 권면하되 9 어떤 사람들은 마음이 굳어 순종하지 않고 무리 앞
에서 이 도를 비방하거늘 바울이 그들을 떠나 제자들을 따로 세우고
두란노 서원에서 날마다 강론하니라 10 두 해 동안 이같이 하니 아시
아에 사는 자는 유대인이나 헬라인이나 다 주의 말씀을 듣더라

1 And it happened that while Apollos was at Corinth, Paul passed
through the inland[1] country and came to Ephesus. There he found some

disciples. 2 And he said to them, “Did you receive the Holy Spirit when
you believed?” And they said, “No, we have not even heard that there
is a Holy Spirit.” 3 And he said, “Into what then were you baptized?”
They said, “Into John’s baptism.” 4 And Paul said, “John baptized with
the baptism of repentance, telling the people to believe in the one who
was to come after him, that is, Jesus.” 5 On hearing this, they were
baptized in[2] the name of the Lord Jesus. 6 And when Paul had laid his
hands on them, the Holy Spirit came on them, and they began speaking
in tongues and prophesying. 7 There were about twelve men in all.
8 And he entered the synagogue and for three months spoke boldly,
reasoning and persuading them about the kingdom of God. 9 But when
some became stubborn and continued in unbelief, speaking evil of the
Way before the congregation, he withdrew from them and took the
disciples with him, reasoning daily in the hall of Tyrannus.[3] 10 This
continued for two years, so that all the residents of Asia heard the word
of the Lord, both Jews and Greeks.

19장

11 하나님이 바울의 손으로 놀라운 능력을 행하게 하시니 12 심지어 사
람들이 바울의 몸에서 손수건이나 앞치마를 가져다가 병든 사람에게
얹으면 그 병이 떠나고 [3)]악귀도 나가더라 13 이에 돌아다니며 마술하
는 어떤 유대인들이 [4)]시험삼아 [3)]악귀 들린 자들에게 주 예수의 이름
을 불러 말하되 내가 바울이 전파하는 예수를 의지하여 너희에게 명
하노라 하더라 14 유대의 한 제사장 스게와의 일곱 아들도 이 일을 행
하더니 15 악귀가 대답하여 이르되 내가 예수도 알고 바울도 알거니와
너희는 누구냐 하며 16 악귀 들린 사람이 그들에게 뛰어올라 눌러 이
기니 그들이 상하여 벗은 몸으로 그 집에서 도망하는지라 17 에베소에
사는 유대인과 헬라인들이 다 이 일을 알고 두려워하며 주 예수의 이

름을 높이고 18 믿은 사람들이 많이 와서 자복하여 행한 일을 알리며
19 또 마술을 행하던 많은 사람이 그 책을 모아 가지고 와서 모든 사람
앞에서 불사르니 그 책 값을 계산한즉 은 오만이나 되더라 20 이와 같
이 주의 말씀이 힘이 있어 흥왕하여 세력을 얻으니라
11 And God was doing extraordinary miracles by the hands of Paul, 12 so
that even handkerchiefs or aprons that had touched his skin were carried
away to the sick, and their diseases left them and the evil spirits came
out of them. 13 Then some of the itinerant Jewish exorcists undertook
to invoke the name of the Lord Jesus over those who had evil spirits,
saying, "I adjure you by the Jesus whom Paul proclaims." 14 Seven
sons of a Jewish high priest named Sceva were doing this. 15 But the
evil spirit answered them, "Jesus I know, and Paul I recognize, but who
are you?" 16 And the man in whom was the evil spirit leaped on them,
mastered all[4] of them and overpowered them, so that they fled out of
that house naked and wounded. 17 And this became known to all the
residents of Ephesus, both Jews and Greeks. And fear fell upon them
all, and the name of the Lord Jesus was extolled. 18 Also many of those
who were now believers came, confessing and divulging their practices.
19 And a number of those who had practiced magic arts brought their
books together and burned them in the sight of all. And they counted the
value of them and found it came to fifty thousand pieces of silver. 20 So
the word of the Lord continued to increase and prevail mightily.

21 이 일이 있은 후에 바울이 마게도냐와 아가야를 거쳐 예루살렘에
가기로 작정하여 이르되 내가 거기 갔다가 후에 로마도 보아야 하리
라 하고 22 자기를 돕는 사람 중에서 디모데와 에라스도 두 사람을 마
게도냐로 보내고 자기는 아시아에 얼마 동안 더 있으니라

23 그때쯤 되어 이 도로 말미암아 적지 않은 소동이 있었으니 24 즉 데
메드리오라 하는 어떤 은장색이 은으로 아데미의 신상 모형을 만들
어 직공들에게 적지 않은 벌이를 하게 하더니 25 그가 그 직공들과 그
러한 영업하는 자들을 모아 이르되 여러분도 알거니와 우리의 풍족한
생활이 이 생업에 있는데 26 이 바울이 에베소뿐 아니라 거의 전 아시
아를 통하여 수많은 사람을 권유하여 말하되 사람의 손으로 만든 것
들은 신이 아니라 하니 이는 그대들도 보고 들은 것이라 27 우리의 이
영업이 천하여질 위험이 있을 뿐 아니라 큰 여신 아데미의 신전도 무
시당하게 되고 온 아시아와 천하가 위하는 그의 위엄도 떨어질까 하
노라 하더라
28 그들이 이 말을 듣고 분노가 가득하여 외쳐 이르되 크다 에베소 사
람의 아데미여 하니 29 온 시내가 요란하여 바울과 같이 다니는 마게
도냐 사람 가이오와 아리스다고를 붙들어 일제히 연극장으로 달려 들
어가는지라 30 바울이 백성 가운데로 들어가고자 하나 제자들이 말리
고 31 또 아시아 관리 중에 바울의 친구된 어떤 이들이 그에게 통지하
여 연극장에 들어가지 말라 권하더라 32 사람들이 외쳐 어떤 이는 이
런 말을, 어떤 이는 저런 말을 하니 모인 무리가 분란하여 태반이나
어찌하여 모였는지 알지 못하더라 33 유대인들이 무리 가운데서 알렉
산더를 권하여 앞으로 밀어내니 알렉산더가 손짓하며 백성에게 변명
하려 하나 34 그들은 그가 유대인인 줄 알고 다 한 소리로 외쳐 이르되
크다 에베소 사람의 아데미여 하기를 두 시간이나 하더니
35 서기장이 무리를 진정시키고 이르되 에베소 사람들아 에베소 시가
큰 아데미와 [5]제우스에게서 내려온 우상의 신전지기가 된 줄을 누가
알지 못하겠느냐 36 이 일이 그렇지 않다 할 수 없으니 너희가 가만히
있어서 무엇이든지 경솔히 아니하여야 하리라 37 신전의 물건을 도둑
질하지도 아니하였고 우리 여신을 비방하지도 아니한 이 사람들을 너
희가 붙잡아 왔으니 38 만일 데메드리오와 그와 함께 있는 직공들이

누구에게 고발할 것이 있으면 재판 날도 있고 총독들도 있으니 피차
고소할 것이요 39 만일 그 외에 무엇을 원하면 정식으로 민회에서 결
정할지라 40 오늘 아무 까닭도 없는 이 일에 우리가 소요 사건으로 책
망 받을 위험이 있고 우리는 이 불법 집회에 관하여 보고할 자료가 없
다 하고 41 이에 그 모임을 흩어지게 하니라

21 Now after these events Paul resolved in the Spirit to pass through
Macedonia and Achaia and go to Jerusalem, saying, "After I have been
there, I must also see Rome." 22 And having sent into Macedonia two of
his helpers, Timothy and Erastus, he himself stayed in Asia for a while.
23 About that time there arose no little disturbance concerning the Way.
24 For a man named Demetrius, a silversmith, who made silver shrines
of Artemis, brought no little business to the craftsmen. 25 These he
gathered together, with the workmen in similar trades, and said, "Men,
you know that from this business we have our wealth. 26 And you see
and hear that not only in Ephesus but in almost all of Asia this Paul has
persuaded and turned away a great many people, saying that gods made
with hands are not gods. 27 And there is danger not only that this trade
of ours may come into disrepute but also that the temple of the great
goddess Artemis may be counted as nothing, and that she may even
be deposed from her magnificence, she whom all Asia and the world
worship."

28 When they heard this they were enraged and were crying out,
"Great is Artemis of the Ephesians!" 29 So the city was filled with the
confusion, and they rushed together into the theater, dragging with them
Gaius and Aristarchus, Macedonians who were Paul's companions in
travel. 30 But when Paul wished to go in among the crowd, the disciples
would not let him. 31 And even some of the Asiarchs,[5] who were friends

of his, sent to him and were urging him not to venture into the theater.
32 Now some cried out one thing, some another, for the assembly was in
confusion, and most of them did not know why they had come together.
33 Some of the crowd prompted Alexander, whom the Jews had put
forward. And Alexander, motioning with his hand, wanted to make a
defense to the crowd. 34 But when they recognized that he was a Jew,
for about two hours they all cried out with one voice, "Great is Artemis
of the Ephesians!"
35 And when the town clerk had quieted the crowd, he said, "Men of
Ephesus, who is there who does not know that the city of the Ephesians
is temple keeper of the great Artemis, and of the sacred stone that fell
from the sky?[6] 36 Seeing then that these things cannot be denied, you
ought to be quiet and do nothing rash. 37 For you have brought these
men here who are neither sacrilegious nor blasphemers of our goddess.
38 If therefore Demetrius and the craftsmen with him have a complaint
against anyone, the courts are open, and there are proconsuls. Let them
bring charges against one another. 39 But if you seek anything further,[7]
it shall be settled in the regular assembly. 40 For we really are in danger
of being charged with rioting today, since there is no cause that we can
give to justify this commotion." 41 And when he had said these things,
he dismissed the assembly.

1) 헬, 또는 침례 2) 헬, 남자 3) 헬, 악령 4) 또는 망령되이 5) 또는 하늘로서

1 Greek *upper* (that is, highland) *2* Or *into* *3* Some manuscripts add *from the fifth hour to the tenth* (that is, from 11 a.m. to 4 p.m.) *4* Or *both* *5* That is, high-ranking officers of the province of Asia *6* The meaning of the Greek is uncertain *7* Some manuscripts *seek about other matters*

단락 개관

에베소에서의 사역

사도행전 19장은 바울이 에베소에 도착했다고 언급하면서, 18장에서 했던 에베소에 관한 이야기를 이어간다. 독자들은 이 장을 읽기 시작하자마자 사도행전에서 가장 당혹스러운 이야기들 중 하나를 마주하게 된다. 바울은 성령을 받지 않았음은 물론이고 성령에 대해 들어보지도 못한 '제자들'을 만난다. 그들이 알고 있는 것은 요한의 세례뿐이었다.

에베소는 바울이 선교 여행을 하며 방문한 모든 도시 중에 가장 오래 머문 곳이다. 바울은 에베소에서 거의 삼 년 동안 머물렀는데, 누가는 그 기간 동안 벌어진 두 가지 주된 사건에 초점을 맞춘다. 첫 번째 사건은 스게와의 일곱 아들에게 일어난 일이다. 유대인 퇴마사였던 이들은 주 예수님의 이름을 사용해서 귀신을 쫓아내려 했는데 곧바로 그들의 권위나 능력에 굴복하지 않는, 적어도 한 악귀를 만나 도리어 혼쫄이 난다. 누가가 기록한 기이한 일화들 중 하나인 이 이야기에서, 악귀는 예수님과 바울의 권위를 증언한다. 그 결과로 여러 종류의 서로 다른 마술을 행하던 사람들 가운데서 예수님의 이름이 높임을 받고, 복음 메시지가 힘을 얻는다.

21-41절에는 데메드리오라는 은장색의 선동으로 인해 일어난 소동이 기록되어 있다. 바울의 복음 전도로 많은 사람이 우상숭배를 버리고 예수님을 믿게 되자, 데메드리오를 비롯해서 신상을 만드는 일을 하는 사람들은 금전적으로 상당한 타격을 입는다. 그래서 이 무리는 여신 아데미(다이아나)의 이름으로 소동을 일으켜서, 바울의 일행 중에서 두 사람을 붙잡아 끌고 간다. 누가는 이 무리가 "크다 에베소 사람의 아데미여"(행 19:34)라는 구호를 두 시간 동안이나 외쳤다고 기록하는 등 이 무리의 소동과 분노를 생생하게 기록한다. 바울은 제자들의 만류로 이 일에 직접적으로 개입하지 않는다. 그런 후에 놀라운 반전이 일어나는데, 서기장이 상식적인 말로 이 무리를 진정시켜 집으로 돌려보냄으로써 이 사건이 일단락된다.

이 사건은 사도행전에서 하나님이 복음에 대한 증언을 보호하신 것과 관련해서 가장 주목할 만한 이야기들 중 하나다.

단락 개요

II. B. 7. 에베소에서의 사역(19:1-41)
a. 세례 요한의 제자들(19:1-10)
b. 하나님의 능력과 스게와의 아들들(19:11-20)
c. 돈과 우상숭배: 에베소에서의 폭동(19:21-41)

주석

19:1-10 | 세례 요한의 제자들 누가는 18장에서 아볼로를 소개한 뒤, 예수님을 불완전하게 알고 있던 또 다른 한 무리를 이 부분에서 소개한다. 바울은 에베소에 도착해서 "어떤 제자들"(1절)을 만나는데, 이 제자라는 말은 예수님이 아니라 세례 요한을 따르는 자들을 가리키는 것으로 보인다. 이 제자들은 아볼로와 마찬가지로 요한의 세례만을 알고 있었을 뿐, 성령에 대해서는 듣지도 못했다. 바울이 그들에게 세례 요한의 사역에 관해 짧게 요약해서 말해준 것을 보면(4절), 그들이 예수님에 관해 잘 모르고 있었음이 분명하다. 바울은 세례 요한이 장차 오실 이에 대한 증인이었음을 상기시키면서 그들에게 예수님에 관해 말해준다. 누가는 바울과 그들이 얼마 동안이나 대화를 나누었는지에 대해서는 명시하지 않고, 단지 그들이 듣고 "주 예수의 이름으로 세례를 받[았다]"(5절)고만 언급한다. 이것은 그들이 예수님을 믿었다는 것을 의미한다. 8장에서 베드로와 요한이 안수하

자 믿는 사마리아인들이 성령을 받았던 것처럼, 세례 요한의 제자였던 그들도 바울이 안수하자 성령을 받는다. 또한 사마리아인들과 오순절 때(2장)와 고넬료의 집(10장)에서 그랬던 것처럼, 그들도 방언과 예언을 함으로써 성령을 받았다는 사실을 분명하게 보여준다.

독자들은 이 내러티브를 사도행전에서 가장 난해한 것들 중 하나로 여긴다. 이 사람들은 제자들이라고 불리는데, 바울은 그들에게 "너희가 믿을 때에 성령을 받았느냐"고 묻는다(19:1-2). 본문은 그들이 세례 요한의 제자였다고 분명하게 말한다. 그렇다면 우리는 다른 문제들을 어떻게 이해해야 하는가? 왜냐하면 바울이 그들에게 '너희가 믿을 때에'라고 말한 것을 그들이 이미 예수님을 믿는 자들이었다는 의미로 받아들여서는 안 될 것 같기 때문이다. 바울이 그들에게 던진 질문은 합당한 것이었다. 어떤 사람이 믿는 자인지 아닌지를 분별하려면 가장 먼저 믿느냐고 질문하는 것이 최선이라 할 수 있다. 바울은 그들에게 가장 기본적인 질문을 던짐으로써, 이 문제의 근본 지점부터 말하기 시작한 것이다. 바울은 그들과 대화를 나누면서, 그들이 성령에 대해 듣지 못했다는 사실을 알게 된다. 바울은 그들에게 예수님이 세례 요한의 사역의 목표였다는 것을 계속해서 구체적으로 설명한다. 이것이 시사해주는 바는 이 제자들이 아볼로와는 달리 예수님의 온전한 제자들 즉 예수님을 믿는 자들이 아님을 바울이 알았다는 것이다.

이 사건은 사도행전에서 두 언약이 공존하는 과도기적 상황을 가장 선명하게 제시한다. 여기서 언급된 세례 요한의 제자들은 옛 언약을 믿는 자들이었다. 세례 요한이 메시아에 관해 예언한 선지자들 중 마지막이었고 옛 언약에서 새 언약으로 넘어가는 전환점이었듯이, 그의 제자라 불린 자들도 옛 언약과 새 언약이 서로 겹쳐진 시기를 살고 있었다. 새 언약은 예수님의 죽으심과 부활을 통해 개시되었지만, 믿는 자들에게는 예수님이 승천하시고 나서 성령이 오신 때에 적용되었다. 만일 예수님이 십자가에서 죽으셨을 때 옛 언약이 완벽하게 사라지고 곧바로 새 언약이 활동하기 시작했다고 생각한다면, 우리는 사도행전 19장에 나오는 이야기를 이해하지 못할 것이다. 신약성경은 명제와 내러티브 모두를 사용하여 한편으로는 옛 언약이 끝나고 새 언약이 개시되었음을 분명하게 말하면서, 다른 한편으로는 이 두 언약이 실제로 전환되기까지 시간이 걸린다는 것도 보여준다. 여기에 나오는 세례 요한의 제자들은 세례 요한이나 그 밖의 다른 구약의 성도들(아브라함, 모세, 라합, 다윗, 선지자들)과 마찬가지로 믿는 자들이었다. 그들은 하나님이 구원에 관한 약속을 이미 성취하셨다는 것을 몰랐기 때문에(히 11장을 보라), 그 약속의 성취를 믿으며 계속 기다렸다. 그들은 인류 역사 속에서 결코 다시 볼 수 없는 시기, 즉 옛 언약이 사라져가는 동시에 새 언약이 동터오는 이 가장 독특한 시기를 살아가는 옛 언약에 신실한 마지막 남은 자들이었다.

누가는 "모두 열두 사람쯤 되니라"(행 19:7)고 말한다. 열둘이라는 숫자가 독자의 눈길을 사로잡을 수도 있지만(이스라엘은 열두 지파로 구성되었고, 예수님의 제자들도 열둘이었기 때문에), 일반적으로 숫자는 그저 숫자일 뿐이다. 여기에 언급된 열둘이라는 숫자에는 중요한 의미가 담겨 있지 않다. 누가는 이 열둘이라는 숫자를 특별한 의미로 해석해야 한다는 어떤 단서도 제시하지 않는다. 누가는 예수님이 40일 동안 광야에 계셨던 것에 대해(눅 4:2), 이스라엘이 광야에서 40년 동안 유랑한 것과의 병행을 이끌어내는 방식으로 기록하지만(이스라엘의 이야기 속에는 40이라는 숫자가 의미 있게 사용된 예들이 많다), 여기서 열둘이라는 숫자에 대해서는 그런 방식으로 말하지 않는다. 따라서 사도행전 19장에 언급된 열둘이라는 숫자가 우리의 상상력을 자극할지는 몰라도, 다른 곳들과 달리 그저 숫자로의 의미만 지닐 뿐이다. 성경에서 이스라엘의 열두 지파와 예수님의 열두 제자는 서로 분명한 병행을 이루지만, 여기서는 열두 사람쯤되는 세례요한의 제자들이 예수님을 따르는 자들이 된 이야기를 들려주고 있을 뿐이다.

누가는 바울이 에베소 회당에서 전한 말씀을 가리켜 하나님 나라라고 명확하게 언급한다(8절). 이 명확한 표현은 사도행전에서 몇 차례 사용되지 않는다(참고. 1:3; 8:12; 28:23, 31). 사도행전이나 바울의 서신들에서 하나님 나라라는 명확한 표현이 상대적으로 적게 언급된다는 사실은, 누가나 바울이 하나님 나라에 관해 별로 관심을 두지 않았다는 의미가 아니다. 예수님은 승천하신 후에 하늘에서 왕으로서 이 세계를 다스리고 계시고(2:24-36; 13:30-37), 하나님 나라는 견고하게 세워졌다. 사도 바울은 서신들에서 다음과 같이 말한다. 예수님은 하나님이 다윗에게 주신 약속을 성취하셨고(롬 1:3; 딤후 2:8) 하나님은 예수님을 높이셔서 만유의 주로 삼으셨으며(빌 2:9), 지금 예수님은 하나님의 오른편에서 다스리고 계신다(롬 8:34; 엡 1:20; 골 3:1).

이렇듯 하나님 나라라는 주제는, 사도행전에서 명시적으로 언급되는 횟수가 복음서에 비해 매우 적지만 사도행전의 중심적인 주제다.[86] 하나님 나라는 사도행전을 비롯해서 신약성경을 읽기 위한 성경적이고 신학적인 배경을 이룬다. 누가가 하나님 나라를 명시적으로 언급하는 부분은 다음과 같다.

- 사도행전 첫 부분에서, 예수님이 제자들을 가르치신 것에 관해 설명할 때(1:3)
- 복음이 원래의 유대 지역을 넘어 사마리아인들에게 처음으로 전파되었을 때(8:12)
- 사도행전 끝 부분에서, 바울이 로마에서 가택연금 된 채로 "땅 끝까지"(1:8) 전파한 것에 관해 설명할 때(28:31)
- 바울이 한 장소에서 가장 오래 머문 곳인 에베소에서 사역을 시작할 때(19:8)

이렇게 네 번의 명시적인 언급은 그 횟수는 적지만, 언급되는 맥락을 고려할 때 의미심장하다.

86 바울 서신들에는 나라 또는 하나님 나라에 대한 명시적인 언급이 14번 나오는데, 이 횟수는 바울 서신의 전체 분량을 고려할 때 적다고 할 수 없다. 롬 14:17; 고전 4:20; 6:9, 10; 15:24, 50; 갈 5:21; 엡 5:5; 골 1:13; 4:11; 살전 2:12; 살후 1:5; 딤후 4:1, 18을 보라.

바울은 또 다시 회당에서 말씀을 전하기 시작한다. 그러나 유대인들이 세 달 동안 끈질기게 복음을 반대하고 비방하자, 그는 제자들과 함께 두란노 서원이라는 이방인의 장소로 옮겨간다(9절). 그리고 누가는 바울의 사역에서 일어난 또 다른 역설적인 결과를 강조한다. 이전에 바울은 "그 도를 따르는"(9:2) 사람들을 추적해서 박해했으나 이제는 그가 없애버리려고 했던 믿음의 선두적인 선교사가 되어, 회당에서 세 달 동안 믿음에 관해 가르친다. 그런데 바로 그 회당에서 믿지 않는 유대인들이 이전에 그가 한 것처럼 "이 도"(19:9)를 비방하고 이에 그는 회당을 떠난다.

19:11-20 | 하나님의 능력과 스게와의 아들들 에베소에서 이뤄진 바울의 사역은 다른 사도들의 초기 사역을 생각나게 한다. 사도들이 능력으로 말씀을 전하고 표적과 기사를 행했던 것처럼(3:6-8; 4:33; 5:12, 15-16), 에베소에서 이뤄진 바울의 사역에도 하나님이 행하신 이적적인 표적들이 수반되었다. 누가는 바울이 아니라 하나님이 이 능력의 원천이시라는 것을 분명히 한다. 전에 사람들이 베드로가 지나갈 때 그의 그림자만이라도 그들에게 덮이기를 바랐듯이(5:15), 에베소 사람들이 손수건이나 앞치마를 가져와서 바울의 몸에 댄 후에 병자나 귀신 들린 사람에게 얹으면 병이 치료되고 귀신이 떠나가는 일이 벌어졌다. 베드로와 다른 사도들의 경우처럼, 이런 이적들은 청중을 감화시키기 위해 눈속임 마술을 부리거나 능력이 있는 것처럼 가장한 것이 아니라, 하나님이 사도의 가르침과 사역을 통해 역사하고 계신다는 사실을 보여주는 표적들이었다.

스게와의 아들들과 관련된 사건은 하나님의 능력과 악의 세력 사이에 벌어진 일련의 대결 중 하나다(8:9-10, 18-24; 13:6-11; 16:16-19). 사마리아에서 시몬 마구스는 사도들이 소유한다고 생각한 능력을 돈 주고 사려고 했고, 스게와의 아들들은 바울이 예수님의 이름으로 명할 때 능력이 나타난다는 것을 알았다. 그래서 그들은 예수님의 이름이 병을 고치거나 귀신을 쫓아내기 위한 주문이라 여기고, 귀신을 쫓아내는 데 예수님의 이름을 사용하였다. 그들은 떠돌이 퇴마사였다. 이것은 귀신을 쫓아내고 그 대가로 돈을 받아서 생계를 유지해나갈 수 있었음을 시사한다. 누가복음에서는 사람이 귀신 들린 것이나 예수님이 귀신을 쫓아내시는 것과 관련해서 사람들이 충격을 받거나 이상하게 여겼다고 말하지 않는다. 물론 귀신들을 놀라게 한 것은, 예수님이 귀신을 쫓아내는 권위를 가지셨다는 것이었다. 따라서 축귀는 사람들이 이미 아는 것이었다. 누가가 지적한 것은 귀신들이 다른 퇴마사들에게는 대드는 것과 달리, 예수님의 말씀을 듣고 그 말씀에 순종한다는 것이다(눅 4:36). 마찬가지로, 사도들의 사역에도 축귀가 수반되었다(행 5:16; 8:7). 여기서 중요한 것은 스게와의 일곱 아들이 예수님을 믿지도 않으면서 그분의 이름으로 귀신들을 쫓아내려 했다는 것이다.

귀신이나 귀신 들린 것에 관한 이야기는 결코 재미있는 이야기가 아니다. 오늘날의 서양에서는 귀신 문제를 진지하게 받아들이지 않고, 대부분의 서양인들은 귀신이 있다는 것조차 믿지 않는다.[87] 이것은 세계의 다른 지역에서 살아가는 믿는 자들과 뚜렷하게 대비된다. 그들은 회의주의나 경험적 증거에만 근거한 믿음이 이 세계를 바라보는 유일한 방식이라고 여기지 않는다. 그렇다 해도, 스게와의 아들들에 관한 이야기 속에는 우스꽝스러운 측면이 있다. 그들이 예수님의 이름을 사용해서 귀신을 쫓아내려고 하자, 그 악귀는 "내가 예수도 알고 바울도 알거니와 너희는 누구냐"(19:15)고 조롱한다. 그런 후에 그 귀신 들린 사람이 그들에게 뛰어올라 마구 때렸기 때문에, 그들은 말 그대로 몸에 속옷조차 걸치지 못한 채 도망쳤다.

이 단락의 끝 부분에서 누가는, 복음이 끊임없는 반대에 직면하면서도 계속 승리하여 점점 더 힘을 얻어갔다는 내용의 요약문을 마지막으로 제시한다(20절; 참고. 6:7; 12:24). 또한 이 요약문을 배경으로 이제 곧 바울 일행은 사도행전에 기록된 이방인들에 의한 마지막 박해를 겪게 된다.

87 웜우드가 스크루테이프에게 말했듯이, 귀신에게 최고의 먹잇감은 귀신이 있다는 것을 믿지 않는 사람들이다. C. S. Lewis, *The Screwtape Letters*를 보라.

19:21-41 | 돈과 우상숭배: 에베소에서의 폭동 21-22절은 바울이 사도행전의 끝부분에서 로마에 도착할 때까지 거치게 될 여정을 제시하는 방식으로, 사도행전 내러티브를 위한 또 한 번의 지리적이고 연대기적인 이정표를 제공한다. 바울은 베뢰아, 빌립보, 데살로니가가 있는 지역인 마게도냐와 고린도를 포함하고 있는 지역인 아가야를 다시 방문할 계획을 세운다. 그런 후에 그는 로마로 가기 전에 예루살렘을 방문할 생각이었다. 하지만 이 모든 계획에 앞서 이교의 우상숭배가 복음에 정면으로 맞서는 데에 절정을 이루는 사건이 에베소에서 일어난다.

이 이야기 속에서 누가는 많은 세력이 힘을 합쳐서 복음을 동시에 공격하는 모습을 보여준다. 이것은 단지 하나님과 이교의 우상 신들이 대결하는 문제가 아니었다. 왜냐하면 이 사건에는 금전적이고 사회적이며, 문화적인 세력들도 개입되어 있기 때문이다. 누가는 그리스도를 따르는 사람들이 늘어가면서(19:9; 22:4; 24:14) "이 도로 말미암아 적지 않은 소동이 있었[다]"(23절)고 언급한다. 이 소동에 다른 요인들도 개입되었을 수 있지만, 가장 큰 원인은 에베소의 신자들이 우상을 버리자 여신 아데미에 대한 숭배를 이용해서 돈을 벌던 사람들이 금전적으로 타격을 입게 된 것이었다. 사람들이 우상을 사지 않으면, 우상을 제작하는 사람들의 수입이 사라질 것은 뻔한 노릇이었기 때문이다.

에베소에서 바울의 전도로 신자가 된 사람들이 우상을 버림으로 말미암아 소동이 일어난 것은, 빌립보에서 바울이 귀신 들린 여종에게서 귀신을 쫓아내버리자 그 여종의 점치는 능력을 이용해서 돈을 벌던 그녀의 주인들이 수입원이 끊긴 것에 격분해서 소동을 벌인 것과 비슷했다(16:16-24). 은장색 데메드리오를 비롯한 장인들은 가정에 비치해놓을 수 있는 아데미의 신상 모형을 제작해서 돈을 벌어왔는데, 이제 그들의 사업을 보호하기 위해 실력행사에 나선다. 바울이 우상을 반대하는 가르침을 전파한다는 소식은 이미 에베소에도 알려져 있었고, 그런 상황에서 이 장인들은 그 가르침이 그들에게 개인적으로 어떤 영향이 있을지 주시해 왔다. 이것은 단순히 돈과 관련된 문제가 아니었다. 그들의 진정한 관심은 이 도가 그들이 사랑하는 신전들과 여신 아데미에게 미칠 영향에 있었다. 데메드리오는 "큰 여신 아데미의 신전도 무시당하게 되고 온 아시아와 천하가 위하는 그의 위엄도 떨어질까 하노라"(19:27)고 말한다. 에베소 사람들은 그들의 문화와 종교를 보존하는 것을 중요하게 여겼다. 이 세계의 수많은 곳에서도 한 나라 또는 지역의 지배적인 종교가 그곳의 문화와 역사에 깊이 뿌리를 내리고 있는데, 오늘날에도 그러한 곳에서 복음은 에베소에서와 비슷한 반대에 직면한다. 기독교로 회심하는 것은 단순히 종교를 바꾸는 것이 아니라, 대부분의 경우 문화적 정체성이 총체적으로 변하는 것을 가리킨다.

'그 도'와 아데미 신전을 둘러싼 갈등은 사실 신전(헬라의 신전들과 예루살렘 성전)에 대한 그리스도인들의 견해와 이방인들의 견해 간의 갈등이다. 데메드리오는, 바울이 "사람의 손으로 만든 것들은 신이 아니라"(26절)고 가르쳤다는 것을 잘 알고 있었다. 그리고 이 가르침은 분명히 아데미와 그녀의 신전에도 적용되는 것이었다. 스데반은 그를 박해하는 자들에게 성경을 근거로 해서, 하나님이 손으로 지은 곳에 계시지 않다는 사실을 상기시켰고(7:48-50), 바울도 아덴에서 철학자들에게 동일하게 말했다(17:24-25). 초기 그리스도인들의 메시지는 분명했다. 하나님은 이제 더는 유대인의 성전이나 이방인의 신전에서 예배를 받지 않으신다. 성경의 이러한 사상은 예루살렘 성전에 가장 큰 타격을 입혔다. 예수님의 성육신과 죽으심과 부활로 말미암아, 그리고 그 결과 믿는 자에게 성령이 주어짐으로써 이제 믿는 자가 있는 곳에는 어디든지 하나님도 계신다. 이로써 옛 언약의 시대는 끝났고, 옛 언약에 따라 성전이 지니던 지위(과거와 현재와 미래의)도 끝났다. 예루살렘 성전을 유지하거나 되돌리려는 시도는 이교의 신전으로 향하는 것과 하나도 다르지 않다. 예루살렘 성전이든 이교의 성전이든 그곳에 신은 존재하지 않는다.

감정과 분노에 사로잡힌 성난 무리는 순식간에 폭도로 변했는데, 그들 중 대부분은 폭동이 일어난 이유조차 제대로 알지 못했다(행 19:32). 바울은 몇몇 제자의 만류로 이 소동에 개입하지 않았지만(30절), 그의 일행

중에서 두 사람 가이오와 아리스다고가 폭도에게 붙들린다(29절). 누가는 아시아 관리라 불리는 사람들을 언급하는데, 그들은 바울의 친구였기에 그에게 이 소동에 휘말리지 말라고 권한다(31절). 이 사람들은 이 지방의 관청에 속해 있던 로마 관리로서, 지방과 관련된 여러 가지 일이나 활동이나 행사를 주관하였다.[88] 누가는 그들이 믿는 자들이었다고 말하지 않는다. 우리가 말할 수 있는 것은 기껏해야 그들이 고위직에 있던 로마인이었고, 바울을 보호한 이유가 그렇게 해야만 치안을 유지할 수 있었기 때문이라는 것이다.

무리 중에서 유대인들이 알렉산더라는 이름을 가진 유대인의 등을 떠밀어서 그로 하여금 폭도들을 향해 말하게 하려고 했다. 그렇지만 그가 유대인이라는 것을 안 폭도들은 그가 말하기를 허락하지 않았다. 알렉산더가 무슨 말을 하려고 했는지는 분명하지 않다(33절). 아마도 그는 바울과 그리스도인들에 대해 유대인들이 가진 우려를 얘기하고 바울과 그 일행을 비방함으로써 이 상황을 이용하여 박해하려고 한 것 같다. 아니면 이 도가 유대교에서 비롯되었지만, 로마 제국 전역에 있는 회당을 중심으로 활동하는 유대인들을 이 도를 따르는 자들과 혼동해서는 안 된다는 점을 분명히 하려 했을 수도 있다. 어쨌든 알렉산더가 바울과 그의 일행에게 이로운 말을 하려고 하지 않았음은 거의 분명한 것 같다. 하지만 무리는 알렉산더가 유대인이라는 것을 알고서 그에게 발언할 기회를 주지 않는다(유대인들이 로마에서 추방될 때 그리스도인인 브리스길라와 아굴라 부부도 함께 추방된 것과 관련해서 이미 언급했듯이, 당시 길에서 만날 수 있는 일반적인 로마인들은 유대인들과 그리스도인들을 구별하지 못했다). 폭도들이 알렉산더가 유대인이라는 것을 알았을 때 "크다 에베소 사람의 아데미여"(34절)를 두 시간 동안이나 외쳤다는 사실은 그들이 얼마나 큰 분노와 광기에 사로잡혀 있었는지를 분명하게 보여준다.

88 Schnabel, *Acts*, 806.

에베소 도시와 로마 관리들 사이에서 중재하는 일을 맡은 서기장이 이 집회가 어떤 위험성을 안고 있는지를 무리에게 설득했고, 결국 폭도들은 그의 말을 수긍하고 흩어진다. 그가 펼친 논리는 간단했다. 에베소가 아데미 여신 숭배의 중심지라는 사실은 누구나 알고 있으며, 어느 누구도 이 사실을 부정할 수도 없다. 그런 후에 그는 폭도들을 진정시키기 위해, 이 사람들이 아무런 잘못도 저지르지 않았기에 박해할 법적 근거가 없다는 점을 지적한다(37절). 그리고 그는 만약 데메드리오와 그의 동료들이 이 사람들과 관련된 일을 따지고자 한다면, 법정에 고발하면 된다고 말하고 나서(38절), 그렇게 하지 않고 이 불법 집회를 계속하면 소요죄로 고발당할 위험이 있다고 말한다(40절). 빌립보의 고위관리들(상관들, 16:35-39)과 고린도의 총독 갈리오(18:14-17)처럼 이 서기장도 하나님이 바울과 그의 일행을 보호하기 위해 사용하신 도구였다. 다른 두 경우와 마찬가지로 여기서 이 서기장이 이렇게 한 이유는 바울이 전한 복음 메시지에 관심을 가지고 있었기 때문이 아니라, 에베소의 치안을 유지하고 사람들로 하여금 로마법을 지키게 함으로써 불이익을 당하지 않기 위한 것이었다. 하지만 사도행전의 독자들은 여기서 하나님이 수많은 섭리를 행하심으로써 복음이 땅끝까지 전파되는 일을 이루고 계신다는 사실을 분명하게 본다.

응답

바울은 "놀라운 능력"(19:11)을 행했지만 본문에는 누가가 복음 사역에 그와 비슷한 표적과 기사들이 언제나, 또는 일반적으로 수반된다고 서술하거나 예고하려 했음을 확증하거나 암시하는 어떠한 증거도 없다. 이 기사는 하나님 나라가 능력으로 든든하게 세워져 가는 것을 보여주는 것이다. 그리고 복음 선포의 내용은 결코 변하지 않지만, 그 일에 수반되는 표적은 변할 수 있고 실제로 변한다. 심지어 사도행전에 나오는 복음 사역에 관한 이야기에서도 그런 능력이 언제나 나타나지는 않았다. 누가는 교회의 초창기에 복음 사역과 관련해 표적과 기사가 서로 다른 정도로 수반되었음을 말한다. 다시 말해, 1세대 그리스도인 중 사도들에 관한 이야기를 들려주는 유일무이한 글마저도, 예루살렘이나 에베소나 그 밖의 다른 곳들에서 행해진 표적들을 교회의 초창기부터 결코 전형적이거나 규범적인 것으로 말하고 있지 않다는 것이다. 따라서 우리는 오늘날 그런 표적과 기사를 요구해서는 안 된다.

1 소요가 그치매 바울은 제자들을 불러 권한 후에 작별하고 떠나 마게
도냐로 가니라 2 그 지방으로 다녀가며 여러 말로 제자들에게 권하고
헬라에 이르러 3 거기 석 달 동안 있다가 배 타고 수리아로 가고자 할
그때에 유대인들이 자기를 해하려고 공모하므로 마게도냐를 거쳐 돌
아가기로 작정하니 4 [1]아시아까지 함께 가는 자는 베뢰아 사람 부로의
아들 소바더와 데살로니가 사람 아리스다고와 세군도와 더베 사람 가
이오와 및 디모데와 아시아 사람 두기고와 드로비모라 5 그들은 먼저
가서 드로아에서 우리를 기다리더라 6 우리는 무교절 후에 빌립보에서
배로 떠나 닷새 만에 드로아에 있는 그들에게 가서 이레를 머무니라
7 그 주간의 첫날에 우리가 떡을 떼려 하여 모였더니 바울이 이튿날
떠나고자 하여 그들에게 강론할새 말을 밤중까지 계속하매 8 우리가
모인 윗다락에 등불을 많이 켰는데 9 유두고라 하는 청년이 창에 걸터
앉아 있다가 깊이 졸더니 바울이 강론하기를 더 오래 하매 졸음을 이
기지 못하여 삼 층에서 떨어지거늘 일으켜보니 죽었는지라 10 바울이
내려가서 그 위에 엎드려 그 몸을 안고 말하되 떠들지 말라 생명이 그
에게 있다 하고 11 올라가 떡을 떼어 먹고 오랫동안 곧 날이 새기까지

이야기하고 떠나니라 12 사람들이 살아난 청년을 데리고 가서 적지 않게 위로를 받았더라

13 우리는 앞서 배를 타고 앗소에서 바울을 태우려고 그리로 가니 이는 바울이 [2]걸어서 가고자 하여 그렇게 정하여 준 것이라 14 바울이 앗소에서 우리를 만나니 우리가 배에 태우고 미둘레네로 가서 15 거기서 떠나 이튿날 기오 앞에 오고 그 이튿날 사모에 들르고 또 그다음 날 밀레도에 이르니라 16 바울이 아시아에서 지체하지 않기 위하여 에베소를 지나 배 타고 가기로 작정하였으니 이는 될 수 있는 대로 오순절 안에 예루살렘에 이르려고 급히 감이러라

1 After the uproar ceased, Paul sent for the disciples, and after encouraging them, he said farewell and departed for Macedonia. 2 When he had gone through those regions and had given them much encouragement, he came to Greece. 3 There he spent three months, and when a plot was made against him by the Jews[1] as he was about to set sail for Syria, he decided to return through Macedonia. 4 Sopater the Berean, son of Pyrrhus, accompanied him; and of the Thessalonians, Aristarchus and Secundus; and Gaius of Derbe, and Timothy; and the Asians, Tychicus and Trophimus. 5 These went on ahead and were waiting for us at Troas, 6 but we sailed away from Philippi after the days of Unleavened Bread, and in five days we came to them at Troas, where we stayed for seven days.

7 On the first day of the week, when we were gathered together to break bread, Paul talked with them, intending to depart on the next day, and he prolonged his speech until midnight. 8 There were many lamps in the upper room where we were gathered. 9 And a young man named Eutychus, sitting at the window, sank into a deep sleep as Paul talked still longer. And being overcome by sleep, he fell down from the third

story and was taken up dead. 10 But Paul went down and bent over him,
and taking him in his arms, said, "Do not be alarmed, for his life is in
him." 11 And when Paul had gone up and had broken bread and eaten,
he conversed with them a long while, until daybreak, and so departed.
12 And they took the youth away alive, and were not a little comforted.
13 But going ahead to the ship, we set sail for Assos, intending to take
Paul aboard there, for so he had arranged, intending himself to go by
land. 14 And when he met us at Assos, we took him on board and went
to Mitylene. 15 And sailing from there we came the following day
opposite Chios; the next day we touched at Samos; and[2] the day after
that we went to Miletus. 16 For Paul had decided to sail past Ephesus,
so that he might not have to spend time in Asia, for he was hastening to
be at Jerusalem, if possible, on the day of Pentecost.

17 바울이 밀레도에서 사람을 에베소로 보내어 교회 장로들을 청하
니 18 오매 그들에게 말하되 아시아에 들어온 첫날부터 지금까지 내가
항상 여러분 가운데서 어떻게 행하였는지를 여러분도 아는 바니 19 곧
모든 겸손과 눈물이며 유대인의 간계로 말미암아 당한 시험을 참고
주를 섬긴 것과 20 유익한 것은 무엇이든지 공중 앞에서나 각 집에서
나 거리낌이 없이 여러분에게 전하여 가르치고 21 유대인과 헬라인들
에게 하나님께 대한 회개와 우리 주 예수 그리스도께 대한 믿음을 증
언한 것이라 22 보라 이제 나는 성령에 매여 예루살렘으로 가는데 거
기서 무슨 일을 당할는지 알지 못하노라 23 오직 성령이 각 성에서 내
게 증언하여 결박과 환난이 나를 기다린다 하시나 24 내가 달려갈 길
과 주 예수께 받은 사명 곧 하나님의 은혜의 복음을 증언하는 일을 마
치려 함에는 나의 생명조차 조금도 귀한 것으로 여기지 아니하노라
25 보라 내가 여러분 중에 왕래하며 하나님의 나라를 전파하였으나

이제는 여러분이 다 내 얼굴을 다시 보지 못할 줄 아노라 26 그러므로
오늘 여러분에게 증언하거니와 모든 사람의 피에 대하여 내가 깨끗하
니 27 이는 내가 꺼리지 않고 하나님의 뜻을 다 여러분에게 전하였음
이라 28 여러분은 자기를 위하여 또는 온 양 떼를 위하여 삼가라 성령
이 그들 가운데 여러분을 감독자로 삼고 [3]하나님이 자기 피로 사신
교회를 보살피게 하셨느니라 29 내가 떠난 후에 사나운 이리가 여러
분에게 들어와서 그 양 떼를 아끼지 아니하며 30 또한 여러분 중에서
도 제자들을 끌어 자기를 따르게 하려고 어그러진 말을 하는 사람들
이 일어날 줄을 내가 아노라 31 그러므로 여러분이 일깨어 내가 삼 년
이나 밤낮 쉬지 않고 눈물로 각 사람을 훈계하던 것을 기억하라 32 지
금 내가 여러분을 주와 및 그 은혜의 말씀에 부탁하노니 그 말씀이 여
러분을 능히 든든히 세우사 거룩하게 하심을 입은 모든 자 가운데 기
업이 있게 하시리라 33 내가 아무의 은이나 금이나 의복을 탐하지 아
니하였고 34 여러분이 아는 바와 같이 이 손으로 나와 내 동행들이 쓰
는 것을 충당하여 35 범사에 여러분에게 모본을 보여준 바와 같이 수
고하여 약한 사람들을 돕고 또 주 예수께서 친히 말씀하신 바 주는 것
이 받는 것보다 복이 있다 하심을 기억하여야 할지니라
36 이 말을 한 후 무릎을 꿇고 그 모든 사람들과 함께 기도하니 37 다
크게 울며 바울의 목을 안고 입을 맞추고 38 다시 그 얼굴을 보지 못하
리라 한 말로 말미암아 더욱 근심하고 배에까지 그를 전송하니라
17 Now from Miletus he sent to Ephesus and called the elders of the
church to come to him. 18 And when they came to him, he said to them:
"You yourselves know how I lived among you the whole time from
the first day that I set foot in Asia, 19 serving the Lord with all humility
and with tears and with trials that happened to me through the plots of
the Jews; 20 how I did not shrink from declaring to you anything that
was profitable, and teaching you in public and from house to house,

20장

21 testifying both to Jews and to Greeks of repentance toward God and
of faith in our Lord Jesus Christ.[3] 22 And now, behold, I am going to
Jerusalem, constrained by[4] the Spirit, not knowing what will happen to
me there, 23 except that the Holy Spirit testifies to me in every city that
imprisonment and afflictions await me. 24 But I do not account my life
of any value nor as precious to myself, if only I may finish my course
and the ministry that I received from the Lord Jesus, to testify to the
gospel of the grace of God. 25 And now, behold, I know that none of you
among whom I have gone about proclaiming the kingdom will see my
face again. 26 Therefore I testify to you this day that I am innocent of
the blood of all, 27 for I did not shrink from declaring to you the whole
counsel of God. 28 Pay careful attention to yourselves and to all the
flock, in which the Holy Spirit has made you overseers, to care for the
church of God,[5] which he obtained with his own blood.[6] 29 I know that
after my departure fierce wolves will come in among you, not sparing
the flock; 30 and from among your own selves will arise men speaking
twisted things, to draw away the disciples after them. 31 Therefore be
alert, remembering that for three years I did not cease night or day to
admonish every one with tears. 32 And now I commend you to God
and to the word of his grace, which is able to build you up and to give
you the inheritance among all those who are sanctified. 33 I coveted no
one's silver or gold or apparel. 34 You yourselves know that these hands
ministered to my necessities and to those who were with me. 35 In all
things I have shown you that by working hard in this way we must help
the weak and remember the words of the Lord Jesus, how he himself
said, 'It is more blessed to give than to receive.'"

36 And when he had said these things, he knelt down and prayed with

them all. 37 And there was much weeping on the part of all; they embraced Paul and kissed him, 38 being sorrowful most of all because of the word he had spoken, that they would not see his face again. And they accompanied him to the ship.

1) 어떤 사본에는, '아시아까지' 가 없음 2) 또는 육로로 3) 어떤 사본에, 주께서

1 Greek *Ioudaioi* probably refers here to Jewish religious leaders, and others under their influence, in that time; also verse 19 2 Some manuscripts add *after remaining at Trogyllium* 3 Some manuscripts omit *Christ* 4 Or *bound in* 5 Some manuscripts *of the Lord* 6 Or *with the blood of his Own*

단락 개관

마지막 작별

사도행전 20장은 사도행전에 기록된 바울의 제3차 선교 여행과 마지막 예루살렘 여행 사이를 연결하는 다리 역할을 한다. 이 장을 시작하는 부분에 관해 많은 학자들이 예수님의 사역, 즉 예수님이 공생애의 마지막 해에 갈릴리를 떠나 유대와 예루살렘을 향해 남쪽으로 발길을 옮기신 것과 병행된다고 주석한다. 바울은 에베소를 떠나서 마게도냐와 헬라를 거치는 여정을 택한다. 여기서 누가는 바울과 함께 한 일행을 소개하는데, 그들은 사도행전에서 이전까지 한 번도 언급된 적이 없었다. 바울은 헬라에서 배를 타고 수리아로 가려는 계획을 세웠지만, 헬라에서 유대인들이 그를 죽이려는 음모를 꾸몄다는 소식을 듣고 드로아로 방향을 바꾼다. 이 부분에서 성경은 최초로 주일예배를 명시적으로 언급한다.

7-12절에는 널리 알려진 유두고에 관한 이야기가 나온다. 유두고는 바울이 말씀을 전하는 동안에 졸다가 삼 층 창문에서 밑으로 떨어진다. 바

울은 내려가서 죽은 유두고를 살린 후에 다시 위층으로 올라가서 날이 샐 때까지 계속해서 말씀을 전한다. 누가는 이 이야기를 주목할 만한 정도로 사실적으로 들려준다.

17-38절에는 바울이 에베소 장로들에게 한 고별사가 기록되어 있다. 이 고별사는 사도행전에서 오직 그리스도인들에게 전한 유일하게 긴 설교며, 많은 점에서 바울의 서신들과 비슷하다. 바울은 앞으로 무슨 일을 당할지 정확히 알지는 못했지만, 다시는 이 장로들을 보지 못할 것임을 성령을 통해 안다(22-25절). 그는 앞으로 생겨날 이단들에 대해 경고하고, 자신이 보여준 목회의 모범을 상기시키면서 교회를 잘 돌볼 것을 간절하게 당부한다. 또한 다른 곳에는 기록되지 않은 예수님의 다음과 같은 말씀을 전하며 기독교 사역의 핵심 가치가 무엇인지를 요약해서 제시한다. "주는 것이 받는 것보다 복이 있다"(35절). 이것으로 바울의 제3차 선교 여행은 눈물과 확신 가운데 끝을 맺는다.

단락 개요

II. B. 8. 고별사(20:1-38)

a. 헬라에서의 바울(20:1-16)

b. 바울이 에베소 장로들과 작별인사를 나눔(20:17-38)

주석

20:1-16 | 헬라에서의 바울 바울은 예루살렘으로 가는 도중에 친숙한 곳을 거치고, 따라서 이 절들은 지리와 연대기와 인물에 관한 상당히 자세

한 내용을 담고 있다. 누가가 언급한 구체적인 지명들 중에 헬라는 고린도 지역을 가리키며, 사도행전에서 아가야로도 불린다(2절). 바울은 그곳에 세 달 동안 머물면서 교회들에 대한 사역을 행한다(3절). 그는 헬라에서 수리아로 가기를 원했지만, 유대인들이 그를 죽이려는 음모를 꾸몄다는 말을 듣고서 마게도냐를 거쳐 돌아가기로 결정한다. 바울의 목적지는 예루살렘이었기에, 이 결정은 원래의 계획이 틀어진 것이었다. 그러나 누가 보아도 실패처럼 보인 여정이, 결과적으로는 마게도냐에서 빌립보, 드로아, 밀레도를 거쳐 가면서 더 많은 신자를 얻는 성공적인 여정이 된다. 이전에 바울은 개인적으로 드로아로 가고자 했으나, 마게도냐 사람이 그를 부르는 환상으로 말미암아 이를 포기하였다(16:8-10). 하지만 이번에는 드로아로 가서 일주일을 머물 수 있게 되었다. 만일 바울을 죽이려고 한 유대인들의 음모가 없었다면, 그가 밀레도에서 에베소 장로들과 작별을 위해 만나지 못했을 것이다(20:17-38). 이것은 사도행전에서 사람들이 악한 의도로 계획한 것들을 하나님이 선한 결과를 만들어내는 데 사용하심을 보여주는 또 하나의 예다.

누가는 바울의 일곱 명의 동역자들을 열거하는데(4절), 아마도 초기 예루살렘 사역에서 사도들이 사역을 지원할 일곱 명의 일꾼을 선택한 것과 병행이라 할 수 있다(6:1-6).[89] 여기에 언급된 일곱이라는 숫자는 바울이 에베소에서 만난 열두 사람쯤이라는 세례 요한의 제자들(19:7)의 숫자와는 달리 어느 정도는 의미를 지닌다. 그렇지만 독자들은 이 일곱이라는 숫자에 본문이 제시하는 것 이상으로 지나친 의미를 부여해서는 안 된다. 여기에 언급된 일곱 명의 동역자들은 바울이 세 번의 선교 여행 동안에 세운 교회들을 대표하는 사람들로서, 이들이 지금은 바울을 수행하면서 그의 사역을 돕고 때로는 바울 대신에 여러 지역을 방문했다는 사실을 아는 것만으로 충분하다. 그들은 이제 바울이 이방 교회들에서 모은 헌금을 예루

89 Parsons는 이 사람들이 바울의 이방 선교에 대한 증인으로서, 바울의 이방 선교가 일단락되었거나 완수되었음을 보여준다고 말한다(*Acts*, 286).

살렘에서 어렵게 살아가는 신자들에게 전달하러 가는 여정 동안 그를 수행할 것이다(고전 16:3-4).

누가는 드로아에서 성도들이 "그 주간의 첫날에…떡을 떼려"(행 20:7) 모였다고 말한다. 다시 말해, 그들은 일요일에 성찬식을 갖기 위해 함께 모였다. 이것은 초기 그리스도인들이 한 주간의 첫날이자 예수님이 부활하신 날인 일요일에 함께 모였다는 사실을 분명하게 보여준다. 이것은 일요일이 새 언약의 예배를 드리는 특별한 날이라는 것을 보여주는 사례다.

성도들이 예배를 드리기 위해 모여서 바울이 말씀을 전할 때, 유두고라 하는 청년이 삼 층의 열린 창문에 걸터앉아 듣다가 조는 바람에 창문 밑으로 떨어져서 죽는 일이 벌어진다(9절). 이 청년이 마치 죽은 것 같았거나, 사실은 죽지 않은 그를 사람들이 죽었다고 생각했을 뿐인데 누가가 죽었다고 말한 것으로 해석할 근거는 전혀 없다. 바울은 아래로 내려가서 이 청년의 몸을 안고 그가 살아 있으니 걱정하지 말라고 말한다(참고. 10절). 예배가 끝나고 나서 사람들이 살아난 청년을 데리고 가면서 적지 않게 위로를 받았다는 언급은 이 청년이 단지 잠시 기절한 것이 아니었음을 다시금 보여준다(12절). 바울이 엘리야나 예수님처럼 죽은 자를 살리는 능력을 가지고 있었다는 것도 놀랍고, 이 극적인 사건 후에 그들이 성찬을 거행하고 해가 뜰 때까지 바울이 계속 말씀을 전했다는 것도 놀랍다. 이것은 바울이 믿는 자들로 하여금 그리스도인의 삶을 살 수 있는 능력을 갖추게 하는 데 엄청난 열망을 가졌다는 것과, 그 일을 위해서라면 쉬는 것이나 잠자는 것

90 이 사람들이 목회 서신에 언급된 그런 유형의 장로들이었다는 것을 의심할 만한 어떠한 근거도 없다(예컨대, 딤전 3:1; 딛 1:5). 누가는 교회에 장로를 세우는 일이 처음부터 바울의 사역의 일부였다는 사실을 이미 밝히 보였다(행 14:23). 장로의 직분이 나중에 가서야 교회에서 발전할 수 있었다는 주장은, 목회 서신에서 발견되는 발전된 교회론이 세월이 흐른 뒤에라야 발전할 수 있었다고 단정하는 철학적이고 역사적인 개념들에 기초한다. 그러한 결론에 다다르려면, 목회 서신과 사도행전의 일부에 언급된 교회가 후대에 발전한 것임에 틀림없다는 생각에 근거하여 세운 여러 전제를 가지고서 성경에 접근해야만 한다. 그러나 바울과 사도들은 구약성경의 전례를 따른다. 구약성경에 언급된 장로 직분은 분명히 신약 교회의 장로 직분과는 동일하지 않으나, 옛 언약의 경험과 실천에 뿌리를 두고 있다. 이스라엘의 장로들은 이스라엘 백성의 경험 많은 지도자들 중 일부로 인정된다.
이에 관한 예들이 너무 많아서 다 열거할 수 없을 정도지만 구약성경을, 아니 좀 더 범위를 좁혀서 오경만 훑어보더라도, 여러 역사적 시기와 이스라엘 백성의 삶 속에서 장로들이 핵심적인 중요성을

도 기꺼이 포기하고자 했다는 것을 보여준다(고후 11:27). 누가는 바울을 믿는 자들이 인내하며 사역을 계속해나가도록 큰 용기를 북돋아 주는 자요, 신실하게 사역을 감당한 훌륭한 모범으로 제시한다.

20:17-38 | 바울이 에베소 장로들과 작별인사를 나눔 바울은 에베소 장로들에게 한 고별사를 통해 그가 사역에 충성했음을 증언하고, 이제 막 목회자가 된 사람들을 격려하며, 장차 교회에 닥칠 일들에 대해 경고한다. 바울의 목회 서신들(디모데전후서와 특히 디도서)에 친숙한 독자들은 그 서신들에 기록된 내용들이 이 고별사 속에도 담겨 있다는 사실을 알 것이다. 누가는 17절에서 고별사의 배경을 보여주고, 36-38절에서는 눈물의 고별 장면을 보여준다. 고별사의 단락을 나누는 방법은 많지만, 다음과 같이 나누는 것이 가장 간단하다.

- 18-27절: 바울의 증언, 기대, 확신
- 28-30절: 목회적인 당부와 장차 닥칠 일들에 대한 경고
- 31-35절: 목회 사역과 관련한 바울의 모범

바울은 밀레도에서 사람을 보내 에베소의 장로들을 자기에게로 오게 한다(17절).[90] 그 후 그는 아시아 전역에 걸쳐 사역을 하는 동안 어떻게 살아왔는지를 상기시키는 말로 고별사를 시작한다(18절). 바울은 서신에서

지니고 있었음을 볼 수 있다(예컨대, 출 3:16; 19:7; 레 4:15; 9:1; 민 11:16, 25; 신 5:23; 29:10). 장로들의 존재는 유대인들 가운데뿐만 아니라(행 4:5, 8, 23; 6:12; 23:14; 24:1; 25:15), 예루살렘 교회에서도 확인된다(11:30; 15:2, 4, 6, 22, 23; 16:4; 21:18). 필자의 논지는 이스라엘의 장로들과 사도들이 세운 장로들이 정확히 동일하다는 것이 아니다. 새 언약 아래에서 장로들의 역할과 성격은 근본적으로 바뀐다. 그러할지라도 교회 지도자로서의 장로 직분은 옛 언약에서 빌려와서 새 언약에 맞게 중요한 변화들을 가미해서 채택한 것이다. 사도들이나 초기 그리스도인들은 구약성경에 나오는 모범을 즉시 활용할 수 있었기 때문에, 복잡한 교회론이 발전될 때까지 기다릴 필요가 없었다. 좀 더 자세한 논의는 James M. Hamilton Jr., "Did the Church Borrow Leadership Structures from the Old Testament or Synagogue?," in *Shepherding God's Flock: Biblical Leadership in the New Testamen and Beyond*, ed. Benjamin L. Merkle and Thomas R. Schreiner (Grand Rapids, MI: Kregel, 2014), 13-31을 보라.

도 사람들에게 자기가 어떻게 행했는지를 자주 상기시킨다(예컨대, 살전 1:5; 2:1-10). 그는 사역을 하면서 어떤 고난을 겪어왔는지 묘사하는데, 특히 유대인들에 의해 당한 시련을 언급함으로써 그 고난을 부각시킨다(행 20:19). 바울은 자신의 신세를 한탄하거나 에베소 장로들에게 동정을 얻기 위해 이런 말을 한 것이 아니다. 그가 사역하면서 겪은 일들을 그의 진정성과 충성됨을 보여주는 증거요, 에베소 장로들이 따라야 할 모범으로 제시하는 것이다. 그가 이런 말을 하는 궁극적인 목적은, 단지 자신이 얼마나 많은 고난을 당했는지를 들려주는 것이 아니라, 그런 고난을 오로지 복음을 위해 겪었음을 에베소 장로들에게 상기시켜주는 것이었다. 바울은 자신이 무슨 일을 겪든 전혀 상관하지 않고, 단 한 번도 복음을 전하고 가르치고 나누기를 주저하지 않았다고 말한다(20-21절).

사도행전에서 누가는 바울이 주로 이 도시에서 저 도시로, 그리고 한 성읍 안에서는 이 회당에서 저 회당으로 옮겨 다니며 복음을 전했다고 묘사한다. 여기서 바울은 공개적인 자리에서 사역했을 뿐만 아니라, 각 집을 돌아다니며 말씀을 전했다는 것도 구체적으로 언급한다(20절). 이러한 언급은 초기 교회가 필요에 의해 신속하게 가정교회를 형성하였음을 시사한다. 바울은 자신이 행한 기본적인 사역을 회개와 예수님에 대한 믿음으로 요약하고, 유대인과 이방인에게 바로 그 내용을 전했다고 말한다(21절). 바울은 청중이 유대인인지 이방인인지에 따라 제시하는 방식을 조금 달리 했으나 언제나 일관된 메시지를 전했다. 그 메시지는 누구든지 출신배경과는 상관없이 자신의 옛 방식(유대교적인 것이든 이교적인 것이든)을 버리고 그리스도께로 돌아와야 한다는 것이었다. 복음을 얼마든지 더 자세하게 확장해서 설명할 수는 있지만, 회개와 믿음이라는 말보다 더 줄여서 설명할 수는 없다. 이 두 가지 요소는 오순절에 베드로가 행한 설교(2장)에서 시작해서 사도행전의 나머지 전체에 등장하는 모든 사도가 전한 복음에 담겨 있다. 복음을 전달하는 방식은 상황에 따라 달라질 수 있지만, 회개와 믿음의 복음을 전하는 것은 사도들의 사역의 토대였다.

사도행전에서 바울은 예루살렘으로 가려는 의도를 이미 분명하게 드러냈지만, 여기서는 예루살렘으로 가야 한다고 확신하게 된 근거가 성령의 인도하심 때문이었다고 말한다(20:22). 이것은 단지 그런 느낌을 받았다는 말이 아니다. 왜냐하면 성령은 바울에게 예루살렘으로 올라가도록 강권하셨고(성령에 매여), 예루살렘에서 고난이 그를 기다리고 있다는 것도 알려주셨기 때문이다(23절). 누가는 성령이 어떤 방식으로 바울에게 그렇게 말씀했는지를 밝히지 않는다. 사도행전의 다른 곳에는, 바울이 성령으로부터 직접 계시를 받았다고 명시적으로 밝히지는 않으나, 실제로 특별 계시를 받았음을 보이는 분명한 예들이 나온다(9:5; 16:9; 18:9). 따라서 바울의 말은 성령께서 그에게 직접 말씀하셨다(어떤 방식을 사용했는지는 우리가 알 수 없을지라도)는 의미로 이해해도 무리한 해석이 아니다. 또한 성령이 바울에게 말씀한 것과 비슷한 말씀을 선지자들에게도 주신 것으로 보인다. 성령이 어떤 방식으로 바울에게 말씀하셨든, 그에게 예루살렘으로 가라고 말씀하신 것은 분명하다. 그리고 바울은 그의 앞에 무슨 일이 기다리든 상관하지 않고 하나님께 순종하고자 한다.

바울은 예루살렘으로 가야 한다는 것과 동일한 확신을 가지고, 에베소 장로들에게 다시는 자신을 보지 못할 것이라고 말한다(20:25). 이 부분에서 그의 사역이 지닌 관계적인 성격이 전면에 부각된다. 이 말은 단지 작별을 고하는 것 아니라, 교회의 미래와 관련하여 에베소 장로들에게 부여되는 책임에 관해 언급하는 것이다. 바울은 그에게 주어진 모든 것을 다 했고, 이제 에베소 장로들이 이 사역을 계속해나갈 책임을 짊어진다. 그는 그들 가운데서 행한 사역을 가리켜 '하나님의 나라를 전파한 것'이라고 말한다. 이것은 복음 사역에 대한 또 다른 요약이다. 회개와 믿음이 복음의 내용을 압축한 것이라면, 나라는 사도들의 메시지 전체를 한 단어로 설명해준다. 이 점에서 바울은 다른 사도들과 마찬가지로 예수님이 행하신 것을 그대로 따른다(막 1:15).

사도행전이나 서신서는 복음서와 달리 하나님 나라를 명시적으로 언급하는 경우가 매우 드물다. 그러할지라도 하나님 나라를 전하는 것은 여전히 사도들이 행한 사역의 본질적인 핵심이었다. 앞에서 언급했듯이(참고. 행 19:1-10에 관한 주석), 하나님 나라라는 용어는 신약성경 전체의 신학만 이 아니라 사도행전에서도 핵심적인 역할을 한다. 비록 이 용어가 복음서 밖에서 명시적으로 사용되는 경우는 드물지만, 그 중요성은 결코 사라지지 않는다. 예수님이 이 땅에서 사역을 시작하시고 승천하신 후에 왕으로서 만유를 그분의 발아래 두셨기 때문에, 하나님 나라는 모든 것의 궁극적인 배경이다. 신학적 견해가 서로 다른 수많은 학자과 교사 대다수가, 하나님 나라라는 주제는 사도들과 함께 사라졌거나 칭의 같은 다른 신학적 주제들로 대체되었다고 주장하지만, 그런 주장은 단지 단어들의 빈도수를 근거로 한 것일 뿐이다. 물론 단어들은 중요하며, 우리는 성경에 나오는 단어들에 의해 뒷받침되지 않는 신학을 구축해서는 안 된다. 그러나 하나님 나라라는 단어는 사도행전과 서신들에서 언제나 중요한 맥락 가운데 등장한다. 그리고 더 중요한 것은 하나님 나라라는 용어가 단지 하나의 어구에 지나지 않고, 성경 전체에 걸쳐 등장하는 개념이요, 주제라는 점이다.

바울이 언급한 '하나님의 모든 뜻'(20:27, 개역개정에는 "하나님의 뜻을 다") 은 복음의 내용, 복음이 세워져 있는 구약적 배경, 사도적 설교를 통한 그 내용의 적용을 가리킨다. 이 용어의 넓이와 깊이를 이해하려면, 신약성경 전체는 말할 것도 없고 바울 서신들을 깊이 파고들어야만 한다. 바울은 하나님이 뜻하신 모든 것을 전했기 때문에, 이제 "모든 사람의 피에 대하여 …깨끗[한]"(26절) 양심을 가지고서 에베소 장로들을 떠날 수 있다. 사람들이 배척하든 받아들이든, 바울은 자기에게 맡겨진 복음 사역을 신실하게 수행하였다. 어느 사역자가 신실했는지 신실하지 않았는지를 평가하는 기준은 그가 전한 메시지의 내용, 즉 하나님이 그에게 전하라고 하신 모든 것을 전했는지 여부다. 그렇게 모두 전한 후에 사역자는 그 결과를 하나님께 맡겨드려야 한다. 바울은 신실하게 행해왔기 때문에, 그가 전한 복음을 들은 사람들의 삶과 신앙에 대해 이제 더는 책임이 없다. 그들이 복음을 받아들여서 행할 때 어떤 실패가 있더라도, 그 실패를 바울의 책임으로 돌릴 수 없는 것이다.

이제 바울은 장로들과 그들이 장래에 행할 사역으로 관심을 돌린다.

사역자들은 항상 깨어서 그들 자신과 그들에게 맡겨진 사람들을 살펴야 한다(28절). 사역자들의 책임에 관한 이 기본적인 설명은 바울이 나중에 디모데에게 쓴 것과 비슷하다(딤전 6:11-16; 딤후 2:1-6). 바울의 사역과 마찬가지로 모든 목회 사역을 주관하는 분은 성령이시다. 장로들을 감독자로 삼은 것은 그들 스스로나 교회가 아니라 성령이시다.

"자기 피로 사신"이라는 어구는 난해한데, 이 문장에서 "자기"라는 대명사가 "하나님"과 아주 밀접하게 연결되기 때문이다(행 20:28). 초기의 일부 필사자들은 이 어구의 난해성을 인식하고 이 절을 '주께서 자기 피로 사신 교회,' 또는 '하나님이 자기에게 속한 자(즉 자기 아들, 참고. ESV의 난외주)의 피로 사신 교회'로 수정해서 읽었다. 그런 수정들은 불필요한 것이지만, 필사자들이 그런 수정을 통해 보인 신학은 옳은 것이었다. 여기서 바울은 삼위일체 중에서 성부가 피를 흘리셨다고 단언하지 않으며, 성부의 수난(후대의 신학자들이 성부수난설이라고 지칭하는 것)을 위한 근거를 제시하는 것은 더더욱 아니다. 그런데도 주후 3세기의 프락세아스(Praxeas)를 비롯해서 많은 이가 성부수난설(patripassianism)이라는 잘못된 교리를 주장해왔는데, 이 오류는 양태론, 사벨리우스주의, 군주신론으로 알려진 옛 이단들과 연결되어 있다. 이러한 옛 이단의 현대적인 형태들이 삼위일체를 부정하고 하나님은 하나라고 주장하는 다양한 신학에서 발견된다.

요컨대, 성부수난설은 삼위일체의 세 구성원이 서로 구별되는 세 위격이 아니라 단지 한 하나님이 서로 다르게 나타난 것이라는, 또는 양태들이라는 주장을 토대로 한다. 성자가 고난 받고 죽으셨다면, 성부와 성령도 고난 받고 죽으셨다는 것이다. 설령 사도행전 20:28이 그러한 견해를 뒷받침한다고 인정할 지라도, 그것은 신약성경의 나머지 부분에 의한 검증을 통과할 수 없다. 바울의 서신에 담긴 나머지 가르침들은 자기 피로 교회를 사신 분이 예수님이라는 것을 분명하게 보여준다(예컨대, 고전 10:16; 11:25, 27; 골 1:20).

바울은 하나님의 백성이 모든 세대에 걸쳐 경험해 온 내부로부터의 위협을 에베소 교회도 머지않아 겪을 것임을 확신한다. '사나운 이리,' 즉 거짓 복음을 가르치는 자들이 교회로 들어와서 믿는 자들을 사도들이 전한 복음에서 떠나게 만들 것이다(행 20:29-30). 당시에 바울은 그런 공격이 그가 세운 교회들 가운데서 이미 일어나고 있는 것을 보았다(참고. 갈라디아서). 목회 서신에는 그런 경고가 많이 담겨 있는데(딤후 2:16-18; 3:1-9), 그중 한 본문에서 바울은 성령이 분명하게 말씀하신 대로 어떤 사람들이 믿음에서 떠나 악한 영과 귀신의 가르침을 따르게 될 것이라고 말한다(딤전 4:1). 신약성경의 글들과 우리 시대에 이르는 교회사는 바울의 경고가 틀리지 않았음을 확증한다.

그런 후에 바울은 다시 에베소 장로들에게 자기가 보인 모범을 기억하라고 말한다. 그는 속이는 자들이 일어나서 교회를 해치고 파괴하려 할 것이기 때문에, 에베소 장로들이 그 공격에 맞서기 위해 자신이 3년 동안 그들에게 보여준 헌신적인 사역을 기억해야 한다고 말한다. 에베소 교회들을 세운 바울의 사역은 끊임없이 자신의 모든 것을 내주는 사역이었다. 그는 눈물로 각 사람을 훈계했던 일을 언급한다(행 20:31). 바울의 이 말은, 사역자들이 자신이 전하는 메시지를 강조하기 위해 툭하면 눈물을 보이며 울어대는 지나치게 감상적인 목회 사역을 하라고 권장하는 것이 아니다. 이것은 아버지나 어머니가 그들의 자녀를 사랑하여 장래를 걱정하는 마음으로 자녀가 어떤 식으로 양육을 받아왔는지, 그리고 장차 도처에서 어떤 위험들이 기다리고 있는지를 기억하라고 자녀에게 간곡하게 당부하는 모습과 비슷하다. 그런 사랑과 관심은 참된 사도적 사역의 일부다. 바울은 데살로니가전서에서 그가 교회를 돌본 것에 대해 "유모가 자기 자녀를 기[르는 것]"(살전 2:7)에 빗댄다. 그곳에서 바울은 믿는 자들을 위해 박해를 받았고 심지어 목숨까지도 기꺼이 내주고자 했다. 그와 그의 일행은 "너희 각 사람에게 아버지가 자기 자녀에게 하듯 권면하고 위로하고 경계하[였는데]"(살전 2:11), 그 이유에 관해 "너희를 부르사 자기 나라와 영광에 이르게 하시는 하나님께 합당히 행하게 하려 함이라"(살전 2:12)고 말한다. 사역자가 자신에게 맡겨진 사람들을 어떻게 생각하고 어떤 식으로 돌봐야 하는지를 모르겠다면, 스스로를 그들의 아버지라고 생각하여 자기 자녀들을 돌보듯이 하면 된다.

바울은 에배소 장로들과 그들의 교회가 장차 잘되기 위해서는 어떻게 해야 하는지를 간곡하게 당부하고, 그들이 장차 온갖 환난을 직면하게 될 것이 확실하다고 말하면서도, 결코 그들을 근심 가운데로 밀어넣지 않는다. 그는 하나님의 말씀이 지닌 능력이 그들과 그들의 교회를 보호하고 지켜줄 것을 확신한다(행 20:32). 궁극적으로 교회를 돌보는 일은 사역자들이나 지도자들의 손에 달려 있지 않고, 하나님의 말씀에 달려 있다. 바울의 서신들은 격려와 경고와 훈계와 교훈으로 가득하지만, 그는 자신에게 맡겨진 사람들의 안위가 결국에는 하나님의 손에 달려 있다는 것을 안다(롬 16:25; 고후 9:8).

새 언약 아래에서 하나님의 백성에게 주어지는 "기업"(행 20:32)은 이스라엘의 땅이 아니라, 하나님 나라라는 최종적인 기업이다. 이 기업은 확실하고, 하나님이 거룩하게 하신 사람들에게 주어진다. 믿는 자들은 믿음과 그 기업의 보증이신 성령을 통해 이미 그 기업을 소유하고 있다(엡 1:14). 우리는 보통 성화는 계속해서 진행되어가는 과정이라고 생각하지만, 바울은 '거룩하게 하다'나 '성도들' 같은 단어들(이 단어들은 헬라어 어근이 동일하다)을 하나님이 이미 이루신 것을 가리키는 데 사용한다(행 20:32; 참고. 행 26:18; 롬 15:16; 고전 1:2; 6:11). 믿는 자들은 그리스도를 믿는 믿음으로 말미암아 이미 거룩하게 된 사람들이다. 이것은 성화가 지금도 진행되고 있는 점진적인 과정이기도 하다는 사실을 부정하지 않는다. 신학자들이 점진적 성화라고 부르는 것, 즉 성령이 믿는 자들로 하여금 계속해서 그리스도를 닮아가게 하는 역사에 관한 내용은 신약성경에서 그리스도인들의 삶에 관한 가르침들과 끝까지 믿음을 지키라는 명령들 속에 담겨 있다. 성화는 하나님이 이미 이루신 역사인 동시에 점진적으로 이뤄지는 역사다.

바울은 에베소의 신자들에게 보인 모범을 다시 언급하는 것으로 목회적인 권면을 끝낸다(행 20:33-35). 바울은 그들에게 재정적인 부담을 주지 않기 위해 스스로 벌어서 생계를 해결했고, 어떻게 약한 사람들을 돕는지를 그들에게 보임으로써(35절) 모범이 되었다. 여기서 바울이 목회자들에게 두 개의 직업을 가지라고 명령하는 것은 아니지만, 스스로 생계를 해결하면서 목회를 하는 것을 열등한 것이나 피해야 할 것으로 여겨서는 안 된다는 것을 보여준다. 하지만 바울이 이렇게 말한 취지는 스스로 생계를 해결하면서 목회를 하는 문제를 직접적으로 다루려는 것이 아니다. 그가 에베소의 신자들과 함께하는 내내 스스로 생계를 해결한 이유는, 그들이 생계를 해결해주기를 바라지 않고 오로지 진정으로 그들을 위한 목회에 매진하기 위함이었다. 그리고 바울이 이렇게 자신의 모범을 에베소 장로들 앞에 제시한 것은, 그들로 하여금 자기가 그들에게 어떻게 했는지를 기억하게 함으로써 진정한 목회 사역이 무엇인지를 깨닫게 하려는 것이었다. 바울의 이러한 모범은 장차 교회 안으로 들어와서 교회를 괴롭게 하고 뒤흔들 거짓 교사들과 대비된다. 바울의 이런 말들은 목회자의 사례와 관련된 기준과 관행에 관한 것이 아니라, 목회적 돌봄에 관한 것이다.

바울이 말한 "약한 사람들"(35절)이 정확히 어떤 사람들인지를 알기는 어렵지만, 독자들은 바울이 가난한 사람들이나 어떤 식으로든 스스로를 돌볼 수 없어서 남의 도움을 받아야만 하는 사람들을 염두에 두었을 것이라고 추측할 수 있을 것이다. 이러한 결론은 바울이 오직 이 본문에 나오는 예수님의 말씀을 인용한 것에 근거한다. 예수님은 복음서 전체에 걸쳐서 말씀과 행위를 통해 약한 자들에 대한 관심을 보여주신다. 약한 자들이 필요로 하는 것은 그저 좋은 말이 아니라, 진정되고 헌신적인 돌봄과 관심이다. 곤경에 처해 있는 사람들을 진정으로 돕지는 않고 복을 빌어주기만 하는 것은 그 믿음이 거짓임을 보여주는 증표다(약 2:14-17). 바울은 "약한 사람들을 돕고"(행 20:35)라며 단호하게 선언함으로써, 그 일이 선택이 아니라 필수임을 분명히 한다. 그런데 이 지점에서 신약성경에 나오는 그러한 권면들을 따라 약한 자들을 도우려고 할 때 교회에 속한 믿는 자들이 대상인지, 아니면 교회 밖의 사람들도 대상인지에 관한 문제가 생긴다. 신약성경은 이 둘 모두의 사례를 제시하지만, 사도행전은 전자에 초점을 맞춘다고 여겨진다. 바울은 특별히 예루살렘의 믿는 자들을 위해 대규모의 헌금을 모았다. 그리고 초기 예루살렘 교회에서 믿는 자들은 자기 소유를 공유했으며, 과부들을 돌보기 위해 교회의 일꾼들을 선출하기도 했다.

반면에, 예수님의 사역은 교회에 속한 사람들에게만 국한되지 않았다. 예수님은 가장 가까이 있는 사람인 제자들을 세심하게 돌보셨지만, 그렇지 않은 사람들을 위해서도 끊임없이 그분 자신과 시간과 힘을 내주셨다. 갈라디아서 6:10에서 바울은 독자들에게 "모든 이에게 착한 일을 하되 더욱 믿음의 가정들에게 할지니라"고 가르친다. 우리는 대상을 구별하여 우선적으로 믿는 자들을 돌보고 도와야 하지만, 예수님을 따르는 사람으로서 마땅히 모든 사람에게 착한 일을 해야 한다. 이것이 에베소 장로들에게 한 바울의 마지막 말이다.

모든 그리스도인의 작별은 언제나 "다시 만나요"(See you later.)이지만, 그런 사실을 안다고 해서 사랑하는 사람들이 서로 헤어짐으로 인해 실제로 느끼는 고통과 슬픔이 없어지지는 않는다. 이는 그들이 현세에서는 다시 만나지 못할 것을 아는 경우에 특히 그러하다. 에베소 장로들과 바울은 함께 기도하면서(행 20:36) 모두가 소리 내어 운다(37절). 그런 후에 장로들은 배가 있는 곳까지 바울을 전송한다(38절). 실제로 바울과 에베소 장로들은 이후에 서로를 볼 수 없었다. 바울은 이렇게 에베소 장로들과 작별한 후에 예루살렘에서 무슨 일이 기다리고 있는지를 알면서도 그곳으로 길을 떠난다.

응답

우리는 모두 오랫동안 교회를 섬겨 왔지만, 사도행전 20:7-11에 묘사된 드로아에서의 그날에 있던 일에 비할 만한 일은 겪지 않았다. 이 내러티브는 우리가 항상 깨어서 하나님의 말씀을 배우는 데에 온 신경을 기울이는 것이 중요하다고 가르치는 도덕적인 이야기나 교훈이 아니다. 유두고가 도덕적으로 잘못된 어떤 일을 했다는 암시는 전혀 나오지 않는다. 종종 설교자나 교사는 사람들에게 교회에 왔으면 유두고처럼 잠들지 말고 마음을 모아 집중해서 경청하라고 충고한다. 하지만 그러한 적용은 번지수를 잘못 짚은 것이다. 설교자가 아무리 훌륭하고 감동적인 설교를 할지라도, 어떤 사정으로 졸음을 이길 수 없는 경우에는 어느 누가 설교를 듣다가 졸지 않겠는가? 누가는 단지 유두고가 "깊이 졸더니 … 졸음을 이기지 못[했다]"(9절)고 말할 뿐 그런 행위가 도덕적으로 잘못된 것이라고 말하지 않는다. 그리고 이는 바울도 마찬가지다.

바울은 교회를 세우는 것과 교회의 질서를 든든히 세우는 것을 분리하지 않는다. 바울에게 교회를 세우는 것은 건강한 교회를 세우는 것을 의미했고, 건강한 교회가 되기 위해서는 훌륭한 지도자들이 필요했다. 특히 성경을 접한 적이 없는 지역에 교회가 세워진 경우에는 교회에 지도자들을 세우는 데 더 오랜 시간이 필요할 수 있다. 하지만 우리는 바울이 에베소에 삼 년 동안 머물렀고 다른 도시들이나 지역들에서도 꽤 긴 시간을 보냈으며, 어린 교회들을 지속적으로 재방문했다는 사실을 명심해야 한다.

오늘날 그리스도인들 중 다수가 초기 그리스도인들이 가정에서 예배를 드리고 모임을 가진 것을 본받아야 한다고 주장한다(참고. 20절). 심지어 어떤 이들은 교회 건물에서 예배를 드리는 것이 신약성경에 아무런 근거가 없다고까지 주장한다. 하지만 우리는 가정 교회를 교회사 가운데서 규범적인 부분이 아니라 서술적인 부분으로 보아야 한다. 사도행전이나 신약성경의 나머지 부분에는 가정에서 모임을 갖고 예배를 드리라고 명시적으로나 암묵적으로 명령하는 본문도 없고, 교회 건물을 짓고서 거기에서 모임을 갖고 예배를 드리라고 명령하는 본문도 없다(물론 후자는 초기 교회가 활동했던 로마 세계에서는 불가능했다). 믿는 자들이 함께 모일 장소를 결정하는 문제에는 문화적, 사회적, 현실적, 정치적인 요인이 모두 작용하기 때문에 상황에 따라 결정되어야 한다. 교회는 건물이 아니라, 복음을 믿고 함께 모여서 예배하고 말씀을 들음으로 그리스도인으로서의 삶을 살고 공유하는 믿는 자들의 무리이다. 그렇기 때문에 믿는 자들은 정식 교회 건물을 비롯해서 가정, 강당, 회의실, 가게 앞, 학교, 어떤 다른 조직과 함께 사용하는 공간 등 어느 곳에서나 모일 수 있다.

바울의 사역은 예수님의 본을 따라 다른 사람들을 위해 고난 받는 십자가의 신학을 구현하는 것이었다(마 16:24; 막 8:34; 눅 9:23). 바울에게 현세에서의 고난은 복음을 전하라는 부르심에 비하면 하찮은 것이었다(빌 1:22). '내가 달려갈 길을 마치려 한다'는 바울의 바람(행 20:24)을 디모데후서에 나오는 그의 고별사와 함께 읽으면, 그의 그 말이 지닌 무게를 한층 더 깊이 느낄 수 있다. 디모데후서를 쓸 당시에 바울이 에베소 장로들에게 말한 모든 사건은 이미 지나간 일들이었다. 바울의 사역과 부르심은 하나님이 정하신 끝에 도달했고, 바울은 이렇게 말한다.

> "전제와 같이 내가 벌써 부어지고 나의 떠날 시각이 가까웠도다 나는 선한 싸움을 싸우고 나의 달려갈 길을 마치고 믿음을 지켰으니 이제 후로는 나를 위하여 의의 면류관이 예비되었으므로 주 곧 의로우신 재판장이 그날에 내게 주실 것이며 내게만 아니라 주의 나타나심을 사모하는 모든 자에게도니라"(딤후 4:6-8).

1 우리가 그들을 작별하고 배를 타고 바로 고스로 가서 이튿날 로도
에 이르러 거기서부터 바다라로 가서 2 베니게로 건너가는 배를 만나
서 타고 가다가 3 구브로를 바라보고 이를 왼편에 두고 수리아로 항해
하여 두로에서 상륙하니 거기서 배의 짐을 풀려 함이러라 4 제자들을
찾아 거기서 이레를 머물더니 그 제자들이 성령의 감동으로 바울더러
예루살렘에 들어가지 말라 하더라 5 이 여러 날을 지낸 후 우리가 떠
나갈새 그들이 다 그 처자와 함께 성문 밖까지 전송하거늘 우리가 바
닷가에서 무릎을 꿇어 기도하고 6 서로 작별한 후 우리는 배에 오르고
그들은 집으로 돌아가니라
7 두로를 떠나 항해를 다 마치고 돌레마이에 이르러 형제들에게 안부
를 묻고 그들과 함께 하루를 있다가 8 이튿날 떠나 가이사랴에 이르러
일곱 집사 중 하나인 전도자 빌립의 집에 들어가서 머무르니라 9 그에
게 딸 넷이 있으니 처녀로 예언하는 자라 10 여러 날 머물러 있더니 아
가보라 하는 한 선지자가 유대로부터 내려와 11 우리에게 와서 바울의
띠를 가져다가 자기 수족을 잡아매고 말하기를 성령이 말씀하시되 예
루살렘에서 유대인들이 이같이 이 띠 임자를 결박하여 이방인의 손에

넘겨 주리라 하거늘 12 우리가 그 말을 듣고 그곳 사람들과 더불어 바
울에게 예루살렘으로 올라가지 말라 권하니 13 바울이 대답하되 여러
분이 어찌하여 울어 내 마음을 상하게 하느냐 나는 주 예수의 이름을
위하여 결박 당할 뿐 아니라 예루살렘에서 죽을 것도 각오하였노라
하니 14 그가 권함을 받지 아니하므로 우리가 주의 뜻대로 이루어지이
다 하고 그쳤노라

15 이 여러 날 후에 여장을 꾸려 예루살렘으로 올라갈새 16 가이사랴
의 몇 제자가 함께 가며 한 오랜 제자 구브로 사람 나손을 데리고 가
니 이는 우리가 그의 집에 머물려 함이라

1 And when we had parted from them and set sail, we came by a straight
course to Cos, and the next day to Rhodes, and from there to Patara.[1]
2 And having found a ship crossing to Phoenicia, we went aboard and
set sail. 3 When we had come in sight of Cyprus, leaving it on the left
we sailed to Syria and landed at Tyre, for there the ship was to unload
its cargo. 4 And having sought out the disciples, we stayed there for
seven days. And through the Spirit they were telling Paul not to go on
to Jerusalem. 5 When our days there were ended, we departed and went
on our journey, and they all, with wives and children, accompanied us
until we were outside the city. And kneeling down on the beach, we
prayed 6 and said farewell to one another. Then we went on board the
ship, and they returned home.

7 When we had finished the voyage from Tyre, we arrived at Ptolemais,
and we greeted the brothers[2] and stayed with them for one day. 8 On the
next day we departed and came to Caesarea, and we entered the house
of Philip the evangelist, who was one of the seven, and stayed with
him. 9 He had four unmarried daughters, who prophesied. 10 While we
were staying for many days, a prophet named Agabus came down from

21장

Judea. 11 And coming to us, he took Paul's belt and bound his own feet
and hands and said, "Thus says the Holy Spirit, 'This is how the Jews[3]
at Jerusalem will bind the man who owns this belt and deliver him into
the hands of the Gentiles.'" 12 When we heard this, we and the people
there urged him not to go up to Jerusalem. 13 Then Paul answered, "What
are you doing, weeping and breaking my heart? For I am ready not only
to be imprisoned but even to die in Jerusalem for the name of the Lord
Jesus." 14 And since he would not be persuaded, we ceased and said, "Let
the will of the Lord be done."

15 After these days we got ready and went up to Jerusalem. 16 And some
of the disciples from Caesarea went with us, bringing us to the house of
Mnason of Cyprus, an early disciple, with whom we should lodge.

17 예루살렘에 이르니 형제들이 우리를 기꺼이 영접하거늘 18 그 이
튿날 바울이 우리와 함께 야고보에게로 들어가니 장로들도 다 있더
라 19 바울이 문안하고 하나님이 자기의 사역으로 말미암아 이방 가운
데서 하신 일을 낱낱이 말하니 20 그들이 듣고 하나님께 영광을 돌리
고 바울더러 이르되 형제여 그대도 보는 바에 유대인 중에 믿는 자 수
만 명이 있으니 다 율법에 열성을 가진 자라 21 네가 이방에 있는 모든
유대인을 가르치되 모세를 배반하고 아들들에게 할례를 행하지 말고
또 관습을 지키지 말라 한다 함을 그들이 들었도다 22 그러면 어찌할
꼬 그들이 필연 그대가 온 것을 들으리니 23 우리가 말하는 이대로 하
라 서원한 네 사람이 우리에게 있으니 24 그들을 데리고 함께 결례를
행하고 그들을 위하여 비용을 내어 머리를 깎게 하라 그러면 모든 사
람이 그대에 대하여 들은 것이 사실이 아니고 그대도 율법을 지켜 행
하는 줄로 알 것이라 25 주를 믿는 이방인에게는 우리가 우상의 제물
과 피와 목매어 죽인 것과 음행을 피할 것을 결의하고 편지하였느니

라 하니 26 바울이 이 사람들을 데리고 이튿날 그들과 함께 결례를 행
하고 성전에 들어가서 각 사람을 위하여 제사 드릴 때까지의 결례 기
간이 만기된 것을 신고하니라
17 When we had come to Jerusalem, the brothers received us gladly.
18 On the following day Paul went in with us to James, and all the
elders were present. 19 After greeting them, he related one by one the
things that God had done among the Gentiles through his ministry.
20 And when they heard it, they glorified God. And they said to him,
"You see, brother, how many thousands there are among the Jews of
those who have believed. They are all zealous for the law, 21 and they
have been told about you that you teach all the Jews who are among the
Gentiles to forsake Moses, telling them not to circumcise their children
or walk according to our customs. 22 What then is to be done? They will
certainly hear that you have come. 23 Do therefore what we tell you.
We have four men who are under a vow; 24 take these men and purify
yourself along with them and pay their expenses, so that they may
shave their heads. Thus all will know that there is nothing in what they
have been told about you, but that you yourself also live in observance
of the law. 25 But as for the Gentiles who have believed, we have sent
a letter with our judgment that they should abstain from what has been
sacrificed to idols, and from blood, and from what has been strangled,[4]
and from sexual immorality." 26 Then Paul took the men, and the next
day he purified himself along with them and went into the temple,
giving notice when the days of purification would be fulfilled and the
offering presented for each one of them.

27 그 이레가 거의 차매 아시아로부터 온 유대인들이 성전에서 바울을

보고 모든 무리를 충동하여 그를 붙들고 28 외치되 이스라엘 사람들아
도우라 이 사람은 각처에서 우리 백성과 율법과 이곳을 비방하여 모
든 사람을 가르치는 그 자인데 또 헬라인을 데리고 성전에 들어가서
이 거룩한 곳을 더럽혔다 하니 29 이는 그들이 전에 에베소 사람 드로
비모가 바울과 함께 시내에 있음을 보고 바울이 그를 성전에 데리고
들어간 줄로 생각함이러라 30 온 성이 소동하여 백성이 달려와 모여
바울을 잡아 성전 밖으로 끌고 나가니 문들이 곧 닫히더라 31 그들이
그를 죽이려 할 때에 온 예루살렘이 요란하다는 소문이 군대의 천부
장에게 들리매 32 그가 급히 군인들과 백부장들을 거느리고 달려 내려
가니 그들이 천부장과 군인들을 보고 바울 치기를 그치는지라 33 이에
천부장이 가까이 가서 바울을 잡아 두 쇠사슬로 결박하라 명하고 그
가 누구이며 그가 무슨 일을 하였느냐 물으니 34 무리 가운데서 어떤
이는 이런 말로, 어떤 이는 저런 말로 소리 치거늘 천부장이 소동으로
말미암아 진상을 알 수 없어 그를 영내로 데려가라 명하니라 35 바울
이 층대에 이를 때에 무리의 폭행으로 말미암아 군사들에게 들려가니
36 이는 백성의 무리가 그를 없이하자고 외치며 따라 감이러라

27 When the seven days were almost completed, the Jews from Asia,
seeing him in the temple, stirred up the whole crowd and laid hands on
him, 28 crying out, "Men of Israel, help! This is the man who is teaching
everyone everywhere against the people and the law and this place.
Moreover, he even brought Greeks into the temple and has defiled this
holy place." 29 For they had previously seen Trophimus the Ephesian
with him in the city, and they supposed that Paul had brought him
into the temple. 30 Then all the city was stirred up, and the people ran
together. They seized Paul and dragged him out of the temple, and at
once the gates were shut. 31 And as they were seeking to kill him, word
came to the tribune of the cohort that all Jerusalem was in confusion.

32 He at once took soldiers and centurions and ran down to them. And
when they saw the tribune and the soldiers, they stopped beating Paul.
33 Then the tribune came up and arrested him and ordered him to be
bound with two chains. He inquired who he was and what he had done.
34 Some in the crowd were shouting one thing, some another. And as
he could not learn the facts because of the uproar, he ordered him to
be brought into the barracks. 35 And when he came to the steps, he was
actually carried by the soldiers because of the violence of the crowd,
36 for the mob of the people followed, crying out, "Away with him!"

[1] Some manuscripts add *and Myra* [2] Or *brothers and sisters*; also verse 17 [3] Greek *Ioudaioi* probably refers here to Jewish religious leaders, and others under their influence, in that time [4] Some manuscripts omit *and from what has been strangled*

단락 개관

바울이 예루살렘으로 감

바울의 작별은 사도행전 21장의 첫 번째 부분까지 이어진다. 바울은 밀레도를 출발해서 여러 번 배를 갈아타며 항해하여 수리아에 도착한다. 그 여정 가운데 그는 두로에 들르는데, 그곳에서 몇몇 제자가 바울에게 성령의 감동을 따라서 예루살렘에 가지 말라고 말한다(4절). 그리고 나중에 가이사랴에서도 선지자 아가보가 바울이 예루살렘에서 체포될 것이라고 예언한다(11절). 이러한 사건들은 신약성경의 예언들과 권위, 하나님께로부터 주어진 권위를 지닌 말씀인 예언과 성령의 인도하심을 따라 장래의 일에 관해 미리 말하는 것을 구별하는 일 같은 여러 가지 중요한 의문을 불러일으킨다. 우리는 이러한 의문들 중 대부분에 대해서는 바울의 반응과 행동을 근거로 한 상식적인 고찰을 통해 대답할 수 있다.

바울은 예루살렘에 도착해서 야고보와 장로들을 방문하고, 그들은 바울의 선교 여행 동안에 일어난 모든 일을 듣고서 힘을 얻는다(17-19절). 그리고 이번에는 그들이 유대인 중에 믿는 자가 수만 명이 있다는 것을 바울에게 말해준다(20절). 모세 율법(특히 바울이 율법을 무시하고 있다는 소문)과 관련된 문제는 여전히 계속되고 있었다. 그래서 바울은 화목과 하나 됨을 위하여 결례를 행하라는 그들의 조언을 받아들인다(26절). 이 단락에는 그리스도인의 처신과 관련된 원칙들 및 의문들이 가득하다.

아시아에서 온 유대인들은 전에 바울과 관련된 사건으로 말미암아 여전히 격앙되어 있었기 때문에, 이전에 하던 대로 격한 감정을 불러일으키는 거짓말들로 무리를 부추기고 선동한다(28절). 무리는 폭도로 변해서 큰 소동이 일어나지만, 역설적이게도 바울은 유대인들의 수도에서 로마 군인들에 의해 목숨을 건진다(32-36절).

단락 개요

II. B. 9. 바울이 예루살렘으로 감(21:1-36)
- a. 바울이 한 선지자를 만남(21:1-16)
- b. 바울이 자신의 자유를 보여줌(21:17-26)
- c. 바울이 성전에서 체포됨(21:27-36)

주석

21:1-16 | 바울이 한 선지자를 만남 네 명의 복음서 기자가 예수님이 예루살렘을 향하여 십자가에 못 박혀 죽으시기까지 일어난 일련의 사건들에 복음서의 많은 분량을 할애한 것처럼, 누가는 바울이 예루살렘으로 향하여 그곳에 도착해서 일어난 모든 일을 아주 자세하게 들려준다. 누가는 바울의 여정 중에 아시아에서 두로까지는 짧게 기록한다. 바울은 두로에서 제자들을 만나 일주일 동안 머무는데(4절), 함께 모인 믿는 자들은 성령의 감동을 받아 그에게 예루살렘에 가지 말라고 말한다.

앞에서 바울은 에베소 장로들에게 자기가 "성령에 매여" 예루살렘에 가고 있다고 말했고(20:22-23), 그전에는 에베소로 가는 길에 성령의 감동을 따라 "예루살렘에 가기로 작정하[였다]"(19:21). 이 내러티브 안에서는 바울이 예루살렘으로 가기를 원하고 가야 한다는 것이 이미 정해져 있다. 또한 바울은 서신들에서 그가 이방 교회들에서 모은 헌금을 예루살렘의 유대인 신자들에게 전해주는 소임을 맡았다고 말한다. 바울이 고린도전서를 쓸 당시에는 이 헌금을 전하기 위해 직접 예루살렘에 갈 것인지 여부가 아직 결정되지 않았다(고전 16:3-4). 하지만 고린도전서보다 나중에 쓰인 로마서(이 서신은 바울이 제3차 선교 여행 동안에 고린도에 있을 때 썼을 가능성이 높다)에서는 이 헌금을 직접 예루살렘에 전하러 갈 것이라고 분명하게 말한다(롬 15:25). 제3차 선교 여행이 끝나기 전에 바울이 직접 예루살렘으로 올라가기로 결정했을 것임은 의심의 여지가 없다.

바울이 직접 예루살렘으로 가는 것을 제자들이 원하지 않았다는 것은 충분히 이해할 수 있다. 그러나 그들이 "성령의 감동으로"(행 21:4) 그런 말을 했다는 것을 우리는 어떻게 이해해야 하는가? 이 제자들이 사도행전의 다음 단락에 등장하는 아가보와 비슷한 방식으로 예언한 것일 수 있다. 하지만 누가가 아가보와는 달리 이 제자들을 '선지자'라고 부르지 않기 때문에, 그들을 섣불리 선지자라고 부를 수는 없다. 하지만 다른 한편으로 이 제자들이 성령의 감동으로 말하였으며 아가보가 전한 예언과 비슷하게 말했다는 점들을 고려할 때, 이 제자들을 선지자들로 보는 것이 합당하게 여겨진다. 그렇지만 그들이 선지자였는지 여부는 이 본문을 해석하는 데 영향을 주지 않는다. 이 본문을 해석하는 데는 그들이 성령의 감동으로 이 말을 했다는 누가의 기록만으로 충분하기 때문이다.

여기에는 이해관계의 충돌이 있는 것으로 보인다. 성령은 분명히 바울을 예루살렘으로 이끌고 있는데, 이 제자들은 성령의 감동을 따라 바울에게 예루살렘으로 가지 말라고 말한다. '성령의 감동으로'라는 어구는 해석하기 어렵지만, 성령이 이 제자들을 통해서 사람들이 들을 수 있게 말씀했다거나 명령했음을 가리키는 내용은 없다. 더 그럴듯한 해석은, 성령이 11절에 언급된 아가보의 예언을 알려주신 것과 비슷하게 이 제자들에게도 바울이 예루살렘에서 겪게 될 일을 알려주셨다는 것이다. 가장 가능성이 높은 해석은, 이 제자들은 성령이 그들에게 보여준 일을 정확히 알기는 했지만, 그들이 알게 된 일의 의미나 성령이 그 일을 보여준 의도를 오해했다는 것이다. 또는, 그들은 성령이 보여준 일을 바울이 예루살렘으로 올라가서는 안 된다는 명령으로 이해하거나 해석했을 수도 있다. 하지만 성령이 그들에게 보여준 일을 그들이 어떻게 적용하거나 이해했는지는 중요하지 않다. 여기서 중요한 것은, 그들이 바울에게 예루살렘으로 올라가지 말라고 명시적으로 명령하거나 막지 않았다는 것이다. 그들은 성령이 그들에게 알게 해주신 것을 근거로 해서 단지 바울이 예루살렘으로 올라가지 않기를 바랐을 뿐이다.

바울은 이 제자들의 경고를 하나님의 권위를 지닌 것으로 여기지 않았음이 틀림없다. 왜냐하면 그가 그들의 경고를 들은 직후에 다시 예루살렘으로 향하기 때문이다. 이 제자들은 바울을 사랑했고 예루살렘에서 그에게 무슨 일이 일어날지를 알았기 때문에, 그가 예루살렘으로 가지 않기를 바랐다. 사도행전의 다른 곳에서 누가는 하나님이 사람들을 직접 인도하시는 경우에는 그러한 사실을 분명하게 밝힌다. 그렇지만 이번은 그런 경우가 아니었다. 이 제자들의 경고는 바울이 예루살렘에서 겪을 일에 대해 하나님이 그들에게 알려주신 것을 바울에게 전하고 예루살렘에 가는 것을 재고해 달라는 요청일 뿐이다. 그리고 바울은 이미 그가 겪을 일에 대해 알고 있었고(20:23), 그들에게도 말했을 수 있다.

바울은 가이사랴로 가서 빌립을 만난다. 누가는 빌립을 "전도자"(21:8)라고 부름으로써, 그가 사도행전 초반에 등장했던 바로 그 빌립임을 분명히 한다(8:26-40, 특히 40절을 보라). 빌립에게는 네 딸이 있었는데, 그녀들은 "예언하는 자"(21:9)였다. 이것은 베드로가 인용한 요엘서의 본문, "너희의 자녀들은 예언할 것이요"(2:17; 참고. 욜 2:28)를 즉시 상기시킨다. 누가가 이 딸들을 언급한 이유는, 그녀들이 바울과 관련해서 아가보와 비슷한 예언을 받았음을 암시하기 위함일 수도 있지만, 그보다는 단지 예언의 은사로 유명했다는 것을 말하고자 함으로 여겨진다. 예언은 초대 교회에서 잘 알려져 있는 은사였기 때문이다(참고. 고전 13:2; 14:1; 살전 5:20-21).

사도행전 11:28에서 아가보는 전 세계적인 기근을 예언했는데, 여기서는 바울과 직접 관련된 일, 즉 머지않아 바울이 예루살렘에서 겪을 일을 예언한다. 그의 예언은 성령이 바울에게 이미 보여주신 "결박과 환난"(20:23)과 일치한다. 아가보는 바울의 띠를 가져다가 자신의 수족을 잡아맴으로써 바울이 결박되어 이방인들에게 넘겨질 것임을 보여준다(이것을 당국자들이 실제로 가죽 띠를 사용해서 바울을 결박할 것이라는 의미로 해석할 필요는 없다). 이 예언이 정확했다는 것은 나중에 입증될 것이다.

아가보는 먼저 "성령이 말씀하시되"라고 말한 후에, 유대인들이 예루살렘에서 바울을 결박할 것이라고 예언한다(21:11). 어떤 사람들은 이 본문을 읽고서, 바울이 아가보의 예언을 무시한 것을 넘어서서 불순종했다고 결론을 내린다. 그러나 이 예언에는 순종하라는 명령이 나오지 않는다. 아가보는 단지 바울이 이미 알고 있는 사실을 말했을 뿐이다. 나중에 로마인들이 바울을 결박하기는 하지만, 그 직접적인 원인은 에베소의 유대인들이 무리를 선동해서 바울을 붙잡아 로마인들에게 넘겼기 때문이다(27, 30절). 따라서 아가보의 예언은 그대로 이루어진 것이다. 사도행전을 읽는 독자들 다수가 당혹스럽게 생각하는 점이 있다. 아가보가 스스로 성령을 대언한다고 하면서도 장차 바울에게 일어날 일을 세부적인 것까지 정확하게 예언하지 못했는데, 누가는 그를 참된 선지자라고 한다는 것이다. 이렇게 된 원인을 추측해 보자면 다음과 같다. 성령은 아가보에게 이 일의 모든 세부사항이 아니라 전체적이고 개략적인 것만을 알게 하셨고, 아가보는 그것을 토대로 예언하였다. 성령은 무오하지만, 아가보는 그렇지 않다. 그래서 바울은 신약 시대에 주어진 예언의 은사에 대해 '모든 것을 시험하라'(살전 5:21, 개역개정에는 "범사에 헤아려")고 명령한다.

누가는 그의 복음서에서 아가보의 예언을 이해하기 위한 열쇠를 제공한다. 누가복음 18:31-32에서 예수님은 제자들에게 이렇게 말씀하신다. "우리가 예루살렘으로 올라가노니 선지자들을 통하여 기록된 모든 것이 인자에게 응하리라 인자가 이방인들에게 넘겨져 희롱을 당하고 능욕을 당하고 침 뱉음을 당하겠으며." 바울은 예수님이 가신 길을 따르게 될 것이다. 바울은 다메섹으로 가는 길에서 부활하신 예수님을 만나 그가 앞으로 온갖 고난을 당할 것이라는 말씀을 듣는다. 누가는 바울이 세 번의 선교 여행을 다니는 동안에 겪은 고난들을 기록한다. 그 과정에서 바울은 자신이 걸어온 고난의 길이 결국 예루살렘으로 돌아가 고난을 겪는 것으로 귀결될 것임을 점점 더 구체적으로 알게 되고 확신하게 된다. 바울이 예루살렘에 가까이 왔을 때 한 선지자가 찾아와, 전에 부활하신 예수님이 그의 고난에 관해 말씀하신 것과 동일한 성령의 메시지를 전해준다. 그 메시지의 요지는 바울이 허리끈으로 결박될지 쇠사슬에 결박될지에 관한 것도 아니고, 유대인들에 의해 결박될지 로마인들에 의해 결박될지에 관한 것도 아니었다. 누가의 목표는 바울이 예수님을 따라 고난과 십자가의 길을 가게 될 것임을 보여주는 것이었다. 아가보는 상징적인 행동을 수반한 예언을 통해 그것을 확증한다.

바울의 친구들이 아가보의 예언을 듣고서 바울에게 예루살렘으로 올라가지 말라고 권한 것은 충분히 이해할 수 있는 일이다(행 21:12). 그들은 간청했지만, 바울은 감동적이고 분명하게 대답한다. "여러분이 어찌하여… 내 마음을 상하게 하느냐"(13절). 이것은 진실한 사랑과 우정을 보여주는 증거다. 바울의 마음이 상한 이유는 자기가 예루살렘으로 올라가는 이유를 친구들이 이해하지 못했기 때문이 아니라, 그들이 자기 때문에 염려하고 울고 있었기 때문이다. 바울은 예수님을 위해서 기꺼이 감옥에 갈 뿐만 아니라 죽을 각오까지 되어 있었다(13절). 이 시점에서 바울은 자기가 무엇을 해야 하는지 한 점의 의심도 없이 알고 있었다. 그는 독불장군처럼 좋은 친구들의 조언을 무시하고 자기 고집대로 실행하는 것이 아니라 단지 성령의 인도하심을 따라 행하고 있을 뿐이다. 바울의 친구들은 그의 결심이 확고한 것을 보고서, "주의 뜻대로 이루어지이다"(14절)라고 말하며 설득하기를 그친다. 이 말을 끝으로 누가는 사도행전에서 바울의 공적 사역에 관한 이야기를 마무리하고 예루살렘으로 이야기를 옮긴다.

21:17-26 | 바울이 자신의 자유를 보여줌 사도행전 전체에 걸쳐서 분명하게 드러나는 것처럼, 예루살렘의 일부 신자들과 바울 사이에 갈등이 있었으나 야고보를 비롯한 지도자들은 전적으로 바울의 편이었다. 그들은 바울을 반갑게 맞이해서, 그가 이방인들 가운데서 행한 사역에 관한 얘기를 듣고 기뻐한다. 그러나 바울과 그의 가르침을 불신하는 세력도 상당히 많았다. 그러한 불신은 대체로 오해에서 비롯된 것이었다(21절). 바울과 그 밖의 다른 사도들이 이방인에 관해 가르친 것들 중 상당 부분들이 오해를 받았던 것으로 보인다. 그들의 불신은 오로지 바울이 유대인 신자들에게 전한 가르침을 향했다. 그들은 이방인들에게 무슨 일이 벌어지고 있는지에 대해서는 관심이 없었고, 예루살렘 공의회의 결정(25절)을 알고 있었기 때문에 이방인 신자들이 할례를 받지 않는 것에 대해서는 문제 삼지 않은 것 같다.

예루살렘 교회의 장로들은 유대인 신자들 중 일부가 바울이 예루살렘에 있다는 소식을 듣고 그에게 무슨 짓을 벌일까봐 염려했다. 그래서 장로들은 바울과 관련한 논란을 잠재우고 유대인 신자들이 그에 대해 가진 의심과 우려를 덜어줄 한 가지 해법을 제안한다. 이 해법은 유대인 신자들의 잘못된 생각을 묵인하거나 거기에 힘을 실어주려던 것이 아니었다. 장로들은 바울을 오해하여 반대하는 유대인 신자들이 잘못을 행하고 있으며,

위험한 갈등을 야기하고 있다는 사실을 분명하게 인식하고 있었다. 도리어 그들이 생각해낸 해법은 진정으로 신자들을 목회적으로 돌보고 교회로 하여금 하나가 되게 하려는 것이었고, 그렇기에 바울은 기꺼이 그들의 제안을 받아들인다.

여기에 언급된 서원(23절)은 나실인 서원(민 6장)으로 여겨진다. 이 서원을 한 사람은 머리를 깎고 제물을 드리며, 포도주를 비롯해서 포도로 만든 모든 것을 먹지 않아야 했다. 장로들은 바울에게 이 서원을 하는 네 사람의 비용을 대고 바울 자신도 결례를 행할 것을 요청한다(행 21:24). 사람들을 구원하기 위해서 "여러 사람에게 여러 모습"(고전 9:22)이 되고자 한 그의 소원대로, 이 경우에 바울은 구체적으로 유대인 신자들을 위해서 장로들의 요청에 동의한다. 이런 모습은 그가 연약한 형제들에게 가진 관심을 보여주는 예이기도 하다. 사도행전 내러티브에서 바울의 서원은 이번이 처음이 아니었다. 그는 겐그레아에서 이번과 비슷한 서원을 위해 머리를 깎은 적이 있다(행 18:18). 이러한 행동을 통해 바울은 다른 사람들을 위해 살아가는 그리스도인의 자유를 더할 나위 없이 분명하게 보여준다. 새 언약의 믿는 자인 바울은 모세 율법에 따라 서원을 행할 의무에서 자유로웠다. 그렇지만 그는 율법의 어떤 것을 지키는 것이 다른 사람들에게 유익을 끼치는 경우에는 이웃을 사랑하는 마음에서 기꺼이 율법을 따르고자 했다. 장로들의 조언을 따라 행하는 것은 예루살렘 교회가 하나 되게 하는 것을 의미하기 때문에, 바울은 그 조언에 동의한다.

야고보는 바울이 서원을 하게 되면 모든 사람이 그가 "율법을 지켜"(21:24) 살고 있다는 것을 알게 될 것이라고 말한다. 우리는 야고보가 한 말을 확대 해석해서는 안 된다. 야고보와 사도들은 믿는 자들이 더는 율법 중 의식법과 관련된 사항을 지킬 필요가 없다는 것을 알고 있었기 때문에, 바울에게 율법 전체를 지키라고 요구한 것이 아니다. 야고보는 단지 바울이 서원을 하면 그가 율법을 지키지 말라고 가르친다는 소문을 잠재울 수 있을 것이라고 말한 것일 뿐이다. 바울이 서원을 한다면, 어떻게 사람들이 그가 율법을 지키지 말라고 가르친다고 말할 수 있겠는가? 그런 후에 야고보는 이방인과 관련된 상황은 변하지 않았고, 예루살렘 공의회의 결정이 계속해서 유효하다는 것을 확인시켜준다(25절). 이것은 율법을 지키는 것이 무엇을 의미하는지에 관한 야고보의 관점을 잘 보여준다. 즉, 율법을 지키는 것은 예수님 안에서 구원을 받는 것과 관련된 문제가 아니기 때문에, 이방인들은 이교도로서 살던 지난날로부터 완전히 돌아서는 것과 특별히 유대인들에게 걸림돌이 되는 일들을 피하는 데만 관심을 가지면 된다는 것이다. 구원과 관련된 사도들의 가르침은 유대인과 이방인에 대해 서로 다른 기준을 적용한 것이 아니다. 율법을 지킴으로써 구원받을 수 있는 사람은 아무도 없고, 믿는 자들은 율법 아래 있지 않다. 이러한 새 언약 아래에서는 오직 예수님을 믿는 믿음과 다른 사람들을 위한 삶만이 있을 뿐이다. 바울이 서원을 한 것은 위선적인 것도 아니었고 속이는 것도 아니었다.

21:27-36 | 바울이 성전에서 체포됨 바울의 서원이 유대인 신자들의 우려를 얼마나 많이 덜어주었는지는 모르지만, 그는 해묵은 원수들로 인해 새로운 곤경에 직면한다. "아시아로부터 온 유대인들"(27절)은 에베소 사람 드로비모가 바울과 함께 예루살렘에 있는 것을 알아보았다는 점에서(29절) 에베소에서 온 유대인들로 보인다. 이후에는 에베소에서와 비슷한 폭동이 일어나는데, 또 다시 성전(신전)이 중심이 된다. 이 유대인들은 즉시 사람들을 선동해서 바울을 붙잡는다(30절). 바울에 대한 그들의 고발은 분명했다. 바울이 유대인과 율법과 성전을 비방하는 가르침을 전파한다는 것이다. 또한 그들은 바울이 드로비모를 성전에 데리고 갔다고 오해하여 한층 더 격분했다. 당시에 성전은 여러 구역으로 나뉘어 있었다. 그 중 가장 바깥 구역은 이방인의 뜰이었는데, 이방인들은 그 이상으로 들어갈 수 없었고 이를 어길 때에는 사형에 처해졌다. 이 유대인들은 바울과 드로비모가 이 금령을 어겼다고 거짓으로 고발한다.

지금까지 예루살렘 전체가 이렇게 소동에 휩싸인 적은 없었다. 사람들은 바울을 붙잡아서 성전 밖으로 끌고나가 죽일 생각으로 때리기 시작했다. 바울을 고발한 자들이 율법을 잘 지키는 경건한 자들이었음을 보여주는 증거는 거의 찾아볼 수 없다. 지금 유대인들의 행동은 예수님이 받으신 고난 및 재판과 또 다른 병행을 이룬다. 이번에도 바울을 구해준 쪽은 이방인이었다. 성전이 있는 산에 주둔해 있던 로마 수비대 소속의 한 천부장이 이 소동에 관해 듣고 자기 부하들을 이끌고 와서 바울을 체포한다. 이것은 무리가 이런 소동을 벌일 만한 모종의 범죄를 바울이 저질렀다고 생각했기 때문이다(33절). 천부장은 소동으로 인해 혼란한 현장에서는 진상을 알아낼 수 없을 것으로 판단하여 바울을 영내로 데려간다. 이것은 분명히 한편으로는 바울이 무슨 일을 했는지를 알아보고, 다른 한편으로는 무리가 바울을 해치지 못하게 하려는 것이었다(34절). 이 시점부터 바울은 사도행전의 나머지 부분 내내 갇힌 자로 나온다.

응답

다른 사람들의 유익을 위해 살아가는 것은 우리의 최고의 소명이지만(하나님을 사랑한다는 것을 전제로 해서), 우리는 스스로의 본성으로는 이를 행할 수 없다. 성경의 "네 이웃 사랑하기를 네 자신과 같이 사랑하라"(레 19:18)는 명령을 진정으로 행하는 것은 성령을 통해서만 가능하다. 또한 다른 사람들의 유익을 위해 살아가는 것은 그리스도인이 지닌 자유를 보여주는 최고의 예다. 바울이 그의 가르침에 대해 우려하는 사람들의 염려를 덜기 위해 야고보와 지도자들의 조언을 따라 행한 것은, 그가 서신들에서 가르친 것과 같은 그리스도인의 자유를 따라 살아왔다는 것을 보여준다. 바울은 율법에서 자유롭기에 서원 같은 것을 할 필요가 전혀 없었으므로, 얼마든지 이렇게 말할 수 있었다. "나는 그렇게 하지 않을 것이다. 우리가 율법으로부터 자유롭다는 것을 당신들도 알지 않는가? 게다가 여러 해 전에 이곳에서 열린 공의회가 어떤 결정을 했는지 당신들도 기억하지 않는가?" 바울이 그런 식으로 말하지는 않았지만, 야고보와 장로들은 당연히 공의회의 결정 사항을 잘 알고 있었다. 그래서 그들은 바울에게, 율법을 지키지 않는 것을 양심에 걸려하는 연약한 형제들을 위해 그가 지닌 자유를 포기하고 그 형제들을 위한 일을 할 것을 요청한다. 그리고 바울은 그 요청을 기꺼이 받아들인다. 이것은 진정으로 그리스도의 자유를 보여주는 행동이었다. 다른 사람들을 위해 자신의 자유를 기꺼이 포기하는 것은 그리스도인의 자유와 이웃 사랑을 가장 고귀한 형태로 실천하는 것이다.

21:37 바울을 데리고 영내로 들어가려 할 그때에 바울이 천부장에게 이
르되 내가 당신에게 말할 수 있느냐 이르되 네가 헬라 말을 아느냐 38
그러면 네가 이전에 소요를 일으켜 자객 사천 명을 거느리고 광야로 가
던 애굽인이 아니냐 39 바울이 이르되 나는 유대인이라 소읍이 아닌 길
리기아 다소 시의 시민이니 청컨대 백성에게 말하기를 허락하라 하니
21:37 As Paul was about to be brought into the barracks, he said to the
tribune, "May I say something to you?" And he said, "Do you know
Greek? 38 Are you not the Egyptian, then, who recently stirred up a
revolt and led the four thousand men of the Assassins out into the
wilderness?" 39 Paul replied, "I am a Jew, from Tarsus in Cilicia, a
citizen of no obscure city. I beg you, permit me to speak to the people."

40 천부장이 허락하거늘 바울이 층대 위에 서서 백성에게 손짓하여
매우 조용히 한 후에 히브리 말로 말하니라
22:1 부형들아 내가 지금 여러분 앞에서 변명하는 말을 들으라
2 그들이 그가 히브리 말로 말함을 듣고 더욱 조용한지라 이어 이르되

3 나는 유대인으로 길리기아 다소에서 났고 이 성에서 자라 가말리엘
의 문하에서 우리 조상들의 율법의 엄한 교훈을 받았고 오늘 너희 모
든 사람처럼 하나님께 대하여 열심이 있는 자라 4 내가 이 도를 박해
하여 사람을 죽이기까지 하고 남녀를 결박하여 옥에 넘겼노니 5 이에
대제사장과 모든 장로들이 내 증인이라 또 내가 그들에게서 다메섹
형제들에게 가는 공문을 받아 가지고 거기 있는 자들도 결박하여 예
루살렘으로 끌어다가 형벌 받게 하려고 가더니
6 가는 중 다메섹에 가까이 갔을 때에 오정쯤 되어 홀연히 하늘로부터
큰 빛이 나를 둘러 비치매 7 내가 땅에 엎드러져 들으니 소리 있어 이
르되 사울아 사울아 네가 왜 나를 박해하느냐 하시거늘 8 내가 대답하
되 주님 누구시니이까 하니 이르시되 나는 네가 박해하는 나사렛 예
수라 하시더라 9 나와 함께 있는 사람들이 빛은 보면서도 나에게 말씀
하시는 이의 소리는 듣지 못하더라 10 내가 이르되 주님 무엇을 하리
이까 주께서 이르시되 일어나 다메섹으로 들어가라 네가 해야 할 모
든 것을 거기서 누가 이르리라 하시거늘 11 나는 그 빛의 광채로 말미
암아 볼 수 없게 되었으므로 나와 함께 있는 사람들의 손에 끌려 다메
섹에 들어갔노라
12 율법에 따라 경건한 사람으로 거기 사는 모든 유대인들에게 칭찬을
듣는 아나니아라 하는 이가 13 내게 와 곁에 서서 말하되 형제 사울아
[1]다시 보라 하거늘 즉시 그를 쳐다보았노라 14 그가 또 이르되 우리 조
상들의 하나님이 너를 택하여 너로 하여금 자기 뜻을 알게 하시며 그
의인을 보게 하시고 그 입에서 나오는 음성을 듣게 하셨으니 15 네가
그를 위하여 모든 사람 앞에서 네가 보고 들은 것에 증인이 되리라 16
이제는 왜 주저하느냐 일어나 주의 이름을 불러 [2]세례를 받고 너의
죄를 씻으라 하더라
17 후에 내가 예루살렘으로 돌아와서 성전에서 기도할 때에 황홀한
중에 18 보매 주께서 내게 말씀하시되 속히 예루살렘에서 나가라 그들

은 네가 내게 대하여 증언하는 말을 듣지 아니하리라 하시거늘 19 내
가 말하기를 주님 내가 주를 믿는 사람들을 가두고 또 각 회당에서 때
리고 20 또 주의 증인 스데반이 피를 흘릴 때에 내가 곁에 서서 찬성하
고 그 죽이는 사람들의 옷을 지킨 줄 그들도 아나이다 21 나더러 또 이
르시되 떠나가라 내가 너를 멀리 이방인에게로 보내리라 하셨느니라
22 이 말하는 것까지 그들이 듣다가 소리 질러 이르되 이러한 자는 세
상에서 없애 버리자 살려 둘 자가 아니라 하여 23 떠들며 옷을 벗어 던
지고 티끌을 공중에 날리니 24 천부장이 바울을 영내로 데려가라 명하
고 그들이 무슨 일로 그에 대하여 떠드는지 알고자 하여 채찍질하며
심문하라 한대 25 가죽 줄로 바울을 매니 바울이 곁에 서 있는 백부장
더러 이르되 너희가 로마 시민 된 자를 죄도 정하지 아니하고 채찍질
할 수 있느냐 하니 26 백부장이 듣고 가서 천부장에게 전하여 이르되
어찌하려 하느냐 이는 로마 시민이라 하니 27 천부장이 와서 바울에게
말하되 네가 로마 시민이냐 내게 말하라 이르되 그러하다 28 천부장이
대답하되 나는 돈을 많이 들여 이 시민권을 얻었노라 바울이 이르되
나는 나면서부터라 하니 29 심문하려던 사람들이 곧 그에게서 물러가
고 천부장도 그가 로마 시민인 줄 알고 또 그 결박한 것 때문에 두려
워하니라

40 And when he had given him permission, Paul, standing on the steps, motioned with his hand to the people. And when there was a great hush, he addressed them in the Hebrew language,[1] saying:

22:1 "Brothers and fathers, hear the defense that I now make before you."

2 And when they heard that he was addressing them in the Hebrew language,[2] they became even more quiet. And he said:

3 "I am a Jew, born in Tarsus in Cilicia, but brought up in this city, educated at the feet of Gamaliel[3] according to the strict manner of the

law of our fathers, being zealous for God as all of you are this day. 4 I
persecuted this Way to the death, binding and delivering to prison both
men and women, 5 as the high priest and the whole council of elders
can bear me witness. From them I received letters to the brothers, and
I journeyed toward Damascus to take those also who were there and
bring them in bonds to Jerusalem to be punished.
6 "As I was on my way and drew near to Damascus, about noon a great
light from heaven suddenly shone around me. 7 And I fell to the ground
and heard a voice saying to me, 'Saul, Saul, why are you persecuting
me?' 8 And I answered, 'Who are you, Lord?' And he said to me, 'I
am Jesus of Nazareth, whom you are persecuting.' 9 Now those who
were with me saw the light but did not understand[4] the voice of the one
who was speaking to me. 10 And I said, 'What shall I do, Lord?' And
the Lord said to me, 'Rise, and go into Damascus, and there you will
be told all that is appointed for you to do.' 11 And since I could not see
because of the brightness of that light, I was led by the hand by those
who were with me, and came into Damascus.
12 "And one Ananias, a devout man according to the law, well spoken
of by all the Jews who lived there, 13 came to me, and standing by me
said to me, 'Brother Saul, receive your sight.' And at that very hour I
received my sight and saw him. 14 And he said, 'The God of our fathers
appointed you to know his will, to see the Righteous One and to hear a
voice from his mouth; 15 for you will be a witness for him to everyone
of what you have seen and heard. 16 And now why do you wait? Rise
and be baptized and wash away your sins, calling on his name.'
17 "When I had returned to Jerusalem and was praying in the temple, I
fell into a trance 18 and saw him saying to me, 'Make haste and get out

of Jerusalem quickly, because they will not accept your testimony about
me.' 19 And I said, 'Lord, they themselves know that in one synagogue
after another I imprisoned and beat those who believed in you. 20 And
when the blood of Stephen your witness was being shed, I myself was
standing by and approving and watching over the garments of those
who killed him.' 21 And he said to me, 'Go, for I will send you far away
to the Gentiles.'"
22 Up to this word they listened to him. Then they raised their voices
and said, "Away with such a fellow from the earth! For he should not
be allowed to live." 23 And as they were shouting and throwing off
their cloaks and flinging dust into the air, 24 the tribune ordered him
to be brought into the barracks, saying that he should be examined
by flogging, to find out why they were shouting against him like this.
25 But when they had stretched him out for the whips,[5] Paul said to the
centurion who was standing by, "Is it lawful for you to flog a man who
is a Roman citizen and uncondemned?" 26 When the centurion heard
this, he went to the tribune and said to him, "What are you about to do?
For this man is a Roman citizen." 27 So the tribune came and said to him,
"Tell me, are you a Roman citizen?" And he said, "Yes." 28 The tribune
answered, "I bought this citizenship for a large sum." Paul said, "But
I am a citizen by birth." 29 So those who were about to examine him
withdrew from him immediately, and the tribune also was afraid, for he
realized that Paul was a Roman citizen and that he had bound him.

1) 또는 쳐다보라 2) 헬, 또는 침례

[1] Or *the Hebrew dialect* (probably Aramaic) [2] Or *the Hebrew dialect* (probably Aramaic) [3] Or *city at the feet of Gamaliel, educated* [4] Or *hear with understanding* [5] Or *when they had tied him up with leather strips*

단락 개관

바울이 예루살렘의 폭도 앞에서 말함

사도행전 21장과 22장으로 이루어진 이 단락은 바울이 예루살렘에서 적개심이 가득한 유대인들 앞에서 한 말을 다룬다. 먼저 그는 유대교에 몸담았던 지난날의 이력을 두 시기로 나누어서 짧게 설명한다. 그는 가말리엘의 문하에서 교육을 받아서 율법과 하나님에 대해 열심이 있었고, 후에는 그리스도인들을 박해하는 자가 되었다. 바울이 빌립보서 3장에서 영적인 배경에 관해 설명하는 부분에서 드러나듯이, 이 두 시기는 서로 연결되어 있다.

그런 후에 바울은 다메섹으로 가는 길에서 체험한 것을 설명한다. 그 중심에는 그가 '박해하는' 부활하신 예수님과의 만남이 있었다(행 22:8). 바울은 예수님을 만날 때 혼자 있지 않았고, 일행들은 예수님을 보지도 못하고 그분이 하신 말씀을 이해하지도 못했지만 그분을 둘러싸고 있던 빛을 보았고 그 일이 있은 후에 자신을 다메섹으로 데려다주었다고 말한다.

다음 단락(12-16절)에는 바울과 아나니아의 만남에 관한 이야기가 나온다. 바울은 아나니아가 '율법에 따라 경건한 사람'으로서, 다메섹에 사는 유대인들 가운데서 평판이 좋았다고 구체적으로 언급한다. 바울은 아나니아를 통해 시력을 회복했고, 그의 부르심에 관한 계시를 받았다. 아나니아는 예수님을 "의인"이라고 지칭하는데, 이것은 예수님이 메시아이심을 분명하게 설명한 것이다. 그리고 예수님의 이름을 힘입어서 바울의 죄는 사함을 받았다.

다음으로 바울은 예루살렘을 방문한 동안에 받은 계시에 관해 들려준다(이 이야기는 9장에 나온다). 그는 이방인들을 선교하라는 소명을 이미 사역 초기에 계시를 통해 받았다.

바울이 이방인들에 대해 언급하자 격분한 무리는 그를 죽일 것을 요구하고, 로마의 천부장은 바울을 채찍질하고 심문하기 위해 영내로 다시 데려간다. 여기서 바울은 다시 한번 로마 시민으로서 가지는 권리를 행사하고, 그리하여 세속 당국자들에게 죽임을 당할 위기에서 벗어난다.

단락 개요

II. C. 바울이 예루살렘의 폭도 앞에서 말함(21:37-22:29)
　1. 바울이 말할 기회를 달라고 요청함(21:37-39)
　2. 바울이 자신의 회심과 부르심을 증언함(21:40-22:29)

주석

21:37-39 | 바울이 말할 기회를 달라고 요청함 역사적으로 말하자면, 유대교 자체는 로마 제국에서 주목받는 종교가 아니었고, 이 도를 따르는 사람들은 유대교의 작은 분파에 불과했다. 주후 1세기 동안에 유대교와 기독교가 크게 다르다는 것을 아는 사람은 유대인들과 그리스도인들뿐이었다. 따라서 로마의 천부장이 바울이 누구인지를 알지 못하고, 4천 명의 테러리스트를 이끌던 애굽 출신의 악명 높은 유대인일 것이라고 추측한 것은 이상한 일이 아니었다(38절). 여기에 언급된 자객은 '단도를 지닌 사람들'이라는 뜻의 시카리당으로 알려져 있던 한 분파였다. 천부장은 바울이 헬라어를 하는 것을 알고 놀라며(이것은 유대지역에서 살아가던 유대인들이 일반적으로 헬라어를 할 줄 몰랐음을 암시하는 것 같다) 평범한 사람이 아니라는 것을 직감하고서, 바울이 말하는 것을 허락한다.

21:40-22:29 | 바울이 자신의 회심과 부르심을 증언함 바울은 즉시 층대

위로 올라가서 손짓하여 무리로 하여금 주목하게 한 후에 그들을 향해 아람어(22:2. 여기서 히브리 말은 오랫동안 히브리인들의 언어였던 아람어를 가리킨다)로 말하기 시작한다. 누가는 바울이 아람어로 말하자 무리가 한층 더 조용해졌다고 언급한다. 바울은 그들을 부형들로 부름으로써 자신이 그들을 존중한다는 것을 보여주고, 그들과 자기가 하나님의 언약으로 인한 유산을 공유하고 있음을 강조한다(22:1).

바울은 그의 회심에 관한 이야기를 들려주기 전에 먼저 출신배경을 설명한다. 여기서 그의 증언은 스스로의 간증이라는 형태로 제시되는데, 9장에서 누가가 이 사건에 대해 진술한 것과는 세부적인 사항에서 약간의 차이를 보인다. 바울이 그의 유대교적인 출신배경과 교회의 박해자라는 이력을 요약해서 제시하는 것은 빌립보서 3:4-6을 상기시킨다. 다만 여기서 그는 자신이 가말리엘(그는 이전에 공회에서 베드로와 사도들에 관한 문제를 처리할 때 세심한 주의를 기울여야 한다고 강조한 그 사람이다, 5:34-39)의 문하에서 가르침을 받았다고 덧붙여 말한다. 바울이 자기가 "율법의 엄한 교훈"(22:3)을 받았다고 말한 것은, 바리새파 전통을 따라 훈련 받았다는 것을 가리킨다. 그는 청중에게 자기가 그들의 일원이었고, 실제로 유대교적인 족보로 따지자면 그들 대부분보다 월등하게 나은 사람이라는 것을 드러낸다. 그들은 바울이 율법을 어겼다고 고발하지만, 사실은 율법에 관해 바울이 그들보다 훨씬 더 전문가라는 사실을 기억해야 한다.

여기서 바울은 빌립보서 3장에서와 마찬가지로 이전에 교회를 박해한 것을 유대교 전통에 대해 열심이 있던 그의 출신배경과 연결시킨다. 빌립보서에서 이 둘을 연결시킨 것은, 바울이 회심 전에 의지했던 율법에서 비롯된 열심과 의가 거짓된 것임을 보여주는 역할을 한다. 그러한 개념이 이 부분에도 내포되어 있을 가능성이 있지만, 여기서 그의 주된 목적은 그 역시 회심하기 전에는 그들과 동일한 생각을 가지고 그리스도인들을 박해했었음을 말해주는 것이었다. 그들은 바울의 말을 믿지 않을지 몰라도, 대제사장을 비롯한 유대 지도자들은 바울의 말이 사실임을 안다. 왜냐하면 바울은 그리스도인들을 박해하려고 다메섹으로 가는 도중에 부활하신 예수님을 만나기 전까지는 그들을 위해 일했기 때문이다(행 22:5). 이전에 바울은 그리스도인들을 체포해서 "예루살렘으로 끌어다가 형벌 받게 하려고"(5절) 다메섹을 향해 갔으나, 역설적이게도 지금은 체포되어 결박된 채로 유대인의 무리 앞에 서 있다.

"하늘로부터 큰 빛"(22:6)은 하나님의 임재를 나타낸다. 이스라엘의 역사 전체에 걸쳐서 하나님의 임재는 여러 종류의 눈에 보이는 빛으로 나타났기 때문에, 유대인 청중도 이 세부적인 표현이 의미하는 바를 모르지 않았을 것이다. 이런 식으로 하나님이 빛으로 나타나신 것은 특히(언제나 그런 것은 아니지만) 언약과 관련된 중요한 사건들과 연결되어 있다(예컨대, 창 15:17; 출 3:2-3; 19:18; 또한 출 13:21-22; 14:24; 민 14:14). 언약이라는 맥락 속에서 빛 가운데서 들려온 음성은 모세가 시내산에서 하나님의 나타나심을 경험한 것을 회상하는 대목인 신명기 5:24을 상기시킨다. 이번에 빛 가운데서 들려온 것은 주 예수님의 음성이었다. 더 넓은 성경 내러티브를 배경으로 살펴볼 때, 바울이 그의 회심에 관해 설명한 것은 예수님의 신성을 강력하게 시사해준다. 왜냐하면 여호와께서 모세와 이스라엘 백성에게 말씀하셨던 것과 동일한 방식으로, 예수님이 바울에게 말씀하신 것이기 때문이다.

사도행전 9:4과 나중에 나올 26:14에서도 마찬가지지만, 여기서 그리스도인들을 박해하는 것은 예수님을 박해하는 것을 의미한다. 예수님의 백성은 그분의 몸이기 때문이다. 바울의 일행이 경험한 것에 관해 9장의 기사와 이 본문의 묘사가 서로 다른 이유는 쉽게 설명된다. 사도행전 9:7은 그들이 "소리만 듣고 아무도 보지 못하여"라고 말하는 반면에, 22:9은 그들이 "빛은 보면서도" '소리를 이해할 수' 없었다(개역개정에는 "소리는 듣지 못하더라")고 말한다. 그들은 음성을 듣기는 했지만, 그 음성이 무슨 말을 하는지를 이해하지는 못했다. 그들은 빛을 보긴 했지만, 바울에게 말씀하신 분을 보지는 못했다. 사도행전에 나오는 바울의 회심에 관한 기사들(9장; 22장; 26장) 중에서 바울이 다메섹으로 가는 길에서 사람의 모습을 한 어떤 존재를 보았다고 말하는 부분은 하나도 없고, 오직 빛을 보았고 음성을 들었다고만 말할 뿐이다. 회심 기사들은 주목할 만한 정도로 비슷하고 서로 모순되는 것이 전혀 없다. 세부적인 부분의 차이들은 단지 이 회심 이야기를 누가 어떤 상황에서 어떠한 계기와 이유로 말하는가에 따라 생겨난 것일 뿐이다. 누가와 바울이 일행에 대해 언급하는 주된 이유는, 이 사건의 진실성을 확증해줄 목격자들이 있다는 사실을 보여주려는 것이다(신 19:15; 마 18:16; 고후 13:1; 딤전 5:19; 히 10:28).

바울은 아나니아와의 만남에 관해 이야기할 때, 앞의 회심 기사에 나오지 않은 세부적인 부분들을 언급한다. 사도행전 내러티브 중 9장의 회심 기사는 박해를 통한 교회의 성장을 강조하고 있기에, 그에 걸맞게 아나니아가 바울과 만나기를 경계하고 주저하는 것을 부각시킨다. 반면에 이 부분은 바울이 예수님을 통해 하나님의 계시를 받은 경험과 그가 받은 사명이 그리스도를 증언하는 증인이라는 것에 더 직접적으로 초점을 맞춘다. 바울은 아나니아가 "율법에 따라 경건한 사람"으로서, 다메섹에 사는 모든 유대인 가운데서 평판이 좋은 인물이었다고 말한다(22:12). 이 언급은 바울의 회심 이야기의 정통성을 강조하고, 또한 그 이야기를 다시 한 번 확증하는 역할도 한다. 만일 바울이 하늘로부터 온 하나님의 임재를 경험하고 음성을 들었다는 것에 대해 여전히 의심이 들지라도, 아나니아가 바울에게 해준 말에 의해 그 의심은 제거된다. 9:11-16에는 아나니아가 주님으로부터 바울에게 전하라고 지시받은 말씀이 나오는데, 22장의 기록에는 그 말씀에 좀 더 세부적인 내용들이 추가되어 있다. 바울의 말에 따르면, 아나니아는 바울이 다메섹으로 오는 길에 경험한 것에 관해 그 일이 다름 아니라 조상들과 언약을 맺으신 하나님을 만난 것이고 그 하나님이 약속된 메시아(의인, 22:14)를 그에게 계시하셨으며, 바울을 메시아의 증인으로 삼으셨다고 설명해 주었다.

이 본문은 바울이 회심한 것인가, 아니면 단순히 예수님을 메시아로 받아들임으로써 진정으로 신실한 유대인이 되는 바른 길로 들어서게 된 것인가 하는 문제에 대해 아주 명확하게 대답한다. 아나니아는 바울에게 예수님의 이름으로 세례를 받고 죄 사함을 받으라고 지시한다(22:16). 얼마

전까지만 해도 율법에 열심을 내어 그리스도인들을 죽이는 데 앞장선 삶을 살았던 바리새인 사울에게 주님이 주신 메시지는, 베드로가 오순절에 모여 있던 사람들에게 제시한 대답과 동일한 것이었다. "너희가 회개하여 각각 예수 그리스도의 이름으로 세례를 받고 죄 사함을 받으라"(2:38).

사도행전에 언급된 회심과 바울의 다메섹 경험을 하나로 묶어주는 공통점이 있다. 오순절 사건이 있고 나서 얼마 되지 않은 때에 베드로는 유대인 관리들 앞에 서서, "다른 이로써는 구원을 받을 수 없나니 천하 사람 중에 구원을 받을 만한 다른 이름을 우리에게 주신 일이 없음이라"(4:12)고 선언한다. 아나니아는 구원을 받으라 대신 "너의 죄를 씻으라"(22:16)고 말하는데, 이것은 구원을 가리키는 또 다른 방식이다. 유대인이든 이방인이든 불신앙으로부터 돌이켜서 회심하여 예수님을 믿게 된 것을 보여주는 '예수님의 이름으로'라는 그 표현이, 바울이 그의 회심 이야기를 증언할 때도 어김없이 등장한다. 바울의 회심 이야기는 하나님과 동행하는 삶에 관한 이야기가 아니라, 한 죄인이 예수님의 이름으로 구원을 받은 것에 관한 이야기다.

바울은 계속해서 전에는 드러나지 않았던 사건들을 밝힌다(22:17-19). 바울이 성전에서 경험한 황홀경 상태("황홀한 중에", 17절)는, 그가 믿는 자로서 예루살렘을 첫 번째로 방문한 시기에 일어났을 것임이 거의 틀림없다(9장). 구속사 속에서 성전 시대는 이미 끝났지만, 성전은 여전히 예루살렘의 그리스도인들을 위한 구심점이었다. 하지만 바울이 주님께로부터 직접 말씀을 받은 것과 그 일이 성전에서 일어났다는 것 사이에는 특별한 연관관계가 존재하지 않는다. 이 경우를 제외하고는 바울이 받은 모든 특별 계시는 예루살렘 이외의 지역들에서 주어졌다. 사도행전에서 한 가지 분명한 사실은, 하나님은 예루살렘 성전에서만이 아니라 어디에서나 역사하신다는 것이다.

그러나 바울이 환상 가운데 주님의 말씀을 들은 일이 성전 안에서 일어났다는 사실은, 유대인 청중에게는 중요했을 것이다. 유대인들은 성전을 사람들이 하나님의 말씀을 받을 수 있는 곳으로 인식하고 있었기 때문이다. 더 중요한 것은 유대인들이 바울이 성전을 비방하는 말을 하고 다녔다고 고발했다는 것이다(21:28). 다른 사도들과 마찬가지로 바울은 성전을 비방하는 말을 하지 않았다. 하지만 사도들과 바울은 하나님이 성전에만 계시지 않을 뿐더러, 이제는 더이상 성전에 거하시지 않는다고 가르쳤다. 하나님은 사람이 지은 건물들에서 살지 않으시고, 옛 언약의 시대는 하나님의 약속이 메시아 예수 안에서 성취됨으로써 끝났기 때문에, 그 언약에 속해 있는 성전의 시대도 끝났다. 따라서 예루살렘 성전을 숭배하는 것은 사실상 일종의 우상숭배다. 이제 바울과 사도들은 감옥이나(5:19-20), 지붕 위나(10:9-20), 예루살렘과 그 성전으로부터 멀리 떨어진 곳을 여행하는 동안이나(13:2), 어디에서나 하나님께로부터 오는 말씀을 듣고 있다. 또한 주님은 메시아 예수를 믿는 사람들에게 사도들을 통해서 말씀하신다. 예수님이 오심으로써, 성전과 그곳에서 행해진 모든 것과 제사장들과 이스라엘의 지도자들의 유효기간은 끝났다.

이것은 사도행전에서 바울이 황홀경 상태를 경험한 것에 관한 유일한 묘사가 아니다. 베드로도 욥바에 있을 때 묵고 있던 집의 지붕 위에서 부정한 짐승들이 보자기에 싸여 하늘로부터 내려오는 환상을 보는 비슷한 경험을 했다(10:10-16). 베드로의 환상은 이제는 모든 것이 깨끗해서 먹을 수 있다는 것을 보여주는 것이었지만, 그 궁극적인 의미는 고넬료를 시작으로 해서 이방인들이 새 언약의 하나님 백성으로 온전히 받아들여져야 한다는 것이었다. 마찬가지로, 바울이 성전에서 황홀경 상태 가운데 받은 주님의 말씀은 그를 이방인들에게로 보내시겠다는 것이었다. 우리는 이방인들이 하나님의 백성으로 온전히 받아들여진 것을 당연시하지만, 그렇게 되기 위해서는 처음에 특별 계시가(그리고 오랜 세월에 걸친 증거, 논쟁, 좌절, 인내가) 필요했다.

바울은 교회를 박해했던 자신의 지난날을 결코 잊을 수 없었다(갈 1:13-14; 빌 3:6; 딤전 1:13). 그는 늦게나마 하나님의 백성이 되긴 했지만, "하나님의 교회를 박해하였으므로"(고전 15:9) 스스로를 하나님의 백성이 될 자격이 전혀 없는 자이자 사도 중에서 가장 작은 자로 여겼다. 그래서 그는 예수님을 믿고 나서 초기에 그리스도인들이 자기를 어떻게 생각할지에 대해 우려하였는데, 이것은 우리가 충분히 이해할 수 있는 일이다. 전에는 믿는 자들을 박해하고 죽이려던 자가 지금은 복음을 전하게 되었다(갈 1:23). 또한 바울은 틀림없이 전에 동료였던 유대인들이 자기를 어떻게 생각할지도 잘 알고 있었을 것이다. 주님은 바울에게 유대인들이 그의 말을 듣지 않을 것이기 때문에 예루살렘을 떠나라고 경고하셨는데(행 22:18), 이때 그는 유대인들이 자기를 거부하는 이유를 정확하게 알고 있다는 듯이 대답한다. 다시 말해, 바울은 그들이 자기를 위선자로 생각할 것임을 알고 있었다. 바울은 사실상 다음과 같이 대답한 것이다. "물론 그들은 나를 배척할 것이고, 나는 그 이유를 압니다. 전에 내가 그들 중 한 사람이 되어서 주님의 백성을 박해하고 죽이려 했으며, 그들이 스데반을 죽일 때 내가 그 일을 기뻐했다는 것을 그들이 다 알고 있기 때문입니다"(참고. 22:19-20).

바울이 이런 사건들을 특별히 유대인 청중에게 들려준 이유는, 그의 이전의 삶이 그가 이방인의 사도가 되어 일하다가 예루살렘에서 체포되는 것으로 사역을 마감하게 될 것임을 알려주는 섭리적인 역할을 했기 때문이다. 교회를 박해한 바울의 전력에 비추어보았을 때, 바울과 마찬가지로 주님도 예루살렘과 이스라엘이 바울의 최선의 선교지가 아니라는 것을 알고 계셨다. 그래서 바울은 이방인에게로 갔다(22:21). 그리고 이방인들 가운데서 행한 사역으로 말미암아 결국 유대인들에게 고발 당하였다. 바울은 교회를 박해하는 것으로 시작해서 회심 후에는 이방인의 사도가 되었고, 주로 이방인들 가운데서 행한 사역 때문에 유대인들의 박해를 받게 되었다. 바울은 그를 고발하는 자들을 향해 주님이 그에게 이방인들에게 가라고 말씀하셨을 뿐만 아니라, 이방인들을 상대로 한 사역의 배후에 주님이 계셨다는 것을 분명하게 밝힌다.

바울이 이방인들에 대한 사역을 언급하자, 무리는 더 참고 들어줄 수 없었다. 바울에 대한 그들의 평결은 분명했다. 바울은 죽어 마땅하다(22:22). 그들은 광분하여 옷을 벗어 던지고 티끌을 공중에 날렸다. 이런 행동들이 우리에게는 이상하게 보이지만, 유대인들의 문화에서는 탄식과 정죄와 분노를 표현하는 방식이었다(22:23). 천부장은 무리를 진정시키려고 했지만, 그의 일차적인 목표는 바울을 채찍질해서 이 소동의 진상을 알아내는 것이었다. 하지만 여기서 다시 한 번 바울의 로마 시민권이 그의 목숨을 구해준다(참고. 16:37-40). 재판을 해서 유죄판결이 나기 전에 로마 시민을 채찍질하는 것은 불법이었다. 천부장과 군인들은 로마 시민을 불법적으로 채찍질한 결과가 어떤 것인지를 알고 있었기 때문에, 바울을 때려서 심문하려던 계획을 중단하고 물러간다.

응답

이 단락에 나오는 이야기는, 극심한 박해 속에서도 하나님이 섭리로 바울을 보호하시고 그에게 가지신 목적을 이루어나가시는 것을 잘 보여준다. 광분한 유대인 무리는 바울에 대해 언약을 파괴한 자요 이스라엘을 배신한 반역자로 규정하여 죽이려고 한다. 이 폭도는 언약의 율법은 전혀 아랑곳하지 않은 채 바울을 심문하고 재판하는데도 (전에 공회 앞에 서신 예수님께도 그러했듯이) 아무런 가책도 느끼지 않는다. 유대인들의 친구가 아니었던 로마의 천부장은 바울을 고문해서 정확한 진상을 캐내기 위해 그를 유대인 폭도의 손에서 건져낸다. 그런 후에 로마의 백부장이 바울을 심문하기 위해 채찍질하려고 하자, 바울은 자신이 로마 시민이라는 것을 밝힘으로써 털끝 하나 다치지 않게 된다. 이 모든 일이 일어난 원인은 메시아이자 주님이신 나사렛 예수께서 교회의 박해자였던 사울에게 구약성경에서 하나님의 현현을 연상시키는 방식으로 자신을 나타내셨기 때문이다. 그리고 주님은 나중에 환상 가운데서 바울에게 이방인에게로 가서 자기를 증언하라고 말씀하신다. 지혜로우신 하나님이 아니고서는 어느 누구도 이런 계획을 생각해 낼 수 없을 것이다.

22:30 이튿날 천부장은 유대인들이 무슨 일로 그를 고발하는지 진상을
알고자 하여 그 결박을 풀고 명하여 제사장들과 온 공회를 모으고 바
울을 데리고 내려가서 그들 앞에 세우니라
23:1 바울이 공회를 주목하여 이르되 여러분 형제들아 오늘까지 나는
범사에 양심을 따라 [1]하나님을 섬겼노라 하거늘 2 대제사장 아나니아
가 바울 곁에 서 있는 사람들에게 그 입을 치라 명하니 3 바울이 이르
되 회칠한 담이여 하나님이 너를 치시리로다 네가 나를 율법대로 심
판한다고 앉아서 율법을 어기고 나를 치라 하느냐 하니 4 곁에 선 사
람들이 말하되 하나님의 대제사장을 네가 욕하느냐 5 바울이 이르되
형제들아 나는 그가 대제사장인 줄 알지 못하였노라 기록하였으되 너
의 백성의 관리를 비방하지 말라 하였느니라 하더라
6 바울이 그 중 일부는 사두개인이요 다른 일부는 바리새인인 줄 알고
공회에서 외쳐 이르되 여러분 형제들아 나는 바리새인이요 또 바리
새인의 아들이라 죽은 자의 소망 곧 부활로 말미암아 내가 심문을 받
노라 7 그 말을 한즉 바리새인과 사두개인 사이에 다툼이 생겨 무리가
나누어지니 8 이는 사두개인은 부활도 없고 천사도 없고 영도 없다 하

고 바리새인은 다 있다 함이라 9 크게 떠들새 바리새인 편에서 몇 서
기관이 일어나 다투어 이르되 우리가 이 사람을 보니 악한 것이 없도
다 혹 영이나 혹 천사가 그에게 말하였으면 어찌 하겠느냐 하여 10 큰
분쟁이 생기니 천부장은 바울이 그들에게 찢겨질까 하여 군인을 명하
여 내려가 무리 가운데서 빼앗아 가지고 영내로 들어가라 하니라
11 그날 밤에 주께서 바울 곁에 서서 이르시되 담대하라 네가 예루살
렘에서 나의 일을 증언한 것 같이 로마에서도 증언하여야 하리라 하
시니라

22:30 But on the next day, desiring to know the real reason why he was
being accused by the Jews, he unbound him and commanded the chief
priests and all the council to meet, and he brought Paul down and set
him before them.

23:1 And looking intently at the council, Paul said, “Brothers, I have
lived my life before God in all good conscience up to this day.” 2 And
the high priest Ananias commanded those who stood by him to strike
him on the mouth. 3 Then Paul said to him, “God is going to strike you,
you whitewashed wall! Are you sitting to judge me according to the
law, and yet contrary to the law you order me to be struck?” 4 Those
who stood by said, “Would you revile God’s high priest?” 5 And Paul
said, “I did not know, brothers, that he was the high priest, for it is
written, ‘You shall not speak evil of a ruler of your people.’”

6 Now when Paul perceived that one part were Sadducees and the other
Pharisees, he cried out in the council, “Brothers, I am a Pharisee, a
son of Pharisees. It is with respect to the hope and the resurrection of
the dead that I am on trial.” 7 And when he had said this, a dissension
arose between the Pharisees and the Sadducees, and the assembly
was divided. 8 For the Sadducees say that there is no resurrection, nor

angel, nor spirit, but the Pharisees acknowledge them all. 9 Then a great
clamor arose, and some of the scribes of the Pharisees' party stood up
and contended sharply, "We find nothing wrong in this man. What if a
spirit or an angel spoke to him?" 10 And when the dissension became
violent, the tribune, afraid that Paul would be torn to pieces by them,
commanded the soldiers to go down and take him away from among
them by force and bring him into the barracks.
11 The following night the Lord stood by him and said, "Take courage,
for as you have testified to the facts about me in Jerusalem, so you must
testify also in Rome."

12 날이 새매 유대인들이 당을 지어 맹세하되 바울을 죽이기 전에는
먹지도 아니하고 마시지도 아니하겠다 하고 13 이같이 동맹한 자가 사
십여 명이더라 14 대제사장들과 장로들에게 가서 말하되 우리가 바울
을 죽이기 전에는 아무 것도 먹지 않기로 굳게 맹세하였으니 15 이제
너희는 그의 사실을 더 자세히 물어보려는 척하면서 공회와 함께 천
부장에게 청하여 바울을 너희에게로 데리고 내려오게 하라 우리는 그
가 가까이 오기 전에 죽이기로 준비하였노라 하더니
16 바울의 생질이 그들이 매복하여 있다 함을 듣고 와서 영내에 들어
가 바울에게 알린지라 17 바울이 한 백부장을 청하여 이르되 이 청년
을 천부장에게로 인도하라 그에게 무슨 할 말이 있다 하니 18 천부장
에게로 데리고 가서 이르되 죄수 바울이 나를 불러 이 청년이 당신께
할 말이 있다 하여 데리고 가기를 청하더이다 하매 19 천부장이 그의
손을 잡고 물러가서 조용히 묻되 내게 할 말이 무엇이냐 20 대답하되
유대인들이 공모하기를 그들이 바울에 대하여 더 자세한 것을 묻기
위함이라 하고 내일 그를 데리고 공회로 내려오기를 당신께 청하자
하였으니 21 당신은 그들의 청함을 따르지 마옵소서 그들 중에서 바울

을 죽이기 전에는 먹지도 않고 마시지도 않기로 맹세한 자 사십여 명
이 그를 죽이려고 숨어서 지금 다 준비하고 당신의 허락만 기다리나
이다 하니 22 이에 천부장이 청년을 보내며 경계하되 이 일을 내게 알
렸다고 아무에게도 이르지 말라 하고
23 백부장 둘을 불러 이르되 밤 제 삼 시에 가이사랴까지 갈 보병 이백
명과 기병 칠십 명과 창병 이백 명을 준비하라 하고 24 또 바울을 태
워 총독 벨릭스에게로 무사히 보내기 위하여 짐승을 준비하라 명하며
25 또 이 아래와 같이 편지하니 일렀으되
26 글라우디오 루시아는 총독 벨릭스 각하께 문안하나이다 27 이 사람
이 유대인들에게 잡혀 죽게 된 것을 내가 로마 사람인 줄 들어 알고
군대를 거느리고 가서 구원하여다가 28 유대인들이 무슨 일로 그를 고
발하는지 알고자 하여 그들의 공회로 데리고 내려갔더니 29 고발하는
것이 그들의 율법 문제에 관한 것뿐이요 한 가지도 죽이거나 결박할
사유가 없음을 발견하였나이다 30 그러나 이 사람을 해하려는 간계가
있다고 누가 내게 알려 주기로 곧 당신께로 보내며 또 고발하는 사람
들도 당신 앞에서 그에 대하여 말하라 하였나이다 하였더라
31 보병이 명을 받은 대로 밤에 바울을 데리고 안디바드리에 이르러
32 이튿날 기병으로 바울을 호송하게 하고 영내로 돌아가니라 33 그들
이 가이사랴에 들어가서 편지를 총독에게 드리고 바울을 그 앞에 세
우니 34 총독이 읽고 바울더러 어느 영지 사람이냐 물어 길리기아 사
람인 줄 알고 35 이르되 너를 고발하는 사람들이 오거든 네 말을 들으
리라 하고 헤롯 궁에 그를 지키라 명하니라
12 When it was day, the Jews made a plot and bound themselves by
an oath neither to eat nor drink till they had killed Paul. 13 There were
more than forty who made this conspiracy. 14 They went to the chief
priests and elders and said, “We have strictly bound ourselves by an
oath to taste no food till we have killed Paul. 15 Now therefore you,

along with the council, give notice to the tribune to bring him down to
you, as though you were going to determine his case more exactly. And
we are ready to kill him before he comes near."
16 Now the son of Paul's sister heard of their ambush, so he went and
entered the barracks and told Paul. 17 Paul called one of the centurions
and said, "Take this young man to the tribune, for he has something to
tell him." 18 So he took him and brought him to the tribune and said,
"Paul the prisoner called me and asked me to bring this young man to
you, as he has something to say to you." 19 The tribune took him by
the hand, and going aside asked him privately, "What is it that you
have to tell me?" 20 And he said, "The Jews have agreed to ask you to
bring Paul down to the council tomorrow, as though they were going to
inquire somewhat more closely about him. 21 But do not be persuaded
by them, for more than forty of their men are lying in ambush for him,
who have bound themselves by an oath neither to eat nor drink till they
have killed him. And now they are ready, waiting for your consent."
22 So the tribune dismissed the young man, charging him, "Tell no one
that you have informed me of these things."
23 Then he called two of the centurions and said, "Get ready two
hundred soldiers, with seventy horsemen and two hundred spearmen
to go as far as Caesarea at the third hour of the night.[1] 24 Also provide
mounts for Paul to ride and bring him safely to Felix the governor."
25 And he wrote a letter to this effect:
26 "Claudius Lysias, to his Excellency the governor Felix, greetings.
27 This man was seized by the Jews and was about to be killed by them
when I came upon them with the soldiers and rescued him, having
learned that he was a Roman citizen. 28 And desiring to know the

charge for which they were accusing him, I brought him down to their
council. 29 I found that he was being accused about questions of their
law, but charged with nothing deserving death or imprisonment. 30 And
when it was disclosed to me that there would be a plot against the man,
I sent him to you at once, ordering his accusers also to state before you
what they have against him."
31 So the soldiers, according to their instructions, took Paul and brought
him by night to Antipatris. 32 And on the next day they returned to the
barracks, letting the horsemen go on with him. 33 When they had come
to Caesarea and delivered the letter to the governor, they presented Paul
also before him. 34 On reading the letter, he asked what province he was
from. And when he learned that he was from Cilicia, 35 he said, "I will
give you a hearing when your accusers arrive." And he commanded
him to be guarded in Herod's praetorium.

1) 헬, 하나님께 백성 노릇 하였노라

1 That is, 9 p.m.

단락 개관

바울이 공회 앞에서 자신을 변호함

로마의 천부장은 유대인들이 바울을 고발하는 진상을 알기 위해 그를 공회로 데려간다. 곧바로 대제사장(아나니아)과 바울이 충돌한다. 대제사장은 바울을 치라고 명령하고, 바울은 대제사장이 율법을 시행하는 지위에 있으면서도 율법을 알지 못한다는 의미로 "회칠한 담"(행 23:3)이라고 부르며 응수한다. 바울은 자기가 재판을 받게 된 이유가 부활 교리를 믿기 때문이라는 것을 강조한다. 그는 부활을 언급함으로써 바리새파와 사두개파로 이루어진 공회를 분열시킨다. 이로 인해 공회는 부활이 있다고 믿는 바리새인들과 부활을 부정하는 사두개인들로 찢어져서 서로 논쟁을 벌이게 되었고, 바리새인들은 바울에게 죄가 없다고 말한다. 앞의 장들에서와 마찬가지로 여기서도 세 번째로 로마의 천부장이 공회가 논쟁하는 와중에 바울을 구해 영내로 돌아온다.

한편, 대제사장들 및 유대의 장로들과 결탁한 40명의 무리는 공회가 로마인들을 속여서 바울을 다시 공회로 데려오기만 하면 자신들이 중간에서 그를 습격하여 죽이겠다고 맹세한다(23:12-15). 하지만 바울의 생질이 로마의 백부장에게 이 음모를 알리고, 그 밤에 천부장은 470명이나 되는 보병과 기병과 창병으로 호위대를 꾸려서 당시 유대 총독으로 있던 벨릭스에게 바울을 보낸다(23:22-24). 벨릭스는 바울에 관해 쓴 천부장의 편지를 읽고, 바울과 그를 고발한 자들을 심문하기로 결정한다(23:25-35).

단락 개요

II. D. 바울이 공회 앞에서 자신을 변호함(22:30-23:35)
- 1. 바울이 자기를 고발한 자들에게 말함(22:30-23:11)
- 2. 유대인들이 바울을 죽이기로 맹세함(23:12-35)

주석

22:30-23:11 | 바울이 자기를 고발한 자들에게 말함 로마 천부장은 이 소동의 진상을 알아내기 위해 바울을 제사장들과 공회 앞으로 데려간다(22:30). 이는 바울을 위한 것이 아니라 천부장 자신을 위한 것이었다. 그는 전날에 로마 시민을 채찍질하는 실수를 저지를 뻔했으나(실제로 그렇게 했더라면 틀림없이 처벌을 받았을 테지만), 그래도 자신이 해야 할 직무가 있었기 때문에 이 소동의 진상을 알기 위해 바울을 공회로 데려갔다. 또한 그가 바울을 안전하게 지킨 것도 자신을 위한 것이었다. 마찬가지 이유로 그는 공회가 두 파로 쪼개져서 분위기가 험악해졌을 때 바울을 다시 영내로 데려온다(23:10). 이렇게 이방인의 사도는 이방인에 의해 그의 동포로부터 보호를 받는다.

바울은 공회 앞에 가서 다음과 같은 취지의 말을 한다. "나는 당신들이 나에 대해 제기한 모든 고발에 대해 결백하다. 나는 하나님이 내게 하라고 하신 일을 했을 뿐이다"(참고. 23:1). 이것은 바울이 모든 것을 완전무결하게 행해왔다고 주장한 것이 아니라, 단지 하나님께로부터 부르심을 받았고 그 부르심을 충실하게 수행해왔다고 말한 것일 뿐이다. 그러나 대제사장 아나니아는 바울을 언약과 유대 백성과 그들의 전통을 배신한 반역자로 여기고 아무것도 들으려 하지 않았다. 그는 바울의 그런 말을 신성모독이라고 보고, 수하들에게 바울의 입을 치라고 명령한다(23:2).

바울은 아나니아를 "회칠한 담"(23:3)이라고 부르며 응수한다. 예수님은 특히 서기관들과 바리새인들을 가리켜 "회칠한 무덤"(마 23:27)이라고 하셨고, 세례 요한은 바리새인들과 사두개인들을 "독사의 자식들"(마 3:7)이라고 불렀다. 세례 요한과 예수님은 신앙을 저버리고 부패한 유대 지도자들을 규탄한 신실한 유대인들의 계보에 굳건히 서 있었다(예컨대, 렘 12:10; 겔 34:8, 10; 슥 10:3). 하지만 예수님은 그분을 고발한 자들 앞에서 그들이 가하는 모욕과 비방과 야만적인 대우에 대꾸하지 않고 침묵하기도 하셨다. 바울도 "모욕을 당한즉 축복하고 박해를 받은즉 참고 비방을 받은 즉 권면하니"(고전 4:12-13)라고 썼다. 따라서 바울이 보인 두 가지 반응(행 23:3, 5)은 성경적인 근거가 있는 것으로 보인다.

바울의 이러한 두 가지 반응에 대한 납득할만한 해석은 다음과 같다. 바울이 처음에는 화가 많이 나서 아나니아를 보고 '회칠한 담'이라고 과격한 표현을 쓰는 잘못을 저질렀지만, 나중에 아나니아가 대제사장임을 알고서는 자신의 잘못을 인정했다는 것이다. 또 다른 해석이 좀 더 설득력이 있어 보이는데, 바울이 유대 종교 지도자인 아나니아에게 회칠한 담이라고 한 것은 화가 나서 뱉어낸 모욕적인 말이 아니라, 앞에서 인용된 예수님의 말씀처럼 강력한 심판과 정죄의 말이었다는 것이다.[91] 즉, 바울은 유대 당국자들의 위선과 불신앙에 담대하게 맞서서, 이스라엘의 부패한 통치자들과 제사장들과 선지자들에게 경고했던 구약의 참 선지자들처럼 대제사장을 향해 정당한 심판의 말을 한 것이다. 구약성경은 하나님에 대해 신실하게 행하여 하나님 백성의 목자라는 역할을 충실하게 수행해야 할 자들이 실제로는 그렇게 하지 않을 때, 선지자들이 이런 강력한 언어로 경고하고 심판의 말을 전했음을 번번하게 보여준다(예컨대, 렘 2:8; 10:21; 23:1-2; 겔 34:2-10).

독자들은 바울이 자기에게 말한 사람이 대제사장 아나니아인 것을 몰랐다고 말한 것에 대해 의아해할 수 있다(행 23:5). 어떤 학자들은 바울이 갈라디아서 4:15에서 한 말이나, 고린도후서 12:7에서 그의 "육체에 가시"라고 언급한 것에 근거하여 그의 시력이 좋지 않아서 알아보지 못했을 것이라고 주장한다. 어떤 학자들은 바울이 반어법으로 말하는 것이라고 주장한다. 즉, 바울은 자기에게 말한 사람이 대제사장 아나니아임을 잘 알고 있었지만, 당시의 제사장들이 부패했고 아나니아가 바울의 메시지를 거부했기 때문에 이렇게 비꼬아 말함으로써 그의 권위를 인정하기를 거부했다는 것이다. 하지만 이것은 바울이 출애굽기 22:28을 인용한 것과 부합하

91 Polhill, *Acts*, 468.

지 않는 것으로 보인다.[92] 또 어떤 학자들은 바울이 아나니아가 대제사장이었음을 정말 몰랐던 것이라고 주장한다. 그는 8년 혹은 그 이상 오랫동안 예루살렘을 떠나있었다. 그래서 당시에 누가 유대 종교 지도자들을 이끄는 대제사장인 줄을 알지 못했을 것이다. 게다가 아나니아의 복장이 공회에 속한 다른 사람들과 다르지 않았다는 것도 바울이 알아보지 못한 이유가 되었을 것이다. 이러한 해석은 본문을 있는 그대로 가장 단순하게 이해할 수 있다는 이점이 있기 때문에 최선의 해석으로 여겨진다.

바울이 그 다음으로 한 영리하고도 영악한 행동은 그의 비범함을 보여준다. 그는 한때 바리새인들 중의 바리새인이었기 때문에(참고. 빌 3:5), 유대 종교 지도층 내부의 정치적인 상황을 알고 있었다. 그는 그곳에 사두개인들과 바리새인들이 함께 있다는 것을 포착하고, 어떻게 해야 이 위기를 모면할 수 있을지 정확히 파악했다. 바리새인들은 전통을 중시하는 보수주의자들이었기 때문에 율법과 그들의 전통을 고수하고자 했다. 예외적인 사람들도 있었지만, 그들은 주로 율법을 아주 고집스럽게 지키려고 했으며, 하나님에 대한 헌신이나 충성 없이 율법만 꼼꼼하게 지키려 한다는 이유로 신약성경에서 비판과 정죄를 받는다. 예수님은 바리새인들을 가리켜 옛적에 참 선지자들을 죽이고 박해한 자들과 같은 부류에 속한 자들이라고 말씀하셨다(마 23장). 성경에서 가장 지엄한 정죄들 중 몇몇은 바리새인들에게 가해진 것이다. 하지만 그들은 율법을 알았고, 장차 사람들이 육체로 부활할 것을 굳게 믿었다.

사두개인들은 헬라화되었고 부유하면서 기본적으로 세속적인 유대인들로, 제사장단을 장악하였고 적어도 로마 제국이 허용하는 한도 내에서 정치권력을 누리고 있었다. 그들은 이러한 높은 수준의 부와 특권을 누리기 위해서 부활이나 천사나 영들의 존재 같은 정통적인 신앙의 많은 요소를 버렸다(행 23:8; 눅 20:27).

92 Peterson, *Acts*, 614.

바울은 바리새인들과 사두개인들을 분열시킬 첨예한 문제인 육체의 부활을 단도직입적으로 거론하며, 자기가 지금 이 문제 때문에 심문을 받고 있다고 말한다. 그러자 "바리새인 편에서 몇 서기관이"(행 23:9) 바울을 옹호하고 나섰는데, 이것은 바울이 옳다고 확신했기 때문이 아니라 사두개인들에게 반감을 가졌기 때문이다. 이렇게 해서 두 번째로(참고. 5:33-40) 바리새인들은 그들이 모르는 사이에 복음을 보호하는 수단이 된다. 또한 로마 당국자들도 계속 바울을 보호해준다. 바리새인들과 사두개인들 사이에 큰 분쟁이 생겨서 분위기가 험악해지자, 천부장은 바울이 해를 입지 않도록 보호한다(23:10).

이렇게 한 바탕 소동이 휩쓸고 지나간 후에, 그리스도께서 바울에게 나타나 다음과 같이 말씀하시며 바울의 결심에 힘을 더하신다. "담대하라 네가 예루살렘에서 나의 일을 증언한 것 같이 로마에서도 증언하여야 하리라"(23:11). 이 말씀은 19:21에서 바울이 그의 부르심에 대해 이해한 바가 옳다는 것을 확증하며, 9:15에서 그리스도께서 그의 사명에 관해 아나니아에게 주신 말씀을 다시 한 번 확인해준다. 아가보 같은 선지자들의 선의의 경고, 친구들의 만류, 유대인들의 음모와 흉계, 로마 제국 전체의 권세, 바다의 힘에 의한 방해에도 불구하고 바울에게는 주님이 주신 사명이 있었고 그 사명은 반드시 이루어질 것이다.

23:12-35 | 유대인들이 바울을 죽이기로 맹세함 40명이 넘는 유대인들이 바울을 죽일 때까지는 먹지도 않고 마시지도 않겠다고 맹세한다(12-14절, 분명히 이 사람들은 굶어죽었거나 그들의 맹세를 깨뜨릴 수밖에 없었을 것이다!). 그들은 바울이 예수님과 모세 율법에 관해 가르친 것에 대해서는 율법을 어겼다고 격분하면서도, 정작 자신들이 바울을 죽이려고 하여 율법을 어기는 것에 대해서는 눈 하나 깜짝하지 않았다. 심지어 그들은 공회로 하여금 불의한 짓을 하도록 부추기고(15절), 공회도 그들의 부추김에 동조한다(20절). 이것은 외부에 속한 한 무리의 급진주의자들이 꾸민 음모가 아니라 유대 당국자들의 일부, 아니 그들 대부분이 지지하고 축복하여 이루어진 암

살 음모였다. 아마도 장로들, 특히 바리새인들 중 일부는 이 음모를 거부했을 것이다(23:14과 22:30에서 누가가 사용한 표현을 참조하라). 몇몇 바리새인들이 예수님께 헤롯 안디바가 죽이려 한다고 경고한 것(눅 13:31), 요한복음에서 바리새인이었던 니고데모와 아리마대 사람 요셉이 예수님을 지지한 것, 바리새인 가말리엘이 공회에서 그리스도인들에 관한 문제를 신중하게 다루어야 한다고 강력하게 촉구한 것(행 5:33-40), 사도행전 15:5이 바리새파 중에 어떤 믿는 사람들에 대해 언급한 것을 생각해보라. 하지만 분명히 그들은 공회에서 소수에 불과했다.

이런 일들은 배후에서 진행되지만, 동포 유대인들이 바울을 거부하는 이 대목은 분명히 사도행전 내러티브의 절정에 해당한다. 이 시점에 바울의 생질이 무대에 등장한다(23:16, 신약성경에서 바울의 가족이 유일하게 언급되는 부분이다). 바울과 그의 생질과 천부장의 대면은 일사천리로 이루어진다(18-22절). 이 생질이 바울을 죽이고자 하는 유대인들의 음모를 어떻게 알게 되었는지는 분명하지 않다. 다만 분명한 것은, 여기서 또 다시 하나님이 섭리를 통해 바울을 위험에서 구해내셨다는 것이다. 당시에 천부장을 비롯해서 이 지역에 파견되어 있던 로마 당국자들은 유대 지도자들과 바울에 대한 그들의 고발을 거의 신뢰하지 않은 듯하다. 그들은 바울의 신변이 심각하게 위협받고 있다고 판단해서, 이 로마 시민이 해를 입지 않도록 안전하게 지키기로 결정한다.

바울을 보호해야 한다고 판단한 천부장은 저녁 9시에 예루살렘에 주둔해 있던 병력의 절반이 넘는 대규모의 호위대를 구성해서 바울을 안디바드리까지 호송하게 하고, 그곳에서부터는 기병 칠십 명으로 하여금 바울을 가이사랴까지 호송하게 한다(23-24, 31-32절). 천부장은 무장한 호위대 편으로 벨릭스에게 편지를 보내 이 상황을 설명한다. 누가는 그의 기록이 그 편지를 정확히 인용한 것이 아니라, 바울이나 다른 출처로부터 받은 요약문임을 분명히 한다(25절). 이 편지의 주된 내용은 천부장이 바울을 벨릭스에게 보내는 이유를 설명하는 것이다. 천부장은 바울이 로마 시민이라는 것을 알고서 그를 유대인들로부터 구해냈다고 보고한다(27절). 어찌

보면 이 말은 옳다. 그런데 이 편지에는 사건의 전말이 압축되어 있지만, 천부장 루시아가 바울을 심문하기 위해 채찍질하려다가 바울이 로마 시민임을 밝힘으로써 이 사건의 전모가 밝혀졌다는 내용이 빠져 있다(22:23-24). 천부장 루시아가 폭도들에 의해 죽을 뻔했던 바울을 구해냈고, 나중에 암살 음모에 관해 듣고서 바울을 신속하게 벨릭스 총독에게 보냄으로써 다시 한 번 그의 목숨을 구해낸 것은 의심할 여지없이 사실이다. 이 편지에서 가장 중요한 것은 바울이 공식적으로 고발된 것이 아니라, 율법을 둘러싸고 유대인들 내부에서 벌어진 다툼으로 인해 이렇게 된 것이라고 천부장이 벨릭스에게 보고했다는 것이다.

천부장의 이러한 조치는 바울과 관련된 모든 책임을 총독에게 떠넘기는 동시에 바울을 동포 유대인들로부터 안전하게 지키는 것이었지만, 주님이 바울에게 로마에서 증언하게 될 것이라고 하신 약속을 성취하는 것이기도 했다(23:11). 23장의 끝부분에서 바울은 벨릭스 앞에 서게 된다. 벨릭스는 바울이 자신의 관할 아래 있게 된 것을 흡족하게 여기고(34-35절), 그를 고발한 유대인들이 도착하면 심문하겠다고 말한다. 이렇게 해서 바울은 앞으로 2년 동안 가이사랴에 머무르게 된다.

응답

바울의 투옥(이 시점부터 사도행전의 나머지 부분에서 바울은 갇힌 자로 등장한다)은, 우리 중 누군가가 인류 역사 속에서 가장 위대한 선교사이자 신학자의 전기를 쓰고자 했을 때 결코 상상할 수 없는 장면이다. 하나님의 길은 우리의 길과 다르며, 그분의 판단은 헤아릴 수 없고 그분의 길은 찾을 수 없다(롬 11:33). 이 말에 대한 증거가 필요하다면, 멀리 살필 것도 없고 사도행전을 읽는 것으로 충분하다. 로마서 11:33의 본문은, 이방인들이 교회 속으로 들어온 것과 유대인들이 메시아이신 예수님을 믿기를 거부했지만 결국에는 다시 돌아오게 되리라는 것을 바울이 깊이 묵상하고 가르친 후에 내린 결론이다. 하나님 아닌 어느 누가 이 같은 계획을 세울 수 있단 말인가?

우리는 이 이야기 속으로 직접 들어갈 필요가 있다. 초기 그리스도인들, 특히 바울에게 예루살렘으로 가지 말라고 눈물로 호소했던 모든 사람이 바울이 투옥되었다는 것과 예루살렘에서 겪은 일들에 관한 소식을 들었을 때 어떤 심정이었을지 깊이 생각해 보아야 한다. 그들은 예루살렘에서 바울에게 일어난 일들을 옛적에 선지자들에게도 일어났던 친숙하고 당연한 일로 여겨서 아무렇지 않게 생각하지 않았을 것이다. 오늘날 우리는 이 이야기를 이미 알고 있는 채로 읽지만, 결코 상상할 수 없던 이야기를 읽을 때 느끼는 경외감을 다시 회복하고 유지해야만 한다. 바울은 예수님께 받은 약속들이 있었고, 물론 그 약속들을 믿었다. 그리고 누가의 목표 중 하나는, 하나님이 언제나 신실하셔서 그분이 주신 약속과 사명을 반드시 이루신다는 사실을 보여주는 것이다. 그러므로 우리는 이 점을 강조하는 것이 옳다. 하지만 동시에 우리는 사도행전에서 보여주는 하나님의 계획은 우리가 상상도 할 수 없는 것이고 초기 그리스도인들도 전혀 예상할 수 없던 일이라는 사실을 깨달으며, 하나님의 지혜는 우리가 헤아릴 수 없는 것임을 다시금 깊이 묵상해야 마땅하다.

1 닷새 후에 대제사장 아나니아가 어떤 장로들과 한 변호사 더둘로와
함께 내려와서 총독 앞에서 바울을 고발하니라 2 바울을 부르매 더둘
로가 고발하여 이르되 3 벨릭스 각하여 우리가 당신을 힘입어 태평을
누리고 또 이 민족이 당신의 선견으로 말미암아 여러 가지로 개선된
것을 우리가 어느 모양으로나 어느 곳에서나 크게 감사하나이다 4 당
신을 더 괴롭게 아니하려 하여 우리가 대강 여짜옵나니 관용하여 들
으시기를 원하나이다 5 우리가 보니 이 사람은 전염병 같은 자라 천하
에 흩어진 유대인을 다 소요하게 하는 자요 나사렛 이단의 우두머리
라 6 그가 또 성전을 더럽게 하려 하므로 우리가 잡았사오니 [1](6하반-
8상반 없음) 8 당신이 친히 그를 심문하시면 우리가 고발하는 이 모든
일을 아실 수 있나이다 하니
9 유대인들도 이에 참가하여 이 말이 옳다 주장하니라
10 총독이 바울에게 머리로 표시하여 말하라 하니 그가 대답하되 당
신이 여러 해 전부터 이 민족의 재판장 된 것을 내가 알고 내 사건에
대하여 기꺼이 변명하나이다 11 당신이 아실 수 있는 바와 같이 내가
예루살렘에 예배하러 올라간 지 열이틀밖에 안 되었고 12 그들은 내가

성전에서 누구와 변론하는 것이나 회당 또는 시중에서 무리를 소동하
게 하는 것을 보지 못하였으니 13 이제 나를 고발하는 모든 일에 대하
여 그들이 능히 당신 앞에 내세울 것이 없나이다 14 그러나 이것을 당
신께 고백하리이다 나는 그들이 이단이라 하는 도를 따라 조상의 하
나님을 섬기고 율법과 선지자들의 글에 기록된 것을 다 믿으며 15 그
들이 기다리는 바 하나님께 향한 소망을 나도 가졌으니 곧 의인과 악
인의 부활이 있으리라 함이니이다 16 이것으로 말미암아 나도 하나님
과 사람에 대하여 항상 양심에 거리낌이 없기를 힘쓰나이다 17 여러
해 만에 내가 내 민족을 구제할 것과 제물을 가지고 와서 18 드리는 중
에 내가 결례를 행하였고 모임도 없고 소동도 없이 성전에 있는 것을
그들이 보았나이다 그러나 아시아로부터 온 어떤 유대인들이 있었으
니 19 그들이 만일 나를 반대할 사건이 있으면 마땅히 당신 앞에 와서
고발하였을 것이요 20 그렇지 않으면 이 사람들이 내가 공회 앞에 섰
을 때에 무슨 옳지 않은 것을 보았는가 말하라 하소서 21 오직 내가 그
들 가운데 서서 외치기를 내가 죽은 자의 부활에 대하여 오늘 너희 앞
에 심문을 받는다고 한 이 한 소리만 있을 따름이니이다 하니

1 And after five days the high priest Ananias came down with some
elders and a spokesman, one Tertullus. They laid before the governor
their case against Paul. 2 And when he had been summoned, Tertullus
began to accuse him, saying:
"Since through you we enjoy much peace, and since by your foresight,
most excellent Felix, reforms are being made for this nation, 3 in every
way and everywhere we accept this with all gratitude. 4 But, to detain[1]
you no further, I beg you in your kindness to hear us briefly. 5 For we
have found this man a plague, one who stirs up riots among all the Jews
throughout the world and is a ringleader of the sect of the Nazarenes. 6 He
even tried to profane the temple, but we seized him.[2] 8 By examining him

yourself you will be able to find out from him about everything of which
we accuse him."
9 The Jews also joined in the charge, affirming that all these things were so.
10 And when the governor had nodded to him to speak, Paul replied:
"Knowing that for many years you have been a judge over this nation,
I cheerfully make my defense. 11 You can verify that it is not more than
twelve days since I went up to worship in Jerusalem, 12 and they did
not find me disputing with anyone or stirring up a crowd, either in the
temple or in the synagogues or in the city. 13 Neither can they prove to
you what they now bring up against me. 14 But this I confess to you, that
according to the Way, which they call a sect, I worship the God of our
fathers, believing everything laid down by the Law and written in the
Prophets, 15 having a hope in God, which these men themselves accept,
that there will be a resurrection of both the just and the unjust. 16 So I
always take pains to have a clear conscience toward both God and man.
17 Now after several years I came to bring alms to my nation and to
present offerings. 18 While I was doing this, they found me purified in
the temple, without any crowd or tumult. But some Jews from Asia—
19 they ought to be here before you and to make an accusation, should
they have anything against me. 20 Or else let these men themselves say
what wrongdoing they found when I stood before the council, 21 other
than this one thing that I cried out while standing among them: 'It is
with respect to the resurrection of the dead that I am on trial before you
this day.'"

22 벨릭스가 이 도에 관한 것을 더 자세히 아는 고로 연기하여 이르되
천부장 루시아가 내려오거든 너희 일을 처결하리라 하고 23 백부장에

게 명하여 바울을 지키되 자유를 주고 그의 친구들이 그를 돌보아 주
는 것을 금하지 말라 하니라 24 수일 후에 벨릭스가 그 아내 유대 여
자 드루실라와 함께 와서 바울을 불러 그리스도 예수 믿는 도를 듣거
늘 25 바울이 의와 절제와 장차 오는 심판을 강론하니 벨릭스가 두려
워하여 대답하되 지금은 가라 내가 틈이 있으면 너를 부르리라 하고
26 동시에 또 바울에게서 돈을 받을까 바라는 고로 더 자주 불러 같이
이야기하더라 27 이태가 지난 후 보르기오 베스도가 벨릭스의 소임을
이어받으니 벨릭스가 유대인의 마음을 얻고자 하여 바울을 구류하여
두니라

22 But Felix, having a rather accurate knowledge of the Way, put them
off, saying, "When Lysias the tribune comes down, I will decide your
case." 23 Then he gave orders to the centurion that he should be kept in
custody but have some liberty, and that none of his friends should be
prevented from attending to his needs.

24 After some days Felix came with his wife Drusilla, who was Jewish,
and he sent for Paul and heard him speak about faith in Christ Jesus.
25 And as he reasoned about righteousness and self-control and the
coming judgment, Felix was alarmed and said, "Go away for the
present. When I get an opportunity I will summon you." 26 At the same
time he hoped that money would be given him by Paul. So he sent for
him often and conversed with him. 27 When two years had elapsed,
Felix was succeeded by Porcius Festus. And desiring to do the Jews a
favor, Felix left Paul in prison.

1) 어떤 사본에는 24장 6절 하반절에서 8절 상반절에 다음 내용이 더 있다. "그래서 우리의 율법대로 재판하려고 했으나 [7] 천부장 루시아가 와서 그를 우리 손에서 강제로 빼앗아 갔나이다 [8] 그리고는 그를 고발하는 사람들에게 각하께 가라고 명하였나이다"

[1] Or *weary* [2] Some manuscripts add *and we would have judged him according to our law. [7] But the chief captain Lysias came and with great violence took him out of our hands, [8] commanding his accusers to come before you.*

24장

단락 개관

벨릭스 앞에 선 바울

아나니아와 그의 심복들은 예루살렘으로부터 와서, 바울이 "나사렛 이단"의 우두머리로서 폭동을 일으켰고(이 말은 벨릭스의 관심을 불러일으켰을 것이다) 성전을 모독했다고 고발한다(행 24:5-6). 그러자 바울은 자기가 그 도를 따르는 자라는 것을 공개적으로 인정하고서, 그렇기 때문에 사실은 유대인의 율법과 선지자들을 진정으로 따르는 자라고 말한다(14-15절). 또한 그는 자기가 폭동을 일으켰다거나 성전을 더럽혔다는 것은 거짓이라고 단호하게 부정한다(18절). 이렇게 심문이 끝나고 벨릭스는 바울을 다시 구금시킨다(23절).

벨릭스는 바울에게 호의적이었는데, 2년 동안 그를 구금해두고서는 자주 불러서 자기 아내와 함께 그에게서 그리스도인이 되는 것의 의미에 대해 듣는다. 하지만 벨릭스에게는 바울을 적극적으로 돕고자 하는 마음이 없었다. 그는 유대인들을 기쁘게 하려고 바울을 계속 가두어두고서, 바울이 자기에게 뇌물을 주기를 바랐다. 바울이 구금된 지 2년이 지나자, 임기를 마친 벨릭스를 대신해 베스도가 새로운 총독으로 부임했다(24-27절).

단락 개요

II. E. 벨릭스 앞에 선 바울(24:1-27)
　1. 바울이 자신을 변호함(24:1-21)
　2. 바울이 계속해서 구금됨(24:22-27)

주석

24:1-21 | 바울이 자신을 변호함 아나니아는 더둘로라는 변호사를 대동한다. 이름만 보면 더둘로는 이방인듯하지만, 아마도 헬라식 이름을 지닌 유대인이었을 것이다. 그의 어조와 표현들은 아부로 가득하다. 그는 벨릭스의 훌륭한 통치 아래에서 유대인들이 태평성대를 누리고 있는 것에 대해 감사하다고 말한다. 하지만 실상 벨릭스가 총독으로 있던 기간은 결코 태평성대가 아니었고, 유대인들은 그를 싫어하였다. 더둘로는 여느 변호사들처럼 재판장의 호의를 얻기 위해 입에 발린 소리를 했을 뿐이다. 바울을 고발하려는 그의 이러한 도입부는, 10절에서 벨릭스를 총독으로 인정하고서 이 고발에 대해 자신을 변호할 수 있는 기회를 준 것에 감사를 표하는 바울의 정중하고 진솔한 도입부와 비교된다(참고. 26:2-3, 25-29).

바울이 유대 공회 앞에서 심문을 받았을 때, 부활에 관한 문제로 인해 심문이 중단됐었다. 그래서 바울은 자기가 그 문제와 관련해서 재판을 받고 있다고 주장한다. 그러나 더둘로는 바울을 도처에서 폭동을 일으키고(5절) 나사렛 이단의 우두머리이며(5절), 성전을 모독했다(6절)는 세 가지 죄목으로 고발한다.

특별히 세 번째 죄목은 21:28에서 바울이 성전과 모세와 유대 백성을 비방하는 가르침을 전파하고 다녔다고 고발당한 것과 관련된다. 더둘로는 바울이 예루살렘에서 바로 그런 짓을 하고 있을 때 유대인들에게 붙잡힌 것이라고 주장한다. 다음 단락에 바울의 대답이 나오지만, 이 본문은 이미 세 번째 죄목을 입증할 증거가 전혀 없었다는 것을 분명히 밝힌다. 마찬가지로 첫 번째 죄목도 근거가 없는 것이었다. 바울이 수차례 폭동을 겪었고, 에베소나 고린도나 예루살렘에서 일어난 폭동의 원인이었을 수는 있지만, 그런 폭동들을 부추기거나 선동하지는 않았다. 이 모든 폭동에서 바울은 폭동을 일으킨 자들에게 아무 죄도 없이 희생당한 사람이었고, 만일 그때마다 정부 당국자들이 개입하지 않았더라면 이미 폭도들에 의해 죽임을 당했을 것이었다.

두 번째 죄목과 관련해서 누가는 유대인들이 나사렛 이단의 존재를 공식적으로 인정하고 단죄했음을 처음으로 기록한다. 유대인들은 나사렛 예수가 메시아를 참칭했다가 로마의 십자가 위에서 죽은 유대 민족의 원수라고 믿었으며, 그리스도인들이 나사렛 예수를 따르는 자들이었기 때문에 그리스도인들을 가리켜 나사렛당(개역개정에는 "나사렛 이단")이라고 불렀다. 더둘로는 바울이 이 이단에 속한 자일뿐만 아니라, 이 이단을 이끄는 우두머리라고 고발한다. 이것은 유대인들조차도 아직 기독교를 하나의 독립적인 종교로 여기지 않았다는 것을 시사해주는 또 하나의 예다(참고. 18:1-17). 유대인들에게 나사렛당은 십자가 위에서 죽은 거짓 메시아를 따르는 불법적인 이단의 무리였고, 이 이단을 창시한 나사렛 예수처럼 모조리 쓸어버려야 할 대단히 불법적인 무리였다. 바울은 이 세 가지 죄목 중에서 두 번째 죄목만은 참된 것으로 여기고서 기꺼이 받아들이지만(24:14-15), 곧바로 그 죄목의 의미가 실제로는 유대인들의 고발과 완전히 다르다는 것을 보인다. 더둘로는 그가 고발한 죄목들이 너무나 확실한 것이어서, 벨릭스가 바울을 심문해보면 그 죄목들이 사실로 드러날 것이라고 자신한다(8절). 이 재판을 지켜보던 다른 유대인들도 당연히 바울이 모든 죄목을 실제로 저질렀다고 말한다(9절).

바울은 변론의 서두에서 더둘로와는 달리 벨릭스에게 아부하는 말을 하지 않고, 이 사건을 재판할 그의 권위를 인정하는 말만 한다(10절). 바울의 자기변호는 다음 여덟 가지로 요약할 수 있는데, 그는 이것들을 모두 증명할 수 있다고 단언한다.

- 나는 예배하기 위해 성전에 갔고, 이것은 쉽게 증명할 수 있다(11절).
- 나는 성전에서 어느 누구와도 논쟁하지 않았고, 문제를 일으키지도 않았다(12절).
- 유대인들에게는 그들의 고발을 입증할 아무런 증거가 없다(13절).
- 나는 유대인들이 이단이라고 부르는 그 도를 따르는 사람이다 (14-15절).

- 나는 헌금과 제물을 가지고 예루살렘에 왔다(17절).
- 그들에게 발견됐을 때 나는 성전에서 결례를 행하고 있었다(18절).
- 이 소동을 부추긴 장본인인 아시아에서 온 유대인들은 지금 이 자리에 없다(18-19절).
- 나를 고발한 자들은 죽은 자의 부활이 유일한 쟁점이라는 것을 안다(15, 20-21절).

이 여덟 가지 사항은 그 자체로 분명하지만, 몇 가지에 대해서는 좀 더 보충 설명할 필요가 있다. 그 중 하나는 바울이 그를 고발한 자들의 모든 표현을 그대로 사용하지는 않으나 어쨌든 그 도를 따르는 자임을 인정한다는 것이다. 그는 그 도가 족장들과 율법과 선지자들의 계보를 따라 하나님을 섬기는 방식이라고 단언한다(14절). 달리 말하면, 예수님을 따르는 사람들이야말로 하나님이 주신 약속들의 상속자들이라는 것이다. 이 말에는 이른바 그들이 이단이라고 부르는 무리가 사실은 하나님 백성의 신실한 공동체라는 의미가 담겨있다. 그런 후에 바울은 부활에 관한 문제를 다시 제기하여, 이 문제가 유대인들이 그를 고발한 유일한 이유라고 주장한다. 그리고 "그들이 기다리는 바 하나님께 향한 소망을 나도 가졌으니 곧 의인과 악인의 부활이 있으리라 함이니이다"(15절)라고 말함으로써, 바리새인들이 지금 이 재판에 참관하고 있다는 것을 암시한다. 따라서 재판에 온 바리새인들이 앞서 공회에서 바울에게 죄를 찾을 수 없다고 한 그 사람들인지는 분명하지 않지만(23:9), 공회를 구성하던 바리새파와 사두개파의 대표자들이 이 재판을 참관하고 있던 것으로 보인다.

여기에서 부각되는 또 다른 사항은, 처음에 바울이 잘못했다고 고발하고 모든 사람을 선동한 장본인들인 아시아에서 온 유대인들(21:27)이 이 재판에 참석했어야 하는데 그러지 않았으며, 바울이 이 사실을 성경에 근거해서 지적한다는 것이다. 이것은 분명히 벨릭스의 주의를 끌었을 것이다. 또한 고발을 할 경우에 반드시 두세 명의 증인을 요구하는 성경의 원칙을 강조한다는 점에서도 중요하다(신 17:6; 19:15; 참고. 히 10:28). 하지만 아시아의 유대인들이 그 자리에 없었기 때문에, 바울은 이 재판에서 그를 고발한 자들에게 다음과 같은 취지로 항변한다. "도대체 정확히 내가 무슨 잘못을 했다는 것인가? 내가 이 자리에 서게 된 유일한 이유는 죽은 자의 부활을 전했다는 것이다"(참고. 행 24:20-21).

여기서 바울은 추상적으로나 단지 신학적인 논의의 대상으로 부활을 언급한 것이 아니다. 그에게 죽은 자의 부활은 구체적으로 모든 믿는 자가 장차 부활하게 될 것을 보이신 메시아 예수님의 부활을 의미하는 것이었다. 바울은 사실상 다음과 같이 말한 것이다. "내가 이 자리에서 재판을 받게 된 것은, 십자가에 못 박히셨다가 죽은 자 가운데서 부활하신 예수 그리스도를 전했기 때문이다. 예수 그리스도는 율법과 선지자들의 참된 목표다. 부활에 관한 하나님의 약속이 예수 그리스도에게서 성취되었다. 따라서 오직 예수 그리스도를 믿는 사람들만이 하나님에 대해 신실한 자들이다. 부활을 참되게 믿는 것은 예수님을 믿는 것이다." 요약하자면, 바울은 자기가 복음을 전했다는 이유로 재판을 받고 있다고 말한 것이다. 이는 그가 가르치는 부활이 그 도를 따른 것이기 때문이다(14절).

24:22-27 | 바울이 계속해서 구금됨 벨릭스는 이 도에 관한 것을 더 자세히 알고 있었기 때문에, 다시 말해 기독교의 가르침에 대한 지식을 가지고 있었기 때문에, 바울을 고발한 자들에게 천부장 루시아가 올 때까지 기다릴 것을 지시하고 재판을 연기한다(22절).[93] 아마 그 후에 루시아는 오지 않았을 것이다. 아니면 벨릭스는 결국 유대인들이 포기하고 돌아가게 될 것임을 알고 있었을 것이다. 어느 경우든 바울은 그때부터 2년 동안 가이

93 우리는 벨릭스가 어떻게 해서 기독교의 가르침을 잘 알게 되었는지를 알지 못한다. 그의 유대인 아내 드루실라가 그에게 기독교에 대해 말해주었을 가능성은 있다. Schnabel은 벨릭스의 관할 지역이 유대 땅이었기 때문에 예수님을 따르는 무리에 관해 알고 있었으리라는 말을 덧붙인다(*Acts*, 963). 또한 Schnabel은 이렇게 지적한다. "서사적인(literary) 차원에서 누가의 이 말은, 로마의 대표적인 최고위 관리들이 그리스도인들에 대해 정치적으로 아무런 해를 끼치지 않는다고 판단하여 호의적으로 대한 것이 사실에 근거한 것임을 자신의 독자들에게 보여준다."

사라에 구금된 채로 지내게 된다. 구금되어 있긴 했지만, 그는 어느 정도의 자유를 보장받았기에 그의 친구들과 자유롭게 만날 수 있었다(23절). 바울이 이러한 권리를 받은 이유는, 그가 로마 시민권자이기 때문일 수도 있고, 유대인들에 의해 고발을 당하긴 했으나 결백하다는 것을 벨릭스가 알았기 때문일 수도 있다(그런데도 그는 유대인들을 어느 정도 달래고자 바울을 구금해두는 것이 이득이 된다고 여겨 그를 풀어주지는 않았다). 이렇게 함으로써 벨릭스는 바울의 편의를 봐주면서 그 대가로 뇌물을 받고자 했다(26절).

벨릭스는 바울에게 관심이 있어서 그를 불러 "그리스도 예수 믿는 도"(24절)에 관해 들었다. 이때 바울은 특히 "의와 절제와 장차 오는 심판"(25절)을 강론했는데, 이 표현은 복음의 내용 전체에 대한 요약이라고 할 수 있다. 즉, 의는 칭의, 또는 구원받는다는 것의 의미를 가리키는 표현이고 그 안에는 분명히 예수님의 죽으심과 부활에 관한 내용이 포함되어 있었을 것이다. 절제는 성령을 힘입어서 살아가는 그리스도인의 삶에 관한 것이다. 장차 오는 심판은 믿기를 거부하는 자들에 대한 심판의 경고에 관한 것이지만, 믿는 자들에게 주어지는 소망에 관한 내용도 포함할 것이다. 바울이 복음 메시지를 벨릭스에게 맞춰서 전했으리라는 것에는 의문의 여지가 없다. 예컨대, 그가 말한 절제는 벨릭스가 헤롯 아그립바 1세(야고보를 죽이고 스스로를 신이라고 부르며 오만방자하게 행하다가 비참하게 죽은 왕, 12:1-2, 20-23)의 딸인 드루실라와 결혼하게 된 의심스러운 배경과 직간접적으로 관련이 있었을 것이다. 왜냐하면 벨릭스는 드루실라가 첫 번째 남편과 이혼하는 데 결정적인 역할을 한 것으로 보이기 때문이다.[94]

바울은 벨릭스에게 사탕발림으로 복음을 전하지 않았기 때문에, 벨릭스는 복음 메시지를 듣고서 "두려워[한다]"(24:25). 바울의 메시지는 벨릭

24장

94 모든 중요한 사도행전 주석이 지적하고 있듯이, 유대인 역사가 요세푸스는 그의 저서인 《유대 고대사》(*Antiquities of the Jews*)에서 드루실라가 벨릭스의 유혹에 넘어가서 첫 번째 남편이자 에메사의 제사장 왕인 Gaius Julius Azizus와 이혼했다고 기록한다. 그렇다면 벨릭스는 그녀로 하여금 율법을 어기게 한 죄를 지은 것이다.

스의 관심을 끌었지만 그에게 당혹감과 불안을 느끼게 했다. 그래서 결국 벨릭스는 바울을 멀리한다. 누가는 벨릭스를 적어도 두 마음을 지닌 인물로 묘사한다. 한편으로 그는 이미 기독교 신앙에 대해 어느 정도의 지식을 갖고 있었고, 진정으로 바울에게서 더 많은 것을 들어서 알고자 하는 마음을 지녔던 것으로 보인다. 다른 한편으로 그는 바울을 풀어주거나 그의 안전을 지켜주는 대가로 뇌물을 받고 싶어 했다. 법적으로 벨릭스는 뇌물을 받아서는 안 되었지만, 당시에 로마 관리들이 뇌물을 받는 것은 만연된 관행이었다. 따라서 처음부터 벨릭스가 바울에게 바란 것은 뇌물이었을 수도 있다. 그렇지만 벨릭스가 바울과 그의 메시지를 듣는 것과 아울러 자신의 주머니를 채우는 것 모두에 관심이 있었다고 보는 편이 가장 그럴 듯하다. 그러나 그가 아무리 은밀하게 숨긴 동기조차도 바울이 복음을 있는 그대로 전하는 것을 막을 수는 없었다.

사도행전의 벨릭스에 관한 내러티브는 그가 회개했다는 언급 없이 오히려 불의하게 행한 것을 지적하는 말로 끝난다. 누가는 한 번도 명시적으로 밝히지는 않았지만, 천부장 루시아와 마찬가지로 벨릭스도 바울이 유대인들에 의해 고발을 당했지만 결백하다고 믿었음을 암묵적으로 보여준다. 하지만 벨릭스는 바울을 풀어주려고 하지 않았다. 역사는 벨릭스가 그의 재임 동안 치안을 유지하려고 애썼기 때문에, 유대인들의 원수인 바울을 계속 구금함으로써 그들을 달래려 했음을 시사해준다. 바울은 새로운 총독인 보르기오 베스도가 유대로 부임해올 때까지 2년 동안 계속 감옥에 갇혀 있어야 했다. 바울을 풀어주지 않은 벨릭스와 달리 이 새로운 총독은 기꺼이 바울을 풀어주려 하지만 도리어 바울이 그것을 막는다. 이렇게 해서 바울은 로마로 향하게 되고, 베스도는 그 여정을 위한 수단이 된다.

응답

우리도 바울과 마찬가지로 하나님이 어느 때에 우리 앞에 누구를 데려다

놓으실지라도 그 모든 기회를 활용해서 복음을 전해야 한다. 다른 한편으로 우리는 어떤 사람이 '기꺼이' 복음을 듣고자 할 때 특히 조심해야 한다. 왜냐하면 그 사람이 우리가 전하는 복음에 진정으로 관심이 있어서 들으려는 것이면서도, 가장 좋게 말해서 다른 동기를 지니고 있을 수 있기 때문이다. 그가 우리가 전하는 복음을 반박하려고 할 수도 있고, 우리를 설득해서 복음과는 다른 견해로 이끌려고 할 수도 있다. 복음을 듣는 사람의 배경과 의도와 동기가 어떠하든 우리가 그 사람에게 복음을 전해야 한다는 사실은 변함이 없지만, 그런 요소들은 우리가 어떻게 복음을 전해야 하는지에 영향을 미칠 수 있다. 그렇지만 우리는 그러한 요소들과는 상관없이 복음의 완전한 메시지, 즉 그리스도 안에 있는 구원과 새 생명과 소망을 분명하고 진솔하게 전해야 한다.

바울이 벨릭스에게 복음을 전할 때 드루실라와 관련된 일을 염두에 두었든 두지 않았든, 우리는 개개인에게 복음을 전할 때 연결고리로 활용할 수 있는 구체적인 접촉점이나 행실, 말이나 신념들을 잘 살펴보아야 한다. 구체적으로 말하자면, 복음에서 말하는 정죄와 구원의 실체를 개개인에게 적용할 수 있는 기회가 될 만한 것들을 세심하게 찾아내야 한다. 구원을 받는다는 의미는 죄'로부터' 구원된다는 것이다. 예수님을 따를 때의 유익들을 제시하는 것만으로는 충분하지 않다. 오직 회개와 믿음을 통해서만 예수님을 따를 수 있기 때문에, 복음을 전할 때는 반드시 정죄와 죄책에 관한 무거운 말도 함께 전하여 복음을 듣는 사람으로 하여금 그리스도 안에서 소망을 발견하도록 이끌어야 한다. 죄나 악이나 이 세상에 소망이 없다는 것에 관해 모호하고 일반적인 개념만(그러한 일반적인 개념을 토대로 개인적인 적용으로 나아간다면 아무 문제가 없겠지만)이 아니라 개인적이고 구체적인 방식으로 전할수록, 우리는 사람들에게 성경이 나타내는 진정한 예수님을 그들의 죄로부터 구원하여 소망을 주시는 구주로 더욱 더 생생하게 전할 수 있게 된다.

1 베스도가 부임한 지 삼 일 후에 가이사랴에서 예루살렘으로 올라가
니 2 대제사장들과 유대인 중 높은 사람들이 바울을 고소할새 3 베스
도의 호의로 바울을 예루살렘으로 옮기기를 청하니 이는 길에 매복하
였다가 그를 죽이고자 함이더라 4 베스도가 대답하여 바울이 가이사
랴에 구류된 것과 자기도 멀지 않아 떠나갈 것을 말하고 5 또 이르되
너희 중 유력한 자들은 나와 함께 내려가서 그 사람에게 만일 옳지 아
니한 일이 있거든 고발하라 하니라
6 베스도가 그들 가운데서 팔 일 혹은 십 일을 지낸 후 가이사랴로 내
려가서 이튿날 재판 자리에 앉고 바울을 데려오라 명하니 7 그가 나오
매 예루살렘에서 내려온 유대인들이 둘러서서 여러 가지 중대한 사건
으로 고발하되 능히 증거를 대지 못한지라 8 바울이 변명하여 이르되
유대인의 율법이나 성전이나 가이사에게나 내가 도무지 죄를 범하지
아니하였노라 하니 9 베스도가 유대인의 마음을 얻고자 하여 바울더
러 묻되 네가 예루살렘에 올라가서 이 사건에 대하여 내 앞에서 심문
을 받으려느냐 10 바울이 이르되 내가 가이사의 재판 자리 앞에 섰으
니 마땅히 거기서 심문을 받을 것이라 당신도 잘 아시는 바와 같이 내

가 유대인들에게 불의를 행한 일이 없나이다 11 만일 내가 불의를 행
하여 무슨 죽을 죄를 지었으면 죽기를 사양하지 아니할 것이나 만일
이 사람들이 나를 고발하는 것이 다 사실이 아니면 아무도 나를 그들
에게 내줄 수 없나이다 내가 가이사께 상소하노라 한대 12 베스도가
배석자들과 상의하고 이르되 네가 가이사에게 상소하였으니 가이사
에게 갈 것이라 하니라

1 Now three days after Festus had arrived in the province, he went up to
Jerusalem from Caesarea. 2 And the chief priests and the principal men
of the Jews laid out their case against Paul, and they urged him, 3 asking
as a favor against Paul[1] that he summon him to Jerusalem—because
they were planning an ambush to kill him on the way. 4 Festus replied
that Paul was being kept at Caesarea and that he himself intended to go
there shortly. 5 "So," said he, "let the men of authority among you go
down with me, and if there is anything wrong about the man, let them
bring charges against him."

6 After he stayed among them not more than eight or ten days, he went
down to Caesarea. And the next day he took his seat on the tribunal
and ordered Paul to be brought. 7 When he had arrived, the Jews who
had come down from Jerusalem stood around him, bringing many and
serious charges against him that they could not prove. 8 Paul argued
in his defense, "Neither against the law of the Jews, nor against the
temple, nor against Caesar have I committed any offense." 9 But Festus,
wishing to do the Jews a favor, said to Paul, "Do you wish to go up to
Jerusalem and there be tried on these charges before me?" 10 But Paul
said, "I am standing before Caesar's tribunal, where I ought to be tried.
To the Jews I have done no wrong, as you yourself know very well.
11 If then I am a wrongdoer and have committed anything for which

I deserve to die, I do not seek to escape death. But if there is nothing
to their charges against me, no one can give me up to them. I appeal
to Caesar." 12 Then Festus, when he had conferred with his council,
answered, "To Caesar you have appealed; to Caesar you shall go."

13 수일 후에 아그립바 왕과 버니게가 베스도에게 문안하러 가이사랴
에 와서 14 여러 날을 있더니 베스도가 바울의 일로 왕에게 고하여 이
르되 벨릭스가 한 사람을 구류하여 두었는데 15 내가 예루살렘에 있을
때에 유대인의 대제사장들과 장로들이 그를 고소하여 정죄하기를 청
하기에 16 내가 대답하되 무릇 피고가 원고들 앞에서 고소 사건에 대
하여 변명할 기회가 있기 전에 내주는 것은 로마 사람의 법이 아니라
하였노라 17 그러므로 그들이 나와 함께 여기 오매 내가 지체하지 아
니하고 이튿날 재판 자리에 앉아 명하여 그 사람을 데려왔으나 18 원
고들이 서서 내가 짐작하던 것 같은 악행의 혐의는 하나도 제시하지
아니하고 19 오직 자기들의 종교와 또는 예수라 하는 이가 죽은 것을
살아 있다고 바울이 주장하는 그 일에 관한 문제로 고발하는 것뿐이
라 20 내가 이 일에 대하여 어떻게 심리할는지 몰라서 바울에게 묻되
예루살렘에 올라가서 이 일에 심문을 받으려느냐 한즉 21 바울은 황제
의 판결을 받도록 자기를 지켜 주기를 호소하므로 내가 그를 가이사
에게 보내기까지 지켜 두라 명하였노라 하니 22 아그립바가 베스도에
게 이르되 나도 이 사람의 말을 듣고자 하노라 베스도가 이르되 내일
들으시리이다 하더라
23 이튿날 아그립바와 버니게가 크게 위엄을 갖추고 와서 천부장들
과 시중의 높은 사람들과 함께 접견 장소에 들어오고 베스도의 명으
로 바울을 데려오니 24 베스도가 말하되 아그립바 왕과 여기 같이 있
는 여러분이여 당신들이 보는 이 사람은 유대의 모든 무리가 크게 외
치되 살려 두지 못할 사람이라고 하여 예루살렘에서와 여기서도 내게

청원하였으나 25 내가 살피건대 죽일 죄를 범한 일이 없더이다 그러나
그가 [1]황제에게 상소한 고로 보내기로 결정하였나이다 26 그에 대하
여 황제께 확실한 사실을 아뢸 것이 없으므로 심문한 후 상소할 자료
가 있을까 하여 당신들 앞 특히 아그립바 왕 당신 앞에 그를 내세웠나
이다 27 그 죄목도 밝히지 아니하고 죄수를 보내는 것이 무리한 일인
줄 아나이다 하였더라

13 Now when some days had passed, Agrippa the king and Bernice
arrived at Caesarea and greeted Festus. 14 And as they stayed there
many days, Festus laid Paul's case before the king, saying, "There is
a man left prisoner by Felix, 15 and when I was at Jerusalem, the chief
priests and the elders of the Jews laid out their case against him, asking
for a sentence of condemnation against him. 16 I answered them that it
was not the custom of the Romans to give up anyone before the accused
met the accusers face to face and had opportunity to make his defense
concerning the charge laid against him. 17 So when they came together
here, I made no delay, but on the next day took my seat on the tribunal
and ordered the man to be brought. 18 When the accusers stood up, they
brought no charge in his case of such evils as I supposed. 19 Rather
they had certain points of dispute with him about their own religion
and about a certain Jesus, who was dead, but whom Paul asserted to
be alive. 20 Being at a loss how to investigate these questions, I asked
whether he wanted to go to Jerusalem and be tried there regarding them.
21 But when Paul had appealed to be kept in custody for the decision of
the emperor, I ordered him to be held until I could send him to Caesar."
22 Then Agrippa said to Festus, "I would like to hear the man myself."
"Tomorrow," said he, "you will hear him."

23 So on the next day Agrippa and Bernice came with great pomp,

and they entered the audience hall with the military tribunes and the prominent men of the city. Then, at the command of Festus, Paul was brought in. 24 And Festus said, "King Agrippa and all who are present with us, you see this man about whom the whole Jewish people petitioned me, both in Jerusalem and here, shouting that he ought not to live any longer. 25 But I found that he had done nothing deserving death. And as he himself appealed to the emperor, I decided to go ahead and send him. 26 But I have nothing definite to write to my lord about him. Therefore I have brought him before you all, and especially before you, King Agrippa, so that, after we have examined him, I may have something to write. 27 For it seems to me unreasonable, in sending a prisoner, not to indicate the charges against him."

1) 헬, 아구스도에게

1 Greek *him*

단락 개관

바울이 가이사에게 가게 됨

이 장은 베스도가 예루살렘으로 올라가고, 유대인들이 그에게 바울을 예루살렘으로 다시 올려 보낼 것을 강력하게 요구하는 장면으로 시작한다(행 25:1-3). 이 요구는 바울을 재판에 회부하기 위한 것이 아니라 죽이기 위한 것이었다. 베스도는 유대인들에게 바울을 고발하려면 가이사랴로 내려오라고 말한다(5절). 이렇게 해서 가이사랴로 내려온 유대인들은 바울을 고발하고, 바울은 그 모든 혐의를 부인한다. 또한 그들은 로마 당국자들의 관심을 확실하게 끌 수 있는 죄목인 반역죄로 바울을 고발한다(그들이 전에 본디오 빌라도 앞에서 예수님을 고발할 때 그랬듯이). 베스도는 유대인들의 환심을 사기 위해서 바울에게 예루살렘으로 올라가서 재판받기를 원하느냐고 묻지만, 바울은 여기에서 또 다시 로마 시민으로서 지닌 권리를 행사한다(9-10절). 그는 예루살렘으로 가면 무슨 일이 벌어지게 될지를 알았기에 가이사에게 상소한다(11절).

베스도는 아그립바 왕에게 바울에 관한 얘기를 하면서, 자기 생각에 바울이 로마 당국이 관심을 가질 만한 어떤 죄도 저지르지 않았다는 말을 덧붙인다. 그리고 이 재판이 유대교 내부의 쟁점들과 예수라고 하는 사람의 부활에 관한 문제를 다루는 것이라고 말한다. 여기서 로마 당국자들이 유대인들과 그리스도인들 간의 다툼을 내부적인 문제로 여겼다는 것이 다시금 드러난다. 베스도는 이 사건을 어떤 식으로 다루어야 할지 몰라 난처한 입장에 있었음이 분명하다. 아그립바는 바울이 무슨 말을 하는지 직접 들어보겠다고 베스도에게 제안한다. 이 장은 사도행전에 마지막으로 기록된 바울의 자기변호(26장)를 위한 무대가 어떻게 해서 마련되었는지를 설명한다. 어떤 사람들은 나사렛 예수의 정체성에 관한 문제를 몇몇 유대인들 간의 사소한 종교적인 다툼으로 보았으나, 실상 이것은 세계사에서 가장 중요한 문제였다.

단락 개요

II. F. 바울이 가이사에게 가게 됨(25:1-27)
- 1. 바울이 가이사에게 상소함(25:1-12)
- 2. 베스도가 바울을 아그립바에게 넘김(25:13-27)

주석

25:1-12 | 바울이 가이사에게 상소함 2년이 지났지만, 유대 지도자들이 바울에게 품은 적개심과 증오는 전혀 줄어들지 않았다. 베스도는 유대로 부임해온 지 사흘 만에 처음으로 예루살렘으로 올라가는데, 그때 유대인 지도자들이 즉시 바울에 대한 고발을 언급한다. 그들의 음모는 그때까지도 동일했다. 즉, 그들은 바울을 예루살렘으로 압송하는 도중에 죽일 생각이었다(3절; 참고. 23:12). 베스도는 아직 바울을 만나거나 심문해보지 않았기 때문에 그가 유대인들의 요구를 들어주지 않은 것은 지혜로운, 아니 영악한 처신이었다. 그는 유대인들에게 바울을 고발할 사유가 있다면 직접 가이사랴로 내려와서 고발하라고 말한다. 나중에 누가는 베스도가 그의 지위와 권위를 위태롭게 하지 않는 선에서 유대인들의 환심을 사고자 했다고 말한다(25:9; 참고. 24:27). 지금까지 반복적으로 이방인들이 유대인들로부터 바울을 보호해 온 양상이 베스도를 통해서도 나타난다. 이를 통해 하나님은 친히 약속하신 대로 자신의 말씀을 땅 끝까지 이르게 하고 계심을 보이신다.

유대 당국자들이 모세 율법을 지키는 데 관심이 있었듯이, 로마인들이 그들 자신의 법과 관습을 지키는 데 관심이 있었다는 것은 두말할 필요가 없다. 갈리오(18:12), 천부장 루시아(23:26), 벨릭스, 베스도 같은 로마 관리들은 로마법을 지키는 것이 개인적으로 이득이었고, 그렇다고 해서 그것을 원칙대로 철저하게 지킨 것도 아니었다(예컨대, 벨릭스가 뇌물을 받고자 한 것). 그러할지라도 로마에 대한 그들의 충성도는 모세와 율법 언약에 대한 유대 지도자들의 충성도보다 훨씬 더 강했다. 전에 유대 지도자들이 예수님을 체포해서 재판에 부친 것은 이 서글픈 현실을 보여주는 본보기였다.

6-12절에서는 무대가 다시 가이사랴로 바뀌고, 베스도는 재판장의 자리에 앉아 있다. 예루살렘에서 내려온 유대인들이 "여러 가지 중대한 사건으로" 바울을 고발했지만, 증거는 하나도 제시하지 못했다(7절). 그들은 바울을 둘러싸고 서서 고발했다. 유대인들은 바울을 에워싼 채 온갖 거짓

된 죄목을 제시하며 광분하여 소리치고 폭언을 퍼부었는데, 그러한 근거 없는 고발들을 통해 그들은 오히려 자신들이 섬긴다고 주장하는 언약의 하나님과 메시아를 거부한 증거들을 계속해서 쌓아갔다. 우리는 그들의 한복판에서 깊은 슬픔에 잠긴 채로(참고. 롬 9:3) 묵묵히 서 있는 바울을 상상해볼 수 있다.

여기서 누가는 유대인들이 바울을 어떤 죄목들로 고발했는지 자세하게 언급하지 않지만, 독자들은 그 죄목들을 이미 잘 알고 있다. 그런데 누가는 바울이 스스로를 변호하면서 그들이 어떠한 죄목들을 제시했는지 요약하는 대목을 짤막하게 기록한다(행 25:8). 그 요약에서 바울은 자기가 율법이나 성전에 대해 그 어떤 죄도 짓지 않았다고 말할 뿐만 아니라, 데살로니가에서 일어난 폭동(17:2-7) 이후의 내러티브에서 전혀 언급되지 않은 한 가지 죄목에 대해서도 언급한다. 그것은 바울이 가이사에게 죄를 짓지 않았다는 것이다. 이것은 이 유대인들이 데살로니가의 유대인들처럼 바울이 반역죄를 지었다고 고발했음을 암시한다. "이 사람들이 다 가이사의 명을 거역하여 말하되 다른 임금 곧 예수라 하는 이가 있다 하더이다"(17:7). 이 문제가 이 고발에서 제기되었을 가능성이 있다. 바울의 유대인 대적들은 바울이 지닌 로마 시민권을 이용해서 역으로 그를 공격하는 방법을 찾아냈다고 생각한 듯하다. 그 방법은 바로 로마 시민인 바울이 가이사에게 충성을 맹세하는 것이 마땅한데도 나사렛 예수에게 충성을 맹세하고 그를 왕과 주로 부른다고 고발하는 것이었다.

이 고발은 전례가 있다. 복음서에서 바리새인들과 헤롯당은 예수님께 가이사의 권위에 관해 질문함으로써 함정에 빠뜨리려 했다(마 22:17; 참고. 막 12:14; 눅 20:22). 또한 유대인들은 로마 총독 빌라도에게 다음과 같이 항의하여 그를 압박했다. "이 사람을 놓으면 가이사의 충신이 아니니이다 무릇 자기를 왕이라 하는 자는 가이사를 반역하는 것이니이다"(요 19:12). 또한 그들은 "가이사 외에는 우리에게 왕이 없나이다"(요 19:15)라고 소리치기도 했다. 이 말은 유대인이 말했다고 한다면 깜짝 놀랄만한 것이지만, 예수님과 제자들에 대한 유대인들의 적개심과 증오가 얼마나 깊은 것이었는지 사도행전의 독자들에게 일깨워준다. 바울을 죽이기 위해 애쓰는 유대 지도자들은 여호와께 신실한 자들이 아니었다. 그들의 조상들이 여호와의 선지자들을 박해함으로써 여호와께 신실한 자들이 아님을 증명했던 것처럼(마 23장), 그들도 똑같이 예수님을 죽임으로써 여호와께 신실한 자들이 아님을 증명했다.

베스도의 소임은 치안을 유지하는 것이지만, 바울은 자기가 위험한 상황에 처할 수 있다는 것을 직감했다. 베스도는 유대인들의 환심을 사기를 원했지만(행 25:9; 참고. 24:27에서의 벨릭스), 강제로 바울에게 불리한 결정을 내리지 않고 예루살렘에서 재판받기를 원하는지 바울에게 묻는다. 그리고 바울은 로마 시민권자로서 가지는 권리를 행사하여 로마 법정에서 재판받는 쪽을 선택한다(25:11). 바울은 자기가 유대인들에게 어떤 잘못도 하지 않았다는 사실을 베스도도 알고 있다고 지적하면서(10절), 그렇기 때문에 로마 법정에서 재판받기를 원한다고 대답한다. 다시 말해, 바울은 지금 재판이 전적으로 로마에서 다뤄져야하며 로마 법정에서 자기가 죽을 만한 죄를 저질렀다는 것이 밝혀지는 경우에는 그 결과를 기꺼이 받아들이겠다고 말한 것이다.

틀림없이 바울은 베스도도 본디오 빌라도처럼 유대인들에게 자기를 넘겨주고서 이 문제에서 손을 떼고 싶어 했음을 직감했을 것이다. 그래서 바울은 자기가 유대인들에게 죄를 짓지 않았기 때문에, 베스도를 비롯해서 어느 누구도 자기를 유대인들에게 넘겨줄 권한이 없다고 단호하게 말한다. 베스도는 바울이 가이사에게 상소할 줄은 전혀 예상하지 못했기 때문에, 그 말을 듣는 순간 분명히 무척 당황했을 것이다. 로마 시민은 자신의 사건을 황제에게 상소할 권리를 가지고 있었다. 누가는 유대인들의 반응을 기록하지는 않지만(물론 그들은 반대했을 것이다), 바울의 이 말을 들은 베스도가 계획을 보류하고 배석자들과 상의할 수밖에 없었음을 보인다. 베스도는 처음에는 무척 당황했으나 배석자들과 상의하면서 안정을 되찾고 재판을 속개한다. 그는 바울의 요구를 들어주기로 결정하는데, 이는 그가 로마의 관리로서 마땅히 해야 할 일을 한 것이었다. 이렇게 해서 이 내려티브의 나머지 부분이 전개되는 방향이 설정된다. 유대 지도자들과 원수들은 이후에 이어지는 바울에 관한 이야기에서 사라진다. 바울의 길은 그리스도 예수께서 택하신 것이었고, 이방인의 사도는 이방인 당국자에 의해 이방인 세계의 심장부로 보내질 것이다. 바울은 단숨에 이 고발자들을 자신에게서 영원히 떨어뜨려놓는다. 사도행전에서 가장 중요한 갈등 요소였던, 복음에 대한 유대인들의 불신앙과 반대는 수증기처럼 사라져버린다.

25:13-27 | 베스도가 바울을 아그립바에게 넘김 아그립바 1세(12:1 이하)의 아들인 헤롯 아그립바 2세는 유대를 통치하지는 않았지만, 제사장들을 임명할 수 있는 권한을 포함해서 성전을 다스리는 권한을 지니고 있었다. 이때 로마인들은 이전에 아그립바 1세에게 주어졌던 갈릴리, 유대, 사마리아, 유대, 이두매에 대한 통치권을 회수하고 중앙에서 총독들을 파견하여 직접 통치하고 있었다.[95] 그런 상황에서도 아그립바 2세는 여전히 강력한 권력과 영향력을 지니고 있었는데, 무엇보다도 중요한 것은 그가 유대인의 모든 풍속과 문제를 잘 알고 있었다는 것이다(26:3). 아그립바 2세와 그의 누나인 버니게가 가이사랴에 방문하자, 베스도는 최근에 일어난 일들을 지체 없이 설명한다. 베스도는 이제 더는 유대인들의 문제에 끼어들어 골머리를 썩이고 싶지 않았으나, 바울의 죄목과 상소 이유에 대한 아무런 설명도 없이 황제에게 바울을 보낼 수도 없었다(25:26-27). 그래서 그는 이 사건을 처리한 과정을 아그립바 왕에게 자세히 얘기하면서, 자신이 모든 것을 로마법에 따라 처리했다는 것(15-17절)과 바울에 대한 유대인들의 고발이 근거가 없다는 것을 강조한다. 그리고 베스도는 이 고발의 쟁점이 단지 유대교와 관련된 문제들 및 유대인들은 죽었다고 하는데 바울은 살아 있다고 하는 예수라 하는 사람에 관한 것일 뿐이라고 말한다(19절). 그런 후에 어떻게 해서 바울이 예루살렘에 가서 재판 받기를 거부하고, 대신에 가이사에게

95 Polhill, *Acts*, 492-493.

상소했는지를 말한다(20-21절).

사도행전 전체에 걸쳐서 이방인 관리들과 당국자들은 여러 번 바울의 목숨을 구하는 수단으로 사용된다. 그렇지만 그들은 바울을 어떻게 처리해야 할지 전혀 알지 못한다. 벨릭스는 뇌물을 기대한 것을 포함해서 바울에게 관심을 가지고 있었지만, 바울에 관한 사건을 어떻게 처리할지 결론을 내리지 못한 채 그를 구금해 두었다. 마찬가지로 베스도도 분명히 바울을 어떻게 처리해야 할지를 알지 못했다. 그는 바울을 유대인들에게 넘겨주고 이 사건에서 손을 떼려고 했지만, 바울이 가이사에게 상소하는 바람에 그 계획은 물거품이 되고 말았다. 베스도는 바울을 가이사에게 보내기로 결정한 후에도 어떻게 해야 할지를 몰라 깊이 고민하던 와중에, 때마침 그를 찾아온 아그립바 왕에게 도움을 청한 것이다. 하지만 사도행전에 나오는 모든 이방인 당국자가 동일하게 인정한 것은, 유대인들이 어떤 죄목들로 바울을 고발할지라도 바울이 죽을 만한 죄를 전혀 저지르지 않았다는 것이다. 왕들과 관리들과 당국자들은 지위고하를 막론하고 이 모든 것을 몇몇 유대인들 간의 다툼으로 보았다. 그러나 사실 이 모든 다툼은 참된 왕이신 나사렛 예수께 충성하는 것을 둘러싼 싸움이었다.

아그립바 2세도 오만방자하게 행하다가 죽은 그의 아버지와 똑같은 성향을 지녔던 것으로 보인다. 그는 천부장들과 시중의 높은 사람들, 곧 로마 제국의 이 지역에서 가장 권세 있고 영향력 있는 사람들을 거느리고 심문 장소로 들어오고, 베스도의 명령으로 사람들이 바울을 그곳으로 데려온다(23절). 베스도는 이 사건이 지금까지 어떻게 진행되었는지 설명하고(24-25절) 아그립바 왕 앞에서 심문 절차를 진행하게 된 이유를 밝힌다. 그 동안 바울은 그곳에 선 채로 베스도의 말을 듣는다. 베스도는 자기가 지금 가이사에게 상소한 로마 시민인 죄수를 황제에게 보낼 책임을 지게 되었는데, 바울의 죄목과 상소 이유가 아직까지도 분명하지 않아서 그것을 확실하게 알아내고 밝히고자 이 자리를 마련한 것이라고 말한다(26-27절).

응답

그리스도인인 우리는 유대인 메시아이신 예수님을 믿는다. 그러므로 신약 성경, 특히 복음서들과 사도행전에서 유대인들에 관해 말하는 것을 들을 때 언제나 주의를 기울여야 한다. 유대인들의 불신앙은 구약 시대에 시작되어서 신약 시대까지 이어지는데 이렇게 그들이 하나님을 거부하고 그분께 반역한 역사는 단지 유대인들만이 아니라 모든 이방인에게도 해당되는 문제이기 때문이다. 바울은 로마서 3:19-20에서 이것을 분명히 한다. 유대인들이 율법 아래에서 경험한 것들은 아무도 의롭지 않다는 것을 보여주는 공개적인 증거다. 구약 시대에 유대인들은 율법을 가졌으나 율법을 지킬 수 없었고 지키려 하지 않았는데, 바로 이것이 사람을 정죄하는 율법의 기능을 매우 잘 보여준다. 그렇기 때문에 모든 사람은 율법 앞에서 아무 말도, 아무런 변명도 할 수 없다. 필자는 이것을 다음과 같이 요약하고자 한다. '이스라엘이 율법을 끊임없이 어기는 것을 보는가? 하나님이 이스라엘에게 자신을 계시하시고 자신의 약속들을 주시는데도 그들이 끊임없이 우상숭배를 하는 것을 보는가? 이스라엘이 그들의 메시아를 거부하는 것을 보는가? 그것은 바로 우리 자신의 모습이기도 하다.'

1 아그립바가 바울에게 이르되 너를 위하여 말하기를 네게 허락하노
라 하니 이에 바울이 손을 들어 변명하되
2 아그립바 왕이여 유대인이 고발하는 모든 일을 오늘 당신 앞에서 변
명하게 된 것을 다행히 여기나이다 3 특히 당신이 유대인의 모든 풍속
과 문제를 아심이니이다 그러므로 내 말을 너그러이 들으시기를 바라
나이다
4 내가 처음부터 내 민족과 더불어 예루살렘에서 젊었을 때 생활한 상
황을 유대인이 다 아는 바라 5 일찍부터 나를 알았으니 그들이 증언하
려 하면 내가 우리 종교의 가장 엄한 파를 따라 바리새인의 생활을 하
였다고 할 것이라 6 이제도 여기 서서 심문 받는 것은 하나님이 우리
조상에게 약속하신 것을 바라는 까닭이니 7 이 약속은 우리 열두 지파
가 밤낮으로 간절히 하나님을 받들어 섬김으로 얻기를 바라는 바인데
아그립바 왕이여 이 소망으로 말미암아 내가 유대인들에게 고소를 당
하는 것이니이다 8 당신들은 하나님이 죽은 사람을 살리심을 어찌하
여 못 믿을 것으로 여기나이까
1 So Agrippa said to Paul, "You have permission to speak for yourself."

Then Paul stretched out his hand and made his defense:
2 "I consider myself fortunate that it is before you, King Agrippa, I
am going to make my defense today against all the accusations of the
Jews, 3 especially because you are familiar with all the customs and
controversies of the Jews. Therefore I beg you to listen to me patiently.
4 "My manner of life from my youth, spent from the beginning among
my own nation and in Jerusalem, is known by all the Jews. 5 They have
known for a long time, if they are willing to testify, that according to
the strictest party of our religion I have lived as a Pharisee. 6 And now I
stand here on trial because of my hope in the promise made by God to
our fathers, 7 to which our twelve tribes hope to attain, as they earnestly
worship night and day. And for this hope I am accused by Jews, O king!
8 Why is it thought incredible by any of you that God raises the dead?

9 나도 나사렛 예수의 이름을 대적하여 많은 일을 행하여야 될 줄 스
스로 생각하고 10 예루살렘에서 이런 일을 행하여 대제사장들에게서
권한을 받아 가지고 많은 성도를 옥에 가두며 또 죽일 때에 내가 찬성
투표를 하였고 11 또 모든 회당에서 여러 번 형벌하여 강제로 모독하
는 말을 하게 하고 그들에 대하여 심히 격분하여 외국 성에까지 가서
박해하였고
12 그 일로 대제사장들의 권한과 위임을 받고 다메섹으로 갔나이다
13 왕이여 정오가 되어 길에서 보니 하늘로부터 해보다 더 밝은 빛이
나와 내 동행들을 둘러 비추는지라 14 우리가 다 땅에 엎드러지매 내
가 소리를 들으니 히브리 말로 이르되 사울아 사울아 네가 어찌하여
나를 박해하느냐 [1)]가시채를 뒷발질하기가 네게 고생이니라 15 내가
대답하되 주님 누구시니이까 주께서 이르시되 나는 네가 박해하는 예
수라 16 일어나 너의 발로 서라 내가 네게 나타난 것은 곧 네가 나를

26장

본 일과 장차 내가 네게 나타날 일에 너로 종과 증인을 삼으려 함이니
17 이스라엘과 이방인들에게서 내가 너를 구원하여 그들에게 보내어
18 그 눈을 뜨게 하여 어둠에서 빛으로, 사탄의 권세에서 하나님께로
돌아오게 하고 죄 사함과 나를 믿어 거룩하게 된 무리 가운데서 기업
을 얻게 하리라 하더이다
19 아그립바 왕이여 그러므로 하늘에서 보이신 것을 내가 거스르지
아니하고 20 먼저 다메섹과 예루살렘에 있는 사람과 유대 온 땅과 이
방인에게까지 회개하고 하나님께로 돌아와서 회개에 합당한 일을 하
라 전하므로 21 유대인들이 성전에서 나를 잡아 죽이고자 하였으나
22 하나님의 도우심을 받아 내가 오늘까지 서서 높고 낮은 사람 앞에
서 증언하는 것은 선지자들과 모세가 반드시 되리라고 말한 것밖에
없으니 23 곧 그리스도가 고난을 받으실 것과 죽은 자 가운데서 먼저
다시 살아나사 이스라엘과 이방인들에게 빛을 전하시리라 함이니이
다 하니라
9 "I myself was convinced that I ought to do many things in opposing
the name of Jesus of Nazareth. 10 And I did so in Jerusalem. I not only
locked up many of the saints in prison after receiving authority from
the chief priests, but when they were put to death I cast my vote against
them. 11 And I punished them often in all the synagogues and tried to
make them blaspheme, and in raging fury against them I persecuted
them even to foreign cities.
12 "In this connection I journeyed to Damascus with the authority and
commission of the chief priests. 13 At midday, O king, I saw on the
way a light from heaven, brighter than the sun, that shone around me
and those who journeyed with me. 14 And when we had all fallen to the
ground, I heard a voice saying to me in the Hebrew language,[1] 'Saul,
Saul, why are you persecuting me? It is hard for you to kick against the

goads.' 15 And I said, 'Who are you, Lord?' And the Lord said, 'I am
Jesus whom you are persecuting. 16 But rise and stand upon your feet,
for I have appeared to you for this purpose, to appoint you as a servant
and witness to the things in which you have seen me and to those in
which I will appear to you, 17 delivering you from your people and from
the Gentiles—to whom I am sending you 18 to open their eyes, so that
they may turn from darkness to light and from the power of Satan to
God, that they may receive forgiveness of sins and a place among those
who are sanctified by faith in me.'
19 "Therefore, O King Agrippa, I was not disobedient to the heavenly
vision, 20 but declared first to those in Damascus, then in Jerusalem and
throughout all the region of Judea, and also to the Gentiles, that they
should repent and turn to God, performing deeds in keeping with their
repentance. 21 For this reason the Jews seized me in the temple and tried
to kill me. 22 To this day I have had the help that comes from God, and
so I stand here testifying both to small and great, saying nothing but
what the prophets and Moses said would come to pass: 23 that the Christ
must suffer and that, by being the first to rise from the dead, he would
proclaim light both to our people and to the Gentiles."

24 바울이 이같이 변명하매 베스도가 크게 소리 내어 이르되 바울아 네
가 미쳤도다 네 많은 학문이 너를 미치게 한다 하니 25 바울이 이르되
베스도 각하여 내가 미친 것이 아니요 참되고 온전한 말을 하나이다
26 왕께서는 이 일을 아시기로 내가 왕께 담대히 말하노니 이 일에 하
나라도 아시지 못함이 없는 줄 믿나이다 이 일은 한쪽 구석에서 행한
것이 아니니이다 27 아그립바 왕이여 선지자를 믿으시나이까 믿으시는
줄 아나이다 28 아그립바가 바울에게 이르되 네가 [2)]적은 말로 나를 권

하여 그리스도인이 되게 하려 하는도다 29 바울이 이르되 [3]말이 적으
나 많으나 당신뿐만 아니라 오늘 내 말을 듣는 모든 사람도 다 이렇게
결박된 것 외에는 나와 같이 되기를 하나님께 원하나이다 하니라
30 왕과 총독과 버니게와 그 함께 앉은 사람들이 다 일어나서 31 물러가
서로 말하되 이 사람은 사형이나 결박을 당할 만한 행위가 없다 하더
라 32 이에 아그립바가 베스도에게 이르되 이 사람이 만일 가이사에게
상소하지 아니하였더라면 석방될 수 있을 뻔하였다 하니라

24 And as he was saying these things in his defense, Festus said with a
loud voice, "Paul, you are out of your mind; your great learning is driving
you out of your mind." 25 But Paul said, "I am not out of my mind,
most excellent Festus, but I am speaking true and rational words. 26 For
the king knows about these things, and to him I speak boldly. For I am
persuaded that none of these things has escaped his notice, for this has
not been done in a corner. 27 King Agrippa, do you believe the prophets?
I know that you believe." 28 And Agrippa said to Paul, "In a short time
would you persuade me to be a Christian?"[2] 29 And Paul said, "Whether
short or long, I would to God that not only you but also all who hear me
this day might become such as I am—except for these chains."
30 Then the king rose, and the governor and Bernice and those who were
sitting with them. 31 And when they had withdrawn, they said to one
another, "This man is doing nothing to deserve death or imprisonment."
32 And Agrippa said to Festus, "This man could have been set free if he
had not appealed to Caesar."

1) 가축을 앞으로 몰기 위한 끝이 뾰족한 막대기 2) 또는 짧은 시간에 3) 또는 시간이 짧으나 기나

[1] Or *the Hebrew dialect* (probably Aramaic) [2] Or *In a short time you would persuade me to act like a Christian!*

단락 개관

아그립바 왕 앞에 선 바울: 누가 언약에 참된가?

바울은 아그립바 왕이 "유대인의 모든 풍속과 문제를 아는 사람"(행 26:3)이기 때문에 그 앞에서 말하게 된 것을 기뻐한다. 이 장에는 사도행전에서 바울의 가장 긴 간증이 나온다. 바울은 예루살렘에서 자신을 변호했을 때와 마찬가지로 이 부분에서도 그의 개인적인 출신배경을 언급하고, 자신 이야말로 진정한 유대교(더 나아가 기독교 신앙)를 대변하고 있다고 말한다. 또한 그는 그에 대한 유대인들의 고발에서 부활이 쟁점임을 다시금 강조한다. 그런 후에 어떤 연유로 자기가 이전에 예수님을 따르는 자들을 박해하는 자가 되었는지를 설명하는데, 이것은 지금 그를 고발한 자들이 이전의 그와 똑같은 잘못을 저지르고 있음을 암시하는 것이다(4-11절).

다음으로 바울은 그의 회심에 관해 얘기한다. 누가가 이 단락에 포함시킨 회심 이야기는 앞에 나온 회심 이야기와 어떠한 모순점도 없지만, 완전히 동일하지는 않다. 바울이 아그립바 왕에게 말한 이야기에서 한 가지 두드러진 차이점은, 예수님이 이방인들로 하여금 죄 사함을 얻도록 그를 보내사 "사탄의 권세에서 하나님께로 돌아오게 하[셨다]"(18절)고 말하며, 이 진술을 통해 이방인도 유대인과 동등하게 하나님의 백성이 될 수 있다고 단언한다는 점이다. 바로 이것이 핵심 쟁점이었다. 즉, 바울이 가르친 부활에는 이방인에게 주어졌으며 이방인에 관해 말하는 메시지가 포함되어 있었는데, 그의 원수들은 이 메시지를 용납할 수 없었다는 것이다.

이어서 바울은 아그립바에게 자신이 예수님의 명령에 따라 처음에는 다메섹에서, 다음으로 예루살렘과 유대에서, 마지막으로는 이방인들에게 복음을 전하였다고 말한다. 바울의 사역은 그 자체로 사도행전 1:8에서 예수님이 사도들에게 주신 사명의 성취였다. 바울은 자신이 오직 모세와 선지자들이 예언한 것만을 신실하게 전하였는데, 그로 인해 유대 당국자들이 자신을 죽이려 했다고 말한다(26:19-21).

이 장은 바울이 아그립바에게 "이렇게 결박된 것 외에는 나와 같이 되기를…원하나이다"(29절)라고 권하는 것으로 끝난다. 그 후 재판에 배석한 세속의 유력 인사들과 아그립바 왕은 모든 고발과 관련하여 바울이 죄가 없다고 결론을 내리고, 만일 그가 가이사에게 상소하지 않았더라면 석방될 수 있었으리라고 말한다. 이렇게 해서 바울은 2년 전에 예수님이 약속하신 대로(23:11) 로마로 가게 된다.

단락 개요

II. G. 아그립바 왕 앞에 선 바울: 누가 언약에 참된가(26:1-32)
　1. 바울이 자기를 소개함(26:1-8)
　2. 바울이 증언함(26:9-23)
　3. 참되고 온전한 말(26:24-32)

주석

26:1-8 | 바울이 자기를 소개함 아그립바가 이전에 바울을 심문했던 사람들보다 유대인 문제에 관해 더 잘 알고 있었기 때문에, 바울은 그의 회심에 관한 이야기를 좀 더 자세하게 말한다. 이것은 이 부분에 나오는 그의 간증이 사도행전의 앞부분에 나오는 그의 회심 기사들과 몇 가지 점에서 다른 이유를 설명해준다. 또한 이 본문은 바울의 회심 때 예수님이 아나니아를 통해 하신 말씀의 성취다. "이 사람은 내 이름을 이방인과 임금들과 이스라엘 자손들에게 전하기 위하여 택한 나의 그릇이라"(9:15). 그때 이후로 바울은 어디에서나 모든 사람에게 복음을 증언해왔는데, 그리스도께서

언급한 이 세 부류의 사람들은 22장 이후에 차례대로 등장한다. 바울은 예루살렘에서 이스라엘 자손들 앞에서 복음을 전했고(22-23장), 이방인들인 벨릭스와 베스도에게 복음을 전했으며(24-25장), 지금은 임금인 아그립바 왕에게 복음을 전한다.

바울은 갈라디아서 1:13-14 및 빌립보서 3:4-6에서와 동일하게 이 부분에서도 그의 바리새인 이력에 대해 언급하는데, 이를 통해 하나의 모순되는 점을 제시하고자 한다. 즉, 바울을 고발한 자들은 그가 누구인지, 어디 출신인지, 종교적 배경이 어떠한지를 너무나 잘 알고 있다는 것이다. 바울은 바리새인이었고, 지금은 모든 바리새인이 믿는 바인 부활 때문에 재판을 받고 있다(행 26:4-7). 그를 고발한 자들이 모두 부활을 믿는 사람들인데, 그렇다면 하나님이 죽은 자를 다시 살리셨다는 말을 듣고서 큰 충격을 받을 이유가 없지 않은가(8절)?

물론 사도행전의 독자들과 마찬가지로 바울은 유대인들이 자신을 고발한 진정한 이유에 관해 알고 있었다. 그는 부활에 관한 문제 때문이 아니라(사두개인들에게는 이것도 큰 문제였겠지만), 나사렛 예수를 메시아로 인정하고 그분의 부활을 전했기 때문에 고발당했다. 즉, 단지 하나님이 예수님을 다시 살리셨다고 전했기 때문이 아니라, 예수님이 이스라엘의 모든 소망과 약속의 성취라고 전했기 때문에 문제가 된 것이었다. 그러할지라도 여기서 문제의 핵심은 부활이었다. 바울에게 부활을 믿는 것과 예수님을 전하는 것은 동일한 것이었다. 예수님은 이스라엘 열두 지파의 소망인 부활이셨다(7절). 본질적으로 바울은 하나님을 믿었고 그분에게 신실했기 때문에 고발당한 것이다.

26:9-23 | 바울이 증언함 바울의 증언은 세 부분으로 나눌 수 있다.

- 이전에 나는 누구였는가(9-11절)
- 무엇이 나를 변화시켰는가(12-18절)
- 지금 나는 누구인가(19-23절)

이 본문에 나오는 바울의 회심에 관한 설명과 22장에서 바울이 유대인들 앞에서 행한 증언, 9장에 처음으로 나오는 바울의 회심 기사들이 보이는 차이점은 문제가 되지도 않고 이상한 것도 아니다. 누구나 동일한 이야기를 청중과 상황과 배경에 따라 약간씩 다르게 말한다. 몇몇 세부적인 것을 생략하거나 더하기도 하고 특정 부분을 상세하게 말하거나 요약하기도 하며, 사건이 진행된 기간을 늘이거나 줄이기도 한다. 게다가 사도행전은 일종의 문학으로서, 음성을 녹음한 것이 아니라 이야기로 기술하는 것이기에 그런 현상들은 더욱 두드러진다.

여기서 바울은 하늘로부터 빛이 나타났을 때 모든 사람이 땅에 엎드러졌다는 세부적인 내용을 더하고 그 음성이 히브리 말(아마도 아람어 방언일 것이다. 참고. ESV 22:2의 난외주)이었다고 말하며, 격언을 포함시키기도 한다(26:14). 바울이 그가 들은 음성에 관해 히브리 말이었다고 언급한 이유는, 그와 함께 있던 일행이 그 음성을 이해하지 못하였기(22:9, 개역개정에는 "소리는 듣지 못하더라") 때문에 다른 증인들을 통해 확증을 얻기 위함이 아니었다. 아마도 그의 다른 이름인 사울을 설명하기 위해서,[96] 또는 그가 만난 분이 '이스라엘'의 주였음을 강조하기 위해 이 사실을 밝혔을 것이다.

예수님이 인용하신 것으로 나오는 격언에서 가시채는 소를 모는 목동들이 소들을 통제하기 위해 사용하는 날카로운 막대기를 가리킨다. 따라서 이 격언은 바울이 하나님과 맞서 싸우거나 저항해 보아야 아무 소용이 없다는 것을 보여준다. 다른 회심 이야기들에 이 어구가 빠진 이유는 알 수 없지만, 바울이 이 어구를 들었다는 것을 의심할 근거는 전혀 없다. 예수님이 구약성경의 모든 약속에 대한 대답이요 성취이심을 깨닫기 전까지 바울은 율법에 대한 그의 본분에 충실한 바리새인이었다고 할 수 없다. 이는 그가 하나님의 새롭고 더 낫고 더 분명한 계시를 받아들여야 했지만, 회심 이전에는 그렇게 하지 않았기 때문이다. 바울은 예수 그리스도를 믿

96 Peterson, *Acts*, 665.

음으로써 하나님을 거역하는 반역의 삶에서 회심하여 하나님 백성의 일원이 되었다. 메시아를 배척하는 자는 누구든지 옛 언약이든 새 언약이든 언약에 신실한 지체가 아니다.

바울은 부활 신앙으로 인해 고발을 당했기 때문에, 부활하신 예수님을 만난 이야기를 자세히 전한다. 누가는 명시적으로는 적어도 22장으로 소급되고, 암묵적으로는 사도행전 전체를 관통하는 한 가지 흐름을 다시 꺼내든다. 바울이 부활 문제로 재판을 받고 있는 것일 수 있지만, 사실 그 문제의 핵심에는 그와 이방인들 간의 관계가 있었다(26:17, 20-21). 21:28-29에서 아시아에서 온 유대인들은 드로비모가 바울과 함께 예루살렘에 있는 것을 보고, 바울이 헬라인들을 성전 안으로 끌어들여서 성전을 더럽혔다고 고발했다. 바울과 이방인들이 교류한 일은 비밀이 아니었다. 그는 죽은 자 가운데서 부활하신 예수님이 유대인의 메시아일 뿐만 아니라 이방인의 메시아이기도 하다고 가르쳤다. 유대인들이 바울을 이방인 당국자들 앞에 고발할 때, 그와 이방인들의 관계로 인해 그들이 격분했다고 단 한 마디도 언급하지 않은 것은 전혀 이상한 일이 아니다.

바울은 예수님께로부터 받은 계시와 장차 받을 계시에 대해 증언하는 사명을 받았는데(26:16), 특별히 이방인을 위한 증인으로 부름 받았다(17절). 바울은 예수님이 자기에게 사명을 주시면서 자기를 유대인들에게서 구하여 이방인들에게로 보낼 것이라고 약속하셨다고 말한다. 이것은 이 이야기 속에서 지금 일어나고 있는 바로 그 일이었다. 이 약속에 대한 바울의 설명은, 그의 서신들을 연상시키기도 하고 복음서에 나오는 주제들을 상기시키기도 한다. "어둠에서 빛으로"(18절)라는 표현은 바울이 에베소의 신자들에게 "너희가 전에는 어둠이더니 이제는 주 안에서 빛이라"(엡 5:8)고 일깨워준 것과 비슷하다. 또한 그는 데살로니가의 신자들에게 "너희는 다 빛의 아들이요 낮의 아들이라 우리가 밤이나 어둠에 속하지 아니하나니"(살전 5:5)라고 말한다.

이것은 누가복음에서 발견되는 주제와도 연결된다. 누가복음에서 엘리사벳은 자기 아들(세례 요한)이 하나님의 선지자가 되어 머지않아 "어둠과 죽음의 그늘에 앉은 자에게 [빛을] 비[추게]"(눅 1:79) 될 것이라는 말을 듣는다. 일 년쯤 뒤에 시므온은 아기 예수를 안고서, 예수님이 "이방을 비추는 빛"(눅 2:32)이라고 선언한다. 이방인들을 위한 이 빛은 또한 "주의 백성 이스라엘의 영광"(눅 2:32)인데, 바울이 사도행전 26:23에서 예수님을 가리켜 유대인과 이방인을 위한 '빛'이라고 말한 것도 바로 그런 의미다.

사람들을 사탄에게서 건져내는 것(18절)이 사도행전에 자주 나오는 주제는 아니지만, 사도행전의 전체 맥락에 비추어 볼 때 예수님이 바울에게 주신 사명은 이방인들을 사탄의 나라에서 하나님 나라로 옮기는 것이라고 할 수 있다. 예수님께로 오는 것은 한 나라를 떠나 다른 나라로 오는 것을 의미한다. 바울은 사탄과 그의 활동이라는 주제를 자주 언급한다.[97] 골로새서 1:13-20에서 바울은 사도행전의 이 본문에 나오는 주제들을 한데 모아, 하나님이 우리를 '흑암의 영지에서'(개역개정에는 "흑암의 권세에서") 건져내어 "그의 사랑의 아들의 나라"로 옮기셨다고 말한다(골 1:13). 또한 그는 이렇게 사람들이 사탄의 나라에서 하나님 나라로 옮겨지는 것을 그리스도의 피로 말미암아 이루어진 죄 사함 및 하나님과의 화목과 연결한다(20절).

다음으로 바울은 예수님께 받은 사명이 이방인들로 하여금 죄를 사함받고 기업을 얻게 하는 것임을 언급하는데(행 26:18), 이 둘은 서로 결합되어 있다. 바울은 서신들에서 그의 사역과 관련하여 여러 번 이 두 주제를 결합시켜서 언급한다. 그 중에서 에베소서 1:7-14이 가장 두드러진다. 그 부분에서 바울은 하나님 앞에서 받는 죄 사함이 그리스도께서 이루신 일로 말미암는다는 것을 분명히 하고, 그리스도의 대속 사역으로 말미암아 유대인과 이방인이 모두 그리스도 안에서 하나님이 베푸시는 복에 동등하

97 바울의 서신들에서 사탄은 실제 존재이며, 하나님과 그분의 백성의 궁극적인 원수다. 믿는 자들도 전에는 사탄의 권세 아래 있었다(엡 2:2 "공중의 권세 잡은 자"). 그리스도인들은 사탄에 의해 잘못된 길로 가지 않도록 조심해야 한다(고전 7:5; 고후 2:11). 사탄은 사람들 가운데서 실제로 역사하여 그들을 잘못된 길로 이끌어왔고(고후 11:14; 살후 2:9; 딤전 5:15) 앞으로도 계속해서 그렇게 할 원수다(고후 12:7; 살전 2:18). 바울은 회개하지 않는 죄인들, 그리고 사도들의 복음과 권위를 배척하는 자들을 자기가 사탄에게 넘겨주었다고 말한다(고전 5:5; 딤전 1:20).

게 참여하게 되었다고 말한다.

끝으로, 예수님은 바울에게 "나를 믿어 거룩하게 된 무리"(행 26:18)라고 말씀하신다. 여기서 '거룩하게 된'은 구원을 요약하는 말인데, 조직신학적 의미로 사용된 것이 아니라 구체적으로 죄 사함을 받았다는 의미로 사용된 것이다(죄 사함을 받았다는 표현도 성경에서 구원 사역 전체를 요약하는 말로 자주 사용된다. 참고. 행 20:32; 롬 15:16; 고전 1:2; 6:11; 엡 5:26; 히 2:11). 믿는 자들은 점진적인 성화, 즉 여러 수단을 통해서 믿는 자들로 하여금 예수님을 닮아가게 하시는 하나님의 지속적인 역사를 강조하는 경향이 있다. 그렇지만 여기서 사용된 이 표현은 믿는 자들에게 이미 주어진 지위와 상태를 분명하게 가리키고 있다. 즉, 믿는 자들은 거룩해진 자들이다. 게다가 오늘날 우리는 믿음으로 말미암아 의롭다 함을 얻는다는 교리에는 익숙하지만, 믿음으로 말미암아 '거룩하다 함을 받는 것'에 대해서는 거의 말하지 않는다. 믿음은 의롭다 함을 얻게 하는 도구일 뿐만 아니라, 거룩하다 함을 받는 도구이기도 하다. 여기서 "거룩하게 된" 무리는 믿음으로 말미암아 죄 사함을 받고 사탄의 나라로부터 건짐을 받아 하나님 나라로 옮겨진 하나님의 백성을 가리킨다. 이 어구는 추상화된 신학적인 개념이 아니며, 따라서 이 어구를 그런 식으로 다루는 것은 성경 기자의 의도를 놓치는 것이다. 여기서 인상적인 점은, 이방인들이 이 무리 안에 포함되어 있다는 것이다. 이방인들은 하나님의 백성 가운데서 온전한 기업을 얻었다(참고. 행 10:44-48; 11:17; 15:7-11; 롬 4:9-12; 11:11-12, 25; 갈 3:7-9; 엡 3:6). 이 모든 것은 이방인들이 예수님을 믿음으로 말미암아 그들에게 주어진 것이다. 하나님의 백성이냐 아니냐는 예수님께 충성하는지 여부에 의해 결정된다.

바울은 부활하신 예수님을 만난 그의 이야기를 들려줌으로써 분명한 메시지를 보낸다. 그는 실제로 자기가 모세를 따르고 있고 하나님의 약속들을 믿으며, 그분과 그분의 언약에 신실하다는 것을 내내 단언해 왔다. 따라서 그런 바울을 고발한 자들은 전에 다소의 사울처럼 예수님 믿기를 거부함으로써 하나님을 거부하고 그분께 맞서는 자들이다. 그리고 부활에 관한 약속이 예수님을 통해 성취되었기 때문에, 그들은 궁극적으로 부활을 거부하는 자들이다. 그들은 가시채를 발로 차는 자들이다. 그들은 바울이 이방인들과 교제하는 것에 대해 격분함으로써, 도리어 그들이 안다고 주장하는 하나님에 대한 불신앙을 추가로 입증한다. 데살로니가전서 2:15-16에서 바울은 특히 예루살렘 교회와 사도들을 괴롭힌 유대의 유대인들에 관해 이렇게 썼다. "유대인은 주 예수와 선지자들을 죽이고 우리를 쫓아내고 하나님을 기쁘시게 하지 아니하고 모든 사람에게 대적이 되어 우리가 이방인에게 말하여 구원받게 함을 그들이 금하여 자기 죄를 항상 채우매 노하심이 끝까지 그들에게 임하였느니라."

바울이 하나님께 진정으로 신실하게 행했다는 이 주제는, 사도행전 26:19에서도 계속된다. 바울은 자기가 다메섹으로 가는 길에 부활하신 예수님을 만났고, 주님이 "하늘에서 보이신 것"으로 말미암아 이 계시가 하나님께로부터 직접 주어진 말씀임을 확신하고서 이 계시에 순종하게 되었다고 말한다. 바울이 이 사건으로 말미암아 단지 더 나은 유대인이 된 것도 아니었고, 마침내 하나님의 계획을 알고서 거기에 동참하게 된 것도 아니었음이 다시금 분명히 드러난다. 이 사건을 통해 바울은 불신앙과 불순종에서 믿음과 순종으로 참된 회심을 경험했다. 즉, 그는 구원을 받았다. 이 이야기의 나머지 부분은 바울이 참된 회개의 열매를 맺은 것을 보임으로써 그러한 사실을 확증한다. 이 사실은 이어지는 절들에서 바울이 이방인들에 관해 말하는 내용에 의해 입증된다.

바울은 예수님이 사도행전 1:8에서 제자들에게 주신 사명을 이루는 일에 직접 동참하였다. 그는 다메섹에서 예루살렘으로 갔고, 유대를 거쳐 이방인들에게 갔다. 그의 설명은 짧지만 핵심을 짚고 있다. 그는 사람들에게 회개하고 하나님께로 돌아와서 "회개에 합당한 일을 하라"고 전했다(26:20). 그의 설명을 들을 때, 우리는 세례 요한이 유대인들에게 전한 메시지를 떠올릴 수밖에 없다(눅 3:8). 유대인들로 하여금 메시아를 맞아들일 수 있도록 세례요한을 통해 선포된 그 말씀이 메시아의 부활 이후에 이방인들에게 선포된다. 유대인, 바울, 이방인을 포함한 모든 사람은 회개하고 예수님을 믿고 그분께 순종함으로써 그들의 새로운 (언약) 관계를 보여야 한다. 회개와 예수님에 대한 순종은 누가 하나님께 충성된 자인지를 보여준다. 바울이 유대인들 앞에 선 이래로 부활이 논쟁의 중심에 있었지만(행 23:6), 그 밑바탕에 놓인 쟁점은 예수님을 주로 받아들이는 것이 하나님에 대한 신실함이냐 하는 것이었다. 그리고 그것 때문에 유대인들이 바울을 잡아서 죽이려고 한 것이었다(26:20-21).

바울은 자기가 지금까지 "높고 낮은" 모든 사람 앞에 서서 "선지자들과 모세가 반드시 되리라고 말한" 것을 증언했을 뿐이라고 말함으로써(22-23절), 하나님이 그들을 통해 약속하신 모든 것을 바로 예수님이 이루셨음을 강조한다. 높고 낮은 사람에 대한 그의 언급은, 예레미야가 새 언약과 관련해서 장차 성령이 오시면 모든 사람이 여호와를 알게 될 것이라고 한 예언을 상기시킨다. "그들이 다시는 각기 이웃과 형제를 가르쳐 이르기를 너는 여호와를 알라 하지 아니하리니 이는 작은 자로부터 큰 자까지 다 나를 알기 때문이라 내가 그들의 악행을 사하고 다시는 그 죄를 기억하지 아니하리라 여호와의 말씀이니라"(렘 31:34).

바울은 다른 제자들과 마찬가지로 예수님이 그분의 수난과 부활을 비롯한 성경의 성취이심을 알고 있었다(예컨대, 행 2:25, 34; 3:18, 21-25; 10:43; 15:15; 24:14). 또한 바울의 이 말은 고린도전서 15:1-4에서 제시하는 복음의 개요를 요약한 말이기도 하다. 바울은 그 부분에서도 약속과 성취라는 중심 주제를 사용한다. 바울이 여기서 한 말이 고린도전서 15장 및 바울 신학 전체와 연결되어 있다는 사실은, 그가 이 증언의 결론에서 다음과 같이 말하며 그리스도의 부활과 복음 선포를 연결시키고(행 26:23) 그분의 출생 이야기를 또 다시 암시하는 데서 확인된다. "[예수께서] 죽은 자 가운데서 먼저 다시 살아나사 이스라엘과 이방인들에게 빛을 전하시리라"(23절).

26:24-32 | 참되고 온전한 말 복음은 믿는 자들에게는 생명이지만, 믿지 않고 배척하는 자들에게는 사망이다(고후 2:16). 분명히 베스도는 바울이 전한 복음에 휘말려들기를 원하지 않았다. 그의 반응은 아덴에서 바울을 "말쟁이"(행 17:18)라고 불렀던 사람들의 반응과 비슷하다. 베스도가 바울에게

미쳤다고 하자, 바울은 고린도후서의 말과 거의 같은 말(어휘는 다르지만 내용상 같은)로 대답한다. 즉, 그는 자신이 미친 것이 아니라 '제정신으로 참되고 이치에 맞는 말'(행 26:25, 개역개정에는 "참되고 온전한 말")을 하고 있다고 대답한다. 이것은 고린도후서에서 "우리가 만일 미쳤어도 하나님을 위한 것이요 정신이 온전하여도 너희를 위한 것이니"(고후 5:13)라고 말한 것과 아주 비슷하다. 바울은 자기가 증거에 입각한 합리적인 논증을 제시한 것이라고 주장하거나, 오로지 온전히 합리적인 말만 한 것이라고 단언하지 않는다. 도리어 그는 그의 경험과 복음 사역과 자기변호가 '인간 이성의 합리성에 부합한다'[98] 즉, '이치에 맞는다'고 말한 것이다. 이것은 바울이 전한 복음은 합리적이고, 그 밖의 다른 것을 믿거나 받아들이는 것은 비합리적이라는 의미가 아니다. 지금 바울은 누가 합리적인 변증을 잘하는지 다투고 있지 않다.

하나님이 무엇이 이치에 맞는지를 결정하신다거나 복음이 이치에 맞는 참된 메시지라고 말할 수 있지만, 여기서 바울은 합리성이나 논리적 일관성에 관한 세속적인 정의를 교묘하게 공격하지 않는다. 물론 바울이 전한 복음 메시지가 불신자들의 세계관에 도전하는 것이긴 하지만, 이러한 도전은 바울이 불신자들의 세계관이 틀렸다는 것을 증명하는 방식이 아니라, 죄를 깨닫게 하고 죄에 대한 정죄와 이후의 소망에 대해 말해주는 방식으로 이루어진다(참고. 예컨대, 행 2장에서 오순절에 베드로가 한 설교). 바울의 자기변호가 이치에 맞는 이유는, 하나님의 지혜를 따른 것이기 때문이다(고전 1:18-31). 그렇지만 베스도에게는 하나님의 지혜가 어리석은 것으로 보일 수밖에 없다.

바울이 여기서 한 말이 복음전도를 위한 것이었다는 사실은 그가 아그립바를 향해 한 말 속에서 분명하게 드러난다. 바울은 아그립바가 최근에 이스라엘에서 일어난 사건들에 대해서도 알고 성경의 가르침에 대해

98 Schnabel, *Acts*, 1015.

서도 알고 있다는 것을 지적한다(행 26:26). 바울은 아그립바가 깊은 내면에서는 하나님을 믿는 자라는 것을 활용하고 있는 것인가? 아그립바는 이방인이었지만, 유대교와 밀접한 관계가 있었다.[99] 바울은 아그립바의 영적인 상태에 대한 평가와는 상관없이, 선지자들을 믿는 것은 예수님을 믿는 것이라고 말한다(27절). 다시 말해, 메시아에 관해 예언한 옛 언약의 선지자들을 진정으로 믿는다면, 선지자들이 예언한 약속들을 성취하신 예수님을 믿을 수밖에 없다는 것이다. 여기서 바울은 지금 행하는 자기변호가 자신의 결백을 증명하여 풀려나기 위한 것이 아님을 다시금 보여준다. 주사위는 던져졌고, 그는 로마로 가게 되어 있다. 그래서 바울은 이 심문 절차를 기회로 사용하여, 예수님이 처음에 주셨던 사명을 수행하고 있다. "이 사람은 내 이름을 이방인과 임금들과 이스라엘 자손들에게 전하기 위하여 택한 나의 그릇이라"(9:15).

아그립바는 바울이 자신에게 믿으라고 강권하고 있음을 잘 알고 있었다. 그래서 바울의 질문에 대답하는 대신 도리어 질문을 던진다. 26:28의 헬라어 본문을 어떻게 번역할 것인지를 놓고 상당한 논란이 있다. '짧은 시간에'(개역개정에는 "적은 말로")가 '아주 작은 노력으로,' 또는 '매우 적은 말로'로 번역될 수 있지만, 29절에 나오는 바울의 대답('짧든지 길든지,' 개역개정에는 "말이 적으나 많으나")에 비추어볼 때 '짧은 시간에'로 번역하는 것이 가장 좋을 것 같다. 핵심은 아그립바가 지금 바울이 자기를 설득해서 그리스도인으로 만들려 함을 알았다는 것이다. 그리스도인이라는 말은 사도행전에서 이곳 외에 다른 한 곳에서만 한 번 더 나온다(참고. 11:26). 그곳에서 이 말은 믿지 않는 자들이 안디옥의 믿는 자들을 지칭하기 위해 만들어낸 말이었다. 아그립바가 이 명칭을 사용했다는 것은 사도행전 내러티브에 나오는 대부분의 사람들과는 달리, 그가 예수님을 따르는 자들과 유대인들을 서로 구별하고 있었음을 시사해주는 것일 수 있다. 하지만 이를 증명하기란

99 Peterson, *Acts*, 674.

불가능하다.

사도행전에서 바울이 마지막으로 한 긴 설교가 모든 사람에게 믿기를 권하는 말로 끝나는 것은 합당하다. 그는 모든 사람이 자기처럼 믿기를 바라고, 자신이 받는 고난 외에는("이렇게 결박된 것 외에는," 26:29) 모든 사람이 자기와 같이 되기를 소망한다. 아그립바는 다른 관리들의 판단을 확증해 준다. 즉, 바울은 아무런 잘못을 저지르기 않았기 때문에 석방하는 것이 합당하다는 것이다(31절). 그러나 바울은 가이사에게 항소하였고, 그 일은 되돌릴 수 없었다(32절).

많은 주석자와 해석자는 예수님이 예루살렘으로 갈 수밖에 없으셨던 것과 바울이 로마로 갈 수밖에 없던 것의 병행을 강조한다. 누가는 바울이 예수님의 발자취를 그대로 따라가고 있으며, 그 자신의 수난을 당하는 것으로 분명하게 묘사한다. 그러나 누가가 21장 이후에 바울이 겪은 일들을 얘기하는 일차적인 이유는, 그것이 실제로 일어난 일들이었기 때문이다. 이 이야기 속에서 우리는 하나님이 섭리의 손길 가운데 바울을 인도하여, 복음을 땅 끝까지 전하는 사도의 사명을 수행하게 하심을 보게 된다. 바로 이것이 사도행전 내러티브에서 처음부터 끝까지 이어지는 흐름이다.

응답

바울은 어떤 상황에서든 사회적 지위나 권력이나 교육 정도와는 상관없이 누구에게나 복음을 전한다. 하나님의 섭리 안에서 바울이야말로 그 일에 적합한 인물이었다. 하지만 누가가 강조하는 부분은 바울의 교육 정도나 은사가 아니라, 바울이 그의 경험과 그리스도의 진리를 단순하고 직설적인 방식으로 전한 모습이다. 바울은 교육 수준이 높은 아덴 사람들이든 큰 권력을 지닌 자들이든 부끄러워하지 않고 그들에게 부활에 관해 전한다. 그는 사람들로부터 말쟁이라거나 미쳤다는 말을 듣는 것을 두려워하지 않는다. 그는 오직 그리스도를 전하기만을 원한다. 이것은 바울이 초인이었다거나, 예수님 이래로 복음을 증언하는 것을 두려워하거나 주저하지 않은 유일한 인물이었다는 것을 의미하지 않는다. 바울은 그에게 있는 연약한 점들을 알고 있었다(고후 11:29-30). 그러나 더 중요한 것은, 바로 그 연약한 점들이 복음을 한층 더 빛나게 만든다는 사실을 그가 알고 있었다는 사실이다(고후 12:10; 13:4).

또한 바울은 복음의 단순한 말씀 자체가 능력이요 진리임을 믿는다(롬 1:16-17; 고전 2:4). 믿는 자들은 다른 사람들이 조롱하거나 배척하거나 논리적인 말로 망신을 주지는 않을지 걱정하는 데 너무 많은 시간을 허비한다. 우리는 그런 것들에 대한 걱정을 그쳐야 한다. 우리가 다른 사람들로부터 조롱당하거나 거부당하거나 논리적인 말로 망신을 당하는 것이 당연하기 때문이다. 우리가 어찌할 수 없는 것들에 대한 염려를 멈추고 그것들을 그대로 받아들일 때, 그런 것들에 대한 부담이 사라지게 된다. 전 세계에 걸쳐서 많은 신자가 긴급하게 해야 할 일이 아주 많기 때문에, 그런 것들을 깊이 생각하는 것은 사치다. 우리가 누구이고 어디에 있든, 우리가 전하는 복음은 사람들을 구원할 수 있는 것이다. 구원 받는 대상이 가족이나 친구일 수도 있고 낯선 사람이나 원수일 수도 있으며, 최고의 권력에 있는 사람들일 수도 있다. 우리가 다른 사람들로부터 조롱이나 거부나 망신을 당하는 것을 두려워하지 않게 될 때까지 기다려서 복음을 전하려고 한다면, 전혀 복음을 전할 수 없을 것이다. 우리는 죽을 때까지 그러한 것들을 두려워할 것이기 때문이다. 또한 우리는 사람들이 언제 어떻게 어느 나이에 가장 잘 믿음을 받아들이는지에 관한 인구통계학적인 연구를 무시해야 한다. 그런 연구는 흥미로운 것일 수는 있으나, 그 밖의 다른 점들에서는 전혀 쓸모가 없다. 우리는 바울처럼 어떤 처지에 처해 있든지 마땅히 우리 주변에 있는 사람들에게 복음을 전하는 삶을 살아야 한다. 우리는 예수님을 믿는 믿음에 합당한 삶을 살아가는 가운데, 하나님 외에는 아무도 두려워하지 말고 우리가 접하는 모든 사람에게 예수님을 전해야 한다.

27:1 우리가 배를 타고 이달리야에 가기로 작정되매 바울과 다른 죄수
몇 사람을 아구스도대의 백부장 율리오란 사람에게 맡기니 2 아시아
해변 각처로 가려 하는 아드라뭇데노 배에 우리가 올라 항해할새 마
게도냐의 데살로니가 사람 아리스다고도 함께 하니라 3 이튿날 시돈
에 대니 율리오가 바울을 친절히 대하여 친구들에게 가서 대접 받기
를 허락하더니 4 또 거기서 우리가 떠나가다가 맞바람을 피하여 구브
로 해안을 의지하고 항해하여 5 길리기아와 밤빌리아 바다를 건너 루
기아의 무라 시에 이르러 6 거기서 백부장이 이달리야로 가려 하는 알
렉산드리아 배를 만나 우리를 오르게 하니 7 배가 더디 가 여러 날 만
에 간신히 니도 맞은편에 이르러 풍세가 더 허락하지 아니하므로 살
모네 앞을 지나 그레데 해안을 바람막이로 항해하여 8 간신히 그 연안
을 지나 미항이라는 곳에 이르니 라새아 시에서 가깝더라
9 여러 날이 걸려 금식하는 절기가 이미 지났으므로 항해하기가 위태
한지라 바울이 그들을 권하여 10 말하되 여러분이여 내가 보니 이번
항해가 하물과 배만 아니라 우리 생명에도 타격과 많은 손해를 끼치
리라 하되 11 백부장이 선장과 선주의 말을 바울의 말보다 더 믿더라

12 그 항구가 겨울을 지내기에 불편하므로 거기서 떠나 아무쪼록 뵈
닉스에 가서 겨울을 지내자 하는 자가 더 많으니 뵈닉스는 그레데 항
구라 한쪽은 서남을, 한쪽은 서북을 향하였더라

27:1 And when it was decided that we should sail for Italy, they delivered
Paul and some other prisoners to a centurion of the Augustan Cohort
named Julius. 2 And embarking in a ship of Adramyttium, which
was about to sail to the ports along the coast of Asia, we put to sea,
accompanied by Aristarchus, a Macedonian from Thessalonica. 3 The
next day we put in at Sidon. And Julius treated Paul kindly and gave him
leave to go to his friends and be cared for. 4 And putting out to sea from
there we sailed under the lee of Cyprus, because the winds were against
us. 5 And when we had sailed across the open sea along the coast of
Cilicia and Pamphylia, we came to Myra in Lycia. 6 There the centurion
found a ship of Alexandria sailing for Italy and put us on board. 7 We
sailed slowly for a number of days and arrived with difficulty off Cnidus,
and as the wind did not allow us to go farther, we sailed under the lee
of Crete off Salmone. 8 Coasting along it with difficulty, we came to a
place called Fair Havens, near which was the city of Lasea.

9 Since much time had passed, and the voyage was now dangerous
because even the Fast[1] was already over, Paul advised them, 10 saying,
"Sirs, I perceive that the voyage will be with injury and much loss,
not only of the cargo and the ship, but also of our lives." 11 But the
centurion paid more attention to the pilot and to the owner of the ship
than to what Paul said. 12 And because the harbor was not suitable to
spend the winter in, the majority decided to put out to sea from there,
on the chance that somehow they could reach Phoenix, a harbor of
Crete, facing both southwest and northwest, and spend the winter there.

13 남풍이 순하게 불매 그들이 뜻을 이룬 줄 알고 닻을 감아 그레데 해
변을 끼고 항해하더니 14 얼마 안 되어 섬 가운데로부터 유라굴로라
는 광풍이 크게 일어나니 15 배가 밀려 바람을 맞추어 갈 수 없어 가는
대로 두고 쫓겨가다가 16 가우다라는 작은 섬 아래로 지나 간신히 거
루를 잡아 17 끌어 올리고 줄을 가지고 선체를 둘러 감고 [1]스르디스에
걸릴까 두려워하여 연장을 내리고 그냥 쫓겨가더니 18 우리가 풍랑으
로 심히 애쓰다가 이튿날 사공들이 짐을 바다에 풀어 버리고 19 사흘
째 되는 날에 배의 기구를 그들의 손으로 내버리니라 20 여러 날 동안
해도 별도 보이지 아니하고 큰 풍랑이 그대로 있으매 구원의 여망마
저 없어졌더라
21 여러 사람이 오래 먹지 못하였으매 바울이 가운데 서서 말하되 여
러분이여 내 말을 듣고 그레데에서 떠나지 아니하여 이 타격과 손상
을 면하였더라면 좋을 뻔하였느니라 22 내가 너희를 권하노니 이제는
안심하라 너희 중 아무도 생명에는 아무런 손상이 없겠고 오직 배뿐
이리라 23 내가 속한 바 곧 내가 섬기는 하나님의 사자가 어제 밤에 내
곁에 서서 말하되 24 바울아 두려워하지 말라 네가 가이사 앞에 서야
하겠고 또 하나님께서 너와 함께 항해하는 자를 다 네게 주셨다 하였
으니 25 그러므로 여러분이여 안심하라 나는 내게 말씀하신 그대로 되
리라고 하나님을 믿노라 26 그런즉 우리가 반드시 한 섬에 걸리리라
하더라
27 열나흘째 되는 날 밤에 우리가 아드리아 바다에서 이리 저리 쫓겨
가다가 자정쯤 되어 사공들이 어느 육지에 가까워지는 줄을 짐작하
고 28 물을 재어 보니 스무 길이 되고 조금 가다가 다시 재니 열다섯
길이라 29 암초에 걸릴까 하여 고물로 닻 넷을 내리고 날이 새기를 고
대하니라 30 사공들이 도망하고자 하여 이물에서 닻을 내리는 체하고
거룻배를 바다에 내려 놓거늘 31 바울이 백부장과 군인들에게 이르되
이 사람들이 배에 있지 아니하면 너희가 구원을 얻지 못하리라 하니

32 이에 군인들이 거룻줄을 끊어 떼어 버리니라
33 날이 새어 가매 바울이 여러 사람에게 음식 먹기를 권하여 이르되
너희가 기다리고 기다리며 먹지 못하고 주린 지가 오늘까지 열나흘인
즉 34 음식 먹기를 권하노니 이것이 너희의 구원을 위하는 것이요 너
희 중 머리카락 하나도 잃을 자가 없으리라 하고 35 떡을 가져다가 모
든 사람 앞에서 하나님께 축사하고 떼어 먹기를 시작하매 36 그들도
다 안심하고 받아 먹으니 37 배에 있는 우리의 수는 전부 이백칠십육
명이더라 38 배부르게 먹고 밀을 바다에 버려 배를 가볍게 하였더니

13 Now when the south wind blew gently, supposing that they
had obtained their purpose, they weighed anchor and sailed along
Crete, close to the shore. 14 But soon a tempestuous wind, called the
northeaster, struck down from the land. 15 And when the ship was
caught and could not face the wind, we gave way to it and were driven
along. 16 Running under the lee of a small island called Cauda,[2] we
managed with difficulty to secure the ship's boat. 17 After hoisting it up,
they used supports to undergird the ship. Then, fearing that they would
run aground on the Syrtis, they lowered the gear,[3] and thus they were
driven along. 18 Since we were violently storm-tossed, they began the
next day to jettison the cargo. 19 And on the third day they threw the
ship's tackle overboard with their own hands. 20 When neither sun nor
stars appeared for many days, and no small tempest lay on us, all hope
of our being saved was at last abandoned.

21 Since they had been without food for a long time, Paul stood up
among them and said, "Men, you should have listened to me and not
have set sail from Crete and incurred this injury and loss. 22 Yet now I
urge you to take heart, for there will be no loss of life among you, but
only of the ship. 23 For this very night there stood before me an angel

of the God to whom I belong and whom I worship, 24 and he said, 'Do
not be afraid, Paul; you must stand before Caesar. And behold, God
has granted you all those who sail with you.' 25 So take heart, men, for
I have faith in God that it will be exactly as I have been told. 26 But we
must run aground on some island."

27 When the fourteenth night had come, as we were being driven across
the Adriatic Sea, about midnight the sailors suspected that they were
nearing land. 28 So they took a sounding and found twenty fathoms.[4] A
little farther on they took a sounding again and found fifteen fathoms.[5]
29 And fearing that we might run on the rocks, they let down four
anchors from the stern and prayed for day to come. 30 And as the sailors
were seeking to escape from the ship, and had lowered the ship's boat
into the sea under pretense of laying out anchors from the bow, 31 Paul
said to the centurion and the soldiers, "Unless these men stay in the
ship, you cannot be saved." 32 Then the soldiers cut away the ropes of
the ship's boat and let it go.

33 As day was about to dawn, Paul urged them all to take some food,
saying, "Today is the fourteenth day that you have continued in
suspense and without food, having taken nothing. 34 Therefore I urge
you to take some food. For it will give you strength,[6] for not a hair is
to perish from the head of any of you." 35 And when he had said these
things, he took bread, and giving thanks to God in the presence of all
he broke it and began to eat. 36 Then they all were encouraged and ate
some food themselves. 37 (We were in all 276[7] persons in the ship.)
38 And when they had eaten enough, they lightened the ship, throwing
out the wheat into the sea.

39 날이 새매 어느 땅인지 알지 못하나 경사진 해안으로 된 항만이 눈
에 띄거늘 배를 거기에 들여다 댈 수 있는가 의논한 후 40 닻을 끊어
바다에 버리는 동시에 키를 풀어 늦추고 돛을 달고 바람에 맞추어 해
안을 향하여 들어가다가 41 두 물이 합하여 흐르는 곳을 만나 배를 걸
매 이물은 부딪쳐 움직일 수 없이 붙고 고물은 큰 물결에 깨어져 가니
42 군인들은 죄수가 헤엄쳐서 도망할까 하여 그들을 죽이는 것이 좋
다 하였으나 43 백부장이 바울을 구원하려 하여 그들의 뜻을 막고 헤
엄칠 줄 아는 사람들을 명하여 물에 뛰어내려 먼저 육지에 나가게 하
고 44 그 남은 사람들은 널조각 혹은 배 물건에 의지하여 나가게 하니
마침내 사람들이 다 상륙하여 구조되니라

39 Now when it was day, they did not recognize the land, but they
noticed a bay with a beach, on which they planned if possible to run the
ship ashore. 40 So they cast off the anchors and left them in the sea, at
the same time loosening the ropes that tied the rudders. Then hoisting
the foresail to the wind they made for the beach. 41 But striking a reef,[8]
they ran the vessel aground. The bow stuck and remained immovable,
and the stern was being broken up by the surf. 42 The soldiers' plan was
to kill the prisoners, lest any should swim away and escape. 43 But the
centurion, wishing to save Paul, kept them from carrying out their plan.
He ordered those who could swim to jump overboard first and make for
the land, 44 and the rest on planks or on pieces of the ship. And so it was
that all were brought safely to land.

28:1 우리가 구조된 후에 안즉 그 섬은 멜리데라 하더라 2 비가 오고 날
이 차매 원주민들이 우리에게 특별한 동정을 하여 불을 피워 우리를
다 영접하더라 3 바울이 나무 한 묶음을 거두어 불에 넣으니 뜨거움으
로 말미암아 독사가 나와 그 손을 물고 있는지라 4 원주민들이 이 짐

승이 그 손에 매달려 있음을 보고 서로 말하되 진실로 이 사람은 살인
한 자로다 바다에서는 구조를 받았으나 공의가 그를 살지 못하게 함
이로다 하더니 5 바울이 그 짐승을 불에 떨어 버리매 조금도 상함이
없더라 6 그들은 그가 붓든지 혹은 갑자기 쓰러져 죽을 줄로 기다렸다
가 오래 기다려도 그에게 아무 이상이 없음을 보고 돌이켜 생각하여
말하되 그를 신이라 하더라

7 이 섬에서 가장 높은 사람 보블리오라 하는 이가 그 근처에 토지가
있는지라 그가 우리를 영접하여 사흘이나 친절히 머물게 하더니 8 보
블리오의 부친이 열병과 이질에 걸려 누워 있거늘 바울이 들어가서
기도하고 그에게 안수하여 낫게 하매 9 이러므로 섬 가운데 다른 병든
사람들이 와서 고침을 받고 10 후한 예로 우리를 대접하고 떠날 때에
우리 쓸 것을 배에 실었더라

28:1 After we were brought safely through, we then learned that the
island was called Malta. 2 The native people[9] showed us unusual
kindness, for they kindled a fire and welcomed us all, because it had
begun to rain and was cold. 3 When Paul had gathered a bundle of
sticks and put them on the fire, a viper came out because of the heat
and fastened on his hand. 4 When the native people saw the creature
hanging from his hand, they said to one another, "No doubt this man
is a murderer. Though he has escaped from the sea, Justice[10] has not
allowed him to live." 5 He, however, shook off the creature into the
fire and suffered no harm. 6 They were waiting for him to swell up or
suddenly fall down dead. But when they had waited a long time and
saw no misfortune come to him, they changed their minds and said that
he was a god.

7 Now in the neighborhood of that place were lands belonging to
the chief man of the island, named Publius, who received us and

entertained us hospitably for three days. 8 It happened that the father
of Publius lay sick with fever and dysentery. And Paul visited him and
prayed, and putting his hands on him, healed him. 9 And when this had
taken place, the rest of the people on the island who had diseases also
came and were cured. 10 They also honored us greatly,[11] and when we
were about to sail, they put on board whatever we needed.

11 석 달 후에 우리가 그 섬에서 겨울을 난 알렉산드리아 배를 타고 떠
나니 그 배의 머리 장식은 [2]디오스구로라 12 수라구사에 대고 사흘을
있다가 13 거기서 둘러가서 레기온에 이르러 하루를 지낸 후 남풍이
일어나므로 이튿날 보디올에 이르러 14 거기서 형제들을 만나 그들의
청함을 받아 이레를 함께 머무니라 그래서 우리는 이와 같이 로마로
가니라 15 그곳 형제들이 우리 소식을 듣고 압비오 광장과 [3]트레이스
타베르네까지 맞으러 오니 바울이 그들을 보고 하나님께 감사하고 담
대한 마음을 얻으니라 16 우리가 로마에 들어가니 바울에게는 자기를
지키는 한 군인과 함께 따로 있게 허락하더라

11 After three months we set sail in a ship that had wintered in the
island, a ship of Alexandria, with the twin gods[12] as a figurehead.
12 Putting in at Syracuse, we stayed there for three days. 13 And from
there we made a circuit and arrived at Rhegium. And after one day
a south wind sprang up, and on the second day we came to Puteoli.
14 There we found brothers[13] and were invited to stay with them for
seven days. And so we came to Rome. 15 And the brothers there, when
they heard about us, came as far as the Forum of Appius and Three
Taverns to meet us. On seeing them, Paul thanked God and took
courage. 16 And when we came into Rome, Paul was allowed to stay by
himself, with the soldier who guarded him.

17 사흘 후에 바울이 유대인 중 높은 사람들을 청하여 그들이 모인 후
에 이르되 여러분 형제들아 내가 이스라엘 백성이나 우리 조상의 관
습을 배척한 일이 없는데 예루살렘에서 로마인의 손에 죄수로 내준
바 되었으니 18 로마인은 나를 심문하여 죽일 죄목이 없으므로 석방하
려 하였으나 19 유대인들이 반대하기로 내가 마지 못하여 가이사에게
상소함이요 내 민족을 고발하려는 것이 아니니라 20 이러므로 너희를
보고 함께 이야기하려고 청하였으니 이스라엘의 소망으로 말미암아
내가 이 쇠사슬에 매인 바 되었노라 21 그들이 이르되 우리가 유대에
서 네게 대한 편지도 받은 일이 없고 또 형제 중 누가 와서 네게 대하
여 좋지 못한 것을 전하든지 이야기한 일도 없느니라 22 이에 우리가
너의 사상이 어떠한가 듣고자 하니 이 파에 대하여는 어디서든지 반
대를 받는 줄 알기 때문이라 하더라
23 그들이 날짜를 정하고 그가 유숙하는 집에 많이 오니 바울이 아침
부터 저녁까지 강론하여 하나님의 나라를 증언하고 모세의 율법과 선
지자의 말을 가지고 예수에 대하여 권하더라 24 그 말을 믿는 사람도
있고 믿지 아니하는 사람도 있어 25 서로 맞지 아니하여 흩어질 때에
바울이 한 말로 이르되 성령이 선지자 이사야를 통하여 너희 조상들
에게 말씀하신 것이 옳도다
26 일렀으되
이 백성에게 가서 말하기를 너희가 듣기는 들어도 도무지 깨닫지 못
하며 보기는 보아도 도무지 알지 못하는도다
27 이 백성들의 마음이 우둔하여져서 그 귀로는 둔하게 듣고 그 눈은
감았으니 이는 눈으로 보고 귀로 듣고 마음으로 깨달아 돌아오면 내
가 고쳐 줄까 함이라
하였으니
28 그런즉 하나님의 이 구원이 이방인에게로 보내어진 줄 알라 그들
은 그것을 들으리라 하더라 29 [4](없음)

30 바울이 온 이태를 자기 셋집에 머물면서 자기에게 오는 사람을 다
영접하고 31 하나님의 나라를 전파하며 주 예수 그리스도에 관한 모든
것을 담대하게 거침없이 가르치더라
17 After three days he called together the local leaders of the Jews, and
when they had gathered, he said to them, "Brothers, though I had done
nothing against our people or the customs of our fathers, yet I was
delivered as a prisoner from Jerusalem into the hands of the Romans.
18 When they had examined me, they wished to set me at liberty, because
there was no reason for the death penalty in my case. 19 But because the
Jews objected, I was compelled to appeal to Caesar—though I had no
charge to bring against my nation. 20 For this reason, therefore, I have
asked to see you and speak with you, since it is because of the hope
of Israel that I am wearing this chain." 21 And they said to him, "We
have received no letters from Judea about you, and none of the brothers
coming here has reported or spoken any evil about you. 22 But we desire
to hear from you what your views are, for with regard to this sect we
know that everywhere it is spoken against."
23 When they had appointed a day for him, they came to him at his
lodging in greater numbers. From morning till evening he expounded
to them, testifying to the kingdom of God and trying to convince them
about Jesus both from the Law of Moses and from the Prophets. 24 And
some were convinced by what he said, but others disbelieved. 25 And
disagreeing among themselves, they departed after Paul had made one
statement: "The Holy Spirit was right in saying to your fathers through
Isaiah the prophet:
26 "'Go to this people, and say,
"You will indeed hear but never understand,

and you will indeed see but never perceive."
27 For this people's heart has grown dull,
and with their ears they can barely hear,
and their eyes they have closed;
lest they should see with their eyes
and hear with their ears
and understand with their heart
and turn, and I would heal them.'
28 Therefore let it be known to you that this salvation of God has been
sent to the Gentiles; they will listen."[14]
30 He lived there two whole years at his own expense,[15] and welcomed
all who came to him, 31 proclaiming the kingdom of God and teaching
about the Lord Jesus Christ with all boldness and without hindrance.

1) 모래톱 2) 제우스의 쌍동 아들 3) 헬, 세 여관이라는 뜻임 4) 어떤 사본에, 29 '그가 이 말을 마칠 때에 유대인들이 서로 큰 쟁론을 하며 물러가더라'가 있음

[1] That is, the Day of Atonement [2] Some manuscripts *Clauda* [3] That is, the sea-anchor (or possibly the mainsail) [4] About 120 feet; a fathom (Greek *orguia*) was about 6 feet or 2 meters [5] About 90 feet (see previous note) [6] Or *For it is for your deliverance* [7] Some manuscripts *seventy-six*, or *about seventy-six* [8] Or *sandbank*, or *crosscurrent*; Greek *place between two seas* [9] Greek *barbaroi* (that is, non–Greek speakers); also verse 4 [10] Or *justice* [11] Greek *honored us with many honors* [12] That is, the Greek gods Castor and Pollux [13] Or *brothers and sisters*; also verses 15, 21 [14] Some manuscripts add verse 29: *And when he had said these words, the Jews departed, having much dispute among themselves* [15] Or *in his own hired dwelling*

단락 개관

로마로

주후 60년경 바울은 누가('우리')와 아리스다고를 대동하고 율리오라는 백부장의 호송 아래 다른 죄수들과 함께 로마를 향해 출발한다. 그런데 그들이 탄 작은 배는 처음부터 지중해 연안에서 맞바람을 만난다. 그래서 바울은 그레데에서 겨울을 나자고 했지만, 사람들은 뵈닉스로 가서 겨울을 나자고 한다. 사람들의 의견을 따라 그레데에서 출항한 배는 광풍을 만나고, 거의 절망적인 상황을 맞이하게 된다. 그러나 바울은 겁에 질린 선원들과 모든 승객에게 이 배가 가라앉지 않을 것이고 좌초되어 어느 섬에 닿게 될 것이라는 하나님의 말씀을 전한다(행 27:26). 배는 14일 동안이나 광풍에 시달리고, 바울은 계속해서 선원들과 승객들을 격려한다. 그 후 바울이 말한 대로 배가 암초에 걸리는데, 군인들은 모든 죄수를 죽여 도망하지 못하게 하려 하지만 율리오가 개입하여 바울의 목숨을 구한다. 27장은 배에 탄 모든 사람이 무사히 해변에 상륙하는 장면으로 끝이 난다.

독자들은 누가가 이 모든 것을 아주 자세하게 보도한 것에 놀랄 것이다. 누가는 이 한 번의 항해를 묘사하는 데 44개의 절을 할애하여, 하나님이 주권적으로 바울을 보호하시고 예수님께 받은 사명을 위한 바울의 계획을 이루어 나가시는 모습을 독자들에게 생생하게 보여준다. 이 내러티브는 극적인 사건들과 흥미진진한 반전들로 가득하다. 항해, 폭풍, 난파는 사도행전 마지막 장들의 대부분을 차지하는데, 이 내러티브 역시 하나님의 감동으로 된 하나님의 말씀인데도 독자들은 자주 이 내러티브를 무시하는 오류를 범하곤 한다.

사도행전 끝 부분에 이르러, 바울은 로마의 유대인들과 극적으로 만나게 된다. 이 만남을 통해서도 유대인들의 거부와 이방인들을 위한 소망이라는 익숙한 흐름이 마지막으로 언급된다(참고. 18:6). 이 본문은 많은 점에서 성경의 모든 내러티브의 종착점이라 할 수 있다. 이 본문은 성경신학적인 장대한 이야기의 종착점으로, 구원사가 이방인들 가운데서 성취되어 가고 있음을 보여준다. 누가의 내러티브는 사도행전의 이전 부분들 및 성경의 나머지 부분과는 달리 최종적인 장면이라고 할 수 없을 것 같은 장면으로 끝난다. 바울은 사도행전의 절반 이상에서 내러티브의 중심이자 초기 교회의 세 명의 주요한 지도자 중 한 사람임을 부인할 수 없는 인물인데, 지금 구금되어 있다. 세상적인 관점으로는 이것을 성공적인 결말이라고 부를 수 없을 것이다. 그러나 사도행전과 성경의 관점으로는, 이것이야말로 하나님 나라가 성장하고 궁극적으로 성취에 도달하는 방식이다(참고. 고전 1장에 나오는 하나님의 지혜). 사도행전은 28장으로 끝나지만, 어떤 측면에서 이 이야기는 그 부분에서 끝나지 않는다. 사도 시대는 막을 내리지만, 성령과 복음이 땅 끝까지 이르는 시대는 오늘날까지 계속되고 있다.

단락 개요

II. H. 로마로(27:1-28:31)
- 1. 로마를 향한 항해(27:1-12)
- 2. 암울하고 절망적인 폭풍(27:13-38)
- 3. 난파를 당하나 목숨을 구함(27:39-44)
- 4. 멜리데 섬에서 모든 사람에게 선을 행함(28:1-10)
- 5. 마침내 로마에(28:11-16)
- 6. 하나님 나라를 땅 끝까지(28:17-31)

주석

27:1-12 | 로마를 향한 항해 27-28장은 바울이 예루살렘에서 로마군의 감옥에 갇혀 있는 동안에 주님이 그에게 하신 말씀이 정확하게 이루어졌다는 사실을 증언한다. "담대하라 네가 예루살렘에서 나의 일을 증언한 것 같이 로마에서도 증언하여야 하리라"(23:11). 누가는 바울의 선교 여행들에 관해 기록할 때, 이곳에서 저곳으로 여행하며 복음을 전한 것에 관해서는 상대적으로 재빠르게 넘어가지만, 바울의 마지막 여정에 관해서는 일 년여에 걸친 극적인 여정을 천천히 자세하게 보도한다. 누가는 항해를 하다가 만난 바람들, 배가 지나온 항로들, 이 여정의 여러 시기, 관련된 사람들, 대화 및 배의 이런저런 장치들과 도구들, 돛에 이르기까지 세부적인 것들에 주목하여 자세하게 기록하며, 이를 통해 이 기사가 사실임을 부각시키고, 동시에 독자들을 이 극적인 이야기 속으로 끌어들인다. 오직 목격자만이 구체적인 사항들을 자세하게 쓸 수 있기 때문이다. 사도행전에서 누가는 1세대 그리스도인들을 둘러싼 신학과 주제들을 전개해나가는데, 이때 역사가로서 그 작업을 한다. 이는 사도행전의 마지막 장에서 가장 분명하게 드러난다. 복음서 및 그 밖의 다른 성경 내러티브들과 마찬가지로, 사도행전에서도 신학과 역사는 서로 분리될 수 없다. 사실 성경의 신학은 필연적으로 역사적인 것일 수밖에 없다. 어떤 것이 성경의 신학이기 위해서는, 그리고 그 신학이 참되기 위해서는 반드시 역사적인 것이어야 한다. 성경의 신학을 구성하는 모든 일은 역사 속에서 일어난 것이기 때문이다. 만일 그렇지 않다면, 우리의 신앙은 역사적 사실이 아니라 단지 희망 사항에 지나지 않을 것이다.

누가는 이 여정에 아리스다고가 바울을 수행했다고 언급한다(27:2). 아리스다고는 사도행전 내러티브 가운데 에베소에서 처음으로 등장하는데 그곳에서 폭도에게 붙잡히는 일을 겪는다(19:29). 그는 그 폭동 가운데서 살아남아, 바울이 제3차 선교 여행을 끝내고 예루살렘으로 왔을 때 바울의 일행 중 한 사람으로 다시 등장한다(20:4-5). 누가는 이 부분에서도 아리스다고라는 이름을 언급함으로써, 로마로 향하는 바울의 역사적인 여정을 증언해줄 또 한 사람의 목격자를 제시한다. 아리스다고는 끝까지 바울에게 신실했던 소수의 사람들 중 하나였다. 바울은 골로새서에서 그를 가리켜 "나와 함께 갇힌 아리스다고"(4:10)라고 말하고, 빌레몬서의 끝부분에서는 누가, 마가, 에바브라, 데마와 더불어서 "나의 동역자"(23-24절)라고 부른다(여기서 데마는 나중에 이 세상을 사랑하여 바울을 버린 인물이다, 딤후 4:10). 바울이 로마로 항해할 때 적어도 두 사람이 동행했는데, 이 두 사람은 여러 해 동안 그의 신실한 동역자였고 끝까지 바울 곁을 지킬 사람들이었다.

이 여정에서 주목할 만한 또 한 사람은, 아구스도대(600명 이상으로 이루어진 연대급 부대)에 소속되어 있던 로마의 백부장 율리오다(행 27:1). 율리오는 이 이야기에서 아주 중요한 역할을 하는데, 하나님의 섭리 가운데서 바울의 목숨을 구해주는 도구가 될 것이다(31, 43절). 그가 바울에게 베푼 최초의 호의는, 바울이 시돈에서 친구들을 만나 대접을 받고 필요한 것들을 얻을 수 있도록 한 것이다(3절). 로마 제국의 죄수들이 잘 지내기 위해서는 친구들과 가족의 돌봄이 절대적으로 필요했다.

4-12절은 바울이 탄 배의 항해가 처음부터 순조롭게 진행되지 않았음을 말한다. 여기에 등장하는 수많은 지명은 이 항해가 많이 지연되었으며 항로를 재설정했다가 중단되는 등 많은 난관에 부딪쳤다는 것을 여실히 보여준다. 누가는 "금식하는 절기가 이미 지났[다]"(9절)고 말하는데, 이 절기는 가을에 거행되었던 대속죄일을 가리킨다. 한 해 중에서 그 기간이 지난 후에 지중해를 항해하는 것은 위험한 일이었다. 배가 미항에 도착하자 바울은 그곳에서 겨울을 나자고 제안하지만, 사람들이 뵈닉스로 가서 겨울을 나자고 주장하여 결국 다시 항해하게 된다. 누가가 이 사실을 자세하게 기록한(10-12절) 이유는 이후에 닥칠 일들의 배경을 설명할 뿐만 아니라, 이후에 배가 광풍을 만나고 난파를 당했을 때 사람들이 바울의 의견을 따르게 된 이유를 설명하기 위한 것이기도 하다.

바울은 그레데 남쪽에 있던 미항에서 겨울을 보내는 것이 최선이라고 믿었지만, 대부분의 사람들은 그렇게 생각하지 않았다. 선장과 선주에 대한 언급은 이 배의 안전한 항해에 금전적인 이해관계가 달려 있었다는 것을 간접적으로 보여준다. 관습적인 지혜는 위험이 있더라도 가야 한다고 말하지만, 이미 난파당한 경험이 있던 바울은 더 이상의 항해는 무리라고 사람들에게 조언한다(고후 11:25에서 그는 자기가 적어도 세 번의 난파를 경험했다고 말한다). 하지만 사람들은 유대교의 이름 없는 이단에 연루되어 가이사에게 재판을 받으러 가는 죄수의 말을 귀담아 들으려고 하지 않았다. 그들은 머지않아 바울의 조언을 무시한 것을 후회할 것이었고, 다시는 동일한 실수를 저지르지 않게 될 것이다. 누가는 이야기에 이 논란을 포함시킴으로써, 나중에 이 배에 탄 사람들의 목숨이 경각에 달리게 되었을 때 율리오가 바울의 말을 들은 이유를 보여준다.

27:13-38 | 암울하고 절망적인 폭풍 누가의 자세한 기록은 독자들로 하여금 바다에서 태풍을 만났을 때의 공포를 생생하게 느끼게 해준다. 그는 어떤 행위에 대해서는 빠르게 간단히 묘사하고 어떤 행위에 대해서는 천천히 자세하게 묘사하는데, 이에 덧붙여 선원들이 배를 구하기 위해 행한 시도들을 아주 자세히 묘사함으로써 그들이 절체절명의 위기 속에서 사투를 벌였다는 것을 부각시킨다. 누가는 그들이 광풍이 불자 가우다라는 작은 섬 아래로 지나면서 잠시 숨을 돌린 뒤 그 배에 실려 있던 거룻배를 끌어올리고, 줄로 선체를 둘러 감고, 물닻(연장, 17절)[100]을 내리고, 사흘째 되는 날에는 "배의 기구"(19절)를 바다에 던졌다고 말한다. 이를 통해 누가는 독자들을 이 배가 처한 절체절명의 위기 속으로 끌어들인다.

27장

13절에서 다시 미항을 출발한 배는 처음에는 순조롭게 항해했다. 남풍이 순하게 불었기에 그들은 자신들이 결정을 잘했다고 생각했다. 하지만

100 누가는 17절과 19절에서 같은 어근에서 나온 두 단어인 스큐오스(*skeuos*, 물닻, 17절, 개역개정에는 "연장")와 스큐에(*skeuē*, "기구", 19절)를 사용한다. 후자는 배의 일반적인 기구와 장치와 돛들을 가리키는 것으로 보인다. 선박 자체와 누가가 기록한 일련의 일들에 비추어볼 때, 스큐오스의 의미는 통상적인 견해대로 물닻(sea anchor)으로 볼 수 있다. 당시의 물닻은 바구니같이 생긴 장치인데, 기후가 좋지 않을 때 바다 밑으로 던져 넣어서 낙하산이나 제동장치의 역할을 하여, 배가 바람을 타고 제대로 갈 수 있게 하는 데 사용되었다.

"얼마 안 되어 섬 가운데로부터 유라굴로라는 광풍이 크게 일어나니 배가 밀려 바람을 맞추어 갈 수 없어 가는 대로 두고 쫓겨[갔다]"(14-15절). 그들은 풍랑으로 심히 애쓰다가, 배의 무게를 줄이기 위해 짐을 바다에 던졌고(18절), 나중에는 배의 기구까지 던졌다(목숨을 잃는 것에 비하면 금전적인 손해는 아무것도 아니었기 때문이다). 이 폭풍의 절정은 20절의 "여러 날 동안 해도 별도 보이지 아니하고"라는 묘사에서 드러난다. 비록 이 묘사가 세상의 종말에 관한 것은 아니지만, 그들이 처한 상황은 사실상 세상의 종말과 다를 바가 없었다. 망망대해에서 태풍을 만나 여러 날 동안 캄캄한 어둠 속에 있는 것보다 더 무시무시한 자연재해는 거의 없을 것이다. 피할 곳도 없었고, 숨을 곳도 없었다. 살아남을 가망성은 없어 보였다.

구약성경에서 바다는 위험하고 치명적인 혼돈의 세력이자 그 세력에 대한 상징이다. 바다는 괴물 리워야단이 사는 곳이며(특히 욥 41장을 보라), 오직 바다를 창조하신 하나님만이 주관하실 수 있는 곳으로 여겨진다. 바다에 대한 구약의 개념이 사도행전 27장의 성경적이고 신학적인 배경을 이루고 있으며(참고. 욥 38:8-11; 시 104:24-26; 사 51:15), 누가와 특히 바울은 이것을 알고 있었을 것이다. 온갖 종류의 위기가 닥치고 폭풍은 절망적으로 휘몰아치지만 바울은 모두가 무사할 것을 굳게 확신한다. 이는 27장 전체를 혼돈의 세력인 바다가 창조주이신 하나님께 도전하는 생생한 내러티브로 이해하게 한다. 그러나 구약성경에서와 마찬가지로 사도행전 27장에서도 그 결과는 이미 정해져 있었다.

이 암울한 내러티브는 21절에서 바울이 "여러분이여 내 말을 듣고"라고 입을 열면서 전환점을 맞이한다. 바울은 그들이 이미 잊었을지도 모른다고 생각해서, 그들에게 처음부터 그레데를 떠나지 말자고 경고했다는 사실을 상기시킨다. 하지만 이 말은 앙심을 품고 그들을 꾸짖거나 그들의 잘못을 각인시키기 위한 것이 아니었다. 바울은 단지 사실을 언급하고서, 이번에는 그들이 자기 말을 믿고 그대로 따르게 하려고 그렇게 말한 것이다. 그는 이 배가 비록 절망적인 상황에 처해 있지만 아무도 죽지 않을 것이라고 확신하는데, 이 확신은 하나님께로부터 받은 말씀에 근거한다. 바울은 어제 밤에 천사가 나타나서 이전에 주님이 말씀하신 대로 그가 로마에서 가이사 앞에 서게 될 것을 다시 한번 확증해주었다고 말한다(참고. 23:11). 바울도 사람이었기에 격려와 재확인을 받을 필요가 있었다. 그 역시 절망적이고 무시무시한 상황 속에서 다른 사람들과 마찬가지로 두려움을 느꼈을 것이다. 믿음을 가지면서도 동시에 두려움을 느낄 수 있다.

바울은 즉시 자기가 확신하는 이유를 밝힘으로써 그 배에 탄 사람들을 안심시키고("나는…하나님을 믿노라", 25절) 이후에 정확히 무슨 일이 벌어질지 일러준다. 바다에서 죽을 위기에 직면한 지금 배가 좌초되어 섬에 상륙하게 될 것이라는 말은 사람들을 완전히 안심시키기에는 부족한 것이었을 수도 있지만, 그렇게 되면 어쨌든 그들은 모두 살아남을 것이다(26절). 하지만 14일 동안이나 바다에서 사투를 벌여서 극도의 긴장과 불안에 사로잡혀 있는 데다(27절) 암초에 걸릴 가능성도 있었기에(29절), 일부 선원들은 다른 사람들이 죽든 말든 상관하지 않고 거룻배를 바다에 내려서 타고 도망치려고 했다(30절). 이 선원들이 광분하여 다른 사람들의 생사는 아랑곳하지 않고 그들만 살려고 한 것은 바울이 믿음 가운데서 하나님을 신뢰하고 의지한 것과 대비된다. 바울의 검증된 지혜와 배에 있는 모든 사람이 살 것을 확신하며 침착하게 대응하는 모습을 보고, 율리오는 이번에는 그의 말을 듣는다.

율리오는 이제 바울을 완전히 신뢰하여, 거룻배를 묶고 있던 줄을 끊어 거룻배를 바다에 빠트려서 선원들이 도망가지 못하게 한다(32절). 다른 설명들도 가능하지만, 이 이야기의 흐름에 가장 부합하는 설명은 율리오가 지난번에 바울의 조언을 무시함으로 인해 어떠한 일이 일어났는지를 생각한 뒤 바울이 죽음에 직면해서도 하나님을 믿고 침착한 것을 보고서, 이번에는 그의 조언을 받아들이기로 했다는 것이다. 여기서 우리는 하나님이 그분의 약속을 확실하게 이루시는 방식을 본다. 하나님은 위험에 처한 이 사람들을 천사의 날개에 태워서 초자연적으로 간단하게 구하실 수도 있지만, 그렇게 하지 않으신다. 하나님의 약속들은 하나님이 정하신 수단을 통해 이루어진다. 하나님은 약속을 주셨고 바울은 그 약속을 믿었으며, 율리오는 하나님의 약속을 이루는 수단이 된다.

이 시점에 바울은 실질적으로 배에 탄 모든 사람의 지도자가 된다. 아마도 그가 선장 역할을 하게 되었다고 말하는 편이 더 적절할 것이다. 바울은 모든 사람에게 음식 먹기를 권하고, 그들이 안전할 것임을 다시 한 번 분명하게 말한다(33-34절). 그들에게 음식을 권한 것은 바울이 그들의 안위를 진정으로 염려하여 실질적으로 취한 조치이며, 그들에 대한 진심을 보여주는 것이었다. 바울은 모든 사람이 살게 될 것이라는 확실한 말씀을 하나님께 받았기에, 그 말씀이 그대로 이루어지게 하고자 그들에게 음식 먹기를 권한다. 하나님께서 그들이 살아남을 것이라고 약속하셨기 때문에 그들이 반드시 살 것이라고 아는 것만으로는 충분하지 않다. 그래서 바울은 그들이 살아남을 수 있도록, 그가 할 수 있고 해야 하는 일들을 한다. 이 부분은 하나님이 주신 약속들이, 그분이 정하신 적절한 수단과 방법을 통해 이루어진다는 것을 다시금 보여준다. 27:35-36에 사용된 표현들이 신약성경에 나오는 성찬에 관한 묘사들과 비슷하지만(참고. 고전 11:23-26), 성찬을 묘사한 것은 아니다. 이 표현은 성찬에 관한 묘사보다 누가복음 24:30과 훨씬 더 비슷하다. 이 배에서 바울은 예수님이 엠마오로 가던 글로바 및 또 다른 제자와 함께 저녁 식사를 하셨던 장면을 재연한다. 그 장면도 성찬처럼 보이지만, 누가는 그 식사가 성찬이었다고 말하지 않는다. 그들은 단지 그리스도인들과 유대인들이 으레 하듯이 식사 전에 축사한 것일 뿐이다.[101]

바울과 누가, 아리스다고가 이 식사를 성찬처럼 생각하고 먹었을 수도 있지만(물론 이 내러티브에서는 그러했을 가능성도 거의 없고 그 일이 중요하지도 않다), 그 배에 탄 사람들이나 이 내러티브는 이것을 성찬으로 보지 않는다. 교회의 규례인 성찬은 예수님이 십자가 위에서 이루신 일에 대한 믿음을 상징하고 그가 오실 것임을 선포하는 것으로, 믿는 자들을 위한 예식이다.

101 Schnabel, *Acts*, 1046.

누가는 그 배에 탄 276명을 믿는 자라고 말하지 않으며(행 27:37), 더욱이 이 식사를 공적인 성찬이라고 말하지도 않는다. 바울이 하나님께 축사한 후 그 배에 탄 사람들과 함께 떡을 뗀 것은 하나님에 대한 믿음과, 그가 믿는 하나님을 공적으로 증언하며 간증하는 행동이었다. 누가는 이 행동을 그 배에 타고 있던 모든 사람의 마음과 생각이 바뀐 것과 연결시킨다.

36-37절은 이 내러티브에 나오는 두 번의 절정 가운데 첫 번째에 해당한다. 즉, 이야기에서 생긴 갈등이 해소되는 지점이다.[102] 이 이야기의 마지막 반전은 배에 탄 사람들이 배부르게 먹고서 남은 양식을 바다에 버리면서 시작된다. 배에 탄 276명의 사람들은 모두 안심했다(36-37절). 하나님에 대한 바울의 믿음은 광풍 한 가운데서 침착함을 이끌어 냈는데, 이는 사람들이 남아 있던 양식을 모두 바다에 던져버린 것에 의해 확인된다(38절). 276명의 사람들이 그리스도인이 되었다고 생각할 필요는 없지만, 그들은 바울의 말을 힘입어 새롭게 가진 확신을 행동으로 보였다. 42절은 모든 사람이 바울을 지속적으로 신뢰한 것은 아니었음을 분명하게 보여준다. 이렇듯 그 배에 탄 사람들은 바울을 믿고 신뢰했지만, 그 중 일부는 신속하게 그 사실을 망각해버릴 것이다.

하지만 지금 그 배에 탄 모든 사람은 캄캄한 어둠 속에서 바울의 말을 믿고 절망에서 벗어났다. 그들은 배가 제대로 나아갈 수 있도록 항해를 방해하는 모든 것을 제거하고 눈에 보이는 모든 것을 부지런히 바다에 던져 배를 가볍게 했다. 그들은 식사를 한 뒤 남은 모든 양식도 바다에 던져 버림으로써 살아남을 마지막 가능성마저 끊어버린다. 하나님에 대한 믿음과

102 필자는 이곳뿐만 아니라 앞에서도 '절정'이라는 용어를 비롯해서 문학적 분석과 관련된 비슷한 용어들을 사용해왔다. 그런 표현들은 이야기들 속에 내러티브 플롯의 흐름이 존재하고, 배경과 장면과 사건과 등장인물 같은 여러 요소가 절정을 향해 나아가다가 해소되어 어떤 결론에 도달하게 된다는 전제 하에 사용된다. 이 일반적인 문학적 플롯은 길든 짧든 모든 이야기에서 나타난다. 우리는 사도행전 전체의 플롯을 찾아낼 수 있고, 사도행전 전체 내러티브 내에 존재하는 많은 작은 플롯도 찾아낼 수 있다. Daniel Doriani, *Getting the Message: A Plan for Interpreting and Applying the Bible* (Phillipsburg, NJ: P&R, 1996), 65-72를 보라. 필자와 필자의 동료인 Jonathan Pennington은 이 방법론을 함께 수정하여 성경 내러티브를 해석하는 기본적인 원리들을 가르치고 있다.

소망이 그 배에 탄 모든 사람에게 힘을 발휘하자, 모든 상황이 순식간에 완전히 변해버린다. 바울과 그의 친구들(그리고 사도행전을 읽는 믿는 사람들)에게 이러한 행동은 이스라엘 백성의 행동과 비슷하다. 이스라엘 백성은 하나님이 친히 말씀하신 대로 다음날에도 만나를 주실 것을 믿고서, 그날 거둔 만나 중에서 먹고 남은 것을 그날에 모두 버렸다. 또한 그들을 먹여 살리는 것이 과실수가 아니라 하나님이심을 믿고서, 가나안 땅에 들어가 심은 과실수에서 처음 3년 동안 거둔 열매는 부정한 것으로 먹지 않고, 네 번째 해에 거둔 열매를 하나님께 바친다(레 19:23-25). 이 여러 가지 일의 이면에는 동일한 믿음의 원리가 있다. 하나님이 그분의 말씀을 지키실 것임을 믿을 때에만 마지막 남은 양식을 바다에 던져버릴 수 있기 때문이다.

27:39-44 | 난파를 당하나 목숨을 구함 난파된 뒤에 반드시 구조되는 것은 아니지만, 여기서는 그 일들이 다 일어난다. 긴장은 완화되었고, 이것은 극 중에서 갈등이 해소되는 것과 같다. 드디어 육지가 보이고 선원들은 어떻게 해야 배를 해변에 댈 수 있을지 논의한다. 그런데 이야기는 이 부분에서 마지막으로 다시 한 번 반전을 보인다. 누가는 바다에서의 마지막 아침을 좀 더 전문적인 용어들을 사용해서 자세하게 묘사하는데, 이것은 선원들의 노련함과 경험을 부각시킨다. 하지만 선원들이 배를 해변에 대고자 온갖 시도를 하고 노력하는데도, 배의 앞부분(이물)은 암초에 걸리고, 뒷부분(고물)은 산산조각이 나기 시작한다. 그러자 로마 군인들은 사전에 정해져 있는 행동지침에 따라 죄수들이 도망하지 못하도록 그들을 죽이려고 한다. 군인들이 이렇게 마음먹은 이유는, 베드로가 감옥을 빠져나가던 밤에 보초를 섰던 간수들과 군인들이 헤롯에 의해 처형당한 것처럼(행 12:19) 그들도 처형당하는 것을 피하기 위한 것이었다. 이것은 이 내러티브에서 또 하나의 절정이다.

하지만 율리오가 다시 개입하여 바울의 목숨을 구해줌으로 이 긴장은 한 절 안에서 끝난다. 율리오의 개입은 하나님의 약속과 그 약속을 성취하는 수단이 밀접하고 필수불가결한 관계를 맺고 있다는 사실을 한층 더 분명하게 확인시켜 준다. 율리오는 바울을 일개 죄수로 여기지 않았고, 이 여정을 시작할 때부터 호의를 베풀었다(참고. 27:3). 그는 바울에게 진정으로 호의를 지니고 있던 사람이었을 가능성이 크다. 하지만 로마의 백부장이 그렇게 하는 것은 이례적인 일이었기 때문에, 누가는 율리오가 바울을 어떻게 대했는지 언급하였을 것이다. 율리오는 틀림없이 바울이 앞에서 이 배에 탄 모든 사람이 살아남지만 배가 좌초하여 한 섬에 도착하게 될 것이라고 한 말을 기억했을 것이며(25-26절), 바울의 말대로 모든 사람이 배에 머물러 있지 않을 경우에 자신도 살아남지 못하리라는 것도 염두에 두었을 것이다(31절). 율리오가 무엇을 기억하고 믿고 알았든지, 그는 바울의 목숨을 구했다. 그리고 이것은 이 부분에서 분명하게 말하고 있는 주제다. 이 장은 하나님이 약속하신 대로 그 배에 탄 276명의 사람들이 모두 난파된 배의 잔해에 의지해서 해변에 상륙하여 생존한 것으로 끝난다. 로마로 가기까지는 아직도 갈 길이 멀지만, 그들은 모두 안전했다.

28:1-10 | 멜리데 섬에서 모든 사람에게 선을 행함 난파된 배에 있던 모든 사람은 그들이 떠내려 온 곳이 멜리데라는 섬의 해안임을 깨닫는다(1절). 또한 원주민들[헬라어로는 바르바로이(*barbaroi*), ESV의 난외주를 참고하라. 이 단어는 멜리데 섬의 주민들이 헬라어를 사용하지 않음을 보여주기 위해 사용된 것이다. 반면 영어의 barbarian은 미개하고 원시적이라는 의미를 담고 있기 때문에, 이 헬라어를 영어의 그 단어로 번역하는 것은 오해를 불러일으킬 수 있다]은 그들을 반갑게 맞아준다(2절). 바울은 조금 후에 독사에 물리지만(3절), 즉시 그 뱀을 불 속으로 떨쳐 버린다(5절). 원주민들은 난파를 당해서 겨우 목숨을 건진 사람이 다시 독사에게 물려서 죽게 된 것은, 그가 단지 운이 없어서 난파를 당한 것이 아니라 어떤 죄에 대한 벌이라고 추측한다(4절). 실제로 어떤 전설들은 그렇게 가르친다.[103] 그래서 그들은 바울을 범죄자라고 생각하여, 그가 정의의

103 Polhill, *Acts*, 532.

여신(4절, 개역개정에는 "공의," 영어에서 첫 글자를 대문자로 쓴 Justice는 범죄자에게 합당한 벌을 내리는 로마의 여신을 가리킨다)을 피할 수는 없었다고 믿는다. 그렇기에 바울이 독사에 물렸는데도 붓지도 않고 죽지도 않는 것을 보고서 원주민들이 놀란 것은 당연했다. 일부 학자들은 오늘날 멜리데 섬에는 독사가 없다는 점을 지적하지만, 2천 년 전에 어떤 종류의 뱀들이 그곳에 살았거나 땔감 속에 있었는지를 확실하게 말할 수는 없다. 이 내러티브에서 그 뱀에 관해 가장 잘 알고 있었을 멜리데 원주민들은, 바울이 죽을 것이라고 예상함으로써 이 뱀을 아주 위험한 독사라고 믿었다는 것을 분명하게 보여준다. 그래서 그들은 바울이 죽지 않고 멀쩡하게 살아 있는 것을 보고서 놀란 것이다. 이 내러티브에서 바울은 초자연적인 사건으로 인해 두 번째로 신으로 떠받들어진다(6절, 루스드라에서 날 때부터 걷지 못하는 사람을 고치자 사람들이 바울은 헤르메스로, 바나바는 제우스로 떠받들려 한 일이 있었다. 14:9-12).

본문은 바울이 그들의 그런 주장을 반박했는지에 대해서는 명시적으로 말하지 않지만, 사도행전의 독자들은 바울이 자기가 신이라거나 신적인 능력을 지니고 있다는 것을 당연히 부정했으리라는 것을 안다. 루스드라에서는 성 밖에 있는 제우스 신당의 제사장이 와서 사람들과 함께 바울과 바나바를 신으로 받들며 제사를 드리려고 할 정도로 일이 커졌지만, 여기서는 원주민들이 그렇게까지 하지는 않았다. 따라서 사도행전의 다른 곳에서 나오는 바울의 행동에 비추어보아, 그가 원주민들과 함께 시간을 보내면서 이 상황에 관해 잘 설명해주었을 것이라고 추측하는 것이 옳을 것이다.

7-10절은 "모든 이에게 착한 일을 하되 더욱 믿음의 가정들에게 할지니라"(갈 6:10)는 바울의 명령 첫 번째 부분을 예시하는 동시에, 복음을 선포하면서 복음전도에 영향을 미치는 사역도 반드시 함께 이뤄져야함을 보여준다. 죽은 자에게 생명을 주는 부활하신 주 예수님에 관한 복음이 참된 것임을 실제 행동으로 보여줄 필요가 있다. 바울이 멜리데 섬의 원주민들에게 말로써 복음을 전했으리라는 데에는 의심의 여지가 없지만(사도들이 복음을 전하지는 않고 이적만 행한 후에, 사람들로 하여금 그 이적을 제멋대로 해석하도록

놓아둔 경우는 없다), 누가는 그 섬에서 바울이 전한 내용에 대해서는 전혀 기록하지 않는다. 누가는 사도들이 어느 지역의 사람들과 만나거나 의미 있는 상호작용을 가졌을 때, 언제나 그들이 복음을 전한 것도 기록한다. 사도행전에서 누가가 사도들의 복음전도에 대해 언급하지 않은 때는 오직 여정을 기록할 때뿐인데, 그런 경우에도 일반적으로 바울이나 다른 사도들이 교회들을 격려하고 힘을 북돋워 주었다는 것을 언급한다. 그렇다면 왜 이 부분에서 누가는 그런 것들을 언급하지 않았는가?

우리는 멜리데 섬에서 바울이 한 사역이 정확히 예수님의 사역을 반영하고 있음을 고려해야 한다. 복음서 기자(특별히 누가)는 예수님이 병을 고치시고 귀신을 쫓아내시고 무리를 먹이신 행동을 그분의 사역 중 특별히 가르침이라는 맥락 가운데 강조한다(예컨대, 눅 4:38-41; 5:12-16; 7:1-17; 8:26-39, 40-55; 9:10-17, 37-43; 13:10-17; 18:35-43). 예수님의 사역에서 이적은, 그분이 가지신 권위와 메시아로서의 지위를 확증하는 표적의 역할을 한다. 그러나 이러한 이적의 역할은 예수님이 실제로 육신의 괴로움을 겪는 주변 사람들을 진정으로 돌보셨다는 사실을 무시하는 것도 아니고, 이적이 단지 예수님의 가르침을 돋보이게 하는 것이었다는 의미도 아니다. 예수님이 행하신 이적은 하나님의 약속이 성취되고 있음을 보이는 데 반드시 필요한 표적으로써 예수님의 가르침과 정체성을 확증하는 역할을 한다.

예수님은 공적 사역을 시작하실 때 처음 전하신 설교(눅 4:14-30)에서, 복음 선포와 새 시대의 표적들을 명시적으로 연결시키는 이사야 61:1-2을 인용하신다. 예수님은 자신이 "포로 된 자에게 자유를, 눈 먼 자에게 다시 보게 함을 전파하며 눌린 자를 자유롭게 하고 주의 은혜의 해를 전파하게 하려" 왔다고 선포하신다(눅 4:18-19). '자유'가 '다시 보게 함'과 마찬가지로 더 폭넓은 영적인 의미를 지니긴 하지만, 예수님이 표적들을 행하신 목적은 단지 그 영적인 의미를 가르치시기 위함이 아니었다. 사실 우리는 영적인 것과 육신적인 것을 구별하는 경향이 있지만, 예수님은 그런 구별을 하지 않으셨다. 그리고 자기가 가난한 자와 병든 자와 귀신 들린 자를 위해 행하신 선한 일들이 선을 넘어 장차 사회복음으로 변질되리라는 것을 아셨을지라도 그런 선한 일들을 그치려 하지 않으셨다. 왜냐하면 예수님은 가르치는 것과 선한 일을 행하는 것을 하나로 결합된 것으로 여기셨기 때문이다.

또한 누가복음은 표적이 예수님이 가지신 메시아로서의 지위에 필수불가결한 요소임을 언급한다(눅 7:18-35). 감옥에 갇힌 세례 요한이 예수님의 정체성에 관해 의구심이 들자 제자들을 보내어 그분이 정말 메시아이신지를 확인하고자 했다. 이에 예수님은 즉시 온갖 병자들을 고치심으로써 그 증거를 보여주신 후에, 세례 요한이 보낸 사람들에게 다음과 같이 말씀하신다. "너희가 가서 보고 들은 것을 요한에게 알리되 맹인이 보며 못 걷는 사람이 걸으며 나병환자가 깨끗함을 받으며 귀먹은 사람이 들으며 죽은 자가 살아나며 가난한 자에게 복음이 전파된다 하라 누구든지 나로 말미암아 실족하지 아니하는 자는 복이 있도다"(눅 7:22-23). 이렇게 표적으로써의 이적들은 단지 증거라는 역할을 했다기보다, 하나님이 약속하신 메시아와 하나님 나라가 도래했을 때 반드시 있어야 했던 구성요소로 기능했다.

사도행전에서 예수님은 사도들을 통해서 그런 이적과 표적을 계속해 나가신다. 예컨대, 베드로는 미문 밖에서 날 때부터 걷지 못하는 사람을 고쳤다(행 3:2). 그 밖에도 예루살렘에서 사도들은 다른 많은 치유 이적을 행하는데(5:12-16), 그 중에는 다른 사람들이 병자들을 고쳐달라고 사도들 앞에 데려온 경우도 있다. 이와 마찬가지로 멜리데 섬에서도 사람들이 병자들을 바울에게로 데려온다. 이적은 바울의 사역에도 포함되어 있었고(16:18; 20:10-12), 멜리데 섬에서는 바로 그 측면이 특별히 강조된다. 여기서 누가는 특별히 바울의 치유 사역에 초점을 맞춘다. 왜냐하면 치유 사역이 언제나 복음을 전하는 사역에 수반되었기 때문이다. 누가는 이렇게 기록함으로써, 바울이 예수님과 그 밖의 다른 사도들이 행했던 복음 사역의 방식을 확고하게 따르고 있음을 보인다. 7-10절에 언급된 치유 사역들을 단순히 이적 사역들 중의 하나로 여기고서 많은 주의를 기울이지 않을 수도 있겠지만, 이 절들은 그런 사역을 훨씬 뛰어넘는 의미를 지닌다. 예수 그리스도는 하나님의 약속들이 성취되었음을 선포하기 위해 이 땅에 오셨고, 죽은 자 가운데서 부활하시고 승천하시면서 제자들에게 그분의 복음을 전하고 모든 사람에게 선한 일을 행함으로써 그의 발자취를 따라오라는 사명을 주셨다. 그리고 예수님과 사도들의 사역이라는 맥락 속에 볼 때, 바울이 멜리데에서 행한 이적들은 그가 복된 소식 곧 예수 그리스도의 복음을 계속해서 능력으로 증언하고 있다는 표지(signs)이다.

바울은 바다에서 끔찍한 14일을 보내고 파선되어 구조되었다가, 독사에게 물린 후에도 계속해서 사역을 해나간다. 만일 어떤 사람이 이런 일들을 겪은 후에 이제는 당분간 쉬어야겠다고 생각한다면, 우리는 당연히 그래야 한다고 말했을 것이다. 그러나 바울은 이 섬의 원주민들 중에서 가장 높은 사람의 부친이 중병을 앓고 있는 것을 보고서 그를 도울 기회를 기꺼이 받아들인다. 바울은 그를 놓고 기도하고(틀림없이 큰 소리로 기도했을 것이다) 안수해서 병을 고쳤으며, 이것을 계기로 그 섬에 있는 많은 병든 사람을 고칠 기회를 얻게 된다(28:8-9). 이 원주민들은 사람들을 친절하게 대하고 고마움을 제대로 표현할 줄 아는 사람의 모범을 보여준다. 그들은 난파를 당해 생존한 사람들을 환대하고 도와주었을 뿐만 아니라(2절), 바울이 베푼 선행에 대해 후한 예로 대접함으로 보답한다(10절). 바울은 그들의 이러한 호의와 열린 마음을 복음전도 사역을 위한 열린 기회로 인식했을 것이다. 누가는 그 섬에서 회심이 일어났다는 것을 언급하고 있지는 않지만, 바울 일행이 그들에게 아주 좋은 인상을 남겼다는 것을 분명하게 보여준다. 역사에는 멜리데에서 일어난 사건들이 모두 기록되어 있지도 않고, 그 후에 다른 그리스도인들이 그 섬을 방문했는지 여부도 기록되어 있지 않다. 그렇지만 만일 다른 그리스도인들이 그 섬을 찾아갔다면, 원주민들은 그들을 환대하고서 그들이 전하는 복음을 경청했을 것임이 틀림없다. 바울은 적어도 복음전도의 씨앗을 뿌린 것이다.

28:11-16 | 마침내 로마에 누가는 그들이 멜리데 섬에서 탄 배가 카스토르와 폴룩스라는 쌍둥이 신을 새긴 머리 장식을 하고 있었다고 말한다

(11절). 사람들은 헬라의 이 두 신이 항해하는 배를 보호하고 순풍을 만나게 하며, 난파된 선원들을 돕는다고 믿었다. 전해지는 이야기에 따르면, 바울의 일행이 탄 배가 이아손의 운명적인 배인 아르고호라고 한다. 하나님은 바울이 로마에 무사히 도착해서 복음을 전하게 될 것이라고 약속하셨다. 누가는 지금까지 하나님이 그분의 약속을 지키기 위해 바울의 일행을 보호하셨음을 아주 분명하게 보여주고 나서, 모순되게도 그들이 로마로 가기 위해 탄 배의 머리 장식에 이 쌍둥이 신이 새겨져 있었음을 언급한다. 사람들의 안전을 보장해주는 것은 운명이나 신들이 아니다. 온갖 난관에도 불구하고 그들이 로마에 도착하게 될 것이라고 약속하시고 지금까지 그들을 보호하셨으며, 그들에게 필요한 것들을 공급해주신 분은 바로 주님이시다.

바울 일행은 비교적 순조롭게 항해해 나갔고, 누가는 로마까지의 여정 가운데서 바울 일행이 탄 배의 몇몇 기착지를 언급한다(12-13절). 또한 누가는 보디올에 믿는 자들이 있었다고 말한다(14절). 어떻게 하여 그곳에 믿는 자들이 생겼는지는 정확히 알 수 없다. 글라우디오 황제가 유대인들을 로마에서 추방할 때 아굴라와 브리스길라가 고린도로 왔던 것처럼(18:2) 그들도 로마에서 추방되어 이곳에 온 것일 수도 있다. 또는 다른 그리스도인 선교사들이 이 지역에 와서 그들에게 전도하여 그들이 믿게 된 것일 수도 있다. 바울이 그의 주요한 서신들 중 하나를 로마의 신자들에게 보냈음을 고려할 때, 로마에는 꽤 많은 수의 신자가 있던 것으로 보인다. 누가는 바울 일행이 로마에 도착했을 때 로마의 그리스도인들이 그들을 맞으러 나왔다고 말한다(28:15). 이렇게 복음은 지중해 전역을 거쳐서 로마 제국의 수도이자 서양 세계의 정치적, 사회적, 문화적 중심지였던 로마까지 이미 전파되었다. 실질적으로 말하자면, 로마는 '땅 끝'이었다.

28:17-31 | 하나님 나라를 땅 끝까지 로마에서 바울은 군인 한 명에게만 감시를 받으며 가택에 연금된다(16절). 그래서 그는 찾아오는 사람들을 맞아들여서 공개적으로 복음을 전할 수 있었다. 대략 주후 4세기 초반에 활

동한 교회사가인 유세비우스는 전해 내려오는 이야기들을 인용하여서, 바울이 이 첫 번째 연금에서 풀려났다가 나중에 다시 체포되어 순교를 당했다고 기록한다(《교회사》 2.22, 25). 이 전승은 아마도 초기 교부인 클레멘스가 쓴 첫 번째 서신에 의해 뒷받침되는 것으로 보인다. 왜냐하면 그의 서신은 바울이 로마보다 더 먼 곳으로 가서 선교활동을 했다는 것을 암시하기 때문이다(클레멘스1서 5:7). 이 서신은 주후 1세기 말 이전에 쓰인 것이어서 신빙성이 있다. 교회사를 연구하는 학자들은 이러한 초기 문서들에 대해 서로 다른 견해를 가지고 해석하긴 하지만, 어쨌든 이 문서들은 도움이 된다. 그러나 그리스도인 설교자가 일차적으로 관심을 갖는 것은 사도행전 자체(그리고 신약성경의 나머지 부분에서 사도행전을 해석하는 데 도움을 주는 것들)이다.

디모데전서나 디도서는 디모데후서 4장에 묘사된 것과 같은 절박한 상황에 대해 언급하고 있지 않고, 다른 서신들(에베소서, 빌립보서, 골로새서, 빌레몬서)도 바울이 로마에서 연금된 것과는 관련이 없다. 빌레몬서에는 바울이 풀려나게 될 것을 예상하는 내용이 암시되어 있다(1:22). 신약성경 전체의 좀 더 폭넓은 증언은 역사적인 신뢰성이나 일관성이나 연대기와 관련된 문제들을 다룰 때에 매우 중요하다. 그렇지만 문학적 관점(해석자들과 설교자들은 언제나 이 관점에 일차적으로 초점을 맞춰야 하는데, 하나님이 자기 백성에게 사도행전을 하나의 문헌으로 주고자 결정하셨기 때문이다)에서는 누가의 본문이 가장 중요하다. 전자의 문제들도 중요하고 각자의 역할을 하지만, 그러한 문제들 때문에 그보다 더 중요한 후자의 문제를 소홀히 다뤄서는 안 된다.

바울은 로마에서 유대인들과 마지막으로 만난다. 그는 그들에게 예루살렘에서 자기가 겪은 일을 얘기하면서, 자신이 동포 유대인들이나 유대교의 가르침에 대해 아무런 잘못도 저지르지 않았기 때문에 결백하다고 말한다. 그리고 로마 당국자들도 자기를 죽일 만한 죄목을 발견하지 못했지만, 자신이 유대인들의 근거 없는 고발로 인해 어쩔 수 없이 가이사에게 상소할 수밖에 없어서 로마에 오게 되었다고 밝힌다(행 28:17-19). 하지만 바울은 예수님이 그러셨던 것처럼 자기를 고발한 자들을 맞고발할 생각이 전혀 없다고 말한다. 그런 후에 바울은 성경을 깨닫지 못하거나 믿지 않는 자는 자기를 반대하고 고발한 유대인들이며, 따라서 그들이야말로 율법을 어긴 사람들이라고 말한다. 이 말은 누가가 이 부분에서 강조하는 것이기도 하다. 비록 유대인들은 자기를 박해하고 붙잡아서 궁극적으로는 죽이기 위해 근거도 없는 죄목들로 고발하고 율법이 정한 절차들을 대놓고 어겼지만, 바울은 그들을 맞고발하여 그들에게 보복하지 않을 것이라고 말한다.

바울이 로마의 유대인들을 초청하여 이렇게 모임을 가진 목적은, 그들 앞에서 그와 관련된 사건의 자초지종을 설명하기 위한 것이었다. 그렇지만 이것은 단지 그에게 씌워진 누명을 벗기 위한 것이 아니라, 그들로 하여금 복음을 받아들이게 하려는 것이었다. 이렇듯 바울이 지금 로마에서 사용하는 전략은 지금까지 다른 곳들에서 사용해 온 전략과 기본적으로 동일한 것이다. 다시 말해, 그는 어디를 가든지 사역을 시작할 때 먼저 그의 동포 유대인들에게 복음을 전했다는 것이다. 바울은 "이스라엘의 소망으로 말미암아 내가 이 쇠사슬에 매인 바 되었노라"(20절)고 말할 뿐만 아니라, 예수님이 모든 성경의 성취라고 말한다(23절). 사도행전에서 모든 사도는 예수님이 엠마오로 가는 두 제자에게 가르치신 것(눅 24장)을 본으로 삼아서 지속적으로 가르쳐왔는데, 이러한 본이 사도행전 내러티브의 끝까지 일관되게 이어진다. 사도들의 설교 전통을 따르고자 하는 모든 사람은 사도들에게서 무엇을 어떻게 전해야 하는지를 보고 배울 수 있다.

로마의 유대인들은 바울이 오랜 사역 기간 동안에 만난 유대인들 중 처음으로 그의 경험이나 내력에 대해 아는 바가 없고, 그의 가르침에 대해서도 직접 들어서 알지 못하는 사람들이었다. 그들은 단지 "이 파"가 어디서든지 정죄를 받고 있다는 말만 전해 들었기 때문에, 바울의 가르침을 듣기를 원했다(행 28:22). 하지만 바울에 대한 사전지식이 있든 없든 결과는 동일해서, 어떤 사람들은 믿었으나 어떤 사람들은 믿지 않았다. 바울은 예수님의 본을 따라(눅 8:10; 참조. 마 13:14-15; 막 4:12) 이사야 6장을 인용해서 그들의 이러한 불신앙을 설명한다. 믿지 않는 유대인들에게도 표적을 볼 수 있는 눈이 있고 복음 메시지를 들을 수 있는 귀가 있지만, 그들의 마음은 우둔해서(완고해서) 하나님의 말씀을 눈앞에서 보여주고 들려주어도 보지도 못하고 듣지도 못한다. 하나님은 그들을 고치려고 하시지만, 그들은 회개하려고 하지 않는다. 사도행전은 오직 믿음으로만 알 수 있고 평가할 수 있는 승리의 노래로 끝나지만, 이 끔찍한 비극을 보여주는 말씀이 그 말씀의 바로 앞에 나온다.

성경 내러티브라는 관점에서 이 부분이 사도행전 내러티브의 끝이다. 사도행전 28:28에는 이사야서에서 가져온 인용문이 나와 있는데, 이 인용문은 사도행전에서 반복되는 유형뿐만 아니라, 바울이 로마서에서 전개한 더 폭넓은 성경신학적 실체도 담아낸다. 이 인용문에서 하나님에 대한 유대인들의 거부는 절정에 도달하고, 이것은 구원이 이방인들에게로 갈 것이라는 하나님의 약속으로 귀결됨과 동시에, 그 약속에 의해 더욱 촉진된다(롬 11:11, 18-19). 유대인의 남은 자들에게 궁극적으로는 소망이 있지만, 유대인들이 하나님을 거부하는 일은 그분이 이방인들을 구원하고자 하신 계획의 필수적인 부분이다. 복음서에서 시작되어서 사도행전 전체를 관통하며 이어진 유대인들과 예수님의 복음에 관한 이야기는, 결국 유대인들을 정죄하는 바울의 극적인 선언으로 끝이 난다. 이 선언은 바울이 로마서 9-11장에서 설명한 바로 그 진리를 내러티브로 표현한 것이다. 우리는 사도행전에서 유대인들이 보인 거부에 관한 최종적이고 결론적인 말씀과 이방인들의 소망에 관한 말씀이 서로 결합되어 있는 것을 발견한다. 이러한 결말은 탕자의 비유에서 탕자인 동생이 돌아온 것을 환영하는 잔치에 큰아들이 끝까지 참여하기를 거부하는 결말과 비슷하다.

그러나 이 이야기는 여기서 끝나지 않는다. 구원은 이방인들에게로 향할 것이고, 그들은 그 구원을 받아들일 것이다. 땅 끝까지 가는 여정은 계속될 것이다. 또한 이 이야기는 성경 특유의 승리의 노래로 끝난다. 표면적으로 절망적인 것으로 보이는 상황(사도행전 내러티브의 주된 등장인물들 중 한 사람이자 이 새로운 파의 핵심 지도자들 중 한 사람이 연금되어 있는 상황)은, 전적으로 긍정적이며 심지어 승리하는 상황으로 해석된다. 바울은 연금 상태에 있는 내내 "하나님의 나라를 전파하며 주 예수 그리스도에 관한 모든 것을 담대하게 거침없이 가르[쳤다]"(행 28:31). 사도행전은 하나님 나라를 가르치고 세우고 선포하는 것으로 시작했다. 사도행전 내러티브 전체에 걸쳐서 하나님 나라는 박해, 폭력, 살해, 투옥, 공식적이거나 비공식적인 반대, 폭도들, 광풍, 난파에도 불구하고 계속 성장해간다. 하지만 이것이 이야기의 전부는 아니다. 하나님 나라는 단지 고난을 무릅쓰고 성장하는 것이 아니라, 고난을 통해 성장하고 이루어진다. 고난은 왕이신 예수님이 다시 오실 때까지 "담대하게 거침없이" 계속될 하나님 나라로 들어가는 입구다.

응답

바울은 고린도후서에서 그의 모든 육체적인 시련(난파를 비롯하여)을 복음을 위한 고난이자 그 동일한 복음에 대한 반대의 일부로 여긴다(고후 11:25-27). 바울과 바나바는 제1차 선교 여행을 끝내고 안디옥으로 돌아오는 길에 교회들에 들러서 "우리가 하나님의 나라에 들어가려면 많은 환난을 겪어야 할 것"(행 14:22)이라고 말하며 형제들과 자매들을 격려하고 힘을 북돋워준다. 고린도후서와 마찬가지로 사도행전에서도 '많은 환난'은 원수들의 손에 의한 위험만이 아니라, 복음 사역을 하면서 겪는 모든 시련과 어려움을 포함한다. 우리가 겪는 온갖 어려움과 방해와 위험(우리가 우리의 죄로 말미암아 자초하는 것들을 제외하고)은 단지 우연히 생겨난 방해물들이 아니라, 하나님 나라에 대한 진정한 반대이다. 이 반대는 하나님의 주권 아래 있는 것이며, 우리는 이 반대를 통과해서 하나님 나라로 들어간다.

미래를 기약하며 살아가기란 아주 쉽다. 미래를 기약하며 살아간다는 것은, 하나님이 믿는 자들의 미래를 약속하고 보장하시기 때문에 오늘날 그 약속을 믿고 믿음으로 사는 것을 가리키지 않는다. 오히려 우리가 사역을 시작하기 위한 모든 것이 우리의 삶 속에서 다 갖추어질 때까지 여러 날, 여러 주, 여러 달, 여러 해를 기다리며 살아가는 것을 가리킨다. 이 거짓된 생각은 온갖 형태를 띤다. 이번 여름이 오면, 이 학기가 끝나면, 이 일을 끝내고 나면, 내 상태가 좀 더 좋아지면, 그 즉시 사역을 시작할 것이다. 그리고 우리는 흔히 상황이 바뀌면 사역을 시작할 수 있을 것이라고 생각한다. 해외로 나가서 선교지에 가면, 신학 수업을 다 마치고 나의 첫 번째 교회가 정해지면, 모임을 가질 더 좋은 장소가 생기면, 그 즉시 사역을 시작할 것이다.

그것은 바울이 생각한 방식이 아니다. 그것은 하나님 나라가 작동하는 방식이 아니다. 바울은 채찍질을 당하든, 어떤 일이 미뤄지든, 목숨을 위태롭게 하는 광풍이 불든, 구금을 당하든, 어떤 상황에서도 미래는 하나님께 있다고 굳게 믿고서 내일이나 내년을 기다리지 않고 즉시 복음을 전하며 사역을 해나갔다. 바울이 로마에서 연금 상태에서 풀려났다면, 그는 분명히 스페인을 향해 떠났을 것이다. 그는 자기가 복음으로 말미암아 가택에 연금된 것을 영광으로 생각했겠지만, 틀림없이 그것으로 만족하지 않았을 것이다. 예수님이 그에게 주신 소명으로 말미암아 그가 겪어온 다른 온갖 고난들과 마찬가지로 갇힌 것도 그에게는 패배나 끝이 아니었다. 바울은 계속해서 하나님 나라를 전했고, 당시 이 세상에서 가장 엘리트에 속한 로마 군인들인 시위대(참고. 빌 1:13)에게 복음을 증언할 일생일대의 기회를 얻는다. 우리가 미래에 어떤 사역을 할 수 있을지 보여주는 최고의 척도는 오늘 하나님이 주신 시간과 상황 속에서 우리가 무엇을 하고 있느냐 하는 것이다. 우리는 우리가 허비한 시간에 대해 죄책감을 느끼고 후회하고 있어서도 안 되고, 미래에 상황이 바뀌어서 최고의 기회가 오기를 앉아서 기다려서도 안 된다. 미래는 오직 하나님께 속해 있기에, 우리는 주위를 둘러보고서 그분이 오늘 행하라고 주신 일이 무엇인지를 볼 수 있어야 한다.

사도행전에서 복음을 방해하려는 모든 것 즉 감옥, 질병, 목숨을 위협하는 재난들, 사악한 원수들, 호의적이지 않은 정부들, 자아도취적이고 오만방자한 위정자들, 채찍질, 위협, 믿는 자들 간의 불화, 끔찍한 신학, 주술, 폭도들, 거짓말, 오해, 무지, 완고한 불신앙 등은 하나님 나라가 전파되는 것을 막을 수도 없고 방해할 수도 없었다. 하나님 나라가 전파되는 것에 관한 다음과 같은 말씀들이 그 사실을 보증한다.

> "너희가…예루살렘과 온 유대와 사마리아와 땅 끝까지 이르러 내 증인이 되리라"(행 1:8).

> "너희 가운데서 하늘로 올려지신 이 예수는 하늘로 가심을 본 그대로 오시리라"(행1:11).

참고문헌

Bock, Darrell L. *Acts*. BECNT. Grand Rapids, MI: Baker Academic, 2007.

이 책은 사도행전에 대해 단락별 강해, 석의, 개관을 포함해서 종합적으로 서술한다.

Peterson, David G. *The Acts of the Apostles*. PNTC. Grand Rapids, MI: Eerdmans, 2009.

이 주석서는 사도행전의 신학적 배경을 토대로 해서 사도행전 본문을 탁월하게 다룬다.

Polhill, John B. *Acts*. NAC. Nashville: Holman, 1992.

이 주석서는 사도행전 본문에 대한 탄탄한 강해를 토대로 하여 명료하고 읽기 쉽다.

Schnabel, Eckhard J. *Acts*. ZECNT. Grand Rapids, MI: Zondervan, 2012.

이 책은 사도행전에 나오는 사건들과 관련된 역사적 배경과 상황을 철저하게 다루는 가운데, 사도행전에 대한 주의 깊은 석의를 담고 있다.

Thompson, Alan J. *The Acts of the Risen Lord Jesus: Luke's Account of God's Unfolding Plan*. NSBT. Downers Grove, IL: IVP Academic, 2011.

이 책은 한편으로는 누가복음과 사도행전으로 이루어진 맥락을 다루고, 다른 한편으로는 좀 더 폭넓은 성경신학적 맥락 속에서 사도행전의 신학을 아주 훌륭하게 제시한다. 사도행전을 설교하거나 가르치기 위해서는 반드시 읽어야 할 책이다.

ESV Study Bible. Wheaton, IL: Crossway, 2008.

이 학습용 성경은 성경 연구에 도움이 되는 많은 주해와 관주와 도표를 비롯해, 사도행전을 연구하는 데 필요한 많은 지도들을 제공한다. 누가가 사도행전에서 지리적인 정보를 자세하게 제시하는 데 많은 신경을 썼다는 것을 고려한다면, 사도행전을 연구하는 데는 좋은 지도 자료가 반드시 필요하다.

성경구절 찾아보기

요한복음

사도행전

국제제자훈련원은 건강한 교회를 꿈꾸는 목회의 동반자로서 제자 삼는 사역을 중심으로 성경적 목회 모델을 제시함으로 세계 교회를 섬기는 전문 사역 기관입니다.

ESV 성경 해설 주석

사도행전

초판 1쇄 인쇄 2021년 7월 23일
초판 1쇄 발행 2021년 8월 2일

지은이 브라이언 비커스
편 집 이언 두기드, 제이 스클라, 제임스 해밀턴
옮긴이 박문재

펴낸이 오정현
펴낸곳 국제제자훈련원
등록번호 제2013-000170호(2013년 9월 25일)
주소 서울시 서초구 효령로68길 98(서초동)
전화 02) 3489-4300 **팩스** 02) 3489-4329
이메일 dmipress@sarang.org

ISBN 978-89-5731-833-1 94230
978-89-5731-825-6 94230(세트)